Reclams Romanlexikon

Reclams Romanlexikon

Herausgegeben von
Frank Rainer Max und
Christine Ruhrberg

Band 1
Vom Mittelalter bis zur Klassik

Band 2
Von der Romantik bis zum Naturalismus

Band 3
20. Jahrhundert I

Band 4
20. Jahrhundert II

Band 5
20. Jahrhundert III

Philipp Reclam jun. Stuttgart

Reclams Romanlexikon

Band 3

20. Jahrhundert I

Philipp Reclam jun. Stuttgart

Die Deutsche Bibliothek - CIP-Einheitsaufnahme

Reclams Romanlexikon / hrsg. von Frank Rainer Max und Christine Ruhrberg. – Stuttgart : Reclam

Bd. 3. 20. Jahrhundert. – 1. – 1999
(Universal-Bibliothek ; Nr. 18003)
ISBN 3-15-018003-1

Universal-Bibliothek Nr. 18003

Gesamtherstellung: Reclam, Ditzingen. Printed in Germany 1999

ISBN 3-15-018003-1

Johann Hinrich Fehrs

1838–1916

Maren. En Dörp-Roman ut de Tid von 1848–51.
Garding: Lühr & Dircks, 1907.

Mit dem niederdeutschen Roman steht der Autor in der Erzähltradition von Fritz Reuter und Klaus Johann Groth, dem Erzähltypus der realistischen Dorfgeschichte im Übergang zur Heimatkunst sowie poetologisch Otto Ludwig und stofflich den Hinweisen Heinrich Hansens zur schleswig-holsteinischen Geschichte verpflichtet. Die episodische Handlung, bedingt durch unsicheren Umgang mit der epischen Großform und eine zwanzigjährige Schreibzeit (ab 1885), stützt sich auf die autobiographische Erfahrung bäuerlichen Milieus im südlichen Holstein, um im sozialen Mikrokosmos eine traditionell agrarische Welt als Gegenwelt zur städtischen Entwicklung zu gestalten. Der zum fiktiven Dorf Ilenbeck erhobene Heimatort Mühlenbarbeck wird in Fehrs' vielfältig verknüpftem Œuvre zum zentralen Schauplatz einer »erzählten bäuerlichen Provinz«, in der dorfinterne und hereingetragene alltägliche Konflikte nach idealisierten Traditionswerten stellvertretend für die Gesellschaft gelöst werden.

In diesen Ort zieht die energische, ältliche Maren Boysen aus Steenholt, Schwester des verarmten Bauern Tyge Boysen, um durch die Verheiratung ihrer Nichte, der schönen Maria Boysen, mit dem reichen Bauern Paul Struck in Ilenbeck ihrer Familie zu Ansehen zu verhelfen. Die Eheplanung scheitert, weil Struck sich Maren zuwendet und Maria den jungen Maler Leutnant Sterlau liebt. In der Heldin Maren personalisiert sich Traditionsbeharren, auch wenn der historische Kontext der mißlungenen schleswig-holsteinischen Erhebung mit Marens Tun, Traum und ihrem Tod im Kindbett verbunden wird. Dabei entsteht kein Zeit- oder

Geschichtsroman. Poetische, moralische Enge und ein norddeutsches konservatives Interesse begründen den andauernden Publikumserfolg.

A. Ritter

CARL SPITTELER
1845–1924

Conrad, der Leutnant. Eine Darstellung.

Berlin: Verlag der Romanwelt, 1898. – Leicht gekürzter Vorabdruck u. d. T.: Der schwarze Sonntag von Herrlisdorf. In: Zeitschrift für die erzählende Literatur aller Völker 1897.

»Darstellung« ist eine vom Autor im Vorwort definierte Art der quasi-naturalistischen Erzählung, die ihren Fokus immer auf der Hauptfigur, zumindest bis zum Tode derselben, beläßt und keine temporalen Lücken aufweist. Im Zentrum der »Darstellung« *Conrad, der Leutnant* steht der Vater-Sohn-Konflikt zwischen der 24jährigen Titelfigur und dem knapp 40 Jahre älteren »Pfauen«-Wirt in dem Schweizer Dorf Herrlisdorf. Conrad sieht sich aber nicht nur von der beinahe ins Dämonische übersteigerten Vatergestalt bedrängt, sondern ebenso von der depressiven Mutter und einer alten zänkischen Base. Während er andernorts als Offizier geachtet und als vollwertiger Mann akzeptiert ist, wird er in der Heimat immer noch wie ein kleiner Junge behandelt. Diese Position ändert sich im Laufe des dargestellten Maiensonntags völlig, da während einer Auseinandersetzung zwischen den verfeindeten Ober- und Unterwaggingern (= liberal versus konservativ!) bei einem Fest im »Pfauen« der Sohn den Vater indirekt »absetzt«, indem er ihm seine altersbedingte Machtlosigkeit vor Augen führt. Conrad bekommt daraufhin die »Herrschaft« über das gesamte Anwesen vom Vater übertragen, der sich allerdings kaum damit abfinden kann. Conrad durchlebt hierauf Stunden voller Glück, da er zudem in der Bernerin Cathri eine adäquate Braut gefunden hat. Am Abend wird er jedoch von einem der rachedurstigen Wagginger, die ihre Demütigung durch Conrad bei dem Fest nicht verwinden konnten, erstochen. Der Text umgeht die Monstrosität eines Mordes des Vaters am Sohn, indem er die Tat stellvertretend an eine unbedeutende Nebenfigur delegiert. Nach dem Tod Conrads wechselt der Erzählfokus auf die Figur Cathri über, die am Ende mit dem resignativen Kommentar, »daß auf dieser Welt die Besten unterliegen und die Schlechtesten obenauf sind«, wieder dorthin zurückkehrt, von wo sie gekommen ist.

Die gesamte in diesem Text entworfene Welt ist dominiert von der Thematik um Macht, Subordination und Auflehnung. Auch die politische Dimension wird dabei nicht ausgespart. Das Bild der ländlichen Schweiz ist geprägt von umfassender Gewaltbereitschaft, der der Held schließlich auch exemplarisch zum Opfer fällt.

Imago.

Jena: Diederichs, 1906.

Viktor kehrt nach mehrjährigem Aufenthalt in der Fremde in seine Heimatstadt zurück, um seine Verlobte Theuda Neukomm, nunmehr Frau Dir. Wyß, wegen ihrer Treulosigkeit zu demütigen. Wie sich herausstellt, hat dieses Verlöbnis nur in der Phantasie des Helden stattgefunden, dessen komplexe psychische Operationen im Mittelpunkt stehen. Viktor führt rekurrent Gespräche mit Personifikationen von Komponenten seiner selbst (Herz, Verstand, Körper usw.), um immer neue Strategien im Umgang mit Theuda Wyß zu entwickeln, von der er sich wechselweise an- und abgestoßen fühlt. Diese zerlegt er in zwei oppositionelle Teile: in »Theuda« (die Jungfräuliche) und »Pseuda« (die Treulose), wobei erstere eng mit »Imago«, Viktors hehrer, nur innerpsychisch existenter Phantasiebraut korreliert ist.

Die äußere Handlungsebene besteht vornehmlich aus den Kollisionen mit der Realität, die Viktor aufgrund seiner neurotischen Psyche erleidet. Ein ums andere Mal fühlt er sich von der Gesellschaft, verkörpert durch Theuda Wyß und ihren Kreis, gedemütigt und unterschätzt, woraufhin er wieder in seine innere Welt flüchtet, um neue Verhaltensweisen zu ersinnen. Während einer dieser Phasen paßt er sich der Gesellschaft sogar in so starkem Maße an, daß er kurzzeitig von ihr integriert wird. Am Ende verläßt er seinen Heimatort tief erniedrigt und doch glücklich, da begleitet von »Imago« und der »Strengen Herrin«, einer Personifikation der Poesie, von der er sich auserwählt fühlt.

Der Autor selbst betonte den stark autobiographischen Charakter dieses Romans, in dem er seine eigene Liebesgeschichte mit Ellen Brodbeck verarbeitete. Die Darstellungsweise besticht nicht nur durch die ausgiebige Verwendung des zu jener Zeit neuartigen inneren Monologs, sondern auch durch sprachlichen Witz. Der Titel des Romans wurde von Freud für eine psychoanalytische Zeitschrift übernommen.

St. Landshuter

EDUARD VON KEYSERLING

1855–1918

Beate und Mareile. Eine Schloßgeschichte.

Berlin: S. Fischer, 1903.

Die im Titel genannten beiden Frauenfiguren führt der Roman als Repräsentantinnen zweier gegensätzlicher Frauentypen vor: Beate von Losnitz, Herrin auf Schloß Kaltin in der Mark Brandenburg, ist Vertreterin jener »stillen, weißen Frauen«, die, körperlich schwach und seelisch empfindsam, ohne Kenntnis der eigenen, durch die adlige Erziehung unterdrückten Sexualität, eine standesgemäße Ehe eingehen und in dieser Ehe das Ideal unantastbarer Reinheit verkörpern. Mareile Ziepe, Tochter des Gutsinspektors auf Kaltin und als solche dem »Volk« näher, gehört hingegen zu jenen »roten« Frauen mit »heißem Blut«, die das gegenüber Pflicht und Ordnung der adligen Gesellschaft gänzlich indifferente, übermächtige Leben darstellen. Zwischen diese beiden Frauen (als Nebenfigur auch noch die »rote Eve«) ist Günther von Tarniff gestellt, seit einem Jahr mit Beate verheiratet, später Nachfahre eines alten märkischen Adelsgeschlechts und als solcher »kompliziert«, »nervös«, jähen Stimmungsschwankungen unterworfen. Die Ehebruchsgeschichte, die sich geradezu zwangsläufig aus dieser Figurenkonstellation entwickelt und die das Geschehen des Romans ausmacht, endet mit einem Duell; der dabei gefährlich verletzte Günther wendet sich wieder Beate zu, das Liebesglück mit Mareile ist Erinnerung an eine Episode.

Das Interesse des Erzählers konzentriert sich auf die psychische Verfassung der männlichen Hauptfigur, überwiegend aus deren Perspektive wird erzählt bei doch gleichzeitig spürbarer ironischer Distanz des Erzählers. Was er an diesem Vertreter einer historisch zum Untergang bestimmten Adelskaste vorführt, sind Erfahrungen, die zugleich allgemein für die Décadence der Jahrhundertwende kennzeichnend sind. Das Bewußtsein eigener Lebensschwäche schlägt um in eine Gier nach dem »starken Leben«, dem sich der Décadent dann doch nicht gewachsen zeigt. Die Rauscherfahrung sexuellen Erlebens ist ein Betäubungsmittel, das die Erfahrung der Leere des Lebens doch nur zeitweise vergessen machen kann. Das wird (darin ist Keyserling Schnitzler vergleichbar) mit diagnostischer Schärfe, wie in einer Versuchsanordnung, gezeigt, in kritischer Absicht, aber doch nicht ohne Sympathie und intimes Verstehen.

Wellen. Roman.

Berlin: S. Fischer, 1911.

In einem Fischerdorf an der Ostsee mit wenigen Sommergästen spielend, erzählt der Roman mit großem psychologischem Einfühlungsvermögen die Geschichte der zunehmenden Entfremdung eines Liebespaars bis hin zu einer Krise, die die Möglichkeit eines neuen Zusammenfindens nur scheinbar eröffnet.

Für die junge Gräfin Doralice, die ihren Ehemann, den alten Grafen Köhne, verlassen hat, wird das Zusammensein mit dem Maler Hans Grill, von ihr zunächst als berauschende Erfüllung ihres Lebenshungers erfahren, sehr bald schwer erträglich. Durch ihre adlige Herkunft stärker, als ihr selbst bewußt war, geprägt, reagiert sie mit Abwehr auf Benehmen und Ausdrucksweise des in manchem an einen Bauernburschen erinnernden Malers, für seinen Wunsch nach einem gewöhnlichen, durch Arbeit bestimmten Leben hat sie kein Verständnis. Ein wechselseitiges Verstehen stellt sich hingegen sofort in der Begegnung mit dem Leutnant Hilmar, dem Verlobten Lolos, einer Tochter der Familie von Buttlär, ein, beide erkennen einander als durch die gleiche Erfahrung eigener Dekadenz geprägte Standesgenossen. Die sich anbahnende Liebesbeziehung ist der Grund für einen Selbstmordversuch Lolos, dadurch beeindruckt erteilt Doralice Hilmar eine Absage. Die schwierige Wiederannäherung an Hans Grill gelangt nicht an ihr Ziel, weil dieser bei einem nächtlichen Gewittersturm auf dem Meer umkommt.

Der Außenseiterfigur des buckligen Geheimrats Knospelius innerhalb des Romans sehr ähnlich, verhält sich der Erzähler rein beobachtend. Ein Meister in der Schilderung gleitender Übergänge, registriert er die Veränderungen, die mit den Figuren vorgehen, ihre einander ablösenden Stimmungen mit der gleichen subtilen Genauigkeit wie die Veränderungen der Jahreszeit und den Wechsel von Licht und

Farben der Landschaft; mit beidem gibt er sich als ein Erzähler des Impressionismus zu erkennen. Wenn am Ende des Romans Doralice auf die Erfahrung der Unfestigkeit des eigenen Ich und der Veränderlichkeit menschlicher Beziehungen mit dem Vorsatz reagiert, jedenfalls dem toten Hans Grill »treu« zu sein, weiß der impressionistische Erzähler (wie Knospelius) es besser, worauf auch der Titel des Romans hindeutet.

Abendliche Häuser. Roman.

Berlin: S. Fischer, 1914.

Deutlicher noch als in seinen früheren Romanen stellt Keyserling hier die Welt des ostelbischen Landadels als eine bereits anachronistisch gewordene dar, wie dies metaphorisch auch der Titel des Romans anzeigt. Während die ältere Generation auf den auch für sie spürbaren historischen Wandel nur mit um so starrerem Festhalten an den tradierten Normen und gewohnten Lebensritualen reagiert, versucht die junge Generation, sich davon zu emanzipieren, ohne doch dem Bannkreis dieser Welt wirklich zu entkommen. Fastrade von der Warthe hat gegen den Willen des Vaters in Hamburg eine Ausbildung als Krankenpflegerin durchlaufen, kehrt dann aber doch in den Kreis der Familie auf dem Gut Paduren zurück. Dietz von Egloff auf dem Nachbargut Sirow weigert sich, die Pflichten, die der ererbte Landbesitz ihm auferlegt, zu übernehmen, er schockiert durch Liebesabenteuer und eine zwanghafte Spielleidenschaft. Zwischen diesen beiden Figuren kommt es zu einer Verlobung, auch diese vermag allerdings nicht, Dietz von seinem Weg der Selbstzerstörung abzubringen. Unter dem Eindruck eines (durch eine Affäre mit der Frau eines Freundes herbeigeführten) Duells, bei dem er den Gegner tötet, sowie der Auflösung der Verlobung durch Fastrade nimmt Dietz sich selbst das Leben.

Der Wertezerfall, die Müdigkeit und Perspektivlosigkeit der von Keyserling dargestellten Adelsgesellschaft können als paradigmatisch für das Krisenbewußtsein des Fin de siècle gelten. Mit der Figur des Dietz führt Keyserling einmal mehr einen Vertreter der Décadence vor: Der Ekel vor dem gewöhnlichen Leben soll verdrängt werden durch die momentanen starken Erregungen der Nerven bei sexuellen Begegnungen oder beim Spiel; die Isolation des Ich kann nicht durchbrochen werden; die Identität der Person löst sich auf. Befreiung von diesen Erfahrungen der Décadence verspricht die Erfahrung des Einswerdens mit dem »großen, starken Leben« in der Begegnung mit der Natur. Mit der immer neuen Beschreibung von Naturbildern (des Waldes, einer Frühlingsnacht, eines Sonnenuntergangs mit verschwenderischen Farben) setzt der Erzähler auch beim Leser die Möglichkeit solchen Erlebens voraus und erweist sich damit noch 1914 als Vertreter des Lebenskults der Jahrhundertwende.

J. Viering

Carl Hauptmann

1858–1921

Einhart der Lächler. Roman in zwei Bänden.

Berlin: Marquardt, 1907.

Einhart Selle, Sohn eines pflichtgetreuen Beamten und einer in einer bürgerlichen Familie erzogenen Zigeunerin, wird von einer am Waldrand siedelnden Zigeunersippe unwiderstehlich angezogen und folgt dieser; auf Veranlassung des Vaters wird er von der Landpolizei aufgegriffen und in die Lehre bei einem Steindrucker gezwungen. Als sich dabei seine künstlerische Begabung zeigt, erlaubt der Vater ein Studium an der Kunstakademie. Dort gerät der eigenwillige Student bald in Konflikt mit akademischen Lehrern, verläßt die Schule, wächst und reift im Laufe eines wechselvollen Lebens zum »Meister«. Dieser Werdegang verläuft über zahlreiche Stationen, von der Stadt aufs Land, vom (Riesen-)Gebirge in die (Worpsweder) Heidelandschaft und an die See, aus der Heimat ins Ausland (Frankreich, Belgien) und über Beziehungen zu acht Frauen unterschiedlichen Alters und aus allen sozialen Schichten (von der Adligen bis zum Dienstmädchen). Keine Beziehung ist von Dauer, alle enden, sei es durch den Tod der meist kränklichen Mädchen oder aufgrund von Verzicht, unglücklich. Jede wird zu einer wichtigen Entwicklungsstufe zur Meisterschaft Einharts, der als Siebzigjähriger stirbt.

Der Roman gehört zu den um die Jahrhundertwende entstandenen Künstlerromanen, in denen das problematische Verhältnis des Künstlers zum Leben einerseits, zur Gesellschaft andererseits thematisiert wird. Das leitmotivisch verwendete physiognomische Merkmal des Lächelns, das schon den Jüngling charakterisiert und noch in den Augen des Toten liegt, ist Symbol für sein Verhältnis zum Leben: Einfalt, Liebe und Zuwendung bis zum Genuß, aber auch Distanz, Schutz und Überlegenheit eines einsiedlerischen »Sinnierers« und »Traumgängers«, es ist letztlich also Ausdruck von Freiheit. Das Leben – so Einharts Erkenntnis – hat kein Ziel, es will nur gelebt werden. Kunst ist ohne Zweck, sie soll das Innere, »was in uns redet«, reden machen. Der Künstler ist Schauender, Liebender und das Kunstwerk Spiegel der Welt, ein Geschenk der Seele, wenn diese sich zu sich selbst befreit hat, aber kein absichtsvoll hergestelltes Produkt.

Gedankenwelt und Kunstauffassung zeigen deutliche Beziehungen zur Lebensphilosophie und zum Jugendstil, die sich auch in der ausdrucksstarken, schwärmerischen und metaphorischen, zuweilen aber auch formelhaft erstarrenden Sprache nachweisen lassen. Reflexionen über Kunst und Leben unterbrechen, wie im modernen Roman, mehrfach den Erzählablauf.

G. Kluge

Peter Altenberg
(Richard Engländer)
1859–1919

Wie ich es sehe.

Berlin: S. Fischer, 1896.

Die durch die Vermittlung von Karl Kraus zustande gekommene erste Buchveröffentlichung des bereits 37jährigen Wiener Bohemien bietet eine Sammlung von kurzen, den Umfang von 4–5 Druckseiten selten überschreitenden Prosatexten, die beschreibenden, oft auch dialogischen Charakter haben. Auch wo diese Skizzen sich zusammenschließen zu einer »Skizzen-Reihe« (*See-Ufer*; *Frau Bankdirektor von H.*, *Revolutionär*), ist ein Handlungszusammenhang allenfalls angedeutet. Es werden Augenblicksbilder, knappe Gesprächsausschnitte festgehalten, selbst die einzelne Skizze besteht aus einer Folge momentaner, lose aneinandergereihter Impressionen, die allerdings durch eine raffinierte Technik der Wiederholung und der Variation in der Wiederholung ein sehr strenges künstlerisches Kalkül zu erkennen gibt. Das eigentlich Gemeinte muß bei diesem impressionistischen Verfahren vom Leser erst erschlossen werden.

Die beherrschenden Gegenstände der Skizzen sind »die Natur, die Frau, das Kind« (Altenberg im Rückblick in *Prodromos*, 1906). Die mit höchster Sensibilität für Gerüche, Geräusche, Licht- und Farbeindrücke dargestellten, zugleich aber oft auch durch eine preziöse Bildlichkeit zu

Kunstgebilden im Sinne des Jugendstils stilisierten Landschaftsbilder sind der utopische Gegenentwurf zu einer als unbefriedigend erlebten gesellschaftlichen Wirklichkeit. Die Frau und das Kind, anders als der durch seinen Beruf in die Zwänge der bürgerlichen Leistungsgesellschaft eingebundene Mann, bewahren den Sinn für das »Ueberschüssige im Leben«, das über das bloß »Nothwendige« Hinausgehende (*Café chantant*). Die melancholische Grundhaltung der Frau, von Altenberg in immer neuen Variationen vorgeführt, ob am Beispiel der Bankdirektorsgattin oder der Hure (*Putain*), der Neunzehnjährigen (*Neunzehn*) oder der »bleichen Dame von vierzig Jahren« (*Besa flor*), hat ihren Grund in der Erfahrung der Diskrepanz zwischen der Wirklichkeit und dem Traum, dem Leben, wie es ist, und wie es sein sollte. Darin, sich niemals mit dem Gegebenen zufriedenzugeben, ist der Dichter der Verbündete der Frau. Selbst ein »Unbrauchbarer« im Sinne der »thätigen Weltbürger« (*Der Revolutionär dichtet*), sieht er seine Aufgabe darin, durch seine Skizzen, nämlich die Art, »wie« er das Leben »sieht«, die Sehnsucht wach zu halten nach dem, was nicht da ist und auch niemals kommt (*Die Geschwister*).

J. Viering

Gabriele Reuter

1859–1941

Aus guter Familie. Leidensgeschichte eines Mädchens. Roman.

Berlin: S. Fischer, 1895.

Die ihrer Autobiographie *Vom Kinde zum Menschen* (1921) nach anfangs »romantisch-wundersüchtig« gestimmte Erzählerin, Publizistin, Dramatikerin und Kinder- und Jugendbuchautorin Gabriele Reuter hat mit ihren frühen Büchern wie *Episode Hopkins. Zu spät. Zwei Studien* (1889) und *Kolonistenvolk. Roman aus Argentinien* (1891) nur bescheidenen Erfolg. Mit dem »Antifamilienblattroman« *Aus guter Familie. Leidensgeschichte eines Mädchens* hingegen gerät sie sogleich ins Rampenlicht des öffentlichen Interesses. Von fortschrittlicher Seite unter realistischer und emanzipatorisch-agitatorischer Perspektive gelesen und als »wahr, wahr, schauerlich wahr« (H. Lange) gefeiert, wird der Roman von konservativer Seite als bloße Tendenz- oder Anklageliteratur abgetan und sogar lange Zeit als »Teufelswerk« angefeindet. Bewundert oder bekämpft: Reuter gilt jedenfalls fortan gut zwei Jahrzehnte lang als eine »Führerin der Moderne« und der bürgerlichen Frauenbewegung. Sie veröffentlicht Monographien über Marie von Ebner-Eschenbach und Annette von Droste-Hülshoff (1904 bzw. 1905) und überzeugt mit so unterschiedlichen Romanen bzw. Novellenbänden wie *Frau Bürgelin und ihre Söhne* (1899), *Ellen von der Weiden* (1901), *Frauenseelen* (1902), *Liselotte von Reckling* (1904), *Der Amerikaner* (1907) und *Das Tränenhaus* (1908) ein heterogenes, keinesfalls an ihrem thematischen Schwerpunkt »Frauenemanzipation« allein interessiertes Publikum.

Der Roman *Aus guter Familie*, von Thomas Mann in einer freilich entaktualisierenden und entpolitisierenden Lesart als »hinreißendes Erstlingswerk« ebenso geschätzt wie von Freud, der hier eigene spätere Erkenntnisse über Übertragungsphänomene und über Wesen und Entstehung der Neurosen vorweggenommen sah, erzählt in einer Mischung aus objektiver (u. a. Erzählkommentare) und subjektiver Erzählperspektive (erlebte Rede) am Beispiel der Agathe Heidling überaus eindrucksvoll und überzeugend von den psychischen und physischen Verkrüppelungen »höherer Töchter« im Kaiserreich, die diese angesichts mangelhafter geistiger, sozialer und beruflicher Entfaltungsmöglichkeiten erleiden. Viele von ihnen, und mit ihnen Agathe Heidling, stranden über kurz oder lang in sogenannten Frauenbädern, »als sei die Fülle von Blut und Eisen, mit der das deutsche Reich zu machtvoller Größe geschmiedet, aus seiner Töchter Adern und Gebeinen gesogen, und sie könnten sich von dem Verlust nicht erholen. Fast alle waren sie jung, auf der Sommerhöhe des Lebens. Und sie teilten sich in zwei ungefähr gleiche Teile: Die von den Anforderungen der Gatten, von den Pflichten der Geselligkeit und den Geburten der Kinder erschöpften Ehefrauen und die bleichen, vom Nichtsthun, von Sehnsucht und Enttäuschung verzehrten Mädchen.« Durch das gelungene, stets Darstellung und Kritik vermittelnde Zugleich von einfühlsamer Introspektion, situativer Realistik und transindividueller Perspektivierung zählt Reuters *Aus guter Familie* zu den bedeutendsten Romanen des Kaiserreichs.

Ellen von der Weiden. Ein Tagebuch.

Berlin: S. Fischer, 1901.

Die durch ihren äußerst erfolgreichen, freilich auch erbittert angefeindeten »Antifamilienblattroman« *Aus guter Familie: Leidensgeschichte eines Mädchens* (1895) bekannt gewordene Erzählerin, Publizistin, Dramatikerin und Kinder- und Jugendbuchautorin Gabriele Reuter zählt am Ausgang des 19. und in den ersten beiden Jahrzehnten des 20. Jh.s zu den erfolgreichsten und angesehensten Autorinnen im deutschsprachigen Raum.

Der im Erscheinungsjahr 1901 spielende Roman *Ellen von der Weiden* besteht fast ausschließlich aus Tagebucheintragungen und Briefen der gleichnamigen Heldin und nimmt damit eine extrem subjektive Erzählperspektive ein. Die gewählten Darstellungs- bzw. Erzählformen ermöglichen Geschehens-, Meinungs- und Gewissenserforschungen von unterschiedlicher, realen Wahrnehmungs- und Reflexionsprozessen angeglichener Intensität und suggerieren auf diese Weise ein hohes Maß an Authentizität und Unmittelbarkeit. Zwei den Tagebucheintragungen und Briefen vorangestellte prologhafte Erzählpassagen einer unbestimmt bleibenden Erzählerfigur tragen nachhaltig zum quasi dokumentarischen Charakter des Romans und damit zur Glaubwürdigkeit des Erzählaktes, der Erzählperspektive und des erzählten Geschehens bei. Erzählt wird die (Ehe-) Geschichte einer jungen Frau aus dem Harz, die überhastet nach Berlin gegangen ist und dort Fritz Erdmannsdörfer, einen deutlich älteren »Arzt für nervöse Frauen«, geheiratet hat. Die mißratende Ehe der sehr ungleichen Partner gibt die Folie für das zentrale Thema bzw. Anliegen des Romans ab, das weibliche Selbstfindung, Selbstbestimmung und Selbstbehauptung lautet. Innerhalb dieses zentralen Themas oder in unmittelbarem Zusammenhang mit ihm werden ausführlich eine Reihe weiterer Themen(komplexe) wie weibliche Sexualität, weibliche Solidarität, Mutterschaft, sexueller Mißbrauch von Frauen durch Männer, Erotik und Liebe, Freundschaft und Ehe, Trieb und Wille, Neigung und Pflicht, Moral und Sitte, Schuld, Vitalismus, Materialismus und Christentum, zeitgenössische Kunst, Literatur und Philosophie, Künstlerschaft und Bürgerlichkeit oder Generationenkonflikte angesprochen. Das führt im Ganzen dazu, daß ein sehr dichter und vielfädiger Text entsteht, der auf zahlreiche Gesichtspunkte, darunter auch nach wie vor aktuelle Problemstellungen, hin befragt werden kann.

G. Helmes

Clara Viebig
1860–1952

Kinder der Eifel. Novellen.
Berlin: F. Fontane, 1897.

Ein Vater-Sohn-Konflikt ist Thema in *Simson und Delila*. Der autoritäre Förster Pantenburg schickt seinen naturverbundenen Sohn aus dem Haus. Hubert wird Soldat und verfällt der geldgierigen Susanna, die ihn gegen den Vater aufhetzt. Als seine Mutter tödlich erkrankt und Hubert aus dem Militärdienst entlassen wird, beginnt er im heimatlichen Wald zu wildern und schießt auf seinen verhaßten Vater. *Am Totenmaar* erzählt vom Schäfer Steffen Kohlhaas, der seine geliebte Tochter verstößt, als sie ihm anvertraut, daß sie einen Diebstahl begangen und deswegen ihre Stelle im Hotel verloren hat. *Osterquell* beschreibt eine Pilgerfahrt ins Kloster Buchholz. Pater Josef Steffen wird durch die Ankunft der brüderlichen Familie wieder mit seiner eigenen Leidensgeschichte konfrontiert. Als zweitgeborener Sohn mußte er zugunsten seines älteren Bruders auf Hof und Braut verzichten und ins Kloster gehen. *Die Schuldige* schildert die leidvolle Geschichte der Magd Barbara Holzer, die vom schönen Lorenz, dem Sohn des reichen Bauern Simeon Pfalzel, mit ihrem Kind im Stich gelassen wird. Als er eine andere heiraten will, wird sie zur verzweifelten Mörderin an ihm. *Das Miseräbelchen* beleuchtet das Schicksal eines verkrüppelten, schwachsinnigen Kindes, und *Die Cigarrenarbeiterin* erzählt vom trostlosen Leben der Fabrikarbeiterin Maria Brand in Manderscheid, deren Wunsch nach Mann und Kind versagt bleibt. *Margrets Wallfahrt* geht zum Heiligen Rock nach Trier, um für die Genesung der Mutter zu beten. Die Geschäftemachereien mit Reliquien, die Mißgunst und die Übergriffe anderer Pilger in der Stadt ernüchtern den einfachen Glauben des Bauernmädchens.

Mit dieser Novellenanthologie begann Clara Viebigs literarischer Erfolg. Alle Eifelgeschichten, auch die späteren Sammlungen wie *Naturgewalten* (1905), *Die heilige Einfalt* (1910) und *Heimat* (1914), haben einen biographischen Hintergrund und sind genau lokalisierbar. Stets wiederkehrende Figuren sind starke Frauengestalten, die nicht gewillt sind, sich den herrschenden gesellschaftlichen Normen unterzuordnen. An den selbstbewußten Muttergestalten zeigt sich eine Umwertung der traditionellen Frauenrolle und Geschlechtermoral.

Das tägliche Brot. Roman in zwei Bänden.

Berlin: F. Fontane, 1900. – Vorabdruck in: Deutsche Warte 1900.

Mine und Bertha, zwei Bauernmädchen aus der preußischen Provinz Posen, gehen nach Berlin, um sich dort als Dienstmädchen zu verdingen. Bertha hofft, in Berlin das große Glück zu finden. Mine hingegen treibt die finanzielle Notlage der Familie in die Großstadt. Ihre erste Anlaufstelle ist der Grünkramladen, in dem Frau Reschke zugleich ein Vermittlungsbüro für Dienstboten betreibt. Trude, die älteste Tochter, versucht dem Kellerleben als Prostituierte zu entfliehen. Grete, ihre mißgebildete und gedemütigte Schwester, führt eine Außenseiterexistenz und findet religiösen Trost bei der Heilsarmee. Ellis lebhaft-witziges Wesen wird zielgerichtet zur Umsatzsteigerung eingesetzt. Und Arthur, in den alle familiären Hoffnungen gesetzt werden, versagt im Studium und verfällt dem Alkohol. Die Schicksale der beiden Hauptfiguren entwickeln sich sehr unterschiedlich. Dem Abstieg Berthas vom hübschen Stubenmädchen zur heruntergekommenen Animierkellnerin steht die Entwicklung Mines von der hilflosen Magd zur selbstbewußten Frau entgegen. Mine trotzt allen Bedrohungen der Großstadt und steht für Menschlichkeit ein. Während eines Sonntagsausflugs kommt es zwischen Arthur und Mine zu einer schicksalhaften Begegnung, aus der ein Kind entsteht. Der Status der ledigen Mutter verschärft für Mine den Existenzkampf. Es kommt zum Konflikt zwischen ihrer Dienstmädchenstellung und der Mutterschaft, der sich in dem Gedanken zuspitzt, sich des Kindes zu entledigen. Schließlich erkämpft sie, daß Arthur die Vaterschaft anerkennt und in eine Heirat einwilligt. Doch auch als Vater und Ernährer versagt Arthur. Mine sichert mit ihrer Arbeit das Überleben der Familie, deren Situation sich dramatisch verschlechtert. Arthur verliert eine Stelle nach der anderen, Mine erwartet ein zweites Kind, und die Familie steht unmittelbar vor dem Ruin. Unvermutet widerfährt ihnen Rettung: Herr Müldner, ein ehemaliger Dienstherr, besorgt ihnen eine neue Wohnung und verhilft Arthur zu einer Portierstelle.

Clara Viebigs Dienstbotenroman, der in der Tradition von Richardsons *Pamela* und Edmond und Jules Goncourts *Germinie Lacerteux* steht, ist die erste Schilderung der sozialen Situation der Dienstmädchen in Deutschland. Im Geleitwort zum Vorabdruck, das nicht in die Buchausgabe übernommen wurde, plädiert die Autorin für soziale Gerechtigkeit und humanitäre Verantwortung. Not und Elend des Großstadtlebens, die existentiellen Probleme der Unterschichten und die zeitgenössische Diskussion um die »Frauenfrage« haben literarische Bedeutung gewonnen. In *Eine Handvoll Erde* (1915) wird das Schicksal Mines und Arthurs nach einem Zeitsprung von zwanzig Jahren weitererzählt. Außerdem gehören zu dem Berliner Romanzyklus u. a.: *Die vor den Toren* (1910), *Das Eisen im Feuer* (1913), *Töchter der Hekuba* (1917) und *Das rote Meer* (1920).

Das Kreuz im Venn.

Berlin: Fleischel, 1908. – Vorabdruck in: Die Gartenlaube 1908.

Das kleine Dorf Heckenbroich (Kalterherberg bei Monschau) ist Schauplatz eines Konflikts zwischen den rückständigen Eifelbewohnern, deren Fürsprecher Bürgermeister Leykuhlen ist, und dem Landrat Mühlenbrink. Eine staatliche Kommission untersucht die hygienischen Zustände in den Eifeldörfern und fordert den Bau einer Wasserleitung, um der Typhusgefahr zu begegnen. Doch die gottesfürchtigen Dorfbewohner investieren ihr Geld lieber in den Neubau der Kirche und nehmen dafür die verseuchten Brunnen in Kauf. Ein Handlungsstrang kreist um die Strafkolonie, die unter dem Aufseher Simon Bräuer das Venn kultivieren soll. Unter den Strafgefangenen tritt besonders das Schicksal des pädophilen Triebtäters Jacobs hervor, der unter den krankhaften Vorstellungen leidet, die das junge Kathrinchen in ihm auslöst. Daneben erzählt der Roman verschiedene Geschichten über die Liebe: Dem jungen Leutnant Abeking, dem die Einsamkeit und die rauhe Landschaft zu schaffen machen, hat die durchtriebene Witwe Helene vom »Weißen Schwan« den Kopf verdreht. Egon von Scheffler spürt seine Zuneigung zu Helene und muß um die Tochter des Fabrikanten Heinrich Schmölder kämpfen, dem der Schwiegersohn nicht standesgemäß ist. Erzählerischer Höhepunkt des Romans ist die Schilderung der Echternacher Springprozession, zu der Bäreb Huesgen fährt, um dort für ihren epileptischen Bruder Dores zu beten. Das junge Mädchen gerät auf der Wallfahrt in eine Art religiöse Ekstase, in die sich erotische Gefühle mischen. In den Menschenmassen, mit der Musik und im Zusammentreffen mit Niklas erlebt sie erstmals den Rausch der Sinne. Eine andere Geschichte entspinnt sich um den intellektuellen Freigeist Josef Schmölder, der sich aus der Gesellschaft in das abgelegene Jagdhaus zurückgezogen hat. In der Einsamkeit der Fangeuse entwickeln sich Liebesgefühle zu der siebzehnjährigen Bäreb. Nach einer Krankheit, die wie eine innere Erlösung vor der Versuchung wirkt, setzt er sich an die Riviera ab.

Wie *Das Weiberdorf* (1900) zeigt auch diese regionale Milieustudie eine enge Verbindung von Religion und Landschaft abseits vom Konservativismus. Eine übergreifende

Thematik ist Viebigs Kritik am volksfrommen Katholizismus, die ihr teilweise massive öffentliche Ablehnung eingetragen hat. In *Absolvo te* (1907) schildert sie beispielsweise die Auswüchse eines fehlgeleiteten Glaubens. Die literarisch großartig gelöste, in rhythmisierte Sprache gefaßte Beschreibung der Echternacher Springprozession erinnert thematisch an Zolas *Lourdes*.

U. Graf

GERHART HAUPTMANN
1862–1946

Bahnwärter Thiel. Novellistische Studie.

Berlin: S. Fischer, 1892. – Vorabdruck in: Die Gesellschaft 1888.

Hauptmanns novellistische Studie schildert das eintönige Leben eines Bahnwärters, der weit abseits der nächsten menschlichen Ansiedlung im märkischen Forst seinen Dienst versieht. Nach dem frühen Tod seiner ersten, kränklichen Frau heiratet Thiel erneut, um seinem Kind die notwendige Pflege zukommen zu lassen. Lene, eine robuste Kuhmagd, scheint zwar äußerlich besser zu Thiel zu passen als die im Wochenbett gestorbene Minna, führt allerdings nach kurzer Zeit, wie die Dorfbewohner mit Spott bemerken, ein harsches Ehe-Regiment. Während Thiel sich in den Bezirk seines Bahnwärterhäuschens zurückzieht, wo er in langen Nächten Zwiesprache mit seiner verstorbenen Frau hält, ist Tobias, der schwächliche Sohn aus erster Ehe, Lenes Wutanfällen schutzlos ausgesetzt. Als Lene ein eigenes, kerngesundes Kind zur Welt bringt, beginnen selbst die Nachbarn sich um den kleinen Tobias Sorgen zu machen.

Durch einen Zufall gerät Thiels Doppelleben zwischen Lenes brutaler Leidenschaft und Minnas spirituellem Zuspruch ins Wanken. Als dem Bahnwärter ein Stück Land längs der Bahnlinie zur Bewirtschaftung überlassen wird, muß er Lene den Zugang zum »geheiligten« Bezirk des Bahnwärterhäuschens erlauben, der ausschließlich der Verstorbenen gewidmet ist. Das in einem Traum vorweggenommene Unheil – Thiel sieht Minna mit einem blutigen Bündel im Arm auf den Bahngleisen – nimmt seinen Lauf, als Lene zur Bewirtschaftung der neuen Fläche in den Forst kommt. Während sie längs der Bahnlinie Kartoffeln pflanzt, gerät der kleine Tobias unter einen Schnellzug. Thiel bricht zusammen, als er nach endlos langen Stunden der Ungewißheit erfährt, daß sein Sohn auf dem Weg zum Arzt gestorben ist. Man bringt den bewußtlosen Bahnwärter nach Hause, wo er scheinbar in einen ruhigen Schlaf fällt. Noch in der Nacht entdecken Dorfleute, daß Thiel Frau und Kind erschlagen hat. Man findet ihn an der Stelle, wo Tobias vom Zug überfahren wurde. Die Novelle endet mit der Einlieferung des Bahnwärters in die Irrenabteilung der Berliner Charité.

Der Untertitel »Novellistische Studie« deutet bereits den wissenschaftlich-experimentellen Charakter der Novelle an, mit der Hauptmann innerhalb der literarischen Zirkel zum ersten deutschen Naturalisten avancierte. Das soziale Milieu der Novelle und die minutiöse Beschreibung des ausbrechenden Wahnsinns sind sowohl von Büchners *Lenz* als auch von den deterministischen Verfallsstudien Zolas geprägt. Zugleich sprechen die symbolische Grundierung der Novelle und ihr sorgfältig ausbalanciertes Spektrum von Gegensätzen für einen künstlerischen Gestaltungswillen, der über die poetologischen Vorgaben des Naturalismus hinausgeht. Von der zeitgenössischen Prosa hebt sich die Novelle dadurch ab, daß hinter dem erbärmlichen Ende des Bahnwärters ein Verhängnis von archaisch-elementarer Wucht erkennbar wird.

Der Narr in Christo Emanuel Quint. Roman.

Berlin: S. Fischer, 1910. – Vorabdruck in: Die neue Rundschau 1910.

Hauptmanns erster Roman erzählt die Geschichte einer radikalen Nachfolge Christi, die sich nach Auskunft des Erzählers gegen Ende des 19. Jh.s in Schlesien ereignet haben soll. Der Tischlersohn Emanuel Quint verläßt an einem Sonntagmorgen im Mai die elterliche Hütte und hält im nahegelegenen Reichenbach eine Bußpredigt, die ihm sogleich Polizeigewahrsam einträgt. Durch das obrigkeitliche Einschreiten und den Spott des Publikums fühlt sich Quint erstmals der vollen Nachfolge Christi gewürdigt. In der Gewißheit, daß der Heiland in ihm ist, wandert er durch das schlesische Eulengebirge. Zwei armselige Betbrüder verstärken dieses Selbstgefühl, da sie ihm die wundersame Heilung ihres kranken Vaters zuschreiben. Ein Wanderprediger, der seinem Publikum nach dem Vorbild Johannes' des Täufers das kommende Gericht ausmalt, läßt sich herbei, Quint zu taufen. Spätestens von diesem Zeitpunkt an ordnet sich Quints Lebensweg nach Maßgabe der Evangelien. Der Getaufte zieht auf den Spuren Christi vierzig Tage und Nächte in die Einöde, wo er sich drei Versuchungen ausgesetzt sieht. Unterdessen löst die Nachricht von Quints »Wunderheilung« einen Zustrom von Erlösungsbedürftigen aus, dem sich der neue Heiland nur mit Mühe entziehen kann. Wegen dieser Unruhestiftung wird Quint verhaftet, allerdings umgehend in seinen Heimatort Giersdorf überstellt, da ein psychiatrisches Gutachten nur Zeichen leichten Schwachsinns diagnostiziert. Hier warten zahlreiche Erniedrigungen von seiten der Dorfbewohner, bis eine pietistische Adlige dem »Giersdorfer Heiland« Asyl anbietet. Während Quint sich auf einem ihrer Besitztümer gesund pflegen läßt und ein ungestörtes Leben führt, gründen seine »Jünger« in einer entlegenen Talmühle ein religiöses Gemeinwesen, das – in Abwesenheit des Meisters – teils häretische, teils orgiastische Züge annimmt. Als Quint von der Verwilderung seiner »Gemeinde« hört, bricht er zur Talmühle auf und beruhigt die fanatisierten Jünger. Dennoch gelingt es ihm nicht, in sein beschauliches Asyl zurückzukehren. Die Jünger folgen ihm, um endlich das Geheimnis des Reichs in Erfahrung zu bringen. Quints öffentliche Antwortpredigt am Ostersonntag ist unverkennbar von messianischem Selbstbewußtsein geprägt. Als er sich für den auferstandenen Christus ausgibt, fliegt der erste Stein: Mit knapper Not entgeht Quint dem Tod. In Begleitung seiner Jünger zieht er nach Breslau, wo er neuen Zulauf von der Stadtbevölkerung erhält. Unter wachsendem Erwartungsdruck schart Quint ein letztes Mal seine Jünger um sich, um ihnen – nach einem gemeinsamen Mahl – die Füße zu waschen. Kurz darauf verdächtigt man ihn eines Mordes, den einer seiner Jünger – eine Judasfigur – begangen hat. Quint wird verhaftet und legt sogar ein (falsches) Geständnis ab, als man den wirklichen Mörder entlarvt hat. Nach der Haft geht Quint den verbliebenen Anhängern aus dem Weg. Im Namen Christi zieht er über Berlin, Frankfurt und Süddeutschland bis in die Schweiz. Die Spur des Narren in Christo endet am Gotthardpaß, wo man seine erstarrte Leiche bei der Schneeschmelze entdeckt. In seiner Tasche steckt ein Zettel mit der Frage: »Das Geheimnis des Reichs?«

Hauptmanns Christus-Roman ist das Produkt einer mehr als zwanzigjährigen Auseinandersetzung mit der Figur des Jesus von Nazareth. In den *Jesus-Studien* der Jahre 1885–1890 und in fragmentarischen Jesus-Dramen der neunziger Jahre zeichnet sich bereits die unorthodoxe Deutung der Evangelien ab, die Hauptmann seinem Protagonisten Emanuel Quint zuschreibt. Der Roman verbindet die Aktualisierung der Lebensform Christi mit harscher Gesellschafts- und Kirchenkritik. Hauptmanns Narr in Christo findet nicht nur in dem für religiöse Schwärmerei empfänglichen Weber-Milieu, sondern auch innerhalb der Breslauer Boheme, bei Sozialagitatoren und Künstlern Resonanz.

Dieser allgemeinen, generationsspezifischen Erlösungsbedürftigkeit stehen die amtlichen Kirchenvertreter des Romans durchaus hilflos gegenüber. Zweideutig ist der Roman nicht nur, insofern er sich gleichermaßen auf die Folie der biblischen Evangelien und auf die Gegenwart der Jahrhundertwende bezieht. Der eingeschaltete Chronist sorgt dafür, daß der Roman weder zu einer psychopathologischen Schwärmerstudie noch zu einem neuen religiösen Gesinnungsbuch wird: Nähe und Distanz, Sympathie und Entlarvung halten sich die Waage. Auf die Vorbehalte kirchlicher Kritiker hat Hauptmann brieflich geantwortet: »Wer [...] in dem *Narren in Christo* den Antichrist zu sehen vermeint, der nehme sich in Obacht, daß ihm nicht selbst etwa Hörner und Klauen wachsen.«

Atlantis. Roman.

Berlin: S. Fischer, 1912. – Vorabdruck in: Berliner Tageblatt 1912.

Der Roman schildert die abenteuerliche Amerika-Reise, die der junge Bakteriologe Friedrich von Kammacher im Januar 1892 unternimmt. Mit der Einschiffung auf dem Amerikadampfer »Roland« gibt Kammacher seine Ehe, die bürgerliche Lebensform und alle Karrierechancen (vorläufig) auf. Statt dessen folgt er der jungen Tänzerin Ingigerd Hahlström, die in Begleitung ihres Vaters zu einem Auftritt in New York unterwegs ist. Die Attraktivität des Mädchens verdankt sich einer Mischung von kindlicher Unschuld und abgründiger Durchtriebenheit; Kammacher ist ihr seit Monaten erlegen. Neben der Werbung um die Gunst der Tänzerin macht er an Bord des Schiffes Bekanntschaft mit anderen exzentrischen Passagieren, besucht in Begleitung des Schiffsarztes sogar das überfüllte Zwischendeck – ohne sich jedoch von seiner Leidenschaft ablenken zu können. In einem Traum von der versunkenen Stadt Atlantis nimmt Kammacher den tatsächlichen Untergang vorweg. In stürmischer See läuft das Schiff auf ein treibendes Wrack. Mit Ingigerd und einigen anderen gehört Kammacher zu den wenigen Passagieren, die den Schiffbruch des Amerikadampfers überleben. Mit einem Frachtschiff in New York angekommen, sucht Kammacher die verwaiste Tänzerin vor den Profitinteressen ihrer New Yorker Agentur zu schützen. Daß Ingigerd seinen Heiratsantrag zurückweist und nach langwierigen Verhandlungen mit amerikanischen Sittlichkeitsbehörden auf die Bühne zurückkehrt, führt zum Bruch. Kammacher verläßt New York und vergräbt sich in der Einsamkeit Connecticuts, wo sich seine innere Krise zu einem lebensgefährlichen Nervenfieber auswächst. Der Zufall will es, daß Kammacher ein zweites Mal gerettet wird. Eva Burns, eine New Yorker Bekanntschaft, findet den bewußtlosen Einsiedler und pflegt ihn gesund. Mit dieser Frau, deren Pragmatismus und Lebensmut von den Dekadenzsymptomen Ingigerds abstechen, kehrt Kammacher nach Europa zurück, um ein neues Leben zu beginnen.

Zum autobiographischen Hintergrund des Romans gehört Hauptmanns kurzzeitige Leidenschaft für die junge Schauspielerin Ida Orloff und seine erste Begegnung mit Amerika, die (nach einer überaus stürmischen Überfahrt) im Jahr 1894 stattfand. Hauptmann läßt seinen Protagonisten zwei Jahre früher, also 400 Jahre nach Kolumbus, in die Neue Welt reisen, um deren Lebensformen zu erproben. Kammacher stößt auf nichts als Profitgier und Prüderie – und kehrt enttäuscht nach Europa zurück. Überzeugender als die plakative Auseinandersetzung mit der amerikanischen Gesellschaft ist die Darstellung der Überfahrt. Der Untergang der »Roland« versinnbildlicht sowohl die erotische Verlockung, der Kammacher ausgesetzt ist, als auch die Orientierungslosigkeit der an Bord versammelten wilhelminischen Gesellschaft. Daß Hauptmann mit der Schilderung des Schiffbruchs dem spektakulären Untergang der »Titanic« im Jahr 1912 literarisch vorausgreift, hat zu einer enormen Anfangspopularität des Romans geführt (die unmittelbar folgende Verfilmung bleibt hinter den Erwartungen des Publikums zurück). Stilistische Mängel und der vollständige Verzicht auf ironische Untertöne lassen *Atlantis* jedoch nicht an das Niveau von Hauptmanns erstem Roman *Der Narr in Christo Emanuel Quint* heranreichen.

Der Ketzer von Soana.

Berlin: S. Fischer, 1918. – Vorabdruck in: Die neue Rundschau 1918.

Bei einem Urlaubsaufenthalt in den Tessiner Alpen macht der Erzähler Bekanntschaft mit einem Berghirten, der als Einsiedler auf dem Monte Generoso lebt. Dieser »Ketzer von Soana« – so nennen ihn die Dorfbewohner – liest dem Erzähler bei einem der Besuche die Geschichte Francesco Velas, des ehemaligen Priesters von Soana, vor: Kurz nach seiner Einführung als Ortsgeistlicher von Soana genießt der junge Vela bereits den Ruf eines Heiligen. Zu seinen ersten Amtshandlungen gehört ein Besuch des Berghirten Scarabota, der in offenbar inzestuöser Ehe auf der Alpe Santa Croce lebt. Beim Aufstieg auf den Berg spürt Vela erstmals die berauschende Wirkung der frühlingshaften Bergwelt. Nachdem er den Priap-Kult, den Scarabota in seiner Hütte pflegt, mit deutlichen Worten verurteilt hat, bietet er der Familie einen Gottesdienst in der entlegenen Bergkirche an. Die Erinnerung an die ausnehmend schöne Tochter der Scarabotas bewirkt, daß der junge Priester weder durch Gebete und Kasteiungen noch durch die Beichte zum seelsorgerischen Alltag zurückfinden kann. Zu seinem Entsetzen erliegt er im Atelier seines Onkels, Vincenzo Vela, der Faszination weiblicher Aktfiguren. Alle geistlichen Skrupel verschwinden, als Vela zum zweiten Mal in die Bergwelt aufsteigt, um die vereinbarte Messe zu lesen. Unter dem Eindruck der frühlingshaften Natur vermischen sich ihm die christlichen Symbole zwanglos mit Insignien des Dionysos-Kultes. Um so enttäuschter ist Vela, als Scarabotas Tochter bei der zweiten Messe fehlt. Unfähig, ohne ihren Anblick ins Dorf zurückzukehren, steigt Vela zur Alpe der Scarabotas auf. Agata kommt ihm wie ein Bacchantin auf einer Ziege reitend entgegen. Als sie wenige Tage später auf sein Geheiß in Soana erscheint, wird sie von der wütenden Dorfbevölkerung beinahe gesteinigt. Vela verzichtet auf die vorgesehene christliche Unterweisung, läßt seine Gemeinde hinter sich und begleitet das Mädchen in die Berge, wo sie ihrer wechselseitigen Liebe freien Lauf lassen. Nach einem erfolglosen Versuch, die geistlichen Pflichten wiederaufzunehmen, kehrt Vela endgültig zu seiner Geliebten in die Berge zurück. Damit schließt die (Binnen-)Erzählung des Berghirten. Wer sich hinter dem Liebespaar Francesco und Agata verbirgt, wird dem Erzähler erst klar, als er beim Abstieg einer Frau begegnet, deren unwiderstehliche Ausstrahlung ihn an das Mädchen der Erzählung erinnert.

Thomas Mann und andere Zeitgenossen haben Hauptmanns Novelle als dionysische Fortsetzung des Christus-Romans *Der Narr in Christo Emanuel Quint* aufgefaßt. In der Figur des Priesters Francesco Vela schlägt christliche Spiritualität in dionysische Leidenschaft um. Dabei wird die christliche Heilsgeschichte nach und nach zurückbuchstabiert: Agata verwandelt sich im Verlauf der Novelle von einer Madonnenfigur zur anderen Eva, Francesco findet über die Naturverbundenheit seines Namenspatrons Franziskus von Assisi zur paradiesischen Lebensform des ersten Menschen zurück. Am Ende markiert eine Liebesnacht die Rückkehr ins Paradies. Der Erzähler gerät dermaßen in den Sog der sinnlichen Entgrenzung, daß er seinen Bericht mit einer Apotheose beschließt. Die Geliebte des Berghirten, der er beim Abstieg zufällig begegnet, beschreibt er als syrische Göttin: »Sie stieg aus der Tiefe der Welt empor und stieg an dem Staunenden vorbei – und sie steigt und steigt in die Ewigkeit, als die, in deren gnadenlosen Hände Himmel und Hölle überantwortet sind.« In der Begeisterung des Erzählers ist eine Rezeptionshaltung vorgezeichnet, die jeden Einspruch erledigt. Das Publikum der Weimarer Republik hat diese Freimütigkeit honoriert: Innerhalb weniger Jahre avanciert die Novelle zu Hauptmanns erfolgreichstem Prosawerk.

Phantom. Aufzeichnungen eines ehemaligen Sträflings.

Berlin: S. Fischer, 1923. – Vorabdruck in: Berliner Illustrirte Zeitung 1922.

Nach einem langjährigen Gefängnisaufenthalt schreibt Lorenz Lubota nieder, was zu seiner Verhaftung geführt hat. Es ist die Geschichte einer erotischen Heimsuchung, die von einem jungen, vollkommen ahnungslosen Mädchen ausgeht. Zum Zeitpunkt der ersten Begegnung – im Mai 1900 – ist Lubota Amtsschreiber im Breslauer Rathaus und wohnt bei seiner pflegebedürftigen Mutter. Die zufällige Begegnung mit Veronika Harlan, der Tochter eines begüterten Eisenwarenhändlers, wirft den jungen, körperlich ein wenig behinderten Mann aus seiner Lebensbahn: Fortan folgt Lubota dem Mädchen bei jeder Gelegenheit, wird bei den Eltern vorstellig und wirbt schließlich als angeblicher Dichter von Weltruhm um ihre Hand. Diese Hochstapelei aus unglücklicher Liebe bleibt ohne Erfolg. Unterdessen hat Lubota mit Wigottschinski Bekanntschaft gemacht, einem halbseidenen Vertreter der Breslauer Unterwelt, der ihm bei der Finanzierung seines neuen, aufwendigen Lebensstils behilflich ist. Das ist um so notwendiger, als Lubota bei einer Prostituierten Ablenkung sucht, die seinem Idol frappierend ähnlich sieht. Als Lubotas vermögende Tante ihr freigiebig verliehenes Geld zurückfordert, weil sie an der Glaubwürdigkeit ihres Neffen zu zweifeln beginnt, sieht sich Lubota in die Enge getrieben. Gemeinsam mit Wigottschinski will er einen Einbruch bei seiner Tante vortäuschen. Der Zufall will es, daß die Tante den eigens angeheuerten Einbrecher stellt und nach kurzem Handgemenge getötet wird. Die Verhaftung der Drahtzieher folgt am nächsten Morgen. Lubota beschließt seine Aufzeichnungen mit der Hoffnung, dem Bannkreis verderblicher Leidenschaft endgültig entkommen zu sein.

Mit dieser Erzählung kehrt Hauptmann noch einmal in die Welt des erzählerischen Naturalismus zurück. Neben dem psychologischen Interesse an einer Leidenschaft, die den Betroffenen beinahe zum Wahnsinn führt, bietet die Erzählung ernüchternde Einblicke in die Halb- und Unterwelt der Großstadt Breslau. Beide Sujets kamen den Interessen der jungen Filmindustrie entgegen: Wenige Monate nach dem Erstdruck wurde die Verfilmung der Erzählung unter der Regie von Friedrich Wilhelm Murnau im Rahmen der Feierlichkeiten zu Hauptmanns 60. Geburtstag präsentiert.

Die Insel der großen Mutter oder Das Wunder von Île des Dames. Eine Geschichte aus dem utopischen Archipelagus.

Berlin: S. Fischer, 1924.

Hauptmanns »Geschichte aus dem utopischen Archipelagus« spielt auf einer Insel im stillen Ozean, wo einige hundert Europäer – mit Ausnahme eines Knaben ausschließlich Frauen – nach einem Schiffbruch Zuflucht finden. Unter der Leitung der Berlinerin Anni Prächtel arrangiert man sich sehr bald mit der neuen Situation, zumal die Insel allen elementaren Bedürfnissen entgegenkommt. Wie von selbst streifen die Frauen die Umgangsformen der europäischen Zivilisation ab und nehmen statt dessen die mythische Lebensform hesperischer Nymphen an. Bevor sich Langeweile und Überdruß einstellen können, ereignet sich das »Wunder von Île des Dames«: Die schwärmerisch veranlagte Babette Lindemann kündigt eine unbefleckte Empfängnis an, die sie dem Schlangengott Mukalinda verdanken will. Da Phaon, der einzige Knabe der Insel, aufgrund seines Alters als Erzeuger ausscheidet, wird auf Initiative der Insel-Vestalin Laurence Hobemma ein Kultus begründet, der die Vaterschaft mit einem göttlichen Geheimnis umgibt. Weitere Geburten ereignen sich in schneller Folge. Während die Frauen ihre Mutterschaft ohne Mann als entscheidenden Sieg über das patriarchalische Europa feiern, wächst allerdings in Gestalt der männlichen Nachkommen eine ernsthafte Bedrohung der Idylle heran. Der Frauenrat einigt sich, die Knaben in einen abgelegenen Inselteil zu deportieren. Es dauert nur wenige Jahre, bis die heranwachsenden Töchter dafür sorgen, daß es nicht bei dieser Trennung bleibt. Die sinnliche Energie der jungen Generation entlädt sich in einer dionysischen Orgie, bei der alle Spuren des Mukalinda-Kultus zerstört werden. Während sich ein Neuanfang jenseits des Matriarchats andeutet, verläßt Phaon, auf den der gesamte Insel-Nachwuchs zurückgeht, mit (nur) einer Frau die Insel.

Johann Jakob Bachofens Schriften über das Mutterrecht bilden die wesentliche Anregung für Hauptmanns weibliche Spielart der Robinsonade. Auf utopischem Terrain wird eine neue, weibliche und dezidiert antieuropäische Gesellschaftsform erprobt. Hauptmann feiert die friedfertige Staatsform und den mythischen Spurengang seiner Protagonistinnen, räumt jedoch der Macht des Eros das letzte Wort ein. Das literarische Experiment der Île des Dames soll vor Augen führen, daß ein radikaler Frauenstaat selbst unter paradiesischen Verhältnissen an immanenten Widersprüchen zerbricht.

Das Meerwunder. Eine unwahrscheinliche Geschichte.

Berlin: S. Fischer, 1934. – Vorabdruck in: Die neue Rundschau 1934.

Bei einem Urlaubsaufenthalt in einer italienischen Hafenstadt wird der Erzähler zu einer Versammlung des »Klubs der Lichtstümpfe« geladen, dessen Mitglieder sich wechselseitig die unwahrscheinlichsten selbsterlebten Geschichten erzählen. An diesem Abend gibt der todkranke Logenbruder Cardenio das Geheimnis seines Lebens preis. Er berichtet von seiner Leidenschaft für eine Frau, die er als Seefahrer vor langen Jahren im Hafen von Sidney kennengelernt hat. Da Cardenio zunehmend eifersüchtiger wird, ziehen die beiden auf eine menschenleere Hallig. Allerdings scheint die Geliebte die neue bodenständige Lebensform nicht zu vertragen. Heimlich fährt sie so lange in einer kleinen Bark auf die offene See hinaus, bis sie eines Tages ausbleibt. Cardenio ist überzeugt, daß sie als Meerweib in ihr Element zurückgekehrt ist; schon in Sidney hieß es, sie habe Fischblut in den Adern. Halb wahnsinnig schnitzt er nach ihrem Bild eine Galionsfigur mit Namen »Chimaera«. Er verläßt die Hallig, fährt mit diesem Kultbild am Bug erneut zur See – und erleidet wenig später Schiffbruch. Mit einem schwedischen Maat und dem Schiffskoch kann Cardenio sich auf eine unbewohnte Insel retten. Während der Schwede bei einem Erkundungszug verschwindet, werden Cardenio und der Koch Zeugen merkwürdiger Vorkommnisse: Um die am Giebel der Schutzhütte angenagelte Galionsfigur (Cardenio hat sie mit knapper Not vom Wrack gerettet) versammeln sich in Vollmondnächten Vögel und Eidechsen. Cardenio glaubt von seiner Chimaera die Worte »Ich will kein Mensch sein« zu hören: ein Ausdruck erbitterter Auflehnung gegen die gesamte Schöpfung. Zugleich ertönt aus einer nahegelegenen Bucht ein sirenenhafter Gesang, der zuerst den Koch in Bann zieht. In der nächsten Vollmondnacht – das Zusammenleben der beiden Männer ist mittlerweile durch Eifersucht und Mißtrauen vergiftet – findet der Koch in der Bucht den Tod. Trotz dieser Warnung folgt auch Cardenio dem Gesang bis in eine Felsgrotte, wo er mit einer Meerfrau Bekanntschaft macht. Cardenio gelingt es, die Grotte lebend zu verlassen. Die Erinnerung an die ausnehmend schöne Nereide führt allerdings zu einer Entfremdung von seinem Kultbild Chimaera. Nach zwei weiteren

Nächten ungeahnter sinnlicher Erfüllung nimmt Cardenio sich vor, der Nereide in die Meereswelt zu folgen: ein Plan, der auf rätselhafte Weise von der Galionsfigur durchkreuzt wird. An Bord eines Ozeandampfers kommt Cardenio (mit seiner Chimaera) wieder zu Bewußtsein. – Nach dieser Lebensbeichte schreitet Cardenio vor den Augen der Clubmitglieder zur Verbrennung der dämonischen Galionsfigur, die ihn um das Glück einer besseren Lebensform gebracht haben soll. Während die Galionsfigur in Flammen aufgeht, haucht er sein Leben aus.

Indem Hauptmann die erotische Faszination des Weiblichen ins Bild einer Meerfrau faßt, greift er auf einen romantischen Topos zurück. Im Unterschied zu den Undinen der Romantik, die erst durch die Ehe mit einem Menschen ihre Seele gewinnen, schwört Cardenios Chimaera allerdings der Menschenwelt radikal ab. Ihr Losungswort »Ich will kein Mensch sein« wird zu Cardenios schweigend bewahrter Überzeugung. Dennoch gibt es für beide bis zuletzt kein Entrinnen: Cardenio bannt die Seele seiner Geliebten in ein Kultbild, das weiterhin den Schmerzen des Menschseins ausgesetzt ist, und diese Chimaera wiederum vereitelt Cardenios Meeresexistenz an der Seite der Nereide. Mit dem substantiellen Pessimismus dieser Erzählung nimmt Hauptmann die euphorisch beschriebene Lebensperspektive des *Ketzers von Soana* erzählerisch zurück.

Im Wirbel der Berufung. Roman.

Berlin: S. Fischer, 1936.

Der Roman beschreibt die literarischen und erotischen Anfechtungen eines jungen, dichterisch ambitionierten Mannes, der sich für einige Wochen in der (fiktiven) Ostseeresidenz Granitz aufhält. Gleich nach seiner Ankunft macht Erasmus Gotter Bekanntschaft mit dem in Granitz gastierenden Theaterensemble und wird als Shakespeare-Enthusiast in die Vorbereitungen der *Hamlet*-Inszenierung hineingezogen, die zum Geburtstag des Fürsten am Hof stattfinden soll. Angesichts der jungen, attraktiven Schauspielerin Irina Bell läßt Gotter sich überreden, die Regie zu übernehmen und sogar selbst als Hamlet aufzutreten. Im Verlauf der Theaterproben verschwimmen Fiktion und Wirklichkeit: Gotter identifiziert sich mit Hamlet; Irina Bell ist für die Rolle der Ophelia vorgesehen, erhält allerdings von der Granitzer Prinzessin Ditta Konkurrenz. Damit ist der zweifache Ehebruch des Regisseurs und Hauptdarstellers vorgezeichnet: Gotter erliegt sowohl der hemmungslosen Irina Bell als auch der Prinzessin. Unterdessen ist Gotters Ehefrau Kitty angereist. Die drohende Konfrontation bleibt aus, da Gotter nach der (erfolgreichen) Generalprobe von einem Blutsturz überrascht wird. Aus der Distanz eines Davoser Sanatoriums nimmt er sich vor, ein neues Leben mit seiner Frau zu beginnen. Seiner dichterischen Berufung ist Gotter nun gewiß.

Hauptmann verbindet in diesem Roman Erinnerungen aus unterschiedlichen Lebensabschnitten: ein Rügenaufenthalt des Jahres 1886, Schauspiel- und (spätere) Regie-Erfahrungen und schließlich die im Jahr 1905 ausbrechende Leidenschaft für die Schauspielerin Ida Orloff, die im Roman unter dem Namen Irina Bell erscheint. Wichtiger als dieser persönliche Erlebnishintergrund ist die literarische Auseinandersetzung mit Shakespeares *Hamlet*. Hauptmann schreibt dem jungen Gotter nicht nur seine in den zwanziger Jahren publizierte, eigenwillige Hamlet-Deutung, sondern auch die Autorschaft des 1935 uraufgeführten Dramas *Hamlet in Wittenberg* zu. Gotters Hamlet-Identifikation erhält dadurch ein besonderes allegorisches Gewicht, daß man in dem melancholischen Dänenprinzen zugleich Deutschlands Schwächen verkörpert sieht. Zugleich knüpft Hauptmann an die Tradition des Bildungsromans an. Die handlungskonstitutive Funktion der *Hamlet*-Aufführung rückt das Werk unverkennbar in die Nähe von Goethes Roman *Wilhelm Meisters Lehrjahre.* Im Unterschied zu seinem literarischen Vorläufer wendet sich Erasmus Gotter allerdings nicht vom Theater ab. Die Granitzer Bühnenerlebnisse, denen Hauptmann seine ganze Theaterleidenschaft unterlegt hat, bestärken den Protagonisten darin, zur dichterischen Laufbahn berufen zu sein.

F. Marx

ARTHUR SCHNITZLER

1862–1931

Sterben. Novelle.

Berlin: S. Fischer, 1895. – Vorabdruck in: Neue Deutsche Rundschau 1894.

Als eine plausible klinische und psychologische Studie begründete die Novelle Schnitzlers Ruf als Erzähler. Sie beginnt, an einem Maitag des Jahres 1890, mit einem Todesurteil. Felix, offenbar lungenleidend, hat eben die fatale Diagnose erfahren: Man gibt ihm noch ein Jahr. Seine Geliebte Marie verspricht ihm verzweifelt, ihn nie zu verlassen und mit ihm zu sterben, was Felix edelmütig zurückweist, ebenso wie die Täuschungsmanöver seines Freundes und Arztes Alfred. Aber schon in der Sommerfrische am See, später bei einem Aufenthalt im festlichen Salzburg, läßt sich Maries Lebenswille ebensowenig unterdrücken wie Felix' Lebensneid. Nach der Rückkehr ins spätsommerliche Wien folgen Phasen des wütenden Aufbegehrens, der Apathie und der trügerischen Hoffnung; je mehr sich Felix' Befinden verschlechtert, desto krasser wird die Entfremdung zwischen beiden. Während Felix jetzt ein Recht darauf zu haben glaubt, Marie in den Tod mitzunehmen, kommt ihr die »Gabe des Mitleidens allmählich abhanden«. Eine

Herbstreise nach Meran tritt Felix schon als Sterbender an; als er sie dort an ihr Versprechen erinnert und gewaltsam bei sich halten will, stürzt Marie aus dem Haus, und Felix stirbt den gefürchteten einsamen Tod.

Indem der Text Felix' Lebensfrist nochmals um die Hälfte verknappt, erhöht er das Tempo der gegenläufigen psychischen Entwicklung der Figuren und nähert sich dabei der Unmittelbarkeit des inneren Monologs. Das romantische Klischee vom gemeinsamen Liebestod wird ebenso als »Komödie« entlarvt wie eine tröstliche Todesmetaphysik; die Schilderung von Felix' körperlichem Verfall verabschiedet jede literarische Fiktion vom schönen Sterben.

Die Toten schweigen.

In: Cosmopolis 1897.

Emma, Professorengattin und Mutter eines kleinen Jungen, trifft sich abends heimlich zu einer Ausfahrt mit ihrem Geliebten Franz. Franz' halbherzige Überredungsversuche, sie möge ihren Mann verlassen, scheitern an Emmas bürgerlichem Sicherheitsdenken. Das Wetter ist stürmisch, der Kutscher betrunken, und so kommt es in der Finsternis auf einer einsamen Straße jenseits der Donau zur Tragödie: Der Wagen stürzt um, Franz wird tödlich verletzt. Während der Kutscher Hilfe holt, verwandelt sich Emmas Schrecken in schaurige Angst vor dem leblosen Körper und schließlich in die Furcht vor der Entdeckung. Sie läßt die Leiche einfach liegen – »der Tote ist es, der sie hier behalten will, und es graut sie vor seiner Macht« – und flüchtet panisch nach Hause. Ihrem Mann gegenüber versucht sie die Fassung zu bewahren. Aber ihr Schuldgefühl steigert sich bis zur Angstvorstellung, Franz könne nur scheintot gewesen sein und sie aus Rache seinerseits preisgeben, und unbewußt verrät sie sich, indem sie den beschwörenden Satz: »Die Toten schweigen« laut ausspricht. Der Verdacht ihres Mannes ist geweckt, worauf sie sich zu einem Geständnis entschließt.

Während die Novelle berühmte Motive aus Flauberts *Madame Bovary* zitiert, verknappt sie das Sujet des Ehebruchs aufs äußerste, auf ein Stenogramm aus der Innensicht der Figur. In dem Maß, in dem sich der Dialog verkürzt und das Erzähltempo beschleunigt wird, reduziert sich die Geschichte der Untreue auf ein einziges Desillusionsmoment: Sekurität geht vor Pietät. Paradox wie der Titel – die Toten schweigen eben nicht, sie bringen die Lebenden zum Sprechen – ist dann auch das Ende: Die Wahrheit, die Emma sich anschickt zu gestehen, ist ja schon keine mehr, weil ihre Gefühle für den Geliebten nie »wahr« gewesen sind.

Der blinde Geronimo und sein Bruder.

In: Die Zeit 1900–01.

In einem Wirtshaus unterhalb des Stilfserjochs pflegt der blinde Geronimo für die Durchreisenden zur Gitarre zu singen. Als Kind hat ihn sein Bruder Carlo beim Bolzenschießen verletzt, was die Erblindung verursachte. Nach dem Tod des Vaters sind die Brüder mittel- und obdachlos zurückgeblieben. Carlo, von Schuld und Mitleid gepeinigt, begleitet Geronimo nun schon seit zwanzig Jahren auf seinen Wanderungen und sammelt für ihn die Almosen ein. An einem trüben Herbsttag spielt nun ein Reisender den Brüdern einen bösen Streich: Er versichert dem Blinden, er habe seinem Bruder ein Zwanzigfrankenstück gegeben, und weckt damit Geronimos Verdacht. Carlo, als Betrüger beschuldigt, will das Vertrauen seines Bruders, dem er sein Leben geopfert hat, unbedingt zurückgewinnen und stiehlt des Nachts aus einem Fremdenzimmer ein Goldstück, um es Geronimo vorweisen zu können. Am Morgen veranlaßt er ihn, ins Tal aufzubrechen, und zeigt ihm die Münze, kann aber sein Mißtrauen nicht zerstreuen. Am Weg wartet bereits ein Gendarm, telegraphisch von dem Diebstahl verständigt. Während er die beiden abführt, begreift Geronimo offenbar die Zusammenhänge, und Carlo sieht ihn lächeln, »wie er es seit den Kinderjahren nicht mehr an ihm gesehen hatte«.

Die klassische Novellenstruktur erlaubt Momente der Wiederholung und Umkehr: Wird das Dingsymbol der Münze zuerst fiktiv gegeben und dann real gestohlen, so verliert der ehrliche Carlo das Vertrauen, das er als Dieb zurückgewinnt, weil er, in der Dunkelheit der fremden Kammer, so »blind« ist wie der Bruder hellsichtig wird. Am Brüdermotiv, einer bei Schnitzler wichtigen Konstellation, wird eine prägnante Dialektik von Täuschung und Erkenntnis entwickelt.

Lieutenant Gustl. Novelle.

Berlin: S. Fischer, 1901. – Vorabdruck in: Neue Freie Presse 1900.

Schnitzlers Novelle spielt, stundengenau datiert, am 4. und 5. April des Erscheinungsjahres 1900: Im Gedränge nach einem Konzert geraten ein Leutnant und ein Bäckermeister aneinander, ohne daß die Umstehenden etwas davon bemerken. Weil Gustl, der Offizier, den Zivilisten nicht zum Duell fordern kann, glaubt er seine Ehre nur retten zu können, indem er sich am nächsten Morgen erschießt. Die Nacht verbringt Gustl, abwechselnd panisch und sentimental, im Freien. Beim vermeintlich letzten Frühstück erfährt er aber, daß den Bäckermeister noch in der Nacht der Schlag getroffen hat; damit ist der einzige Zeuge seiner Demütigung dahin, und flugs entschließt sich Gustl zum Weiterleben.

Den reichlich trivialen Vorfall präsentiert Schnitzler aus der Innensicht seines (Anti-)Helden und legt damit die Banalität eines Bewußtseins frei, das von Vorurteilen (»da sind auch die Hälfte Juden [. . .]. Die Rechtsverdreher sind doch heutzutag' alle Sozialisten! [...] Es ist doch keine was wert«) und Aggressionen gesteuert wird. Nur der absurde militärische Ehrenkodex hält Gustls autoritären Charakter – aber eben nur nach außen hin – zusammen. Indem Schnitzler Gustls Rede in Gedankensplitter zerfallen läßt, zerlegt er auch die hierarchischen und hypokritischen Gesellschaftsstrukturen der späten Habsburgermonarchie. Die Zeitgenossen fühlten sich von der Standessatire getroffen; im April 1901 wurde Schnitzler, bis dato k. u. k. Oberarzt, seines »Offiziercharakters für verlustig« erklärt. Inzwischen gilt die Novelle als das erste deutschsprachige Beispiel für eine souverän angewandte Technik des inneren Monologs.

Frau Berta Garlan. Novelle.

Berlin: S. Fischer, 1901. – Vorabdruck in: Neue Deutsche Rundschau 1901.

Berta Garlan, Witwe eines Versicherungsbeamten, lebt mit ihrem fünfjährigen Sohn ein bescheidenes Dasein in einer Kleinstadt an der Donau. Eine Ausbildung als Pianistin am Wiener Konservatorium hatte sie abgebrochen und sich, nach dem Tod ihrer Eltern, in die spießbürgerliche Ehe mit Garlan geflüchtet. Ein Zeitungsartikel ruft ihr einen Jugendfreund ins Gedächtnis, den inzwischen berühmten Violinvirtuosen Emil Lindbach. Zusammen mit Anna, der jungen Frau des gelähmten und an den Rollstuhl gefesselten Herrn Rupius, wagt Berta eine erste Reise ins verlockend-gefährliche Wien; danach kramt sie Emils alte Briefe hervor, meint sich an eine große Leidenschaft zu erinnern und vereinbart ein Wiedersehen mit ihm. Auf einer zweiten Wienreise wird sie seine Geliebte und sieht sich bereits in Kitschphantasien als zärtliche Ehefrau, ohne seine ernüchternde Distanz merken zu wollen. Erst Emils briefliche Zumutung, sie möge ihm als Gelegenheitsmätresse zur Verfügung stehen, öffnet ihr die Augen. Inzwischen ist Anna Rupius schwer erkrankt; sie stirbt an einer Sepsis. Berta, die erst langsam den Zusammenhang zwischen Annas erotischen Bedürfnissen, ihren Wienreisen und den katastrophalen Folgen eines verbotenen Eingriffs erfaßt, teilt schweigend die Trauer des Rupius, »als hätte ihr Schicksal nur den einen Sinn gehabt, sie das Elend dieses Mannes ganz verstehen zu machen«.

Der Text exponiert Bertas triviales Bewußtsein und die Erinnerungsfälschungen, mit denen sie ihre Triebwünsche zur »einzigen Liebe« umdeutet, führt diese Beschränktheit aber auf die erbarmungslose soziale Kontrolle weiblicher Sexualität zurück. Vorbild der Titelfigur war Schnitzlers Jugendfreundin Franziska Reich (1862–1930).

Der Weg ins Freie. Roman.

Berlin: S. Fischer, 1908. – Vorabdruck in: Die neue Rundschau 1908.

Schnitzlers erster Roman schildert ein Jahr aus dem Leben des Georg von Wergenthin. Ende der Zwanzig, »Freiherr, Germane, Christ«, dazu dilettierender Komponist, gehört Georg zu der privilegierten Wiener Oberschicht, die Ehe und Liebe diskret zu separieren weiß. Eine Affäre mit der kleinbürgerlichen Musiklehrerin Anna Rosner droht zur Verpflichtung zu werden, weil Anna ein Kind erwartet. Georg reist mit ihr in den Süden und mietet dann ein Haus außerhalb der Stadt für die Entbindung. Doch das Neugeborene überlebt nicht, und Georg kann sich seiner Verantwortung durch den Antritt einer Kapellmeisterstelle in Detmold entziehen. Seiner unverbindlichen Haltung und seiner sozialen Ungebundenheit entspricht die Romanstruktur, die Reisen und Visiten aneinanderreiht; Georg gastiert gleichsam nur, auch beim Wiener jüdischen Großbürgertum. Die betreffenden Figuren, vom Patronenfabrikanten Salomon Ehrenberg bis zur sozialdemokratischen Funktionärin Therese Golowski, vertreten in einem durch immer aggressiveren Antisemitismus geprägten Klima alle Positionen zwischen Zionismus und Assimilation, wobei ein weder religiös noch politisch identifizierbarer Jude wie der Schriftsteller Heinrich Bermann nur mehr ein höchst sensibles individuelles Selbstverständnis zu artikulieren weiß. Demgegenüber markieren Georgs Indifferenz und Indolenz ein postliberales Laissez-faire, das Gewalt gegen Außenseiter bereits in Kauf nimmt.

Schon die zeitgenössische Kritik monierte die »Zweisträngigkeit« von Liebesgeschichte und jüdischer Milieustudie, während der Roman aber gerade damit die gesellschaftliche Fragmentierung der späten Habsburgermonarchie abbildet.

Frau Beate und ihr Sohn. Novelle.

Berlin: S. Fischer, 1913. – Vorabdruck in: Die neue Rundschau 1913.

Frau Beate hält sich mit ihrem siebzehnjährigen Sohn Hugo zur Sommerfrische in ihrer Villa am See auf. Seit fünf Jahren Witwe, lebt sie ganz der Erinnerung an ihren Mann, den Schauspieler Ferdinand Heinold. Ihre Befürchtung, Hugo könne sich mit der frivolen Baronin Fortunata in ein Liebesverhältnis einlassen, veranlaßt sie zu einer Aussprache mit der ehemaligen Schauspielerin, was aber das Unheil nicht verhindert. Die bürgerliche Wohlanständigkeit von Beates Sommergesellschaft scheint erotische Wünsche nur notdürftig zu kaschieren, Hugo entgleitet ihr ganz, und sie selbst kann sich der sinnlichen Atmosphäre des Badeortes nicht mehr entziehen: Eines Nachts wird sie die Geliebte von Hugos Schulfreund Fritz Weber. In der Erinnerung verzerrt sich nun auch das Bild ihres verstorbenen Mannes, der zum Komödianten und Ehebrecher herabsinkt: Ein dritter Kamerad, Rudi Beratoner, hat Ferdinands Andenken durch freche Imitation entweiht. Als Beate heimlich mithören muß, wie Fritz im Gespräch mit Rudi ihr Verhältnis preisgibt, überwältigen sie Scham und Ekel, und sie will mit Hugo nach Italien abreisen. Aber auch er ist inzwischen mißbraucht und gedemütigt worden, und vor den Mitwissern gibt es kein Entkommen. Auf einer nächtlichen Kahnfahrt werden Mutter und Sohn zu Liebenden; sie wählen den Freitod im See.

Die zeitgenössische Kritik protestierte gegen Beates sittliche Verworfenheit, während sich psychoanalytische Deutungen der Inzest-Thematik annahmen; Beate/Fortunata und Hugo/Fritz gelten als »Aufspaltungen« derselben Person. Aber zugleich mit dem sexuellen Tabu thematisiert die Novelle, an der Schnitzler ab 1909 gearbeitet hatte, auch die Schranken des gesellschaftlichen Rollenspiels.

Casanovas Heimfahrt. Novelle.

Berlin: S. Fischer, 1918. – Vorabdruck in: Die neue Rundschau 1918.

Parallel zu seiner Autobiographie arbeitete Schnitzler seit 1915 an der Novelle.

Der 53jährige Casanova, aus Venedig verbannt, von Alter und Heimweh geplagt, nimmt, in der Nähe von Mantua, Aufenthalt auf dem kleinen Gut des Olivo, dessen Frau Amalia vor sechzehn Jahren Casanovas Geliebte gewesen ist und dafür von ihm eine Mitgift erhalten hat, was Hochzeit und Wohlstand erst ermöglichte. Von Olivos Nichte Marcolina, einem schönen und gelehrten Mädchen, das in Bologna Mathematik studiert, ist Casanova sofort gefesselt; seine Annäherungsversuche weist sie aber entschieden zurück, was Casanova um so mehr erbittert, als er des Nachts den jungen Leutnant Lorenzi aus ihrem Zimmerfenster steigen sieht. Bei einem Kartenspiel am folgenden Abend verliert Lorenzi ebensoviel, wie Casanova gewinnt; Casanova bietet ihm an, seine Spielschulden zu decken, wenn Lorenzi ihn in der nächtlichen Dunkelheit seine Rolle bei Marcolina spielen läßt. Der üble Handel kommt zustande, und Casanova meint schon, das klägliche Gesetz, das Altern heißt, überwunden zu haben. Aber im Morgenlicht erkennt Marcolina Casanova und wendet sich mit Ekel von dem alten Mann; Lorenzi hat ihn erwartet und fordert ihn zum Duell, das mit dem Tod des Jüngeren endet. Casanova, dem der Hohe Rat von Venedig die Rückkehr gestattet, unter der Bedingung, daß er niedrige Spitzeldienste leistet, erreicht wenige Tage später als schmählich Heruntergekommener seine Heimatstadt.

Hinter dem Verdikt über die Abenteurer-Figur steckt die Kritik an einer korrupten Gesellschaft, hinter Casanovas sentimentalen Erinnerungen die Reflexion auf die trügerische Konstruktion einer Lebensgeschichte.

Fräulein Else. Novelle.

Berlin/Wien/Leipzig: Zsolnay, 1924. – Vorabdruck in: Die neue Rundschau 1924.

In der 1921 skizzierten Novelle folgt Schnitzler, nach *Lieutenant Gustl* (1900) und noch vor der deutschen Übersetzung von Joyces *Ulysses* (1927), wieder der Technik des inneren Monologs. Handlungszeit ist der Abend des 3. September, das Jahr vermutlich 1896. Die neunzehnjährige Else T., von einer Tante in die Sommerfrische eingeladen, hält sich in einem Dolomitenhotel auf, als ein Brief ihrer Mutter eine Katastrophe meldet. Elses Vater, ein Advokat und Börsenspieler, hat Mündelgelder veruntreut; um seinen Ruf in letzter Minute zu retten, soll sie den reichen Kunsthändler Dorsday um ein Darlehen bitten (»eine verhältnismäßig lächerliche Summe – dreißigtausend Gulden«). Dorsday verlangt als Gegenleistung, Else nackt zu sehen. Im Konflikt zwischen Loyalität und Empörung (»du hast zu sicher auf meine kindliche Zärtlichkeit spekuliert, Papa«) tauchen, zunächst im Traum, dann bewußt, Todesgedanken auf, die sich zur Krise steigern, als eine Depesche der Mutter den Handelspreis inflationär erhöht (»Summe nicht dreißig, sondern fünfzig [...] Ja, ich bin im Preis gestiegen«). Im Musikzimmer des Hotels stellt sich Else dann nicht nur vor Dorsday, sondern vor allen Anwesenden buchstäblich bloß, fällt in eine Scheinohnmacht und vergiftet sich in einem unbeobachteten Augenblick mit Veronal.

Die Zeitgenossen rühmten die psychologische – und psychoanalytische – Plausibilität von Elses Bewußtseinsstrom. Else ist aber kein individueller pathologischer Fall, sondern das Opfer kruder Verdinglichung. Das Motiv der Geldentwertung läßt nicht nur die aktuelleren Bezüge zur Zwischenkriegszeit zu; es charakterisiert auch das bürgerliche Geschäft mit den Töchtern.

Traumnovelle.

Berlin: S. Fischer, 1926. – Vorabdruck in: Die Dame 1925–26.

Nachdem Fridolin, ein noch junger Arzt, und Albertine, seine Frau, einander anvertraut haben, daß ihr erotisches Begehren sie auch voneinander trennen könnte, wird Fridolin in unheimliche nächtliche Abenteuer verwickelt. Das Liebesgeständnis der verblühten Tochter eines verstorbenen Patienten, das Angebot einer gutmütigen Prostituierten bleiben noch folgenlos, aber dann wird Fridolin von einem herabgekommenen Klavierspieler namens Nachtigall in die orgiastische Zeremonie einer Geheimgesellschaft eingeschmuggelt, wobei ihm schon im Kostümverleih eine kleine Pierrette gefährlich wird. In einer Villa außerhalb der Stadt treffen die als Nonnen und Mönche vermummten Teilnehmer des Fests zusammen. Sie beginnen einen Tanz, die Herren jetzt in Kavalierstracht, die Frauen nackt bis auf die Maske. Fridolin wird als Eindringling erkannt und bedroht, bis eine der Unbekannten sich für ihn opfern will. Auf freiem Feld ausgesetzt, findet Fridolin den Weg nach Hause, wo Albertine gerade aus einem Traum erwacht: Während sie in eine rauschhafte Orgie geraten ist, wird Fridolin für seine Treue zu ihr ans Kreuz geschlagen. Am nächsten Tag geht Fridolin erfolglos den Spuren des seltsamen Geheimnisses nach, bis er, wiederum nachts, im Seziersaal die Leiche der Unbekannten entdeckt. Sie ist an einer Morphiumvergiftung gestorben. Am Ende kann er Albertine alles erzählen, und sie kommen einander wieder »traumlos nah«.

Elemente des Schauerromans fügen sich in eine Traumdarstellung von psychoanalytischer Plausibilität, wobei aber sowohl die selbstgewonnene Einsicht der Figuren als auch die Divergenz der Geschlechterrollen unterstrichen wird.

Spiel im Morgengrauen. Novelle.

Berlin: S. Fischer, 1927. – Vorabdruck in: Berliner Illustrirte Zeitung 1926–27.

Der Leutnant Wilhelm Kasda wird eines Sonntagmorgens von seinem ehemaligen Kameraden Otto Bogner aufgesucht, der zwei Jahre zuvor wegen einer »dummen Spielgeschichte« den Dienst quittieren mußte. Bogner hat Gelder veruntreut, steht kurz vor der Entdeckung und wäre nur durch ein Darlehen von 960 Gulden zu retten. Kasda, selbst in knappen Verhältnissen, versucht abends sein Glück am Spieltisch; nachdem er bis morgens um zwei 4200 Gulden gewonnen hat, gerät er in der letzten halben Stunde in ein wildes Hasardieren und ist schließlich die Unsumme von 11 000 Gulden schuldig, die bis Dienstag Mittag aufzubringen ist. Ein Bittgang zu Kasdas einzigem Verwandten, dem Onkel Robert Wilram, fruchtet nichts, weil der alles Vermögen seiner jungen Frau Leopoldine überschrieben hat. Kasda erinnert sich an eine Liebesstunde mit dem ehemaligen Blumenmädchen und wendet sich nun an sie. Leopoldine, mittlerweile eine tüchtige Geschäftsfrau, verbringt die Nacht mit ihm und hinterläßt als Liebeslohn 1000 Gulden, als Revanche dafür, daß er seinerzeit ihre Zuneigung mit zehn Gulden bezahlt hat. Kasda beginnt hinter der Demütigung »eine verborgene und doch unentrinnbare Gerechtigkeit« zu ahnen, läßt Bogner die Banknote zukommen und erschießt sich bei Tagesanbruch; sein Onkel, den Leopoldine wenig später mit der nötigen Geldsumme schickt, kommt zu spät.

Schnitzler kontrastiert das Kalkül mit Zeit und Geld, den gesetzten Fristen und Beträgen, mit der Unkalkulierbarkeit von Spiel- und Liebesglück, womit er bürgerliche »Werte« als bloße Berechnung entlarvt.

Therese. Chronik eines Frauenlebens.

Berlin: S. Fischer, 1928.

Vorstufe zu dem Roman, an dem Schnitzler seit 1924 arbeitete, ist die frühe Skizze *Der Sohn* (1892).

Alleingelassen wird die jugendliche Therese Fabiani in Salzburg, wohin die Familie nach der Pensionierung des Vaters übersiedelte. Der ehemalige Oberstleutnant verliert den Verstand, die Mutter verlegt sich auf Kuppelei und Trivialschriftstellerei, der Bruder Karl entzieht sich, der Jugendfreund Alfred Nüllheim ist kein Halt. Nach einer Affäre mit dem treulosen Leutnant Max reist Therese nach Wien, wo sie als Gouvernante ihren Lebensunterhalt verdient. Eine trostlose Serie von wechselnden Dienst- und Liebesverhältnissen beginnt. Von einem Liebhaber, dem schäbigen Hochstapler Kasimir Tobisch, wird Therese schwanger; sie bekommt das Kind, versucht es aber in der Geburtsnacht in völliger Verzweiflung zu ersticken. Der Sohn überlebt und wird aufs Land in Pflege gegeben, wo er verwildert und sich zu einem Nichtsnutz entwickelt. Therese nimmt eine Wohnung, um ihn bei sich zu haben; trotzdem gerät Franz, fast noch ein Kind, auf Abwege. Als Therese einmal Glück zu haben scheint und sich mit Siegmund Wohlschein, dem Vater der geliebten Schülerin Thilda, verlobt, stirbt der Bräutigam unmittelbar vor der Hochzeit. Der inzwischen mehrmals verurteilte Franz pflegt bei der Mutter nach Geld zu suchen; zuletzt wehrt sie sich, er würgt sie, an den Verletzungen stirbt sie am Tag darauf. Therese empfindet ihren Tod aber als Sühne für den einstigen Mordversuch; »ihr armes Leben« hat am Ende noch diesen Sinn gehabt.

Monotonie und Trivialität eines weiblichen Lebenslaufs spiegeln sich in der Wiederholungsstruktur des Romans; die sozialkritische Darstellung einer Außenseiter-Existenz überlagert die deterministischen Aspekte der Familiengeschichte.

K. Fliedl

Hermann Bahr
1863–1934

Die gute Schule. Seelenstände. Roman.
Berlin: S. Fischer, 1890.

Dem Essayisten, Kritiker, Romancier und Dramatiker Hermann Bahr, der sich in seiner Autobiographie *Selbstbildnis* (1923) als ein »intellektueller Herr von Adabei« bezeichnet, der nahezu jede literarische und politische »Mode« seiner Zeit mitgemacht habe, »aber vorher, nämlich als sie noch nicht Mode war. Wenn sie dann Mode wurde, nicht mehr«, wird heute selbst von Kritikern vorbehaltlos zugestanden, am Ausgang des 19. und zu Beginn des 20. Jh.s der »Organisator der österreichischen Literatur« (P. de Mendelssohn) und ein ungemein tätiger »Vermittler, Anreger, Entdecker« (J. M. Fischer) gewesen zu sein. Ihren Niederschlag finden die ebenso verschiedenartigen wie umfangreichen Interessen und Aktivitäten Bahrs, der von Zeitgenossen als »Mann von Übermorgen« (M. Harden) oder »Proteus der Moderne« (O. Hansen) gefeiert, als »hochgradiger Hysteriker« (M. Nordau) pathologisiert, als »Cagliostro« (R. Beer-Hofmann) ins Zwielicht gerückt oder indirekt als »Unkraut« (K. Kraus) diffamiert wurde, nicht nur in einer Vielzahl ausgezeichneter Mitarbeiterschaften, Anstellungen und Rollen, sondern auch in einem allein schon durch den Umfang beeindruckenden, etwa 120 Bände umfassenden Werk. Aus diesem Werk, das heute zum allergrößten Teil vergessen ist, sind neben der Autobiographie die als Programmschriften des deutschsprachigen Impressionismus hochgewichtigen Aufsatzbände *Zur Kritik der Moderne* (1890), *Die Überwindung des Naturalismus* (1891) und *Studien zur Kritik der Moderne* (1894), die Essays bzw. Essaybände *Dialog vom Marsyas* (1905), *Austriaca* (1911), *Inventur* (1912) und *Expressionismus* (1916), die Dramen *Die neuen Menschen* (1887) und *Die Mutter* (1891), die Tragikomödie *Das Tschaperl* (1898), die Komödien *Das Konzert* (1909) und *Die Kinder* (1911), die 1987 unter dem Titel *Prophet der Moderne* herausgegebenen *Tagebücher 1888–1904*, der *Briefwechsel mit seinem Vater* (1971) sowie die Romane *Die gute Schule*, *Himmelfahrt* (1916), *Die Rotte Korahs* (1919) und *Österreich in Ewigkeit* (1929) hervorzuheben.

Die gute Schule, in stark gekürzter Fassung zunächst im ersten Jahrgang der »Freien Bühne« abgedruckt und von deren Herausgeber Otto Brahm den »Modernen« als »Grüner Heinrich des fin de siècle« empfohlen, ist 1889/90 auf einer mehrmonatigen »Reise durch das Selbst« in Südfrankreich, Spanien und Nordafrika entstanden, die sich an den den Autor existentiell wie ästhetisch (er liest Huysmans, Barrès und Gautiers »Notice« zu Baudelaires *Fleurs du mal*) zutiefst aufwühlenden Paris-Aufenthalt 1888/89 anschließt. Sechs im

Nachlaß befindliche und unter der Bezeichnung *Das spanische Buch* firmierende Schreibhefte stellen eine »Vorstudie« zu *Die gute Schule* dar, und wie *Das spanische Buch* darf auch der Roman selbst in freilich deutlich mittelbarerer Form als »Analyse, Dokument und Kritik aus der Dekadenz resultierender psychischer Phänomene« und als »künstlerisch produktive, intellektuelle und emotionale Verarbeitung der Pariser Eindrücke« (R. Farkas) gelten. Wie der von Bahr in Entsprechung zu dem französischen *états d'âmes* gebildete, den Untertitel des Romans abgebende Begriff »Seelenstände« anzeigt, geht es in diesem handlungsarmen Roman nicht um die vom Naturalismus fokussierten *états de choses* und deren nüchtern-objektive Versprachlichung, sondern darum, Irrungen und Wirrungen einer Künstlerseele des Fin de siècle – insbesondere solche ästhetischer und psychosexueller Art – in einer dem Erzählgegenstand angeglichenen, d. h. selbst vor Manierismen nicht zurückscheuenden, hochartifiziellen Sprache und Bildlichkeit darzustellen. Erzählt werden sechs Monate aus dem Leben eines jungen, aus Niederösterreich stammenden Malers in Paris, der – vordergründig, wie sich herausstellt – an einer um impressionistische Farbprobleme bzw. um das Zugleich von Farbe *und* Wahrheit kreisenden Schaffenskrise leidet, und der glaubt, diese Schaffenskrise durch die Beziehung zu einer jungen, von ihm als bloßes Objekt entworfenen Frau aus dem Volk mit Namen Fifi überwinden zu können. Tatsächlich aber erweist sich im Verlauf dieser vertrackt-turbulenten, schließlich gar ans Sadistische streifenden Beziehung, deren Wiedergabe einen Großteil des Romans ausmacht, daß die junge Fifi ungleich mehr Subjekt des Geschehens ist als der Maler, ja dieser nicht einmal Herr im eigenen Seelen- bzw. Trieb-Haus ist. Er muß erst die Schule des Lebens durchlaufen, als die sich die Liebe erweist, um zu jener »wirklichen Weisheit« zu gelangen, die in dem »definitiv vernünftigen« Verzicht auf »unfaßliche Idole« und ideelle Ziele besteht und die in der schnöden Schlußmoral: »Sei reich und allein« kulminiert.

Zu Recht hat die Forschung bemerkt, daß *Die gute Schule* bis in »Detailabhängigkeiten« unter dem Einfluß von Huysmans, Barrès und anderen steht und als »erster deutscher Roman [...] das Prädikat ›fin de siècle‹ verdient«. Problematisch erscheint hingegen die Behauptung, der Roman sei im besonderen im stilistischen Bereich »der verkrampfte Versuch eines jungen Autors, mit allen Mitteln auf sich aufmerksam zu machen« (J. M. Fischer). Eine solche psychologisierende Behauptung wirft Autor und Romanprotagonisten ungerechtfertigterweise in einen Topf. Sie übersieht zum einen die parodistischen Dimensionen des über weite Strecken auch als Pastiche lesbaren Romans und zum anderen die satirische Funktion des als Gegentext zum Maler-Text wohlplazierten Fifi-Kapitels X, durch die der Autor seinen Protagonisten preisgibt. Damit entgeht ihr zum dritten, daß die *Die gute Schule* weniger Künstlerroman als vielmehr der Abgesang auf dieses seit Heinses *Ardinghello* maßgebliche Genre ist.

G. Helmes

GUSTAV FRENSSEN
1863–1945

Jörn Uhl. Roman.

Berlin: Grote, 1901.

»Obgleich er zwischen Särgen und Sorgen hindurch mußte, er war dennoch ein glücklicher Mann. Darum, weil er demütig war und Vertrauen hatte. Aber sei nicht zu weise, Heim. Wir können es doch nicht raten.« Diese Sätze, mit denen der Protagonist einer der Figuren des Romans die Formel seines Lebens liefert, resümieren die Hauptlinie der Fabel und charakterisieren den Erzählton des einst hochgerühmten Romans.

Zunächst wird die verschlungene, figuren- und schauplatzreiche Geschichte eines langen Abstiegs erzählt. Die ›Moderne‹ bricht in die alten Agrarstrukturen ein und korrumpiert die Menschen. Jörn Uhl stammt aus einer reichen dithmarsischen Bauernfamilie. Aber die Mutter stirbt im Kindbett, der Vater hat zwar sozialen Ehrgeiz für seinen Jüngsten, kümmert sich aber um nichts, so daß aus dem geplanten Schulbesuch nichts wird. Eine Jugendliebe zerbricht, Vater und ältere Brüder versaufen den Hof, die jüngere Schwester brennt mit einem Tunichtgut nach Amerika durch. Der Vater erleidet einen schweren Schlaganfall und verblödet schließlich. Der grüblerische und arbeitsame Jörn Uhl übernimmt den hochverschuldeten Hof und heiratet die derbe, fleißige Großmagd; sie stirbt aber am Kindbettfieber. Als er wirtschaftlich alles auf eine Karte setzt und in Monokultur Weizen anbaut, kommt es zu einer Mißernte, der Rest fällt einer Mäuseplage zum Opfer. Zu guter Letzt fährt der Blitz in den Hof. Da gibt Jörn Uhl die Landwirtschaft endlich auf.

Von diesem Wendepunkt an geht es bergauf, und die Chancen, welche die neue Zeit bereithält, werden sichtbar. Die Schwester kehrt aus Amerika zurück, die Jugendliebe ist gereift, Jörn Uhl macht mit einem Kriegskameraden eine Zementfabrik auf, der Bau des Kaiser-Wilhelm-Kanals eröffnet Perspektiven, und schließlich kann der Protagonist auf seine Neigungen und Kenntnisse eine berufliche Existenz als Wasserbauingenieur gründen.

Diese vielfältigen Schicksale im Modernisierungsprozeß werden in einem kolloquialen Ton, langsam und bedächtig, erzählt, was in nicht geringem Maße zum Erfolg des Romans beigetragen hat.

Hilligenlei. Roman.

Berlin: Grote, 1905.

Die Handlung des seinerzeit heißumstrittenen Romans, die in der Weise des bunten Lebens viele Personen und Schauplätze miteinander verknüpft, will in der Modernisierungskrise um die Jahrhundertwende einen Weg weisen. Dabei sind die mitgeteilten Gespräche, Gedanken und Aufzeichnungen wichtiger als die Handlung. Die Suche nach dem Heiligen Land führt zu einer aus der Perspektive eines völkischen Heidentums interpretierten Christlichkeit im Sinne der ›Liberalen Theologie‹ des 19. Jh.s: Der Mensch Jesus von Nazareth und der Glaube an ihn steigen aus dem ›Leben‹ auf.

Der Roman verwebt die Lebensläufe einer Gruppe von jungen Menschen aus dem Städtchen Hilligenlei an der Westküste Schleswig-Holsteins: von Pe Ontjes Lau, einem starken, männlichen Charakter, dem windigen Tunichtgut Tjark Dusenschön, dem unruhigen Sucher Piet Boie, dem Sinnierer Kai Jans und der herben, erdnahen Anna Boie. Alle sind auf ihre Weise auf der Suche nach dem Sinn des Lebens. Kai Jans und Piet Boie fahren über die Weltmeere, wobei Jans zum Invaliden wird, so daß er seine Suche ganz ins Meditative verlagern muß. Indes kann Anna Boie in ihm nicht den zu ihr passenden Partner erkennen, und so verbindet sie sich schließlich mit dem lebenspraktischen Steuermann Lau. Piet Boie steht seinen Mann auf See, während Jans als Pastor am Kirchenglauben zweifelt und an den flachen modernen Lebensformen verzagt. Dusenschön ist in Hamburg zu Geld gekommen und spiegelt den Landsleuten eine glänzende Zukunft im Bau einer Wurstfabrik vor, die ihm 200 000 Mark in die eigene Tasche spült. Um in der Zeit der Wirrnis zur Wiedergeburt seines Volkes beizutragen, stellt Jans diesem Treiben den Bericht über das Leben Jesu als ein wahres Bild Gottes entgegen, verliert dabei allerdings Heinke Boie aus dem Blick, die sich mit dem

Lehrer Peter Volquardsen verbindet. Jans geht nach Südafrika; als er schließlich todkrank in die Heimat zurückfindet, eilen ihm Pe Ontjes Lau und Heinke Boie nach Hamburg entgegen. Dort erlöst ihn der Tod von seiner unruhigen Sinnsuche.

Otto Babendiek. Roman.

Berlin: Grote, 1926.

Dieser dickleibige verschlungene Entwicklungsroman auf den erzählerischen Spuren von Charles Dickens gilt als Frenssens reifstes Werk, hat aber bei weitem nicht mehr das Echo der früheren Romane gefunden. In breiten Milieu- und Charakterschilderungen wird hier ausgebreitet, was um die Jahrhundertwende als ›Niederdeutsch‹ galt.

Otto Babendiek ist ein sinnender Mensch, der es von Kind an schwer mit sich und der Welt hat. Er wird von einer geistigen Unruhe getrieben und hat einen tieferen Blick auf die Dinge. Er stammt aus ländlichen kleinen Verhältnissen und wächst in einem engen Geflecht verwandtschaftlicher und nachbarlicher Beziehungen auf, wobei er immer wieder einfache, offene Menschen findet, die ihm durch die Fährnisse der kalten Welt helfen. Über manche menschliche Rückschläge absolviert er die Schule, beginnt in München ein Studium der Altertumskunde, arbeitet dann aber aus Geldmangel als Journalist in Hamburg. Da er sich nicht zum Gelehrten berufen fühlt, wird er schließlich Schriftsteller. Angesichts seiner zwar glücklichen, aber kühlen Ehe vergräbt er sich immer tiefer in sein Werk. Dort ist ihm Erfolg beschieden. Der literarische Betrieb gefährdet aber auch sein »stilles Horchen auf die Seele«. Seine Frau kommt bei einem Unfall ums Leben, er selbst gerät im Ersten Weltkrieg in russische Kriegsgefangenschaft, flieht über Finnland und Schweden nach Deutschland, wird als Agitator nach Amerika geschickt, kommt an die Westfront, erlebt die deutsche Niederlage und die Inflation. An allen Stationen begegnen ihm immer wieder Personen aus seinem engsten Lebensfeld. Nun erkennt er in aller Klarheit, wie sehr die Welt den Blick auf die wesentlichen menschlichen Dinge verstellt und heiratet eine Jugendfreundin. Jetzt werden er selbst und seine Lebensgeschichte ihm zum Erzählgegenstand.

U.-K. Ketelsen

AGNES GÜNTHER
1863–1911

Die Heilige und ihr Narr.

Stuttgart: Steinkopf, 1913/14.

Seit Beginn dieses Jahrhunderts erreichte der mit den Werken von Hedwig Courths-Mahler verglichene Bestseller immer wieder hohe Auflagen. Die Romanhandlung erstreckt sich über etwa elf Jahre. An einem Weihnachtsabend gegen Ende des 19. Jh.s findet der verarmte, männlich-herbe Graf und Maler Harro von Thornstein, ein Mann um die Dreißig, die holdselige elfjährige Prinzessin von Brauneck im verschneiten Winterwald. Sie sucht den Sarg ihrer verstorbenen Mutter und fühlt sich von ihrem Vater unverstanden. Harro trägt das phantasierende »Seelchen« stundenlang durch den Wald und feiert mit ihr auf seinem Schloß den Heiligen Abend. Zwischen den beiden entwickelt sich eine innige Freundschaft. Rosmarie schenkt ihm einen Ring, verbunden mit dem Wunsch, er solle sie immer lieb haben. Der Graf porträtiert sie auf seinem Schloß, sie machen gemeinsame Spaziergänge durch die Natur. Aus der kindlichen Zuneigung entwickelt sich eine Liebe, und am Tage ihrer Konfirmation gesteht die Fünfzehnjährige dem Grafen ihre Gefühle, der sich daraufhin von der Familie zurückzieht. Etwa drei Jahre später erkennt der Graf nach einem zufälligen Treffen in Berlin, daß auch er sie liebt. Eine Fehlgeburt ihrer Stiefmutter und das schlechte Verhältnis zu ihr führen dazu, daß Rosmarie nach Italien »verbannt« wird, wo sie sich in großer Einsamkeit zu Tode hungern will. Nur Graf Harro kann ihr das Leben retten, ihr Vater stimmt nun einer Hochzeit der beiden zu. Die junge Rosmarie wird schon bald Mutter, doch ihre Stiefmutter kann das Glück der jungen Familie nicht ertragen, steigert sich in rasende Eifersucht und schießt im Wald auf Rosmarie. Schwer verletzt verzeiht sie dennoch ihrer Stiefmutter. Nach längerer Krankheit stirbt sie in den Armen ihres Gatten, der sie liebevoll gepflegt hat. Durch ihre demutsvolle Bejahung ihres Leidens und ihrer Schmerzen findet der Graf nach ihrem Tode zum Glauben.

Moderne narratologische Analysen versuchen heute eine Neubewertung des Romans, der die Unterhaltungsliteratur mit Märchenelementen und betonter Frömmigkeit anreichert.

G. Riedel

ARNO HOLZ / JOHANNES SCHLAF
1863–1929 / 1862–1941

Papa Hamlet. Übersetzt und mit einer Einleitung versehen von Dr. Bruno Franzius.

Leipzig: Reißner, 1889.

Die naturalistische Studie der beiden Autoren unter dem Pseudonym Bjarne P. Holmsen geht auf eine novellistische Erzählung von Schlaf zurück, die – ihr Titel *Ein Dachstubenidyll* verweist schon darauf – vornehmlich in sentimentaler Verklärung ein Genrebild aus dem Künstlerleben vorstellt. Im Mittelpunkt der Handlung steht der heruntergekommene Schauspieler Niels Thienwiebel, der zusammen mit seiner lungenkranken Frau Amalie und seinem drei Monate alten Kind Fortinbras in Hunger und Kälte in einer armseligen Dachstockwohnung haust. Wenn er sich nicht als Gelegenheitsarbeiter, als Modell in einer Kunstschule verdingt, probt er zu Hause – auch der Name des Sohnes erinnert daran – die Rolle seines Lebens: Shakespeares Hamlet. Fortwährend zitiert und deklamiert er Textpassagen des Stückes, dessen hoher Stil, dessen Pathos immer wieder durch die reale Misere, in der er sich befindet, ironisch gebrochen wird. Finanzielle Zuwendungen erfährt er gelegentlich durch seinen Nachbarn, den Maler Ole Nissen. Als dieser auszieht und Thienwiebel von der Vermieterin Rosine Wachtel die Wohnung gekündigt wird, kommt es zur Katastrophe: In der Nacht, bevor die Familie die Wohnung verlassen muß, erwürgt der Schauspieler, teils aus Wut, teils aus Versehen, sein schreiendes, kränkelndes Kind. Kontrastiert wird diese Episode mit dem Epilog der Geschichte: Acht Tage später findet ein Bäckerjunge den »großen« Thienwiebel tot auf der Straße. »Erfroren durch Suff«, so lautet der lakonische Befund am Ende des Textes.

Die Studie ist poetischer Ausdruck und Resultat der kunsttheoretischen Überlegungen seiner Verfasser: Beeinflußt durch die Methoden und Ziele der positivistischen Wissenschaften ihrer Zeit, wollten sie deren Exaktheitsideale auch auf die künstlerische Produktion anwenden, d. h. durch minutiöse Darstellung die außerliterarische Wirklichkeit so abbilden, wie sie erscheint. Ziel der Darstellung ist die pedantische Erfassung kleinster Sprech- und Bewegungsabläufe; Wort für Wort, Bild für Bild, Sekunde um Sekunde des Geschehens werden protokollartig festgehalten, so daß Erzählzeit und erzählte Zeit zur Deckung kommen. Der Literaturhistoriker Adalbert von Hanstein, ein Zeitgenosse von Holz und Schlaf, hat dafür den Begriff des Sekundenstils geprägt.

P. Bekes

Paul Scheerbart
1863–1915

Ich liebe Dich! Ein Eisenbahnroman mit 66 Intermezzos.
Berlin: Schuster & Loeffler, 1897.

Ich liebe Dich! ist der erste von drei Episodenromanen, der schon im Untertitel das offene Kompositionsprinzip preisgibt. In die Rahmenhandlung, die im wesentlichen ein sich über mehrere Tage erstreckender Dialog zwischen dem Ich-Erzähler Paul Scheerbart und dem Rechtsanwalt Müller ist, sind 66 in sich geschlossene Kurztexte eingelagert, die sich die beiden Gesprächspartner während einer Reise von Berlin nach Nowaja Semlja vorlesen. Sie dienen den sehr andersartigen Protagonisten dazu, die eigene Meinung zu allgemeinen Weltfragen zu erläutern. Da die Geschichten aber selbst oft rätselhaft und vieldeutig sind, kann der andere sie auch für seine Meinung heranziehen. Hierdurch entsteht eine hintergründige Komik, die auch das Interpretieren von Literatur an sich aufs Korn nimmt.

Die beiden Hauptfiguren reisen aus ganz unterschiedlichen Gründen auf die nordrussische Insel. Scheerbart hat den Zensurbehörden ein Buch vorgelegt, in dem er die These vertritt, die Dampflok müsse durch die E-Lok abgelöst werden, damit die Dezentralisierung der Menschheit unverzüglich vorgenommen werden könne. Der Druck des Buches wird verboten. Um seine Vorurteile gegenüber der alten Dampflok zu entkräften, schenken die Behörden dem Autor eine Fahrkarte nach Semlja. Auch Müllers Reisepläne hängen mit einem Buch zusammen. Er möchte ein Werk verfassen, das die juristischen Verhältnisse auf der Nordinsel in Beziehung zu den Agrarstrukturen der Südseeinsulaner setzt. Obwohl die beiden Kontrahenten in Charakter und Weltanschauung höchst unterschiedlich sind, kommen sie sich auf der mehrwöchigen Reise allmählich näher. Während der 66 Reiseaufenthalte, in denen ebenso viele Geschichten vorgelesen werden, entwickelt sich, wie oft bei Scheerbart, ein extensives Genußleben. Die Trink- und Eßgelage werden immer wieder dazu genutzt, Weltweisheiten und Trinksprüche auszutauschen. Am Ende bleibt Scheerbart als Eremit auf der Insel; Müller reist zur weiteren Forschung in die Südsee. Der Roman ist unterhaltend und witzig und vor allem durch die eingelagerten Geschichtchen äußerst originell und kurzweilig.

Tarub. Bagdads berühmte Köchin. Arabischer Kulturroman.

Berlin: Storm, 1897.

In keines seiner etwa 30 Bücher hat Scheerbart so unverblümt die eigene Lebenssituation einfließen lassen wie in diesen »Arabischen Kulturroman«. In der Figur der Tarub porträtiert er auf drastisch-naturalistische Weise seine Lebensgefährtin Anna Sommer, in den »lauteren Brüdern« kann man ohne Schwierigkeiten seine Dichterkollegen und Stammtischgenossen aus dem »Schwarzen Ferkel« erkennen, und im Romanhelden Safur hat sich der Autor selbst ein ironisch gefärbtes Denkmal gesetzt. Scheerbarts Zeitgenossen erkannten in diesem Boheme-Roman einen Schlüsseltext der Berliner Jahrhundertwende.

Scheerbarts *Tarub* spielt während der Abbassiden-Ära in der Blütezeit der arabischen Geschichte. Den historischen Hintergrund bildet eine Kulturepoche politischer und religiöser Freiheit trotz Islamisierung. Doch ist ein Ende der individuellen Unabhängigkeit zu erblicken, da beim Volk ein Verfall der Sitten und Gebräuche und bei den Herrschern zunehmende Machtausübung zu beobachten ist. Diese dekadente Zeitgeiststimmung wurde von Scheerbart als Referenzfolie für das gleiche Phänomen im Berlin der Jahrhundertwende genommen.

Der junge Dichter Safur (arab., ›Weg‹, ›Reise‹, ›Reinheit‹) macht sich auf die Suche nach der Wahrheit. Dabei entwickelt er sich vom feinen Ästheten und schwelgerischen Genießer zum Hell- und Geisterseher. Trotz zahlreicher Visionen und Begegnungen mit der Dschinne, trotz häufiger erotischer Ausschweifungen und übersinnlicher Nervenreize bleibt ihm der Erfolg versagt. Er wird am Schluß wahnsinnig und stößt sich an einer Tür den Schädel ein.

Das Buch besteht aus zahlreichen, bunt geschilderten Szenen. Eingelagert in das locker organisierte Handlungsschema sind zahlreiche Dialoge über Kunst, Politik, Philosophie und Erotik. Hintergrund bildet eine ungeheuer farbig ins Bild gesetzte orientalische Landschaft, in der die ungebremste Sinnenlust der Figuren um so eindringlicher wirkt. Trotz aller utopischen Verfremdung und opulenter Bilderwelt ist der Roman auch ein politisch ambitioniertes Werk, das deutlich genug die preußische Bürokratie, die Kunstfeindlichkeit, das Kleinbürgerliche und den Wilhelminismus anprangert.

Na Prost. Phantastischer Königsroman.

Berlin/Leipzig: Schuster & Loeffler, 1898.

Das Geschehen und die Struktur des skurrilen Romans sind denkbar einfach: Drei asiatische Germanisten – »die besten ihrer Zeit« –, Kusander, Brüllmeyer und Passko, reisen in einer achtkantigen, mit allem Luxus und Proviant ausgestatteten Flasche durch den Weltraum. Sie hatten sich mehr zufällig als geplant ins All retten können, bevor die Erde durch den Zusammenstoß mit einem eisernen Kometen völlig zerstört wurde. Während der Fahrt, man schreibt das Jahr 10 000 nach Schopenhauer, lesen sich die Germanisten kleine Prosastücke vor, die anschließend in sehr einfacher Weise einer Interpretation unterzogen werden. Die aus der »Blütezeit« deutscher Dichtung stammenden Prosaminiaturen hatte Brüllmeyer noch kurz vor der Erdexplosion retten können. Tatsächlich stammen sie alle von Scheerbart, der sie vor der Herausgabe des Romans in zahlreichen Zeitschriften veröffentlicht hatte, um seinen kargen Lebensunterhalt zu verdienen.

Während der ersten Wochen in der Flasche breitet sich ein lustiges und genußvolles Leben aus, wobei die drei Insassen überdimensionale Zigarren rauchen und literweise blauen Narrenwein trinken. Im Laufe der Zeit läßt aber die Lust am rauschhaften Leben ebenso nach wie die an den Literaturstückchen. Die Germanisten verlieren langsam alle irdisch-menschlichen Gefühle und Gedanken und werden zu integrierten Geistern der Flasche. Am Schluß »haben sie die Empfindungen der achtkantigen Flasche und denken nur noch, wie eine Flasche denkt«. Sie sind Bestandteil eines meteorartigen neuen Weltkörpers geworden.

Wie später in seinem bekanntesten Roman *Lesabéndio* verarbeitet Scheerbart auch in *Na Prost* das von ihm bevorzugte astrale Motiv. Er entwickelt hier phantastische Weltallideen, die aber bewußt ohne gedankliche Stringenz vorgebracht werden. Aufgrund dieser Themen darf Scheerbart neben Kurd Laßwitz wohl als der einzige phantastische Autor deutscher Sprache bezeichnet werden.

Lesabéndio. Ein Asteroïden-Roman.

München/Leipzig: G. Müller, 1913.

Lesabéndio gilt gemeinhin als ein Hauptwerk deutschsprachiger utopischer Literatur; in jedem Fall ist es der wichtigste Roman des Autors. Das belegt eine breite, enthusiastische Rezeption, auch durch Walter Benjamin, der eine begeisterte Rezension verfaßt hat.

Scheerbart hat die Handlung auf dem eimerförmigen Asteroiden Pallas angesiedelt, der von eigenartigen Wesen bevölkert ist, den Pallasianern. Diese aus »gummiartigen

Röhrenbeinen mit Saugfuß« bestehenden Einwohner können ihre Körperform beliebig verändern und verfügen über Augen, die sie, je nach Wunsch, benutzen können wie ein Mikroskop oder wie ein Fernglas. Eine polare Geschlechtlichkeit ist den Pallasianern ebenso fremd wie die herkömmliche Art, geboren zu werden oder zu sterben. Auf die Welt kommen sie dadurch, daß sie wie Nüsse geknackt werden. Immer dann, wenn die Bevölkerungszahl sinkt, werden auf diese Weise neue Lebende erzeugt. Ein großer Vorrat an Nüssen lagert im Innern des Asteroiden. Der Sterbevorgang wird auf eigenen Wunsch ausgelöst. Ein Bewohner saugt den anderen auf und erhält zusätzliche Kräfte.

Einer der technisch begabtesten Bewohner ist der Titelheld. Er macht die Entdeckung, daß ein Korrespondenzgestirn zu Pallas in einer Lichtwolke schwebt. Er ist von der Idee beflügelt, beide Teile zu einem harmonischen Ganzen zu vereinen. Die Vereinigung, zu deren Verwirklichung ein gigantischer Turm gebaut werden muß, vollendet der Protagonist allein. Dabei spürt er eine geistige Vereinigung mit dem Kosmos, die erst nach der Durchlebung von großem Schmerz zur Glückseligkeit führt. Während Lesabéndio sich in einen Stern verwandelt, bricht auch für die Bewohner eine glückliche Zeit an.

Scheerbarts Vorliebe für das Weltall wird weniger durch die Idee des technischen Fortschritts gespeist als durch mystische, wenn man so will pantheistisch-religiöse Vorstellungen. Kein zweckrationalistisches Zusammenleben prägt seine Sozialutopie, sondern der intensive Wunsch nach Schönheit und kollektiver Harmonie. Dabei ist die Idee, der einzelne möge in der Vereinigung mit dem Ganzen seinen Frieden finden, so alt wie die Literatur, ihre narrative Umsetzung zeugt aber von hoher Originalität.

M. Schardt

Cäsar Flaischlen

1864–1920

Jost Seyfried. Ein Roman in Brief- und Tagebuchblättern. Aus dem Leben eines Jeden.

2 Bde. Berlin: Fleischel, 1905.

In fünf Büchern (»Sprüche eines Steinklopfers«, »Sturmbruch«, »Lieder eines Schwertschmieds«, »Herzblut«, »Tor auf!«), unterteilt in je 50 Brief-, Tagebuch-, Aphorismen- oder Gedicht-Abschnitte, wird die kritische Phase »zwischen Dreißig und Vierzig« (»Vorvermerk«) des jungen Dichters und Lebenssuchers Jost Seyfried in Selbstaussagen und im Briefwechsel mit seiner Geliebten Hannie erzählt. Aus einem Minimum an Situationsangaben läßt sich rekonstruieren, daß der Protagonist von der schwäbischen Provinz nach Berlin gezogen ist, wo seine heimliche Geliebte als Erzieherin arbeitet, während er neben journalistischer und übersetzerischer Erwerbsarbeit dichtet. Hannies Fahrt nach Rapallo, ein gemeinsamer Aufenthalt auf Rügen und die Abreise der Geliebten nach Zürich, wo sie eine Stelle als Lehrerin an einem Mädcheninstitut annimmt, so daß die geplante Hochzeit erneut unbestimmt verzögert wird, bilden die Eckdaten des ereignisarmen Textes, der fast ausschließlich redundante Reflexionen des Ich-Erzählers über Kunst und Leben präsentiert. Im bedeutungstragenden Jahreszeitenwechsel (»ein langsam Sterben in entlaubtem Herbst« – »wie will man [...] selber, o, ganz Frühling sein!«) eröffnet sich ihm ein emphatisches, positives Sinnmodell, das seinen poetologischen Bekenntnissen entspricht: »Deine Kunst sei dir der Weg, mit dem du dich durch deine Zeit suchst und zur Höhe findest! / Kunst sein, nicht machen! / Dein Leben sei deine Kunst!« Sein Dichtungskonzept distanziert sich dabei unter Berufung auf Nietzsche und Ibsen von den tradierten realistischen, naturalistischen und symbolistischen Epochenvorgaben jüngeren Datums, von denen sich Seyfried anfangs partiell beeinflußt zeigte: »Das war *unser* ›Naturalismus‹! und so bin ich nach Berlin gekommen«. Seine dichterischen Neuproduktionen, deren Titel mit den Titeln der ersten vier Bücher des Romans identisch sind, realisieren ihrerseits zeichenhaft die theoretisch postulierte – freilich wenig konkrete, tatsächlich dezidiert konservative – ›neue‹ Poetologie.

Die Inhaltsübersicht datiert die erzählte »Zeitstimmung« auf 1894–1904. Als Zeugnis des literarischen Jugendstils dokumentiert *Jost Seyfried* – vom Autor ursprünglich als Schlußstück einer geplanten Bühnentrilogie »Zwischen Charfreitag und Ostern. Die Not unserer Jugend« konzipiert – exemplarisch die Neuorientierung der deutschen Literatur um 1900, deren neues Personenkonzept die Identitätssuche und Selbstfindung des Subjekts in Abgrenzung zu subjektfremden Größen in den Mittelpunkt rückt.

F. Adam

RICARDA HUCH
1864–1947

Erinnerungen von Ludolf Ursleu dem Jüngeren. Roman.
Berlin: Hertz, 1892.

Der durch biographische Bezüge zum großbürgerlichen Elternhaus in Braunschweig geprägte, äußerst erfolgreiche Debütroman (31 Auflagen bis 1920) reflektiert mit dem Niedergang einer hanseatischen Patrizierfamilie den von Nietzsches *Geburt der Tragödie* geprägten heroisch-heidnischen Schicksalsbegriff. Diese zeitgenössische ideengeschichtliche Fixierung dokumentiert sich stofflich in dem

Konkurs des Kaufmanns Ludolf und dem beruflichen Scheitern seines Bruders, des Arztes Harre Ursleu. Destabilisierend für die familiale Lebensordnung wirkt ebenfalls eine moralisch nicht gebilligte Liebesbeziehung zwischen Ludolfs Tochter Galeide und deren Cousin Ezard. Die nach dem Tod von Ezards Frau Lucile mögliche Verbindung der Liebenden wird durch die unvermittelte Leidenschaft Galeides für deren Bruder Gaspard verhindert, so daß sie sich aus Verzweiflung über den Liebesverlust tötet. Einzig dem Ich-Erzähler Ludolf dem Jüngeren gelingt es, sich den zerstörerischen Schicksalskräften durch Eintritt in ein Kloster zu entziehen.

Das Scheitern des vitalistisch-ästhetizistischen Lebensmodells der Ursleus, formal ausgewiesen durch Jugendstilmetaphorik, markiert in der Literatur der Jahrhundertwende die Antithese zum kausal-mechanisch definierten Modell naturalistischer Weltdeutung. Der Reflex auf die Willensmetaphysik Schopenhauers eröffnet vor dem Hintergrund beschleunigter sozioökonomischer Transformationsprozesse und Rationalisierungstendenzen im Industriezeitalter eine Perspektive zur Kompensation der als Sinnverlust und Bedrohung individueller Lebenswirklichkeit gedeuteten Entfremdung gegenüber traditionellen Werten.

Aus der Triumphgasse. Lebensskizzen.

Leipzig: Diederichs, 1902. – Vorabdruck in: Frankfurter Zeitung 1900.

Vor dem Hintergrund sozialer und moralischer Widersprüche der Gründerzeit setzt sich Huch in diesem Roman mit dem Leidproblem auseinander, in dem sich das Ringen um metaphysische Sinngebung, angelegt als Spannungsfeld zwischen dionysischer Lebensbejahung und christlich-kontemplativer Erlösungssehnsucht, spiegelt. Im Mittelpunkt der im Armenviertel einer Mittelmeerstadt spielenden Handlung steht die Lebensgeschichte der Farfalla und ihrer sieben Kinder, retrospektiv vorgetragen als Rahmenhandlung aus der Sicht des Adligen Hugo von Belwatsch, der zwei Jahre lang Anteil am Leben der Bewohner seines verfallenen Familienpalastes in der Triumphgasse nimmt. Die Romankomposition wird durch die Biographie Riccardos, des gehbehinderten Sohnes der Farfalla geprägt, in der sich die Hoffnung auf Lebensglück und deren Desillusionierung idealtypisch verdichtet. Die im Figurenbewußtsein fixierte, illusionslose Erkenntnis von der Universalität des Leidens bildet leitmotivisch die Folie für eine Vielzahl erzählter Lebensläufe.

Mit dem Bezug zur Naturphilosophie Friedrich Schlegels markiert der Roman eine werk- und literaturgeschichtliche Zäsur und spiegelt so die neoromantische Programmatik Huchs (*Die Romantik*, 2 Bde., 1899–1902). Elend und Gewalt erscheinen nicht als Funktion naturalistischer Sozialkritik und Mitleidethik, sondern konturieren mit der in Märchen-/Legendenmotiven fixierten Erlösungserwartung eine auf das Unbewußte und Metaphysische bezogene Sinnschicht, deren Negation antithetisch auf Nietzsches Religions- und Moralkritik verweist.

Vita somnium breve. Roman.

2 Bde. Leipzig: Insel Verlag, 1903. – Ab der 5. Auflage 1913 u. d. T.: Michael Unger.

Der Titel der Erstausgabe, nach einem Gemälde von Alfred Böcklin (1827–1901), verweist als Vergänglichkeitsmetapher auf den Pessimismus und Nihilismus der Jahrhundertwende. Dem steht mit der Figur des sich durch Selbstüberwindung vervollkommnenden Übermenschen das lebensphilosophische Ideal des Zarathustra gegenüber, poetisch verdichtet in dem leitmotivisch auftretenden Hymnus »O Leben, o Schönheit«. Angelegt als biographisches Modell systolisch-diastolischer Bewegung in der Tradition des deutschen Bildungsromans, dokumentiert sich diese ideengeschichtliche Konzeption in einem dreißig Jahre umfassenden Zeitabschnitt aus dem Leben des norddeutschen Patriziersohnes Michael Unger. Dessen Persönlichkeitsentfaltung vollzieht sich nach der Trennung von seiner Familie im triadischen Spannungsfeld zwischen der Liebe zur Malerin Rose, dem Studium der Naturwissenschaften und den Ansprüchen seiner Frau Verena. Der Zusammenbruch des väterlichen Handelshauses motiviert die Rückkehr zu bürgerlich-familiären Verpflichtungen und läßt die Idee eines selbstbestimmten Lebens scheitern.

Durch die Steigerung seelischer Werte zu einem Persönlichkeitskult, poetologisch fixiert durch personale Erzählfunktion und erlebte Rede, leistet der Roman im Anschluß an Freuds Traumdeutung einen Beitrag zur Psychologisierung in der zeitgenössischen Literatur. Subjektivismus verbunden mit Sprachskepsis begründet parallel zum *Chandos-Brief* Hofmannsthals die Entwicklung einer Symbol- und Assoziationssprache, mit der das lediglich metaphysisch zu fassende Unbewußte fixiert wird.

Lebenslauf des heiligen Wonnebald Pück.

In: R. H.: Seifenblasen. Drei scherzhafte Erzählungen. Stuttgart/Leipzig: Deutsche Verlags-Anstalt, 1905.

Die zur novellistischen Periode (1892–1910) gehörende Erzählung ist durch eine für das Frühwerk Huchs charakteristische antiklerikale Tendenz geprägt. Darin spiegelt sich im Spannungsfeld zwischen Goethes Pantheismus und Nietzsches Wort vom »Tod Gottes« die monistische Kritik an der christlich-dogmatischen Differenzierung von Geist und Natur, womit zugleich die Entkirchlichung des religiösen Lebens beim Übergang zur Moderne markiert wird. Die Verknüpfung von Friedrich Schlegels Objektivitätsgedanken mit dem All-Einheits-Topos romantischer Poetologie schafft die Voraussetzung für die bereits im Titel metaphorisch anklingende Verspottung kirchlicher Institutionen und Funktionsträger, in deren Mittelpunkt nach dem Vorbild von Kellers Novelle *Der schlimm-heilige Vitalis* der Lebensweg eines genußsüchtigen, lasterhaften Geistlichen steht, dem Heuchelei und Bauernschläue zur Bischofswürde und Heiligsprechung verhelfen. Das Zentralmotiv der Täuschung, realisiert als Reliquienschwindel, Juwelendiebstahl und verleumderischer Hexenprozeß, begründet eine hypostasierte Irrealität aus tradierten Märchen- und Legendenmotiven. Die ironisch-distanzierte Erzählperspektive, welche durch Verknüpfung von Episodik und Biographik die Novellenform sprengt, erlaubt wie in *Fra Celeste* (1899) und im *Armen Heinrich* (1899) eine tragische, bis zum Grotesken gesteigerte Komik. Sinngebungsdefizite kirchlicher Rituale und Immoralität des Handelns stellen die Transzendenz Gottes zugunsten einer Immanenz des Lebens in Frage.

Das Leben des Grafen Federigo Confalonieri.

Leipzig: Insel Verlag, 1910.

Das Studium umfangreichen Quellenmaterials zum Risorgimento begründet die Tatsachenorientierung des Textes und markiert durch den Wechsel zum Genre des historischen Romans einen Einschnitt im Œuvre Ricarda Huchs. Die Handlung orientiert sich an der Biographie des 1785 in Mailand geborenen lombardischen Grafen Federigo Confalonieri, der 1821 an einer Verschwörung zur Befreiung der Lombardei von der österreichischen Herrschaft teilnimmt. Nach seiner Verhaftung zunächst als Hochverräter zum Tode verurteilt, wird er zu lebenslanger Haft auf der Festung Spielberg bei Brünn begnadigt. Die Amnestie nach dem Tod Kaiser Franz' I. (1836) ermöglicht die vorzeitige Entlassung, läßt ihn aber erst nach längerem Exil in die Heimat zurückkehren, wo er 1846 stirbt. Der sich während der Kerkerhaft vollziehende Einstellungswandel markiert kompositionell die zentrale Peripetie und verweist poetologisch im Anschluß an Thomas von Kempens *De imitatione Christi* auf ein in der Literatur um 1900 verbreitetes mystisches Deutungsmuster. Darin kontrastiert die vitalistische Übersteigerung der Christus-Figur die dogmatische Märtyrerfixierung und betont statt dessen, dem Lebensmodell Zarathustras folgend, deren Vorbildfunktion für die Selbsterlösungskompetenz des Individuums. Das mit der Negation des Eigenwillens verbundene Streben nach Vollkommenheit wird als Annäherung an den göttlichen, d. h. das Universum spiegelnden Geist identifiziert. Mit der synkretistischen Verknüpfung von Pantheismus, romantisch-mystischer Naturphilosophie sowie christlicher und antiker Mythologie reflektiert Huch Elemente der zeitgenössischen Lebensphilosophie.

Der letzte Sommer. Eine Erzählung in Briefen.
Stuttgart/Leipzig: Deutsche Verlags-Anstalt, 1910.

Anknüpfend an die Tradition des Briefromans im 18. Jh. enthüllt die 1909 verfaßte Novelle mittels der Korrespondenz zwischen den betroffenen Figuren die subversive Durchführung eines Attentats durch den jungen Anarchisten Lju, dem der zaristische Gouverneur Jegor von Rasimkara zum Opfer fällt. Das idyllische, patriarchalisch geordnete Familienleben auf dem Landgut Kremskoje markiert den Gegensatz zur gesellschaftlichen Radikalität im Vorfeld der Russischen Revolution. Multiperspektivisches Erzählen in Briefform begründet mit der sukzessiven Entfaltung des Handlungsverlaufs durch wechselnde Informationsstände im Figurenbewußtsein die epische Spannung. Daß der Attentäter als Sekretär seines Opfers persönliche Beziehungen zur Familie unterhält, verweist neben dem psychologischen

Konfliktpotential auf das Problem moralischer Legitimität revolutionären Handelns. Hinter der abstrakt erfaßten Wirklichkeit in den Briefen verbirgt sich eine Sprachschicht, welche unter Bezug auf den Determinismus der Schopenhauerschen Willensmetaphysik die erkenntnistheoretischen Grenzen durch unmittelbare Anschauung zu überwinden sucht und so den Regreß auf ein romantisch-mystisches Denken markiert. Das Bewußtsein eines nach unveränderlichen kosmischen Gesetzen ablaufenden Schicksals läßt keine persönliche Schuld zu und bildet die Voraussetzung für den politisch-ethischen Nihilismus, der sich in Nietzsches Begriff vom »Willen zur Macht« verdichtet. Der transzendente Fatalismus begründet neben dem Pessimismus zugleich das dekadente Vergänglichkeitsbewußtsein des Großbürgertums im Fin de siècle.

1954 wurde die Novelle unter der Regie von H. Braun verfilmt.

Der Fall Deruga. Roman.

Wien/Berlin: Ullstein, 1917.

Der bereits vor dem Ersten Weltkrieg als lukrative Auftragsarbeit für den Ullstein-Verlag verfaßte, durch hohe Auflagenziffern und Übersetzungen publizistisch erfolgreiche Kriminalroman gehört ebenso wie *Der letzte Sommer* zur Unterhaltungsliteratur. Im Mittelpunkt der Handlung steht der aus Prag stammende, mittellose Arzt Dr. Sigismondo Ence Deruga, der seine geschiedene, unheilbar an Krebs erkrankte Frau, Mingo Swieter, tötet und wegen Mordes vor Gericht gestellt wird, wo er sich zugleich den Erbansprüchen einer entfernten Verwandten, der Baronin Truschkowitz, ausgesetzt sieht. Die epische Spannung beruht auf der Disharmonie von Derugas ›romantischer‹ Persönlichkeit, der dramaturgisch geschickten, den Tathergang sukzessiv enthüllenden Komposition der Zeugenaussagen sowie der Unübersichtlichkeit des Straf- und Zivilprozeßordnung verknüpfenden Schwurgerichtsverfahrens.

Als Ausdruck der Publikumswirksamkeit ist die DEFA-Verfilmung von 1938 (Regie F. P. Buch, mit Willy Birgel und Geraldine Klatt) zu verstehen, die im Gegensatz zur Vorlage den Tod Mingo Swieters als Selbstmord darstellt und damit ein Happy-End gestaltet. 1958 wurde der Roman ein weiteres Mal unter dem Titel ... *und nichts als die Wahrheit* (Regie F. P. Wirth) verfilmt.

Während die Figur des Helden Züge von Huchs erstem Ehemann, dem Zahnarzt Ermano Ceconi, trägt, orientiert sich der Roman stofflich an Storms Altersnovelle *Ein Bekenntnis* (1887), erörtert jedoch nicht das für die Sittlichkeitsauffassung des poetischen Realismus konstitutive Problem von Schuld und Sühne, sondern reflektiert mit der Apologie der Euthanasie aus Mitleid Elemente aus Nietzsches vitalistischer Ethik.

M. Meyer

FRANK WEDEKIND
1864–1918

Die Fürstin Russalka.

Paris/Leipzig/München: Langen, 1897.

Wedekind ist Dramatiker, kein Erzähler. Außer *Mine-Haha*, einem Fragment aus einem Romanprojekt, sind nur wenige Erzählungen erschienen – zusammen mit Gedichten und Pantomimen. Das Schema der »Seelenergüsse« ist einfach: Die Rahmenhandlung präsentiert eine Figur, die ihrem Gesprächspartner von einem besonderen Erlebnis aus ihrer Vergangenheit erzählt, einem Ereignis, das sich auf Sexualität bezieht.

Im *Brand von Egliswyl* berichtet ein Sträfling beim Arbeitseinsatz auf Schloß Lenzburg von seinem Verbrechen. Von Dorfmädchen ›eingeweiht‹, hat sich der sexuell unerfahrene Knecht schnell zum Frauenhelden entwickelt. In der Begegnung mit einer sozial Höhergestellten (Marie ist Stubenmädchen auf dem benachbarten Schloß) lernt er zu sublimieren – bis zur lang versagten Liebesnacht, die Kälte und Impotenz bringt statt Leidenschaft. Da steckt er, von innerer Glut überwältigt, das Dorf in Brand, um seine Männlichkeit zu beweisen. Die überdeutliche Metaphorik vermittelt als Lehre: Findet der Sexualtrieb keine natürliche Befriedigung, so droht unkontrollierbare Zerstörung.

Ähnlich die Erzählung *Der greise Freier*. Auf der Hochzeitsreise erzählt Leonie ihrem Mann vom Tod ihrer blendend schönen Schwester. Aus materiellen Gründen haben Klara und ihr Verlobter, ein »wahrer Herkules«, die Hochzeit aufschieben und ihre Liebe verheimlichen müssen. Klaras unterdrückte Leidenschaft führt zu Krankheit und Angst: Im Schlaf erscheint ihr immer wieder ein häßlicher alter Mann, der sie zu vergewaltigen sucht. Als sich ihr Zustand in der erzwungenen Isolation zur Lebensgefahr steigert, ermöglicht Leonie dem Paar eine erste gemeinsame Nacht. Danach überwindet Klara ihre neurotische Angst, schmiedet hoffnungsvoll Zukunftspläne. Doch die Erfüllung kommt zu spät. Sie stirbt als Opfer der bürgerlichen Moral, die – ohne Rücksicht auf körperliche Entwicklung und sexuelle Bedürfnisse – die unverheiratete Frau zur Enthaltsamkeit verpflichtet.

Die Erzählung *Rabbi Esra* stellt das um 1900 gültige Verständnis von Sittlichkeit und Sinnlichkeit regelrecht auf den Kopf: Liebe müsse von den Sinnen ausgehen, belehrt der Rabbi seinen Sohn. Am eigenen Leib hat er erfahren, wie unfruchtbar und lebensfeindlich Liebe als bloßes Ideal ist. Das erste Mal schaut er nur aufs Herz – und führt eine mittelmäßige, unbefriedigende Ehe. Als Witwer dann sucht er Vergessen bei den »Töchtern der Wüste«. Und nach dieser gemeinhin als ›sündig‹ verpönten Schule der Sinnlichkeit findet er Harmonie und Glück in einer neuen, auf Erotik gegründeten Ehe.

Um eine vitalistische Korrektur der überkommenen Vorstellungen von Verehrung, Liebe und Treue zwischen Mann und Frau geht es auch in den anderen Texten der Sammlung. Erzählungen wie *Die Fürstin Russalka* oder *Das Opferlamm* thematisieren ebenso wie der Gedichtzyklus *Die Jahreszeiten* und die makaber-zweideutigen Pantomimen die Sexualität als lebenspendende Energie, die in Chaos und Selbstzerstörung mündet, wenn sie fehlgeleitet oder unterdrückt wird. Solche Anerkennung des Sexualtriebes steht quer zur scheinheiligen Moral der wilhelminischen Gesellschaft und weist Wedekind als Zeitgenossen Freuds aus. Trotz einzelner Parallelen in Stoff- und Motivwahl bleiben Wedekinds Erzählungen allerdings deutlich hinter der Erkenntnisleistung seiner Dramen zurück. Das Schema von erzählter Begebenheit – einem Stück Lebensgeschichte – und Rahmendialog, der das Erzählen motiviert, erinnert an den Monolog im Drama. Durch diese Technik wirken Wedekinds Erzählungen eindimensional, thesenhaft. Seine Dramen hingegen sind komplizierte Konstrukte, Grotesk-Montagen ohne Psychologie und positiven Fluchtpunkt, sie lassen sich – anders als die Erzählungen – nicht auf die Forderung nach sexueller Emanzipation reduzieren.

Mine-Haha oder Über die körperliche Erziehung der jungen Mädchen. Aus Helene Engels schriftlichem Nachlaß herausgegeben von Frank Wedekind.

München: Langen, 1903. – Erstfassung in: Die Insel 1901.

In den Aufzeichnungen, die Helene Engel hinterläßt, schildert die pensionierte Lehrerin ihre Erziehung als Tochter aus besseren Kreisen. Fernab vom Einfluß der Eltern und von Jungen getrennt, wächst sie mit Dutzenden von Gleichaltrigen in einem hermetisch abgeschlossenen Park auf. Das Frauenregiment dort ist streng. Die Mädchen lernen weder lesen noch schreiben, werden weder intellektuell noch emotional gefördert. Körperdressur, Tanz- und Musikunterricht dienen nicht der Entfaltung individuellen Talents, sondern einer fremden Norm. Der Bildungsweg endet im Parktheater, der einzigen Brücke zur Außenwelt. Unaufgeklärt, verstehen die Zwölfjährigen die zweideutigen Pantomimen nicht, die sie vor johlendem Publikum halbnackt spielen. Mit der Geschlechtsreife werden sie ohne Vorbereitung aus der pädagogischen Kolonie ins Leben entlassen und jungen Männern zugeführt.

Die Ich-Erzählerin vermacht ihre Erinnerungen dem Autor von *Frühlings Erwachen* – dieses Selbstzitat unterstreicht die Erziehungskritik in Wedekinds Romanfragment. Das Konstrukt einer rein körperlichen Bildung ist ein Zerrspiegel zeitgenössischer weiblicher Erziehung: Da die Frau gefallen und gehorchen soll, ist ihr die Selbstbestimmung über Kopf und Sinne verwehrt. Dressur statt Minne: Der Titel *Mine-Haha* (der Name einer Figur aus Longfellows *The Song of Hiawatha*) ist auch ein spöttischer Kommentar. Die Jugendstilmotive – Bewegung und Tanz, der Park, die Mädchen beim Bad, das dominante Weiß – suggerieren einen Hort der Schönheit und Natürlichkeit, entsprechen scheinbar dem gängigen Klischee kindlich-weiblicher Unschuld. Doch der vermeintliche Schonraum entpuppt sich als Ausbildungslager, das diffuse ›Glück‹ der jungen Mädchen wird als Bewußtlosigkeit kenntlich. So ist das um 1900 modische Ideal körperlicher Natürlichkeit bei Wedekind auf Zwang zurückgeführt – und auf seine Funktionalität für einen männlichen Blick.

R. Florack

Otto Julius Bierbaum
1865–1910

Stilpe. Ein Roman aus der Froschperspektive.
München: Langen, 1897.

Der Bildungs- bzw. Künstlerroman aus dem Studenten- und Boheme-Milieu der zweiten Jahrhunderthälfte schildert größere Einzelabschnitte aus dem Leben des verkrachten Literaten und Alkoholikers Willibald Stilpe. Nach Kindheit im Internat sowie früh begeistert von Murgers *Scènes de la vie de bohème*, wird Stilpe – ein »merkwürdig frühreifer Kopf« – zum jugendlichen Zyniker und literarischen Dandy. Nach erzwungenem Studienabbruch führt er ein haltloses Dasein, bis er sich dem Journalismus zuwendet und kurzzeitig zum Kritikerpapst Berlins aufsteigt. Angeödet kehrt er jedoch bald wieder in die skurril-exzentrische Literaten-Boheme zurück. Sein Projekt eines literarischen Varietés, das »die Renaissance aller Künste vom Tingeltangel her« einleiten soll, scheitert. Als abgerissener Kabarettist tritt Stilpe in Vorstadt-Chantants als »verlumpter, versoffener alter Dichter« auf und erhängt sich schließlich auf offener Bühne. Ein Abschiedsbrief nennt als Grund seine Unfähigkeit zum echten Dichtertum.

Erziehungsfragen sowie Probleme Heranwachsender gehören zu den zentralen Motiven des Romans. Diese Thematik wird in Stilpes Abschiedsbrief wieder aufgenommen und schließt so an die erste Romanhälfte an; sie präfiguriert in diesen Passagen etwa Wedekind (*Frühlings Erwachen*) und Musil (*Die Verwirrungen des Zöglings Törleß*). Der Roman trägt darüber hinaus deutlich autobiographische Züge und enthält neben Elementen des Schlüsselromans auch Anspielungen auf die Biographie des Barockdichters Johann Christian Günther.

Die Figur des Ironikers Stilpe findet sich auch in Bierbaums Erzählungen *Der Negerkomiker* und *Die Schlangendame*; daneben gibt es eine Pendant-Figur in seinem Hauptwerk *Prinz Kuckuck*.

Prinz Kuckuck. Leben Thaten Meinungen und Höllenfahrt eines Wollüstlings.

2 Bde. München/Leipzig: G. Müller, 1906–07.

Der großangelegte, kritische Bildungs- und Zeitroman schildert die Lebensgeschichte Henry Felix Hauarts, dessen Bildungsweg in ziellosem Zickzack verläuft und der trotz reicher Anlagen nur zum charakterlosen Heuchler und sozial nutzlosen Parasiten heranwächst.

Nach verschwommen-nietzscheanischen Grundsätzen erzogen, wächst der elternlose Henry Felix erst in München, dann bei streng protestantischen Zieheltern in Hamburg auf. Aufgrund seines ungefestigten Charakters wird er früh zum »Wollüstling«, versucht sich, ohne als Millionenerbe je arbeiten zu müssen, in allerlei schwärmerischem Mäzenatentum, verlegt sich aber schließlich offen auf Ausschweifung und Genuß. Gepeinigt von schlechtem Gewissen, begeht er einen (ungesühnt bleibenden) Mord an seinem Cousin; auch verschuldet er später den Selbstmord einer Geliebten. Auf Reisen durch ganz Europa versucht er, das Geheimnis seiner Abstammung zu ergründen, erleidet jedoch einen Zusammenbruch, als er – als glühender Antisemit – von seiner jüdischen Mutter erfährt. Vor nahezu allen Anforderungen des Lebens versagt Hauart, wird nacheinander zum Bohemien und Erotomanen, zum Mystiker und Politiker und begeht schließlich, seines sinnlosen Lebens in fremden Nestern überdrüssig, im Alter von 40 Jahren Selbstmord.

Prinz Kuckuck erweitert den traditionellen Rahmen des Bildungsromans, indem nicht nur genretypische Elemente (Reisen, Kunstliebe) eingebracht, sondern auch zeittypische Thematiken angeschnitten werden (Vererbungs- bzw. »Rassen«- und Kulturfragen, Homosexualität, Technik). Neben der Darstellung des Einzelschicksals entsteht durch ausführliche Milieuschilderung ein sozialhistorisch bedeutendes Bild des Generationenumbruchs der Gründerzeit und der »dekadenten« Jahrhundertwende.

Der Roman weist zahlreiche Elemente des Schlüsselromans auf und gilt als persönlicher Racheakt Bierbaums an Alfred Walter Heymel (1878–1914), dem Mitbegründer der Zeitschrift *Die Insel.*

Th. Ringmayr

MAX HALBE
1865–1944

Frau Meseck. Eine Dorfgeschichte.
Berlin: Bondi, 1897.

Die silberne Hochzeit der Mesecks ist Tagesgespräch in einem kleinen Dorf. Die Braut ist 95 Jahre alt, während ihr Ehemann, der Bauer Meseck, kaum 50 Jahre zählt. Der Alten sagt man nach, sie habe einen »Bund mit'm Bösen gemacht«, da sie offenbar nicht sterben könne. Ihrer ersten Ehe mit dem Dorflehrer Gerlach war jedoch kein Kindersegen beschert und so fehlte dem Hof der rechtmäßige Erbe. Die rüstige Witwe holte sich daher zur Verwaltung des Gutes den jungen, vierschrötigen Meseck in ihr Haus. Schon bald sucht die Alte den tüchtigen Mann durch Heirat an ihren Besitz zu binden. Der einfältige Bursche glaubt sich der baldigen Erbschaft sicher. Seiner dominanten Frau gegenüber verhält er sich fügsam und unterwürfig. Die abergläubische Scheu vor der Alten hält ihn jedoch nicht davon ab, ein Auge auf eine junge, hübsche Magd zu werfen. Als Frau Meseck ihren Mann schließlich in inniger Umarmung mit

haber ab. Strobäus, der unter der Trennung von Karola leidet, hat Visionen, in denen ihm sein Urgroßvater erscheint und mahnt, das Verhältnis zu beenden. Doch Dietrich Strobäus gelingt es nicht, von Karola zu lassen. Er sieht nur noch eine Möglichkeit, die geliebte Frau an sich zu binden: Strobäus bittet sie, ihn zu heiraten. Das lebenslustige Mädchen will jedoch seine Freiheit nicht opfern und lehnt ab. Am folgenden Tag machen beide einen Spaziergang am stürmischen Meer. Erneut glaubt Strobäus eine Erscheinung seines Urgroßvaters zu sehen, die von ihm eine Entscheidungstat fordert. Daraufhin wiederholt der verzweifelte Mann noch einmal seinen Heiratsantrag. Als Karola ihn jedoch erneut zurückweist, stößt er die junge Frau mit einer unbedachten Bewegung von den Klippen ins Meer.

Eine zweite Wirklichkeit von Träumen und Gesichten verschränkt sich in diesem Roman Max Halbes mit der realistischen Handlung. Die sich beständig wiederholenden Visionen des schwermütigen Mannes verweisen auf eine andere Welt, die mit rationalen Kategorien nicht mehr faßbar ist und deren Schilderung Einflüsse von Impressionismus und Neuromantik verraten.

Der Frühlingsgarten. Erzählung.
München: Mosaik-Verlag, 1922.

Der junge Student Bernhard Ziegler gelangt bei der Suche nach einem Quartier zu einem verwunschenen Landhaus, das in einem riesigen, verwilderten Park steht. Die Besitzerin des märchenhaften Anwesens ist die schöne Frau von Mittnacht. Ihre drei Töchter, Apollonia, Scholastika und Euphrosyne, erregen schon bald das Interesse des jungen Mannes, den man einlädt, eine Weile in dem geheimnisvollen Haus zu wohnen. Nach Ablauf einer gewissen Zeit müsse er allerdings ins Alltagsleben zurückkehren. So geheimnisvoll wie das ganze Anwesen sind auch seine Bewohner. Apollonia, die Melancholische, lebt stets in der Vergangenheit und in der Erinnerung. Scholastika, die Nüchterne, ist ganz der Gegenwart zugewandt. Euphrosyne, die jugendlich Sprunghafte, hofft dagegen auf eine schöne Zukunft. Es scheint so, als verkörperten die drei Mädchen verschiedene Lebensweisen, die Bernhard, ein unsicherer junger Mann auf der Suche nach seiner Bestimmung, in ihrer Gegenwart kennenlernt. Als er es jedoch in einem Moment des Übermuts wagt, sich einem der drei Mädchen zu nähern, ist der Zauber des Traumgartens gebrochen, die unbefangene Atmosphäre dahin. Kurze Zeit später ist der Frühling vorbei und Frau von Mittnacht erklärt, daß nun die Zeit des Abschieds gekommen sei. Als Bernhard Ziegler zwanzig Jahre später als gereifter Mann zum Frühlingsgarten zurückkehren will, findet er das Anwesen nicht mehr wieder.

Halbe, der sich zunehmend vom Naturalismus distanzierte und sich statt dessen seinen Gegenströmungen (Symbolismus, Impressionismus, Neuromantik) annäherte, siedelt diese Erzählung im märchenhaften, metaphysischen Bereich an und zeigt so in allegorischer Form die innerseelischen Vorgänge eines jungen Menschen auf der Suche nach sich selbst.

Die Auferstehungsnacht des Doktors Adalbert. Eine Osternovelle.

Leipzig: Gesellschaft der Freunde der Deutschen Bücherei, 1928.

Doktor Adalbert, mehr Alchimist als Chemiker, gilt bei seinen Mitbürgern als mürrischer Hexenmeister, der kaum jemals sein Labor verläßt. Seit geraumer Zeit lebt er allein in seinem düsteren Haus. Es heißt, er habe seine drei Ehefrauen vergiftet, da niemand etwas über ihren Aufenthaltsort weiß. Eine der wenigen Personen, die sein Gelaß betreten dürfen, ist seine Assistentin Erna Krüger. Die junge attraktive Frau will jedoch am Tag vor Ostersonntag ihren

Abschied nehmen, da ihr Verlobter, Martin Treubier, sie heiraten möchte. Dr. Adalbert, der sich zu Erna hingezogen fühlt, reagiert verbittert. Er lädt die beiden am Abend des selben Tages zu sich ein, plant jedoch, den Verlobten zu beseitigen. Erna Krüger indes ist sich nicht sicher, ob sie den durchschnittlichen Martin Treubier wirklich liebt. Während ihr Verlobter ein herzensguter und biederer Mensch ist, fasziniert sie der zynische, arrogante und geniale Alchimist. Als die drei am Abend schließlich Abschied nehmen, bietet Dr. Adalbert Martin Treubier einen besonderen Trunk an. Nachdem beide gekostet haben, erklärt der boshafte Alte, daß einer der beiden Becher ein tödliches Gift enthalte. Da die Gläser jedoch identisch seien, könne keiner mehr sagen, wen von beiden es in den nächsten Minuten treffe. Als kurze Zeit später der Ostermorgen anbricht, stirbt Dr. Adalbert an seinem Gift.

Halbe näherte sich nach anfänglichem Interesse für naturalistische Darstellungen mehr und mehr symbolistisch-neuromantischen Erzähltechniken an. Auch die vorliegende Novelle thematisiert die mystisch-metaphysischen Kräfte, die hinter allem Sein erahnbar sind und das Schicksal des Menschen bestimmen.

A. Günter

EDUARD STUCKEN
1865–1936

Die weißen Götter. Roman.

4 Bde. Berlin: Reiss, 1917–22.

Der umfangreiche erste Roman Stuckens schildert die Eroberung Mexikos durch die spanischen Konquistadoren unter Hernando Cortes von der Landung am Karfreitag

1519 bis zur Rückeroberung und Zerstörung der Hauptstadt Tenuchtitlan am 13. August 1521. Begünstigt durch den aztekischen Mythos von der Wiederkunft des Gottes Quetzalcoatl, dessen christusähnliche Attribute von den Mexikanern mit dem Habitus der spanischen »weißen Götter« identifiziert werden, dringen die 550 Spanier, unterstützt von zwangsbekehrten mexikanischen Verbündeten, bis zur Hauptstadt des Aztekenreiches vor. Montezuma, der »Zornige Herr«, läßt die Eindringlinge scheinbar gewähren und wird während des großen Aufstandes in der »Nacht der Schrecken« von den Spaniern noch vor ihrer Flucht getötet. Sein Nachfolger Guatemoc (»Herabstoßender Adler«) widersetzt sich erfolglos der erneuten Belagerung, die mit einem Inferno endet.

Die vierzehn Bücher des Werkes fokussieren abwechselnd einen »mexikanischen« und einen »spanischen« Handlungsstrang in zunehmender Überblendung. Ein gewaltiges Figurenensemble agiert im Zusammenprall der Kulturen, wobei die kultische Grausamkeit der Azteken ein Äquivalent in der durch den Missionierungsgedanken kaschierten Goldgier der Europäer findet. (Cortes: »Unser Krieg [...] wäre ein verabscheuungswürdiger Raubzug, wenn es nicht unser einziges Ziel wäre, diese Völker vom Götzendienst abzubringen, in ihnen die Sehnsucht nach Erlösung zu wecken und sie dem christlichen Glauben zuzuführen«.) Kollektive wie individuelle Ereignisse und Relationen (etwa auch die tragische Liebe der Mexikanerin Marina zu Cortes) basieren dabei auf »Zeichen«, deren Fehlinterpretation durch die Figuren permanent Katastrophen generiert. Aus den symbolisch-zeichenhaften Handlungselementen und Erzählerkommentaren läßt sich ein deterministisches, kosmologisch-naturgesetzliches Geschichtsbild ableiten: »Die Neue Welt war um die alte gekreist wie ein unsichtbarer schwarzer Dämon: als er sichtbar wurde, erblickte man seinen flammenden, grauenvollen, herrlichen Untergang.« Stuckens völkerkundliche und religionsgeschichtliche Untersuchungen (z. B. *Astralmythen*, 1896–1907) lieferten dazu den kulturphilosophischen Rahmen.

F. Adam

Richard Beer-Hofmann
1866–1945

Der Tod Georgs.

Berlin: S. Fischer, 1900.

Richard Beer-Hofmanns Roman, der bereits vor Schnitzlers *Lieutenant Gustl* souverän mit den Möglichkeiten des inneren Monologs und der erlebten Rede spielt, gilt als einer der Zentraltexte des europäischen Ästhetizismus und der Fin-de-siècle-Literatur. Ausgangspunkt des Textes, der zugleich mit der Beschreibung der dandyhaften Existenz des Ästheten eine Kritik des Ästhetizismus und des Ästhetentums formuliert, ist ein sinnloser, die ästhetische Weltwahrnehmung herausfordernder Tod. Während eines Besuchs bei seinem Jugendfreund Paul in Ischl stirbt der erfolgreiche junge Arzt Georg »an der Schwelle von Ruhm, Macht und Glück« an Herzversagen. Dieses Ereignis des alltäglichen Lebens verstärkt die Irritation, die sich im Bewußtsein des Ästheten Paul auszubreiten begonnen hat, seit er sich bei einem abendlichen Spaziergang in der Nacht vor Georgs Tod mit dem (noch) diffusen Gefühl nicht erfüllten (Lebens-) ›Glücks‹ konfrontiert gefunden hatte. Diese Irritation ist der eigentliche Auslöser der den Roman bestimmenden Reflexionen über den Zusammenhang von Leben, Tod und Schönheit, die ihrerseits aufgetragen sind auf die Erfahrung des Verlusts und des Ungenügens, deren Paul in der Nacht von Georgs Tod traumhaft gewahr wird. Während Georg im Nebenzimmer schläft, träumt Paul vom Krebstod einer (im Traum: seiner) geliebten Frau. In diesem Todtraum ›erlebt‹ er in symbolischer Vorwegnahme seiner durch den realen Tod des Freundes angestoßenen Entwicklung den Bruch seiner ästhetischen Wahrnehmung, die allein um den Preis der Unterdrückung alternativer Lebensentwürfe die Erscheinungen des Lebens mit der Schönheit zusammenzustimmen vermag. Das Bild des hart (auf den Boden der Tatsachen) aufschlagenden Kopfes der Gestorbenen, das den Schlafenden abrupt aus seinem Traum (der ästhetischen Existenz) erwachen läßt, markiert den Einbruch der – häßlichen – Realität in die ästhetische Wahrnehmung.

Der Tod wird für Paul jenseits seiner ontologischen Faktizität zum Moment einer eminenten Bedrohung des eigenen (ästhetischen) Welt- und Lebensentwurfs. Dieser Erfahrung sucht er in einer Reihe von Deutungsversuchen zu entkommen, die das scheinbar Sinnlose des Todes (auch desjenigen Georgs) nachträglich mit Sinn ausstatten. Alle diese Deutungen aber führen ins Leere: die Vorstellung vom sein Lebensglück in seiner Arbeit findenden Arzt ebenso wie diejenige von Georgs möglichem Tod nach einem glücklichen Alter. Nimmt das Wissen des Arztes im einen (gedachten) Fall dem je eigenen Sterben jeden illusionären Schein, verliert der Traum vom glücklichen Alter jede Kontingenz an der gegenläufigen Erfahrung des Alterns als Deformation des (schönen) Lebens. Auch der dritte Anlauf zur Legitimation von Georgs Tod durch das mythologische Modell vom frühen Tod der Götterlieblinge schafft keinen Trost. Der Tod bleibt unverständlich.

Erst die Begegnung mit zwei im Park spazierenden Frauen in Wien Monate später, die in Paul die Erinnerung an seinen Traum vom Sterben der Geliebten zurückruft, führt zu einer Lösung der Verstörung. Sie leitet Paul zu der Erkenntnis, daß seine egozentrische ästhetische Weltwahrnehmung einen Irrweg darstellt, der ihn in die Isolation geführt, ihm die Angst vor dem Tod überhaupt erst verursacht hat. Der Roman verbindet diesen Erkenntnisvorgang mit einer doppelten Rückkehr Pauls: in das versäumte (weil nur in der Distanziertheit des ästhetischen Blicks wahrgenommene) Leben zum einen; in die Geborgenheit eines unmittelbar auf Pauls jüdische Herkunft bezogenen Traditionszusammenhangs, in dem sich der vereinzelte Einzelne wieder aufgehoben und erlöst fühlen kann, zum anderen. Das Schlußbild freilich hält diese Lösung, mit der Beer-Hofmann am Ende der Krise des Ästhetentums in der Anerkennung der jüdischen Tradition und damit im Reich der Metaphysik ein Auffangnetz knüpft, in der Schwebe. Die Vermittlung der subjektiven Erfahrung mit der objektiven Gerechtigkeit der Schöpfung bleibt ohne letzte, verobjektivierbare Gewißheit. Der letzte Satz des Romans lautet: »Aber was er fühlte, war nur das Schlagen seines eigenen Blutes.«

N.O.Eke

Hermann Broch
1866–1951

Die Schlafwandler. Eine Trilogie.

Bd. 1: 1888. Pasenow oder die Romantik. München/Zürich: Rhein-Verlag, 1931. Bd. 2: 1903. Esch oder die Anarchie. Ebd. Bd. 3: 1918. Huguenau oder die Sachlichkeit. Ebd. 1932.

In dem Roman versucht Broch, die drei Jahrzehnte zwischen 1888, dem sogenannten Dreikaiserjahr, und 1918, dem Ende des Ersten Weltkriegs, zeitkritisch zu sichten. Diese Phase der deutschen Geschichte bietet ihm die Möglichkeit, einen allgemeinen europäischen Prozeß zu verdeutlichen, den des »Zerfalls der Werte«, d. h. den Prozeß einer umfassenden Desintegration aller gesellschaftlichen Bereiche in immer kleinere und immer unübersichtlicher werdende Partialsysteme. Am Ende dieses Prozesses (als dessen positives Gegenbild idealtypisch die einheitliche Kultur des Mittelalters gesehen wird) steht das Chaos, aus dem heraus eine neue Einheit gewonnen werden muß.

Im ersten Band *1888. Pasenow oder die Romantik* verdeutlicht Broch die nur scheinbare Intaktheit gesellschaftlicher Konventionen durch die Geschichte vom preußischen Leutnant Joachim von Pasenow. Die militärischen Ehrauffassungen, die religiösen Grundüberzeugungen, die patriotischen Pflichtgefühle, die persönlichen Liebesbeziehungen: all das gerät ins Wanken, ins »Brüchige«, ins »Gleiten«. Pasenow sucht im Gewirr sich auflösender Bindungen nach Halt im Konservatismus, in einer Attitüde, die Broch als »romantisch« bezeichnet. In seinem Bekannten Eduard von Bertrand sieht Pasenow eine mephistophelische Figur. Bertrand nämlich ist ganz Kind seiner Zeit, hat überholte Konventionen abgestreift, ist aus dem Militär ausgeschieden und Großkaufmann mit internationalen Beziehungen geworden. Pasenow schliddert in eine Affäre mit dem Barmädchen Ruzena, findet aber schließlich doch in den Hafen der standesgemäß-konventionellen Ehe mit Elisabeth von Baddensen.

Spielt dieser erste Band in der Hauptstadt Berlin und auf westpreußischen Gütern, geben das Rheinland bzw. die Städte Köln und Mannheim die Kulisse zur Handlung des zweiten Bandes *1903. Esch oder die Anarchie* ab. Nicht ein Adliger, sondern ein Kleinbürger, der Buchhalter August Esch, ist die zentrale Figur dieses Trilogieteils. Stärker noch als im ersten Band wird der »Zerfall der Werte« hier durch die Auflösung religiöser Bindungen demonstriert. Metaphysische Sehnsüchte nach »Erlösung« werden nicht mehr durch die überlieferte christliche Religion kanalisiert und befriedigt, sie haben sich in der Privatmythologie des August Esch auf anarchische Weise verselbständigt und veranlassen ihn zu abstrusen und unethischen Handlungen: Um den »Buchungsfehler« in der Welt zu beseitigen, will er – ein Don Quichote des Wertzerfalls – zunächst die Jahrmarktartistin Ilona, dann seine Geliebte (Mutter Hentjen) »erlösen« und denunziert den homosexuellen Großindustriellen Bertrand, der für ihn das »Böse« verkörpert.

Negativer Held des dritten Bandes *1918. Huguenau oder die Sachlichkeit* ist Wilhelm Huguenau. Flüchtet sich Pasenow in konventionelle Religiosität und lebt Esch seine private Mythologie aus, ist Huguenau ein »sachlicher« Mensch ohne metaphysische Bedürfnisse und Bindungen. Er ist der Opportunist par excellence, dem es um die – durch keine Moral gehemmte – Durchsetzung seines kaufmännischen Berufsprinzips, der Gewinnmaximierung, geht. Dabei werden Täuschung, Hochstapelei und Mord als »wertfreie« Handlungen betrachtet. In diesem dritten Band der Trilogie hat Broch das Thema des Romans durch eine Reihe von Parallelerzählungen (*Leutnant Jaretzki*, *Hanna Wendling* u. a.) variiert und durch die Essayfolge »Zerfall der Werte« essayistisch erläutert.

Leutnant Jaretzki. Hanna Wendling.

In: H.B.: Die Schlafwandler. Eine Trilogie. Bd. 3: 1918. Huguenau oder die Sachlichkeit. München/Zürich: Rhein-Verlag, 1932.

Die beiden Novellen gehören zu den Parallelerzählungen des letzten Bandes der *Schlafwandler*-Trilogie. Die Schicksale des Leutnants Jaretzki und der Offiziersgattin Hanna Wendling illustrieren den »Zerfall der Werte«, das Ende des moralischen Konsenses und des gesellschaftlichen Zusammenhalts, das Faktum einer die Moderne kennzeichnenden allgemeinen und umfassenden Desintegration des überlieferten Wertekosmos, als dessen Resultat und symptomatische Erscheinung der Autor den Ersten Weltkrieg verstand. Der Kriegsversehrte Jaretzki gehört zur *lost generation* und hat alle Gedanken an ein mögliches Ende von Krieg und Chaos, hat jede Hoffnung auf Frieden bzw. einen Neubeginn bürgerlicher Ordnung aufgegeben. Für ihn als »Suff-

und Reservefritzen«, wie er sich nennt, »ist die Chose erledigt«. Broch hat dem Oberarzt Flurschütz seine Gedanken über den »Zerfall der Werte«, über die immer größere Beziehungslosigkeit der gesellschaftlichen Einzelbereiche in den Mund gelegt.

Wie Jaretzki befindet sich Hanna Wendling in einem »Zustand der Entfremdung«. Jaretzkis Flucht in den Alkohol entspricht Hanna Wendlings Regression in den Traum. Den Fronturlaub ihres Mannes empfindet sie als störend, als Einbruch der Realität in ihre Träume. Diese narzißtische Erzählfigur steht für die Aufsplitterung der Wertsysteme bis zur letzten Zerfallseinheit, dem individuellen Ich, das, auf seine eigene Einsamkeit zurückgeworfen, keine Verbindung mehr zu einem anderen Ich herstellen kann. So versinnbildlicht sie den Zustand der Entropie (im Sinne von zunehmender Unordnung). »Die Entropie des Menschen«, schreibt Broch im Hinblick auf Hanna Wendling, »ist seine absolute Vereinsamung.«

Die Unbekannte Größe. Roman.

Berlin: S. Fischer, 1933. – Vorabdruck in: Vossische Zeitung 1933.

Erzählt werden neun Monate (Winter bis Herbst) aus dem Leben des jungen Mathematik-Assistenten Richard Hieck. Zeit und Ort der Handlung sind die späten zwanziger Jahre in einer deutschen Universitätsstadt. Der Grundkonflikt, in dem Hieck sich befindet, ist der zwischen Wissenschaft und Liebe, Rationalität und Irrationalität, Mathematik und Alltag. Innerhalb dieser Konstellation verdeutlicht Broch die damals aktuellen wissenschaftlichen Debatten über die Grundlagenkrisen sowohl in der Mathematik wie der theoretischen Physik (Quantenmechanik). Das Buch zeigt, wie intim Broch, der eigentlich hatte Mathematiker werden wollen, mit den Streitfragen und gegensätzlichen Richtungen der beiden Wissenschaften vertraut war. Darüber hinaus werden eigentliche Wissenschaft (für die Hieck steht) mit Pseudowissenschaft (Kapperbrunn) miteinander konfrontiert. Hieck erlebt, wie in ihm der Konflikt zwischen wissenschaftlicher Berufung und der Liebe zur Studentin Ilse Nydhalm aufbricht. Zentral für die Entwicklung der Liebesgeschichte innerhalb des Romans ist der gemeinsame Besuch Richards und Ilses auf der Sternwarte. Außer Hieck gelingt niemandem in seiner Familie, Erkenntnis und Gefühl in eine Balance zu bringen: seine Eltern sind – auf unterschiedliche Weise – ihrer Irrationalität verfallen; der jüngere Bruder Otto wird mit seiner homosexuellen Freundschaft nicht fertig und begeht Selbstmord, und seine Schwester Susanne entscheidet sich für ein spirituelles Leben als Nonne.

Wegen der Fachgespräche über Probleme der theoretischen Physik sind einige Passagen dem naturwissenschaftlich nicht gebildeten Laien nur schwer zugänglich. Weil die Entgegensetzung von Ratio und Eros hier allzu schematisch ausfiel, hat Broch später den Roman selbst kritisiert.

Die Verzauberung. Roman.

Frankfurt a. M.: Suhrkamp, 1976. [1935 entstanden. Der Roman wurde unter dem nicht von Broch stammenden Titel »Der Versucher« in einer editorisch entstellten Fassung erstmals 1953 aus dem Nachlaß im Rhein-Verlag, Zürich, publiziert.]

Der Roman war geplant als erster Band einer Trilogie, für die Broch den Titel *Demeter* vorgesehen hatte. In seiner Korrespondenz benutzte der Autor oft die vorläufige Bezeichnung »Bergroman«. Die Bände zwei und drei wurden nicht geschrieben. Die Handlung spielt während neun Monaten (Winter bis Herbst) in einem österreichischen Alpendorf der späten zwanziger Jahre. Erzählt wird die Geschichte von einem Ich-Erzähler, der sich als Landarzt vorstellt. Als Fremder taucht im Dorf Kuppron plötzlich

Marius Ratti auf. Er erkennt die psychischen, religiösen und materiellen Nöte und Schwierigkeiten der Dörfler, verspricht Besserung und agiert dabei mit jenen Mitteln des Massenwahns und der Ausgrenzung von Minoritäten, wie sie für die faschistischen Systeme der dreißiger Jahre bezeichnend waren. Auch der Landarzt verfällt momenthaft dem Massenwahn, der eine Reihe von Opfern fordert. Der seit langem stillgelegte Gold-Bergbau wird von Ratti wieder eröffnet, und mit dem Versprechen »goldener Berge« weiß er die Dörfler auf seine Seite zu ziehen. Die Goldvorkommen sind längst erschöpft. Rattis ergebener Gehilfe ist Wenzel, der aber von seinem Idol fallengelassen wird. Gegenspielerin Rattis ist Mutter Gisson, eine Heilkundlerin. Ratti will von ihr lernen und sie in sein Machtsystem einbeziehen. Aber durch sie, ihren Sohn Mathias und den Landarzt formt sich ein Nukleus des Widerstands. Der Schluß des Romans bleibt offen. Zwar ist Mutter Gisson gestorben und Ratti im Gemeinderat, aber die Hoffnung wird im Nachwort des Landarztes auf die nächste Generation gerichtet, auf die Zeit, wenn die durch Ratti verursachte »Verzauberung« überwunden, wenn Ratti als »Quelle des Grauens« und der »Vergewaltigung« seine Rolle ausgespielt haben wird.

Der Tod des Vergil. Roman.

New York: Pantheon Books, 1945.

Das Buch gliedert sich in vier Teile, die nach den vier Elementen (Wasser, Feuer, Erde, Äther) benannt sind. Der erste Teil (»Wasser – Die Ankunft«) beschreibt die Heimkehr des sterbenden Dichters Vergil aus Griechenland nach Brundisium. Der Tag der Rückkehr fällt mit dem Geburtstag des Kaisers Augustus zusammen, und den Dichter erschreckt der Personenkult und politische Massenwahn. Der todkranke Vergil wird in einer Sänfte durch die Elendsgasse im Hafen getragen und dabei konfrontiert mit menschlicher Triebhaftigkeit und dem Verlust an Zivilisation.

Der zweite Teil (»Feuer – der Abstieg«) schildert die letzte Nacht Vergils in einem Gästezimmer des kaiserlichen Palastes. In Fieberphantasien durcheilen Bilder und Erinnerungsfetzen der Vergangenheit, vor allem der Kindheit, seine Träume. Seine Gedanken umkreisen immer wieder das Problem dichterischer Sendung. Der Annahme, daß Orpheus zum »Führer der Menschen« bestimmt sei, setzt Vergil die These von der »Überschätzung des Dichtertums« entgegen. Ständig sei Dichtung vom »Absturz ins Literatentum« bedroht. Eine Reue, nicht unähnlich der A.s in den *Schuldlosen*, packt den sterbenden Vergil über sein verfehltes Leben: »Unfähig war er zur tätigen Hilfe, unfähig war er zur liebenden Tat, unbewegt hatte er Menschenleid beobachtet.« Daran knüpfen sich Reflexionen, deren Engführung die lyrischen Schicksals-Elegien sind (»Schicksal, du gehst allen Göttern voran«).

Im Zentrum des dritten Teils (»Erde – Die Erwartung«) stehen die Diskussionen mit den Freunden und der Dialog mit Augustus. Die traumhaften Visionen, fiebernden Erinnerungen und selbstkritischen Urteile der Nacht sind den konkreten Forderungen des Tages gewichen. Seine Dichterfreunde Plotius Tucca und Lucius Varius verwickeln Vergil in Gespräche über Literatur, Kunst und Kitsch. Vergil schockiert sie mit der Mitteilung, daß es sein testamentarischer Wille ist, sein (noch nicht beendetes) Hauptwerk, die *Äneis*, zu verbrennen. Plotius vergleicht ihn daraufhin mit einem »Bauern, der sein Saatgut verfüttert«. Im Gespräch zwischen Vergil und Augustus klären sich die Fronten, wenn es auch zu keiner Übereinstimmung kommen kann. Vergil sieht sein Werk als untauglich an, weil es der religiösen bzw. religionsstiftenden Dimension ermangele, die ein Kunstwerk im Bruch der Epochen auszeichnen müsse. Der Cäsar vertritt die politischen Interessen des römischen Imperiums. Für ihn ist die *Äneis* in erster Linie ein Staats-Epos (»Dein

Werk ist Rom«). Nicht aus politischer Überzeugung, sondern aus einer alten Freundschaft zum Kaiser gibt Vergil nach und besteht nicht auf der Verbrennung des Manuskripts.

»Äther – Die Heimkehr« heißt der relativ kurze abschließende Teil des Romans. Hier ist der Übergang vom Leben zum Tod des Dichters gestaltet. Bilder des Fährmanns und aller nur denkbaren mythologischen Tiergestalten, Assoziationen an Idyllen-Konstellationen, bei denen Lamm und Löwe friedlich nebeneinander leben, tauchen auf, gehen ineinander über und verschwinden wieder. Zentral sind hier die Erinnerungen an Plotia, die Frau, der einst seine Liebe gehörte.

Den Selbstkommentaren Brochs ist zu entnehmen, daß er in einer historischen Konstellation zu leben glaubte, die der des römischen Dichters glich. Wie in seinen übrigen Romanen wollte der Autor auf die Dringlichkeit religiöser Fragen, auf die Notwendigkeit der Grundlegung einer neuen Ethik in der Zeit des Wertezerfalls hinweisen.

Die Schuldlosen. Roman in elf Erzählungen.

München: Weismann, 1950.

Die Schuldlosen erinnern im Aufbau an die *Schlafwandler*-Trilogie, besonders an deren letzten Teil. Auch hier soll im Roman an einen bestimmten Zeitraum deutscher Geschichte (1913–1933) erinnert werden, auch hier geschieht dies mittels Parallelerzählungen, auch hier wird die Handlung kommentiert durch eingeschaltete reflexive Passagen, die hier die Form lyrischer »Stimmen« haben.

Der noch junge Diamantenhändler A., der seinen Reichtum Geschäften in den Kolonien verdankt, zehrt von seinem Vermögen und richtet sich auf das Leben eines Pensionärs ein. Bei der Suche nach einer Mietwohnung gerät er in das Haus der Baronin Elvire, deren heimliche Herrscherin die alte Magd Zerline ist. Durch Erzählungen der Magd erfährt A. von der früheren Beziehung der Baronin und ihrer eigenen Liebe zum Herrn Juna, einer Don Juan-Gestalt. A. selbst gerät im Haus der Baronin in eine Don-Juan-Konstellation, deren Stifterin die Magd Zerline ist. Die Liebesbeziehung A.s zur Magd Melitta – sie begeht Selbstmord – scheitert an den Intrigen der sadistischen Hildegard, der Tochter der Baronin. Hildegard entstammt der ehebrecherischen Beziehung Elvires zum Herrn Juna. Als steinerner Gast taucht ein Imker auf. Er ist der Groß- und Ziehvater der Melitta und vermag in dem ethisch völlig gleichgültigen A. Reue über sein bisheriges Leben zu wecken. A. nimmt den Tod als Sühne für seine unethischen Handlungen, für seine Gleichgültigkeit gegenüber den Mitmenschen auf sich.

Der Gleichgültigkeit A. s entspricht die geistige Urteilslosigkeit des Studienrats Zacharias. Wie A. widerstandslos ein Opfer von Intrigen wird, verfällt Zacharias chauvinistischer Ideologie. Broch wollte mit seinen Romanfiguren andeuten, wie deren Einstellungen und Mentalitäten die Voraussetzungen für den Erfolg des Nationalsozialismus schufen, wie sie gleichsam »schuldlos schuldig« wurden an der dann eintretenden – mit Broch zu sprechen – »historischen Fehlsituation«.

P. M. Lützeler

Paul Ernst
1866–1933

Der schmale Weg zum Glück. Roman.

Stuttgart: Deutsche Verlags-Anstalt, 1904.

Der Roman folgt in der Darstellung von Kindheit, Jünglingsjahren und Familiengründung der männlichen Hauptfigur dem Dreischrittmodell des Bildungsromans (vgl.

Freytags *Soll und Haben*). Paul Ernst verzichtet aber auf eine psychologisierende Figurendarstellung, da sie die Relativität aller Sittlichkeit suggeriere. Im ersten Buch wächst der Försterssohn Hans Werther in der Abgeschiedenheit des heimatlichen Waldes auf, der als natürliche Erziehungsinstanz die Möglichkeit zu einer anachronistischen Sozialisation bietet. Das zweite Buch erzählt von der Studienzeit Hans Werthers in Berlin, wo er moderne, an die Großstadt gebundene Lebensformen wie Künstlerboheme und revolutionäres Arbeitermilieu kennenlernt. Der Modernisierungsschock wird in die intimen Beziehungen verlagert, in denen Werthers Generation mit neuen Formen und Rollen experimentiert (freie Liebe, Gleichberechtigung der Geschlechter). Mit Karl Gleichen wird Hans Werther eine Kontrastfigur gegenübergestellt, in der die Diskrepanzen der 1880er Jahre vor Augen geführt werden, ohne daß sie von der Hauptfigur selbst erlebt werden. Für den suchenden jungen Mann eröffnet sich in der Stadt der Moderne kein Lebensweg. Im dritten Buch kehrt Werther folgerichtig in die Welt der Eltern zurück: in die Provinz, in die anachronistische Welt des Waldes, der die überzeitliche Gültigkeit konservativer Werte verbürgt, und in die kleinbürgerliche Idylle von Ehe und Familie. Seine Ehefrau Maria ist die Tochter und Erbin des Grafen, bei dem Werthers Vater als Förster gedient hat. Hans Werther verwaltet den hochverschuldeten Besitz. Das Gelingen seines Bildungsweges zeigt sich an seinem privaten und beruflichen Erfolg. In *Der schmale Weg zum Glück*, der autobiographische Züge trägt, wird die Familie als Schutzraum vor der Moderne ideologisch aufgewertet: der Typus des Bildungsromans steigt ins kleinbürgerliche Milieu ab.

Komödianten- und Spitzbubengeschichten.

München: G. Müller, 1920.

Die beiden Novellenzyklen *Komödiantengeschichten* und *Spitzbubengeschichten*, die ebenfalls 1920 zunächst gesondert erschienen, sind früh zu einer Sammlung zusammengefaßt worden, weil sie beide zu Beginn des 17. Jh.s in Rom spielen. Sie handeln von den Liebes- und Lebensabenteuern der Mitglieder einer römischen Theatertruppe im Stil der italienischen Comedia dell'arte bzw. der organisierten Diebe und Betrüger Roms. Im Alltag der Schauspieler verschwimmt oft die Grenze zwischen Realität und Rolle, wenn z. B. Colombine meint, sie müsse den Pierrot lieben, weil sie auf der Bühne ein Paar sind, obwohl sie eigentlich dem Kapitän Spavento zugetan ist (*Der Kapitän Spavento*). Die Spitzbuben wiederum unterscheiden sich kaum von den ehrbaren Bürgern, denn auch sie haben ihre Regeln und Ehrengesetze. In beiden Lebenswelten ist die Grenze zwischen subjektiver und objektiver Wahrheit fließend. In seinem Novellenschaffen folgt Ernst einer Tradition, die von der Antike über Boccaccio bis zu Heyse reicht. Die formale Verwandtschaft der Novelle zum Drama ermöglicht es Ernst, sie in seine neuklassische Gattungshierarchie, an deren Spitze die Tragödie steht, einzugliedern. Seine Entscheidung für die Novelle mit ihrer strengen Tektonik ist als klassizistisches Votum gegen den modernen Roman und dessen Formlosigkeit (und gegen den Naturalismus als Stil) zu verstehen. Ernst kann in seinen Novellen genau wie in seinen Tragödien seine Dichtungstheorie (*Der Weg zur Form*, 1906) umsetzen. In seiner Widmung der *Komödianten- und Spitzbubengeschichten* an das mit ihm befreundete Schauspielerehepaar Holz rechtfertigt Ernst den nach bürgerlichen Maßstäben sittenlosen Lebensstil der Komödianten damit, daß die künstlerische Existenz eine freie Wahl des sozialen Ortes notwendig voraussetze.

Der Schatz im Morgenbrotstal. Roman.
Leipzig: Horen-Verlag, 1926.

Der historische Roman spielt kurz nach dem Dreißigjährigen Krieg in der Gegend um Goslar im Harz. Die handelnden Figuren sind entweder durchziehende Soldaten, die aus ihrem Dienst entlassen wurden und sich nun außerhalb der sozialen Ordnung wiederfinden, oder seßhafte Bauern und Bergleute. In dieser Phase der sozialen Ortlosigkeit sind die Soldaten gezwungen, sich neu zu orientieren und für eine bestimmte Lebensweise zu entscheiden. Der achtzehnjährige ehemalige Soldat Hermann Wied verdingt sich bei der alten Margarete Hünemannin als Knecht auf ihrem niedergebrannten Hahnenklee-Hof. Mit seinem Fleiß verschafft er der Bäuerin und ihrem Hof wieder eine Zukunftsperspektive, die dadurch untermauert wird, daß er Anna, die sechzehnjährige Erbin, zur Frau gewinnt. Außerdem findet er die vor drei Jahren von Soldaten in einem ehemaligen Bergwerk versteckte Kriegsbeute: den titelgebenden Schatz im Morgenbrotstal. Gegenfiguren sind die anderen marodierenden Soldaten, besonders der gleichfalls junge Sommer, die versuchen, ihre soldatische Lebensweise fortzuführen, indem sie die Bauern mit Waffengewalt zwingen, ihnen Nahrung und Unterkunft zu gewähren. An der Figur des Hermann Wied veranschaulicht Ernst seine auf dem protestantischen Arbeitsethos beruhende Überzeugung, daß sich der Wert eines Menschen in seinem Willen zur Leistung zeigt. Die bäuerliche Lebensweise wird als überzeitliches, der natürlichen Ordnung adäquates Modell idealisiert, die (im Gegensatz zur Lohnarbeit des Soldaten) eine nichtentfremdete Arbeitsweise garantiert: die notwendige Arbeitsteilung wird durch die patriarchale Familienstruktur aufgefangen. Der konservative Autor will seinen Zeitgenossen damit eine Alternative weisen zur gesellschaftlichen Wirklichkeit nach dem Ersten Weltkrieg, gerät aber wegen seiner unhistorischen Sichtweise in die Nähe der Blut-und-Boden-Ideologie, zumal Hermann und Anna dem blonden, blauäugigen Menschentyp angehören.

H. Stieger

HERMANN LÖNS
1866–1914

Der letzte Hansbur. Ein Bauernroman aus der Lüneburger Heide.

Hannover: Sponholtz, 1909.

Wie alle Bauernromane Hermann Löns' spielt auch dieser in der Lüneburger Heide, in einer in sich geschlossenen Welt. Auf dem Hehlmannhof wird der kleine Göde als vorerst letzter in die Generationskette der Familie Hansbur hineingeboren. Alles scheint ihm in die Wiege gelegt worden zu sein, denn ihn erwartet das reichste Erbe der Gegend. Tatsächlich aber findet er erst spät und über Umwegen zu einer ihm gemäßen Lebensform. Dann allerdings engagiert er sich mit geradezu faustischem Einsatz für die Allgemeinheit und den Fortschritt und lenkt so seine innere Unrast, die ihm bisher stets geschadet hat, in produktive Bahnen. Zunächst aber sind der gute und der gefährdete Hansbur in ihm schicksalhaft verbunden: so hat er das ungebändigte Temperament all jener Ahnen geerbt, die mit der Anomalie von elf Fingern geboren worden sind, doch bei ihm ist dieses Temperament »durch Güte immerhin zu lenken«.

Seine zweigeteilte Natur findet ihre Entsprechung in dem immer wiederkehrenden Motiv einer Dualität: in der Gestalt einer guten (hellhäutigen) und einer bösen (dunklen) Fee, die der Mutter kurz vor seiner Geburt im Traum erscheinen; später in der verführerisch exotischen, aber verderbten Miken und ihrem Gegenpart, der einheimischen, blonden, verläßlichen Meta, seiner Kusine, wie geschaffen für das Leben an seiner Seite, der er sich noch am Sterbebett der Mutter ursprünglich versprochen hat; und im letzten Bild in einer weißen und einer schwarzen Taube an seiner Totenbahre.

Vorboten und schicksalhafte Vorzeichen, Aberglaube und »Heidenschnack« spielen in der Erzählung eine strukturierende Rolle. Und entsprechend sind es äußere Umstände und weniger eigene Verfehlungen, die den vorgegebenen Weg verhindern. Hansbur gleitet in durchaus nachvollziehbaren Schritten immer weiter ab. Die Verlobte entzieht sich seiner Gegenwart, als sie für den schwerkranken Bruder zu Hause auf dem Hof einspringen muß. In seiner Einsamkeit nach dem Dahinscheiden der Eltern gerät er in schlechte Gesellschaft. In die unglückliche Ehe mit einer unstandesgemäßen Häuslertochter wird er mehr oder weniger genötigt. Sie treibt ihn immer tiefer in den Suff. Für den schwerreichen, aber unglücklichen Großbauern bleibt als letzter Freiraum der Reiz der Wilderei. Als aber sein Schwager auf einer solchen gemeinsamen Pirsch vom Förster erschossen wird, unternimmt er einen mißglückten Selbstmordversuch, der die kathartische Wende bringt. Von nun an beschäftigt er sich mit der Modernisierung von Landwirtschaft und Viehzucht. Als seine Ehefrau unversehens stirbt, holt er Versäumtes nach und führt seine Kusine Meta auf den Hof. Noch auf dem Altenteil widmet er sich dem Urbarmachen der Heide. So verbleibt Hansbur bis zum Schluß in seinem Lebenskreis, auch wenn er, so der Kommentar seiner Umwelt, die Kraft und das Zeug zu einem Eroberer in sich getragen hat.

Mümmelmann. Ein Tierbuch.

Hannover: Sponholtz, 1909.

Die Kurzgeschichten sind aus der Perspektive der Tierakteure vorgetragen. Der Autor bedenkt jedes Tier, jedes seiner Geräusche mit einem artspezifischen Tätigkeitswort, so daß ein akustisches Kaleidoskop als Synonym für ungestörte Naturidylle entsteht. Durch lautmalerische Namengebung der Tiere, durch den familiären Umgang mit Naturerscheinungen (der Mond bettet sich zur Ruh) und den Erzählton wird vertraute Nähe suggeriert. Etliche Tiere sind wie im Märchen sprachbegabt und betont heimatverbunden – sie sprechen Platt. In diesen Naturalltag ist die Handlung, das Schicksal der Tiere als Individuen, eingebettet. Ihre Existenz ist an den richtigen Einsatz aller Instinkte und Fähigkeiten gebunden. Jede Veränderung ist stets identisch mit Gefahr. Friedliche Harmonie oder Bedrohung, Jagen und Gejagtwerden, Freßlust und Hungersnot wechseln sich ständig ab. Die Spannungskurve der einzelnen Geschichten kulminiert in einem alles entscheidenden Augenblick, wobei das Entkommen aus der Gefahr die Ausnahme darstellt. Dem Sterben der Hauptfiguren als theatralischem Akt kann sich der emotional langsam gefangengenommene Leser nicht mehr entziehen. Das kurze Aufeinandertreffen von Naturidylle und aktivistischer Gewalt ist mit dieser abrupten Wendung beendet, die permanente unterschwellige Spannung, durch die jede Einzelheit Gewicht bekam, bricht wie bei einem orgiastischen Erlebnis ab. Meist führt ein leichthingeworfener Schlußsatz versöhnend oder aber auch schmerzlich in den gleichmacherischen Rhythmus der Natur zurück.

Bei Löns decken sich Beobachtungs- und Beschreibungsgabe und waidmännische Erfahrung als engagierter Jäger und Heger. In seinen zahlreichen Tiergeschichten fühlt er sich zu naturgetreuer Darstellung verpflichtet, die aber durch literarisches Zelebrieren von Instinkt und Kraft überhöht wird. Die Wiederentdeckung einer »Urnatur« und der nachvollziehbaren Seiten des Animalischen ist keine vereinzelte Erscheinung um die Jahrhundertwende und verbindet Löns' Tiergeschichten etwa mit Jack Londons *Ruf der Wildnis* (1903) oder Rudyard Kiplings *Dschungelbuch* (1894).

Der Wehrwolf. Eine Bauernchronik.

Jena: Diederichs, 1910.

Erzählt wird die Geschichte der Haidbauernfamilie Wulf vom Beginn einer ersten Besiedelung der Lüneburger Heide an. Über die Jahrhunderte hinweg gelingt es der lebensstarken Sippe, sich gegen die Turbulenzen der anbrandenden Weltgeschichte zu behaupten. Den Schwerpunkt des Romans bildet die Darstellung der Erlebnisse Harm Wulfs im Dreißigjährigen Krieg. Nach dem gewaltsamen Tod von Frau und Kindern und dem Verlust seines Hofes schließt er sich anderen Haidbauern an, die sich gegen die marodierenden papistischen wie protestantischen Soldaten zur Wehr setzen. Einige von ihnen, ungebundene Männer, vereinigen sich zu einem Schutzbund, den »Wehrwölfen«. Auf Initiative Harm Wulfs, der inzwischen ihr Anführer geworden ist, errichten sie für die Haidbauern eine entlegene Wallburg im Wald, die später auch einen schwedischen Angriff übersteht.

Wenngleich der singularische Buchtitel sich nur auf den wehrhaften Harm Wulf beziehen soll, so entspricht doch die atavistische Mythengestalt des Werwolfes der Doppelnatur aller Wehrwolfbauern: Während in der Fluchtburg mit pfadfinderhaftem Eifer eine kleine Mustergemeinde aufgebaut wird, sind die Wehrwölfe draußen längst von der Selbstverteidigung zur Präventivgewalt übergegangen; jeder, der in den Wald eindringt, wird, meist aus dem Hinterhalt, abgeschlachtet. Der Darstellung dieses mörderischen Treibens, das den Bauern auch noch materiellen Gewinn einbringt, gilt das lustvolle Interesse des Autors. Die Absegnung durch den Herzog von Celle als oberster Instanz, der selbst aus politischen Gründen das konfessionelle Lager wechselt, bewahrt sie vor sozialer Ächtung. So überlebt die Gemeinschaft bis in die Friedenszeit hinein. Und noch in der Gegenwart der Entstehungszeit des Romans zieht einer der Nachfahren Wulfs, den die Haidbauern zum Abgeordneten auserkoren haben, in den Reichstag ein.

Daß das Buch zum Bestseller wurde, mag an einer naheliegenden aktuellen Übertragung auf das »umzingelte Vaterland« gelegen haben. Konservative (›germanische‹) Werte werden als Gegenprogramm zur von außen andrängenden Anarchie propagiert. Archaisierende Sprache und der an die Genesis angelehnte Anfang des Romans suggerieren, daß es sich um ein Geschehen von mythischen Dimensionen handelt.

S. Friedrich-Rust

EMIL STRAUSS
1866–1960

Der Engelwirt. Eine Schwabengeschichte.

Berlin: S. Fischer, 1901. – Vorabdruck in: Neue Deutsche Rundschau 1900.

In der Novelle erzählt Strauß die Lebenswende eines schwäbischen Bauern und Gastwirts. Aus der Ehe mit seiner klugen und tüchtigen Frau gehen keine Kinder hervor; so will er, daß das Kind, das die Magd Agathe von ihm erwartet, auf dem Hof bleibt. Seine Frau schickt die Schwangere jedoch zu ihren armen Eltern ins Nachbardorf zurück. Der Engelwirt kümmert sich um Agathe, ist aber enttäuscht, als statt des erhofften Jungen ein Mädchen geboren wird. Die Dorfbewohner hänseln den unehelichen Vater, boykottieren seine Einladung zu einer großen Tauf-Feier und verjagen ihn aus dem Dorf. In seinem Trotz und seiner Prahlerei gedemütigt, verschließt er sich auch seiner Frau, die ihm helfen möchte. Er beleiht seinen Anteil an der Wirtschaft und wandert mit Agathe und dem Kind heimlich und uninformiert nach Brasilien aus. In Rio de Janeiro wird er wiederholt Opfer seiner Unwissenheit und seiner Prahlsucht. In wenigen Tagen verliert er den größten Teil seines Geldes. Als Agathe am Gelbfieber stirbt, gibt er seinen Kolonisten-Plan auf und kehrt mit dem Kind in seine Heimat und zu seiner Frau zurück.

Strauß zeichnet mit dem Engelwirt einen von sich selbst eingenommenen Menschen, der glaubt, alles selbst bestimmen zu können, wobei er anderen gegenüber schuldig wird. Aus dieser Hybris, die ihn »blind und dumm« in sein Unglück rennen läßt, führen ihn die Erfahrungen der Reise zur Erkenntnis, daß er seine »Verbohrtheit und Narrheit« überwinden muß. Er empfindet Reue und will wiedergutmachen. Seine Frau, die ihn wieder annimmt, ist, auf die Figur der Ehefrau in der späteren Novelle *Der Schleier* verweisend, von Anfang an als eine ethisch reife Persönlichkeit gezeichnet. Anschauliche Schilderungen süddeutscher Landschaft und der Hafenstadt Rio de Janeiro geben der Menschendarstellung einen weiten, Heimat und Welt verbindenden Rahmen.

Freund Hein. Eine Lebensgeschichte.

Berlin: S. Fischer, 1902. – Vorabdruck in: Neue Deutsche Rundschau 1901.

In zwölf Kapiteln wird die Lebensgeschichte des Heinrich Lindner von seiner Geburt bis zu seinem Freitod im 18. Lebensjahr erzählt. Der Titel *Freund Hein* spielt mit dem Doppelsinn des Namens als Koseform für Heinrich und als Benennung des Todes. In der Nestwärme einer bürgerlichen Familie, vertraut mit der Natur, aufgehoben auch in der gesellschaftlichen Normalität einer badischen Stadt am Rhein gegen Ende des 19. Jh.s wächst das Kind heran. Eine jüngere Schwester und eine nachbarliche Spielgefährtin vervollständigen eine paradiesisch erscheinende Kindheit. Dennoch wird der Lebenswiderspruch des Protagonisten schon früh erkennbar. Der Vater, selbst Jurist, bestimmt ihn zum

Staatsanwalt, will »keinen verträumten Musikanten, sondern einen lebensklaren, tatkräftigen Mann aus ihm erziehen«. Der Sohn dagegen, dessen hohe musikalische Begabung sich schon in frühester Kindheit zeigt, will sein Leben auf die Musik bauen, die sein »eigentlicher Lebenstrieb« ist. Der Vater gesteht Heiner schließlich zu, die Musik zum Lebensinhalt zu machen, verlangt jedoch, daß er das Abitur besteht. In dieser Spannung zwischen der Eigentümlichkeit des künstlerisch begabten, seiner Natur folgenden jungen Menschen und der vom Vater in bester Absicht verordneten Schulbildung mit ihrer starren Leistungsanforderung zerbricht der Sohn. Nachdem er ein zweites Mal nicht versetzt wird, erschießt er sich, bezeichnenderweise im Wald, damit die Natur gegen Schule und Zivilisation setzend. Vom letzten Schritt zum Tode kann ihn nichts abhalten, weder die Liebe der Mutter noch die Zuneigung Helenes, der früheren Spielgefährtin, noch Karl Notwang, der kluge und schulresistente Freund der letzten Jahre.

Der wohl erfolgreichste Roman des Autors gehört wie Hesses *Unterm Rad* (1905), Musils *Verwirrungen des Zöglings Törleß* (1906) u. a. zu den anklagenden Schülerromanen der Zeit. *Freund Hein* ist gleichzeitig ein Künstlerroman und steht in der Tradition der Adoleszenzromane seit dem späten 18. Jh.

Der Laufen.

In: E. St.: Hans und Grete. Novellen. Berlin: S. Fischer, 1909.

Den Ich-Erzähler treibt es immer wieder zu den Stromschnellen von Laufenburg am Hochrhein, auch Laufen genannt, seitdem durch den Bau eines Kraftwerks »die fast fremde Schönheit dieses Stromstadtbildes« zerstört wird. Bei einem dieser Besuche erzählt ihm ein älterer Herr eine Jugend-Episode, in der es um Leben und Tod auf dem Laufen ging. Der etwas ältere Studienfreund Ludwig hat sich, für den Erzähler der Binnengeschichte überraschend, mit Siddy verlobt, der Spielgefährtin des Jüngeren aus Kindertagen. Als dieser sich von der Braut als Andenken einen Kuß erbittet und erhält, empfindet sie das dann doch als Unrecht, das sie ihrem Bräutigam verheimlichen will. Bei einer Bootsfahrt zu dritt stellt Ludwig die beiden wegen des »Verrats« zur Rede und lenkt das Boot auf den Laufen zu. Braut und Bräutigam kommen in den Stromschnellen um, der Erzähler überlebt.

Strauß verbindet in dieser Novelle zwei »unerhörte Begebenheiten«: die Zerstörung einer Naturschönheit durch die moderne Großtechnik und den Untergang einer Liebe durch eine radikal-ethische Auffassung von Treue und Verrat. Naturzerstörung und seelische Verletzung werden miteinander in Beziehung gesetzt. Sie verweisen auf den Verlust von Lebenswerten in einem geschichtlichen Umbruch.

Der 1904 begonnene Bau des damals größten Kraftwerks in Europa führte zur Zerstörung der Laufenburger Stromschnellen. Mit deren eindrucksvoller Beschreibung hat Strauß eine urgewaltige Naturschönheit sprachlich noch einmal beschworen. *Der Laufen* als Protest- und Klageliteratur über Naturzerstörung zu Beginn des 20. Jh.s bleibt auch an dessen Ende in der ökologischen Krise von aktueller Bedeutung.

Der Schleier.

Berlin: S. Fischer, 1920. – Vorabdruck in: Süddeutsche Monatshefte 1913.

In der Novellentradition des 19. Jh.s erzählt Strauß eine »unerhörte Begebenheit« in einer Ehe. Der seit vielen Jahren glücklich verheiratete Freiherr von Tettingen verliebt sich in die junge Gräfin Ittendorf und trifft sich wöchentlich mit ihr in einem abgelegenen Jagdschlößchen. Seine Frau, perfekte Gattin und Mutter, entdeckt den Ehebruch, empfindet beim Anblick des schlummernden Liebespaares jedoch keine Rachegefühle, vielmehr »war sie sich plötzlich ihrer Reife und Mütterlichkeit gegenüber diesen beiden Kindern bewußt«. Sie legt den Schleier, den ihr Mann ihr einst geschenkt hat, über die beiden und entfernt sich. Tettingen erkennt den Schleier als Zeichen der Treue und Vergebungsbereitschaft seiner Frau; in Scham und Reue kehrt er zu ihr zurück, die sich zum Zeichen der Versöhnung den Schleier umlegt.

Strauß greift in dieser Novelle eine Anekdote aus Goethes *Unterhaltungen deutscher Ausgewanderten* auf, der sie wiederum den *Mémoires du maréchal de Bassompierre* verdankt. Solche Beziehungen von Männern zu Frauen nach Art weiblicher Elementarwesen (Melusinen) werden auch in Sagen erzählt. Strauß gestaltet vor allem die seelischen Beziehungen der Personen untereinander. Mit dem Ausgang der Geschichte unterwirft er den »anarchischen Individualismus« der Leidenschaft dem gesellschaftskonformen und normativen Ethos der Ehe. Der Schleier als leitmotivisch eingesetztes Symbol verbindet den Handlungsverlauf in den drei Stationen von Bindung und Geborgenheit über Lösung und Gefährdung zur Läuterung und Wiedervereinigung.

Die lange erfolgreiche Novelle muß in neuerer Zeit mit kritischerer Beurteilung rechnen, so die eher gefühlsbetonte und zum Preziösen neigende Sprache, vor allem aber die Darstellung des Verhältnisses von Mann und Frau mit ihren rollenklischeehaften Implikationen.

Th. Karst

Rudolf Georg Binding
1867–1938

Der Opfergang. Eine Novelle.
In: R. G. B.: Die Geige. Vier Novellen. Leipzig: Insel Verlag, 1911.

Am Ende stürmischer Jünglingsjahre heiratet der müde gewordene Albrecht seine Kusine, die ätherisch-schöne Senatorentochter Octavia. Doch nach fünf Jahren leidenschaftsloser Ehe verliebt er sich in die sinnliche Nachbarin Joie und findet hierdurch zu seiner früheren Lebenslust zurück. Im Bewußtsein der Überlegenheit ihrer Konkurrentin toleriert Octavia diese Liaison. Doch Albrecht infiziert sich und stirbt, als er ein vierjähriges Kind, wahrscheinlich eine uneheliche Tochter von Joie, aus einem Cholerahaus rettet. In heroischer Selbstüberwindung unternimmt daraufhin Octavia in den Kleidern ihres Mannes die rettenden allabendlichen Spaziergänge vor das Haus ihrer Nebenbuhlerin, deren durch ein Fieber geschwächte Kräfte nur durch den regelmäßigen Anblick ihres Geliebten wiederhergestellt werden können. Endgültig auf den Weg der Besserung gelangt Joie, als sie vom Tod Albrechts unterrichtet wird und voller Bewunderung erahnt, daß es ihre Konkurrentin Octavia war, die ihr durch den »Opfergang« vor ihrem Fenster Hoffnung schenkte und das Leben rettete.

Der dramatische Schluß rekonstituiert die strukturelle Gleichrangigkeit beider Frauenfiguren, die als Personifikationen zweier Weiblichkeitstypen präsentiert werden. Octavia verkörpert eine kultiviert-verständnisvolle Engelsgestalt, während Joie in der Rolle des archaisch-animalischen Triebwesens erscheint. Diese Aufspaltung der Frauenrolle in eine ›kalte‹ Facette als Schwester/Mutter und eine ›heiße‹ Facette als Geliebte / Femme fatale wird von Binding nicht reflektiert, sondern in getragenem Nominalstil zum existentiellen Ausgangspunkt der Geschlechterbegegnung stilisiert. So illustriert das Werk die von K. Theweleit in seiner Studie

Männerphantasien (1977/78) aufgestellte These, wonach der ›soldatische Mann‹ zur Stabilisierung seiner Abwehrmechanismen ein ambivalentes realitätsfernes Frauenbild und einen fragwürdigen Ehr- und Opferbegriff entwickelt. Veit Harlan hat die bis Mitte der sechziger Jahre viel gelesene Novelle Bindings, der sich von 1933 bis zu seinem Tod 1938 teilweise der faschistischen Ideologie annäherte, 1944 verfilmt.

Reitvorschrift für eine Geliebte.

Chemnitz: Gesellschaft der Bücherfreunde zu Chemnitz, 1924.

In Abgrenzung von den gedankenlos praktizierten Verhaltensweisen des Durchschnittsreiters plädiert Binding in diesem rhapsodisch-essayistischen Text für eine »natürliche hohe Schule«, in der Pferd und Reiter zu vollendeter Harmonie geführt werden. Er erweist sich hiermit keineswegs als radikaler Erneuerer der Dressurtheorie, doch er verfolgt mit ungewöhnlicher Konsequenz eine Linie, die in den Jahrzehnten zuvor von Alexis l'Hotte, Frederico Caprilli u. a. nur ansatzweise entwickelt worden war. Binding, der auch selbst als Pferdezüchter und Rennreiter hervortrat, verwendet zahlreiche Metaphern des Schwebens, um den (›vorschriftsmäßigen‹) Ausritt als eine quasi-religiöse Erfahrung zu verklären: »Reiten ist Wille ins Weite, ins Unendliche.« Das Pferd fungiert hierbei als ein »Tänzer in die Unendlichkeit«, dessen »Schweben« – ähnlich wie in Kleists Aufsatz *Über das Marionettentheater* das Tanzen der Gliederpuppe – eine unauslöschliche Vorstellung von absoluter Harmonie zwischen Geist und Materie vermittelt. Voraussetzung ist hierbei, daß das Reiten nicht als »Handwerk«, sondern als eine »Kunst« aufgefaßt wird, die sowohl dem Freiheitsdrang als auch der Unterwerfungsbereitschaft des Pferdes gerecht werden muß.

Der erotische Subtext von Bindings *Reitvorschrift* tritt besonders deutlich am Werkende zutage, wo die beglückende Wirkung des Trabrittes beschrieben wird: »deine Wangen, deine Brüste, deine Schenkel sind heiß vom Glück des Besitzes.« Das Einverständnis zwischen der körperlich schwachen, aber willensstarken »Herrin« und dem viril gezeichneten Pferd, das unter ihrer Hand ein »schwebendes Gebilde aus lebendigem Stahl« werden soll, entpuppt sich hierbei als Simulation eines Gleichgewichts, dessen freiwillige Aufrechterhaltung dem tierisch-männlichen ›Reitpartner‹ einen fragwürdigen Lustgewinn verschafft: »Es ist als ob ein leichter beseelter Widerstand das Tier entzückt wie der Widerstand deiner Seele deinen Freund entzückt.« Das hier und in ähnlichen Passagen erkennbare Geschlechtsrollenverständnis wird von Binding nicht kritisch reflektiert, sondern in philosophisch überhöhter Diktion bestätigt.

Moselfahrt aus Liebeskummer. Novelle in einer Landschaft.

Frankfurt a. M.: Rütten & Loening, 1932.

Der keine zwei Dutzend Druckseiten umfassende Text schildert eine von Koblenz nach Trier führende Moselfahrt des nur umrißartig beschriebenen, jedenfalls aber nicht mehr jungen Erzählers, der in Cochem zufällig einer ihm sympathischen, offenbar ungefähr gleichaltrigen Frau begegnet, mit der er – im schnittigen Automobil seiner neuen Bekanntschaft – die Reise fortsetzt. Der Entwicklung einer amourösen Beziehung zwischen den Reisegefährten kommt die namenlos bleibende Frau, die gerade erst eine unglückliche Liebesaffäre hinter sich hat, durch ihre unangekündigte Abreise zuvor. Das Ende der Novelle zeigt den Erzähler auf der Rückfahrt im Bahnabteil, dem Erlebten nachsinnend.

Abgesehen von der Bedeutung des Textes für die literarische Entdeckung der Mosellandschaft, welche erst fünf Jahre später durch die *Moselländischen Novellen* von Stefan Andres zu höheren motiv- und themengeschichtlichen Ehren gelangte, liegt die Bedeutung dieser unscheinbaren Geschichte vor allem in der originellen Parallelisierung von Liebes- und Landschaftserlebnis. Nicht nur erscheint die Reisegefährtin des Erzählers in mehreren Textpassagen wie eine direkte Personifikation des »Moselhaften«, vielmehr wird auch umgekehrt dieses »Moselhafte« in seinen unterschiedlichen Erscheinungsformen mit den verschiedenen Aspekten einer reifen Liebesempfindung in Verbindung gebracht. Zu nennen sind hierbei die »ruhige Leichtigkeit« und der »heitere Ernst« der Landschaft sowie in der Hauptsache der »stillere« und »sachlichere« Rausch, den der Moselwein im Unterschied zu den schweren Rheinweinen gewährt. Aus der Parallelisierung von Liebes- und Landschaftserlebnis resultiert allerdings auch die spezifische Problematik der Erzählung, die für die Frau letzten Endes nur eine passive Rolle, diejenige des buchstäblich zu ›erfahrenden‹, unveränderlichen Naturwesens, vorsieht. Die 1953 erfolgte, nicht als werktreu anzusehende Verfilmung des Textes durch Kurt Hoffmann förderte Bindings bis in die sechziger Jahre anhaltende Beliebtheit.

J. Schneider

HEDWIG COURTHS-MAHLER
(ERNESTINE MAHLER)
1867–1950

Unser Weg ging hinauf. Roman.

Leipzig: Rothbarth, 1914. – Vorabdruck in: Die (Berliner) Hausfrau 1909–10.

In einer kleinen Pension vor den Toren Berlins wohnt die 25jährige Lehrerin Gitta Staringer, mütterlich behütet von ihrer »Pensions- und Pflegemutter« Fräulein Schraube. Die mittellose Gitta ist nicht aus Neigung Lehrerin; sie kann nicht streng zu den ihr anvertrauten Kindern sein und wird deshalb in der Schule häufig getadelt. Viel lieber sitzt sie zu Hause und schreibt Geschichten in alte Schulhefte. Eines Tages verlobt sie sich Hals über Kopf mit dem fast zehn Jahre älteren Georg Feldhammer, der mit seiner Mutter im gleichen Haus wohnt. Er ist Zeichner in einer Tapetenfabrik, doch seine eigentliche Ambition gilt der Malerei. Seine Mutter, eine mürrische alte Dame, mißbilligt sowohl die kurz darauf erfolgende Heirat mit dem armen Mädchen als auch Georgs eisern durchgehaltene sonntägliche Malstunden. Doch sowohl seine junge Frau als auch sein alter Freund Hermann Hartwig, neuerdings Chefredakteur der Berliner W.-Zeitung, ermutigen Georg, seine Malerei weiter zu entwickeln. Eine Gehaltserhöhung der Tapetenfabrik ermöglicht dem jungen Paar die zusätzliche Anmietung zweier Zimmer, von denen eines als Atelier eingerichtet wird. Trotz der »männerfeindlichen Ansichten« ihrer früheren Mitbewohnerin, Fräulein Stegemann, ist Gitta fest entschlossen, ihrem Mann bei seiner künstlerischen Entwicklung zu helfen. Ihre Schwiegermutter verfolgt mißtrauisch jeden ihrer Schritte; dennoch schreibt Gitta, wenn Georg in der Fabrik ist, weiter ihre Geschichten, ohne diesem davon zu erzählen. Als Hermann sie einmal dabei überrascht, nötigt er sie, ihm etwas davon zu lesen zu geben. Er ist begeistert, besorgt Gitta einen Verleger für ihre ersten Werke, die sie unter dem Namen Georg Frei erscheinen läßt, weil sie mit dem Erlös ihren Mann aus der Fabrik befreien will. Sie kauft heimlich zwei Bilder Georgs, und das Geld ermöglicht diesem einen einjährigen Studienaufenthalt in Paris, bei dem berühmten Professor Mossenior. Schweren Herzens trennt sich dafür das Ehepaar. Georg hat in Paris große Erfolge, gleichzeitig ist nicht nur in den Berliner Salons Georg Frei zum Stadtgespräch geworden: »Vor einem Jahr ungefähr wurde sein Name das erste Mal genannt. Jetzt kenne ich schon drei oder vier seiner Romane; und ich glaube, er hat der Welt noch viel zu sagen.« Die heimlichen Zusammenkünfte Gittas mit Hermann, bei denen dieser ihr die Autorenhonorare überreicht, werden von ihrer Schwiegermutter als Untreue gedeutet; ein Ausschnitt aus einem Roman Gittas, den sie mißversteht, bestärkt sie darin. Hermann hat derweil die reiche Witwe Baronin von Hermsdorf kennengelernt und bei ihr einen Porträtauftrag für seinen Freund erwirkt. Beim jährlichen Herbstball enthüllt die Baronin der Gesellschaft die wahre Identität des berühmten Autors; als Georg zurückkommt, enthüllt seine Mutter ihm den vermeintlichen Betrug. Doch er kann nicht daran glauben und ein Gespräch mit Freund und Ehefrau klärt alle Mißverständnisse.

Ein ungewöhnliches Werk der Autorin (unter dem Pseudonym H. Relham), das ganz in der Tradition realistischer Künstlerromane etwa von Zola (*L'Œuvre*) oder Clara Viebig (*Es lebe die Kunst*) steht, deren Romane Courths-Mahler offenbar kannte. Ursache für die Wahl des Decknamens beim Vorabdruck waren vermutlich die teils mit Händen zu greifenden autobiographischen Passagen des Romans, in denen die Autorin ihre eigenen Anfänge als Schriftstellerin und ihre Ehe mit dem Dekorationsmaler Fritz Courths schildert. Die Geschichte einer Künstlerehe, der Aufstieg aus schwierigsten Anfängen, zeichnet sich vor allem durch das deutliche Bemühen aus, die Schwarzweiß-Schilderung in der Personenzeichnung zu vermeiden. Sogar die grämliche Schwiegermutter wird mit einiger Anteilnahme geschildert, sie ist eine Gefangene ihrer ängstlich-kleinbürgerlichen Persönlichkeitsstruktur. Auch die sprachliche und erzählerische Dichte hebt diesen Roman deutlich von vielen anderen Werken der Autorin ab.

Die Bettelprinzeß. Roman.

Berlin: Deutsches Druck- und Verlagshaus, 1914.

An einem »regnerischen Sommerabend der Vorkriegszeit« logiert im Gasthof »Zur weißen Taube« im Dörfchen Bodenhausen im Thüringer Land eine vornehme Frau mit einem fünfjährigen Kind, die sich Maria Hochberg nennt. Sie ist die Witwe des Grafen Botho von Hochberg-Lindeck, der mit 35 Jahren von Wilderern erschossen wurde. Sein Vater, Graf Armin, hatte seinen einzigen Sohn wegen dessen unstandesgemäßer Liebesheirat mit einer Bürgerlichen, der schönen Maria, verstoßen. Maria bleibt mit der kleinen Liselotte in Bodenhausen, wo niemand ihre Geschichte kennt, und verdient ihren Unterhalt mit Dekorationsmalerei. Dem Pfarrer hat sie 10 000 Mark und ein verschlossenes Päckchen mit Familienpapieren zur Aufbewahrung übergeben. Liselotte wird von der gleichaltrigen Lori, Tochter des Barons Bodenhausen, wenn diese in der Kutsche vorüberfährt, als Bettelprinzeß bezeichnet. Als ihre Mutter nach einem Unfall mit der Kutsche des Barons stirbt, nimmt sich dieser Liselottes als Vormund an; sie wächst als Pflegeschwester Loris und des dreizehnjährigen Junkers Hans auf. In Schloß Bodenhausen, wo Liselotte eine kleine Kammer erhält, wird sie von der hochmütigen Lori gequält und gehänselt, läßt jedoch aus Dankbarkeit für den Baron alles über sich ergehen. Freundlich zu ihr sind nur Fräulein Herter, die Erzieherin, und Junker Hans.

Jahre vergehen, die Mädchen sind nun fast fünfzehn. Zu ihrer Konfirmation eröffnet der Baron Liselotte, daß er sie nun für zwei Jahre zusammen mit seiner Tochter in ein Töchterheim nach Lausanne schicken werde, danach müsse sie ihren Unterhalt selbst verdienen. Das Geld ihrer Mutter, das der Pfarrer ihm zusammen mit den Papieren übergeben hatte, war gut angelegt, die Summe ist auf 15 000 Mark angewachsen. Auch im Töchterheim führt Lori den Schmähnamen Bettelprinzeß für Liselotte ein und behandelt sie wie ihre Zofe. Diese erträgt alles, getreu ihrer Devise: »Niemand kann dich erniedrigen als du selbst. Die Demütigungen, die dir ein anderer Mensch zufügt, fallen auf ihn selbst zurück.« Liselotte ist unterdessen zu einer Schönheit erblüht. Weihnachten auf Bodenhausen erlauscht sie zufällig, daß Junker Hans Spielschulden hat und sich erschießen will, da auch sein Vater, der längst keinen Kredit mehr hat, ihm nicht helfen kann. Sie fleht beide an, das ihr gehörende Geld anzunehmen, was auch geschieht. Niemand außer den drei Beteiligten erfährt davon. Hans und Liselotte lieben sich, doch da Hans eine reiche Erbin heiraten muß, um Bodenhausen zu retten, trennen sich ihre Wege. Liselotte geht in Stellung. Unterdessen ist Graf Armin gestorben und hat auf dem Sterbebett seine Hartherzigkeit bereut. Seine Frau Katharina, Liselottes Großmutter, forscht nach dem Schicksal der Frau ihres Sohnes und ermittelt Liselottes Aufenthaltsort. Ohne sie aufzuklären, stellt Gräfin Katharina ihre Enkelin als Unterhalterin ein, beide fassen große Zuneigung zueinander. An ihrem achtzehnten Geburtstag erfährt Liselotte ihre wahre Herkunft. Bodenhausen soll in einer Woche versteigert werden, Hans will ins Ausland gehen. Durch einen Mittelsmann ersteigert die Gräfin Schloß Bodenhausen für ihre Enkelin und behält Baron Bodenhausen, bei gutem Gehalt, als Verwalter. Lori wird gezwungen, in Liselottes alter Kammer zu schlafen und als Dienstmädchen zu arbeiten, Hans erhält eine Ausbildung. Einige Monate später zieht Liselotte als Komteß von Hochberg-Lindeck in Bodenhausen ein, nach einem Jahr ist Heirat: »Niemals hatte es ein glücklicheres Brautpaar gegeben als Hans v. Bodenhausen und seine innigstgeliebte kleine Bettelprinzeß.«

Eine der erfolgreichsten Geschichten der Autorin, wenn auch längst nicht die meistverkaufte; sie wird bis heute immer wieder (meist gekürzt) verlegt und wurde 1974 verfilmt. Wie viele Romane Courths-Mahlers ist sie nach klassischem Aschenbrödel-Muster gebaut. Nimmt man das Schwarzweiß-Muster in Figurenzeichnung und Handlungsaufbau hin, erweist sich die Autorin als durchaus flotte Erzählerin. Sie beschreibt im Grunde nicht Handlungs- und Charakterverläufe, sondern Alltagssituationen, die erzählerisch überhöht werden. Die simple Struktur ist dabei nicht unbedingt literarische Unfähigkeit, sondern sorgfältiges Kalkül und wirksames Instrumentarium zur Leserlenkung. Dazu gehört auch die bewußte Redundanz: immer wieder wird dasselbe aus anderem Blickwinkel geschildert, ohne wirklich neues hinzuzufügen, dabei aber dennoch die Handlung voranbringend. Erwartungen werden erfüllt und nicht enttäuscht, das Gute siegt, die Bösen verdienen Mitleid und Nachsicht – denn sie wissen nicht was sie tun.

Griseldis. Roman.

Leipzig: Rothbarth, 1917. – Vorabdruck in: Die (Berliner) Hausfrau 1916–17.

Der reiche Graf Harro von Treuenfels wird, aus Mangel an Beweisen, von der Anklage freigesprochen, seine treulose Frau Alice vergiftet zu haben. Der Fall konnte nicht aufgeklärt werden, deshalb haftet in den Augen seiner Standesgenossen weiterhin ein Makel an ihm. Graf Harro zieht sich in die Einsamkeit von Schloß Treuenfels zurück, wo außer ihm, seiner fünfjährigen Tochter Gilda und einigen Bediensteten, darunter der treue Grollmann, nur noch seine Cousine, die dunkelhaarige Komtesse Beate wohnt. Sogar sein bester Freund, Baron Fritz Dalheim, meidet ihn, denn er ist jetzt »für die Gesellschaft ein toter Mann«. Beate liebt Harro und hofft, sein Schicksal für sich ausnutzen und ihn heiraten zu können. Als Harro für seine Tochter eine neue Erzieherin sucht, empfiehlt ihm die mütterliche Gräfin Salitz-Halm die 22jährige, blonde, hübsche und verarmte Griseldis von Ronach, die ihr Lehrerinnenexamen gemacht und soeben einige Wochen als Gast im thüringischen Damenstift St. Marien verbracht hat, das die Gräfin leitet. Griseldis besitzt die Eigenschaft, »immer einen Sonnenstrahl einzufangen«, und hat die Stiftsdamen begeistert. Sie kennt Graf Harro bereits von Fotos, die ihr die Domina gezeigt hat und ist von seiner Unschuld überzeugt. Auf Treuenfels angekommen, faßt die kleine Gilda sofort Zuneigung zu Griseldis und »ihren leuchtenden Sonnenaugen«, während Beate sie nicht leiden kann. Pfingsten kommt heran, Griseldis ist drei Monate auf Treuenfels, und der Graf erkennt, daß er sie liebt, während Beate sich immer mehr in Eifersucht verzehrt. Griseldis rät Graf Harro, zur Aufklärung des Falles einen Detektiv zu beauftragen, er lehnt jedoch »einen Sherlock Holmes, der Wundertaten des Scharfsinns vollbringt«, ab. Da sie durch Zufall in ihrem Zimmer ein Geheimfach entdeckt hat, beschließt Griseldis, den ungeklärten Mordfall, der Gemüt und Reputation Graf Harros verdunkelt, auf eigene Faust zu erforschen. In einem Traum erhält sie Hinweise, die sie im ansonsten unbenutzten runden Turm des Schlosses, der angeblich keinerlei Verbindung zum Schloß hat, verborgene Fenster finden lassen. Dort entdeckt sie den wertvollen Schnurenring, der Beate gehört und den diese am Mordtag verloren hatte. Bei einem Spaziergang begegnet sie ihrer Jugendfreundin Tilly von Sarnow, die jetzt mit Baron Dalheim verlobt ist. Griseldis bringt Tilly dazu, daß deren Verlobter wieder bei Graf Harro erscheint und die beiden Freunde Frieden schließen. Auch Griseldis hat unterdessen ihre Liebe zu Harro erkannt. In einer alten Familienchronik entdeckt sie, daß dort, wo der Bau des Turmes beschrieben war, eine Seite herausgetrennt wurde. Harro und Griseldis verloben sich. Auf der Suche nach dem letzten entscheidenden Hinweis wird Griseldis von der hinterhältigen Beate in einer verborgenen Öffnung eingesperrt. Doch Grollmann hört ihr Klopfen, Griseldis wird befreit, und man findet Beate tot in ihrem Zimmer. Sie hat sich selbst vergiftet, zuvor aber ein ausführliches Geständnis verfaßt. Griseldis und Harro heiraten; doch bald – es ist September 1913 – »brach der fürchterliche

Krieg aus, der fast alle europäischen Länder in Mitleidenschaft zog«, Graf Harro wird Offizier, überlebt den Krieg, zwei Kinder werden geboren.

Dieser Roman, mitten im Ersten Weltkrieg erschienen, beschäftigt sich mit nichts anderem als mit der gesellschaftlichen Rehabilitierung eines Adligen, während in der zeitgenössischen Wirklichkeit ringsum bereits sämtliche apokalyptischen Reiter den Untergang der deutschen Aristokratie als herrschender Klasse ankündigten. »Niemand wagte zu entscheiden, ob Schuld oder Verhängnis ihn gebeugt hatten«, heißt es anfangs über Graf Harro, während am Ende beides, seine psychische Düsterkeit wie auch der dunkle Fleck auf seinem Ansehen, durch Griseldis' »Mission« getilgt sind. Der Name der Titelheldin spielt auf einen populären Sagen- und Volksbuchstoff an, dessen älteste Fassung sich in Boccaccios *Decameron* findet und der bis ins 19. Jh. in zahlreichen Fassungen auch mündlich umlief. Inhaltlich hat Courths-Mahlers Roman mit der Sage nur noch die Aufopferungsbereitschaft der Titelheldin gemeinsam. Die Autorin wählte ihre Titel jedoch stets sehr sorgfältig aus und rekombinierte sie aus dem breiten Arsenal der Kultur- und Literaturgeschichte. Lieblingsautorin Courths-Mahlers soll Eugenie Marlitt gewesen sein; tatsächlich bringen manche Courths-Mahler-Titel direkte Anklänge an dieses Vorbild (z. B. *Amtmanns Käthe* oder *Die Bettelprinzeß*), doch literarisch haben die beiden Autorinnen so gut wie nichts gemeinsam. Courths-Mahler treibt bewußt jede Psychologie durch perfekte Formalisierung aus, sie erzählt fast stets zeitfern, ihr (literarisches wie persönliches) Streben galt dem gesellschaftlichen Aufstieg. Die zentralen Defekte sind nicht gesellschaftlicher Natur, sondern das größte Unglück ist die individuelle soziale Deklassierung. Courths-Mahlers Sprache ist von atemberaubender, kristalliner Oberflächlichkeit, schnörkellos, seicht und extrem stereotyp. Marlitts Figuren bieten dagegen im Rahmen bestimmter Typisierungen durchaus schlüssige Widersprüche und eine gewisse

Bandbreite an Handlungs- und Empfindungsmöglichkeiten, während Courths-Mahlers Figuren immer »gemacht« sind: wie in einem Baukasten sind Eigenschaften und Figuren, ebenso Orte und Plots, behauptend einander zugeordnet; nichts entwickelt sich aus dem anderen. Courths-Mahler hat über 200 Titel in 35 Jahren veröffentlicht (davon allein vierzehn im Jahr 1920), die sich häufig kaum unterscheiden, und sie soll bei ihrem Tod Stoff und Ideen für weitere 200 Romane in ihrem Notizbuch gehabt haben. Courths-Mahlers Erfindung ist das industrielle Erzählen im 20. Jh.: sie ist eine Meisterin der Schablone und des Reißbretts.

Heidelerche. Roman.

Leipzig: Rothbarth, 1935.

Schloß Lindeck, »auf einem Berg in einem Nebental des Rheins«, nahe Koblenz: Während Gunnar Lundström anläßlich des Todes seiner Mutter in Stockholm weilt, eröffnet Manfred Hallerstedt, der gütige, reiche Schloßherr und Weingutbesitzer, seinen vermeintlichen Erben, daß er einen anderen zum Haupterben eingesetzt habe, nämlich seinen Direktor Lundström, der sein unehelicher Sohn sei. Vor allem seine Schwester Renate von Seebach, ihre verwitwete Tochter, die 30jährige Inge von Holst, und ihr Sohn, der 28jährige Kurt von Fuchs, sind entsetzt von der Aussicht, nicht auf das reiche Erbe hoffen zu können, mit dem sie so fest gerechnet haben. In seinem Ärger reizt Kurt den herzkranken Hallerstedt daraufhin absichtlich so sehr, daß dieser in ihrer Gegenwart stirbt; die drei vertuschen den Todeszeitpunkt, entwenden das Testament aus dem Safe, und Kurt fährt überhastet damit nach Berlin, um es dort durchzusehen bzw. zu vernichten. Der treue Diener Franz findet seinen Herrn tot, als er ihm das Telegramm bringen will, mit dem Lundström seine Rückkehr ankündigt. Lundström hat mittlerweile aus dem Vermächtnis seiner Mutter Rahnhild erfahren, daß der Fabrikherr Hallerstedt, der ihn stets mit Liebe und Protektion bedacht hat, sein wirklicher Vater war. Ihn schmerzt die Tatsache, daß kein Testament aufzufinden ist, vor allem deshalb, weil er nun den Brief seines Vaters an ihn, der sich bei dem Dokument befunden haben muß, nicht mehr erhält. Franz erzählt Lundström von seinem Verdacht, daß sein Herr schon früher gestorben und die Verwandten, entgegen ihrer Behauptung, dabei anwesend gewesen sein müssen, denn jemand habe dem Toten die Augen zugedrückt. Dies paßt zusammen mit dem, was die blonde Anita von Seebach Gunnar erzählt, die gerade großjährig gewordene frühere Mündel seines Herrn: Sie hatte gehört, wie Kurt seiner Mutter gegenüber von einem »Bastard« sprach, der zum Haupterben eingesetzt worden sei. Nach der Einäscherung in Köln und der Nichtauffindbarkeit des Testaments streiten die drei Verwandten nun alles ab und fühlen sich bereits als reiche Erben, da illegitime Kinder nicht erbberechtigt sind. Doch der Briefumschlag mit dem Testament ist Kurt bei der überhasteten Fahrt nach Berlin aus der Tasche gefallen. Gefunden hat ihn die 22jährige blonde Herma Hell, die gerade ihr Erzieherinnenexamen bestanden hat und sich auf einer Wanderung befindet. Sie sieht zwar die Zeitungen nach einer Verlustanzeige durch, vergißt den Umschlag dann aber in ihrem Koffer. Herma wird von Anita nach Lindeck als Lehrerin für Dieter und Hannelore engagiert, die beiden Kinder Inges, um die diese sich nicht selbst kümmern mag. Als Gunnar den Fahrer befragt, erfährt er von diesem, daß Kurt in Berlin irgendeinen Gegenstand heftig im Auto gesucht, aber nicht gefunden habe. Auf den Verdacht hin, dies könne das Testament gewesen sein, stellt Gunnar der Familie eine Falle: er verfaßt einen Brief, in dem er sich als Finder ausgibt und erhält prompt eine Antwort, die ihm die Unterschlagung beweist. Als er den dreien das auf den Kopf zusagt, streiten diese alles ab. Inge wirbt unterdessen ebenso berechnend wie erfolglos um Gunnar, Kurt stellt Herma dreist nach. Anita hat sich in ihren neuen Chauffeur, den arbeitslosen Ingenieur Frank Soltau, verliebt; um sich bei Gunnar zu revanchieren, der zwischen beiden vermittelt, bringt sie Gunnar und Herma (die stets gut gelaunte »Heidelerche«) zusammen. Endlich kommt das Testament doch in die richtigen Hände, Frank wird von Gunnar als Ingenieur eingestellt, und im Herbst ist Doppelhochzeit.

Einer der späteren und besseren Romane der mittlerweile fast 70jährigen Autorin, in dem diese mit melodramatischer Suspense-Spannung die zwei Handlungsbereiche Intrige und Liebe verknüpft. Der Leser ist in alle Geheimnisse eingeweiht, er wird Zeuge der Machinationen der »Bösen« ebenso wie der aufkeimenden Liebe zwischen den Protagonisten und der »guten« Seite. Rätsel sind Rätsel nur für die Beteiligten: dies führt beim Leser zu dem ebenso bekannten wie merkwürdigen Effekt einer Anspannung, die stets von gleichzeitiger Gelassenheit überlagert wird – und umgekehrt. Das ist weder reaktionär, noch utopisch oder »besänftigend«, sondern schlicht ein Spiel. Im vorliegenden Fall ist es gewissermaßen als »Briefroman« inszeniert: nicht nur werden in regelmäßigen Abständen eine ganze Reihe von Briefen beteiligter Personen komplett abgedruckt, was den Text strukturiert und die Handlung vorantreibt, sondern ein wesentlicher Aspekt des Spiels ist auch das Auffinden des Vater-Sohn-Briefes, der konsequenterweise am Ende dann ebenfalls abgedruckt wird. Courths-Mahler liebte den Film, zwei Dutzend ihrer eigenen Romane wurden zu Stummfilmen verarbeitet; aus dem frühen Kino hat sie ihre Vorliebe für Augenspiel und »sprechende Blicke« – eine Technik, die ganz wesentlich der Transparenz ihres bewußt vordergründigen Erzählens dient. Es gibt keine übergeordneten Instanzen, weder staatlicher noch göttlicher oder literarischer Natur, die für dieses Spiel von Bedeutung wären; Figuren und Ereignisse ruhen in sich und bestehen aus sich heraus. Zwar werden gelegentlich die Folgen der Inflation oder die Arbeitslosigkeit erwähnt, einmal sogar der betagte jüdische Autor Ludwig Fulda (und sein antiwilhelminisches Stück *Der Talisman*), der zu diesem Zeitpunkt bereits seit zwei Jahren aus der Preußischen Akademie ausgeschlossen war – doch für die hermetische Erzählwelt hat dies keine Konsequenzen. Die Spielhandlung bleibt, was sie ist: ein abgeschlossenes System.

A. Graf

MAX DAUTHENDEY

1867–1918

Die acht Gesichter am Biwasee. Japanische Liebesgeschichten.

München: Langen, 1911.

Der erfolgreiche Novellenband überträgt ostasiatische Erzähl- und Bildmotive in die europäische Moderne und schafft so eine bemerkenswerte Traditionslinie. Das Motiv der »Acht Ansichten« einer Landschaft stammt aus China. In der Sung-Zeit (14. Jh.) entstand es in der Provinz Hunan als »Acht Ansichten des Xiao und Xiang«. Im 15. Jh. wurde es nach Japan übertragen und am Biwa-See lokalisiert, dem zwischen Kyoto und dem Japanischen Meer gelegenen größten japanischen Binnensee. Dauthendey sah ihn im April 1906 während seiner Weltreise. Daß der See wegen seiner landschaftlichen Schönheit berühmt wurde, liegt vor allem an den Bildserien der »Acht Ansichten«, an denen sich zahlreiche japanische Künstler versuchten. Dauthendey kannte sicher die Bilder von Utagawa Hiroshige (1797–1858). Er übernimmt wörtlich deren Titel und setzt sie in einen zeitlos wirkenden Infinitiv: *Die Segelboote von Yabase im Abend heimkehren sehen*, *Den Nachtregen reg-*

nen hören in Karasaki, Die Abendglocke vom Mijderatempel hören, Sonniger Himmel und Brise von Amazu, Der Wildgänse Flug in Katata nachschauen, Von Ishiyama den Herbstmond aufgehen sehen, Das Abendrot zu Seta und *Den Abendstern am Hirayama sehen.*

Alle Geschichten entstanden nach der Weltreise im heimatlichen Würzburg. Aus der Erinnerung sind den Bildvorgaben ungewöhnliche, meist tragische Liebesgeschichten eingeschrieben. Zentrales Motiv ist immer die Liebe als solche, nicht die mehr oder weniger glückliche Einbettung in gewöhnliches Leben. Alle Geschichten passieren in der eigenen Gegenwart, aber sie gehen mühelos durch die Zeiten, gleiten von einem Ort zum andern, umfassen gleichzeitig Wirklichkeit und Traum. Dauthendey hat in seinen in Japan und Indien (*Lingam*, 1909) spielenden Novellen erreicht, was seine Gedichte oft vergeblich suchen, die Deutung von Landschaft als Raum ungewöhnlicher seelischer Erfahrung.

Raubmenschen. Einer von Rennewarts Romanen.

München: Langen, 1911.

Der Roman gehört zu den exotischen Reiseerzählungen, die um die Jahrhundertwende großen Erfolg hatten. Vorgeschaltet wird eine an der bretonischen Atlantikküste spielende Novelle, die zu Dauthendeys besten Texten gehört. Die Geschichte einer von ihrem Liebhaber verlassenen jungen Frau ist mit dem Roman nur durch den Ich-Erzähler mit dem unglücklich sprechenden Namen Rennewart verbunden. Als Held einer Romanserie sollte dieser eine Art Agent im Dienst nicht näher genannter Fürsten in nicht näher bezeichneten geheimen Missionen sein. Wie Dauthendey selbst stammt er aus Würzburg. Als er krank wird, erkundigen sich der deutsche Kaiser und der Kronprinz mehrfach persönlich nach ihm. Die Handlung beginnt mit einer Schiffsfahrt von Frankreich nach New York und von dort nach Mexiko und endet mit einer sich durch Stürme gräßlich ausdehnenden Rückfahrt. Dazwischen spielt ein »Drama, das seinen Abschluß vor Gericht fand, wobei vom Richter der Hauptstadt Mexiko zwanzig Todesurteile gesprochen werden mußten«. Der Roman verbindet mit Hilfe der Mordgeschichte an einer schönen Mexikanerin und an deren Beichtvater, der in Wirklichkeit ihr leiblicher Vater ist, Notizen, die entstanden, als Dauthendey in den Jahren 1897/98 vergeblich versuchte, nach Mexiko überzusiedeln. Immer dann, wenn die Diktion nicht von seinem Abscheu vor der fremden, stinkenden, von »Raubmenschen« bevölkerten Welt bestimmt ist (die Kleider der indianischen Boys sehen z. B. aus »wie aneinandergenähte Löcher« usw.), entstehen intensive und von Sympathie getragene Schilderungen der Menschen, Landschaften und Tempel. Insgesamt bleibt aber die für einen Weltenbummler der wilhelminischen Zeit doch bemerkenswerte Feststellung: »Wir selbst, unser Körper, unsere gewohnte Art zu empfinden, unsere Art zu denken – nichts von uns kommt jemals in einem fremden Land an.«

J. Mahr

Ludwig Thoma

1867–1921

Agricola. Bauerngeschichten.

Passau: Waldbauer, 1897. – Vorabdruck von 13 der 15 Erzählungen in: Der Sammler. Belletristische Beilage zur Augsburger Abendzeitung 1895–97.

Als junger Anwalt in Dachau beobachtete Thoma seine Klienten und deren Welt und faßte dies in kurze Erzählungen. Den Abstand zwischen sich, dem städtischen Akademiker, und den Bauern benützte er zur humorvollen Überzeichnung. Dennoch sollte die »kleine Welt« des Dachauer Landes der großen, städtischen als ebenbürtig, ja ihr überlegen erscheinen. Die Titelgeschichte *Agricola* schildert sogar diese Bauern als die echten Nachkommen jener Deutschen, die Tacitus in der *Germania* den dekadenten Römern als Muster unverdorbener Kraft vorgestellt habe. Starrköpfigkeit, Bauernschläue und Rauflust gehören zu diesem Ethos, und der Land-Stadt-Gegensatz wird zum Wertgefälle. »Wunschbild Land – Schreckbild Stadt« (F. Sengle) ist die Formel für die zum Teil groteske Darstellung. Landbewohner, die wie jene in Kellers *Romeo und Julia auf dem Dorfe* sich bereichern wollen, oder die vom »Advikat«, bevor sie ihn engagieren, erst hören möchten, ob sie recht bekommen, gehören zum gattungsspezifischen Personal des Motivs »der Bauer vor Gericht«. Die festtäglichen Raufereien verlangen jedoch keinen Richter, sondern »solide Köpfe«. Der Bader, der sich als der Dorfweise geriert, der Truderer, der angeblich das Vieh verhext, oder die Milchpanscher, die sich durch die Wallfahrt nach Andechs entsühnen, bevölkern eine satirisch gezeichnete, doch ernst gemeinte Idylle vor den Toren Münchens um 1900. Das bäuerliche Sterben – in Anlehnung an Tolstoi – krönt ein durch Arbeit geadeltes Leben. Thoma setzt mit seinen von Adolf Hölzel und Bruno Paul illustrierten Erzählungen die Gattung »Dorfgeschichte« fort und führt den Städtern die Bauernkultur vor Augen, so wie die gleichzeitig im Dachauer Moos angesiedelte Künstlerkolonie die »kleine Welt« neu und authentisch gemalt hat. Auch war »der Dachauer« zur festen Figur in der Stadt geworden, nicht zuletzt im Schwabinger Fasching.

Lausbubengeschichten. Aus meiner Jugendzeit.

München: Langen 1905. [Vorabdruck in: Simplicissimus 1902/03–1904/05 und Neue Freie Presse 1904.] – Fortsetzung u. d. T.: Tante Frieda. Neue Lausbubengeschichten. Ebd. 1907. [Vorabdruck in: Neue Freie Presse 1905–06.]

Die Untertitel der einzelnen Geschichten – »Aus meiner Jugendzeit« oder »Aus meiner Kindheit« – künden Autobiographisches an. Tatsächlich sind die Grundhaltung des Erzählers, die Themen und viele Einzelheiten im Leben Thomas zu belegen: die Auflehnung gegen den Schulzwang, die negative Schulkarriere, das Heimweh des in Internate oder Pflegefamilien gegebenen vaterlosen Kindes, die finanzielle Bedrängnis der Mutter, die Rivalität mit den sich benachteiligt fühlenden Schwestern, die Freuden der »Vakanz« (Ferien), die Trotz- und Protesthaltung des Jugendlichen, der durch Aufsässigkeit und erfinderische Aggressivität sich durchzusetzen und von der Beengung durch Erzieher oder einer repressiven Pädagogik freizukämpfen sucht. Die »herzensgute, arglose Mutter« hofft, daß ihr Ludwig sich vom Eifer des streberischen »Wundermädchens« Gretchen Vollbeck anstecken läßt. Doch Ludwig bleibt der »verdammte Holzfuchs«, auf den die Professoren »loshacken«, vor allem, als er der Hausmeisterstochter einen »dummen Liebesbrief« schreibt. Er leistet bedenkenlos einen Meineid, um sich aus der Schlinge zu ziehen, durchschaut die Heuchelei der Erwachsenen und entlarvt den Religionslehrer »Kindlein« als Intriganten. Den Gymnasiasten während der Vakanz in der Grundschule zu zähmen, schlägt ebenso fehl wie die Erziehungsversuche, die der künftige Schwager an ihm unternimmt. Selbst die Vorbereitung auf die Erstkommunion führt zu neuerlicher Aggression. Sie wird auch an einem »vornehmen Knaben« lustvoll exerziert – aus Rache an dessen Eltern, die die eigene arme Mutter verachten. Besserung gelobt Ludwig nur, wenn ihm – dank Nikotin und Alkohol – sterbensschlecht geworden ist.

Der Erfolg der *Lausbubengeschichten* regte die von Olaf Gulbransson illustrierte Fortsetzung an. Sie kreist um die Tante Frieda, realiter eine Schwester des Vaters, deren Zanksucht belegt ist. Gegen sie heben sich die Gestalten der Mutter und der aus Indien zu Besuch gekommenen Kusine, der »Indianerin« Cora, ab; für sie kämpft Ludwig erfindungsreich. Tante Friedas Bosheit wird mit Wasser und Feuer an deren Papagei gestraft, und sie räumt das Feld. Cora reißt alle hin – die Familie wie die Junggesellen, weist aber Ludwigs Versuch, sie an seinen besten Freund zu verheiraten, überlegen ab. Unversehens wird sie zur Königin des Waldfestes. Ihre Abreise vereint die Kleinstadt im Abschiedsschmerz. Ludwig muß auf die Schule in der Großstadt zurück, wo er bei »Hauptmann Semmelmaier« das Elend des Pensionskindes erlebt, aber auch seine Gabe, scheinheilige, egoistische Erwachsene bloßzustellen, übt und so überlebt.

Die autobiographisch grundierten, aus der Perspektive und im Stil eines oberbayerischen Buben geschriebenen Erzählungen gehören zur Gattung der »Bad-boy«-Geschichten. Sie interpretieren die eigene, um 1880 anzusetzende Pubertät auf die um 1900 aufbrechende Reformpädagogik hin. Die »Seelenmorde in den Schulen« – von Hesse, Heinrich Mann, Musil oder Robert Walser gleichzeitig, aber düster geschildert – klagte Thoma in den *Erinnerungen* erneut an. »Aber die Jugend ist doch eine recht ernste Sache; die ernsteste«, schrieb er dort. Doch wirken beide Bände der *Lausbubengeschichten* lustig – dank der gekonnten, kindertümelnden Satire und der Illustrationen Olaf Gulbranssons. Nicht auf den einzelnen Streich, sondern auf die hinterhältige Spiegelung der Erwachsenen und deren seelische und geistige Verkrüppelung kommt es an. Außer dem Erzähler und der – idealisierten – Mutter sind die Figuren »aus vielen Individualitäten zusammengesetzt«. Cora war keine Kusine, sondern eine Spielgefährtin aus der Landstuhler Schulzeit; Thoma verlieh ihr auch Eigenschaften seiner Frau Marion und von Coopers »Cora«. Und er verkehrte nicht selten die Werte: aus Personen, die dem Schüler wohlwollten, machte er genüßlich Karikaturen oder Ungeheuer.

Andreas Vöst. Bauernroman.

München: Langen, 1906. – Vorabdruck in: Münchner Neueste Nachrichten 1905.

Der Schullerbauer Andreas Vöst in Erlbach bei Dachau streitet mit Pfarrer Baustätter, der Vösts vor der Nottaufe gestorbenes Kind nicht auf dem Friedhof beerdigen will. Vöst sieht darin die Rache dafür, daß er gegen die Erneuerung des Dorfkirchturms ist. Baustätter verhindert weiterhin Vösts Wahl zum Bürgermeister. Dies richtet sich auch gegen den »Bauernbund«, der sich gegen das Zentrum und die Reichsregierung auflehnte. Vöst ist jedoch kein Politiker, sondern kämpft für sein Recht und seine Ehre, d. h. gegen die Anschuldigung des Pfarrers, er habe den eigenen Vater mißhandelt. Dadurch gerät er in einen unlösbaren Gegensatz zu »Kirche, Obrigkeit, Staat. Von vornherein der einzelne im Kampf gegen notwendige und nützliche Institutionen«. Zum Kummer seiner Familie verweigert er fortan den Kirchenbesuch, auch am Weihnachtstag, und fragt, warum Gott das Unrecht an ihm zulasse. Dadurch verliert er die Achtung in Familie und Dorf. Den Ostersonntag verbringt er im Wirtshaus und erschlägt, betrunken, seinen Konkurrenten Hierangl mit dem Maßkrug. Während man im Dorf über das Urteil – vier Jahre Gefängnis – spricht, wird ein neuer Kirchturm errichtet.

Das Vorbild des Andreas Vöst ist der Puchschlagener Bauer Peter Loder, den Thoma als junger Anwalt vertrat; ihm hatte der Ortspfarrer zu Unrecht die Mißhandlung des Vaters vorgeworfen. Thoma bringt dies mit der Gründung des »Bauernbundes« zusammen. Dieser richtete sich gegen die Senkung der Getreidezölle, die Bismarcks Nachfolger Caprivi mit Hilfe des Zentrums durchgesetzt hatte. Die durch die Unrentabilität der Landwirtschaft freigesetzten Arbeiter sollten in die Industrie gezwungen werden. Der »Bauernbund« galt als antiklerikal und kirchenfeindlich. Thoma stellt jedoch nicht dies, sondern die Rebellion eines einzelnen gegen »Herkommen«, »Sitte und Brauch« und den Mißbrauch der Religion als Machtinstrument in den Mittelpunkt, was mit der Kritik übereinstimmte, die er seit 1899 im »Simplicissimus« übte.

Briefwechsel eines bayrischen Landtagsabgeordneten.

München: Langen, 1909. – Fortsetzung u. d. T.: Jozef Filsers Briefwexel. 2. Buch. Ebd. 1912. [Vorabdruck in: Simplicissimus 1907/1908–13/14.]

Der für die Zentrumspartei in den Münchner Landtag gewählte Bauer Josef Filser aus Mingharting ist – wie der »Lausbub« – eine der klassischen Kunstfiguren Thomas. »So was Gescheertes« habe er einmal schreiben müssen, um sich – anders als in den seriös-politischen Artikeln im »März« – »auszuflegeln«. Eduard Thöny lieferte die Zeichnungen dazu. Filser, seine Frau, seine Spezln und seine »geischliche härn forgesäzte« sind überzeichnete, aber realitätsnahe Typen. Sie werden durch ihren Idiolekt und dessen Schreibung wirkungsvoll charakterisiert. Nach Art der »Dunkelmännerbriefe« verspottet Thoma die gegenwärtige Politik des bayerischen Zentrums, das er im »Simplicissimus« von Anfang an und 1911 mit einer »Streit- und Kampfschrift« angegriffen hatte. Die Unterwürfigkeit und Beschränktheit Filsers, der seit 1899 sein Mandat wahrnimmt, soll zeigen, daß das Zentrum nur dank solcher Zerrbilder eine Mehrheit gewinnen konnte. Für Filser sind freilich die Halbgötter der Partei Dummköpfe, die auf die Hinterbänkler und die Kleriker angewiesen sind. Deren Einfluß wurde durch die Wahlrechtsreform von 1906 gebremst, und Filser kandidiert gegen den Willen seines »Bfahrers«, der darob am Herzschlag stirbt. Er stimmt für die freie Bahnfahrt der Abgeordneten, für die Aufbesserung der Diäten und Beamten-, nicht aber der Lehrergehälter und soll die in Berlin beschlossene 20%ige Steuer- und Bierpreiserhöhung in Wasserburg rechtfertigen; dort wird er verprügelt. Filser durchschaut die von seiner Partei geforderte Zensur gegen den »Simbliesimus« und macht die Scheinmoral auf seine Weise fragwürdig: »Die Mahlerei ist schohn eine Kunzt, haber plos bis zun Nahbel. Untern Nahbel ist es eine Sauerei, indem es dohrt geschlächtlich ist.« Die der Auflösung des Parlamentes (1911) vorangehende Turbulenz nennt er »eine grose Gaudi«, doch beklagt er sich darüber, daß er zur Bauernarbeit zurückkehren muß.

Das Zentrum brachte gegen Thoma ein Anti-Filser-Flugblatt heraus, um ihn als Feind der Bauern hinzustellen. Thoma verwies nachdrücklich auf seinen *Agricola*, hatte aber Mühe klarzumachen, daß er lediglich den entmündigenden Mißbrauch der Religion als politisches Machtinstrument angeprangert habe.

Der Wittiber. Ein Bauernroman.

München: Langen, 1911.

Unmittelbar nach der Beerdigung seiner Frau Katharina wird der 54jährige Sebastian Glas, Schormayer-Bauer von Kollbach im Dachauer Land, von seiner Magd Zenzi umworben – zum Zorn seiner erwachsenen Kinder Ursula und Lenz. Eine zweite Heirat des Vaters würde ihr Erbteil mindern und die Hofübergabe verzögern. So drangsalieren sie die Zenzi. Der Vater denkt nicht daran, sich wieder zu verehelichen. Aber im Rausch dringt er in Zenzis Kammer ein. »Die Schand« dringt rasch nach außen – durch die lautstarken Streitereien zwischen der eifersüchtigen Tochter und der Magd und durch das verstörte Verhalten von Sohn und Knecht. Der häusliche Krieg eskaliert, als die Kinder den Vater zwingen wollen, »das Mensch« zu entlassen. Dadurch fühlt der Vater seine Herrschaft über Hof und Familie in Frage gestellt und verhärtet sich, will jedoch die von ihm geschwängerte Magd loswerden. Lenz hadert bitter mit dem

Vater, der noch nicht in den Austrag möchte. Ursula entkommt dem immer böseren Zwist durch Heirat. Auf ihrer Hochzeit demütigt der angetrunkene Vater den Sohn vor allen und sagt sich öffentlich von ihm los. Dessen dreimaligen Anlauf zur Versöhnung weist der Vater zurück; doch will er anderntags – nüchtern geworden – einlenken und zu »Ehrbarkeit«, »alter Sitte«, »Brauch« und »Vernunft« zurückkehren. Sein guter Wille kommt zu spät. Lenz hat das Haus verlassen und kehrt nur heimlich zurück, um Zenzi auf den Heuboden zu locken und sie dort zu erhängen. Dafür wird er »zur schwersten Zuchthausstrafe« verurteilt. Der Vater »zertrümmert« den Hof und wird zum Trinker.

Vier Fünftel der »Bauerngeschichte« bestehen aus bühnenreifem Dialog in der Mundart des Dachauer Landes. Die Charaktere entwickeln sich psychologisch stimmig, und das Milieu trifft sozialgeschichtlich zu. Aus beidem erwächst zwingend die Handlung, die von Spätherbst 1909 bis März 1910 dauert und einen archetypisch motivierten, naturalistischen Zeitroman aus der oberbayerischen Bauernwelt ergibt. Eine Stoffquelle ist bisher nicht ermittelt; doch ist die biographische Parallele – Thomas Ehe wurde 1911 geschieden – durch den Autor bezeugt. Die Erstausgabe illustrierte Ignatius Taschner.

Altaich. Eine heitere Sommergeschichte.

München: Langen, 1918.

In Altaich im oberbayerischen Voralpenland (halb Altomünster, halb Traunstein) soll – um 1910 – der Fremdenverkehr anheben. Kaufmann Natterers Inserate bringen ein Dutzend Sommerfrischler aus Nord und Süd ins Dorf. Sie finden sich nach und nach mit den Gegebenheiten ab und freuen sich über die Landschaft und die niedrigen Preise. Natterer will nun die neue Zeit einleiten und spannt die Kurgäste ein. Doch Berliner Schwung, österreichische Liebenswürdigkeit und modische Werbeplakate können die angestammte, rauhe Art nicht umkrempeln, zu der die Münchner Grantler, die ihren staatlich verordneten Urlaub in Altaich verbringen, nur zu gut passen. Die Kellnerinnen und Hausknechte sind nahe Verwandte jener »Ureinwohner«, die in den Filserbriefen und in *Agricola* in archaischer Grobheit verewigt sind. Die gekonnte Satire verdeckt nicht die Probleme – Einbruch der Technik (Anschluß an das Eisenbahnnetz) und Flucht in Stadt oder Fremde. Eine Altaicherin tingelt als Mizzi Spera in Münchner und Berliner Kabaretts, der Ertlmüller-Sohn Michel geht heimlich zur See und gilt als in Australien verschollen, und Konrad Oßwald muß seine Maler-Begabung auf der Münchner Akademie ausbilden. Die Rückkehr offenbart die Aufgabe: Verlust oder Gewinn einer bodenständigen und doch weltoffenen Identität, die auch die am Ort Gebliebenen erlangen können. Dies beeindruckt selbst die Berliner Rentier-Familie Schnaase, die den Stadt-Land-Gegensatz leidenschaftlich diskutiert, sich über die Einheimischen erhebt oder mit ihnen flirtet und doch verändert abreist – ganz wie Familie Fehse in *Der Jagerloisl*. So schön der Sommer war – die »schöne Zeit« Altaichs beginnt erst jetzt, da alle zurückgekehrt sind, die Wogen im Dorf sich geglättet haben und man wieder, aber bewußter als vorher, das ist, was man war, d. h. Heimat gefunden hat.

Die souverän erzählte, dialogreiche »Sommergeschichte« erörtert am Beispiel des Fremdenverkehrs das Verhältnis von heimisch und fremd, kleiner und großer Welt, von Ich-Gewinnung und -Verlust und von Kontinuität und Traditionsbruch, auch im Hinblick auf den sich 1917/18 abzeichnenden Umsturz.

Erinnerungen.

München: Langen, 1919. – Teilvorabdruck in: Der Sammler. Belletristische Beilage zur Augsburger Abendzeitung 1917 und März 1917.

Im Februar 1917, kurz nach seinem 50. Geburtstag, begann Thoma die Niederschrift; erst Anfang 1919 schloß er sie ab. Seine Stimmung schwankte zwischen der Hoffnung auf einen »Siegfrieden«, für den er mit der Vaterlandspartei warb, und der Depression über die Niederlage Deutschlands. Er begann mit der »Kinderzeit« (1867–1874): Die Arbeit des Vaters, des früh verstorbenen Oberförsters in der Vorderriß, und die Fürsorge der Mutter für ihn und die sechs Geschwister sowie die Welt des Geburtsortes Oberammergau werden zur stillen, glücklichen Zeit auf einer »grünen Insel« verklärt. Die Einzelheiten der »Schuljahre« (1874–1886) grundieren die fiktionalen Autobiographien wie die *Lausbubengeschichten*; Thoma faßt sie zu einer Kritik am ehemaligen Schulsystem zusammen und streicht die jetzt – 1917/18 – verwirklichte, fortschrittliche Erziehung heraus. »Heimat« als geistige Geborgenheit ist der Zentralwert, an dem alles gemessen wird: die unbefriedigende Anwaltstätigkeit in Dachau und München, die schriftstellerischen Anfänge (*Agricola*) und die feste Mitarbeit beim »Simplicissimus« (ab 1900). Mit ihr und den ersten Bühnenerfolgen in München, Berlin und Wien (1901/03) sah Thoma den Punkt erreicht, von dem ab sein Leben sich öffentlich abgespielt habe. »Was nun kam, war Arbeit und Ernte, kein Kampf mehr ums Werden.« Damit vermied er das Eingehen auf die mißglückte Ehe (1907–1911) – wohl auch um die im August 1918 anhebende Altersliebe zu Maidi von Liebermann nicht zu gefährden. Voreheliche Beziehungen, wie er sie u. a. verschlüsselt in *Münchnerinnen* darstellte, ließ er ebenfalls aus. Statt dessen verteidigt er die »Wende« von 1914: Den Geist der »Simplicissimus«-Zeit habe er immer hochgehalten: »Reformen [...] auf dem Boden der alten Gesellschaftsordnung [...], die das Glück und die Größe Deutschlands sichergestellt hätten«. Der Krieg habe jedoch »Schweigen« geboten, und »im Lernen und im Bekennen« liege das Verdienst.

Thomas *Erinnerungen* sind nicht nur als Selbstinterpretation wertvoll. Sie bringen den Kontext zu den Dichtungen bis 1903 und schildern anschaulich München als eines der beiden literarischen Zentren Deutschlands um 1900.

Der Jagerloisl. Eine Tegernseer Geschichte.

München: Langen, 1921. – Vorabdruck in: Münchner Neueste Nachrichten 1920.

Alois Heiß, der Jagerloisl aus Abwinkel, beaufsichtigt das Tegernseer Jagdrevier des Münchner Barons Adolf von Fries. Loisl gefällt den norddeutschen Sommerfrischlern, vor allem Heinrich Fehse und Tochter Henny aus Berlin – als Prototyp der bodenständigen Bevölkerung, die »derbe Kraft [...] mit einer eigenartigen Grazie verbindet«; nie habe man solch »unbekümmerte Natürlichkeit«, »so was Echtes und Starkes und zugleich Fremdes« gesehen. Dazu gehört die alte Fehde zwischen Jägern wie Loisl oder dessen Lehrmeister, dem alten Festl, und Wilderern wie Hans Kreillinger; sie nehmen den Tod des Gegners in Kauf. Papa Fehse schwärmt von diesem »Urzustand«. »Es ist Kampf, es ist Gesetzlosigkeit, aber eben darum Natur.« Hennys Mutter Nelly findet das »bloß entsetzlich« und »wie bei den Wilden« und betreibt Hennys Verlobung mit Loisls Rivalen am Ort, dem Berliner Reserveleutnant Stresow. Bereitwillig vertauscht Henny deshalb das ländliche Tegernsee mit dem mondänen Baden-Baden. So endet ihre Romanze mit Loisl, und die Gegensätze etablieren sich endgültig: Loisl findet Resei, eine Bauerntochter aus Lenggries (es habe bei ihm »eing'schlag'n und brennt«), und ist von allem »kuriert«, was ihn seiner Eigenart hätte entfremden können.

Mit dem *Jagerloisl* gelang Thoma – kurz vor dem Tod – eine altmeisterlich-durchsichtige Erzählung, deren Reiz auch im Überwiegen des Dialogs in Mundart und Berliner Hochsprache besteht. Dennoch werden Raum und Zeit deutlich und einprägsam – Land und Gebirge um den Tegernsee und ein Spätsommer um 1910 am Ende der Tourismussaison; wie in *Altaich* profitieren davon die Einheimischen, solange sie bodenständig bleiben. Der Unterschied zwischen Jägern und Bauern und – parallel – zwischen männlich-aggressivem und weiblich-pflegendem Denken kommt hinzu. Das ursprüngliche Ende (Loisl sollte durch Wildererhand sterben) wendete Thoma erst in der Schlußfassung ins Positive. Die Erstausgabe enthielt Zeichnungen von Eduard Thöny und Julius Widnmann.

Der Ruepp. Roman.

München: Langen, 1922. – Vorabdruck in: Münchner Neueste Nachrichten 1921.

Michael Umbrichts Hof »zum Ruepp auf der Leiten« in Weidach bei Dachau ist durch Mißwirtschaft, Spekulationen und Trunksucht verschuldet. Ruepp hat sich am bäuerlichen Ethos – Arbeit ist »der einzige große Sinn« des Lebens – versündigt. Gegen die Zwangsversteigerung arbeiten Afra, die Bäuerin, Kaspar, der älteste Sohn, und Leni, die Tochter, an. Die alte, todkranke Magd Loni hatte dem Ruepp Geld geliehen. Bevor er es zurückgezahlt hat, will er an ihr letztes Vermögen. Loni aber möchte Michels, des jüngsten Ruepp-Sohnes, Theologiestudium testamentarisch sichern, was Ruepp fahrlässig verhindert. Er stiehlt die Wertpapiere der toten Loni und ist darauf angewiesen, daß seine Frau Lonis Mittellosigkeit beschwört. Als Afra den Meineid verweigert und der Ruin droht, bietet Ruepp dem Nachbarn und Intimfeind Lukas einen Acker zur Beleihung an – vergeblich. Ruepp erhängt sich. Das Anwesen bleibt verschuldet; die familiäre Katastrophe wirkt länger als eine Generation nach.

Der Roman wurde am 4. Januar 1921 begonnen – drei Tage nach dem Tode des ehemaligen Reichskanzlers Bethmann Hollweg. Ihm und Wilhelm II. schob Thoma in den gleichzeitigen Beiträgen zum »Miesbacher Anzeiger« »die schwerste Schuld am Zusammenbruche Deutschlands« zu.

Bismarcks »Testament« – der von der Familie aus Rücksicht auf den Kaiser zurückgehaltene dritte Band der *Gedanken und Erinnerungen* – hätte die politischen Fehlentscheidungen verhindern können. Analog machte Thoma aus der Geschichte eines leichtsinnigen und hybriden Dachauer Bauern und der Verhinderung eines Testamentes eine Parabel für den Untergang des Kaiserreichs, der durch Bismarcks Vermächtnis zu vermeiden gewesen wäre. *Der Ruepp* veranschaulicht die Notwendigkeit, eine heruntergekommene Wirtschaft durch unerbittliche Arbeit zu retten, dadurch die vorausgehende Schuld zu tilgen und aus der Welt zu schaffen. Motive aus Anzengrubers Volksstück *Der Meineidbauer* (1871/72) – der Priester gewordene Sohn soll den Vater entsühnen – und Kellers *Romeo und Julia auf dem Dorfe* (1856) – die Liebe zwischen Kindern verfeindeter Eltern – kamen hinzu.

Münchnerinnen. Roman.

München: Langen, 1923.

Der von August bis November 1919 geschriebene, sieben Textstufen durchlaufende Roman beginnt in kleinbürgerlichen Kreisen Münchens um 1900: Die Stadt entwickelt sich überstürzt zur Großstadt und verdrängt das »alte München«. Jetzt gilt »eiserne Tatkraft« – so die Prahlerei des spießigen Muttersöhnchens Benno Globerger, der weder das ererbte Kaffeegeschäft vor der »Konkurrenz der Warenhäuser und Schwindelfirmen« retten noch die Treue seiner Frau Paula erhalten kann. Diese läßt sich von dem Studenten Franz von Riggauer verführen und folgt dabei nur dem Vorbild ihrer routinierten Freundin Therese. Riggauer wird Paulas bedingungsloser Zuneigung bald überdrüssig und nimmt es erleichtert hin, daß Paula – tief verletzt – sich von ihm abwendet. Deren Schicksal hätte der zweite Teil weiterverfolgen sollen.

Das beschränkte Milieu wird durch Benno Globerger unfreiwillig mit dem der Spekulanten – Anwälte, Beamte, Architekten – verknüpft. Sie alle hoffen auf die rasch steigenden Bodenpreise. Ehemalige Dörfer wie Schwabing oder Giesing werden von Mietsblöcken oder Vergnügungsbauten überwuchert. München soll zur Kunst- und Fremdenmetropole Europas werden. So wird der Roman zur Stadtgeschichte, die den Skandal um den Bau des Deutschen Theaters 1895/96 einschließt. Doch die menschliche Tragödie ist ebenso bedeutsam. Denn die Liaison Paulas mit Riggauer stellt mittelbar jene »unerträglich« gewordene Beziehung dar, die Thoma 1898 mit einer verheirateten, bisher nicht faßbaren Frau, die er »G.« nennt, angefangen und 1901 mühsam beendet hatte. Daß er diese verdeckte Beichte zu Papier brachte, als er um die Altersliebe Maidi von Liebermann warb, gehört zu den vielen indirekten Mitteilungen des Autors. Vielleicht war dieser innere Widerspruch daran schuld, daß er die Fortsetzung so früh abbrach.

B. Gajek

GUSTAV MEYRINK

1868–1932

Des deutschen Spießers Wunderhorn. Gesammelte Novellen.

München: G. Müller, 1913.

Die Mehrzahl dieser Novellen erschien zuerst in der Zeitschrift »Simplicissimus« und wurde dann zunächst in drei Sammelbänden (*Der heiße Soldat*, 1903; *Orchideen*, 1905; *Das Wachsfigurenkabinett*, 1907) veröffentlicht. Wie der Titel des 1913 erschienenen Sammelbands andeutet, wird in zahlreichen Texten der deutsche Spießbürger satirisch aufs Korn genommen. Meyrinks Haß auf die bürgerliche Gesellschaft und bestimmte Vertreter dieser Gesellschaft – wie die Ärzte und die Militärs in der Novelle *Der heiße Soldat* – ist zum Teil biographisch bedingt: durch einen Rechtsstreit mit österreichischen Offizieren wurde der damals in Prag als Bankier Lebende finanziell ruiniert und diskreditiert; dieser Ausschluß aus der Gesellschaft gab aber auch den Anstoß dazu, daß er sich danach als freier Schriftsteller betätigte (1903 zuerst als Redakteur des »Lieben Augustin« in Wien). Neben antibürgerlichen Satiren bilden Texte unheimlich-phantastischer Art eine zweite große Gruppe. Meyrink stellt sich mit diesen Geschichten in die Tradition von Autoren wie Poe und Hoffmann, tritt aber gleichzeitig wieder aus deren Nachfolge heraus. Es macht sich eine Tendenz bemerkbar, das Genre der Spuk- oder Schauergeschichte (das Anfang des 20. Jh.s mit Autoren wie Karl Hans Strobl und Franz Spunda eine neue Blüte erlebte) zu parodieren, so daß sich im Leser kein Schauder, sondern eine allenfalls mit leichtem Gruseln gemischte Belustigung einstellt. So z. B. in der Novelle *Der violette Tod*: Ein tibetanisches Zauberwort, »Ämälän«, bringt dem, der es hört, sofort den Tod; er wird in einen Kegel aus violettem gallertartigen Schleim verwandelt. Durch einen englischen Forschungsreisenden und dessen Diener gelangt das Wort, um dessen Gefährlichkeit man zunächst nicht weiß, in der gesamten Welt in Umlauf, und der »violette Tod« droht die Erde zu entvölkern. Der Umstand, daß einzig Taube und Taubstumme von der Epidemie verschont bleiben, bringt einen deutschen Gelehrten schließlich auf die richtige Spur, und er versucht die Bevölkerung in einem öffentlichen Vortrag aufzuklären: »Die denkwürdige Rede schloß mit den lapidaren Worten: ›Geht zum Ohrenarzt, er soll euch taub machen, und hütet euch vor dem Aussprechen des Wortes ‘Ämäläm’.‹ – Eine Sekunde später waren wohl der Gelehrte und seine Zuhörer nur mehr leblose Schleimkegel, aber das

Manuskript blieb zurück, wurde im Laufe der Zeit bekannt und befolgt und bewahrte so die Menschheit vor dem gänzlichen Aussterben.«

Der Golem.

Leipzig: K. Wolff, 1915.

Der Erzähler verfällt nach der Lektüre eines Buches über das Leben des Buddha Gotama zunächst in einen Zustand des Halbtraums, in dem sich in seiner Seele »Erlebtes mit Gelesenem und Gehörtem« vermischt, und schläft schließlich ein. Die darauf einsetzende Handlung folgt also nicht den Gesetzen der Realität, sondern ist erträumt. Allerdings wird solchen Zuständen, in denen eine Loslösung von der Wirklichkeit erfolgt, ein besonderer Wert zugeschrieben; derjenige, der sich in ihnen befindet, ist in besonderer Weise zur Erkenntnis, auch zur Selbsterkenntnis, befähigt: »so bin ich mehr denn je geneigt zu glauben, daß solche Träume in sich dunkle Wahrheiten bergen, die mir im Wachsein nur noch wie Eindrücke von farbigen Märchen in der Seele fortglimmen.« Erkenntnis oder der Weg zur Erkenntnis ist das eigentliche Thema des Romans. Im Traum wird der Erzähler zum Gemmenschneider Athanasius Pernath im alten jüdischen Ghetto Prags, dessen Häuser manchmal eine Seele zu haben scheinen und sich unter die vielen anderen handelnden Figuren einreihen, so »unheimlich und verkommen« sehen sie aus. Im Laufe der vielschichtigen, komplizierten Handlung wird Pernath mit einer Vielzahl von Bewohnern des Ghettos konfrontiert, die zumeist völlig von ihren Trieben (sexuelle Gier, materielle Gewinnsucht) dominiert werden. Pernaths höchstes Ziel ist es hingegen, das »Zimmer ohne Zugang« zu finden, welches zum einen für eine Zeit seines Lebens steht, in der er dem Irrsinn verfallen war und an die er keine Erinnerung mehr besitzt, zum anderen aber auch für eine transzendente Sphäre. So ist Pernath ein Sucher, der sich um Erkenntnis seiner Identität bemüht, und dem Erzähler wird der Traum zum Schlüssel einer anderen Welt, die doch zu ihm gehört. Der Weg wird Pernath von dem Golem gewiesen, der Gestalt, die der jüdischen Legende nach von dem kabbalistischen Meister Rabbi Löw aus Lehm geschaffen wurde, damit sie die Einwohner des Ghettos schütze. Mit diesem ›historischen‹ Golem hat der Meyrinks allerdings wenig gemein: zwar verkörpert er die jüdische Kollektivseele, auf der anderen Seite aber ist er Doppelgänger und geistiger Führer des Protagonisten.

Der Roman gilt – zusammen mit Kubins *Die andere Seite* – als Meisterwerk der deutschen phantastischen Literatur und wurde sofort nach seinem Erscheinen zu einem Bestseller.

M. Müller

Else Lasker-Schüler
1869–1945

Mein Herz. Ein Liebesroman mit Bildern und wirklich lebenden Menschen.

München/Berlin: Bachmair, 1912.

Als ›Roman‹ stellt *Mein Herz* einen Grenzfall dar. Denn es handelt sich hier um eine Serie von Briefen, Postkarten und Telegrammen, die Lasker-Schüler 1911/12 unter dem Titel »Briefe nach Norwegen« in der von ihrem Mann Herwarth Walden herausgegebenen Zeitschrift »Der Sturm« veröffentlicht hat. Die »Briefe«, adressiert an Walden und dessen Freund Kurt Neimann, die gemeinsam eine Reise nach Norwegen unternehmen, erscheinen auch noch nach der Heimkehr der Reisenden und liefern Berichte über die Berliner Boheme und das Künstlervolk im »Café des Westens«, ergänzt um Zeichnungen der Autorin – daher also ein Roman »mit Bildern und wirklich lebenden Menschen«.

Neben den Affären der Freunde und Bohemiens geht es um Ereignisse der Kunstszene und nicht zuletzt auch um die eigenen Probleme der Briefschreiberin, um ihre Verliebtheiten etwa (»Liebesroman«) oder um ihre Geldsorgen. Obwohl trotz der Nennung von zum Teil bekannten Personen (Döblin, Kokoschka usw.) das Berichtete oft rein fiktiv ist, besitzt der ›Roman‹ mit seinen atmosphärischen Details nach wie vor einen kulturgeschichtlichen Reiz. Anziehend wirkt er nicht zuletzt aufgrund seines scherzhaft-ironischen und bisweilen auch bissigen Stils, obwohl, biographisch bedingt, hinter aller Unbekümmertheit eine schwermütige Tönung spürbar bleibt (die Ehe Lasker-Schülers mit Walden steht vor der Auflösung und wird tatsächlich noch 1912 getrennt). Die spielerisch forcierte Egozentrik der Briefschreiberin ist zweifellos zunächst als ein Charakteristikum jenes Stils zu sehen (und nicht schlechthin als eine Haltung der Autorin Lasker-Schüler). So wird das Selbstbezogene des Titels *Mein Herz* bestätigt und zugleich ironisch gebrochen, wenn die Briefschreiberin sich in ein Porträt verliebt, das sie selbst als Mandrill (eine Affenart) zeigt, und wenn sie dann bekennt: »Herwarth, ich schwöre es dir bei dem Propheten Darwin, ich bin meine einzige unsterbliche Liebe.«

Der Malik. Eine Kaisergeschichte mit Bildern und Zeichnungen.

Berlin: Cassirer, 1919.

Nach dem Vorbild von *Mein Herz* geht *Der Malik* aus den Briefen hervor, die Else Lasker-Schüler von 1912 an an den Maler Franz Marc und dessen Frau Maria schreibt und die unter verschiedenen Überschriften (u. a. »Briefe und Bilder«, »Briefe an den blauen Reiter«) zwischen 1913 und

1917 in mehreren Zeitschriften gedruckt werden. Der Adressat Marc, »der blaue Reiter«, fällt 1916 im Krieg; an die Stelle einzelner Briefe mit ihrer dezidiert subjektiven Sicht tritt daher in der zweiten Hälfte des Textes eine durchgehende Er-Erzählung. Die in den Text integrierten Bilder und Zeichnungen stammen von Marc, der Autorin und anderen.

Obwohl die reale Berliner Umgebung anfänglich noch erkennbar ist, gibt sich die Briefschreiberin doch von vornherein als »Jussuf, Prinz von Theben«, also in einer von Lasker-Schüler schon früher entworfenen und bis zum Lebensende beibehaltenen Rolle. Jussuf ist zugleich der biblische Joseph, der in dem Freund Marc seinen Halbbruder Ruben sieht. Er wird im Fortgang der Geschichte zum Kaiser – zum »Malik« – gekrönt (daher die Gattungsbezeichnung »Kaisergeschichte«) und bildet fortan den Mittelpunkt einer Vielzahl von Festen, Spielen und Kämpfen im Horizont einer bunt wuchernden privaten Mythologie, deren phantastisch-orientalisches Kolorit von einer Mischung von jüdischen und arabischen Motiven lebt. Die Berliner Künstler-Freunde sind unter Phantasienamen in die Geschehnisse mit einbezogen. Während das Kriegerische hier etwas Kindlich-Spielerisches besitzt – mit Speer, Pfeil und Bumerang als Waffen –, gibt es doch auch Hinweise auf den in unbestimmter Ferne stattfindenden Weltkrieg, auf die »Menschenschlacht«, an der sich zu beteiligen Jussuf ausdrücklich ablehnt. Indessen lassen gerade solche Hinweise auf eine unversöhnte Wirklichkeit jenseits der orientalischen Phantasiewelt deren Brüchigkeit erkennen. Nicht von ungefähr endet die Geschichte mit dem Selbstmord des schwermütig gewordenen Jussuf.

G.-M. Schulz

Adelheid Popp

1869–1939

Die Jugendgeschichte einer Arbeiterin von ihr selbst erzählt. Mit einführenden Worten von August Bebel.

München: Reinhardt, 1909.

Die bekannte österreichische Sozialdemokratin und Frauenrechtlerin Adelheid Popp wurde als letztes von fünfzehn Kindern einer Weberfamilie geboren. In ihrer Lebensgeschichte, die zuerst anonym, von der dritten Auflage (1910) an unter ihrem eigenen Namen erschien, erzählt sie von den seelischen, körperlichen und materiellen Nöten ihrer Kindheit im Umfeld ihres alkoholkranken Vaters, ihrer erschöpften, abgearbeiteten Mutter und der vier Brüder, die mit ihr zusammen die Säuglingszeit überlebt haben. Sie schildert ihre bereits im Alter von zehn Jahren beginnende Geschichte als Arbeiterin in Wohnungen, Werkstätten und Fabriken, bis zu dem Zeitpunkt, wo sie mit sozialistischen Ideen bekannt und schließlich zur Sozialdemokratin wird. Einen zentralen Stellenwert hat in dieser Lebensgeschichte die Lesebiographie. Popp erzählt, wie das Bedürfnis und die Fähigkeit zu lesen (und zu erzählen) ihr zunächst helfen, das eigene Elend zu ertragen, und wie die Bekanntschaft mit ›anspruchsvollerer‹ und schließlich mit politischer Literatur dazu beiträgt, sie zu einer selbstbewußten Persönlichkeit zu machen.

Der Buchumschlag wurde von Käthe Kollwitz gestaltet. Die *Jugendgeschichte* wurde mehrfach aufgelegt und in zahlreiche europäische Sprachen übersetzt. Der Herausgeber der *Jugendgeschichte*, August Bebel, reiht das Buch im Vorwort zur ersten Auflage in den Kontext der frühen, in den neunziger Jahren entstandenen Arbeiterautobiographien ein. Adelheid Popp selbst betont in den Vorworten zu späteren Ausgaben, daß sie insbesondere an »die arbeitenden Frauen und Mädchen« als Adressatinnen gedacht hat, so daß der Text auch als seltenes Beispiel einer sozialistischen Frauen- und Mädchenliteratur lesbar ist.

G. Wilkending

FELIX SALTEN
(SIEGMUND SALZMANN)
1869–1947

Josefine Mutzenbacher, oder Die Geschichte einer Wienerischen Dirne von ihr selbst.

[Wien] 1906.

Erzählt wird die unheilige Geschichte eines Wiener Vorstadtmädels aus beengten Verhältnissen bis zu ihrem dreizehnten Lebensjahr, dem Zeitpunkt, da sie ihre triebhaften Neigungen zur Profession erklärt. Strenggenommen handelt es sich um Kindheitserinnerungen einer späteren Hure. Bereits in frühester Jugend jedoch setzt Pepi für ihre eigenen Aufklärungsbestrebungen Personen ihrer nächsten Umgebung ein. Schon bald sind die in der Mehrzahl vorerst noch jugendlichen Akteure kaum mehr auseinanderzuhalten: die eigentlichen Protagonisten nämlich sind männliche wie weibliche Geschlechtsorgane. Dabei werden im weiteren Verlauf eine Vielzahl von Tabus mit aufreizender Selbstverständlichkeit ignoriert: Inzest, Gruppensex, Übertretung des Zölibats, Geschlechtsverkehr mit Unbekannten und das Verhältnis der minderjährigen Pepi zu Erwachsenen. Ausschlaggebend jedoch bleibt dabei, daß sie sich nie in die Rolle des Opfers drängen läßt, sondern stets die Initiative ergreift. Der Motor des Handlungsverlaufs ist ihre erwachende Sexualität, die sie nie einer gesellschaftlichen

Anpassung unterzieht und auch nicht auf Männer beschränkt. Hinter jeder Beziehung erscheint vielmehr das Geschlechtliche als die eigentliche Realität. Bei Eintritt in ihr Berufsleben spielt sie weiterhin das Mädchen, um so den Freiern das stimulierende Gefühl eines Ausnahmezustandes zu vermitteln. Ein letztes Tabu durchbricht der Autor selbst, indem er ihrer Lebensgeschichte nicht den genrespezifischen Abschluß verpaßt: sie endet nicht in Verelendung, sondern erlangt soziales Ansehen.

Josefine Mutzenbacher ist ein fiktiver biographischer Roman, dessen Urheberschaft Karl Kraus dem österreichischen Erzähler, Romancier, Theaterkritiker und Feuilletonredakteur Felix Salten zuschrieb, dem Autor der Tiergeschichte *Bambi.* Die Fortsetzungen *Meine 365 Liebhaber* und *Peperl, die Tochter* hängten sich, ebenfalls anonym, an den Erfolg des Originals an, jedoch ohne irgendeine Zuschreibungsmöglichkeit.

Bambi. Eine Lebensgeschichte aus dem Walde.

Berlin: Ullstein, 1923.

Das Heranwachsen des Helden Bambi vom Rehkitz zum ausgewachsenen Tier, das Erlernen der Gesetze des Waldes, die Loslösung von der alten und die Gründung einer eigenen neuen Familie ist ein in der Natur sich stets wiederholender Vorgang. Wichtigstes Gebot zum Überleben ist es, einen Faktor mit einzubeziehen, der nicht zum Wald gehört: den bald hegend, bald gewaltsam eingreifenden Menschen. Unbeschwertes Herumtollen und genußvolles Äsen läßt sich nur erreichen durch höchste Wachsamkeit gegenüber der Gefahr, die von Menschen, aber auch anderen Tieren ausgeht. Jedes Nichtbeachten dieser Regel wird mit dem Tode oder mit Verstümmelung bestraft. Von den Hauptfiguren indes geht nur Gutes aus, sie leben nicht vom Töten und sind bei allem Fluchtverhalten nicht etwa feige. Durch

Unterordnung unter die Könige des Waldes, die Hirsche, bestätigen sie die bestehende Hierarchie. Es ist das erklärte Ziel des kleinen Protagonisten, so zu werden wie der eigene bewunderte Papa, Altbock und Fürst des Rudels.

Die Tiere sprechen miteinander und tauschen ihre Empfindungen aus; so wird nicht nur das Leben im Wald, sondern zugleich die Reflexion darüber vorgeführt. Neben dem spannungsreichen Plot ist diese Vermenschlichung, das Teilhaben aller Waldbewohner an einer übergreifenden Gemeinschaft und einer kameradschaftlichen Einstellung, das Geheimnis des Welterfolgs bis in die Walt-Disney-Studios hinein. Doch am Ende bleibt dem herangewachsenen Bambi nur die selbstgewählte Einsamkeit, um sich in der Wildnis zu behaupten. Der eingreifende Mensch (»Er«) firmiert in seiner vermeintlichen Allmacht über Leben und Tod als Spitze der Schöpfung. Aber weitere Schritte im Lernprozeß des Helden stellen klar: Auch menschliches Vergehen gegen die Ordnung (Wilderei) wird geahndet, und seine Macht wird durch die des eigentlich Allmächtigen, des Schöpfergottes, relativiert.

In der Fortsetzung *Bambi's Kinder. Eine Familie im Walde* (1940) wiederholen sich Gefahren und Situationen, zudem erschöpft sich der Plot in der Schilderung von Alltagseifersüchteleien. Der patriarchalische Ton bleibt sich gleich, dem sich auch Faline, die aufgeweckte, selbstbewußte Frau Bambis, in ihrer geschlechtlichen Unterwerfung unter den Rhythmus der Natur, zu fügen hat. Die Wendung zur Natur und Tierwelt ist zeittypisch für den Beginn des 20. Jh.s und läßt sich nicht nur in der Jugendliteratur als Reaktion auf die ersten Auswirkungen der Moderne deuten.

S. Friedrich-Rust

Ernst Barlach

1870–1938

Seespeck. Nach Ernst Barlachs nachgelassener Handschrift hrsg. von F. Droß.

Berlin/Frankfurt a. M.: Suhrkamp, 1948. – Teilabdruck in: Die weißen Blätter 1920.

Barlachs locker gefügter, 1913/14 entstandener fragmentarischer Episodenroman zeigt bereits das ironische Erzählprinzip, aus Fragmenten einer als widersinnig verstandenen Wirklichkeit gleichnishafte Qualitäten zu gewinnen. Seespeck, ein Mann, der sich als sein eigener Doppelgänger empfindet, fungiert dabei als Wahrnehmungszentrum. Immer wieder entdeckt der sozial unbeheimatete Protagonist Chiffren der Entfremdung, in der Figur eines Photographen oder in der des Dichters Däubler. Am Buß- und Bettag besucht Seespeck einen alten Schulfreund, den »Paster«. Nach der Predigt sitzen sie zusammen, die Brille wirft das Bild der Flamme verkehrt herum an die Wand. Der »Paster« schlägt vor, dies Gleichnis für seine Predigt zu verwenden: »Und dann sag ich ihnen, so dumm und verkehrt wie die Flamme an der Wand sieht manchmal euer Leben aus [...] der richtige, aufrechte Sinn steckt doch irgendwo hinter den Brillengläsern Gottes oder so was.« Diese ironisch verklausulierte Aussage enthüllt die Poetologie dieses Erzählwerks, die ihren Höhepunkt in dem letzten Kapitel »Der Löw ist los« findet. Seespeck hält sich ein paar Stunden in Güstrow auf, wo auch ein Wanderzirkus gastiert, aus dem ein Pavian entwichen ist. Dort streut er aus purer Laune das Gerücht aus, der Löwe sei ausgebrochen. Barlachs erzählerisches Bravourstück ist eine höhnische Kontrafaktur der Goetheschen *Novelle* – dem Gleichnis für die Sinnhaftigkeit der Welt wird der Zerrspiegel ihrer Wirrsal entgegengehalten: hier besänftigt nicht ein reines Kind den

Löwen mit seinem Gesang, sondern ein angstschlotternder Trunkenbold stiert blinden Auges in einen Abbruchkeller.

Der gestohlene Mond. Nach Ernst Barlachs nachgelassener Handschrift hrsg. von F. Droß.

Berlin/Frankfurt a. M.: Suhrkamp, 1948.

Ernst Barlachs zweiter Roman, an dem er in den Jahren der Naziherrschaft schrieb, macht die Ereignisse in einer norddeutschen Kleinstadt zum Gegenstand eines weit ausgreifenden allegorischen Universalromans. Die beiden Protagonisten Wau und Wahl verbindet eine Feindschaft, die sich »mit den gefälligsten Formen und Farben der Freundschaft« schmückt. Wau, ein Beamter, der sich gehen läßt, sieht sich immer wieder in die Machinationen Wahls, eines unklaren Geschäftemachers, hineingezogen, der auf Waus Rechnung Schulden macht, ein Landhaus erwirbt, in dem Wahls Vater das Dienstmädchen Frieda schwängert. Da man Wau die Schuld gibt, versucht Wahl mit Hilfe verschiedener, scharf gezeichneter Charaktere wie des Betriebshelfers Daß und des Advokaten Bostelmann, die Forderungen der Familie des Dienstmädchens niederzuschlagen, ein Versuch, der schließlich mit dem Freitod Friedas endet. Während Wau bereit ist, seine Mitschuld auf sich zu nehmen, rettet sich Wahl in die Liebesbeziehung zu einer reichen Erbin.

Der formal von Jean Paul, mehr aber noch von Wilhelm Raabe angeregte Roman hinterlegt den Geschehnissen eine (ironisch gebrochene) metaphysische Dimension, erkennbar in der Geschichte vom Mond, den der Teufel vom Himmel gestohlen hat. Barlachs scharf beobachtende Prosa schildert die Wirklichkeit als das Zerrbild einer göttlichen Ordnung, die, wie das von Wau imaginierte Zwiegespräch der Engel Harut und Marut verrät, letztlich einer Erbsündekonzeption entstammt. Barlach hält dabei an der Aufklärungsutopie des unbeschädigten Lebens fest und steigert sie noch: Die Welt ist nur dann auf dem Weg zum Guten, wenn »alles Leid aller Zeiten zum Nichtgewesen kommt«.

Ch. Rochow

ANNETTE KOLB
1870–1967

Die Schaukel. Roman.

Berlin: S. Fischer, 1934.

Die individualistische und künstlerische Familie Lautenschlag lebt im München der Prinzregentenzeit vor dem Ersten Weltkrieg von ständigen Geldsorgen geplagt. Der Vater, Direktor der Botanischen Gärten, ist berühmt für seine Blumenausstellungen und Gartenentwürfe. Die französische Mutter, eine begabte Pianistin, komponiert und gibt ihre bescheidenen Tees, zu welchen sich jedoch Künstler und Diplomaten einfinden. Drei Töchter, die unvergleichlich edle Hespera, die wunderschöne Gervaise und die fünfzehnjährige burschikose Jüngste namens Mathias, der Familiensnob, schweben mit ihrem charmanten, aber leichtsinnigen Bruder Otto auf der Schaukel ihrer prekären Existenz zu den Höhen der Heiterkeit und in die Tiefen der Melancholie. Gegenüber der protestantischen preußischen Nachbarsfamilie des erfolgreichen Mediziners Professor von Zwinger werden sie sich ihrer mißlichen Lage, aber auch ihres mit einem eigenwilligen Katholizismus verbundenen künstlerischen Feingefühls täglich aufs neue bewußt. Eine Gönnerin, die jüdische Baronin James, unterstützt die Töchter nach Kräften und gibt der Autorin zu einer Fußnote Anlaß, in der sie die Dankesschuld deutscher Künstler gegenüber ihren jüdischen Mäzenen hervorhebt. Wenn ein angehender französischer Diplomat sich um Gervaise zu bewerben scheint, erwachen nicht nur die Hoffnungen von Madame Lautenschlag. Aber Francis Lhombre erweist sich als wahrer Luzifer, der seinen Umgang mit den Lautenschlags nur als Deckmantel für seine »besonderen Neigungen« benutzt. Die Handlung schwingt zwischen der Stadt und der bayrischen Landschaft, zwischen Gegenwart und Zukunft hin und her. Hinreißende Naturschilderungen wechseln mit geistvollen Beschreibungen einer Gesellschaft, deren nahes Ende mit dem Tod Hesperas und in Vorausdeutungen auf den Großen Krieg angekündigt wird.

S. Bauschinger

Hanns Heinz Ewers

1871–1943

Alraune. Die Geschichte eines lebenden Wesens.
München: G. Müller, 1911.

Ein großbürgerliches rheinisches Villenviertel mit vordergründiger Kultiviertheit wird zum Zentrum dekadenter Allmachtsphantasien: Im Hause des Geheimrats und geldgierigen Professors ten Brinken bewahrt man eine Alraunewurzel auf, die bei einer Soiree von der Wand fällt. Der nichtsnutzige Student Frank Braun, Neffe ten Brinkens, ist schnell von dem Plan besessen, ein Alraunwesen zu schaffen, »das Fleisch und Blut hat«. Dem uralten Mandragora-Mythos entsprechend, soll es das Produkt aus dem Samen eines zum Mörder gewordenen Landstreichers, der ihn im Moment, da der Scharfrichter seines Amtes waltet, ›verliert‹, und einer ganz dem Geschlechtsleben ergebenen Dirne sein. Die Verbindungen des Geheimrats erlauben es, diese Dinge zu arrangieren. Die Mutter, die für den strengster Geheimhaltung unterliegenden teuflisch-zynischen Plan mißbrauchte Kleinkriminelle Alma Raune, kommt bei der Geburt in ten Brinkens Privatklinik um. Das Mädchen, an den Beinen etwas zusammengewachsen, erhebt bei der Geburt ein Geschrei, das die Ärzte noch niemals erlebten und sie mit Grauen erfaßt. Alraune, eine ins Trivial-Dämonische verzerrte Lulu, wird im Haus des Justizrats Gontram als Pflegekind aufgenommen, genießt dann eine Erziehung in einem Kloster und einem Pensionat, wo sie bereits sehr tyrannische Wesenszüge entwickelt. Ihre Herkunft bleibt ihr verborgen. Als eine Inkarnation des Bösen, »aus der absurden Lust verruchter Gedanken entsprungen«, verfallen die Männer, über die sie in der Regel Zwietracht, Tod und Verderben bringt, reihenweise ihrer androgynen Schönheit. Der Geheimrat wird von ihr in den Selbstmord getrieben, nachdem er ihre sinnlichen Reize entdeckt hat. Das Finanz- und Industrieimperium – er konnte zunächst seinen Reichtum unglaublich vermehren, da ihm alle noch so gewagten geschäftlichen Unternehmungen gelangen – war zuvor wie ein Kartenhaus zusammengefallen. Eros und Geld sind die zentralen Triebkräfte. Frank Braun kehrt als Erbe der Vermögensreste und Vormund Alraunes nach langen Reisen in das Haus zurück, wo sie einander in diabolischer, haßerfüllter Liebesleidenschaft verfallen. Die eines Nachts auf dem Dach schlafwandelnde Alraune stürzt bei der Rufung ihres Namens ab und stirbt. Zuletzt hatten alle ihren Tod herbeigesehnt. Bei aller Kolportagehaftigkeit nimmt der Roman am Vorabend des Ersten Weltkriegs das Ende einer bildungsbürgerlichen Humanität vorweg.

O. G. Riedel

Heinrich Mann

1871–1950

Im Schlaraffenland. Ein Roman unter feinen Leuten.

München: Langen, 1900.

Die Totalsatire auf den dekadenten, von Geld und Eitelkeiten beherrschten Berliner Kulturbetrieb der 1890er Jahre und seine Schickeria beschreibt als Gesellschaftsroman in distanziert szenischer Technik das Reich des übermächtigen Finanzmagnaten Türkheimer, eine demimondäne Welt von Parvenüs, Hochstaplern und käuflichen Künstler-Existenzen. Erzählt wird der Aufstieg und Fall von Andreas Zumsee, einem mittellosen, mäßig begabten jungen Mann aus der Provinz, der von Dichterruhm träumt, in den Literatenkreisen des »Café Hurra« verkehrt, von dem Chefredakteur Bediener in den Salon Türkheimers eingeführt wird und dort, dank des Anscheins von glücklicher Naivität, dessen Wohlwollen gewinnt. In unbedenklicher Anpassung an die von ihm geforderte Rolle gelingt Zumsee rasch eine märchenhafte Karriere. Er wird der Geliebte von Türkheimers gutmütiger Gattin Adelheid, die ihn luxuriös ausstattet. War zunächst das naturalistische Proletarierstück »Rache!« der letzte Schrei, so macht nun durch Protektion seiner Mäzenin Zumsees schwacher Ibsen-Abklatsch »Die Verkannte« Furore. Gespreizt im Habitus des gefeierten Künstlers mit der ihm nicht zugebilligten Rolle des Zynikers kokettierend, begeht er übermütig und in Verkennung der Machtverhältnisse den entscheidenden Fehler, sich von der füllig anziehenden Adelheid abzuwenden und die Mätresse seines Gönners, die dürre, vulgäre Proletariertochter Agnes »Bienaimée« Matzke, zu verführen. Türkheimers besinnen sich angesichts dieser Hybris auf ihre Interessen, sorgen dafür, daß ihr Günstling sein Geld verliert, zwingen ihn, die für ihn unappetitliche Matzke zu heiraten, und schieben ihm mit einem kleinen Redakteursposten eine graue, dürftige Existenz zu.

Die Göttinnen oder Die drei Romane der Herzogin von Assy.

Bd. 1: Diana. Bd. 2: Minerva. Bd. 3: Venus. München: Langen, 1903.

In prächtigen Farben, mythischen Bildern und belustigenden Szenerien werden die Abenteuer einer Kosmopolitin und Geistesaristokratin erzählt. Die Trilogie entwirft unter Einfluß von Nietzsches Lebensphilosophie die Utopie einer ästhetischen Existenz, eines Lebens als Kunstwerk in Kontinuität von Antike, Renaissance und Moderne. Im Selbstgenuß ihrer Individualität und im Streben nach hohem Lebensgefühl gilt der Herzogin Violante von Assy, aufgewachsen in der einsam schönen Traumwelt eines phantastischen Schlosses an der dalmatinischen Küste, ästhetisches Empfinden als einzig gültiger Maßstab. Die meisten übrigen Figuren, von denen es im Verlauf der bunten Handlung wimmelt, sind in ihrer Unzulänglichkeit oder Dummheit satirisch der Lächerlichkeit preisgegeben. Die Lebensabschnitte der Heldin, deren wechselnde Leidenschaften für Freiheit, Kunst und Liebe jeweils allegorisch unter dem Namen einer Göttin stehen, sind keine Rollen, sondern Metamorphosen einer autarken Persönlichkeit, der alles Spiel ist.

In *Diana* agiert die Herzogin als keusche Freiheitskämpferin. Sie ist im Königreich Dalmatien mit dem grotesken Hofstaat des lächerlichen Prinzen Phili konfrontiert und stiftet als Umstürzlerin Unruhe, als sie sich teils aus Langeweile, teils wegen des unerquicklichen Anblicks der Armut des unterdrückten Morlakenvolks mit dem eitlen, wirkungssüchtigen Volkstribunen Pavic verbündet und mit ihrem Geld eine Revolution anzettelt, die scheitert. Sie flieht aus Zara, des feigen Pavic ohnehin und des Kampfes um die Freiheit fast überdrüssig, nach Italien. Von dort aus kommt es durch den Kontakt mit dem so redlichen wie leidenschaftlich kämpferischen Garibaldiner San Bacco zu erneuten revolutionären Unternehmungen in der dalmatinischen Sache. Aber es bahnen sich neue Lebensinhalte durch die Bekanntschaft mit der Dichterin Blá und der Bildhauerin Properzia Ponti an.

In *Minerva* begeistert sich die Herzogin für die Kunst. Sie begegnet in Rom dem Maler Jakobus Halm und läßt von ihm in Venedig einen Palast im Stil der Renaissance aufwendig ausdekorieren. Vor dieser Kulisse versammeln sich mit der leidenden Lyrikerin Blá, der monströsen Bildhauerin Ponti, dem zynischen Literaten Mortœil, dem Dichter Jean Guignol und vielen anderen Repräsentanten der Dekadenz, neurotische, der imitierten Renaissance verfallene Existenzen. Der prunkvollen Ärmlichkeit ihrer Umgebung entrückt, sieht die Herzogin nur die Schönheit der Kunst und ihre Unvergänglichkeit. Als das Porträt mißlingt, das Halm von ihr als Venus malen wollte, sieht sie, aus ihrem Traum gerissen, die Kunst als Künstlichkeit entlarvt.

In *Venus* zieht sie nun das Leben der Kunst, menschliche Körper den Statuen vor und gibt sich in der Gegend von Neapel erotischen Ausschweifungen hin. Im Rausch schrankenloser Ekstase, bei allem Vitalismus Symptom des Verfalls, gerät sie in immer stärkere Vereinsamung. Der Roman, von Todesmetaphorik durchzogen, schließt mit dem Untergang im Dionysischen, mit dem Tod der Herzogin, die, versunken in ihr Spiegelbild, in Einklang mit ihrem Leben stirbt.

Die Trilogie ist mit der satirischen Entlarvung von Komödiantentum und philiströser Scheinmoral einerseits ein kulturkritisches Panorama der europäischen Boheme, die in karikaturistischen Verzerrungen, pathetischen Deklamationen und formelhaften Konversationen dargestellt ist; andererseits ist sie mit ihren Lyrismen und Elegien ein ästhetizistischer Bilderbogen in gehobenem kunstvollen Stil.

Professor Unrat oder Das Ende eines Tyrannen. Roman.
München: Langen, 1905.

Der Roman um den verschrobenen und herrschsüchtigen Gymnasialprofessor Raat, als Unrat verspottet, ist nur anfangs und vordergründig eine auf die verknöcherte wilhelminische Lehrerfigur einer norddeutschen Kleinstadt zielende karikierende Schulsatire. Der despotische Unrat in wildem Haß auf seine Schüler ist ein Vexierbild des menschenfeindlichen Tyrannen, geprägt von innerer Ohnmacht und Triebverdrängung, zugleich, in expressionistischen Sprachbildern geschildert, ein Außenseiter der Gesellschaft, die ihn geprägt hat. Auf nächtlicher Jagd nach widerborstigen Schülern, allen voran Lohmann, ein junger blasierter Literat, der seinen Lehrer als interessantes Phänomen scharfsinnig analysiert, gerät Unrat in die Hafenspelunke »Der blaue Engel«. In diesem fremdartigen, verwirrend erotischen Dunstkreis trifft er auf die Künstlerin Rosa Fröhlich, ein gutmütiges Geschöpf, das als Chanteuse durch die Provinz tingelt. Gegen alle Konventionen verliebt sich der alternde Unrat in heftiger Zärtlichkeit in diese Künstlerin und verspielt, getrieben von seiner bislang unterdrückten Sinnlichkeit, seine bürgerliche Existenz, um schließlich in anarchistischem Impuls seinen Kampf gegen die Gesellschaft auf anderem Terrain wirkungsvoller fortzusetzen. Er treibt mit Hilfe seiner Gattin Rosa das kleinstädtische Bürgertum durch dessen eigene Doppelmoral in den Ruin, indem er es mit erotischer Libertinage fesselt: Die gemeinsame Villa, nun eine Stätte nächtlichen Vergnügens und verbotener Glücksspiele, wird als frivole Sensation institutionalisiert. Am Ende jedoch fällt Unrat seiner verzehrenden Rachsucht zum Opfer, als er Lohmanns Brieftasche stiehlt, verhaftet wird und die Stadt sich damit seiner entledigt.

Die kleine Stadt.

Leipzig: Insel Verlag, 1909.

In einem bunten Reigen voller Komik und Lebendigkeit mit annähernd hundert individuell und typisch gezeichneten Figuren voll menschlicher Schwächen und Größe wird die Synthese von Kunst und Leben am Beispiel einer politisch mündigen kommunikativen Gesellschaft erzählt. Die spannungsreiche Vielfalt der zahlreichen einander kreuzenden Handlungsstränge ist nicht durch Erzählerreflexion geordnet, sondern plastisch dialogisch erzählt. Das »hohe Lied der Demokratie«, wie der Autor seinen Lieblingsroman charakterisiert hat, dessen Held das Volk ist, ist im Italien nach dem Risorgimento angesiedelt und wie eine Oper in fünf Akte gegliedert. In ein italienisches Provinzstädtchen, in dem sich die fortschrittlich liberale Partei mit ihrem Wortführer, dem Advokaten Belotti, einem sympathischen Wichtigtuer und Libertin, und die klerikale Partei des Priesters Don Taddeo, eines asketischen Fanatikers, mißtrauisch beäugen, zieht eine Operntruppe ein. Die Ankunft der Künstler setzt erotische Phantasien und Verwicklungen frei und wirkt belebend auf die Bürger, die regen Anteil an den Vorbereitungen der Opernaufführung nehmen, die von Don Taddeo verhindert werden soll. Höhepunkt des Romans ist die Aufführung der Oper, deren sinnlich unmittelbar begriffene Musik starke Emotionen auslöst. Obwohl ein Aufruhr im Theater noch entschärft werden kann, sind die Konflikte zwischen den Parteien, die jeweils individuell begründet sind, freigesetzt. Es kommt zum Bürgerkrieg, der sich schließlich in umfassende Versöhnung auflöst. Am Ende werden die Künstler in einem heiteren Abschiedszug von den Bürgern aus der Stadt begleitet. Zurück bleibt, unbemerkt wie seine romantische Liebe, nur ein junges Paar, das in lebensferner Vereinzelung seinen opernhaft tragischen Liebestod stirbt.

Das Kaiserreich. Die Romane der deutschen Gesellschaft im Zeitalter Wilhelms II.

Bd. 1: Der Untertan. Die Armen. Bd. 2: Der Kopf. Berlin/Wien/Leipzig: Zsolnay, 1925.

Den ersten Teil der Trilogie bildet als »Roman des Bürgertums« der als weitsichtige Zeitdiagnose und prägnante Charakteristik deutschen Spießerwesens berühmte *Untertan* (im Vorabdruck zu Kriegsbeginn abgebrochen, 1915 als Ausgabe in russischer Sprache, 1916 als limitierter Privatdruck, 1918 dann in der Buchausgabe des Kurt Wolff Verlags ein durchschlagender Erfolg). Mit satirischer Schärfe erzählt *Der Untertan* die »Geschichte der öffentlichen Seele unter Wilhelm II.« (ursprünglich vorgesehener Untertitel) anhand des exemplarischen Aufstiegs von Diederich Heßling zum mächtigsten Mann der fiktiven Kleinstadt Netzig, in der die wilhelminische Gesellschaft der 1890er Jahre in all ihren Typen vertreten ist. Die Sozialisation Heßlings, literarischer Prototyp des autoritären Charakters, liest sich in ihren Stationen wie ein Bildungsroman, nur daß hier keine Individualität entwickelt wird. Sprößling eines hart strafenden Vaters und einer gefühlsseligen Mutter, durchläuft er den Drill der wilhelminischen Institutionen Schule, Korporation, Militär, bevor er die väterliche Papierfabrik übernimmt. Er erlebt Macht und Gewalt als unpersönliche hierarchische Struktur, der es sich unterzuordnen gilt, um an ihr teilzuhaben. Rasch adaptiert er das chauvinistische Phrasenrepertoire der nationalistisch kaisertreuen Gesinnung und imitiert mit Schnurrbart und straffer Haltung in identifikatorischer Projektion die Erscheinung des Kaisers. Seine Weichheit, die sich zur diffusen Sentimentalität entwickelt, schafft kein Gegengewicht, sondern stabilisiert eine perfide Doppelmoral. Aus finanziellen Erwägungen verläßt er die zarte Bürgerstochter Agnes, die während des Studiums in Berlin seine Geliebte war, um, nach Netzig zurückgekehrt, die reiche Erbin Guste zu heiraten. Durch deren Vermögen kann er den wegen Inkompetenz drohenden Ruin abwenden, sein Unternehmen konsolidieren, und schließlich gelingt ihm mittels zwielichtiger Transaktionen die Einverleibung Gausenfelds, der Papierfabrik seines Konkurrenten. In zahlreichen motivisch und handlungslogisch miteinander verknüpften Szenen wird die Entfaltung des machtbewußten Untertans vorgeführt. Heßlings Aufstieg geht einher mit dem Niedergang des bürgerlichen Liberalismus, verkörpert durch den alten Buck. Dessen Sohn, ein reflektiert skeptischer Décadent mit hohem ästhetischen Urteilsvermögen, analysiert treffend Heßlings Phrasendrescherei als schlechtes Theater. Der Roman schließt mit dem Tod des alten Buck, der Heßling in mit Orden behängter nationaler Kostümierung noch einmal hat erblicken müssen. Zuvor allerdings war der zu voller Macht gelangte Untertan in der berühmten Gewitterszene zumindest satirisch erledigt worden. Wie eine Apokalypse hatte ein heftiges Gewitter die von Heßling forcierte protzige Herrschaftsinszenierung einer Denkmalsenthüllung aus den Fugen geraten lassen und seinen aus Kaiser-Zitaten montierten Rede-Donner zum Schweigen gebracht.

Den zweiten Teil bildet der während des Krieges entstandene »Roman des Proletariers« *Die Armen*, eine 1917 veröffentlichte Fortsetzung des *Untertan*, die etwa zwanzig Jahre später spielt. Der zum Großindustriellen avancierte Heßling ist als Fabrikherr von Gausenfeld Gegenspieler der in naturalistischen Genrebildern gezeichneten Arbeiter, während der junge Buck durch Einheirat in die Heßlingsche Familie in Abhängigkeit verfallen ist und der intrigante Sozialdemokrat Fischer, der mit Heßling bereits im *Untertan* paktiert hat, vollends als Verräter der Arbeiterinteressen erscheint. Der Arbeiter Balrich, idealistischer Held und Märtyrerfigur, erhält durch Buck Kenntnis von der Existenz eines Schuldscheins, der die Teilhabe eines alten Arbeiters am Heßlingschen Gründungskapital der Fabrik belegt. Balrich emanzipiert sich mit Unterstützung des liberalen Lehrers Klinkorum durch Bildung und lernt Latein, um juristisch gegen

Heßlings unrechtmäßigen Besitz vorgehen zu können. Er entfremdet sich durch seine Intellektualisierung dem Proletariat, um schließlich nach innerem Ringen zur Klassensolidarität zurückzukehren. Der Kampf gegen das Großkapital endet unentschieden. In vager Hoffnung auf Änderung der Verhältnisse steht am Ende das moralische Versagen der Arbeiterschaft und die Einberufung in den Krieg.

Als »Roman der Führer« bildet *Der Kopf* den letzten Teil der Trilogie. Der in den Nachkriegsjahren unter Auswertung zeitgenössischer Quellen verfaßte Antikriegsroman, der die Entstehung des Krieges zum Gegenstand hat und ursprünglich »Die Blutspur« heißen sollte, entwirft das Bild einer schuldigen Führungsschicht, zu der auch die Intellektuellen gehören, allen voran aber die Schwerindustrie, das Militär und nationalistische Verbände. Dem komplexen Schlüsselroman, der in Verschränkung autobiographischer Elemente mit historischen Ereignissen aus der nachbismarckschen Ära des Kaiserreichs von 1891 bis Anfang 1917 spielt, ist ein Vorspiel »Neunzig Jahre vorher« aus den Napoleonischen Kriegen vorangestellt, im Kern eine Vorausdeutung auf das dann in psychologischer Dichte breit ausgeführte tragische Geschehen um die beiden durch eine ambivalente Freundschaft verbundenen Helden Terra und Mangolf. Das Thema des eher handlungsarmen Romans wird vor allem in reflektierenden Gesprächen der Intellektuellen Mangolf, der sich der Ideologie der herrschenden Machthaber anpaßt, und Terra, der gegen sie rebelliert, verdichtet. Beide scheitern. Am Ende steht ihr in religiöser Opfersymbolik vollzogener gemeinsamer Selbstmord angesichts des Krieges.

Mutter Marie. Roman.

Berlin/Wien/Leipzig: Zsolnay, 1927.

Die Macht des Geldes in der Nachkriegsgesellschaft der zwanziger Jahre mit ihren entwurzelten Existenzen ist der gesellschaftskritische Rahmen des moralisch intendierten psychologischen Romans, der mit der inneren Entwicklung der Heldin zu Verantwortungsbewußtsein ein ethischer Wert entgegengesetzt wird. Charakteristisch für die Weimarer Republik sind die geschilderten Typen, sei es der General, der seinen adligen Namen verkauft hat, die Dame alter Schule, die zum Betrug greift, um sich zu retten, oder der zum Wirtschaftspräsidenten avancierte Gangster. Eigenwillig aber ist die spektakuläre Handlung: Von erotischen Ausschweifungen geprägt und als Baronin Hartmann adlig, reich und geizig geworden, trifft Marie ihren unehelichen Sohn Valentin, den sie 25 Jahre zuvor in sozialer Notlage ausgesetzt hatte, und will ihn, zwischen Muttergefühlen und angedeuteten inzestuösen Wünschen schwankend, seiner Braut entreißen. Valentin, ein in Schiebereien verwickelter Gigolo, verkörpert den Typus der neuen Jugend, die unschuldig in die verkrachten Nachkriegsverhältnisse hineingeraten ist. Am Ende billigt Marie die Heirat des Sohnes. Zuvor war der katholischen Heldin das Gewissen erwacht, ihre Handlungen verantworten zu müssen, eine Wandlung zur Reue und Selbsterkenntnis, zu Demut und Verzicht, die angesichts der zeittypischen Tendenz zum katholischen Glauben in dem zentralen Beichtkapitel ausgeführt ist. Der religiös nicht gebundene Autor, der die Besinnung auf den Katholizismus als Flucht bestimmter bürgerlicher Kreise vor wirtschaftlichem Ruin und Lebensangst interessiert beobachtete, hatte zur Darstellung des Zeremoniells der Beichte ausführliche Erkundigungen eingeholt und die Beichte als Psychoanalyse gestaltet.

Eugénie oder Die Bürgerzeit. Roman.

Berlin/Wien/Leipzig: Zsolnay, 1928.

Der kleine, in der Gründerzeit angesiedelte historische Roman, der im Sommer 1873 in Lübeck spielt, schildert den schleichenden Verfall einer etablierten Bürgerfamilie, deren traditioneller Gemeinsinn, ökonomische Solidität und moralische Festigkeit brüchig geworden sind. In die heitere Atmosphäre des gesellschaftlich regen Lebens, das Konsul Jürgen West und seine in Frankreich geborene charmant leichtsinnige Gattin Gabriele führen, dringt mit dem tiefes Unbehagen einflößenden finsteren Börsenspekulanten Pidohn Unsicherheit und Fragwürdigkeit ein. Der Konsul ist Pidohn finanziell verpflichtet, Gabriele ist bei allem Abscheu von dem Abenteurer fasziniert. Bei einem Gartenfest kommt die Rede auf die französische Kaiserin Eugénie und ihren verhängnisvollen Einfluß auf ihren Gatten Napoleon III. Schließlich wird mit Gabriele und Pidohn in den Hauptrollen das Dramolett »Eugénie« des bekannten Dichters von Heines, Ehrengast im Hause West, aufgeführt, das die Begegnung Eugénies mit Wilhelm I. auf Schloß Wilhelmshöhe im Jahr 1870 behandelt, ein nicht nur das Romangeschehen spiegelndes und symbolisch entlarvendes Spiel im Spiel, da der Untergang des französischen Kaiserreichs auf Wests Bankrott und darüber hinaus auf den Untergang des Bürgertums deutet. Noch während der Aufführung, als die Konsulin innerlich nahe daran ist, mit dem Abenteurer auf und davon zu gehen, wird die Verhaftung Pidohns gemeldet, dessen Rolle der Dichter Heines unbemerkt übernommen hatte. Zwar bedeutet Pidohns Ruin auch den gesellschaftlichen Untergang Wests, dennoch ergibt sich mit dessen tapferem Akzeptieren des Abstiegs ein optimistischer Ausblick in der Wahrung der inneren Würde als bürgerliche Haltung.

Die große Sache. Roman.

Berlin: Kiepenheuer, 1930.

Der kriminalistische Roman mit moralischer Intention handelt vom problematischen Lebensgefühl der zwanziger Jahre angesichts der Wirtschaftskrise, von der allgemeinen

Hektik und großen Anspannung einer Jugend der Neuen Sachlichkeit, die Sport treibt, Auto fährt, ins Kino geht, bei all dem getrieben ist von Existenzangst und Hoffnung auf ökonomische Sicherheit. Dargestellt sind eine Fülle von Typen und sozialen Phänomenen der Weimarer Republik. Der arbeitsame Oberingenieur Birk, ein uneigennütziger Denker, der angesichts seiner sozialen Deklassierung Haltung bewahrt, fingiert zur erzieherischen Prüfung seiner Kinder eine große Erfindung, die sich am Ende nur im übertragenen Sinn als Sprengstoff herausstellt. Aus blinder Technikgläubigkeit beginnt in raschem Schauplatzwechsel eine rasante Jagd verschiedener konkurrierender Gruppen um diese Erfindung, die das große Geld, den großen Erfolg, das große Glück bringen soll. Bild dieser Bemühungen ist der Boxkampf, der im Roman von dem Boxer Bruno Brüstung im Sportpalast ausgetragen wird und unentschieden endet. Drei prinzipielle Handlungsmöglichkeiten werden zeitdiagnostisch demonstriert und strukturieren das Geschehen: Der Finanzmanager und Reichskanzler a. D. Schattich, Repräsentant korrupter Politik und allmächtiger Konzerne, setzt auf seine höchst einflußreichen Beziehungen, der jugendliche Mörder Mulle will mit Verbrechen ans Ziel kommen, mit redlicher Arbeit schließlich versucht es Birk, die moralische Stimme des Autors. In einem ironischen Märchenschluß kommt zutage, daß die Erfindung als »große Sache« nicht existiert und die Aufsteiger-Hoffnungen vergeblich waren. Perspektive für die moderne Jugend bleibt die idealistische Arbeitsethik der Vaterfigur Birk.

Ein ernstes Leben. Roman.

Berlin/Wien/Leipzig: Zsolnay, 1932.

Die elegische Erzählung von den Schicksalsschlägen und der Selbstbehauptung einer vitalen jungen Frau in einer skrupellosen Gesellschaft ist zugleich kolportagehafter Kriminalroman: Marie aus dem Ostseeort Warmsdorf muß mühsam für den Erhalt der Fischersfamilie sorgen, als ihre Mutter, die sich nach dem Tod des Vaters verzweifelt bemühte, sie und ihre Geschwister durchzubringen, einen Schlaganfall erleidet. Obwohl der wohlhabende Fischerssohn Mingo sie liebt, wendet er sich den Vorbehalten seiner Eltern wegen von ihr ab. Jahre zuvor hatte Marie auf verwöhnte Kinder Berliner Badegäste aufpassen müssen, die sie unablässig tyrannisierten: die Zwillinge Kurt und Vicky. Nun trifft sie Kurt wieder, dessen Eltern ihr durch Inflationsgeschäfte erworbenes Vermögen verloren haben. Er ist Geliebter der alternden Barbesitzerin Adele, in eine Einbruchsaffäre um einen Diamanten verwickelt und muß untertauchen, gefolgt von der lasziven Vicky, die Mingo verführt. Marie bekommt ein Kind von Kurt, folgt ihm nach Berlin, begeht seinetwegen einen kleinen Diebstahl, wird gestellt und vor den Richter gebracht, wirft sich mit ihrem Kind vor einen Zug, wird leicht verletzt und von Vicky beherbergt. Der Diamant, den Kurt Adele entwendet hat, wird Marie zugespielt und bei ihr gefunden. Unter Druck gesetzt, arbeitet sie als Bardame in Adeles Bar. Als ihr Kind entführt wird, verdächtigt sie Vicky und wird kaltblütig angeschossen. Ehe es dem in Berlin eingetroffenen Mingo gelingt, Marie zur Rückkehr nach Warmsdorf zu überreden, ermordet Kurt Adele und versucht mit Vicky den Verdacht auf Marie und Mingo zu lenken; der Kommissar jedoch erkennt ihre Unschuld. Die Heldin widersteht dem moralischen Verfall der Gesellschaft – kurz vor der Machtergreifung Hitlers.

Die Jugend des Königs Henri Quatre.

Amsterdam: Querido, 1935.

Die Vollendung des Königs Henri Quatre.

Amsterdam: Querido, 1938.

Nach frühen Plänen einer Verarbeitung der Legende vom guten König in den zwanziger Jahren und umfangreichem Quellenstudium hat der Autor eine Art Summe seines dichterischen Schaffens in der französischen Emigration niedergeschrieben. Der in zwei Teilen breit und anschaulich die Lebens- und Herrschaftsgeschichte des französischen Königs Heinrich IV. entfaltende Roman ist außer historischem Panorama, Erziehungs-, Bildungs-, Intrigen- und Liebesroman ein Gegenbild zur Herrschaft der Nationalsozialisten, ein moralisch intendierter Gleichnisroman über die Würde des Menschen. Im Stil der klassischen Moralisten stehen im ersten Teil nach jedem Hauptkapitel französischsprachige Moralités, die das plastisch geschilderte Geschehen kritisch resümieren.

Mit Bauernkindern als Spielkameraden wächst der kleine Prinz von Navarra unbekümmert und lebensfroh in den Pyrenäen auf. Begleitet von seiner streng protestantischen Mutter Jeanne d'Albret und seiner zerbrechlich zarten Schwester Catherine, gelangt Henri, dem Standesdünkel fremd sind, in das katholische Paris, wo die skrupellose Katharina von Medici durch ihre Söhne regiert. Dort lernt er deren verwöhnte Tochter, die sinnliche Margot, aber auch frühzeitig das von Intriganten beherrschte korrupte Hofleben des Louvre kennen. Frankreich ist infolge religiöser Zwistigkeiten durch politische Machtinteressen innerlich zerrissen. Die volksfeindliche demagogische Politik der katholischen Liga, deren Führer, der Herzog von Guise, Züge Hitlers trägt, steht für den nationalsozialistischen Terror. Nach dem Tode seiner Mutter, die vergiftet wird, führt Henri gemeinsam mit Admiral Coligny den hugenottischen Befreiungskampf gegen die Katholiken, für ihn eine Zeit der Gefahren, aber auch der Liebesabenteuer. Der Achtzehnjährige kehrt nach Paris zurück, um trotz Warnungen Margot zu heiraten, die schöne und gebildete, eitle und gutmütige Schwester des unberechenbaren Königs Karl IX. Erotische Anziehung verbindet Henri und Margot. Katharina und die katholische Liga suchen mit Gewalt und Terror ihre Macht zu erhalten. Es kommt zur blutigen Bartholomäusnacht (23./24. August 1572), in der fast alle Hugenotten, die zahlreich zur Hochzeit nach Paris gekommen sind, niedergemetzelt werden. Auch Coligny ist unter den Opfern. Karl IX. flieht in den Wahnsinn. Henri, der gezwungen wird, katholisch zu werden, und als Gefangener am Hofe bleibt, gelingt schließlich die Flucht zu den Hugenotten, wo er wiederum den Glauben wechselt. Fiktiv sind seine Gespräche mit dem Philosophen Montaigne, dem er vor den Wällen der hugenottischen Festung La Rochelle begegnet. Die selbstreflexive Frage Montaignes »Que sais-je?« (Was weiß ich?) durchzieht leitmotivisch den Roman und ist entscheidend für Henris Entwicklung zu Toleranz, Skepsis und menschlicher Güte trotz erlebten Schreckens und Unglücks. Nach weiteren Religionskriegen, in deren Verlauf Karl IX. umkommt und sein Bruder Heinrich III. ermordet wird, gelangt schließlich Heinrich IV. auf den Thron. Weil er Montaignes Lehren befolgt, hat er das einfache Volk auf seiner Seite, ist seine Macht legitim.

Der zweite Teil des Romans steht im Zeichen der Liebe des Königs zu Gabriele d'Estrées. Er schildert die Bemühungen des volkstümlichen Herrschers um Reformen und seine Entwicklung zu einem entschlossen streitbaren Humanisten. Henri vollzieht um der realen Lebensinteressen seines Volkes, der Einigung des Reiches und der Aussöhnung der verfeindeten Konfessionen willen nochmals die Konversion und beendet damit die Kriege. Im Edikt von Nantes (1598) sichert er dem Volk Glaubensfreiheit, eine Voraussetzung für die politische Befreiung des Landes. Unterstützt und inspiriert von Gabriele arbeitet der alternde Henri gemeinsam mit seinem Minister und Vertrauten Sully an einem sozialen Reformwerk und, dem politischen Bewußtsein seiner Zeit weit voraus, an einem großen Plan, der einen Völkerbund der Nationen Europas zum Ziel hat. Henri begeht an der Geliebten schleichenden inneren Verrat, seine Macht verfällt. Gabriele wird ermordet. Die Bemühungen um Umsetzung des Planes bleiben vergeblich. Henri stirbt, vom Volk geliebt, als Opfer einer Verschwörung durch den Dolch des gedungenen Mörders Ravaillac. Seine Liebesfähigkeit und erotische Empfänglichkeit befähigte ihn zum humanen volksnahen Herrscher. Oft ambivalent, aber guten Willens und wissend um seine Unzulänglichkeit war er ein Führer mit menschlichem Antlitz.

Der Roman schließt mit einer »Allocution d'Henri Quatrième«, einer französischsprachigen Ansprache des toten Königs von einer Wolke herab in festlich barocker Theatralik. Es ist ein politisches Vermächtnis: Frankreich sei der Vorposten menschlicher Freiheiten, sowohl der Gedankenfreiheit, als auch ganz konkret der Freiheit, sich satt zu essen. Das zukunftsgläubige Bekenntnis zu Güte, Liebe, Glück, zugleich ein Aufruf zum Mut und zu politischem, auch militantem Kampf ist verstanden worden. Der Roman, erschienen in einem Emigranten-Verlag, erfuhr in der Exilpresse große Resonanz. Geschichte war durchsichtig als Gegenwart. Henris Tod symbolisierte die Unvermeidlichkeit von Rückschlägen im zähen Kampf um mehr Menschlichkeit, sein Leben, die Identität von Macht und Moral, war Vorbild.

Die traurige Geschichte von Friedrich dem Großen. Fragment.

Hrsg. von der Deutschen Akademie der Künste zu Berlin zum zehnten Todestag von H. M. Berlin: Aufbau-Verlag, 1960. – Vorabdruck in: Sinn und Form 1958.

Als Dokument seiner zentralen Intentionen und Plan zu einem umfänglichen episch-dramatischen Werk über den Preußenkönig Friedrich II. hat der Autor (kurzzeitig Scriptwriter in Hollywood) nach einem neuen Medium gegriffen und verstreute Fragmente aus den vierziger Jahren hinterlassen: einzelne Szenen und Szenenentwürfe, Dialoge mit grotesken Zügen, biographische Skizzen zum jungen Kronprinzen und zum späteren König, schließlich mit der Outline für den historischen Filmroman ein vollständiges Handlungsschema. Etwa ein Fünftel des als sozialpsychologisches Gegenstück zum *Henri Quatre* geplanten Werkes ist ausgeführt: Es umfaßt die Jugendzeit Friedrichs bis zum Besuch am Hof Augusts des Starken in Dresden; es zeigt die durch brutale Familienverhältnisse geprägte fatale Entwicklung des Jünglings, seine neurotische Beziehung zum Vater mit seinen grausigen Strafaktionen und zur launenhaft intriganten Mutter, die Brechung seiner Sensibilität und Identitätssuche durch Liebesentzug, seine zärtliche Liebe zur Schwester Wilhelmine als problematisches Gegengewicht, seinen Frauenhaß aus Sexualangst (der später politische Kontrahentinnen wie Maria Theresia oder Katharina die Große trifft). Kurz, es zeigt die Genese des autoritären Charakters – das Thema des *Untertans* als politische Aufklärung über die deutsche Geschichte in der Entglorifizierung der »Alten-Fritz«-Legende, als Zerstörung des »Führer«-Mythos. Zugleich ist die *Traurige Geschichte* Gegenwartsanalyse, Warnung und Mobilisierung von Gegenkräften, ein Werk der deutschen Exilliteratur und des Antifaschismus, das akribisch auf historische Quellen zurückgreift und Geschichte als Gegenwart transparent macht.

Ein Zeitalter wird besichtigt.

Stockholm: Neuer Verlag, 1946.

Das große Memoirenwerk, abgeschlossen 1944 nach der Landung der Alliierten in der Normandie, ist keine traditionelle Autobiographie, sondern verschränkt individuelle Existenz und Epoche, die weit über die Lebenszeit des Autors reicht. Das bürgerliche Zeitalter von der europäischen

Aufklärung bis zu seinem Ende, dem Zweiten Weltkrieg, wird unter geschichtsphilosophischer Prämisse von einem repräsentativen Subjekt Jx, einem Augenzeugen, gesichtet und kritisch bewertet. Zentrale Deutungskategorie ist das Lebensgefühl. Getragen vom Bewußtsein übergreifender historischer Zusammenhänge werden geschichtliche Ereignisse antithetisch argumentierend in knappen Sentenzen konzentrisch entfaltet, Gestalten aus verschiedenen Zeiten und Orten, von Voltaire und Friedrich II. bis zu Churchill, Roosevelt und Stalin gegen Hitler, miteinander konfrontiert. In zyklischer Geschichtsauffassung wird die jüngere deutsche Geschichte als eine Zeit des Niedergangs beurteilt, deren Tiefpunkt mit dem Faschismus erreicht ist, die Französische Revolution von 1789 oder die Oktoberrevolution von 1917 dagegen als Höhepunkte des Zeitalters. Den Idealen der Aufklärung verpflichtet, ist die Grundhaltung optimistisch und mit der Perspektive einer aufzubauenden sozialistischen Demokratie von Hoffnung getragen. In wechselseitigem Bezug von Zeitgeschichte und autobiographischer Selbsterfassung (unterstützt durch eine kalkulierte Gliederung) finden sich zugleich frühere Themen und Motive des schriftstellerischen Werks, glückliche Erinnerungen an Erlebtes, an Freunde und Gefährten. Dem entspricht die Erzähltechnik, die vom essayistischen Porträt bis zur novellistischen Skizze alle literarischen Gattungen umspannt, mit denen der Autor gearbeitet hatte.

Empfang bei der Welt. Roman.

Berlin: Aufbau-Verlag, 1956.

Der am 8. Juni 1945 im amerikanischen Exil abgeschlossene phantastische Gesellschaftsroman besichtigt ein Zeitalter als Welttheater, indem er die europäisch bestimmte Vorkriegskultur in einem Empfang als Lebensbühne und Kulissenwelt versinnbildlicht und als geisterhafte Wiederauferstehung in Szene setzt. Leitthema in der Auseinandersetzung dreier Generationen ist der Existenzkampf, der um die Gründung eines Opernhauses, Inbegriff der alten Kultur, geführt wird. Der bankrotte Opernagent Arthur, Existenzkämpfer und Repräsentant der mittleren Generation, gibt einer vom Ruin gezeichneten Geld-, Lebe- und Kunstwelt einen Empfang, der zur Finanzierung des gigantischen Projektes dienen soll. Unter Verzicht auf einen kausalen Handlungsablauf entlarvt der mit Wirklichkeitspartikeln durchsetzte Roman den Schwindel des erborgten Scheins dieser zerfallenden Gesellschaft, indem er absurde Gesprächskonglomerate in satirisch-grotesken Zustandsenthüllungen arrangiert. Zugleich hat der Autor mit Selbstzitaten auch das eigene Werk rekapituliert. Der Empfang wird zur irrealen Farce, die Gesellschaft hat sich in dieser Nacht endgültig ruiniert, Arthur und Melusine, die Teilhaberin des Finanzunternehmens, werden liquidieren müssen. Allein das junge Liebespaar Stephanie und André, die Kinder von Melusine und Arthur, die echte Kraft und unerschütterliche Liebe verkörpern, können sich dank ihrer Skepsis gegen diese Welt verlogener Schattenspiele aus dem Debakel retten, und der Roman endet mit einem märchenhaften Lustspielschluß. Arthurs Vater Balthasar, eine zugleich gespensterhafte und vitale Figur, die das Geschehen aus dem Hintergrund dirigiert, hilft der Enkelgeneration, indem er Stephanie und André sein riesiges Vermögen vererbt. Die Jugend bleibt als Hoffnungsträger.

Der Atem. Roman.

Amsterdam: Querido, 1949.

Finanztragödie, Liebesgeschichte und Politthriller zugleich, stellt Heinrich Manns letzter vollendeter Roman (abgeschlossen am 25. Oktober 1947) in wechselnden Stil-, Handlungs- und Zeitebenen, in Komprimierung halluzinatorischer Erinnerungen, Träume, innerer Monologe, surrealer Gespräche in mehreren Sprachen, in Bildern und Situationen, stets Privates und Politisches verknüpfend den Lebenslauf einer exzentrischen lungenkranken Gräfin dar, die in einer phantastischen Reise durch einen Tag und eine Nacht ihr langes Leben vergegenwärtigt, bevor ihr der Atem ausgeht, eine Heldin, die als verschlüsseltes Selbstporträt angelegt ist. Völlig verarmt pilgert sie jeden Morgen zur Bank der südfranzösischen Stadt Nizza in der vergeblichen Hoffnung, von ihrem früheren Geliebten eine Überweisung vorzufinden. Als Comtesse sozial der Aristokratie zugehörig, als Dame Kobald Genossin der französischen Kommunisten, wird sie von einem Trustmagnaten und Bankpräsidenten, dem faschistoiden Führer einer »Synarchismus« benannten internationalen Verschwörung des Großkapitals, verfolgt. Geprägt von aufklärerischem Optimismus und pessimistischer Skepsis, von moralischer Sozialkritik und Trauer um eine versunkene europäische Kulturwelt, endet der Roman, dessen Thema mit dem Zusammenspiel von Großkapital und Diktatur noch einmal Geld und Macht ist, mit dem gelungenen Anschlag auf den Trustmagnaten durch kommunistische Agenten und Arbeiter, die in die Sowjetunion fliehen, und schließlich mit der langen Sterbeszene der Heldin, die Reichtum und Armut erlebt hat, Augenblicke der Liebe, quälende Krankheit und politische Verfolgung. Der Tag, an dem sie stirbt, ist der erste Tag des Zweiten Weltkriegs, mit ihrem letzten Atemzug ist dem alten Europa der Atem ausgegangen.

A. Martin

Franziska zu Reventlow
1871–1918

Herrn Dames Aufzeichnungen oder Begebenheiten aus einem merkwürdigen Stadtteil.

München: Langen, 1913.

Der 1909 in Ascona verfaßte Schlüsselroman über das Schwabing der Jahrhundertwende war in erster Linie gedacht als ironischer Angriff auf das Treiben der »Kosmischen Runde«, deren Mitglieder sich in kaum verschleierter Form im Roman finden lassen. Anstoß zu diesem Werk gab der quasi weltanschauliche Streit zwischen den esoterischen »Enormen« (Ludwig Klages, Alfred Schuler, Karl Wolfskehl, Stefan George), der im Winter 1903/04 zum endgültigen Bruch zwischen den Beteiligten führte. Aufzeichnungen in Tagebuchform, vorgelegt von einem fiktiven Chronisten, beschreiben die Erlebnisse des »Herrn Dame«, eines unter seinem Namen leidenden Studenten (»Typus junger Mann aus guter Familie und von sorgfältiger Erziehung mit einer Beimischung von mattem Lebemannstum«), der von seinem Stiefvater »gärenshalber« nach München bzw. »Wahnmoching« (die Reventlowsche Bezeichnung für Schwabing) geschickt wurde. Anstatt zu studieren, möchte er allerdings lieber einen Roman schreiben und vor allem das Leben im Münchener Künstlerviertel nördlich des Siegestors kennenlernen. In der bei aller »Wahnmochingerei« auch kritischen Susanna (alias die Autorin selbst) und Dr. Sendt (der Privatgelehrte und Philosoph Paul Stern, ein Freund der Autorin) findet er wohlmeinende Freunde, die ihm nach und nach die ungewöhnlichen künstlerischen Lebensformen und Weltanschauungen der »Wahnmochinger« erklären und ihn einführen in den bacchanalen Schwabinger Fasching, in den »Wahnmochinger Jargon«, in die theoretischen Ziele: z. B. das Christentum durch ein modernes Heidentum zu ersetzen, Kulte der Antike wie das Dionysische wiederzubeleben, die patriarchale durch eine matriarchale Weltsicht abzulösen. Herr Dame verliebt sich in Susanna, erweckt aber keine Gegenliebe, sondern nur ihre mütterliche Sympathie. Der weltanschauliche Streit zwischen Hallwig (Klages) und Professor Hofmann (Wolfskehl) spitzt sich dramatisch zu und führt nicht nur zum Bruch zwischen beiden, sondern auch zur Auflösung der Künstlerkolonie. Auch Herr Dame beschließt, auf eine längere Auslandsreise zu gehen, auf der er – wie der Chronist nachträgt – bei einem Zugunglück ums Leben kommt.

Die Persiflage und Komik funktioniert durch den naiven, tagebuchartigen Stil, in dem die Hauptfigur sich über Begriffe wie »Blutleuchte«, »kosmisch« oder »molochitisch« klarzuwerden versucht und immer wieder Dr. Sendt oder Susanna zu Rate ziehen muß, um das Treiben der »Enormen« zu begreifen. Der Roman (wie auch die Tagebücher Reventlows) hat seine Bedeutung vor allem als authentisches kulturhistorisches Porträt des Schwabings der Jahrhundertwende, der Künstler und Intellektuellen, die dort nach neuen Lebensformen suchten. Die Publikation des Romans wurde in der Öffentlichkeit amüsiert aufgenommen, im Kreis der Betroffenen jedoch als Indiskretion verurteilt.

B. Hirschberg

Jakob Wassermann
1873–1934

Die Juden von Zirndorf. Roman.

Paris/Leipzig/München: Langen, 1897. – Neubearb. Ausg. Berlin: S. Fischer, 1906.

Der Roman greift am Beispiel der historischen Fürther Judengemeinde die gegen Ende des 19. und Anfang des 20. Jh.s in Deutschland aktuelle Diskussion über jüdische Identität und jüdisches Wesen auf. Die Vorgeschichte, in Form einer Chronik abgefaßt, schildert den Ausbruch der in Fürth ganz in Messiaserwartung lebenden Juden aus dem Ghetto im Jahre 1666. Doch der Zug, der in der ersten Nacht bereits viele Opfer kostet, scheitert, als der Führer Sabbatai Zewi, ein Schwärmer, von seinem Ziel abfällt.

Der eigentliche Roman weitet die Problematik der Assimilation der Juden und Inkarnation des Heilands zum Paradigma menschlicher Existenz aus. Agathon Geyer löst sich im letzten Drittel des 19. Jh.s von allen sozialen, religiösen und gesellschaftlichen Bindungen und schafft sich eine revolutionäre Ideenwelt, die anarchistische und materialistische Grundzüge trägt. Er wird zum Propheten seiner Ideen, indem er sie an seiner Umwelt erprobt. Doch der Erlöser scheitert bereits in seiner nächsten Umwelt an Dummheit, Trägheit und Dogmatismus seiner Mitmenschen. Als Außenseiter in seinem gesellschaftlichen Bezugsrahmen begnügt er sich schließlich mit der insulären Zweisamkeit. In ländlich-bescheidener Idylle wartet er, bis die Zeit für eine neue Gesellschaft reif ist.

Der Roman hat unübersehbare Schwächen in der Verstofflichung der vielschichtigen Ideen, wodurch eine Dissonanz zwischen dem Stoff und den Charakteren entsteht. Wassermanns Tendenz zum kritischen Realismus scheitert im Roman an einem mythisch-utopistischen Symbolismus.

Der Wechsel zwischen der realistischen, symbolistischen und visionären Erzählebene verbunden mit einem Wechsel zwischen teils höchsten Ansprüchen und trivialer Effekthascherei zeigt die objektiven Schwierigkeiten des Autors im Übergang zwischen Naturalismus und Symbolismus.

Das unbefriedigende, fast improvisiert wirkende Ende des Romans veranlaßte Wassermann, das Ende Geyers in dem nachfolgenden Roman *Die Geschichte der jungen Renate Fuchs* neu zu gestalten: Geyer stirbt arm und erschöpft als Opfer der zeitgenössischen Wirklichkeit.

Caspar Hauser oder Die Trägheit des Herzens. Roman.

Stuttgart/Leipzig: Deutsche Verlags-Anstalt, 1908.

Der Roman um die Figur des vermeintlichen Thronerben im Hause Württemberg, der unter dem Namen Caspar Hauser bekannt wurde, markiert Wassermanns endgültige Anerkennung als Schriftsteller des deutschen Bildungsbürgertums. Historisch genau erzählt der Autor das Scheitern der »zweiten Geburt« Hausers an der Lieblosigkeit seiner Umwelt. Die wie ein Kriminalfall vorgetragene Handlung beschränkt sich dabei nicht nur auf die Innerlichkeit des Erzählers. Hauser erscheint bei Wassermann als einziger Mensch inmitten einer seelenlosen, herzensträgen Menschheit. Hauser ist an dieser Trägheit bereits innerlich zugrunde gegangen, als das Messer des Mörders seinem äußeren Leben ein Ende setzt.

Im Mai 1828 wird in Nürnberg ein etwa sechzehnjähriger, völlig zerlumpter Jugendlicher aufgegriffen, der »der Sprache nicht mächtiger war als ein zweijähriges Kind«. Nach und nach stellt sich heraus, daß er von Kindheit an in einem Verließ eingesperrt worden war und völlig sich selbst überlassen aufwuchs. Caspar wird der Obhut des Gymnasiallehrers Georg Friedrich Daumer übergeben, der den Fall untersuchen und Caspars Herkunft herausfinden soll.

Gleichzeitig widmet sich Daumer Caspars Erziehung und Ausbildung – findet damit ein Experimentierfeld seiner Neugierde. Nach einem geheimnisvollen Anschlag auf Caspar, den er schwerverletzt übersteht, übernimmt erst die Familie Behold die Verantwortung für den Jungen, bevor er schließlich ins Haus des Ratsherrn Gottfried von Tucher aufgenommen wird. Bei allen Personen, bei denen sich Caspar nun aufgehalten hat, findet er Interesse an seiner Lebensgeschichte und Neugierde vor, nicht aber Liebe und Verständnis. Diese erfährt er – wenn auch mit einer homoerotischen Komponente – erst, als der englische Lord Henry Stanhope sich für ihn zu interessieren beginnt. Endlich scheinen Caspars Sehnsüchte nach Liebe und Wärme um seiner selbst willen erfüllt zu werden. Doch als Stanhope allein nach England abreist, bricht Caspar zusammen und läßt das weitere willenlos mit sich geschehen. Letzte Obhut findet er bei der nörglerischen Familie des Lehrers Quandt, die ihn als wildes Tier ansehen, aber seine von Stanhope ausgesetzte Unterstützung einstreichen. Caspars Seele verendet unter dem Neid, der Mißgunst, Boshaftigkeit und Lüge seiner Umwelt, die alle ihre negativen Eigenschaften auf den Jungen überträgt und den Außenseiter noch weiter isoliert. Seine Unschuld führt den Mitmenschen ihre Unzulänglichkeit vor Augen.

Das Gänsemännchen. Roman.

Berlin: S. Fischer, 1915.

Wassermanns erfolgreichstes Buch (Gesamtauflage: 291 000 Exemplare), »ein charakteristisches Stück bürgerlicher deutscher Geschichte, deutscher Zustände um 1900« (Wassermann), schildert das Scheitern des Musikers Daniel Nothafft, der an einer Gesellschaft ohne Anstand und humane Übereinkünfte zerbricht und einzig in seinen Träumen das Kleinbürgertum in seiner Flachheit und Bosheit überwindet.

Nothafft widersetzt sich dem Wunsch seines Onkels Schimmelweis, Kaufmann zu werden und seine Kusine Philippine zu heiraten, und verläßt Nürnberg, um Musiker zu werden. Nach einer entbehrungsreichen Ausbildung wird er Kapellmeister eines kleinen Wandertheaters. Wieder in Nürnberg, heiratet er Gertrud Jordan, die Tochter eines Versicherungsinspektors. Daniel erkennt bald, daß er eigentlich Lenore, der jüngeren Schwester Gertruds, zugetan ist. Bald wird er zum Gespött seiner Umwelt, die ihn – wegen der nachgesagten Ehe zu dritt – mit dem Gänsemännchen (einer Brunnenfigur, die einen Bauern mit zwei Gänsen zeigt) vergleicht. Gertrud, die glaubt, Daniel und Lenore im Wege zu stehen, begeht Selbstmord, womit den beiden aber die Ehe vorerst verschlossen bleibt. Erst als Lenore schwanger wird, heiraten sie. Lenore stirbt bei der Niederkunft. Diese Katastrophe führt Daniel an den Rand der Selbstvernichtung. Nur die Vermittlung seines Gönners, Eberhard von Auffenberg, der ihn auf eine längere Reise schickt, rettet ihn. Nach Nürnberg zurückgekehrt, wird Daniel Kirchenorganist und Leiter der Musikschule. Er heiratet erneut, verstößt aber seine Frau wegen ihrer Seitensprünge. Nur wenig später legt die von ihm verschmähte Philippine Feuer in Daniels Wohnung. Daniel verliert nicht nur seine Habe, sondern auch seine kostbaren, unersetzlichen Kompositionen. Die erneute Lebenskrise läßt ihn schwer erkranken: während seiner fiebernden Depressionen dialogisiert er mit der Brunnenfigur, die ihm den wahren Weg zeigt: Nothafft muß sich von den Konventionen lösen, um den Weg zu den wahren bürgerlichen Tugenden zu finden. Gesundet, entfaltet Daniel in der Zurückgezogenheit seines Heimatdorfes Eschbach seine pädagogische Schöpferkraft und wird ein berühmter Musiker.

Wassermann stellt das Leiden des Künstlers an seiner Umwelt und deren Unverständnis und Intoleranz in den Vordergrund der Handlung. Seine Forderung lautet dabei, daß der Künstler sich nicht in eine Außenseiterposition drängen lassen soll, sondern seinen Platz in der Gesellschaft und für diese zu finden hat.

Christian Wahnschaffe. Ein Roman in zwei Bänden.
Berlin/Wien: S. Fischer, 1919.

Nach den das Individualschicksal thematisierenden Geschichten wandte sich Wassermann mit diesem Roman erstmals dem großangelegten Zeitroman zu. Vor dem Hintergrund der Zeit kurz vor dem Ersten Weltkrieg schildert er die Entwicklungsgeschichte von Christian, Sohn des reichen Industriemagnaten Wahnschaffe, der – in einem sagenhaften Reichtum aufgewachsen – sich allen Besitzes entledigt, um nach dem Vorbild Buddhas und Tolstois mit den Armen und Entrechteten zu leben, denen er Hilfe und Erlösung bringen will.

Im ersten Band (»Eva«) wird die Beziehung zwischen Christian und der berühmten Tänzerin Eva Sorel beschrieben, die Christian in Paris kennen- und liebenlernt. Noch ist er unberührt von dem menschlichen und sozialen Elend, dem er auf seinen Reisen begegnet. Dies ändert sich erst, als er Amadeus Voß wiedertrifft, einen zu Unrecht entlassenen und daher verbitterten, von Selbsthaß und Haß auf seine Umwelt zerstörten Hofmeister, der ihn im Laufe der Handlung begleitet. Nach einem Sommer an der Nordsee, in dem er die Erfüllung seiner Liebe zu Eva findet, zerbricht die Beziehung zwischen den beiden. Christian sieht erstmals die Problematik seines bisherigen Lebens: Er fühlt sich fremd in seiner bürgerlichen Welt und erkennt, daß sein weiterer Weg abseits dieser von Konventionen geprägten Daseinsform führen muß. Konsequent löst er sich von seinem materiellen Besitz und lebt im zweiten Band (»Ruth«) als Student der Medizin in Berlin. Dort befreit er die Prostituierte Karen Engelschall aus den Händen ihres brutalen

Zuhälters und lebt mit ihr zusammen. Doch die Demütigungen, die er nun erfahren muß, und die selbstgewählte Kargheit seines Lebens bringen ihn auf seinem Weg nicht weiter. Erst als er sich mit Ruth Hofmann anfreundet, scheint er den richtigen Weg zu beschreiten, der jäh durch die Ermordung Ruths unterbrochen wird. In einem grotesken Gelage in einer Vorstadtkneipe reicht er dem Mörder (es ist Karens Bruder Niels, der Züge von Amadeus Voß trägt) sogar die Hand zur Versöhnung. Hier erst entdeckt sich Christian selbst und verschwindet, um tatsächliche Hilfe zu leisten. Zuletzt hört der Leser von ihm, daß er bei einem Bergwerksunglück unter den Helfenden gesehen wurde.

Wassermann gelingt es – auch in den anekdotisch eingeflochtenen Geschichten –, die tiefen sozialen Gegensätze der Epoche zu analysieren und zum Movens für Christians Entwicklung zu machen. Doch entwickeln sich seine Figuren nicht von innen her, sondern werden durch den Erzähler kommentierend von außen aufgebaut.

Das Gold von Caxamalca.

In: J. W.: Der Geist des Pilgers. Drei Erzählungen. Wien/Leipzig/München: Rikola, 1923.

Die Erzählung gibt nahezu authentisch eine Episode aus dem spanischen Eroberungskrieg gegen den lateinamerikanischen Kontinent wieder. Der vormalige Ritter und spätere Mönch Domingo de Soira Luce protokolliert im Kloster der Stadt Lima, »wohin er sich, dreizehn Jahre nach der Eroberung des Landes Peru, zur Abkehr von der Welt begeben hatte«, die Ereignisse, die zur Hinrichtung des Inkas Atahuallpa (Atabaliba, Nachfolger Montezumas) führen. Die erzählte Handlung setzt 1532 ein, als der Konquistador Francesco Pizarro mit einem kleinen Heer über die Kordilleren kommend in Peru einfällt und bis zur Stadt Caxamalca vorstößt, in der sich Atahuallpa aufhält. Durch List und unter einem Vorwand nimmt Pizarro den Inka gefangen und sperrt ihn in Geiselhaft. Hier wird der Inka mit den ›Sitten‹ der Eroberer und vor allem mit ihrem ›Gott‹, nämlich dem Gold, dem »Traum der Träume«, bekannt gemacht. Bald erkennt Atahuallpa, daß das Gold, ein für ihn »nichtiges Ding«, bei den Eindringlingen auch Leben retten kann, weshalb er anbietet, ein reich bemessenes Lösegeld für seine Freilassung zu zahlen. Pizarro geht auf den Vorschlag ein, und die Untertanen schleppen immense Goldschätze an. Doch als der Zeitpunkt der Freilassung gekommen ist, wird der Inka durch den Dolmetscher denunziert und wegen Verrates vor ein Tribunal gestellt, das ihn zum Tode auf dem Scheiterhaufen verurteilt.

Wassermann entwirft hier ganz im Rousseauschen Sinne das Bild des edlen Wilden, der Opfer der nach Gold gierenden Christen wird. Atahuallpa ist mit all jenen Tugenden ausgestattet, die seit der Romantik das Bild des »Wilden« bestimmen. Das Gegenbild schafft der Autor durch die im Namen des Kreuzes mordende Soldateska, deren einziges Anliegen die persönliche Bereicherung ist. Die Bilder sind dadurch verstärkt, daß die unterschiedlichen Lebenssituationen als Prinzipien dargestellt werden, die aufeinanderprallen: die Europäer, die getrieben von egoistischem Streben nach Reichtum auf eine Kultur treffen, in der persönlicher Besitz keine Bedeutung hat, in der Gemeinwohl vor Eigenwohl geht. Aus ihrer scheinbar kulturellen und moralischen Überlegenheit begründen sie eine Suprematie, die zwangsläufig die Ausrottung der technisch unterlegenen Kultur zur Folge hat.

Der Fall Maurizius. Roman.

Berlin: S. Fischer, 1928.

Etzel, der sechzehnjährige Sohn des Oberstaatsanwaltes Freiherr von Andergast, erfährt durch Zufall von dem zurückliegenden Mordfall Maurizius, mit dem sein Vater seine

Karriere begann. Etzel, motiviert durch seinen unbedingten Gerechtigkeitssinn und die Opposition gegen den Vater, rollt den Fall erneut auf: Gregor Waremme bzw. Warschauer beeidete in dem Prozeß, daß der Angeklagte Leonhart Maurizius, ein Privatdozent für Kunstgeschichte, seine um fünfzehn Jahre ältere Frau Elli wegen seiner Beziehung zu deren jüngeren Schwester Anna Jahn ermordet hat. Aufgrund dieser Aussage – Waremme, ein enger Freund Maurizius', gab vor, Augenzeuge der Tat gewesen zu sein – wurde Maurizius zu lebenslanger Haft verurteilt. Ein Besuch bei Waremme in Berlin läßt den Meineid offenkundig werden; der Leser erfährt, daß in Wirklichkeit Anna ihre Schwester getötet hat. Auch Etzels Vater beschäftigt sich erneut mit dem Fall; er kommt zur Erkenntnis, daß er einem Justizirrtum Vorschub geleistet hat und befürwortet nach Gesprächen mit Maurizius dessen Begnadigung, verweigert aber im Interesse des Rechtes (und seines eigenen Ansehens) die von Etzel geforderte Wiederaufnahme des Verfahrens. Etzel sagt sich daraufhin von seinem Vater los, der – konfrontiert mit seinem Versagen und seiner Schuld – zusammenbricht und in eine Heilanstalt gebracht werden muß. Maurizius, der endlich frei ist, findet sich in der neuen Zeit nicht mehr zurecht und begeht Selbstmord. Etzel kehrt zu seiner Mutter zurück, die er seit der Scheidung seiner Eltern nicht mehr sehen durfte.

Wassermann gelingt mit diesem Roman eine schonungslose Abrechnung mit dem bürokratischen Justizapparat, den Etzel Andergast mit einem fanatischen Gerechtigkeitssinn bekämpft. Auch wenn es ihm nicht gelingt, Maurizius zu retten, und mit dem Zusammenbruch des Staatsanwaltes das Unrecht nicht beseitigt ist, bleibt dennoch die Genugtuung, daß das (Un-)Recht in seine Schranken verwiesen werden kann. Während Etzel die jugendliche Opposition gegen das in seinen Grundansichten erstarrte System verkörpert, ist Wolf von Andergast in seiner Selbstgerechtigkeit der obrigkeitsstaatlich denkende Beamte, der sich auf ein scheinbar moralisches System stützen kann. Movens der Handlung ist aber in erster Linie die Schuld (der sich im übrigen alle Charaktere Wassermanns stellen müssen). So ist Maurizius im rechtlichen Sinne unschuldig, doch auch er hat Schuld auf sich geladen, indem er die Ehe brach und den Kampf gegen Schwägerin und Schwager nicht aufnahm. Die Lebensgeschichte Etzels führte Wassermann in den Romanen *Etzel Andergast* und *Joseph Kerkhovens dritte Existenz* fort.

Etzel Andergast. Roman.

Berlin: S. Fischer, 1931.

Der Roman schließt in zwei Büchern (»Die Vor-Welt. Joseph Kerkhoven« und »Die Mit-Welt. Etzel Andergast«) lose an den *Fall Maurizius* an, indem Wassermann Etzel Andergast als eine der Hauptfiguren agieren läßt, der eine zweite starke Figur, nämlich der Arzt Joseph Kerkhoven, beigefügt ist. Die Zeit der Handlung liegt unmittelbar vor (1. Buch) und nach dem Ersten Weltkrieg (2. Buch). Durch seinen Freund, den todkranken, aus dem Kongo heimkehrenden Industriellen Irlen, wird der junge Arzt Joseph Kerkhoven von einem in beruflicher Routine steckenden Landarzt zu einer Persönlichkeit mit besonderer Ausstrahlungskraft und fachlichen Kompetenzen geprägt. Seine fast messianische Ausstrahlung (als »Seelenarzt« wird er zukünftig von seinen Fachkollegen ebenso verabscheut wie gefürchtet) nimmt die Patienten für ihn ein und führt auch den jungen Andergast, der vergeblich um die Rehabilitierung Maurizius' gekämpft hat, in seine Praxis. Etzel sucht Heilung seiner geistigen wie körperlichen Verkrampfung, seiner Gefühlskälte und seiner Getriebenheit. Kerkhoven will seinen Patienten nicht allein mit Medikamenten behandeln, sondern, seinem ganzheitlichen Anspruch folgend, ihm auch seelischen Beistand zukommen lassen. Dieser Ansatz scheitert aber an den Irrungen und Wirrungen der menschlichen Existenz. Kerkhoven, der sich in Marie, die Frau des Privatgelehrten Bergmann verliebt und sie, nachdem sie ihren Mann verließ, geheiratet hatte – seine Frau Nina zerbrach seelisch an dieser Verbindung –, sprengt den Rahmen der gesellschaftlichen Konvention. Etzel dringt in die neue Ehe ein, als er sich in Marie verliebt, die seinem Werben nachgibt. Kerkhoven bricht unter der Entdeckung des Verhältnisses von Marie und Etzel zusammen. Daß Etzel dennoch geheilt wird, verdankt er mehr der Natur als der Einwirkung Kerkhovens; bei seinem Aufstieg ins Gebirge und der Heimkehr zu seiner Mutter in das Engadin deutet sich die Lösung der Verkrampfung als Möglichkeit des Endes an.

Wassermann gelingt es, drei affektive Motive in der Handlung des Romans zu verbinden: die Weckung der besonderen Kräfte Kerkhovens durch Irlen, die Weitergabe dieser Kräfte an Andergast und schließlich die erotischen Verwirrungen der Handelnden, die in der Erkenntnis münden, daß das Diktat der Seele eine größere Kraft ist als das Gebot der Sittlichkeit, das sie doch nicht außer Kraft setzen kann. Mit dem Werdegang Kerkhovens stellt Wassermann nicht mehr die Gesellschaftskritik in den Vordergrund, sondern den zeittypischen Charakter einzelner Schicksale.

Joseph Kerkhovens dritte Existenz. Roman.

Amsterdam: Querido / Berlin: Jüdische Buchvereinigung, 1934.

Der Roman schließt direkt an die Schlußhandlung des *Etzel Andergast* an. Joseph Kerkhoven, der von dem Verhältnis zwischen Andergast und Marie verstört wurde, entschließt sich, an einer Expedition nach Java teilzunehmen, von der er sich Heilung seines Seelenschmerzes und emotionalen Abstand zum Geschehen erhofft. Die Trennung der Eheleute bildet somit auch den Ausgangspunkt für den Fortbestand der Ehe. Zurückgekehrt findet er seine Frau als Leiterin eines Kinderheimes vor, das sie mit Hilfe wohlmeinender Gönner eingerichtet hat. Beide finden wieder zueinander, und Kerkhoven nimmt seine Praxis wieder auf. Er konzentriert sich immer mehr auf die Hirnforschung, wobei ihn besonders die Abfassung einer naturwissenschaftlich begründeten Abhandlung über pathologische Wahnvorstellungen und ihren Einfluß auf Religion, Gesellschaft und Gesetzgebung beschäftigt, die auf eine umfassende Gesellschaftsdiagnose zielt. Gegen Ende des Romans findet der mittlerweile tödlich erkrankte Kerkhoven zu seiner »dritten Existenz«, indem er zu einer Daseinsauffassung gelangt, die in den biologisch-naturwissenschaftlichen Kräften eine religiöse Gesetzmäßigkeit erkennt, ohne dabei eine konkrete Gottesvorstellung zu brauchen. Nur dadurch kann er den Verlust seines Lebenswerkes (das Manuskript geht im Zug verloren), überwinden und sich für den Rest der ihm verbleibenden Zeit noch einmal als Landarzt den Menschen seiner direkten Umgebung widmen.

Im allmählich sich entfaltenden Selbsterkenntnisprozeß Kerkhovens gelingt Wassermann die Beschreibung der Pathologie einer Epoche, die ihre Beispiele durch die mit dem Haupthandlungsstrang lose verbundenen Charaktere findet: den unter Verfolgungswahn leidenden Journalisten Martin Mordann, die zu Unrecht wegen gemeinschaftlichen Mordes verurteilten Karl Imst und Jeanne Mallery (hier greift Wassermann das Maurizius-Motiv erneut auf) oder den Schriftsteller Alexander Herzog, der unzweifelhaft autobiographische Züge des Verfassers trägt und dessen Bekenntnisse über seine hysterische, zwischen Selbstmitleid und Bösartigkeit hin- und herschwankende Frau Ganna fast den gesamten Mittelteil ausfüllen. Alle diese Charaktere sind gezeichnet durch eine tiefe Verstörung, die der Andergasts und Kerkhovens nicht unähnlich ist. Sie alle leiden an ihrer Zeit und ihren Ansprüchen an die Umwelt. Doch bleiben die Figuren und Konturen der Zeit, die Wassermann beschreiben wollte, erstaunlich blaß, und der Roman verharrt in einer Art beschreibenden Prosa, die die frühere analytische Kraft der sprachlichen Bilder vermissen läßt.

W. Delseit

HUGO VON HOFMANNSTHAL

1874–1929

Das Märchen der 672. Nacht.

In: Die Zeit 1895.

Ein 25jähriger Kaufmannssohn lebt ohne Eltern und Freunde zurückgezogen in einem prunkvoll ausgestatteten Haus. An seiner Seite duldet er nur drei Dienerinnen und einen Diener. Auf diese vier Personen ist er ganz und gar bezogen, zugleich fühlt er sich von ihnen jedoch beobachtet und bedrängt. Den Sommer verbringt er auf einer Hütte im Gebirge. Hier empfängt er einen Brief, in dem sein Diener eines ungenannten Verbrechens bezichtigt wird. Allein fährt er in die Stadt, um die Angelegenheit zu regeln. Da er nichts ausrichten kann, geht er ziellos durch immer fremder wirkende Straßen. In einem Juwelierladen kauft er Schmuckstücke für zwei seiner Dienerinnen und gelangt durch den Hinterausgang in einen Garten mit Treibhäusern. Dort trifft er auf ein kleines Kind, das ihn böse anblickt und ihn an die dritte seiner Dienerinnen erinnert. Das Kind sperrt ihn in eines der Treibhäuser. Angstvoll kämpft er sich durch ein Gestrüpp aus Pflanzen, erreicht endlich eine Öffnung und gelangt über ein Brett, unter dem ein tiefer Abgrund gähnt, in das Elendsquartier der Stadt. In einem Hof beobachtet er ärmlich gekleidete Soldaten, die die Hufe ihrer häßlichen Pferde waschen. Von Mitleid ergriffen, will er einem der Soldaten Geld zustecken, da trifft ihn ein Hufschlag »in die Lenden«. Von Schmerz gekrümmt und von den Soldaten beraubt, verflucht der Kaufmannssohn seine Diener, von denen er sich in den Tod getrieben sieht. Sein ganzes Leben hassend, verendet er kläglich.

Gemeinsam mit Leopold von Andrians *Der Garten der Erkenntnis* (1895) gilt Hofmannsthals frühe Erzählung, deren Titel auf die Märchensammlung *Tausendundeine Nacht* anspielt, als Schlüsseltext für den Ästhetizismus der Jahrhundertwende.

Reitergeschichte.

In: Neue Freie Presse 1899.

Am Morgen des 22. Juli 1848 reitet ein österreichisches Streifkommando unter Rittmeister Baron Rofrano im Krieg gegen die aufständischen Italiener durch die Lombardei. Nach diversen siegreichen Gefechten ziehen die Soldaten mittags in das von seiner Besatzung verlassene Mailand ein. Unter ihnen befindet sich der Wachtmeister Anton Lerch, der sich am Morgen durch routiniertes Vorgehen ausgezeichnet hat. Am Stadtrand begegnet er Vuic, einer Frau, die er von früher kennt und deren Erscheinung in ihm verborgene Wünsche weckt. Fortan sondert er sich, in sexuell-gewalttätige Phantasien versunken, von seiner Schwadron ab. In der Hoffnung auf schnelle Beute durchquert er ein abgelegenes Dorf, in dem er jedoch nichts als Armut, Schmutz und geschundene Kreaturen vorfindet. Beim Verlassen des Dorfes kommt ihm ein Reiter entgegen, in dem er sein eigenes Spiegelbild erkennt, das plötzlich verschwindet. Bei einem weiteren Gefecht erbeutet er das edle Pferd eines feindlichen Offiziers. Als der Rittmeister beim anschließenden Appell befiehlt, die Beutepferde auszulassen, verweigert Lerch den Gehorsam. Rofrano zählt bis drei und erschießt seinen Wachtmeister. Die Disziplin der Schwadron ist wiederhergestellt, ungehindert kehrt sie zu ihrer Armee zurück.

Hofmannsthal selbst bezeichnete die kurze Erzählung (ebenso wie das *Erlebnis des Marschalls von Bassompierre*) in späteren Jahren als bloße Schreibübung, dennoch fasziniert der Text, dessen Geschehnisse in einem kühl-distanzierten Tonfall berichtet werden, die Interpreten bis heute durch seine Rätselhaftigkeit.

Erlebnis des Marschalls von Bassompierre.

In: Die Zeit 1900.

Der Marschall von Bassompierre wird über längere Zeit regelmäßig von einer jungen, schönen Krämerin gegrüßt, die ihm besonders zugetan scheint. Er läßt ein Treffen mit ihr bei einer Kupplerin verabreden. Am Ende einer ebenso unvergeßlichen wie geheimnisvollen Liebesnacht will er sich ein weiteres Mal mit der Unbekannten verabreden, die ihn jedoch erst drei Tage später, diesmal an einem anderen Ort, wiedersehen will. Der Marschall kann die neuerliche Zusammenkunft kaum erwarten. Bereits am nächsten Abend sucht er das Haus der Krämerin auf. Durch einen Fensterladen beobachtet er die rätselhaften Gesten eines stattlichen Mannes, den er eifersüchtig für den Gatten der Krämerin hält. Inzwischen spricht ganz Paris von einer aufkommenden Pestepidemie. Dessenungeachtet geht Bassompierre in der verabredeten Nacht in das beschriebene Haus, wo er jedoch nur fremde Menschen vorfindet, die Bettstroh verbrennen, sowie zwei nackte Pestleichen, einen Mann und eine Frau, deren Gesichter er nicht erkennen kann. Voller Entsetzen verläßt er das Gebäude. Spätere Nachforschungen über das Schicksal der Krämerin bleiben ohne Erfolg.

Die Novelle geht auf eine kurze Episode in Goethes *Unterhaltungen deutscher Ausgewanderten* (1795) zurück, die ihrerseits eine Übersetzung aus den Memoiren des Marschalls von Bassompierre (1665) ist. Hofmannsthal übernimmt Goethes Text nahezu wörtlich, erweitert ihn aber auf das Vierfache des Umfangs, indem er weitere Personen einführt sowie die Krämerin in ihrer Rätselhaftigkeit herausstellt.

Ein Brief.

In: Der Tag 1902.

Der Text ist Bestandteil eines größeren Projekts mit dem Titel »Erfundene Gespräche und Briefe«, mit dem sich Hofmannsthal lange Zeit beschäftigte. Der fiktive Autor des Briefs ist der 26jährige Philipp Lord Chandos, der sich am 22. August 1603 an seinen Freund, den Philosophen und Staatsmann Francis Bacon wendet, um diesem nicht nur sein zweijähriges Schweigen, sondern auch seinen gänzlichen Verzicht auf jegliche weitere literarische Produktion zu erklären. Zunächst blickt er auf die gefeierten Werke seiner Jugend zurück, die ihm frühen Ruhm bescherten und von dem Bewußtsein getragen waren, daß geistige und körperliche Welt Ausdruck einer einzigen Natur sind, in der alles zu allem in Bezug steht. Diese Gewißheit totaler Harmonie, die Chandos in ehrgeizigen Plänen immer neu darzustellen gehofft hatte, ist unterdessen in ihr Gegenteil verkehrt worden: In einem Prozeß, der wie »um sich fressender Rost« voranschritt, ist das Universum der Sinnbezüge nach und nach zerfallen. Zunächst entzog sich ihm der Sinn abstrakter Begriffe und komplexer Urteile, inzwischen sind ihm sogar Alltagsgespräche fremd und unverständlich. Lord Chandos ist nicht mehr fähig, sich zusammenhängend zu äußern, geschweige denn, sich literarisch zu betätigen. So lebt er in einem Zustand bewußtloser Alltäglichkeit, unterbrochen allerdings von wenigen Augenblicken, in denen ihn ganz unerwartet unscheinbare Gegenstände seiner Umwelt

(z. B. eine Gießkanne oder ein Hund in der Sonne) mit großem Glücksgefühl erfüllen, auch wenn die Sprache, in der diese Dinge zu ihm zu sprechen scheinen, sich nicht aufschreiben läßt.

Der *Chandos-Brief* ist einer der meistdiskutierten Texte Hofmannsthals. Zwar zeugt er nicht (wie oftmals angenommen) von einer realen Schaffenskrise seines Autors, doch bringen die fiktiven Erfahrungen des Lords um 1600 die fundamentale Skepsis gegenüber Sprache und tradierten Sinnzusammenhängen, die um 1900 in Literatur und Philosophie thematisch wird, in eine ebenso prägnante wie facettenreiche Form.

Die Frau ohne Schatten. Erzählung.

Berlin: S. Fischer, 1919.

Dem Kaiser der Südöstlichen Inseln ist auf der Jagd eine Fee, die Tochter des mächtigen Geisterfürsten Keikobad, in Gestalt einer Gazelle in die Hände gefallen. Seit einem Jahr ist er mit ihr verheiratet, doch geht er noch immer täglich auf die Jagd. Nur die Nächte verbringt er mit seiner Frau, ohne daß diese jedoch bisher schwanger geworden wäre. Das aber heißt, daß die Kaiserin während ihrer Ehe mit einem Menschen nicht selbst zu einem sterblichen Wesen geworden ist, das einen Schatten wirft. Deshalb trifft den Kaiser der Fluch Keikobads: In einer geheimnisvollen Höhle, in der er von seinen ungeborenen Kindern an einer festlichen Tafel bedient wird, ohne sie zu erkennen, versteinert er zu einer Statue. Die Kaiserin macht sich mit ihrer durchtriebenen Amme in die Stadt auf, um den Schatten eines Menschen zu erwerben und so ihren Mann zu erlösen. Sie gelangen an das ärmliche Haus des Färbers Barak, dessen junge, trotzige Frau für den Handel geeignet erscheint. Diese ist bereit, ihren Schatten abzugeben, da sie davon träumt, ihr Leben in Glanz und Fülle zu verbringen, ohne die mädchenhafte Schönheit ihres Körpers der Mutterschaft opfern zu müssen. Während der dramatischen Übergabe entwendet jedoch ein Geisterbote den freigewordenen Schatten und nimmt ihn samt Barak und seiner Frau mit in Keikobads Reich. Dort treffen alle Figuren zusammen. In der Entscheidungsszene schlägt die Kaiserin den Schatten der Färberin aus, da sie erkennt, daß sie Barak, den Färber, um sein Lebensglück betrogen hat. Durch ihren Verzicht werden alle erlöst: Die Färberin erhält ihren Schatten zurück, die Kaiserin bekommt einen eigenen, und der Kaiser gewinnt seine lebendige Gestalt zurück. Alle vier sind geläutert, die Paare versöhnen sich und sind für ein erfülltes Zusammenleben gereift.

Hofmannsthal gestaltete in dieser Erzählung, an der er von 1912 bis 1919 arbeitete, sein Libretto zur gleichnamigen Oper von Richard Strauss weiter aus. Die Vieldeutigkeit des Textes, der an das Kunstmärchen in der Tradition Goethes und Novalis' anschließt, wurde von vielen Zeitgenossen kritisiert; heute hingegen wird der Reichtum der Bilder und Symbole gewürdigt.

Andreas oder die Vereinigten. Fragmente eines Romans.

Berlin: S. Fischer, 1932.

Hofmannsthals einziger Roman ist Fragment geblieben. Der erste Abschnitt liegt in einer längeren Handschrift vor, die postum 1930 in der Zeitschrift »Corona« erschien. Ferner hat sich eine große Menge an Notizen erhalten, in denen eine Fülle möglicher Handlungsverläufe entworfen wird. Ein Teil der Notizen wurde bereits in der ersten Buchausgabe von 1932 veröffentlicht, der vollständige Text liegt seit 1982 in kritischer Edition vor. Mit dieser Edition hat sich der schlichte Titel *Andreas* für den Werkkomplex, an dem Hofmannsthal von 1907 bis 1927 arbeitete, durchgesetzt.

Der 22jährige Andreas von Ferschengelder, aus niedrigem Wiener Adel stammend, wird von seinen Eltern im Spätsommer 1778 auf eine Bildungsreise nach Italien geschickt. In Villach drängt sich ihm der zwielichtige Gotthelff als Bedienter auf und bewegt ihn dazu, die Reiseroute zu ändern. Gemeinsam reiten sie durch Kärnten. Andreas fühlt sich von den schlüpfrigen Erzählungen seines Begleiters abgestoßen, dennoch verleiten sie ihn zu ausschweifenden Tagträumen. Am zweiten Tag lahmt Gotthelffs Pferd, so daß die Reisenden gezwungen sind, schon morgens Station im Gehöft der Familie Finazzer zu machen. Andreas, gewöhnt an die steife Art seiner Eltern, ist von der ungezwungenen Herzlichkeit der Bauernfamilie berührt, besonders aber von der Tochter Romana, die ihm in natürlicher Naivität ihre Welt zeigt. Zwischen beiden entwickelt sich ein zartes Liebesverhältnis. Andreas erwägt, die Reise zu beenden und Romana zur Frau zu nehmen. Doch gleich in der ersten Nacht werden seine Hoffnungen zunichte gemacht: Die Magd entdeckt auf Gotthelffs Schulter das Brandmal des verurteilten Mörders, dieser merkt, daß er erkannt ist, fesselt die Magd, steckt das Zimmer in Brand und flieht mit dem Pferd und der halben Barschaft seines Herrn. Andreas sieht keine Möglichkeit, weiter auf dem Finazzerhof zu bleiben, und reist mit einem Fuhrwerk ab, jedoch in der festen Absicht, später zu Romana zurückzukehren.

An dies alles erinnert sich Andreas in Venedig, in einer Umgebung, die in ihrer verwirrenden Unübersichtlichkeit zur einfachen Bergwelt Kärntens in scharfem Kontrast steht. Andreas wohnt in dem ärmlichen Palazzo der Familie Prampero, die in höchst zweideutigen Verhältnissen lebt: Der distinguierte Graf ist Lampenputzer im Theater, die Gräfin Logenschließerin, und die hübsche Tochter Zustina bereitet in freudig-kindlicher Geschäftigkeit eine Lotterie vor, in der als Hauptpreis ihre Jungfernschaft verlost wird, um die Eltern finanziell zu sanieren. Der Stolz der Familie ist die ältere Tochter Nina, die in einer eigenen Wohnung ein mondänes Leben mit vielen Verehrern führt. Der mit der Familie verbundene Maler Zorzi besteht darauf, Andreas mit Nina bekanntzumachen. Auf dem Weg zu ihr treffen sie in einem Café den geheimnisvollen Malteserritter Sacramozo. Trotz der Flüchtigkeit dieser Begegnung ist Andreas von dessen Art und Haltung tief beeindruckt. Vor Ninas Haus bittet ihn Zorzi zu warten. In einer nahegelegenen Kirche hat Andreas ein seltsames Erlebnis: Er sieht eine verängstigt und verzweifelt wirkende junge Frau, deren Klage sich jedoch nicht gegen den Altar, sondern gegen ihn selbst zu richten scheint. Andreas will die Kirche verlassen. Als er sich am Ausgang nochmals umdreht, befindet sich an der Stelle der einen plötzlich eine andere Person, wiederum eine junge Frau, ähnlich gekleidet, jedoch von entgegengesetzter Wesensart, da sie ganz offen mit ihm kokettiert. Verwirrt zieht sich Andreas in einen Hinterhof zurück. Dort zeigt sich in einer Öffnung im Laubendach plötzlich das Gesicht eines jungen Mädchens, das ihn liebevoll anblickt. Andreas ist sich sicher, daß sie mit den zwei Frauen in der Kirche in einem geheimnisvollen Zusammenhang steht. Nun taucht Zorzi wieder auf und führt ihn zu Nina. Auch dort hält das Wechselspiel der Gefühle an: Andreas wird spontan von Ninas lasziv-sinnlicher Ausstrahlung erregt und gibt sich Phantasien hin, in denen er selbstbewußt als ihr Galan und Gebieter auftritt. Als Nina allerdings tatsächlich einen Kuß von Andreas zu erwarten scheint, zieht sich dieser erschreckt zurück. Er geht nochmals in die Kirche, die er jedoch leer vorfindet. Damit endet der ausformulierte Abschnitt des Romans.

Trotz (oder gerade wegen) seines fragmentarischen, undurchsichtigen Charakters zählt Hofmannsthals Versuch eines Entwicklungsromans zu den bedeutendsten literarischen Schöpfungen des 20. Jh.s.

K. Heumann

Hans Grimm

1875–1959

Volk ohne Raum. Roman.

2 Bde. München: Langen, 1926.

Die episoden- und figurenreiche Handlung propagiert die Botschaft, die Deutschen seien aufgrund einer 1000jährigen Geschichte ein »verdrücktes« Volk, dem der »Raum« fehle; der sei nur in Afrika zu finden, denn dort könnten sie als »Freiherrn des eigenen Arms«, als Bauern, zu ihrem eigentlichen Selbst kommen. Der Lebensweg des Protagonisten wird als Allegorie auf diese These entworfen.

Teil 1 (»Heimat und Enge«): Der aus einer abgestiegenen Pastorenfamilie stammende Cornelius Friebott findet in der Enge des Oberwesertals, in der inneren Beschränkung Deutschlands und in der Einschnürung des Reiches keinen Weg ins Leben. Seine Liebe scheitert an sozialer Engherzigkeit, seine Ausbildung an mangelnden Chancen, sein Marinedienst an der britischen Konkurrenz, sein Bergarbeiterdasein an Verproletarisierung, Sektierertum und Ausbeutermentalität.

Teil 2 (»Fremder Raum und Irregang«): Friebott will sich in Südafrika etablieren, scheitert aber als Handwerker in der Kapprovinz, als Verwalter im Oranje-Freistaat und als Minenarbeiter in Johannesburg an der Konkurrenz der Briten und an den sozialen Gegebenheiten. Schließlich hofft er auf eine Existenz als Farmer in Deutsch-Südwest.

Teil 3 (»Deutscher Raum«): Nach einem schwierigen Weg über Büroarbeit, Diamantenprospektion und Farmen keimen zaghaft Hoffnungen.

Teil 4 (»Volk ohne Raum«): Während eines Deutschlandaufenthalts verliebt Friebott sich in die Tochter seiner Jugendliebe, aber der Ausbruch des Ersten Weltkriegs schneidet die Verbindung ab. Er wird von den Briten schikaniert und schließlich interniert; endlich gelingt die Flucht ins Nachkriegsdeutschland. Er verbindet sich mit der Geliebten und agitiert für den Kolonialgedanken, wird jedoch kurz vor dem 9. November 1923 von einem fehlgeleiteten Arbeiter erschlagen.

Die Frau, sein Kind, der Schriftsteller Hans Grimm und dessen beiden Kinder werden zu Garanten seiner Lebensidee.

Der Richter in der Karu.

In: H. G.: Der Richter in der Karu und andere Geschichten. München: Langen, 1930.

Die parallel zur Arbeit an *Volk ohne Raum* geschriebene und zuerst 1926 als Bibliophilendruck veröffentlichte Novelle bietet ein Kurzprogramm der Grimmschen Weltsicht und der vom Autor bevorzugt benutzten literarischen Verfahren.

Es wird eine Episode von der Inspektionsreise des britischen Lordrichters Lambert in die südafrikanische Karu-Steppe erzählt. Im Mittelpunkt steht der Fall des burischen Farmers Dirk Dufaur; er soll auf seiner einsamen und kargen Farm Sonderwater seine englisch gebürtige Frau Matilda ermordet haben. Hinter dem Kriminalfall erscheint die Konfrontation zweier Formen europäischer Existenz, an die nicht-weiße Daseinsweisen grundsätzlich nicht heranreichen: diejenige eines »hellen Ungewöhnlichen«, »zu dem sich in Gedanken ein Stück freier Natur sofort hinzumalt«, und diejenige derer, »denen das enge Beieinander« »ohne Zweifel zuständig ist«; Farmer und Händler, Landbewohner und Städter, Buren und Engländer, freier Mann und Gesellschaftsmenschen. Der umständlich und stilistisch antiquiert darstellende Erzähler entwickelt seinen Bericht als eine Allegorie dieses Zwiespalts. So verwandelt er die Visitation des Richters in eine Reise dorthin, wo er den existentiellen Grund des (europäischen) Lebens sieht: Richter Lambert hebt in einem Akt quälender Selbstinspektion den Konflikt ins Bewußtsein, erkennt im anstehenden Mordfall auf schuldig und verurteilt Dufaur zum Tode, empfiehlt der Krone aber die Begnadigung. Am Schluß rechtfertigt der Erzähler sich selbst (und Richter Lambert), indem er den Mörder ein nachträgliches Geständnis ›von Mann zu Mann‹ ablegen läßt, in dem dieser sich in seinem (›freien‹) Wesen verstanden fühlt.

U.-K. Ketelsen

THOMAS MANN

1875–1955

Der kleine Herr Friedemann.

In: Neue Deutsche Rundschau 1897.

Der kleine Herr Friedemann markiert eine zweifache Zäsur bei Thomas Mann. Es ist sein erster Text, der bei S. Fischer erscheint und die lebenslange Zusammenarbeit mit diesem Verlag begründet. Zum zweiten stellt die Erzählung einen Wendepunkt in seiner Technik des Schreibens dar. Gegenüber dem Schulfreund Otto Grauthof heißt es nach Abschluß der Arbeit: »Seit dem Kleinen Herrn Friedemann vermag ich plötzlich die diskreten Formen und Masken zu finden, in denen ich mit meinen Erlebnissen unter die Leute gehen kann.«

Die Geschichte spielt in einer mittelgroßen, am Meer gelegenen Handelsstadt, die unverkennbar Züge von Thomas Manns Geburtsstadt Lübeck aufweist. Sie schildert das kurze und tragische Leben des Johannes Friedemann, der durch einen Unfall als Säugling eine leichte Behinderung, eine »verwachsene Brust«, hat. Friedemann lebt wohlbehütet, aber als Einzelgänger in der Stadt, wird dann Kaufmann und fristet ein ereignisloses, aber zufriedenes und von allen finanziellen Sorgen freies Leben. Das ändert sich, als der neue Bezirkskommandeur Oberstleutnant von Rinnlingen in die Stadt kommt.

Frau von Rinnlingen bringt die unterdrückte Sinnlichkeit des kleinen Herrn Friedemann zum Ausbruch. Während einer Aufführung von Wagners *Lohengrin* im Stadttheater verfällt er der betörenden Frau und sein bürgerlich-normales Leben gerät aus der Bahn. Sein von Askese geprägter Lebensentwurf ist unhaltbar geworden. Er besucht Frau von Rinnlingen und durchstreift die Stadt auf Spaziergängen in Gedanken an sie. Am Ende kulminiert das Geschehen in einem großen Fest des Ehepaars von Rinnlingen. Auch Friedemann ist eingeladen. Im Garten, am Ufer des Flusses sitzend, gesteht er der Hausherrin seine Liebe, die diese höhnisch zurückweist. Von dionysischen Vernichtungsphantasien überwältigt, begeht Johannes Friedemann Selbstmord, indem er sich langsam in das Wasser des Flusses schiebt.

Buddenbrooks. Verfall einer Familie. Roman.
Berlin: S. Fischer, 1901.

Mit seinem Erstling wurde Thomas Mann ab 1903 ein bekannter Autor. Der Roman begründete und erhielt seinen Ruhm. Er wurde allein in Deutschland über viermillionenmal verkauft, ist in über dreißig Sprachen übersetzt und wurde 1923, 1959 und 1979 verfilmt. Den Nobelpreis sprach man Thomas Mann 1929 ausdrücklich für *Buddenbrooks* zu. Erzählt wird über vier Generationen hinweg die Geschichte der Familie Buddenbrook, die in wesentlichen Zügen der eigenen Familiengeschichte nachgebildet ist. Allerdings findet eine zeitliche Verschiebung und Verdichtung der Handlung statt, die von 1835, als mit einem großen

Festessen der Einzug in das neue Haus in der Mengstraße 4 (heute Sitz des Heinrich-und-Thomas-Mann-Zentrums) gefeiert wird, bis zum Tod des kleinen Hanno Buddenbrook im Jahre 1877 reicht.

Die erste Generation, repräsentiert durch den Urgroßvater Johann Buddenbrook als Zeitgenossen des alten Goethe, wird noch vom ganzheitlichen Lebensstil eines in sich ruhenden Bürgertums geprägt. Für den Sohn, Konsul Johann Buddenbrook, gelten diese überlieferten Prinzipien der bürgerlichen Lebensführung weiterhin, sie verlieren bei ihm jedoch den naturwüchsigen Status. Die ungebrochene Lebensbejahung wird von einem angestrengten Berufsethos abgelöst.

Die nächste Generation, genannt seien Thomas, Christian und Antonie, weist auf die Verfallsgeschichte voraus. Christian, schon als Kind mit leicht neurotischen Zügen ausgestattet, führt später ein Suiterleben in Lübeck. Er ist unfähig zu regelmäßiger Arbeit, seine Versuche einer Existenzgründung in Hamburg, London, Südamerika und schließlich in der brüderlichen Firma scheitern allesamt. Er lebt sein Leben als tragischer Clown, der sich den bürgerlichen Normen seiner Umgebung nicht anpaßt, aber von daher in der Lage ist, das Wohlanständige der Bürgerlichkeit zu kritisieren.

Eine besondere Funktion hat Antonie Buddenbrook. Sie bildet mit ihrem unerschütterlichen Optimismus und ihrer lebenslangen Naivität eine Klammer für das Geschehen. Mit ihr beginnt und endet das Werk. Ihr Stolz auf die Familientradition und ihre Freude am Leben ist weder durch die Ehe mit dem Betrüger Bendix Grünlich noch durch die mit dem alle Erwartungen enttäuschenden Münchner Alois Permaneder zu erschüttern. Auch als ihre Tochter Erika mit ihrem Mann Hugo Weinschenk ebenfalls Schiffbruch erleidet, bleibt sie in ihren Anschauungen fest. Lebensstabilisierendes Element ist dabei die kurze, durch die Familienräson beendete Liebe zu Morton Schwarzkopf, dem Sohn des Travemünder Lotsenkapitäns.

Thomas Buddenbrook ist der einzige in der dritten Generation, der in der Lage ist, das Erbe zu übernehmen und fortzuführen. Allerdings geschieht dies nur noch unter Anspannung aller Kräfte und mit einer enormen Selbstbeherrschung. Thomas Mann hat angesichts dieser literarischen Figur von einem »Leistungsethiker« gesprochen, der sich immer wieder zur Leistung zwingen muß, die ihm nicht mehr selbstverständlich ist. Unter der Ägide von Thomas Buddenbrook, der als erster der Familie auch in einer dramatischen Szene gegen den Hauptkonkurrenten Hermann Hagenström zum Senator gewählt wird, erlebt die Firma einen Aufschwung, und das Ansehen der Familie in der Stadt erreicht seinen Höhepunkt.

Damit ist aber der Umschlagpunkt des Romangeschehens erreicht, denn es ist nur noch eine Rolle, die Thomas Buddenbrook spielt, er wird vom Erzähler daher auch als »Schauspieler« bezeichnet. Dieses Leben zehrt seine Kräfte auf, und der geschäftliche Erfolg bleibt aus. Der Konkurrent Hagenström überflügelt die Firma Buddenbrook, und der Versuch, moderne Geschäftspraktiken anzuwenden, scheitert tragisch. Das vor der Ernte billig gekaufte Getreide wird durch einen Hageleinschlag vollkommen zerstört und bringt der Firma nicht Gewinn, sondern großen Verlust.

In dieser zweiten Hälfte wird der Roman immer weniger eine an den äußeren Ereignissen orientierte Familienchronik. Es dominiert jetzt der Verfall, der mit einem Blick in das Innere der Figuren einhergeht. Sinnfällige Gestalt gewinnt diese Verschiebung der Darstellungsschwerpunkte in der Schopenhauer-Lektüre von Thomas Buddenbrook. Im Gartenpavillon seines Hauses findet er Schopenhauers Hauptwerk *Die Welt als Wille und Vorstellung*, und in einem besinnungslosen Lesemarathon begreift er das berühmte Kapitel »Vom Tod und der Unzerstörbarkeit unseres Wesens« als Verweis auf die eigene, dem banalen Leben entfremdete Existenz. Sein Tod auf dem schmutzigen Straßenpflaster nach einer harmlosen Zahnoperation ist das

Sinnbild für das Ende eines nur noch äußerlich gelebten Lebens.

Ihre radikale Zuspitzung erfährt die Verfallsgeschichte in der vierten Generation, im Spätling Hanno. Hier ist die Lebensuntüchtigkeit auf den Gipfel gekommen. Hanno wird vom Vater vergeblich in die Speicher mitgenommen und an das Kaufmannsleben herangeführt. Dies ist nicht seine Welt. In der Schule leidet er unter dem preußischen Gymnasialzwang und allein in der Musik und den Ferien an der Ostsee in Travemünde findet er Schutz und Zuflucht. Hanno stirbt fünfzehnjährig an Typhus. Sein Tod wird ausgespart und im berühmten 3. Kapitel des 11. Teils dem Leser durch eine auf einem Lexikoneintrag basierende Darstellung der Krankheit vermittelt. Hanno ist der Typus des Künstlers, der mit den Bürgern seiner Heimatstadt wenig gemein hat. Er ist auf dieser Ebene sicher von autobiographischen Erfahrungen geprägt. Allerdings ist Hanno im Künstlerischen ein Dilettant. Sein Klavierspiel etwa gelangt über eine eklektizistische Wagner-Verehrung nicht hinaus. Zu einer eigenständigen musikalischen Leistung ist er nicht fähig. Hinzugenommen werden muß daher die wichtige Gestalt des Grafen Kai von Mölln. Er ist Hannos einziger Freund und ebenfalls ein Außenseiter, der aber von einer unbändigen Lebensenergie geprägt wird. Am Ende stirbt die Familie Buddenbrook aus. Die Firma und das Wohnhaus in der Fischergrube werden verkauft, Gerda Buddenbrook zieht zurück nach Amsterdam und einzig Tony bleibt in der Stadt.

Tonio Kröger.

In: Neue Deutsche Rundschau 1903.

Die wohl berühmteste Novelle Thomas Manns ist von einer auf den ersten Blick nicht zu erkennenden Architektur geprägt.

Die ersten beiden Abschnitte schildern die Jugend des Helden Tonio Kröger in seiner an der Ostsee gelegenen Vaterstadt. Lübeck ist hier das Vorbild, und das graue Patrizierhaus, in dem Tonio aufwächst, hat im Buddenbrookhaus in der Mengstraße 4 sein Vorbild. Der junge Tonio, Sohn eines angesehenen Großkaufmanns, ist ein Außenseiter. Seine ganze Liebe gilt dem blonden und blauäugigen Hans Hansen, der in allem das erfolgreiche Gegenteil, die Inkarnation des naiven und unangekränkelten Lebens ist. Ein gemeinsamer Spaziergang nach der Schule macht das Trennende deutlich: Hans Hansen schwärmt von Pferdebüchern, Tonio Kröger hält Schillers *Don Carlos* hoch. Die Liebe bleibt eine vergebliche, genauso wie die zur blonden Inge Holm, der Tochter des Arztes. Sie wird in der gemeinsamen Tanzstunde aus der Ferne geliebt. Am Ende dieses Kapitels verläßt Tonio seine Vaterstadt. Der dritte Abschnitt, der stark zeitraffend sein Leben im Süden und seine Entwicklung zum Künstler erzählt, dient als Vorbereitung für das gedankliche Zentrum der Novelle, das große Gespräch mit der Künstlerin Lisaweta in München. Man hat vielfach angemerkt, daß es sich bei dem Gespräch eigentlich um einen dialogisierten Monolog handelt. In diesem vierten Abschnitt geht es um eine Selbstvergewisserung des Literaten Tonio, die stark autobiographisch gefärbt ist.

Tonio ist Anfang Dreißig und ein bekannter Künstler. Seine Literatur basiert auf der strikten Trennung vom Leben. »Das Gefühl, das warme, herzliche Gefühl ist immer banal und unbrauchbar, und künstlerisch sind bloß die Gereiztheiten und kalten Ekstasen unseres verdorbenen, unseres artistischen Nervensystems.« Im weiteren Verlauf des Gesprächs spitzt Tonio diese Haltung auf die letztgültige Formel zu: »Es ist aus mit dem Künstler, sobald er Mensch wird und zu empfinden beginnt.« Gegen diese ästhetizistische Kunstphilosophie, die im Deutschland der Jahrhundertwende dominierte, führt Lisaweta die russische Literaturtradition ins Feld, die »reinigende, heiligende Wirkung der Literatur«. Tonio gesteht gegen Ende des Gesprächs, daß er eigentlich das Leben liebe. Lisaweta stellt daraufhin die Diagnose: »Sie sind [...] ein verirrter Bürger.«

Der fünfte Abschnitt berichtet in raffender Kürze von der Absicht Tonios, eine Reise nach Dänemark zu machen. Kaum verhohlen ist der Plan, auch die Stadt der Jugend wieder zu besuchen. Der folgende Abschnitt ist durch die Benutzung einiger zentraler Leitmotive mit dem ersten und zweiten ganz eng verknüpft. Tonio nimmt einen seltsamen Aufenthalt in seiner Heimatstadt. Er geht dieselben Wege wie in der Jugend und macht dieselben Beobachtungen wie Jahre zuvor. Dennoch ist ihm die Stadt fremd geworden. Im väterlichen Haus befindet sich die Volksbibliothek, und da er keine Papiere bei sich hat, wird er sogar für kurze Zeit für einen Verbrecher aus München gehalten.

Der siebte Abschnitt schildert die Schiffsreise nach Dänemark. In Gestalt eines verseschmiedenden Kaufmanns erlebt Tonio, wohin es führt, wenn das Leben zu unvermittelt in Kunst umschlagen will: zum Dilettantismus und zur Schreibhemmung, denn er kann nach dieser Szene keine Verse machen. Am Urlaubsort, im achten Abschnitt, geschieht dann die Begegnung mit dem Leben. Hans Hansen und Inge Holm begegnen ihm wieder. Sie tun es nicht wirklich, sondern zwei junge Leute rufen die Erinnerung an die Jugend wach und werden so zu Prototypen des Lebens »in seiner verführerischen Banalität«. Tonio erkennt, daß die geheime Sehnsucht danach bei ihm immer vorhanden gewesen ist.

Im neunten und letzten Abschnitt faßt er seine Schlußfolgerungen in einem Brief an die Freundin Lisaweta zusammen. Programmatisch heißt es darin unter anderem: »Ich stehe zwischen zwei Welten, bin in keiner daheim und habe es infolgedessen ein wenig schwer.« Für Tonio gilt in Zukunft, daß er von einem Literaten zu einem Dichter nur durch seine »Bürgerliebe zum Menschlichen, Lebendigen und Gewöhnlichen« werden kann.

Tristan.

Berlin: S. Fischer, 1903.

Schon lange vor dem *Zauberberg* wählte Thomas Mann in dieser Erzählung ein Lungensanatorium zum zentralen Handlungsort. In *Tristan* wird der im Frühwerk grundlegende Gegensatz von Kunst und Leben gestaltet.

Detlev Spinell, der Literat, lebt im Sanatorium »Einfried« in Ruhe und Zurückgezogenheit. In diese trügerische Scheinidylle kommt Gabriele Klöterjahn, die lungenkranke Gattin des reichen Großkaufmanns Klöterjahn. Doktor Leander, der Chefarzt des Sanatoriums, übernimmt persönlich die Behandlung der Dame aus dem Norden. Der neue Gast erregt Aufsehen im täglichen Einerlei des Krankenlebens. Der Schriftsteller und die schöne Kranke freunden sich an. Für Spinell ist Gabriele vor allem Projektionsfläche für seine vom Jugendstil geprägten Literatur- und Männerphantasien. Gabriele Klöterjahn sieht in dem Künstler zwar zum einen, in Übereinstimmung mit den anderen Patienten des Sanatoriums, einen wunderlichen »Kauz«, andererseits ruft »er in ihr eine seltsame Neugier, ein nie gekanntes Interesse für ihr eigenes Sein hervor«. Die Beziehung zwischen den beiden Außenseitern wird immer intensiver und kulminiert, als fast alle Patienten »Einfried« zu einem winterlichen Schlittenausflug verlassen. Im Konversationszimmer findet sich auf dem Klavier ein Auszug aus Wagners *Tristan*. Gabriele spielt, und Spinell hört ihr berauscht zu. Im Liebestod von Tristan und Isolde erfährt die Beziehung der beiden ihren Höhepunkt. Gabriele wird in der Folge todkrank. Spinell schreibt ihrem Mann einen Brief, in dem er seinen Haß auf das Leben auf den Kaufmann projiziert. Der kommt nach »Einfried« und schüttet den ganzen Hohn des Lebens auf den in einer Traumwelt lebenden Spinell aus. Am Schluß stirbt Gabriele, und das Leben triumphiert in Form ihres Babys über Spinell, der vom kleinen Anton verlacht wird und »innerlich davonläuft«.

Wälsungenblut.

München: Phantasus-Verlag, 1921. [1905 entstanden.]

Die Novelle wurde schon 1905 geschrieben und sollte in der Januar-Nummer der »Neuen Rundschau« erscheinen. Thomas Mann verhinderte den Druck, weil er einen Skandal befürchtete. In München kursierte nämlich das Gerücht, in der Geschichte vom Inzest der reichen, halbjüdischen Zwillinge Siegmund und Sieglinde Aarenhold habe Thomas Mann eine sublime Rache an der Familie seiner Schwiegereltern genommen. Obwohl einiges an dem noblen Handlungsrahmen auf das Haus der Familie Pringsheim in der Arcisstraße in München hinweist, in das sicher falsch.

Die Novelle ist vor allem eine Auseinandersetzung mit Wagner, der in den ersten Jahren des 20. Jh.s eine entscheidende Figur für die literarischen, kulturellen und politischen Debatten war. Geschildert wird ein Tag im Leben der Familie Aarenhold. Zum Mittagessen ist der Bräutigam Sieglindes, der Ministerialbeamte Beckerath, zu Besuch. Er wird von Siegmund und Sieglinde sehr ironisch und abweisend behandelt. Am Abend besuchen die Zwillinge eine Wagner-Oper, die *Walküre*. Der Novellentitel leitet sich von Siegmunds »So blühe denn Wälsungenblut« ab, mit dem bei Wagner das Einverständnis des Ehebruchs und des Inzests mit Sieglinde signalisiert wird.

Nach einer ausführlichen Beschreibung der Oper geschieht der Inzest der Geschwister am Ende der Novelle auf einem Eisbärenfell im Zimmer Siegmunds. Er hat freilich einen ganz anderen Stellenwert als bei Wagner. Er ist nicht mehr zu verstehen als ein Sieg der Natur, der alles besiegenden Liebe über die Fesseln der sinnentötenden Konvention, sondern als Rache an der Trivialität, die beide in der Figur des Bräutigams Beckerath verkörpert sehen. Auf die ängstliche Frage der Schwester, was nun mit diesem werde, antwortet Siegmund: »Nun [...] dankbar soll er uns sein. Er wird ein minder triviales Dasein führen, von nun an.«

Königliche Hoheit. Roman.

Berlin: S. Fischer, 1909.

Thomas Manns zweiter Roman bereitete der Kritik Schwierigkeiten bei der Einordnung in das bisherige Gesamtwerk des Autors. Auch hier dominiert, wenn auch in der Figur des Fürsten in ein anderes erzählerisches Gewand gebracht, das Thema des Künstlers und seine Außenseiterrolle gegenüber dem normalen Leben.

Klaus Heinrich, der Held des Buches, kommt mit einer körperlichen Mißbildung auf die Welt: Sein linker Arm ist verkümmert. Gegen alle Einwände, er könne seinem späteren Fürstenberuf nicht nachkommen, weist der Minister von Knobelsdorff auf die Weissagung einer Zigeunerin hin, ein Fürst mit einer Hand werde dem Land großes Glück bringen. Bei der Vorbereitung auf seinen Beruf kommt dem an Nietzsche geschulten Erzieher Dr. Raoul Überbein eine große Bedeutung zu. Klaus Heinrich merkt aufgrund seiner bloß repräsentativen Pflichten bald, daß er eine formale Existenz führt. Die Einheit von Fürst und Volk, die er darstellt, wird durch die Wirklichkeit nicht mehr gedeckt. Er verkommt damit zu einem bloßen Schauspieler, der spielt, was man sehen will.

Die fürstliche Scheinwelt wird durch die Beziehung zu Imma Spoelmann in aller Deutlichkeit bloßgelegt. Als Tochter eines reichen amerikanischen Geschäftsmannes führt sie in ihrer Liebe zu Klaus Heinrich diesen zurück zur Realität. Zentral ist dabei, daß Klaus Heinrich sich »wirkliches« Wissen durch das Studium von wirtschaftswissenschaftlicher Fachliteratur aneignet. Durch die Heirat der beiden fließt viel Geld des reichen Vaters in das finanziell vor dem Kollaps stehende Fürstentum, und das Gemeinwesen ist durch die mutige Tat des Helden gerettet. Die Einheit von Fürst und Staat wird durch das aktive Handeln wiederhergestellt, und durch das Zusammengehen von »Hoheit und Liebe« ist für Klaus Heinrich auch der Gegensatz von Geist und Leben aufgehoben. Erwähnt werden muß, daß unter der märchenhaften Oberfläche der Geschichte zentrale Elemente der Philosophie Nietzsches und der Kunstproblematik des Ästhetizismus liegen.

Der Tod in Venedig.

München: Hyperionverlag, 1912. – Vorabdruck in: Die neue Rundschau 1912.

Thomas Manns wohl wichtigste Novelle markiert kurz vor dem Ersten Weltkrieg eine bedeutende Weiterentwicklung in seinem Werk. *Der Tod in Venedig* stellt seine Auseinandersetzung mit der literarischen Strömung der Neuklassik dar, die ein Primat der strengen Form forderte. Der Gegensatz von Kunst und Leben wird hier auf eine neue und zukunftsweisende Art gestaltet. Die Novelle ist vor allem eine Absage an die Haltung der reinen Form, die in der Geschichte des Helden Gustav von Aschenbach dem Leser in aller Drastik erzählt wird.

Der Schullesebuchautor Aschenbach, der zu seinem 50. Geburtstag geadelt wurde, befindet sich in einer existentiellen Krise. Seine literarische Produktion stockt. Der Erzähler bringt dies auf subtile Weise mit einer immer stärkeren Hinwendung zum Klassischen und einem übermäßigen Erstarken des Schönheitssinnes auf Kosten des Sittlichen und Moralischen zusammen. Aschenbach reist nach Venedig, weil er sich von einem Ortswechsel einen produktiven Schub verspricht. Auf der Reise zeigt sich ein grundlegendes Strukturprinzip des Textes. Der realistischen Geschichte ist ein Konstrukt von Anspielungen unterlegt, die ihren Sinn aus der antiken Mythologie beziehen. So finden sich gleich zu Beginn und auf dem Schiff Todesfiguren, die leitmotivartig auch im weiteren Verlauf der Geschichte an zentralen Handlungspunkten in das Geschehen integriert sind. In Venedig erweist sich das Wetter als äußerst schlecht. Aschenbach denkt an Abreise, zumal sich auch während der Fahrt die Hindernisse und Unannehmlichkeiten gehäuft hatten.

Die Wende bringt der schöne Polenjunge Tadzio, der ihm schon am Abend der Ankunft flüchtig aufgefallen war und dann am Strand als Eros gefeiert wird. Es ist der Blick des Künstlers auf die schöne Form, der zu Beginn dominiert. Er läßt sich aber nicht durchhalten. Mehr und mehr findet die Auflösung des nur durch die Form gestützten Schönheitskultes statt. Aschenbach verliebt sich in den jungen Polen, und das Homoerotische spielt immer stärker in den Text hinein. Auch hier findet sich wieder die Spiegelung in der antiken Mythologie. So wird als Vorbild das Verhältnis zwischen Sokrates und seinem Schüler Phaidros nahegelegt.

Auf der realistischen Erzählebene hat das Geschehen wenig von antiker Verklärung an sich. Aschenbach verfällt dem jungen Mann zusehends. Dabei bleibt er auf Distanz. Seine Versuche, Tadzio anzusprechen, was vielleicht die magische Wirkung des nur aus der Ferne Begehrten beendet hätte, bricht er ab. Die Warnung eines englischen Reisebüroangestellten vor der Cholera, die sich in Venedig ausbreitet, schlägt er in den Wind. In der darauffolgenden Nacht hat er einen Traum, der auf den Mythen um Dionysos basiert. Darin spiegelt sich der eigene Untergang voraus. Er selbst, so der Erzähler, »kostete Unzucht und Raserei des Untergangs«. Aschenbach läßt sich die Haare färben sowie kosmetisch verjüngen. Er durchstreift, trotz Warnung, die Gassen von Venedig und infiziert sich. Er stirbt im Stuhl am Strand im Angesicht Tadzios. Auch der Schluß bringt ein letztes Mal das Geschehen und die antiken Vorlagen zusammen. »Ihm war aber, als ob der bleiche und liebliche Psychagoge dort draußen im lächle, ihm winke; als ob er, die Hand aus der Hüfte lösend, hinausdeute, voranschwebe ins Verheißungsvoll-Ungeheure. Und, wie so oft, machte er sich auf, ihm zu folgen.«

Auch *Der Tod in Venedig* hat in der Philosophie Nietzsches sein Fundament. Speziell die *Geburt der Tragödie* ist von Bedeutung. Aschenbach ist der apollinische Künstler, der meint, sich gegen das Irrationale, das Erotische panzern zu können. Er muß sterben, damit sein Autor weiterleben kann, um den dionysischen Weg einzuschlagen. Einen Weg, der das Grausame und Böse integriert, weil er es als den Urgrund aller Kultur erkannt hat.

Betrachtungen eines Unpolitischen.

Berlin: S. Fischer, 1918.

Der Titel dieses »Riesenessays« ist glänzend gewählt. Einer, der sich bis zum Ausbruch des Ersten Weltkrieges 1914 nie um Politik gekümmert hat, tut das in diesem Buch. Und er tut es auf eine problematische Art und Weise. Thomas Mann hat dies später auch so gesehen und die reaktionärsten Teile der *Betrachtungen eines Unpolitischen* in der zweiten Auflage von 1922 getilgt.

Das Buch lebt von einem zentralen Gegensatz. Da ist auf der einen Seite die deutsche Tiefe, die nicht in den sozialen und ökonomischen Äußerlichkeiten zu finden ist, sondern die spezifische Form der Gemeinschaft herausgebildet hat. In diesem Sinne ist der Obrigkeitsstaat für Thomas Mann die dem deutschen Wesen angemessene Staatsform. Dagegen setzt er die westlichen Demokratien Amerika, England und vor allem Frankreich. Hier dominiert seiner Ansicht nach das Gesellschaftliche, der Glaube an die Verbesserung des Menschen durch die Institutionen, die äußeren Veränderungen. Das Urmodell dieser Weltsicht liegt in der Französischen Revolution vor. Diesen Gegensatz sieht Thomas Mann in gewandelter Form auch im Ersten Weltkrieg, und er bestimmt seine oftmals polemische Argumentation. Als zentrale Zeugen führt er etwa Schopenhauer, Nietzsche, Wagner und Dostojewski ins Feld. Das Buch trug entscheidend dazu bei, daß Thomas Mann in den ersten Jahren der

Weimarer Republik einer der prominentesten Sprecher der konservativen Republikgegner wurde.

Die *Betrachtungen eines Unpolitischen* sind aber mehr als eine zeitgebundene politische Streitschrift. Die bleibenden Teile enthalten das ästhetische Credo Thomas Manns, so finden sich ausführliche Passagen über die Ironie als wichtige Basis seiner Kunst. Auch eine Darstellung seines bisherigen Lebens und Werkes, einschließlich der Benennung der geistigen Grundlagen und Einflüsse, gehört zu den wichtigen Teilen des Essays.

Der Zauberberg. Roman.

2 Bde. Berlin: S. Fischer, 1924.

Der Roman entstand zwischen 1912 und 1922, umfaßt also die Zeitenwende vom Wilhelminischen Reich über den Ersten Weltkrieg, die Revolution von 1918/19 bis hin zur sich konstituierenden Weimarer Republik.

Alles das hat seinen Niederschlag in der Geschichte des schlichten und mehrmals mittelmäßig genannten Helden Hans Castorp gefunden. In Hamburg aufgewachsen, bricht dieser im Jahre 1907 nach Davos auf, um seinen an Lungentuberkulose erkrankten Vetter Joachim Ziemßen für drei Wochen zu besuchen. Aus den drei Wochen werden schließlich sieben Jahre, die er auf dem verzauberten Berg verbringt.

Zu Beginn des Aufenthaltes ist ihm alles fremd bei denen »hier oben«, und er vermißt die Abwechslungen des »Flachlandes«. Später verfällt er dann immer mehr der Faszination der Bergwelt, die mit vielerlei Anspielungen auf die Hadeswelt der Antike, den Hexenberg in Goethes *Faust* und vor allem den Venusberg in Wagners *Tannhäuser* aufgeladen wird. Eine zentrale Rolle dabei spielt Madame Chauchat, eine reiche Russin, in die sich Hans Castorp verliebt. Am Ende des ersten Romanteils, in der Walpurgisnacht, kommt es zur einzigen Liebesnacht. Am nächsten Tag verläßt Madame Chauchat Davos, und Hans Castorps nachfolgender Aufenthalt ist wesentlich vom Warten auf ihre Rückkehr geprägt.

Der Zauberberg wird von zwei Handlungslinien bestimmt. Da ist zum einen die des Bildungsromans. Hans Castorp, der als Ingenieur ein rein auf das Technische ausgerichtetes Wissen besitzt, entwickelt unter dem Einfluß von drei zentralen Erzieherfiguren ein humanistisches Menschenverständnis.

Schon ganz früh, in den ersten Tagen seines Aufenthaltes in den Bergen, trifft er Lodovico Settembrini, einen italienischen Literaten. Settembrini vertritt die Position des europäischen Aufklärers, für den die Französische Revolution von 1789 und der italienische Befreiungskampf unter Garibaldi und Mazzini im 19. Jh. die Fixpunkte eines fortschrittlichen Geschichtsbildes sind. Als Schriftsteller ist Settembrini mit der europäischen Geistes- und Kulturgeschichte glänzend vertraut. Die morbide Sanatoriumswelt, die er für dekadent und menschenfeindlich erachtet, lehnt er ab. Immer wieder macht er daher den Versuch, Hans Castorp zu einer Rückkehr ins Flachland, zu Arbeit und Verantwortung zu bewegen.

Daß seine Bemühungen vergeblich bleiben, liegt auch an seinem Gegenspieler, dem Ex-Jesuiten Leo Naphta. Dessen diametral entgegengesetzte Weltanschauung stellt eine Mischung aus unterschiedlichsten Elementen dar, die aber alle einen antidemokratischen Grundgestus haben: Mittelalterbegeisterung, Jesuitentum, Sympathie mit der kommunistischen Wirtschaftspolitik vereinigt er mit der Hinwendung zu der in den zwanziger Jahren hochaktuellen Lehre von der Konservativen Revolution. Naphta ist ein Dialektiker von hohen Graden, der aus den Diskussionen mit Settembrini meistens siegreich hervorgeht, weil er den zu emotional agierenden Italiener argumentativ in die Enge treibt. Von ihm lernt Hans Castorp die der Aufklärungslinie entgegenstehenden Tendenzen der europäischen Geistesgeschichte kennen: das Mittelalter, die Romantik, einen anderen, kritischeren Blick auf die Antike und schließlich die revolutionären Tendenzen der Gegenwart, die die republikanischen Kräfte von links und rechts bedrängen. Naphtas Denken ist unter anderem von Schopenhauer, Nietzsche und Spengler beeinflußt. Hans Castorp steht zwischen den beiden Erziehern, schließt sich aber keinem der beiden an, da er ihre Positionen als zu einseitig und überzogen erkennt.

Eine, wenn auch problematische, Synthesefigur stellt Mynheer Peeperkorn dar, der erst im letzten Drittel des Romans auftritt. Gemeinsam mit Madame Chauchat kommt der an Malaria erkrankte reiche Holländer in das Sanatorium und wird aufgrund seines wuchtigen und repräsentativen Auftretens dort zur beherrschenden Figur. Obwohl er ihnen intellektuell nicht das Wasser reichen kann, »verzwergen« Naphta und Settembrini in seiner Gegenwart. Peeperkorn vereinigt lebensphilosophische Züge mit Anspielungen auf die Christus-Figur. So gibt es ein großes nächtliches Gelage im Sanatorium, das an Jesus und seine zwölf Jünger erinnert. Berühmt geworden ist die Figur, weil sie in einigen Teilen Gerhart Hauptmann nachgezeichnet ist, mit dem Thomas Mann in den beiden letzten Jahren der Arbeit am *Zauberberg* mehrmals gemeinsam Ferien gemacht hatte.

Der aufwärtsweisende Strang des Bildungsromans kulminiert im Kapitel »Schnee«. Nach mancherlei botanischen und biologischen Studien, die in einem eigenen Kapitel »Forschungen« detailliert beschrieben werden, macht sich Hans Castorp auf einen verbotenen Skiausflug in die verschneite Bergwelt. Er verirrt sich und findet vor einem hereinbrechenden Schneesturm Schutz an einer Hütte. Ein Schluck Portwein versetzt ihn in einen Tiefschlaf, und er träumt seine Vision vom Menschen. Da sind auf der einen Seite die Sonnenleute, heitere und freundlich miteinander umgehende junge Männer und Frauen unter südlicher Sonne. Dieses Leben aber ist nur möglich im Angesicht des Tempels, der hinter dieser Szenerie auftaucht und in dessen Inneren zwei im Heimatdialekt Hans Castorps sprechende Hexen ein kleines Kind zerreißen und verzehren. Der Bildertraum mündet in einen Gedankentraum, der die Lehre in Form des einzigen kursiv gesetzten Satzes im Roman zieht: *»Der Mensch soll um der Güte und Liebe willen dem Tode keine Herrschaft einräumen über seine Gedanken«*.

Hier kommt dann die zweite Strukturlinie ins Spiel. Denn Hans Castorp ist nicht in der Lage, diesen Satz zu leben, sich im Sanatorium ihm gemäß zu verhalten. Nach der Rückkehr von seinem Schneeausflug in die hochzivilisierte Welt des »Berghofs« vergißt er den Traum sehr schnell. Dies weist auf die Verfallslinie hin. Speziell nach dem Tode Mynheer Peeperkorns – er bringt sich mit Gift um, als die Krankheit ihn so weit geschwächt hat, daß er seinen Mannespflichten gegenüber Madame Chauchat nicht mehr nachkommen kann – verfällt Hans Castorp immer mehr dem geistlosen Trott der übrigen Sanatoriumsbewohner. Ihnen ist es vor allem darum zu tun, die Zeit totzuschlagen mit Patiencen, okkultistischen Sitzungen und dümmlichen Spielen.

Das Geschehen spitzt sich zu. Naphta treibt den Streit mit Settembrini so weit, daß beide sich duellieren. Settembrini schießt absichtlich vorbei, worauf sich der Jesuit mit einem Kopfschuß selbst tötet.

Hans Castorp ist dem Flachland, dem tätigen Leben entfremdet worden. Diese Linie kulminiert im Kapitel »Fülle des Wohllautes«. Hier hört Hans Castorp nachts, wenn alle anderen schlafen, seine fünf Lieblingsplatten. Schuberts Lied *Am Brunnen vor dem Tore* wird dabei zum Inbegriff der todbringenden Romantik, der er verfallen ist. Zentral ist hier die Formel von der »Selbstüberwindung«, die vom Erzähler gebraucht wird. Gemeint ist damit, daß einer den Verfall, die Gefährdung durch Tod und Romantik, bis zur bitteren Neige erlebt haben muß, um sie in Richtung Leben überwinden zu können. Nietzsche ist hier für Thomas Mann der Orientierungsmaßstab. Deutlich wird diese schwache Hoffnung, die der Roman kennt, noch einmal am Schluß. Erst der Donnerschlag des Ersten Weltkrieges vermag den Bann zu lösen und Hans Castorp vom verzauberten Berg hinunter ins Flachland zu befördern. Vom Bahnhof aus, vom inzwischen schwerer erkrankten Settembrini verabschiedet, zieht er in den Krieg. Die letzte Szene des Romans zeigt ihn zusammen mit Tausenden von Kameraden bei einem Sturmangriff, der viele Opfer kostet. Der Erzähler läßt offen, ob Hans Castorp überlebt: »Abenteuer im Fleische und Geist, die deine Einfachheit steigerten, ließen dich im Geist überleben, was du im Fleische wohl kaum überleben sollst.« Als er dem Leser aus dem Blick gerät, hat er allerdings Schuberts Lied *Am Brunnen vor dem Tore* auf den Lippen.

Unordnung und frühes Leid. Novelle.

Berlin: S. Fischer, 1926. – Vorabdruck in: Die neue Rundschau 1925.

Wenn man dem Verhältnis Thomas Manns zur Geschichte nachgehen will, beginnt man am besten mit einem Blick auf den Geschichtsprofessor Cornelius, den Helden der kleinen Novelle *Unordnung und frühes Leid*, die 1925 nach der Beendigung des *Zauberbergs* entstanden ist.

Die Novelle spielt in den Revolutionswirren von 1919. Sie ist geprägt von unsicherer Nachkriegszeit, Inflation und dem Gegensatz zwischen Alt und Jung. Die Unordnung bricht ins Haus des Professors, als die älteren Kinder, die achtzehnjährige Ingrid und der siebzehnjährige Bert ein Fest geben. Das frühe Leid kommt zum Ausbruch, als sich das Kindchen Lore, die Lieblingstochter des Professors, in einen der Gäste verliebt. Alles kehrt sich am Ende zum Guten. Der Diener Xaver sorgt dafür, daß Max Hergestell, der Gegenstand der frühen Liebe, ans Bett des Kindes kommt und ihm eine gute Nacht wünscht.

Es ist insgesamt eine für Thomas Mann sehr optimistische Geschichte, die leichter und harmonischer ist als viele andere seiner Erzählungen. Von Bedeutung für das Gesamtwerk sind vor allem die Gedanken zur Geschichte, da sich in ihnen viel Autobiographisches findet. Thomas Mann reflektiert auf diese Weise den radikalen Umbruch vom Wilhelminischen Reich hin zur Deutschen Revolution und der Weimarer Republik. Wenn es aber über die Geschichtsprofessoren heißt, »daß sie die gegenwärtige Umwälzung hassen, weil sie sie als gesetzlos, unzusammenhängend und frech, mit einem Worte, als ›unhistorisch‹ empfinden, und daß ihr Herz der zusammenhängenden, frommen und historischen Vergangenheit angehört«, dann markiert Thomas Mann damit einen Standpunkt, den er 1925 bereits hinter sich gelassen hat.

Mario und der Zauberer. Ein tragisches Reiseerlebnis.

Berlin: S. Fischer, 1930. – Vorabdruck in: Velhagens & Klasings Monatshefte 1930.

Die Novelle basiert auf einem Ferienaufenthalt der Familie Mann 1926 an der italienischen Adriaküste. Erzählt wird die Geschichte eines Badeurlaubs, der zu Beginn von einer schlechten Unterkunft, später vom latent fremdenfeindlichen Betragen der italienischen Umgebung empfindlich gestört wird. Dennoch reist man nicht ab. Die Begründung des Erzählers weist auf eine repräsentative Bedeutung der Novelle: »Soll man ›abreisen‹, wenn das Leben sich ein bißchen unheimlich, nicht ganz geheuer oder etwas peinlich und kränkend anläßt? Nein doch, man soll bleiben, soll sich das ansehen und sich dem aussetzen, gerade dabei gibt es vielleicht etwas zu lernen.«

Die Handlung spitzt sich zu, als der Zauberer Cipolla auftritt, der in seiner Person »das eigentümlich Bösartige der Stimmung« zum Ausdruck bringt. Cipolla ist ein häßlicher, zudem kranker Mann, dem es aber durch eine gewaltige Willensanstrengung gelingt, stark zu sein und durch seine hypnotischen Fähigkeiten italienische wie deutsche Feriengäste in seinen Bann zu ziehen. Auch der Erzähler kann sich teilweise der Macht seiner Persönlichkeit nicht entziehen. In Cipolla kreuzen sich eine aktuelle Position Thomas Manns und ihre im Werk weit zurückreichende Herleitung. So kann man den Zauberer, gerade in der Endphase der Weimarer Republik und zur Zeit des italienischen Faschismus Mussolinis, als politische Führerfigur, als Massenverführer verstehen. Zugleich steht er aber in einer Reihe jener Helden Thomas Manns, die vom Heroismus der Schwäche geprägt sind. Er ist dann einer, der gegenüber dem Leben zu kurz gekommen ist und sich nun am Leben rächt. Erst die ausdrücklich als Befreiung empfundene Tat eines tief verletzten Menschen vermag die suggestive Wirkung dieses Psychologen zu durchbrechen. Der hypnotisierte Kellner Mario küßt den Zauberer, weil er glaubt, seine Freundin vor sich zu haben, und erschießt ihn, als er erkennt, was er getan hat.

Joseph und seine Brüder.

Die Geschichten Jaakobs. Berlin: S. Fischer, 1933. – Der junge Joseph. Ebd. 1934. – Joseph in Ägypten. Wien: Bermann-Fischer, 1936. – Joseph, der Ernährer. Stockholm: Bermann-Fischer, 1943. – Erste Gesamtausgabe u. d. T.: Joseph und seine Brüder. Ebd. 1948.

Exakt muß man von einem vierteiligen Romanzyklus sprechen, der 1948 erstmals in einer dreibändigen Ausgabe erschien. Vorangegangen waren die Einzelbände *Die Geschichten Jaakobs* (1933), *Der junge Joseph* (1934), *Joseph in*

Ägypten (1936) und *Joseph, der Ernährer* (1943). Die lange Entstehungsgeschichte hat einen äußeren und einen inneren Grund. Da war zum einen das Exil. Begonnen wurde die sechzehnjährige Arbeit in München, fortgesetzt in Sanary-sur-Mer, Küsnacht und Princeton, zu Ende gebracht im kalifornischen Pacific Palisades. Eingeschoben wurde der Goethe-Roman *Lotte in Weimar* (1939). Dieser zeithistorische Kontext kommt in Ernst Blochs Bemerkung zum Ausdruck, der Roman stelle das »glücklichste Beispiel einer Umfunktionierung des Mythos« dar. Da war zum anderen die große Zielsetzung, nämlich den Schritt vom »Bürgerlich-Individuellen zum Mythisch-Typischen« zu tun. Daher beschränkte sich Thomas Mann bei seinen Vorarbeiten und der nachfolgenden Realisierung der Geschichte auch nicht auf die rein biblische Überlieferung, sondern bezog Quellen aus der ägyptischen, phönizischen, hellenischen und babylonisch-assyrischen Tradition mit ein.

Das Werk beginnt mit einem essayistischen Einleitungskapitel (»Höllenfahrt«), das die menschheitsgeschichtliche Perspektive herstellt, indem es den Beginn des Geschehens immer weiter in die Vergangenheit verlagert. Am Ende findet sich der Garten Eden angesprochen. Sinn ist es, die Joseph-Zeit schon als eine zivilisatorische Spätzeit für den Leser aufscheinen zu lassen.

Die ersten beiden Bände behandeln vor allem die Lebensgeschichte Jaakobs. Am Anfang steht sein Segensbetrug an seinem Bruder Esau, die daraus resultierende Flucht und Demütigung durch dessen Sohn Eliphas, seine »Haupterhebung« und die Zeit seiner Verbannung bei Laban. Dem dient er vierzehn Jahre, um Rahel, seine Tochter, heiraten zu können. In der Hochzeitsnacht wird er von Laban betrogen, indem dieser ihm im Dunkeln anstelle Rahels ihre häßliche Schwester Lea unterschiebt. Lea ist freilich die fruchtbarere, die ihm auch Ruben, den Erstgeborenen, zur Welt bringt. Rahel, die er dann später doch heiraten kann, bringt erst nach langen Jahren des Wartens Joseph, den Lieblingssohn, zur Welt. Jaakob löst sich aus den Diensten Labans und kehrt zurück in die Heimat, wo er sich mit dem Bruder Esau versöhnt.

Schließlich wird die Jugend Josephs im Lager des Vaters bei Hebron geschildert. Josephs Hochmut und die kritiklose Liebe des Vaters führen immer wieder zu Konflikten mit den Brüdern, die schließlich eskalieren. Die Brüder prügeln ihn vermeintlich zu Tode und werfen ihn in einen Brunnen. Dem Vater bringen sie das blutige Kleid als Beweis dafür, daß er von wilden Tieren zerrissen worden ist. Joseph erlebt aber seine erste Erhebung und wird von ismaelitischen Händlern aus dem Brunnen befreit und mit nach Ägypten genommen.

Von Beginn an, auch als er noch ganz in den narzißtischen Ideen der Jugend verstrickt ist, wird Joseph, in Fortführung der Figur des Hans Castorp aus dem *Zauberberg*, als Synthesefigur begriffen. Während der bürgerliche Held aber nur Vorahnungen der Synthese haben konnte, da er als mittelmäßiger Charakter angelegt war, ist Joseph von Beginn an auf Größeres vorbereitet. Darauf weist seine Lieblingsidee hin, »das Zusammenwohnen von Körper und Geist, Schönheit und Weisheit und das wechselnde einander verstärkende Bewußtsein beider«.

Die letzten beiden Bände konfrontieren zwei grundverschiedene Welten. Das ist auf der einen Seite die patriarchalische Welt eines seit Abraham an den einen Gott glaubenden auserwählten Volkes. Dagegen erfährt Joseph die zivilisatorisch viel fortgeschrittenere, kosmopolitisch-aufgeklärte Zivilisation des alten Ägyptens mit seinen vielen Göttern. Im Widerspruch zum größten Teil der Bibelwissenschaft, die einen früheren Zeitpunkt annimmt, verlegt Th. Mann Josephs Zeit in Ägypten auf das Ende der 18. Dynastie, in die Herrschaftszeit Amenhoteps III. (1411–1375 v. Chr.) und Amenhoteps IV. (1375–1352 v. Chr.). Joseph wird von den Ismaeliten als Sklave an Potiphar, einen Groß-Eunuchen des Pharaos verkauft. Durch seine Klugheit und Geschicklichkeit in allen Fragen der Wirtschaft steigt er bis zum Hausverwalter des weitverzweigten Anwesens auf. Das erneute »In-die-Grube-Fahren« erfolgt, als ihm die Gattin des Hausherrn, Mut-em-enet, Vertreterin des ägyptischen Hochadels und jungfräuliche »Mondnonne« des Staatsgottes Amun-Rê, nachstellt. Die unterdrückte Sexualität, die darin zum Ausdruck kommt, wird von Thomas Mann, ausgehend von der *Genesis*, mit eigenen Anschauungen subtil verknüpft. Zum einen zeigt der Roman hier, wie die Theorien Freuds die Literatur des 20. Jh.s beeinflußt haben. Zum anderen baut Thomas Mann, in einer Art Geheimtext, die eigenen homophilen Erfahrungen mit Paul Ehrenberg im München der Jahrhundertwende in den Roman ein. Ein Vergleich mit den Tagebüchern zeigt, daß er Mut-em-enet Liebesworte in den Mund legt, die er gegenüber dem Freund fast ein halbes Jahrhundert zuvor benutzt hatte.

Joseph verschmäht die Frau seines Herrn. Diese denunziert ihn daraufhin, und es folgt die Bestrafung im Inselgefängnis Zawi-Rê. Aber auch aus dieser Grube fährt Joseph wieder auf, denn es kommt ihm seine erstaunliche Fähigkeit als Traumdeuter zu Hilfe. So deutet er dem Pharao den Traum von den sieben fetten und den sieben mageren Kühen dergestalt, daß in den sieben fruchtbaren Jahren Vorsorge getroffen, das Korn zentral gesammelt und verwaltet werden muß, damit in den sieben Dürrejahren genügend Nahrung für alle vorhanden ist. Die Begegnung Josephs mit dem Pharao ist eine Schlüsselszene des Romans, denn hier findet sich auch Wesentliches zur theologischen Lehre. In dem Aufeinandertreffen der ägyptischen Sonnengottlehre, die beim Pharao zu einer blutleeren und übermäßigen Verehrung des Lichtes und der Liebe, eben des Geistes geführt hat und seine Handlungsfähigkeit lähmt, und dem von den »Erzvätern« übernommenen Monotheismus Josephs, der in Gott nicht nur das Gute, sondern das Ganze, mithin das Böse und Gute sieht, wandelt sich Atôn zum Herrn des

Atôn, der nicht mehr *am*, sondern *im* Himmel thront. Als sich herausstellt, daß Joseph mit seiner Weissagung recht hatte, wird er gegen die konservativen Kräfte am Hof zum mächtigen Wirtschaftsminister gemacht, zum »Ernährer« Ägyptens.

Am Ende kommt es auch zum Wiedersehen mit der Familie. Jaakob kommt mit seinen Söhnen nach Ägypten, um Korn für die verdorrte Heimat zu holen. Joseph gibt sich dem Vater zu erkennen, der ihn daraufhin segnet und eine zentrale Formel für den »Geist anmutigen Mittlertums« findet, der Joseph auszeichnet: »Sei gesegnet wie du es bist, mit Segen von oben herab und von der unteren Tiefe, mit Segen quellend aus Himmelsbrüsten und Erdenschoß!« Den Stammessegen hatte freilich schon vorher Juda erhalten.

Daß Thomas Mann die kurze Geschichte aus der *Genesis* so ausführlich erzählt, hängt auch damit zusammen, daß es ihm darum zu tun war, den Mythos zu ironisieren, indem immer wieder das Erzählen selbst zum Gegenstand des Erzählens wird. Josephs zentrale Rolle wird dadurch betont, daß er zum Regisseur der Geschichte wird, und am Ende rechtfertigt er den Ausgang des Romans gegenüber seinen Brüdern, die vor ihm niederfallen und ihn um Verzeihung bitten: »Man kann sehr wohl in einer Geschichte sein, ohne sie zu verstehen. Vielleicht soll es so sein, und es war sträflich, daß ich immer viel zu gut wußte, was da gespielt wurde. Habt ihr nicht gehört aus des Vaters Mund, als er mir meinen Segen gab, daß es mit mir nur ein Spiel gewesen sei und ein Anklang?« Der Spielcharakter, die Bedeutung der *Joseph*-Romane als ein Sprachkunstwerk, das weit über das Menschheitsspiel mit den antiken Mythen hinausreicht, ist in der neueren Forschung betont worden. So ist als eine ganz wesentliche Verständnisfolie des Romans das Werk Richard Wagners herausgearbeitet worden. Ohne seinen *Ring*, der nicht zufällig auch tetralogisch angelegt ist, kann der *Joseph*-Roman nicht angemessen gelesen werden.

Lotte in Weimar. Roman.

Stockholm: Bermann-Fischer, 1939.

Zwischen den dritten und vierten Band der Josephstetralogie schob Thomas Mann von 1936 bis 1939 die Arbeit an seinem Goethe-Roman ein. Seit seiner Wende zur Demokratie (*Goethe und Tolstoi*, 1921) hatte er sich immer wieder mit dem Dichter aus Weimar beschäftigt, so auch anläßlich des Goethejahres 1932 (*Goethe als Repräsentant des bürgerlichen Zeitalters*).

In *Lotte in Weimar* geht es auch um zentrale Elemente des eigenen Schaffens, etwa um den Gegensatz von Leben und Kunst, Leben und Geist. Der Roman beginnt mit der Ankunft der Hofrätin Charlotte Kestner, geb. Buff und ihrer Tochter im September 1817 in Weimar. Der Kellner des Hotels »Zum Elefanten« bestaunt die Hofrätin als eine Person, die als Lotte in Goethes *Werther* zu einer Figur der Weltliteratur geworden ist. Wirklichkeit und Dichtung vermischen sich dann auch in der Wahrnehmung der Heldin. Die große Wirklichkeit der Kunst will sich jedoch mit der kleinen und schlechten des Lebens nicht zur Deckung bringen lassen. Auch davon handelt der Roman.

Die Nachricht von der Ankunft Charlottes verbreitet sich schnell im kleinen Weimar. Ehe aber eine Begegnung mit Goethe stattfindet, treffen in mehreren Kapiteln Figuren aus dem Umfeld des Dichterfürsten mit der Hofrätin zusammen. Nach Miss Cuzzle, einer mit Skizzenblock bewaffneten Sammlerin von besonderen Begebenheiten, trifft sie Dr. Riemer, den Sekretär Goethes. Anschließend folgen Adele Schopenhauer und Goethes Sohn August.

Alle diese Treffen haben, romantechnisch gesehen, vor allem einen Zweck: Sie sprechen indirekt von Goethe, führen dem Leser die Figur des großen Dichters vor Augen. Sie machen dabei deutlich, daß Charlotte mit ihren Erwartungen notwendig scheitern muß. Sie ist auf einer Stufe der Lebensentwicklung stehengeblieben, die noch viel mit der

Werther-Zeit, also dem frühen Goethe gemein hat. Über diese Sicht von Leben und Kunst ist der klassische Goethe notwendigerweise hinaus. Goethe wird im zentralen siebten Kapitel in den Roman eingeführt. In einem großen inneren Traum-Monolog vor dem morgendlichen Aufstehen werden zentrale Elemente der Weltanschauung Goethes mit eigenen Erfahrungen Thomas Manns vereint. Speziell was Goethe über die Deutschen sagt, ist an vielen Stellen der Exilerfahrung Thomas Manns geschuldet.

Lottes sehnlichster Wunsch, ein Treffen mit Goethe, geht schließlich in Erfüllung, als sie in das Haus am Frauenplan zum Essen geladen wird. Mit einer leisen Enttäuschung nimmt sie wahr, daß sie nicht allein gebeten worden ist, sondern im Rahmen einer kleinen Gästeschar. Während des Essens bewahrt Goethe eine kühle Distanz. Der Leser empfängt den Eindruck, »daß der große Dichter von ungefähr – und auch wieder nicht von ungefähr – zugleich ein großer Herr war, und daß man diese zweite Eigenschaft nicht als etwas von seinem Genie Verschiedenes, sondern als dessen weltlich-repräsentativen Ausdruck empfand.« Das Persönliche am Ende des Mittagessens trägt tragisch-ironische Züge. Goethe will Lotte den Scherenschnitt von ihrer Familie zeigen. Er läßt eine Mappe kommen, sucht aber dann vergebens, da er mit dem Inhalt offensichtlich nichts anzufangen weiß. Charlotte findet dann das gesuchte Stück, und Goethe, sie und die Gäste starren betreten darauf.

Als Charlottes Aufenthalt ganz in die Bahnen der Normalität einzumünden scheint und sie alle Hoffnung auf eine wirklich intensive Begegnung mit Goethe aufgegeben hat, trifft sie ihn überraschend ein zweites Mal. Das neunte Kapitel beschließt den Roman mit einem nächtlichen Gespräch zwischen Goethe und Charlotte nach einer Theateraufführung. Die Szene changiert zwischen Realität und Traum, und hier wird dann die Frage nach Figur und Modell, nach Lotte in der Dichtung und Charlotte im Leben, nach dem jungen Goethe im blauen Werther-Frack und dem Hofrat zu Weimar, auf der eigentlichen Ebene verhandelt, der von Wirklichkeit und Kunst.

Das Gesetz. Erzählung.

Stockholm: Bermann-Fischer, 1944. [Zuerst in englischer Übersetzung erschienen in: The Ten Commandments. Ten Short Novels of Hitler's War against the Moral Code. New York: Simon and Schuster, 1943.]

Die Erzählung *Das Gesetz* verdankt ihr Entstehen einem gescheiterten Filmprojekt. Zehn bekannte Autoren sollten eine Episode über eines der Gebote und seine Pervertierung durch Hitler schreiben. Aus dem Film wurde dann ein Sammelband, der unter dem Titel *The Ten Commandments* Ende 1943 erschien und auch Thomas Manns Text enthielt.

Die kleine Erzählung behandelt den Auszug der Israeliten aus Ägypten und die Einführung der Zehn Gebote durch Mose. Schon der erste Satz, der die Herkunft Moses beinhaltet, hat programmatischen Charakter: »Seine Geburt war unordentlich, darum liebte er leidenschaftlich Ordnung, das Unverbrüchliche, Gebot und Verbot.«

Die ganze Handlung der Erzählung kann so verstanden werden. Bei der Befreiung der Juden aus der ägyptischen Gefangenschaft wird gemordet und terrorisiert, und die Eroberung von Kadesh wird in allen Einzelheiten als ein Raubkrieg geschildert. Mose selbst hat einen ägyptischen Wachsoldaten getötet und neigt zu Jähzorn und zügelloser Gewaltanwendung. Außerdem ist er ein Sinnenmensch, der gerade deshalb das moralisch Unordentliche bei sich und anderen gelten lassen kann. Auf diese Weise kommt in die nur vordergründig zeitentrückte Geschichte ein aktuelles Moment. Denn jede Fixierung auf die Ordnung, wie sie damals vor allem in der der Nationalsozialisten Thomas Mann vor Augen stand, wird als unsittlich verworfen. Mose ist ein wahrer Führer, weil er in sich die Schwächen der Menschen hat und sie daher auch bei anderen zulassen, in die Ordnung integrieren kann. Für diese Sicht war zweifellos die Orientierung an Michelangelo ausschlaggebend. Am Ende findet sich ein direkter Bezug auf Hitler, wenn Mose angesichts des Tanzes um das Goldene Kalb sein Volk schilt. »Blut wird in Strömen fließen um seiner schwarzen Dummheit willen«, heißt es, und es ist die Rede davon, daß »der Schurke« gefällt werden müsse.

Doktor Faustus. Das Leben des deutschen Tonsetzers Adrian Leverkühn erzählt von einem Freunde.

Stockholm: Bermann-Fischer, 1947.

Das Leben Adrian Leverkühns wird von seinem Freund Serenus Zeitblom erzählt. Zeitblom nimmt seine Niederschrift 1943 auf und endet 1945 mit der Kapitulation Deutschlands.

Adrian wächst in der Mitte Deutschlands auf einem Bauernhof heran. Das Interesse des auffallend intelligenten Jungen ist auf die sonderbaren chemisch-physikalischen Studien seines Vaters gerichtet, die eine besondere Faszination auf ihn ausüben. Zum Besuch der Schule zieht Adrian nach Kaisersaschern. Hier entwickelt sich sein leidenschaftliches Interesse für die Musik, das ganz im Gegensatz zu seinem eher kühlen Wesen steht. Hier hört er auch die Ausführungen seines Musiklehrers Wendell Kretzschmar über Musik. Trotz seiner Begeisterung für die Musik und erster eigener Kompositionen nimmt Adrian zunächst ein Theologiestudium in Halle auf.

Die spätere Hinwendung Adrians zur Musik erfolgt dann voller Zweifel, da er erkannt zu haben glaubt, daß das musikalische Material der Vergangenheit ausgeschöpft und verbraucht sei und der Künstler es lediglich parodieren könne. Adrian ist zu stolz, mit den überlieferten Formen lediglich zu spielen, er sucht verzweifelt nach neuen Möglichkeiten künstlerischen Ausdrucks und schließt – wie im mittelalterlichen Faust-Buch vorgeprägt – einen Pakt mit dem Teufel. Ein mephisto-ähnlicher Fremdenführer leitet ihn in Leipzig anstatt in einen Gasthof in ein Bordell. Dort trifft Adrian auf ein Mädchen, das er nach dem Schmetterling »Hetaera Esmeralda« nennt. Er folgt ihr nach Preßburg und verbringt mit ihr die Nacht, obwohl sie ihn vor ihrem kranken Körper warnt. Die blutige Unterzeichnung des Teufelspaktes wird im Roman durch Adrians bewußte Ansteckung mit der Syphilis ersetzt. Hier folgt Thomas Mann der Biographie Nietzsches. Adrian siedelt hierauf nach München um, wo er in den illustren Salons seiner Zeit verkehrt. Adrian und Serenus befreunden sich mit den Senatorentöchtern Clarissa und Ines Rodde, deren Schicksal dem der Schwestern Thomas Manns, Carla und Julia, nachempfunden ist. Adrians Freundschaft mit dem begabten jungen Geiger und »eifrigen Salonbesucher« Rudi Schwerdtfeger wird von Serenus Zeitblom eifersüchtig überwacht, scheint es doch seine außergewöhnliche Vertrautheit mit Adrian abzuschwächen.

Die endgültige Besiegelung des Teufelspaktes trägt sich ein paar Jahre später im italienischen Palestrina zu. Der Preis für die künstlerische Inspiration ist das Liebesverbot, dem sich Adrian zu unterwerfen hat. Aus Italien zurückgekehrt, läßt er sich in Pfeiffering im bayrischen Waldshut nieder, wo er von der Welt zurückgezogen bis zu seinem Tod lebt. 1914 ist Serenus Zeitblom der einzige aus seinem Münchner Freundeskreis, der an die Front zieht. Zunächst euphorisch, erkennt er bald den Wahnsinn und die Unmenschlichkeit des Krieges und kehrt 1915 nach Bayern zurück, wo er sich mit seiner Ehefrau Helene in der Nähe Adrians, in Freising, niederläßt. Zu dieser Zeit heiratet Ines Rodde den labilen Helmut Institoris, einen ästhetisierenden Nietzscheaner, den sie kurze Zeit nach der Eheschließung mit Rudi Schwerdtfeger betrügt.

Als der Erste Weltkrieg zu Ende geht, nimmt Adrian die Arbeit an seinem Werk »Apocalipsis cum figuris« auf, dessen Entstehungszeit von menschlichen Tragödien und Katastrophen begleitet wird: Clarissa Rodde begeht Selbstmord, da der Gegensatz zwischen Bühne und Leben für sie unüberbrückbar geworden ist, ihre Schwester Ines ist nach dem Ende ihres Liebesverhältnisses mit Rudi Schwerdtfeger morphiumsüchtig geworden. Auch hat sich ein Wandel in der Gesellschaft vollzogen: Die Diskussionen, die sich in München um einen gewissen Sixtus Kridwiß entspinnen, werden zunehmend von irrational-revolutionär gefärbten Ideologien beherrscht, und der Ästhetizismus erweist sich als »Wegbereiter der Barbarei«.

1923 scheitert der Versuch des jüdischen Impressarios Saul Fitelberg, Adrian von Pfeiffering »in das Leben« zurückzuholen, statt dessen beginnt Adrian die Komposition eines Violinenkonzertes für seinen Freund Rudi Schwerdtfeger. Als dieses Konzert in Zürich aufgeführt wird, lernt Adrian die »liebliche« Marie Godeau kennen und beschließt, sie zu heiraten. Als Brautwerber schickt er seinen Freund Rudi Schwerdtfeger, der als »Fanatiker des Flirts« die Situation für sich nutzt. Die verzweifelte Ines Institoris erschießt ihn darauf in der Münchner Tram der Linie 10.

Adrian befindet sich in einer tiefen Schaffenskrise und nimmt erst nach dem Tode seines Vaters 1927 zunächst mit Kammermusik das Komponieren wieder auf. In dieser Zeit entsteht sein Hauptwerk, die symphonische Kantate »Dr. Fausti Weheklag«, von Adrian selbst als die »Zurücknahme der Neunten Symphonie« Beethovens bezeichnet. Die Entstehung dieses Werkes ist überschattet vom Tod seines Neffen Echo, der an einer Meningitis qualvoll zugrunde geht. So endet seine Symphonie mit dem Lied an die Trauer. In dieser Musik und ihrer Interpretation durch den Freund Serenus Zeitblom kommt die Gleichung zwischen dem Pakt mit dem Teufel und dem Münden der deutschen Geschichte in den Nationalsozialismus auf ihren künstlerischen Gipfelpunkt. Als Adrian seinen Freunden am Klavier aus »Dr. Fausti Weheklag« vorspielen will, erleidet er einen paralytischen Schock und fällt in geistige Umnachtung, aus der er bis zu seinem Tod im Jahre 1940 nicht mehr erwacht.

Der Roman löste bei seinem Erscheinen eine lebhafte Debatte aus, die sich um das Verhältnis der in Deutschland gebliebenen Schriftsteller zu den Autoren des Exils drehte. Man warf Thomas Mann vor, er schreibe über Dinge, von denen er nichts verstehe, da er sie nicht miterlebt habe. Er hat dem vehement widersprochen und als zentrales Argument für sein »Deutschsein« den *Doktor Faustus* ins Feld geführt.

1949 erschien im Bermann-Fischer Verlag (Amsterdam) Thomas Manns umfangreicher Bericht *Die Entstehung des Doktor Faustus. Roman eines Romans*. An seine amerikanische Gönnerin Agnes E. Meyer schrieb Thomas Mann am 6. September 1949: »Seit einigen Wochen schon schreibe ich an einem autobiographischen Bericht über die Entstehungsgeschichte des Romans in den Jahren 1943–46 mit allen persönlichen und weltgeschichtlichen Ereignissen, die die Arbeit begleiteten.« Bei den weltgeschichtlichen Ereignissen handelt es sich besonders um das Ende des Zweiten Weltkrieges, das, was die Schreibzeit angeht, so ziemlich in der Mitte der Arbeit am Roman liegt. Thomas Mann begann mit den vorbereitenden Arbeiten zum Roman am 15. März 1943. »Durchsicht alter Papiere nach Material für Dr. Faust« – zitiert er sein Tagebuch. Auch der Abschluß der Arbeit 1947 ist genau datiert: »Am 29. Januar vormittags schrieb ich die letzte Zeile des ›Doktor Faustus‹, wie ich sie längst im Sinn getragen.« Die sich zuspitzende finale Katastrophe des Dritten Reiches wird anhand der Berichte über die Kriegsereignisse genauestens registriert und in den Roman hineinkomponiert.

Die persönliche Ebene in der Entstehungsgeschichte resultiert vor allem aus zwei Elementen: zum einen aus dem großen Anteil, den Theodor W. Adorno an der Entstehung des Romans hatte. Thomas Mann beschreibt die ausführlichen Gespräche mit Adorno, dessen Verständnis für die Grundkonzeption des Werkes und die Hilfe bei der Herstellung von »Einzel-Genauigkeiten«. Zum anderen werden die Krankheit Thomas Manns, die Lungenoperation im Billings Hospital zu Chicago und vor allem die schnelle und vollständige Genesung schließlich in einen direkten Bezug zum Werk gebracht: »hatte es nicht alles ein heimliches Wozu?, stand es nicht in dessen Dienst, und brachte ich es nicht aus dem Unbewußten auf, um hinzugehen und *dies* fertigzumachen?«

Der Erwählte. Roman.

Frankfurt a. M.: S. Fischer, 1951.

Der Roman steht in einem zeitlichen und inhaltlichen Zusammenhang mit dem *Doktor Faustus*. Erzählt wird die Geschichte vom Papst Gregor schon von Adrian Leverkühn, der daraus eine Puppenoper macht. Seine Quelle war noch die mittelalterliche Legendensammlung *Gesta Romanorum*. Dem *Erwählten* liegt die mhd. *Gregorius*-Dichtung von Hartmann von Aue zugrunde.

Der Mönch Clemens erzählt die folgende Geschichte: Nach dem Tod ihrer Eltern leben die Herzogszwillinge Wiligis und Sibylla in einer verbotenen Ehe. Als Sibylla schwanger wird, vertrauen sie sich ihrem »maitre de courtoisie« an. Der Bruder geht auf Bußfahrt zum Heiligen Grab und stirbt alsbald. Das aus dem Inzest hervorgehende Kind wird in einem Faß auf dem Meer ausgesetzt. Wertvolle Stoffe, Geld und eine Tafel mit der Schilderung seiner Herkunft werden ihm mitgegeben. Der Säugling gelangt auf eine Insel, wo der Abt des Klosters für ihn sorgen läßt, ohne das Geheimnis seiner Herkunft zu verraten. Der Junge, vom Abt Gregorius getauft, erhält Unterricht und unterscheidet sich durch Aussehen und Fähigkeiten sehr bald von seinen vermeintlichen Geschwistern. Die Pflegemutter deutet schließlich das Geheimnis seiner Herkunft an, so daß Gregorius den Abt drängt, bis dieser ihm die Wahrheit seiner Geburt mitteilt. Der junge Mann begibt sich daraufhin auf die Suche nach seinen Eltern. Nach siebzehntägiger Fahrt erreicht er Brügge, dessen Königin seit Jahren von einem Bewerber, dem sie das Jawort nicht geben will, belagert wird. Gregorius erschlägt den Peiniger im Zweikampf und gewinnt daraufhin die Königin zur Frau, mit der er eine sehr glückliche Ehe führt. Kurz bevor die zweite Tochter geboren wird, entdeckt Gregorius, daß er seine eigene Mutter geheiratet hat. Der Roman stellt dies aber nicht ausschließlich als eine Überraschung dar. In Sibyllas Worten: »Tief unten aber, wo still die Wahrheit wohne, da habe es gar keine Täuschung gegeben, vielmehr sei ihr da die Einerleiheit bekannt gewesen, gleich auf den ersten Blick und unwissentlich-wissend, habe sie das eigene Kind zum Manne genommen.« Wie stark Thomas Mann hier die Erkenntnisse der Tiefenpsychologie seiner Zeit in die moderne Nacherzählung der Legende mit aufgenommen hat, macht auch das Bekenntnis von Gregorius deutlich: »Das Maß der Sündhaftigkeit ist strittig vor Gott, um so mehr, als dein Kind dort, wo die Seele keine Faxen macht, ebenfalls recht gut wußte, daß es seine Mutter war, die es liebte.«

Gregorius verläßt Frau und Kind sofort, um unerhörte Buße zu tun. Er kann einen Fischer dazu überreden, ihn auf eine abgelegene Insel zu bringen und ohne Nahrung an den Felsen zu ketten. Dort verbringt er siebzehn Jahre und schrumpft auf Igelgröße zusammen. Dabei lebt er von »Erdmilch«, die aus dem Felsen quillt. Schließlich kommen zwei Römer zum Fischer in die Einöde, denen in einem Traum der Weg zu einem neuen Papst gewiesen worden war. Das Wesen willigt ein, das hohe Amt zu übernehmen und erhält auf der Überfahrt von der Insel zum Festland seine menschliche Gestalt wieder. Gregorius zieht in Rom ein, wo er ein in der ganzen Welt sehr geliebter und geachteter Papst wird. Am Schluß erscheint schließlich eine alte

Frau zur Beichte, die in ein Zwiegespräch mündet: seine Mutter und Frau Sibylla.

Thomas Mann hat den kleinen Roman liebevoll als einen Spätling bezeichnet. Der Reiz des Textes geht von der Spannung zwischen dem mittelalterlichen Legendengeschehen und der modernen Wiedergabe aus. Bei aller Parodie, die mit den unterschiedlichsten Sprachformen und -mischungen spielt, findet sich keine ironische Absage an die Vergangenheit, sondern eher der von Melancholie geprägte Endzeitblick eines Autors, der sich am Ende seines eigenen Schaffens weiß. So wird ganz bewußt das zentrale Motiv der »Selbstliebe«, eben die Tatsache, daß den Geschwistern keiner gut genug ist und sie daher Inzest begehen, aus *Wälsungenblut* in das Spätwerk übernommen.

Die Betrogene. Erzählung.

Frankfurt a. M.: S. Fischer, 1953. – Vorabdruck in: Merkur 1953.

Diese letzte Erzählung Thomas Manns – eingeschoben in die stockende Arbeit an den *Bekenntnissen des Hochstaplers Felix Krull* – erzählt die Geschichte Rosalie von Tümmlers, einer Frau von Anfang Fünfzig, die in Düsseldorf mit ihrer durch einen Klumpfuß behinderten Tochter Anna und ihrem Sohn Eduard lebt. Rosalie verliebt sich in den jungen Ken Keaton, den amerikanischen Hauslehrer des Sohnes. Sie schlägt alle Warnungen vor dieser Liebe von seiten der Tochter in den Wind und bekennt auf einem Ausflug nach Schloß Holterhof dem jungen Ken ihre Gefühle. Begleitet wird ihre wachsende Zuneigung zu Ken Keaton von einem Wiederaufleben ihrer Weiblichkeit, die sie an der wiedereinsetzenden Monatsblutung ablesen zu können glaubt. Was sie für eine Menstruation hält, ist in Wahrheit jedoch das Zeichen für den Gebärmutterkrebs. Rosalie stirbt daran. Die Geschichte endet aber nicht in einem düsteren Pessimismus, einer Ablehnung der vexatorisch-täuschenden Kräfte der Natur. Vielmehr erkennt die Heldin, hierin einem zentralen Gedanken der Weltsicht ihres Autors folgend, daß ihre Schuld darin lag, den Tod ausgegrenzt zu haben – »ist ja doch der Tod ein großes Mittel des Lebens, und wenn er für mich die Gestalt lieh von Auferstehung und Liebeslust, so war das nicht Lug, sondern Güte und Gnade«.

Die zeitgenössische Kritik stieß sich an der minutiösen Schilderung von Sexualität und Krankheit, an der eigentlich »unmöglichen« Geschichte. Sie verkannte dabei, daß Thomas Mann bedeutende Themen seines Lebens in diesen späten Text eingeschrieben hatte: die eigene Krebserkrankung von 1946, das Motiv der »verbotenen Liebe«, das sich bei ihm in der niemals ausgelebten Homosexualität manifestierte, und schließlich das Thema von Geist und Natur. Die Erzählung ist gerade aus den letzten beiden Gründen über zentrale Motive (z. B. Motorbootführer als Charon-Gestalt) mit dem vierzig Jahre zuvor geschriebenen *Tod in Venedig* verknüpft.

Bekenntnisse des Hochstaplers Felix Krull. Der Memoiren erster Teil.

Frankfurt a. M.: S. Fischer, 1954.

Der Roman nimmt aus zwei Gründen eine Sonderstellung im Werk Thomas Manns ein: zum einen aufgrund der Thematik, die die narzißtisch-ironischen, heiter-parodistischen Elemente seiner Kunst in einem sonst nie gekannten Ausmaß in den Vordergrund stellt; zum anderen umfaßt die Arbeit am Hochstaplerroman sein gesamtes Schaffen. Der erste Plan datiert von 1905, als Thomas Mann die Memoiren des rumänischen Hochstaplers Manolescu kennenlernt, die eine der Hauptquellen des Werkes werden sollten. Die erste Niederschriftphase reicht von 1910 bis 1913; ein erstes Bruchstück wurde schon 1911 im Almanach des S. Fischer Verlages veröffentlicht. 1913 brach Thomas Mann die Arbeit ab. 1922 erschien unter dem Titel *Buch der Kindheit* die bis zum Tode des Vaters reichende Fassung. 1943 erwog Thomas Mann kurz, den *Krull* fortzusetzen, schob dieses Vorhaben aber zugunsten des *Doktor Faustus* (1943–47) auf. Erst 1951 wandte er sich dem Stoff wieder zu, konnte ihn aber vor seinem Tode nicht mehr zum Abschluß bringen.

Die *Bekenntnisse des Hochstaplers Felix Krull* parodieren die Memoirenliteratur, vor allem das große Muster von Goethes *Dichtung und Wahrheit*. Bedeutsam sind auch Elemente des Schelmenromans. Das Buch ist als fiktive Biographie des Helden aufgebaut. Felix, der Glückliche, ist der Sohn eines bankrotten Sektfabrikanten aus dem Rheingau und weiß schon in der Kindheit die Leute durch seine durch keine Moralität und Reue behinderte Hochstapelei einzunehmen. Er läßt sich im Kinderwagen als Kaiser verehren und spielt, neben dem Kapellmeister stehend, einen Violinenvirtuosen, obwohl er durch Vaseline verhindern muß, daß man sein falsches Spielen hört. Nach einer kurzen Zeit in Wiesbaden umgeht er den Wehrdienst, indem er der Musterungskommission einen äußerst überzeugenden epileptischen Anfall vorspielt. Er geht nach Paris und arbeitet in einem Luxushotel. Die grundlegende Wende in seinem Leben ergibt sich durch den Existenztausch mit dem Marquis de Venosta. Der soll eine Weltreise machen, will aber in Paris bei seiner Geliebten bleiben. Da davon seine Eltern nichts wissen dürfen, schlüpft Krull, mit Venostas Papieren und Geld versehen, in dessen Rolle und tritt an seiner Stelle eine Welt- und Bildungsreise an. Er lernt im Zug den Paläontologen Professor Kuckuck kennen und besucht ihn und seine Familie in Lissabon. Als Marquis de Venosta stehen ihm die Türen zu den höchsten Kreisen der Gesellschaft offen, und der Hochstapler weiß sich auf diesem Parkett mit absoluter Perfektion zu bewegen. Er wird sogar zur Audienz beim König von Portugal vorgelassen.

Auch im Bereich der Sexualität ist Krull von keinerlei moralischen Schranken behindert. Im Hotel erlebt er eine

Liebesnacht mit der reichen Madame Houpflé, und am Ende des ersten Teiles wird er in Lissabon Liebhaber von Mutter und Tochter Kuckuck. An dieser Stelle bricht der Roman ab. Aus den vorhandenen Notizen geht hervor, daß die Fortsetzung für Krull das Zuchthaus vorsah, aus dem er aber, ohne sich in irgendeiner Form geändert zu haben, wieder entlassen wird.

Thomas Mann hat während der Arbeit am *Felix Krull* immer wieder über die Unlust weiterzumachen geklagt und etwa noch die einjährige Arbeit an der Erzählung *Die Betrogene* dazwischen geschoben. Dies darf jedoch nicht dazu verleiten, in der partiellen Fertigstellung dieses mit seinen Wurzeln fünfzig Jahre zurückreichenden Werkes allein den eingeborenen Hang zum »Fertigwerden« bestätigt zu sehen. Die *Bekenntnisse des Hochstaplers Felix Krull* behandeln die Kernthemen in Thomas Manns Werk, die Spannung zwischen Künstler und Bürgertum und die Frage, wie daraus Literatur werden kann. Wenn Krull es mehrmals ablehnt, sein Hochstaplerdasein gegen eine solide Existenz einzutauschen und dabei die »schlackenhafte Wirklichkeit« zugunsten »des freien Traumes und Spieles, selbstgeschaffen und von eigenen Gnaden« hintanstellt, so tut er das im Namen seines Autors.

H. Wißkirchen

RAINER MARIA RILKE
1875–1926

Die Weise von Liebe und Tod des Cornets Christoph Rilke. Geschrieben 1899.

Berlin/Leipzig/Stuttgart: Juncker, 1906. – Zuerst u. d. T.: Die Weise von Liebe und Tod des Cornets Otto Rilke. Geschrieben 1899. In: Deutsche Arbeit 1904.

Angeregt durch Dokumente, die ein ahnenforschender Onkel gefunden hatte, entwirft Rilke eine Episodenreihe aus dem Türkenkrieg von 1663/64: Der junge Christoph Rilke zieht mit Freiwilligen aus unterschiedlichen Ländern zum Sammelplatz des kaiserlichen Heeres nach Ungarn, wird zum Cornet – also zum Fahnenträger – ernannt, begegnet Tod und Gewalt und erlebt seine erste Liebesnacht. Am nächsten Morgen schon fällt er im Kampf. Im historischen Gewand verbirgt sich so eine typische Initiationsgeschichte, freilich eine, die ganz im Geiste der Entstehungszeit getönt ist: Stellvertretend für die Generation um 1900 überwindet der Cornet Weltangst und Melancholie, lebt ein kurzes und intensives Leben und erfährt selbst den Tod noch als rauschhafte Entgrenzung: »die sechzehn runden Säbel, die auf ihn zuspringen, [...] sind ein Fest. Eine lachende Wasserkunst.«

Eine erste Fassung hatte Rilke 1899 in einer einzigen Herbstnacht niedergeschrieben, eine zweite war 1904 in der Prager Zeitschrift »Deutsche Arbeit« erschienen. Der Bestsellererfolg des Werkes begann aber erst, als die dritte Fassung 1910 als erster Band in der preiswerten Reihe der »Insel-Bücherei« neu aufgelegt wurde. Über eine Million verkaufter Exemplare haben seither das Rilke-Bild von mehreren Lesergenerationen geprägt – durchaus zum Mißfallen des Autors, der sich bald von seinem Jugendwerk distanzierte.

Zum Erfolg des *Cornets* dürfte wesentlich seine Erzählweise beigetragen haben: Die Dichtung ist aus kaum verbundenen Kleinszenen zusammengesetzt, aus impressionistischen Prosaskizzen in lyrisch verdichteter Sprache – »versinfizierte Prosa« wird Rilke das später abfällig nennen –, und personal, also ganz aus der Perspektive des Helden heraus, erzählt. Beides trägt dazu bei, den Leser distanzlos in die Erlebniswelt der Hauptfigur eintauchen zu lassen.

Vom lieben Gott und Anderes. An Große für Kinder erzählt.

Berlin: Schuster & Loeffler / Leipzig: Insel Verlag, 1900. – Neuausg. u. d. T.: Geschichten vom lieben Gott. Berlin/Leipzig: Insel Verlag, 1904.

Die zwölf Geschichten und das einleitende *Märchen von den Händen Gottes* sind vor allem durch Erzählsituation und Erzählduktus miteinander verbunden: Die für Kinder bestimmten Geschichten werden meist skeptischen Erwachsenen (etwa der »Frau Nachbarin«, dem »Herrn Lehrer«, dem »Herrn Baum«) erzählt, die an den Grundübeln des modernen Menschen laborieren: flachem Rationalismus und Materialismus, Institutionsgläubigkeit und Befangensein in starren Denk-, Verhaltens- und Moralkonventionen, Verdrängung alles Fremden und Beängstigenden. In der Ausrichtung auf solche Zuhörer und ihre Reaktionen wird der kunstvoll pseudo-naive Ton der Erzählungen in vielfältiger Weise ironisch und satirisch gebrochen.

Der Gott, von dem die *Geschichten* direkt oder indirekt erzählen, hat mit dem der christlichen Orthodoxie wenig gemein: Er ist ein Gott der Dinge und des Lebens, nicht fertig und vorgegeben, sondern im Werden begriffen, wobei sich dieses Werden zugleich mit dem des je einzelnen Ich vollzieht. Nicht um traditionelle Religion geht es Rilke also, sondern um eine ganz undogmatische Religiosität der Ehrfurcht vor dem Leben, wie sie Kinder, den idealen Künstler und – als einzigen unter den Zuhörern – auch den »lahmen Ewald« auszeichnet, den seine Bewegungsunfähigkeit vor moderner Hast und Fortschrittsgläubigkeit bewahrt. Zahlreiche Einzelmotive der Texte sind Rilkes Begegnung mit dem Italien der Renaissance und, vor allem, mit dem zeitgenössischen Rußland als einem exemplarisch vor- und gegenmodernen Land entlehnt. In dieser Motivkoppelung und in ihrem Gottesbegriff stehen die *Geschichten* in engem Zusammenhang mit dem etwa gleichzeitig entstandenen *Stunden-Buch*.

Die Aufzeichnungen des Malte Laurids Brigge.
2 Bde. Leipzig: Insel Verlag, 1910.

Eine nacherzählbare Handlung hat Rilkes einziger Roman nicht. Er beginnt als Tagebuch, das Malte Laurids Brigge, ein 28jähriger, mittelloser Dichter, nach seiner Ankunft in Paris zu führen anfängt. In in sich geschlossenen, überleitungslos aufeinanderfolgenden Erlebnisberichten, Eindrucksskizzen und Reflexionen wird von der Wirkung berichtet, die die fremde und bedrohliche Großstadtwelt auf den Erzähler hat. Konfrontiert mit Häßlichkeit und Verfall, Angst und Tod, mit dem nackten Leben in seiner Kreatürlichkeit versucht der Held, die Welt der »verabredeten Grenzen« zu überschreiten und sich vorbehaltlos für die Fülle des Wirklichen zu öffnen. Immer wieder spricht er davon, daß er sich verändern müsse – und es doch nicht kann. So widmet er sich – im zweiten Drittel des Romans – immer stärker der Aufzeichnung von Episoden aus seiner Kindheit. Diese zu erinnern, sie »noch einmal und nun wirklich auf sich zu nehmen«, soll den verfehlten Weg in die von Verdrängungen bestimmte Erwachsenenwelt korrigieren helfen. Das letzte Drittel des Romans ist dann vor allem Gestalten und Ereignissen aus der geschichtlichen Vergangenheit gewidmet. An Figuren wie dem falschen Zaren Grischa Otrepjow, Herzog Karl dem Kühnen von Burgund oder dem von Aussatz und Wahnsinn heimgesuchten König Karl VI. von Frankreich findet Malte wieder, was er selbst in Paris und in seiner Kindheit erlebt hat: den Einbruch eines »Anderen« und »Fremden«, das sich weder begreifen noch beherrschen läßt, das frühere Zeiten sich aber über Mythen, Symbole und Rituale noch kommensurabel machen konnten. Konsequent endet der Text mit einer Kontrafaktur des Gleichnisses vom verlorenen Sohn, denn nur im Gewand des Mythos läßt sich eine erfolgreiche Veränderungsgeschichte erzählen: Anders als dem Erzähler Malte gelingt es dem »verlorenen Sohn«, sich aus seiner Familie zu lösen, seine alte Identität gewaltsam zu zerstören und dann mit der lebenslangen Aufgabe zu beginnen, sein Ich vom Grunde auf – also von der Kindheit her – wieder aufzubauen.

Die Veränderung, die der Held nicht leisten kann, vollzieht der Roman in der Veränderung seiner Erzählform: An die Stelle des direkten Aufzeichnens tritt in zunehmendem Maße eine Poetik der Mittelbarkeit, der mehrfachen perspektivischen Brechung und der personalen, räumlichen und zeitlichen Distanz. Immer jedoch bleiben alle Ereignisse auf Maltes Situation, seine Ängste und Sehnsüchte bezogen, sind – wie Rilke in einem erläuternden Brief schreibt – »Vokabeln seiner Not«. Erst in diesen vielfältigen Spiegelungen durch Parallel- und Gegengeschichten kann das Unsagbare poetisch evoziert werden. Durch eine solche mittelbar-suggestive Schreibweise werden die *Aufzeichnungen* zum symbolistischen Bewußtseinsroman. Dies und der konsequente Bruch mit allen etablierten Schemata realistischen Erzählens machen das Buch zum ersten konsequent modernen Roman der deutschen Literatur. Statt die Ereignisse im Rahmen einer linearen Figurenentwicklung kausal und psychologisch zu verknüpfen, arrangiert Rilke sie in der offenen Form eines modernen Montageromans: Maltes Aufzeichnungen sind durch ein dichtes Netz von Korrespondenzen, Bild- und Motivparallelen miteinander verknüpft und komplementär aufeinander bezogen; in ihrer zunehmend simultanen Anordnung wird jede Zeitfolge aufgehoben. Das Montageprinzip dient so dem prinzipiell gleichen Zweck wie die symbolistische Suggestionstechnik: Nicht in der Entwicklung des Helden, sondern im Werkprozeß des Romans entwirft Rilke das Modell eines anderen Bewußtseins, das Raum für Gegensätze bietet und sich für das gesamte Erlebnispotential der *condition humaine* öffnet, ohne es nach Plus und Minus, Gut und Böse, Schön und Häßlich zu rubrizieren oder es in das Korsett einer linearen zeitlichen Ordnung zu zwängen.

M. Engel

Gertrud von le Fort
1876–1971

Das Schweißtuch der Veronika. Roman.
München: Kösel & Pustet, 1928.

Nach zwei Romanen und mehreren Erzählungen, teils pseudonym erschienen, entwickelt die Autorin den abstrakten Grundgedanken der religiösen Wahrheit, Thema ihres großen Zyklus *Hymnen an die Kirche* (1924), zur individuellen Geschichte weiter. Erzählt wird die Persönlichkeitsfindung eines jungen Mädchens als Weg zu Gott. Aber auch ungeachtet seiner religiösen Zentrierung zählt der Roman zu den raren Gestaltungen weiblicher Pubertät und zugleich zu den großen Rombüchern der deutschen Literatur.

Die am Ende der Erzählhandlung 16jährige Veronika lebt mit ihrer Kinderfrau Jeanette, ihrer Tante Edelgart, genannt Edel, und ihrer Großmutter nahe dem Pantheon in Rom. Veronika nimmt die Atmosphäre ihrer Umgebung wie ein Medium auf – Jeanette nennt sie »Spiegelchen«. Schuld und Leid lasten auf der kleinen Lebensgemeinschaft. Der Romantitel läßt die prägenden Eindrücke als Hypothek der kindlichen Entwicklung anklingen. Die ursprüngliche Verlobung zwischen Veronikas Vater und Edel zerbrach an deren Gefühlskälte. Der lieblosen Ersatzehe entzog sich Veronikas Mutter durch Selbstmord. Abgestoßen von der religiösen Verstiegenheit Edels, sucht Veronika in schwärmerischer Verehrung die Nähe der atheistischen Großmutter, einer Dame der deutsch-römischen Gesellschaft. Der junge Dichter Enzio, Sohn der großen Liebe der Großmutter, wirbt um Veronikas Zuneigung. Seiner hochfahrenden Art, seinem Leiden an der Kunst – Vorbild ist Stefan George – begegnet sie mit hingebungsvoller Liebe. Durch fremde Erschütterungen gereift, findet sie zum Glauben. Der Vater stirbt auf einer Expedition. Der Tod von Großmutter und Tante beendet die Zeit in Rom. Veronikas Vormund, ein Freund des Vaters, holt sie nach Deutschland.

Die Letzte am Schafott. Novelle.

München: Kösel & Pustet, 1931.

Die Geschichte der Blanche de la Force zeigt mit einer angedeuteten Rahmenhandlung und einer pointiert herausgearbeiteten »unerhörten Begebenheit« Gattungsmerkmale der Novelle. Der Erzähler Herr von Villeroi berichtet einer Emigrantin vom Schicksal des Karmel von Compiègne und seiner jüngsten Novizin während der Schreckenstage der Französischen Revolution. Der präzise historische Hintergrund und die symbolische Überhöhung des Einzelschicksals verleihen der Erzählung jedoch romanhafte Züge.

Das Leben der kleinen Blanche, einer für die Autorin typischen jungen Frauengestalt mit kindlich retardierten Zügen, steht von Geburt an unter dem Vorzeichen der Angst. Ihre Mutter gerät in einen Volksaufstand, kommt verfrüht nieder und stirbt kurz nach der Geburt. Die kleine Blanche zeigt Anfälle panischer Angst, die nur oberflächlich beruhigt werden können. Als Sechzehnjährige tritt sie ins Karmeliterinnenkloster ein. Ihre Einkleidung drei Jahre später, kurz nach dem Sturm auf die Bastille, gerät zum Machtkampf zwischen der Novizenmeisterin Marie de l'Incarnation, die Blanches Standhaftigkeit mißtraut, und der Priorin Lidoine. Blanche erhält den Zeitumständen entsprechend den Ordensnamen »de Jésus au jardin de l'Agonie«. Als die Verfolgung einsetzt, scheint Marie de l'Incarnation recht zu behalten: Der mystischen Umwandlung ihres Leidens, stellvertretend die Todesangst der ganzen Welt zu tragen, ist Blanche zunächst nicht gewachsen und flieht aus dem Kloster. Als verwildertes Maskottchen der Septemberweiber ist sie Zeugin, wie ihre Ordensschwestern die Guillotine besteigen. Doch als das »Veni Creator«-Lied nach der Hinrichtung der letzten Nonne abbricht, singt Blanche weiter und wird von der Menge gelyncht.

Die Magdeburgische Hochzeit.

Leipzig: Insel Verlag, 1938.

Der fünfte Roman der Autorin thematisiert den Untergang der Stadt Magdeburg im Dreißigjährigen Krieg, von zeitgenössischen Flugblättern und Chroniken zynisch als »Magdeburgische Hochzeit« bezeichnet. Die ausdifferenzierte Hochzeitssymbolik des Romans verbindet das historische Ereignis mit dem fiktiven Schicksal einer jungen Frau, Verkörperung der Magd im Stadtwappen wie einer der törichten Jungfrauen des Jungfrauenportals am Magdeburger Dom.

Am Vorabend der Hochzeit mit der Magdeburger Patriziertochter Erdmuth Plögen verläßt Willigis Ahlemann während des letzten Aufgebots zornig den Dom, als der Prediger Bake das Bündnis mit den Schweden verkündet. Ohne Erdmuth zu verständigen, reitet er ins Quartier der Kaiserlichen nach Hameln, um die Reichsfreiheit der Stadt zu retten. Umsonst versucht der greise Generalfeldmarschall Tilly im Interesse der Einheit des Reichs wie der Christenheit eine Aussetzung des kaiserlichen Edikts zu erwirken, das die Rückkehr der reformierten Stände zum Katholizismus verlangt. Währenddessen erwartet Erdmuth vergeblich den Bräutigam. In ihrem Stolz gekränkt, läßt sie sich auf ein kompromittierendes Verhältnis mit dem schwedischen Statthalter von Falkenberg ein, der in der Stadt eine tyrannische Herrschaft ausübt. Willigis schließt sich den kaiserlichen Truppen an. Im politischen Kalkül der Großmächte ist Magdeburg zum Faustpfand geworden. Das schwedische Heer bindet dort die kaiserlichen Truppen, ohne indes die Stadt entsetzen zu wollen. Nach Ablauf des letzten Ultimatums wird die Stadt von Tillys Armee eingenommen, geplündert und gebrandschatzt. Der geschändeten Erdmuth reicht Willigis im Dom die Hand. Einzig die Liebe, so der Roman, überwindet alles.

Der Kranz der Engel.

München: Beckstein, 1946.

Der Roman setzt die Geschichte der Heldin aus *Das Schweißtuch der Veronika* fort. Wieder steht der suggestiven Ich-Erzählhaltung des »Spiegelchens«, das alle Spannungen und Ereignisse seiner Umgebung hellsichtig empfängt, eine transparente metaphorische Verweistechnik zur Seite. Das Bildfeld des Wassers vermag zarte Gefühle wie gebändigte oder gewaltsam unterdrückte Leidenschaft zu benennen. Im Hintergrund der Handlung steht der Kampf zwischen den guten Kräften des Glaubens und der Dämonie der Welt. Auf ihre Weise deutet le Fort so den Konflikt der Christen im Nationalsozialismus.

Wie Rom dem ersten, so verleiht Heidelberg, insbesondere die Zeit der Heidelberger Romantik, dem zweiten Teil sein Fluidum. Die nun tiefgläubige Veronika lebt im Haus ihres Vormunds, eines Professors der Geisteswissenschaften, der charismatisch die alten bildungsbürgerlichen Werte vertritt. Ernst Troeltsch, le Forts Universitätslehrer, verlieh ihm einige Züge. Der böse Geist des Hauses ist die Frau des Vormunds, wegen ihrer egozentrischen Selbstdarstellungssucht »Seide« genannt. Dem Wunsch, nach dem Studium in ein Kloster einzutreten, entsagt Veronika, als sie erkennt, daß sie ihren Jugendfreund Enzio liebt. Enzio ist aus dem Krieg gedemütigt zurückgekehrt und wird zum intellektuellen Führer der revanchistischen und faschistischen Studenten. Um seine Seele durch mystische Teilhabe an seiner Schuld auch gegen seinen Willen zu retten, verzichtet Veronika auf die kirchliche Trauung. Erst als sie an diesem Entschluß auf den Tod erkrankt, kommt Enzio zur Einsicht.

Der unorthodoxe Gedanke der stellvertretenden Liebesgemeinschaft der Gläubigen mit den Ungläubigen löste massive Kritik von kirchlicher Seite aus.

U. Leuschner

Rudolf Borchardt
1877–1945

Der unwürdige Liebhaber.

In: R. B.: Das hoffnungslose Geschlecht. Vier zeitgenössische Erzählungen. Berlin-Grunewald: Horen-Verlag, 1929.

Der livländische Offizier Konstantin von Schenius trifft im Jahre 1923 auf einem südwestdeutschen Landgut mit vier Personen zusammen: mit seiner Geliebten Steffi von Klingen, die seinetwegen ihren Ehemann verlassen hat, mit deren Bruder, dem Gutsbesitzer Moritz von Luttring, sowie mit dessen Gattin Tina und dessen Stiefmutter Eugenie. Schenius wird von der Familie Luttring als »deklassierter Parvenu« eingeschätzt; wegen seines unberechenbaren Charakters lehnen Moritz und Eugenie die aus Standesgründen notwendige finanzielle Unterstützung einer Heirat zwischen ihm und Steffi ab. Tina, die glücklich in ihr Dasein als Ehefrau und Mutter eingebunden schien, fühlt sich durch Schenius, den »wertlosen Menschen neben ihr«, erotisch angezogen und führt eine sexuelle Begegnung mit ihm herbei; sie »nahm ihn her, sättigte sich an ihm bitter und mordend, stieß ihn von sich und stand auf«. Sie verläßt ihren Mann und wird von Schenius verlassen; wenig später nimmt sie sich am Ende eines sozialen Abstiegs in Amerika das Leben.

Die Erzählung zeigt den Adel als das ›hoffnungslose Geschlecht‹, dessen Lebensweise und Normenkodex an den gesellschaftlichen Umbrüchen im Gefolge des Ersten Weltkriegs scheitern. Sie wird zusammen mit der folgenden Erzählung *Der Hausbesuch* als »Tragödie« gekennzeichnet, der zwei »Satyrspiel« genannte Erzählungen folgen. Der Text nimmt Motive aus Goethes *Wahlverwandtschaften* auf, orientiert sich aber erzähltechnisch und im Verzicht auf psychologische Motivation an Kleist, vor allem an dessen *Marquise von O...* Die starke weibliche Hauptfigur Tina erinnert in ihren mänadenartigen Zügen und in ihrem Scheitern an Kleists Penthesilea.

Vereinigung durch den Feind hindurch. Roman.
Wien: Bermann-Fischer, 1937.

Der ehemalige Kavallerieoffizier Georg von Harbricht und die verwaiste und verarmte Generalstochter Gräfin Ysi von Meyenwörth nehmen im München des Jahres 1920 ihre durch den Ersten Weltkrieg unterbrochene Liebesbeziehung wieder auf. Doch ihre unsicheren finanziellen und beruflichen Verhältnisse erlauben nach dem strengen Standeskodex der beiden keine Heirat und Familiengründung: Während er als Angestellter einer Straßenbaugesellschaft und sie als Sekretärin eines Bankiers arbeitet, führen sie über Jahre hinweg eine auf Wochenendbegegnungen beschränkte Beziehung mit getrennten Wohnungen. Als Georg das Angebot eines Verwandten erhält, sich in dessen landwirtschaftlichen Betrieb einzuarbeiten, Ysi dagegen von dem mächtigen, weltweit operierenden Unternehmer C. W. Nienhus gedrängt wird, ihn als Privatsekretärin auf seinen Geschäftsreisen zu begleiten, droht die Beziehung zu zerbrechen. Mit Unterstützung von Ysis italienischer Freundin, der Gräfin Julie Mombelli, die von Nienhus' früherer Sekretärin und Geliebten Auskünfte über dessen betrügerisches Geschäftsgebaren erhalten hat, gelingt es Georg, Nienhus in einer Villa in der Nähe von Mailand zum Verzicht auf Ysi zu bewegen und von dieser das lang ersehnte Jawort zu erhalten.

Die Hauptfiguren des nach Angaben des Autors 1931 und 1936 jeweils innerhalb weniger Wochen entstandenen Romans stehen für zwei einander bekämpfende gesellschaftliche Gruppen der Weimarer Republik: auf der einen Seite der seiner Leitungsfunktionen beraubte und durch Proletarisierung bedrohte, aber an seinem Wertesystem festhaltende Adel, auf der anderen Seite die kleinbürgerlich geprägte Schicht ohne moralische Normen operierender Kapitalisten. Das Alte siegt über das Neue: Das von Georg kriegswissenschaftlich erforschte Manöver der »Vereinigung durch den Feind hindurch« erprobt er mit Erfolg als Strategie auch für die Herbeiführung seiner Ehe. Sind die Frauengestalten in Borchardts früheren Erzählungen *Das hoffnungslose Geschlecht* durch den bedingungslosen Willen zur erotischen Emanzipation charakterisiert, so muß sich hier Ysi, die sich selbst als »geraubte Proserpina« bezeichnet, aus der Verstrickung in den haltlosen Kapitalismus Nienhus' heimführen lassen in Georgs feudalistische, am Landbesitz orientierte Wertewelt und Lebensführung.

D. Burdorf

Fritz von Herzmanovsky-Orlando
1877–1954

Der Gaulschreck im Rosennetz. Eine skurrile Erzählung.
Wien: Wolf, 1928.

Der Autor hat nicht viel mehr als diese längere Erzählung von durchgehend grotesker Komik zu Lebzeiten veröffentlicht; er sah sie nachträglich als den ersten Teil seiner geplanten »Österreichischen Trilogie« an.

Biedermeierliches Wien. Ein einziger Milchzahn fehlt Jaromir Edlem von Eynhuf, Hofsekretär im k. u. k. Hoftrommeldepot, in der Sammlung, die er dem Kaiser zum 25jährigen Thronjubiläum überreichen will. Kühn beschließt er, diesen Zahn von der gefeierten Bühnenschönheit Höllteufel zu erbitten. Sein Freund Großkopf rät als erfahrener Libertin dem eitlen, doch schüchternen Beamten, sich der Berühmtheit auf einem Kostümball zu nähern. Eynhuf erscheint als riesiger Schmetterling. Doch mißverstanden und gedemütigt verläßt er den Ball vorzeitig und wird draußen von einer Windbö erfaßt. Als Eynhuf, rettungslos in die Schauspielerin verliebt, mit einem Heiratsantrag kläglich scheitert, rät Großkopf zu einem Liebestrank, den die Zofe heimlich verabreichen soll. Doch die naive Zofe verliebt sich in Eynhuf, schreibt ihm peinliche Briefe ins Büro und kompromittiert ihn vollends, als man beide im Wurstlprater zusammen beim Karussellfahren sieht: Eynhufs unaufhaltsamer beruflicher Abstieg beginnt. Die Verabreichung des Liebestrankes scheitert vollständig. Eynhuf läßt sich zuletzt eine Prostituierte in passendem Alter vermitteln, deren Milchzahn er auch mittels Nußschale und Schlag auf den Hinterkopf ergattert. Doch muß er unmittelbar darauf vor einer Razzia fliehen und erschießt sich schließlich – da er keine Pistolenkugeln besitzt – mit den Milchzähnen seiner nunmehr kompletten Sammlung.

Maskenspiel der Genien.

In: F. v. H.-O.: Sämtliche Werke in zehn Bänden. Bd. 3. Hrsg. von Susanna Goldberg. Wien/Salzburg: Residenz Verlag, 1989. [1958 erschien bei Langen Müller, München/Wien, eine postume Erstausgabe mit einem von Friedrich Torberg drastisch gekürzten und stark bearbeiteten Text.]

Für Herzmanovsky-Orlando typisch sind die Mittel phantastischer Komik und das Schema der Handlung: Ein männlicher Protagonist geht dem Untergang entgegen angesichts androgyn-unerreichbarer Frauengestalten. Doch will der Autor in diesem letzten Teil seiner »Österreichischen Trilogie« auch ernsthaft in eine höchst fragwürdige esoterische Lehre einführen.

Plötzlich verwaist, reist der eigentlich harmlos-umgängliche Cyriak von Pizzicolli in das »Traumland« Tarockei im Südosten Europas. Die abstrusen Verwaltungsakte und die Traumlogik der Geschehnisse verwirren ihn derart, daß er sich sofort in eine tarockanische Irrenanstalt einweisen läßt. Irrtümlich bald wieder in Freiheit gesetzt, wird er von Geheimverbindungen darüber aufgeklärt, daß dem Staatswesen durch junge Backfisch-Amazonen große Gefahr droht. Bei einem Hoffest verliebt er sich in eine von ihnen, Cyparis. Doch die Treffen mit ihr sind unwirklich und werden stets gestört. Als Pizzicolli nach Griechenland weiterreist, trifft er dort auf eine Doppelgängerin der Cyparis, die Fürstin Dejanira Bajatiani. Nach einem orgiastischen Fest und einer mißglückten Schatzgräberexpedition verliert Cyriak sie wieder aus den Augen. Obwohl Eingeweihte ihn mehrfach warnen, begibt er sich auf der Suche nach der Fürstin schließlich nach Kreta, wo ihn in einem grausig-verzauberten Wald ein höchst mythologischer Untergang erwartet.

P. Mattern

Hermann Hesse

1877–1962

Peter Camenzind.

Berlin: S. Fischer, 1904. – Vorabdruck in: Die neue Rundschau 1903.

Hesse findet mit seinem frühen, autobiographisch geprägten Roman *Peter Camenzind*, der auch Einflüsse von Kellers *Grünem Heinrich* erkennen läßt und kritisch-parodistisch an die Tradition des deutschen Bildungsromans anknüpft, zur zentralen Thematik seines Lebenswerks; zugleich gelingt ihm mit der Publikation bei S. Fischer der Durchbruch zu öffentlicher Geltung und finanzieller Unabhängigkeit.

Die in der Ich-Form wiedergegebene Handlung setzt mit der unbeschwerten Kindheit des Protagonisten im abgelegenen Schweizer Bergdorf Nimikon ein. Seine Begabung eröffnet dem kräftigen, aber grundfaulen Geißbuben einen Bildungsweg, der ihn aus der Enge des heimatlichen Naturraumes hinausführt: auf das Gymnasium, zum Philologiestudium nach Zürich, zu literarischen Erfolgen, journalistischer Arbeit und auf diverse Reisen. Indes entpuppt sich der Bildungsgang bald als Sackgasse: Die städtische Lebensweise verschafft dem Helden keine Befriedigung, intellektuelle Diskurse erlebt er als krampfhafte Komödien, die moderne Kultur erscheint ihm schäbig und lächerlich. Liebschaften mit einer Advokatentochter und einer Malerin scheitern, ein enger Freund stirbt. Zunächst reagiert Peter Camenzind mit Depressionen, Alkoholexzessen und einem kauzigen Misanthropismus, später mit konsequentem Rückzug aus der ihm wesensfremden Kulturwelt und einem Bekenntnis zu schlichter Caritas im Sinne Franz von Assisis. Askese und mystische Naturerfahrung formen nun ein positives Gegenbild zur dekadenten Zivilisation. Auf einer

Wanderung durch Umbrien und in der Begegnung mit einfachen Menschen erlangt der Protagonist sein Gleichgewicht zurück, im Krüppel Boppi findet er einen Lehrer wahrer Humanität. Schließlich kehrt er in sein Heimatdorf zurück, um sich dort dem Wohl der Gemeinde und seines alten Vaters zu widmen und in der Zukunft womöglich einmal ein nützliches literarisches Werk zu vollenden. Der die Entzweiung von Kultur und Menschlichkeit beklagende Roman, der auch als Protest gegen die Nivellierung des Individuums im Industriezeitalter gelesen wurde, gilt in Haltung und Sprachgebärde als typisches Dokument der Neuromantik.

Unterm Rad.

Berlin: S. Fischer, 1906. – Vorabdruck in: Neue Zürcher Zeitung 1905.

Ein Rezensent der »Vossischen Zeitung« charakterisierte den Roman als »Anleitung für Eltern, Vormünder und Lehrer, wie man einen gesunden, begabten jungen Menschen am zweckmäßigsten zu Grunde richtet, welche Wurzeln man abzuschneiden hat, damit das junge Stämmchen am schnellsten verdorrt und stirbt«. Hans Giebenrath, der Protagonist des Romans, wächst als Halbwaise in einer württembergischen Kleinstadt heran. Sein Vater, ein ehrgeiziger Kleinbürger, bringt für die zarte Konstitution des Knaben ebensowenig Verständnis auf wie seine Lehrer oder der Stadtpfarrer. Die Erwachsenen überfordern das Kind physisch wie psychisch. Vorläufig besteht Hans das »Landexamen« zwar als Zweitbester, wodurch er sich die Berechtigung zum kostenfreien Studium im Klosterseminar Maulbronn erwirbt, doch erweist sich diese Chance in der Folge als Beginn eines Martyriums. Anfangs noch entschlossen, die Karriere eines Musterschülers einzuschlagen, kommen ihm bald Zweifel an der Schule und ihren Forderungen. In

Gang gesetzt und begünstigt wird dieser Einstellungswandel durch die intensive Freundschaft zu einem frühreifen und phantasievollen Mitschüler, Hermann Heilner, der wiederholt gegen die Klosterordnung revoltiert. Das Freundespaar gerät in eine Außenseiterposition, die schulischen Leistungen sinken. Als Heilner wegen eines Fluchtversuches von der Schule verwiesen wird, steht Hans völlig allein. Von Lehrern und Mitschülern mißachtet, bricht er schließlich zusammen. Aber auch zu Hause findet er keinen Anschluß mehr, freundliche Augenblicke bleiben rar. Eine Mechanikerlehre verschafft keine Befriedigung, eine Liebschaft endet unglücklich. Nach einem Sonntagsausflug mit anderen Gesellen findet man ihn ertrunken. In den Roman, der sich – wie zahlreiche andere Erzählungen der Zeit – als grundsätzliches Plädoyer für eine humane Erziehung der Jugend versteht, projizierte der Autor persönliche Erfahrungen, aber auch solche seines Bruders Hans, dem sie »in der Schule das Rückgrat gebrochen haben« (Brief an K. Isenberg vom 25. November 1904).

Gertrud. Roman.

München: Langen, 1910. – Vorabdruck der 2. Fassung in: Velhagen und Klasings Monatshefte 1909–10.

Konventionelle Motive des Künstlerromans, der Dreiecksgeschichte und der Männerfreundschaft verbindet Hesse zu einer melodramatischen Schicksalserzählung, deren Nähe zur Unterhaltungsliteratur nicht zu verkennen ist.

Protagonist des Romans ist der Musiker Kuhn, der aus der Perspektive des gereiften Mannes die Geschichte seiner tragisch verkürzten Jugend, umwegigen Karriere und entsagungsvollen Liebe erzählt. Früh zur Musik berufen, studiert er am Konservatorium, bildet sich zum Geiger aus, verliert in der strengen Anstalt aber sein künstlerisches Selbstbewußtsein. Ein Unfall macht ihn zum Krüppel und beendet abrupt seine Jugend, gibt ihm dafür aber seine musikalische Inspiration zurück. Im charakterlich komplementär gearteten Sänger Heinrich Muoth, einer innerlich zerrissenen, dämonisch angelegten Figur, findet der zaghafte, von Selbstzweifeln geplagte Komponist einen ersten Freund und Förderer. Allmählich stellt sich die öffentliche Anerkennung ein. Neuerliches Unheil bricht jedoch über den Helden herein, als er sich unsterblich in die schöne Sopranistin Gertrud Imthor verliebt, ihr zuliebe sogar eine Oper komponiert, die Frau aber der Anziehungskraft des Freundes verfällt. Einzig die Nachricht vom nahen Tod des Vaters verhindert in dieser Situation Kuhns Selbstmord. Während er sich resignierend seinem Schicksal fügt, entwickelt sich die Ehe von Gertrud und Heinrich unglücklich. Der tatkräftige Muoth reüssiert nun, wo der scheue Freund zuvor versagt hatte: Zurück bleibt ein neues Paar, allerdings in entsagender Freundschaft, mit abgeklärten Einsichten: »das Leben war launisch und grausam, es gab in der Natur keine Güte und Vernunft. Aber es gibt Güte und Vernunft in uns, in uns Menschen [...]. Und wir können einander nahe sein, wenn es not tut, und einander in verstehende Augen sehen, und können einander lieben und einander zum Trost leben.«

Roßhalde.

Berlin: S. Fischer, 1914. – Vorabdruck in: Velhagen und Klasings Monatshefte 1913.

Einmal mehr arbeitet Hesse authentische Erfahrungen in einem literarischen Werk auf. So fließen in den Roman *Roßhalde*, das letzte größere Werk der Vorkriegszeit, die Eheprobleme mit seiner ersten Frau Maria Bernoulli ein, die 1919 zur Trennung führen sollten. Hinter dem Privatkonflikt wird freilich auch schon die Polarität von bürgerlichem Leben und produktivem Künstlertum als antagonistisches

Spannungsverhältnis sichtbar, dessen gültige Gestaltung dem Autor aber erst im *Steppenwolf* gelingen wird.

Johann Veraguth ist ein sensibler Mensch, dazu ein erfolgreicher Kunstmaler. Vor zehn Jahren hat er nach seiner Hochzeit den alten Herrensitz Roßhalde mitsamt einem verwilderten Park gekauft und für seine Bedürfnisse hergerichtet. Allerdings sollte sich die Hoffnung, hier sein Lebensglück zu finden, bald zerschlagen, denn seit drei Jahren ist das Verhältnis zu seiner ihm völlig wesensfremden Frau hoffnungslos zerrüttet. Er lebt und arbeitet jetzt zurückgezogen in einem abseits gelegenen Atelier, während Adele mit dem jüngeren Sohn Pierre und der Dienerschaft das Herrenhaus bewohnt. Ein älterer Sohn, der sich auf die Seite der Mutter geschlagen hat, wurde auf auswärtige Schulen geschickt. So ist der siebenjährige Pierre, ein frühreifes, überempfindliches Kind, das beide Eltern lieben, das letzte Band zwischen den Gatten und der einzige Grund für Veraguth, bei seiner Familie zu bleiben. Dieser Grund entfällt, als Pierre an einer Hirnhautentzündung erkrankt und qualvoll stirbt. Pierres Tod setzt das äußerliche Zeichen für das Ende einer Liebe. Innerlich hatte sich Veraguth schon viel früher von seiner Frau getrennt. Gespräche mit einem Jugendfreund hatten den Ablöseprozeß in Gang gesetzt, die Arbeit an einem Familienporträt verschaffte ihm letzte Klarheit. Nach Pierres Tod nimmt Veraguth die Einladung seines Freundes nach Indien an und empfindet den Abschied von Roßhalde »voll Trotz und unternehmender Leidenschaft« als künstlerischen Aufbruch.

Knulp. Drei Geschichten aus dem Leben Knulps.

Berlin: S. Fischer, 1915. – Vorabdruck der einzelnen Teile in: Die neue Rundschau 1903, Der Greif 1913, Deutsche Rundschau 1914.

Die stilistisch geschliffenen Erzählungen vom philosophierenden Landstreicher Knulp, einer problematisch-modernen Variante romantischer Taugenichts-Gestalten, entstanden während eines langen Zeitraums 1907–1914; einzelne Motive gehen gar auf Fragmente eines Handwerkerprojekts zurück, mit dem sich Hesse 1902–1904 befaßte. In mehreren Selbstzeugnissen bekundet der Dichter Seelenverwandtschaft und Sympathie mit diesem Protagonisten, dessen Aktionsraum auch seiner süddeutschen Heimat ein Denkmal setzt.

Die drei aus unterschiedlicher Perspektive erzählten Geschichten vergegenwärtigen exemplarische Episoden der Biographie des Vaganten, die allesamt als Anfechtungen aufgefaßt werden können. Die erste Erzählung, *Vorfrühling*, wird von einem unbekannten Chronisten mitgeteilt. Sie demonstriert Knulps Sittlichkeit in einer Situation erotischer Versuchung: Er weist die Avancen der Gattin eines inzwischen arrivierten ehemaligen Kumpanen zurück und macht statt dessen einer Magd den Hof. In der zweiten Geschichte, *Meine Erinnerung an Knulp*, führen der nun die Ich-Form bevorzugende Chronist und der Held ein philosophisches Gespräch über die Vergänglichkeit der menschlichen Existenz, wobei die Gründe der gesellschaftlichen Außenseiterstellung Knulps erhellt werden, die Frage nach dem Sinn des Lebens angezweifelt, letztlich aber offengelassen wird. In der dritten Episode, *Das Ende*, begibt sich der gealterte und kranke Landstreicher nicht ins Spital, wie es ihm ein befreundeter Arzt nahelegt, sondern auf eine letzte Wanderung, in deren Verlauf er eine bittere Lebensbilanz zieht, aber in einem phantasierten Zwiegespräch mit Gott schließlich doch die Aussöhnung mit seinem Schicksal erlangt. Sein äußerlich verpfuschtes Leben besitzt in den Augen Gottes vollen Sinn – eine Anerkennung, die Knulp motivgeschichtlich in die Reihe vieler Hessescher Legendenfiguren stellt.

Demian. Die Geschichte einer Jugend von Emil Sinclair.

Berlin: S. Fischer, 1919. – Vorabdruck in: Die neue Rundschau 1919. – Ab der 17. Aufl. 1920 u. d. T.: Demian. Die Geschichte von Emil Sinclairs Jugend.

Hesse publizierte die Erzählung, mit der die Kette seiner Hauptwerke beginnt, zunächst unter einem Pseudonym, um Anfeindungen auszuweichen und eine neue ästhetische Position zu markieren. In das Werk, das nach Thomas Manns Zeugnis »mit unheimlicher Genauigkeit den Nerv der Zeit traf und eine ganze Jugend«, läßt Hesse Gedanken der Philosophie Nietzsches einfließen, vor allem aber Erfahrungen mit der Psychoanalyse, die er durch Lektüre und zahlreiche Sitzungen bei dem Jung-Schüler Josef Bernhard Lang kennengelernt hatte.

Während der Ich-Erzähler seine Kindheit und Jugend als mühevollen Weg zu Selbstfindung und Autonomie schildert, kann die Erzählung auf einer sinnbildlichen Ebene als stufenweise Integration divergierender Seelenkräfte, als das Gelingen eines exemplarischen Individuationsprozesses gelesen werden. Dem aus »hellen«, behüteten Familienverhältnissen stammenden Knaben Emil Sinclair begegnet mit Beginn der Pubertät auf der Straße, bei den Mägden, besonders aber in Person seines »Schattens« Franz Kromer, eine fremde »dunkle« Welt, die ihn ebenso ängstigt wie fasziniert. Ein neuer Mitschüler, Max Demian, der ungewöhnlich selbständig auftritt, nimmt sich Sinclairs an, in dem er eine verwandte Seele zu erkennen glaubt. Er fordert seinen Schützling auf, das Dunkle als Teil seiner selbst zu akzeptieren, sich über Moralkonventionen hinwegzusetzen und gemäß seiner eigenen Bestimmung zu leben. Noch ist Sinclair dieser Zumutung nicht gewachsen, doch mit seiner erwachenden Sexualität wächst die Empfänglichkeit für Demians Lehren. In einer Phase innerlicher Zerrissenheit erreicht ihn die Botschaft von der gnostischen Gottheit Abraxas, die Göttliches und Teuflisches in sich vereinigt. Nacheinander begegnen dem Protagonisten jetzt Menschen, die ihn auf seinem Weg jeweils ein Stück weit hilfreich begleiten: die Anima-Gestalt Beatrice, die Führerfigur Pistorius, die mit Zügen einer »Großen Mutter« ausgestattete Frau Eva. Nach dem Ausbruch des Weltkrieges erreicht Sinclair sein Ziel: Im Augenblick einer lebensgefährlichen Verletzung imaginiert er seine Wiedergeburt. Nun darf auch Demian, sein »Dämon«, sterben, da er keines Seelenführers mehr bedarf.

Klein und Wagner.

In: H. H.: Klingsors letzter Sommer. Erzählungen. Berlin: S. Fischer, 1920.

Der Autor schätzte die Novelle, die er im Mai und Juni 1919 kurz nach seiner Ankunft in Montagnola schrieb, sehr hoch ein: »das Beste, was ich bis jetzt gemacht habe, ein Bruch mit meiner früheren Art und der Beginn von ganz Neuem«. Hesse mag bei dieser Einschätzung an den expressionistischen Ton der Erzählung gedacht haben; explizit bekennt er seine Hinwendung zu neuen literarischen Vorbildern (weg von Goethe und Keller, hin zu Dostojewski): im Unterschied zu seinen früheren Dichtungen, die »eine harmonische, aber im Grunde verlogene Welt« dargestellt hätten, schlage sich *Klein und Wagner* »blutig« mit dem Unerlösten in ihm selber herum.

Die Erzählung setzt mit der unvermittelten Flucht des Protagonisten aus seiner bürgerlichen Existenz ein. Friedrich Klein, ein Mann von knapp vierzig Jahren, verläßt ohne Abschied Amt, Frau und Kinder und flieht mit unterschlagenem Geld in eine Stadt der italienischen Schweiz. Er folgt dabei keinem Plan, sondern einem zwanghaften Impuls. Klein gibt sich nun – mit wechselndem Erfolg – einer hedonistischen Lebensweise hin. Daneben stehen Bemühungen, Klarheit über sich selbst zu gewinnen. Von einer banalen Midlife-crisis unterscheidet sich der Fall nicht nur durch Pathos und psychoanalytisches Unterfutter der Inszenierung, sondern auch durch massive pathologische Züge des manisch-depressiven Helden, der sich in Phantasien und Träumen mit Projektionen seines vormals rigide unterdrückten Alter ego identifiziert. Diese ambivalenten, bis zur Mord- und Todesvision reichenden Projektionen fallen unter dem Namen »Wagner« zusammen: »Wagner war der Sammelname für alles [...] zu kurz gekommene in dem ehemaligen Beamten.« Seine Erlösung findet Friedrich Klein allerdings noch nicht in dieser Einsicht, sondern erst im Tod, den er nach einer Liebesnacht mit der Tänzerin Teresina freiwillig sucht. In den wenigen Augenblicken des Ertrinkens überwindet er den quälenden Dualismus seines Lebens; im Gestus des Sich-fallen-Lassens erfährt er Freiheit und kosmische Harmonie.

Klingsors letzter Sommer.

In: H. H.: Klingsors letzter Sommer. Erzählungen. Berlin: S. Fischer, 1920.

Die Novelle schildert die letzte erfüllte Lebens- und Schaffensphase des berühmten expressionistischen Malers Klingsor. Der Name spielt auf Wagner und Novalis an, die Figur auf Vincent van Gogh. In den Vorbemerkungen charakterisiert der anonyme Erzähler den Text in ausdrücklicher Abgrenzung von anderen umlaufenden Gerüchten als »Legende«, die »im kleinen Kreis seiner Nächsten« fortlebe. Die mit zahlreichen autobiographischen Bezügen – Reflexen seines Neuanfangs in Montagnola – ausgestaltete Erzählung setzt im Frühsommer ein und schließt in den ersten Septembertagen mit der Vollendung eines meisterhaften Selbstporträts des Künstlers, das – in äußerster Ekstase gemalt – eine Summe seines Lebens zieht, mehr noch: des ganzen europäischen Kulturkreises nach dem Ersten Weltkrieg. Aus jener kurzen Zeitspanne greift der Erzähler einige markante Höhepunkte heraus, wodurch der Eindruck einer schnell ablaufenden Frist unterstützt wird: »Die heißen Tage, so lang sie waren, loderten weg wie brennende Fahnen.« Episodenhaft reihen sich der Besuch eines Malers, eine Bergtour mit Freunden zur »Königin der Gebirge«, ein Fest, eine erotische Begegnung nach dem Prinzip einer auf- und absteigenden Kurve aneinander. Wie sich in Klingsors bisherigem Leben schöpferische Zustände mit solchen der Lethargie abgewechselt haben, schwankt er auch in seiner letzten produktiven Phase zwischen Lebensgier und Todesvisionen. Spätestens mit dem Ende des Monats Juli rücken die Zeiten existentieller Einsamkeit, Angst und Depression in den Vordergrund; das Malen des Selbstporträts wird als großartige Eruption der letzten schöpferischen Kräfte des Helden inszeniert. Er interpretiert sich darin als der »kindliche und raffinierte Mensch unserer späten Zeit«, »von jeder Sehnsucht verfeinert, von jedem Laster krank, vom Wissen um seinen Untergang enthusiastisch beseelt«.

Siddharta. Eine indische Dichtung.

Berlin: S. Fischer, 1922.

Siddharta (»der sein Ziel erreicht hat«) ist der Bericht über einen Menschen, dem es gelingt, sich aus familiären, geistigen und sinnlichen Konventionen zu befreien, das eigene Ich zu leben und zu einem tiefen Einverständnis mit der Schöpfung zu gelangen. Obwohl die Titelfigur als idealisierte Selbstprojektion des Autors gelesen werden kann, steht sie doch auch exemplarisch für den Menschen schlechthin. Der ferne, von archetypischen Gestalten – dem Vater, dem Freund, der Geliebten usw. – bevölkerte Schauplatz unterstreicht die Allgemeinheit des Vorgangs ebenso wie die formalisierte Sprache, deren triadischer Grundrhythmus dem Entwicklungsgang Siddhartas korrespondiert.

Der Held wächst als Sohn eines Brahmanen mit seinem Freund Govinda (Wagenlenker des Arjuna im *Bhagavadgita*) in einer gesicherten Umgebung heran, doch können ihm die traditionellen Lehren und Rituale keine Befriedigung verschaffen. So verläßt er seine Eltern und folgt Bettelasketen, um durch Abtötung des Leibes zur Erlösung zu kommen. Nach drei Jahren erkennt er die Vergeblichkeit auch dieses Weges und wendet sich mit Govinda zu Gotama Buddha. Hier trennen sich die Wege der Freunde. Während sich der eine Buddhas Jüngern anschließt, fühlt der andere, daß er das Heil nicht durch eine Lehre empfangen kann, sondern selbst finden muß. In radikaler Abkehr von seinen bisherigen Versuchen stürzt sich Siddharta nun in das weltliche Genußleben. Die Kurtisane Kamala wird seine Geliebte, der Kaufmann Kamaswami lehrt ihn, wie man Reichtum erwirbt. Der Sinnesrausch endet in Müdigkeit und Lebensüberdruß. Siddharta verläßt einmal mehr seinen Besitz und will seinem Leben ein Ende setzen. Der aus den Tiefen seiner Seele aufzuckende Klang der heiligen Silbe Om kommt ihm in dieser verzweifelten Situation zu Hilfe: Gleichsam zu einem neuen Leben erwacht, schließt er sich als Gehilfe dem weisen alten Fährmann Vasudeva (einer der Namen Krischnas) an und erfährt am Fluß, einer Verkörperung des Tao, zugleich einem mythischen Reich der Seele zwischen den Welten des Geistes und Körpers, nach einer letzten Prüfung schließlich seine Erleuchtung.

Der Steppenwolf.

Berlin: S. Fischer, 1927.

Das Bild des Steppenwolfs fungiert in diesem Roman, in welchem der Dichter seine dritte und letzte große Lebenskrise der Jahre 1924–1926 – Trennung von der zweiten Frau, Selbsthaß, Todessehnsucht – thematisiert und zu bewältigen sucht, als Metapher für Einsamkeit, Außenseitertum und die neurotisch-zerrissene Persönlichkeitsstruktur des modernen Künstler-Ichs am Rande einer bürgerlichen Gesellschaft, die ihn anzieht und abstößt.

Harry Haller, ein Mann von annähernd fünfzig Jahren, nicht sehr groß, »anständig, aber unsorgfältig gekleidet«, mit kurzgeschnittenem, leicht ergrauten Kopfhaar ist der Steppenwolf. Er selbst nennt sich so, und seine bürgerliche Umgebung findet die Bezeichnung angemessen. Deren Repräsentant ist ein anonym bleibender »Herausgeber«, der nach Abstand einiger Jahre Aufzeichnungen ediert, die Haller bei ihm zurückgelassen hatte. Im Vorwort rechtfertigt er das Projekt als exemplarische Darstellung der Neurose einer ganzen Generation, die zwischen zwei Zeiten geraten sei und dabei »jede Sitte, jede Geborgenheit und Unschuld« verloren habe. Während diese Exposition Protagonist und Problematik des Romans von einer Außenperspektive her darstellt, wechselt das nächste Kapitel, »Harry Hallers Aufzeichnungen« mit dem Motto »Nur für Verrückte«, in die Ich-Form. Der Protagonist beredet darin in einer Tonlage larmoyanter, aber selbstgefälliger Verzweiflung sein Leiden an der tristen Normalität, dem er nur für Augenblicke – im elitären Kunst- bzw. weniger elitären Alkoholgenuß, in der Anbetung kleiner Ikonen bürgerlicher Reinheit, im Liebesakt – entfliehen kann: »Ach, es ist schwer, diese Gottesspur zu finden inmitten [...] dieser so sehr zufriedenen, so sehr bürgerlichen, so sehr geistlosen Zeit.« Auf einem seiner nächtlichen Streifzüge entdeckt er den Eingang zu einem »Magischen Theater«, das ihm aber vorläufig verschlossen bleibt. Das Schicksal spielt Haller bald darauf ein Büchlein zu, welches »Tractat vom Steppenwolf« überschrieben ist und von ihm selber handelt. Es analysiert seine menschlich-wölfische Wesensspaltung, diagnostiziert die daraus erwachsenden Konflikte und erörtert Möglichkeiten der Lösung. Selbstmord und Regression werden gleichermaßen verworfen; dagegen ermuntert der Traktat Harry, seinen Seelendualismus dadurch zu überwinden, daß er noch tausend weitere »Blumen seiner Seele« anerkenne, bis er fähig sei, »das All wieder zu umfassen«. Am Ende dieses Weges würde er dem alten Steppenwolf »ermunternd, tadelnd, mitleidig, belustigt zulächeln« können. Die nach dem Traktat fortgeführten Aufzeichnungen zeigen einen Protagonisten, der sich auf der vorgezeichneten Bahn fortbewegt. Hesse wendet jetzt einmal mehr das schon im *Demian* praktizierte Verfahren an, seinen Helden mit Figuren zu konfrontieren, die archetypische Repräsentanten des kollektiven Unterbewußtseins darstellen. Nach einer tiefen Krise, die ihn in die Nähe des Selbstmordes treibt, begegnet Haller in Gestalt des Barmädchens Hermine (!) eine Anima-Personifikation, die ihn mit ihren Freunden Pablo und Maria in die sinnlichen Freuden des Lebens einweiht und seine unterdrückte Körperlichkeit erlöst. Den Höhepunkt dieser Lebensstufe bildet ein rauschhaftes Maskenfest, das Haller eine neue Erfahrung beschert: »das Geheimnis vom Untergang der Person in der Menge«, die »Unio mystica der Freude«. Nach dieser Initiation steht dem Helden endlich das »Magische Theater« offen. Hier machen es virtuelle Gaukelspiele möglich, in das eigene Unterbewußtsein einzudringen, dessen Wünsche auf eine ritualisierte und unschädliche Weise durchzuarbeiten und ein humorvoll-distanziertes Weltverhältnis einzuüben. In seinen Halluzinationen begegnet Haller jetzt auch positiven allegorischen Zielprojektionen seiner Persönlichkeit wie Mozart, die ihm Mut und Kraft geben, sich dem Spiel des Lebens von neuem zu stellen.

Der nach den Gesetzen der Sonatenform komponierte Roman, der auch eine Reihe von Parallelen zur Faust-Dichtung Goethes aufweist, wurde von den Schriftstellerkollegen seiner Zeit mit Begeisterung aufgenommen. In den sechziger Jahren erlebte der *Steppenwolf* eine bemerkenswerte Renaissance als Kultbuch der amerikanischen Jugend- und Protestbewegung.

Narziß und Goldmund. Erzählung.

Berlin: S. Fischer, 1930. – Vorabdruck mit dem Untertitel »Geschichte einer Freundschaft« in: Die neue Rundschau 1929–30.

Hesse zeigt sich in den meisten seiner Werke von der Polarität der Möglichkeiten des Humanen fasziniert; doch während viele seiner Protagonisten den Konflikt von Sinnlichkeit und Spiritualität in sich selber ausfechten müssen, verteilt er hier die komplementären Seelenkräfte auf zwei Figuren: auf Narziß, den ernsten Denker und Asketen, der mit seinem mythischen Vetter aus der griechischen Sage nicht allzuviel gemein hat und eher als lebendigere Variante des Demian verstanden werden kann, und auf Goldmund, eine Art mittelalterlichen Knulp, der für sinnenfrohe Vitalität, Schönheit und Künstlerschaft einsteht, aber auch für das Leid an der Vergänglichkeit alles Irdischen. Held des Romans ist Goldmund, der einen Bildungsprozeß durchläuft, während Narziß sich von Anfang bis Ende gleichbleibt.

Obgleich er selbst noch Klosterschüler ist, wird Narziß bereits als Hilfslehrer eingesetzt, als der Halbwaise Goldmund von seinem Vater ins Kloster gebracht wird, um durch ein geistliches Leben die Sünden der früh entlaufenen Mutter, einer schönen, wilden Tänzerin »unguter und heidnischer Herkunft« abzubüßen. Unwiderstehlich ziehen sich die extremen Pole an, um einander »Gegenstück und Ergänzung« zu werden. Narziß erkennt hellsichtig das verdrängte mütterliche Erbe in den Anlagen seines Freundes, das ihn zu einem weltlichen Leben bestimmt, und verhilft diesem zur Selbsterkenntnis. Die Begegnung mit der Zigeunerin Lise wird Goldmund zum Anlaß, dem Beispiel seiner Mutter zu folgen: Er verläßt heimlich das Kloster und zieht in die Welt. Es folgen zwei Jahre lustigen Vagantendaseins mit erotischen Abenteuern, aber auch schon der Begegnung mit Angst und Tod, als Goldmund aus Notwehr einen üblen Kameraden ersticht. Vom Anblick einer Marienstatue tief berührt, tritt er eine Bildhauerlehre bei Meister Nicklaus an, wo er sein künstlerisches Talent ausbilden und seine Erlebnisse ästhetisch bewältigen kann. Sein Meisterstück gelingt ihm mit einer Johannesfigur, welcher er die Züge seines Freundes Narziß verleiht. Den daraufhin angebotenen Meisterbrief schlägt Goldmund jedoch ebenso aus wie die Hand der schönen Tochter des Hauses, da er die schöpferische Unfruchtbarkeit bürgerlicher Seßhaftigkeit fürchtet. Mit seinem Aufbruch zu neuerlicher Wanderschaft beginnt ein zweiter Zyklus des sinnlichen Lebens, der die Eros- und Thanatos-Motivik des ersten Teils wiederholt, ausweitet und intensiviert. Goldmund bringt abermals einen Menschen um, verliert eine Freundin an den Schwarzen Tod, macht die beglückendste erotische Erfahrung seines Lebens mit Agnes, der Geliebten des kaiserlichen Statthalters, kommt dabei aber zugleich in äußerste Lebensgefahr. Narziß rettet ihn in letzter Minute vor dem Galgen. Goldmund folgt dem Freund, der es inzwischen zum Abt gebracht hat, ins Kloster und setzt dort seine Lebenserfahrung in eine Reihe unvergänglicher schöner Kunstwerke um. Als alter Mann bricht er ein drittes Mal auf, doch endet sein Versuch, Agnes noch einmal zu begegnen, als Fehlschlag; enttäuscht, schwer verletzt und ohne Lebensmut erreicht Goldmund das Kloster, um in den Armen von Narziß zu sterben. Seine letzten Gedanken gelten der Mutter, deren Ruf er immer folgen mußte: »Sie ist überall. Sie war die Zigeunerin Lise, sie war die schöne Madonna des Meisters Nicklaus, sie war das Leben, die Liebe, die Wollust, sie war auch die Angst, der Hunger, der Trieb. Jetzt ist sie der Tod« – und der Sorge um den Freund: »Aber wie willst denn du einmal sterben, Narziß, wenn du doch keine Mutter hast? Ohne Mutter kann man nicht lieben. Ohne Mutter kann man nicht sterben.«

Die Morgenlandfahrt. Eine Erzählung.
Berlin: S. Fischer, 1932.

Nach »schweren Jahren des Mißgeschicks, der Krankheit und tiefen Heimsuchung« unternimmt es der ehemalige Musiker »H. H.«, die Geschichte der unerhörten Reise einer spirituellen Gemeinschaft zu erzählen, an der er einstmals selber teilgenommen hatte. Viele Gruppen wanderten damals nach Osten, um der geheimen Idee des Ordens zu dienen, aber auch ganz persönliche Ziele zu erreichen. Der Erzähler wollte z. B. die Liebe der schönen Prinzessin Fatme – einer Gestalt aus *Tausendundeiner Nacht* – gewinnen. So großen Zulauf der »Bund«, den Hesse nach literarischen und realen Vorbildern als säkularisierte Communio sanctorum gestaltet, in den Jahren der Erschütterung nach dem Kriege erhalten hatte, so bald war er danach wieder »teils in Vergessenheit, teils in Verachtung und Verruf« geraten. Der Reisebericht soll die Erinnerung an den Bund wachhalten und seiner Wiederentdeckung vorarbeiten. Der Erzähler berichtet vom hoffnungsvollen Aufbruch der Morgenlandfahrer, einem abtrünnigen Bruder, Begegnungen mit historischen und literarischen Personen, einem zauberhaften Fest in Bremgarten und anderen Episoden bis zu jenen verhängnisvollen Vorkommnissen in der Schlucht von Morbio Inferiore, welche seine Reisegruppe in Zwietracht stürzten und sprengten. Ausgelöst wurde dieses traurige Ende durch das mysteriöse Verschwinden des freundlichen, mit Zügen Franz von Assisis ausgestatteten Trägers Leo, der trotz seiner inferioren Stellung gewissermaßen die Seele des Unternehmens gewesen war. Hier bleibt der Erzähler stecken; Erinnerungslücken und Schreibhemmungen lassen ihn schier verzweifeln, bis er erneut auf Leos Spur, schließlich auf diesen selber trifft. Zunächst wird er abgewiesen, auf einen flehentlichen Bittbrief hin aber vor das Gericht des Hohen Rates geladen. Hier erkennt H. H. die Reihe seiner kleineren und größeren Verfehlungen: die Blasphemie seines literarischen Projekts, die nicht bestandene Prüfung von Morbio Inferiore, die Abtrünnigkeit vom Bund. Er erlangt Vergebung, Wiederaufnahme und Offenbarung: das allegorische Schlußbild zeigt als Zielprojektion seine Auflösung in eine Darstellung des Dieners Leo, der sich inzwischen als der »Oberste der Oberen« entpuppt hat.

Das Glasperlenspiel. Versuch einer Lebensbeschreibung des Magister Ludi Josef Knecht samt Knechts hinterlassenen Schriften.

2 Bde. Zürich: Fretz & Wasmuth, 1943.

Hesse zieht in seinem zwischen 1931 und 1942 entstandenen, seit 1946 auch in Deutschland zugänglichen Alterswerk eine Summe seines Schaffens. Zentrale Motive wie die Spannung zwischen Individuum und Gesellschaft, die Polarität der *vita activa* zur *vita contemplativa* bzw. das vom pädagogischen Eros getragene Verhältnis zwischen Meister und Schüler spiegeln sich in überhöhter Gestaltung im Lebensweg des Protagonisten Josef Knecht, dessen Name ebenso auf *Wilhelm Meister* verweist wie seine Wirkungssphäre Kastalien (nach der heiligen Quelle am Parnaß) auf Goethes »pädagogische Provinz«.

Der Biographie Knechts schaltet der fiktive Chronist eine Einführung in die Geschichte des Glasperlenspiels vor, das als komplexes Kombinationsspiel mit Signaturen des kulturellen Erbes beschrieben wird. Es sei in der dekadenten, inzwischen längst überwundenen Epoche des 19. und 20. Jh.s, des sogenannten feuilletonistischen Zeitalters, entstanden, auf welche der Chronist vom Jahre 2200 aus zurückblickt. Gegen die allgemeine Verflachung des geistigen Lebens hätten damals Musikwissenschaftler und Mathematiker das Spiel als Sinnbild intellektueller Zucht entwickelt, der Bund der Morgenlandfahrer habe noch Qualitäten seiner Seelenkultur beigesteuert. Mit der Zeit habe sich dieses »magische

Theater« zur »Unio Mystica aller getrennten Glieder der Universitas Litterarum« vervollkommnet. In der Gegenwart des Chronisten wird das Glasperlenspiel von Angehörigen eines elitären Ordens unter Leitung eines hohepriesterlichen Ludi Magister als »Form des Suchens nach dem Vollkommenen« öffentlich zelebriert.

Der Hauptteil des Romans erzählt den exemplarischen Lebensweg eines legendär gewordenen Spielmeisters. Der hochmusikalische Lateinschüler Josef Knecht wird als zwölfjähriger Knabe vom Musikmeister des kastalischen Ordens geprüft und auf eine Schule seiner Gemeinschaft berufen. Siebzehnjährig wechselt er nach Waldzell, d. h. auf jene Eliteschule, welche die besten Glasperlenspieler hervorbringt. In Streitgesprächen mit dem weltzugewandten Gastschüler Plinio Designori schärft er dort seine kastalische Gesinnung und macht nach anfänglichen Vorbehalten auch im Glasperlenspiel große Fortschritte. An das Ende der Schülerzeit schließen einige Jahre des freien Studiums an, die lediglich mit der Auflage verbunden sind, jedes Jahr einen fiktiven Lebenslauf abzuliefern. U. a. verweilt Knecht nun einige Monate bei einem Eremiten, der sich chinesischen Studien widmet; dieser Zeit verdankt der Held sein »Erwachen«, d. h. die Vorstellung der eigenen Besonderheit, mit welcher eine Relativierung der kastalischen Werte verbunden ist. Nach seiner endgültigen Aufnahme in den Orden wird Knecht mit zwei diplomatischen Missionen betraut, die der Kontaktaufnahme mit der katholischen Kirche dienen. Dabei gewinnt er in dem gelehrten Benediktinerpater Jacobus (Anspielung auf Jacob Burckhardt) nicht nur einen Freund, sondern auch einen Lehrmeister im historischen Denken. Den Vierzigjährigen wählt man in das Amt des Magister Ludi, das er mit pädagogischem Eifer, aber auch mit politischem Realitätssinn ausübt; insbesondere erkennt er an seinem besten Schüler Tegularius die Gefahren, die dem Orden durch Vereinseitigung der eigenen Ideale erwachsen: eitles Virtuosentum und elitäre Abkehr vom außerkastalischen Leben. Ein neuerliches Zusammentreffen mit seinem alten Freund Designori wird Knecht zum Anlaß, einen schon lange gereiften Plan in die Tat umzusetzen: seinen Abschied zu nehmen, um den Geist Kastaliens in die geistferne Welt zurückzutragen. Er will seinen neuen Zögling, Designoris Sohn, nicht enttäuschen und nimmt dessen Einladung zu einem Wettschwimmen an; dabei ertrinkt er im eiskalten Wasser eines Bergsees. Der Knabe bleibt innerlich verwandelt zurück. Den Roman beschließen hinterlassene Schriften des Protagonisten: einige Gedichte sowie drei fiktive Lebensläufe – »Der Regenmacher«, »Der Beichtvater« und »Indischer Lebenslauf« –, welche zentrale Motive der Hauptgeschichte variieren.

Die intensive Rezeption des Buches in den Nachkriegsjahren zeigt, daß Hesses Intention verstanden und dankbar angenommen wurde: »Ich mußte, der grinsenden Gegenwart zum Trotz, das Reich des Geistes und der Seele als existent und unüberwindlich sichtbar machen, so wurde meine Dichtung zur Utopie [...], die üble Gegenwart in eine überstandene Vergangenheit gebannt.«

H.-P. Ecker

ALFRED KUBIN

1877–1959

Die andere Seite. Ein phantastischer Roman.

München/Leipzig: G. Müller, 1909.

Der einzige Roman des österreichischen Zeichners und Illustrators Alfred Kubin ist einer der ersten großen phantastischen Romane des 20. Jh.s. Auf geheimnisvolle Aufforderung seines Schulfreundes Patera begibt sich der Ich-Erzähler mit seiner Frau in dessen neu gegründetes Traumreich, das irgendwo jenseits des Kaspischen Meeres liegt. Es ist eine alptraumhafte Atmosphäre, die das hermetisch abgeschlossene Reich und seine Hauptstadt Perle prägen. So unwirklich und bedrückend wie das ewige Grau des Himmels sind die undurchschaubaren Riten, die das Leben in der Stadt prägen. Jeder Fortschritt ist hier verpönt, über Dingen und Menschen scheint ein Fluch zu liegen. Beängstigende Naturprozesse wie unkontrollierbare Tierinvasionen und Vegetationsschübe und ein grotesker moralischer und materieller Verfallsprozeß künden den Untergang ebenso voraus wie das Erscheinen des vitalen amerikanischen Geschäftsmannes Herkules Bell, der gekommen ist, Patera, den mythischen Beherrscher des Reiches, zu stürzen. In einem finalen Kampf der beiden Kontrahenten als Vertreter des Mythisch-Irrationalen (Patera) und des modernen Geschäftssinnes (Bell) vollzieht sich der Untergang des Traumreiches in einer apokalyptischen Vision. Da der Ich-Erzähler als retrospektiver Chronist – er findet sich in einem Sanatorium wieder – keinerlei Beweise beibringen kann, bleibt der Realitätsgehalt seines Berichtes unklar. Kubin schildert die bedrückenden und phantastischen Ereignisse – interpretierbar als Zerrbild der österreichischen Zustände am Vorabend des Ersten Weltkriegs – in einer betont schmucklosen Sprache. Dadurch gewinnt das Makabre dieser Untergangsphantasmagorie ebenso an Eindringlichkeit wie durch die organisch eingefügten Illustrationen des Autors.

E. Polt-Heinzl

Martin Buber
1878–1965

Gog und Magog. Eine Chronik.

Heidelberg: Lambert Schneider, 1949. [Zuerst auf hebräisch erschienen u. d. T.: Gog u-Magog. Tel Aviv: Dvir, 1941.]

Das Grundthema von *Gog und Magog* ist der Konflikt zweier chassidischer Führer, die sich vor dem Hintergrund der Napoleonischen Kriege uneins darüber sind, auf welche Weise die Erlösung der Welt herbeizuführen sei. Während Jaakob Jizchak aus Lublin Napoleon mit dem »Gog des Landes Magog« Ezechiels identifiziert und glaubt, den Messias durch magisch-kabbalistische Unterstützung Napoleons herbeizwingen zu können, weiß sein bedeutendster Schüler, der ebenfalls Jaakob Jizchak heißt und der »Jude« genannt wird, daß entscheidend für die Erlösung nicht die Herstellung einer endzeitlichen Mächtekonstellation ist, sondern die »Umkehr« jedes einzelnen, die Bekämpfung des Bösen in den Seelen der Menschen. Der Kulminationspunkt der schmerzhaften Beziehung zwischen beiden Männern ist erreicht, als der Lubliner, verunsichert nach fehlgeschlagenen Versuchen, den Messias herbeizurufen, dem »Juden« aufträgt zu sterben, um »ihm vom Himmel Kunde [zu] bringen«. Erst nach dem Tod seines Schülers erkennt der Lubliner, daß er ihn »zuwenig geliebt« hat; er selbst stirbt bald darauf in einem weiteren verzweifelten Versuch, die Endzeit heraufzubeschwören.

Der Kern des Stoffes ist historisch und in chassidischen Legenden auf mannigfache Weise verarbeitet worden. Buber versucht, die verschiedenen Überlieferungen zu einem kohärenten Ganzen zusammenzufügen und bildet dabei eigene Schwerpunkte: Was ihn an den Legenden über die beiden chassidischen Führer interessiert, ist zum einen die schicksalhafte Verflechtung ihrer Lebensläufe, ihr Wachsen und ihr schließliches Scheitern aneinander, zum anderen die Debatte über den rechten Weg zur Erlösung. Vor allem aber faszinierte Buber an diesem Stoff die hier in seinen Augen zutage tretende »Einheit von Außen und Innen, von Leben und Lehre« (Nachwort): In Bubers Darstellung verkörpern die beiden Protagonisten ihre intellektuelle Debatte in ihrem Leben, ihr Ringen ist nicht abstrakt, sondern wird von ihnen so intensiv gelebt, daß schließlich beide daran sterben.

Die Erzählungen der Chassidim.

Zürich: Manesse, 1949.

Bubers *Erzählungen der Chassidim* stellen eine umfangreiche Sammlung von kleinen und kleinsten Texteinheiten dar, die häufig, aber keineswegs immer, die Form einer Anekdote aufweisen. Bubers Quelle sind die volkstümlich-hagiographischen Erzählungen, die im Gefolge des Chassidismus (einer im Osteuropa des 18. Jh.s entstandenen jüdischen mystischen Bewegung) in großer Zahl im Druck erschienen. Anders als in früheren Auseinandersetzungen mit chassidischen Stoffen, so etwa der *Legende des Baal Schem*, hat Buber seine chassidischen Quellen hier kaum einer Bearbeitung unterworfen, sondern bietet dem Leser zumeist wortgetreue Übersetzungen der Originaltexte. Daß er im Vorwort anmerkt, die Erzählungen seien im Original »formlos«, und er habe sie der Verständlichkeit und Lesbarkeit willen erst in eine Form gießen müssen, wirkt daher etwas erstaunlich.

Bubers eigener Beitrag liegt weniger in der Bearbeitung der einzelnen Erzählungen als in ihrer Auswahl. Legenden über Wunderheilungen und Dämonen, Seelenwanderungen und verborgene Sünden, so häufig in der chassidischen Volksliteratur, übergeht er. Er verwendet nur solche Erzählungen, in denen sich in seinen Augen das ausdrückt, was ihm als die Essenz des Chassidismus erscheint: das Ziel eines in allen Bereichen bewußt mit dem Göttlichen verwobenen Lebens und eine Sinnerfüllung auch der scheinbar unbedeutendsten Aspekte des Daseins. Bubers in *Ich und Du* entwickeltes »dialogisches Prinzip« stellt sich in den Erzählungen beispielhaft in der Beziehung zwischen Zaddik und Schüler, aber vor allem auch zwischen Zaddik und der gotterfüllten Welt dar. Trotz ihrer Authentizität erscheinen die von ihm ausgewählten Erzählungen durch ihre Herauslösung aus dem ursprünglichen Kontext, manchmal auch durch geschickt eingesetzte minimale Abweichungen vom ursprünglichen Wortlaut, oft in einem anderen Licht als in den Originalquellen. Die Bubersche Sammlung bietet daher weniger authentische Informationen über das Wesen des Chassidismus, sondern ist vielmehr das Ergebnis einer fruchtbaren Synthese zwischen genuinen chassidischen Traditionen und von ihnen inspiriertem Buberschen Denken.

R. Berger

Hans Carossa

1878–1956

Rumänisches Tagebuch.

Leipzig: Insel Verlag, 1924.

Dieses fiktionale Tagebuch beruht weitgehend auf authentischen Aufzeichnungen des Bataillonsarztes Carossa vom Herbst und Winter 1916. Obwohl es vom Krieg handelt, ist es kein Kriegsbuch. Die Notizen- und Reflexionenfolge fixiert zwar Kampfgeschehen und Etappendienst, arbeitet aber vor allem auf Sinnbilder hin. Im Zentrum stehen das allmähliche Werden und erste Wirken einer Dichtung. Den Anfang bilden die rätselhaften Texte, die der Tagebuchschreiber, auch ein Arzt im Frontdienst, in der Tasche eines sterbenden Soldaten findet, offenbar unterschiedlich weit ausgearbeitete Bruchstücke eines größeren Zusammenhangs. Allmähliches Ergänzen und Weiterformen daran beschäftigt den Tagebuchschreiber in der nächsten Zeit. Diese Gedankenarbeit, die sich, mit Unterbrechungen, durch die gesamte Folge der Eintragungen zieht, findet einen sinnbildlich stark aufgeladenen Abschluß: Der Tagebuchschreiber ist mit seinen Leuten in einem engen Flußtal auf dem Rückweg von einem allzu gefährlichen Verbandsplatz. Ein durch Beschuß in einen stundenlang Feuer speienden Vulkan verwandeltes Munitionsdepot sperrt den Weg. Bei dürftigster Deckung, in nächster Nähe eines Geschehens, in welchem kriegerischer Zerstörungswahn sich gleichsam automatisiert hat, gelingt dem Tagebuchschreiber die Zusammenfügung der fremd-eigenen Fragmente zu einem großen Prosagedicht, und er liest es den Kameraden vor: buchstäblich ein »Gesang im Feuerofen«. Zentrales Thema ist die den Heimkehrenden aufgetragene Sorge um das »oft zerbrochene Menschenbild«, das in die neuen Gebäude eingemauert werden soll. Sinnbildern für die chaotische Gegenwart wird das Bild der Sonne entgegengestellt, die keinen wirklichen Untergang kennt. In die nicht erschütterbare kosmische und jahreszeitliche Rhythmik bleibt, trotz seiner Zerstörungsfähigkeit, auch der Mensch eingeordnet. Weiß er das, so kann er zum »Boten der Gnade« werden. Und gerade aus den großen Menschheitskatastrophen erwachsen die neuen, die weiterführenden Impulse. Zukunftszuversicht beherrscht das Ende.

Nicht nur das eingelagerte Prosagedicht, die Darstellung insgesamt ist geprägt von Carossas Sicht des Seinsganzen als eines harmonischen, in sich sinnhaften Kosmos, der zuverlässige ethische Orientierung geben kann. So erklären sich das nicht nur hier durchgängige Thema des Heilung bewirkenden oder befördernden ärztlichen Handelns und die Tatsache, daß fast alle Protagonisten in Carossas Erzählungen Ärzte sind: Der Naturkundige kann in einer Welt faktischer und seelischer Verwirrung am ehesten den Weg weisen. So erklärt sich ebenfalls die autobiographische bzw. diaristische Form der Carossaschen Prosa: die ständig vor- bzw. durchgeführte reflexive Selbstkontrolle bezeichnet das in orientierungsarmer Zeit besonders Erforderliche. Alles wird Sinnbild in diesem Werk, auch der mehrfach auftauchende, zusätzlich als Motto hervorgehobene Satz »Raube das Licht aus dem Rachen der Schlange«. Ein altverbürgtes Symbol: Die Schlange steht für das Bedrohende, das zu rettende Licht wie »das oft zerbrochene Menschenbild« für den immer vorhandenen, aber auch immer neu zu entdeckenden, gerade in den Katastrophen in seiner Unzerstörbarkeit erscheinenden Sinn. Das Werk enthält aber nicht nur eine in Handlungen präsentierte, in Sinnbildern verschlüsselte und verallgemeinerte ethische, sondern auch eine mit dieser eng verbundene ästhetische Botschaft. »Und die Satzungen sind Gesang«, lautet der Schluß des integrierten Prosagedichts. Das bezeichnet die Rolle, welche Carossa, nicht nur in diesem Werk, der Kunst, speziell der Dichtung, zuweist. Wie der forschende Arzt hat der Künstler die Sachverhalte freizulegen und zu verkünden, an welchen sich menschliches Leben orientieren muß.

Der Arzt Gion. Eine Erzählung.

Leipzig: Insel Verlag, 1931.

Der Roman setzt gleichsam das *Rumänische Tagebuch* fort. Erzählt wird, wie aus dem »Untergang« Heimgekehrte, allesamt beschädigt, gleichwohl »das oft zerbrochene Menschenbild« wieder zur Geltung bringen, füreinander und anderen zu »Boten der Gnade« werden. Wieder ist alles Erzählte vor allem sinnbildlich markiert. Die Titelfigur muß sich nach den Jahren im Krieg mühsam in die auch daheim konfuse Wirklichkeit zurückfinden. Das übrige Personal stellt zu Beginn ein Panorama von Verstörungserscheinungen dar: die seelisch gefährdete Künstlerin Cynthia, der etwas verwilderte kleine Toni, der einen Teil des Lebensunterhalts für sich und die Großmutter erwirbt, indem er Passanten durch ein Fernrohr tagsüber die Sonnenflecken und nachts Mond und Sterne betrachten läßt, der Zettelsammler, ein geistig verwirrter Kriegsveteran. Anders ist es mit der schwangeren Magd Emerenz, die an einer Blutkrankheit leidet und gegen den Rat des Arztes, der weiß, daß sie die Geburt nicht überleben wird, ihrer eigenen Vorstellung von Lebensrichtigkeit gemäß ihr Kind zur Welt bringen will. Zeitlich begrenzt ist das Dargestellte durch den ersten Besuch der Magd in Gions Praxis im Frühling eines der ersten Nachkriegsjahre und die Geburt des Kindes und den Tod der Mutter im Sommer; es endet mit knappen Andeutungen zum weiteren Fortgang. Die Teilhandlungen sind so ineinandergefügt, daß kenntlich wird, wie alle Protagonisten als Hilfsbedürftige einander hilfreich sind. Der Beginn zeigt den Arzt als Belehrungsbedürftigen. Er muß sich beratend gegen das Leben des Kindes oder das der Mutter entscheiden und neigt zunächst der ersten Option zu. Widerlegt wird er von der keines Rates bedürftigen Sicherheit und Opferbereitschaft der Schwangeren und vom Verhalten Cynthias, die am Schicksal der Magd heftig Anteil nimmt und sie zur Niederkunft und zum Sterben zu sich holt. Dies und das behutsame Eingehen des Arztes auf Cynthias spröde Liebesbezeugungen fördern bei dieser Gesundung und Wiedereinfügung. Integration kommt auch dadurch zustande, daß Gion den kleinen Toni nach dem Tod der Großmutter bei sich aufnimmt. Die einander bedingenden Integrationsvorgänge sollen als beispielhaft und weiterwirkend wahrgenommen werden. Diesem Zweck dienen Ausweitungen. Eine größere Zelle mitmenschlicher Hilfsbereitschaft bildet sich um die Sterbende und ihr Kind. Und die Bauersleute, bei denen Emerenz gedient hatte und von deren Söhnen keiner aus dem Krieg zurückgekehrt ist, bestimmen das neugeborene Kind gar zur Erbin und lassen es bei sich aufwachsen. So entsteht ein Modell sich wiederherstellender Gesellschaftlichkeit, ganz den Appellen des Prosagedichts im *Rumänischen Tagebuch* entsprechend. Deutlich kommt der problematische Hintergrund ins Bild: allgemeine Not und Entwurzelung, verbreitete Motivationslosigkeit, Verrohung, starrsinnige Unbelehrbarkeit, Flucht in die Betäubung. Für manche ist eine Rückkehr ins Leben nicht mehr möglich, wie mehrere Beispiele zeigen.

Durchgängig ist wie im *Rumänischen Tagebuch* der Motivkomplex der Totenehrung als eines wesentlichen Elements der Wiederherstellung. Ein Kapitel (»Krypta«) beherrscht er ganz. In dessen Zentrum steht der Besuch einer Gedenkstätte für die Gefallenen; er spielt eine wichtige Rolle für die Selbstfindung der Künstlerin. Auch die sich für das neue Leben opfernde Emerenz wird mit dem Monument, speziell mit der Skulptur des toten Soldaten darin, in Verbindung gebracht. Gemeinsam ist beiden Werken auch das Motiv der Entstehung eines Kunstwerks. Cynthia hatte in der Zeit ihrer schweren Verstörung gnomartige Tonfiguren mit traurigen Gesichtern geschaffen. Zu Beginn der erzählten Zeitspanne neigt sie zu gewaltsamer Skulpturenarbeit. Gegen Ende ist sie zu einem Aquarellieren vorgedrungen, in welchem die schöpferische Anverwandlung eines Naturwesens, das Bild der »Meer-Alge«, gelingt. Der Epilog weiß von der Arbeit der völlig Genesenen, inzwischen mit dem Arzt Verheirateten, an einer Holzplastik der toten Emerenz. Diese erscheine »als Schlafende [...] nahe einem seligen Erwachen, nicht als Entschlafene«. Dieser Abschluß soll beispielhaft Erreichtes ebenso bezeichnen wie die Tatsache, daß Gion und Cynthia, Toni und die Tochter der Magd zuletzt eine Familie sind. Alles ist leicht und flüssig erzählt. Es gibt ausgesprochen humoristische Passagen.

Das Komplementärverhältnis eines diaristischen und eines erzählenden Werks gleicher Intentionalität findet sich im späteren Schaffen Carossas nochmals, diesmal als literarische Reaktion auf die Katastrophe des Zweiten Weltkriegs, seiner Vorgeschichte und seiner Folgen, in den beiden Bestandteilen des Buches *Ungleiche Welten* (1951).

Ungleiche Welten.

Wiesbaden: Insel Verlag, 1951.

Das Buch besteht aus zwei komplementär aufeinander bezogenen Teilen, dem »Lebensbericht« und der Erzählung »Ein Tag im Spätsommer 1947«. Leser und Kritiker reagierten vor allem auf den ersten Teil, Carossas Bericht über sein Leben und Verhalten in der Zeit des »Dritten Reiches« und unmittelbar danach. Nach Ausweis der folgenden Notiz aus jener Zeit hatte Carossa das Risiko gekannt, das ein renommierter Autor einging, der 1933 oder bald danach *nicht* das in die Hände der Nationalsozialisten gefallene Land verließ und auch nicht bereit war zu verstummen: »Den Vergewaltigungen der Zeit völlig zu entgehen, ist heute für keinen möglich, am wenigsten einem, der einen Namen hat. Es ist unausweichlich, daß man um der Ruhe willen, die ein Werk zu seinem Wachstum braucht, ab und zu kleine Konzessionen macht, um sich eine größere zu ersparen. Da kommen manche mit Sorgengesichtern und sagen: ›Ich fürchte für deinen Ruf! Du exponierst dich. Man wird dich für charakterlos halten.‹ Das sind falsche Freunde; früher oder später wird sich's offenbaren.« Doch ähnlich wie bei Reinhold Schneider war es eine Verpflichtungsempfindung, die ihn festhielt: »Tiefes Mitleid mit den deutschen Emigranten. Sie sprechen und schreiben im luftleeren Raum. Man muß im Lande leben, muß die Zustände tätig und leidend miterleben, wenn das Wort Gewicht haben soll.« Das sollte es aber, doch nicht im Sinne der damaligen Machthaber. Carossa hat die kleinen Konzessionen gemacht. Manche Zeitgenossen und Nachlebende behaupteten und behaupten, es seien nicht nur kleine und es sei mehr als Konzessionsbereitschaft gewesen.

Von den Konzessionen und dem, was mit ihrer Hilfe gelang oder trotz der Bereitschaft zu ihnen mißlang, von der »tödlichen Form des Ruhms«, in welche auch erpreßte Kollaboration führen konnte, vom Leben und vom literarischen wie moralischen Bestehen unter der Diktatur des Ungeistes handelt der »Lebensbericht«. Ursprünglich sollte er das »Lebensgedenkbuch« mit dem programmatisch anzüglichen Titel *Führung und Geleit* (1933) fortsetzen. Es war ein langer Entstehungsweg. Von Anfang an hat Carossa in jenen Jahren bemerkenswerte Vorgänge und sein Verhalten bzw. sein Verhältnis zu den ihn umwerbenden und bedrängenden Instanzen des herrschenden Systems insgeheim dokumentiert und teilweise in Verschlüsselung gestaltet, z. B. in dem Roman *Geheimnisse des reifen Lebens* (1936), in dem autobiographischen Werk *Das Jahr der schönen Täuschungen* (1941) und in den verschiedenen Teilen der großen *Taschenspieler*-Dichtung, die damals entstanden. 1943 schon wurden Teile des »Lebensberichts« ausgearbeitet, im Sommer 1944 begann die Erstellung größerer Zusammenhänge; 1948 war ein erster Abschluß erreicht. Der Plan, die im Winter 1947/48 entstandene Erzählung hinzuzufügen, machte Umarbeitungen nötig; anderes drängte sich vor. Erst 1950 erhielt das Werk seine endgültige Gestalt.

Trotz seiner diaristischen Entstehungsweise ist der »Lebensbericht« nicht als Tagebuch gestaltet, sondern als chronologisch verfahrende, mit vielen Reflexionen durchsetzte Erzählung. Durchgängig geprägt ist er durch eine konstitutionell konservative Bewußtseinslage, deren Maßstäbe sich aus der kulturellen Tradition des Abendlandes und Carossas naturwissenschaftlich-naturphilosophischer Wirklichkeitssicht herleiten. Dieses Ethos, für das Carossa sich auf Goethe, Hofmannsthal und Rilke, aber auch auf viele jüngere Zeitgenossen berief, dient als Kontrastfolie für die Darstellung der von ganz anderem Geist beherrschten Welt, in welcher zu leben und zu überleben war; das eigene Handeln und Schaffen erscheint als der – oftmals listig getarnte – Versuch, dieses Ethos lebendig und wirksam zu erhalten, zu ermutigen, zu helfen, zu trösten. Die Strategie des anekdotischen Erzählens läßt die Welt der Unmenschlichkeit eine bedrückende Plastizität und Authentizität gewinnen. Die ›Machtergreifung‹, die rasche Okkupation der öffentlichen Meinung, die Verfolgung Andersdenkender, Pressezensur und der brutale Versuch der Vereinnahmung alles nicht offen Widerständigen, die Verfolgung der Juden, die Eliminierung der Geisteskranken, der Anschluß Österreichs, die Vorbereitungen zum Krieg, dieser selbst und seine Wirkungen im Inneren, bald die sich abzeichnende Katastrophe, der ständige Zwang zum Leben unter einer Tarnkappe, wenn die Gegenwelt nicht gänzlich untergehen sollte: ein bedrängendes Panorama. Dennoch erscheint die Gegenwelt nicht nur in ihrer Bedrängnis, sondern auch in ihrer Unangreifbarkeit, mit vielen Facetten, vor allem in Personen und Handlungen, die sich nach Kräften an jenem Ethos orientieren, von welchen Widerstand geleistet wird und Ermutigung ausgeht: eine Vielzahl von Inseln geistiger und moralischer Behauptung, ein Netz, das bei aller Zartheit jeder einzelnen Masche hielt und trug.

Genaue Rechenschaftslegung erfolgt hinsichtlich des eigenen Verhaltens. Von Hilfsaktionen ist die Rede, die ihren Preis forderten, weil sie den Verbindungen nutzenden Helfer erpreßbar machten, von mühsamen, doch durchgehaltenen Verweigerungen, von verhängnisvoll weiterwirkenden Nachgiebigkeiten, vom nicht zu verhindernden Mißbrauch der eigenen Person. Der Bericht ist von einer selbstkritischen Redlichkeit, wie man sie im zeitlichen Umfeld und auch später in Memoirenliteratur selten antrifft. Wie alle Werke Carossas ist auch dieses von sinnbildlichen Figurationen durchzogen. Sie kulminieren am Ende, in der Darstellung der Zeit gleich nach dem Ende des Krieges, als, wie früher das opportunistische Mitläufertum, das Denunzieren Konjunktur hatte. Dem wird als Zeichen dessen, was nötig gewesen wäre und möglich war, das selbstverständliche Zusammenwirken aller, der Besatzungssoldaten, der Flüchtlinge, der Einheimischen, bei einer Brandkatastrophe entgegengestellt. Auch daß Frühlingsszenen, Bilder wiedererwachenden Lebens, am Ende stehen, hat nicht nur mit kalendarischer Korrektheit zu tun.

Zeichencharakter hat auch die angefügte Erzählung. Sie handelt vom Entstehen einer neuen kleinen Solidargemeinschaft – einer Keimzelle – aus lauter vom Krieg und seinen Folgen Beschädigten und Entwurzelten, Angehörigen verschiedener sozialer Schichten, verschiedenen Alters. Sie gruppiert sich um ein älteres Ehepaar, Wissende, Naturkundige. Sie repräsentieren die in Carossas Gesamtwerk durchgehaltene Grundüberzeugung von einem den Kosmos wie die irdische Natur durchwaltenden Ordnungssinn, der, von Wissenschaftlern und Künstlern offenbart, auch dem Menschenleben zur Orientierung dienen kann. Alle Verstörungen menschlichen Zusammenlebens erwachsen aus der Nichtwahrnehmung dieser naturgemäßen, altverbürgten Grundlage aller Humanität. Sie bewußt zu erhalten ist – nach Carossa – die ewig gestellte Aufgabe aller Wissenschaft und Kunst.

H. Laufhütte

Alfred Döblin

1878–1957

Die Ermordung einer Butterblume und andere Erzählungen.

München/Leipzig: G. Müller, 1913. [1912 erschienen.]

Der Novellenzyklus umfaßt zwölf Erzählungen, von denen zehn zwischen 1910 und 1912 in der Zeitschrift »Der Sturm« abgedruckt worden waren. Der Sammelband machte Döblin erstmals einer breiteren Öffentlichkeit bekannt und wies ihn als ebenso begabten wie eigenwilligen

Erzähler aus. Die frühesten Novellen entstanden während seines Psychiatriestudiums in Freiburg i. Br. 1904/05, weitere schrieb er in der Zeit als Assistenzarzt in einer Irrenanstalt nahe Regensburg (1905–1906), in der Klinik Berlin-Buch und im Urban-Krankenhaus (1906–1911). Dieser biographische Hintergrund erklärt nicht nur Döblins Vorliebe für normabweichende Charaktere, sondern auch seinen durch die psychiatrische Praxis geschulten, auf die »Notierung der Abläufe, Bewegungen« (*Berliner Programm*, 1913) sich beschränkenden Stil, der radikal mit psychologisierenden Schreibtraditionen bricht und durch eine suggestive Bildsprache überzeugt.

Insbesondere die Titelnovelle gilt als Meilenstein modernen Erzählens und kann sowohl als Spießersatire wie auch als plastische Darstellung einer Zwangsneurose gelesen werden. Sie handelt von einem kleinbürgerlichen Kaufmann, der im Wald mit seinem Spazierstock »einer Butterblume den Kopf glatt« abschlägt und sich im Gefühl einer »geheimnisvollen Schuld« verschiedene Bußhandlungen auferlegt, mit denen er seinen Frevel zu kompensieren versucht. Ähnlich wie in den übrigen Erzählungen des Zyklus ist das eigentliche Thema dieser parabolischen Novelle die Entfremdung des modernen Individuums von der Natur, seine Lebensangst und -feindlichkeit. Döblin variiert in seinen Prosatexten mit den Mitteln der Ironie und Groteske, des Paradoxons und der hyperbolischen Steigerung des Geschehens ins Visionär-Surreale den Kampf des Menschen um die Autonomie des Geistes, den Grundkonflikt zwischen Bewußtsein und Unterbewußtsein, zwischen Ich und Natur.

Die drei Sprünge des Wang-lun. Chinesischer Roman.

Berlin: S. Fischer, 1915. [1916 erschienen.]

Der 1912/13 entstandene Roman war nach den Frühwerken *Jagende Rosse* (geschrieben 1900; zu Lebzeiten unveröffentlicht) und *Der schwarze Vorhang* (entstanden 1902/03; Erstdruck 1912 im »Sturm«) Döblins dritter Versuch in dieser Gattung und bedeutete den künstlerischen »Dammbruch«. Nach eigener Auskunft wurde der zunächst »fast zweibändige *Wang-lun* samt Vorarbeiten in acht Monaten geschrieben, überall geschrieben, geströmt, auf der Hochbahn, in der Unfallstation bei Nachtwachen«. Als Thema bezeichnete Döblin »eine Volksmasse in einer revolutionären Bewegung zur Abwälzung seiner Not«. Der Anstoß soll von einer Zeitungsmeldung über einen Aufstand chinesischer Goldwäscher an der Lena und dessen blutige Niederschlagung durch zaristische Truppen ausgegangen sein. Im Laufe der Arbeit am Roman verschob sich das Interesse jedoch ganz auf historische Ereignisse im China des 18. Jh.s und speziell auf die Figur des Wang-lun, der 1774 einen Aufstand gegen die kaiserliche Regierung anführte. Um »Milieusicherheit« zu gewinnen, vertiefte sich Döblin in historische und ethnographische Bücher und in Schriften chinesischer Philosophen. Er stellte seinem Roman eine Zueignung voran, in der das dichterische Ich versucht, die existentielle Verunsicherung angesichts der verwirrenden großstädtischen Realität durch meditatives Innehalten zu bannen. Die dreimalige Beschwörung »Daß ich nicht vergesse –« ist Ausdruck des Wunsches nach Fixierung des Flüchtigen und kann als programmatische Memoria-Formel für einen historischen, gleichnishaften Text verstanden werden.

Das erste Buch entfaltet den Lebensweg Wang-luns, der sich nach einem Schlüsselerlebnis – der Ermordung eines unschuldigen Freundes durch Soldaten – vom verschlagenen Dieb zum Anführer der Wu-wei-Sekte der »Wahrhaft Schwachen« wandelt, deren Credo das Nicht-Handeln ist: »wie das weiße Wasser schwach und folgsam sein«. Doch schon bald zeichnet sich der unauflösliche Konflikt zwischen Theorie und Praxis ab, der das weitere Romangeschehen beherrscht. Das zweite Buch erzählt, wie sowohl interne Gründe als auch die brutale Verfolgung durch kaiserliche Truppen zur Spaltung und Auflösung der Bewegung führen. Das dritte Buch spielt am Pekinger Hof des Kaisers Khien-lung und entwirft ein farbenprächtiges Kontrastbild zur Sphäre der Armen und Ausgestoßenen. Der »Herr der gelben Erde« kann sich jedoch trotz einer gewissen Sympathie für die Philosophie der Sekte nicht zu einer solidarischen Haltung durchringen. Unterdessen sammelt Wang-lun, aufgestört durch die Grausamkeit der kaiserlichen Militärgewalt, seine Anhänger zum bewaffneten revolutionären Kampf. Der letzte Teil des Romans schildert den endgültigen Untergang der »Wahrhaft Schwachen«, nachdem ihr Versuch, Peking zu erobern, gescheitert ist. Kurz vor seinem Flammentod erklärt Wang-lun einem Freund sein Leben, indem er am Ufer eines Baches sein Schwert, den »Gelben Springer«, einsticht. Der erste Sprung an das andere Ufer erinnert symbolisch an seine Abkehr von der Gewalt; der zweite Sprung führt ihn zurück zum Schwert; der dritte schließlich erfolgt wieder an das Ufer der Gewaltlosigkeit, jedoch begleitet von der Bitte an seinen Freund: »bringe meinen Gelben Springer mit, denn hier muß gekämpft werden.« Damit ist eine Versöhnung angedeutet, deren Problematik sich in der am Schluß des Romans gestellten Frage artikuliert: »Stille sein, nicht widerstreben, kann ich es denn?«

Das dramatische Geschehen wird in einer dynamisch entfesselten, lyrisch-expressiven Sprache dargeboten, die in futuristischer Manier streckenweise von syntaktischen Konventionen befreit ist. Erzähltechnisch besticht der Roman durch rasche perspektivische und szenische Wechsel und insbesondere durch seine plastischen Massenszenen, »wie es sie vor ihm im deutschen Roman nicht gab« (W. Muschg).

Wadzeks Kampf mit der Dampfturbine. Berliner Roman.
Berlin: S. Fischer, 1918.

Für diesen »von August bis Dezember 1914 in einem Zuge« geschriebenen »Berliner Roman« betrieb Döblin Studien vor Ort in den Fabriken der A. E. G., um sich auf das Thema Technik einzustimmen. Daß er im Monat des Kriegsbeginns mit der Niederschrift dieser satirischen Groteske begann, mag zunächst befremden, da das Werk zumindest an der Oberfläche keinen Widerschein des epochalen Ereignisses enthält.

In einer Folge absurd-burlesker Szenen beschreibt der Roman den Kampf des Fabrikanten Franz Wadzek gegen seinen erfolgreichen Rivalen Rommel, dem er zwar unterliegt, dessen Freundin er aber für sich gewinnen kann und mit der er am Schluß – einem ironisch gebrochenen Happy-End – nach Amerika entschwindet. Indem Döblin eine tragikomische Don-Quichote-Figur, einen zutiefst verunsicherten Antihelden mit paranoiden Zügen in den Mittelpunkt stellt, entwirft er ein krasses, karikaturhaftes Gegenbild zum heroisch-soldatischen Idealtypus der wilhelminischen Epoche. Wadzeks aussichtsloser »Krieg« gegen die übermächtige, verschwörerische Konkurrenz, gegen die er einen Rachefeldzug inszeniert (»Auf die Spitze wollte er es treiben, [...] damit es der ganzen Welt offenbar würde. Einen Affront dieser ganzen Welt erweisen.«), kann durchaus als Parabel auf die Weltkriegssituation gelesen werden.

Einige Erzählsequenzen und Motive weisen zwar bereits auf *Berlin Alexanderplatz* voraus, doch erreicht ihre künstlerische Gestaltung längst nicht die Virtuosität des späteren Meisterwerks. In seinem Zitat- und Anspielungsreichtum, seiner produktiven Verarbeitung vielerlei zeitgenössischer Diskurse ist der *Wadzek*-Roman ein dezidiert modernes Werk, dessen Rezeption durch die verspätete Publikation jedoch nachhaltig verhindert wurde.

Wallenstein. Roman.

2 Bde. Berlin: S. Fischer, 1920.

Ganz unter dem Eindruck des Ersten Weltkrieges, an dem Döblin als Militärarzt teilnahm, entstand dieser Roman, der zu den bedeutendsten historischen Romanen des 20. Jh.s gerechnet werden muß. Den äußeren Anstoß gab im Sommer 1916 ein Zeitungsinserat mit dem »Bild: Gustav Adolf mit zahllosen Schiffen über die Ostsee setzend«. Aufgrund der »sehr naheliegenden Ähnlichkeit zwischen 1914/18 und damals« ließ ihn diese »blendende Vision« nicht mehr los, und er vertiefte sich in Bücher über den Dreißigjährigen Krieg. Die Niederschrift des Romans erstreckte sich vom Dezember 1916 bis in den Mai 1919.

Zum »Zentrum« seiner »innerlichen Arbeit« wurde für Döblin nicht der Titelheld Wallenstein, den er als »modernen Industriekapitän« und skrupellosen Kriegsgewinnler zeichnete, sondern sein Antipode, Kaiser Ferdinand II. von Österreich. Dessen Streben nach politischer Einflußnahme weicht angesichts des chaotischen, eigendynamischen Kriegsgeschehens zunehmend Gefühlen der Resignation und Ohnmacht, die durch seine mystisch-kontemplativen Neigungen verstärkt werden. Sein endgültiger Rückzug aus der Politik und aus dem Leben wird in einer visionär-surrealen Szene veranschaulicht, in der Ferdinands Ermordung durch einen Waldkobold als Schlußpunkt seiner regressiven Entwicklung erscheint. Das eigentliche Ende des düsteren Epos bildet jedoch ein lakonischer Bericht über den unverminderten Fortgang des Kriegsgemetzels.

Döblin verschränkt in diesem konsequent antiheroisch ausgerichteten Roman, der ohne eine einzige Jahreszahl auskommt und die Phase von der Schlacht am Weißen Berge bis zum Tode Wallensteins umfaßt, historische und mythische Perspektiven, verbindet Faktentreue mit größter dichterischer Freiheit und erfüllt damit sein Postulat der »Tatsachenphantasie«. Beeindruckend ist nicht nur die souveräne erzählerische Choreographie einer Vielzahl von Personen und Ereignissen, sondern vor allem die bildreiche, ›barocke‹ Sprache. Opulenten, sinnlich-manierierten Schilderungen wie der des höfischen Festmahls zu Beginn stehen suggestive, ins Apokalyptische gesteigerte Szenen extremer Grausamkeit gegenüber, in der die Realität des Krieges schonungslose Präsenz gewinnt, und solche von geradezu prophetischer Qualität wie die Passage über die Judenverbrennung in Prag.

Berge Meere und Giganten. Roman.
Berlin: S. Fischer, 1924.

Auf der Grundlage seiner natur- und geschichtsphilosophischen Reflexionen entwarf Döblin in der Zeit vom Herbst 1921 bis zum September 1923 eine zivilisationskritische Zukunftsvision, die auch heute noch aktuelle Themen wie Vermassung, Verstädterung, Naturentfremdung und Dehumanisierung antizipiert. Das sprachgewaltige Prosawerk sprengt in seinen raumzeitlichen Dimensionen alle Erzählkonventionen und gilt daher als Döblins kühnstes Romanexperiment, für das die kolportagehafte Verknüpfung von Elementen aus Mythologie und Geschichte sowie aus Reise-, Abenteuer- und Schauerromanen charakteristisch ist.

Der Anfangsteil berichtet im Zeitraffer von der globalen Entwicklung der Menschheit bis hin zum »Uralischen Krieg«, der im 27. Jh. von den amoralischen Potentaten der westlichen Welt gegen die Asiaten initiiert wird, um das Problem der Überbevölkerung und Unterbeschäftigung der Massen zu lösen. Immerhin führt das Erlebnis der durch Einsatz chemischer Waffentechnik bewirkten Zerstörungen bei einigen gesellschaftlichen Gruppen zu einem radikalen Umdenken. Am Beispiel der Stadtschaft Berlin und insbesondere des Tyrannen Marduk wird der Grundkonflikt von Technikbejahung und -verneinung im Mittelteil veranschaulicht. Den Höhepunkt des Werkes bildet die Schilderung einer Expedition nach Grönland, deren Ziel die Schaffung neuen Siedlungsraums ist. Zwar gelingt das Abschmelzen des Eispanzers, doch hat diese massive Störung des ökologischen Gleichgewichts das Wiedererwachen urzeitlichen Lebens zur Folge. Der sich über die westlichen Kontinente ergießenden apokalyptischen Tierflut kann erst durch die Errichtung biotechnisch geschaffener »Giganten« Einhalt geboten werden. Zu den Überlebenden der Katastrophe gehören kleine Siedlergruppen, die abseits der Massen neue Lebensformen im Einklang mit der Natur erproben und am Ende den Giganten ein Denkmal errichten – als Zeichen ihrer Anerkennung menschlicher, d. h. technischer Leistungsfähigkeit. Die nur schemenhaft ausgeführte optimistische Schlußutopie setzt ein Gegengewicht zu den fortschrittsskeptischen und technikfeindlichen Tendenzen des Werkes, ohne dadurch die Intention der Mahnung zu unterlaufen.

Manas. Epische Dichtung.

Berlin: S. Fischer, 1927.

Mit diesem freirhythmischen Versepos knüpfte Döblin an den Roman *Berge Meere und Giganten* an, der insbesondere in seinen hymnischen Naturbeschreibungen lyrische Tendenzen aufweist und mancherlei inhaltliche Parallelen zeigt. Fasziniert von einem Reisebericht aus Indien und Darstellungen des Hinduismus, nahm Döblin im Sommer 1926 ein sprachlich neuartiges Werk in Angriff, mit dem er die tradierte Form des Epos zu restituieren und modernisieren versuchte. In synkretistischer Manier assimilierte er Motive und Figuren aus mythologischen und literarisch-philosophischen Quellen Indiens (*Mahabharata*, *Bhagavadgita*, *Upanishaden* u. a.) und schuf daraus eine Verserzählung über den Königssohn Manas, der nach der Heimkehr aus einer siegreichen Schlacht – von seiner Trauer über die Opfer des Kampfes überwältigt – zum Totenfeld am Himalaya, dem Wohnsitz der Götter, vordringt und dort von Dämonen überlistet stirbt. Das zweite Buch schildert die verzweifelte Suche Sawitris nach ihrem geliebten Mann, dem sie unter Preisgabe ihres eigenen Lebens zur Wiedergeburt als Halbgott verhilft. Der letzte Teil zeigt den ins Diesseits zurückgekehrten Protagonisten zunächst als seelenlosen, hochmütigen Dämon, der vom Opfertod Sawitris nichts weiß und jegliche Achtung vor den Göttern verloren hat. Den Höhepunkt des Buches bildet sein Kampf mit Schiwa, bei dem Manas schließlich zum Menschsein, zum wahren Ich zurückfindet.

Das exotisch-esoterische Werk, in dem Döblin seine naturphilosophischen Positionen jener Jahre dichterisch umsetzte, fand zwar bei Dichterkollegen wie Musil und Loerke enthusiastische Zustimmung, stieß beim zeitgenössischen Publikum aber weitgehend auf Unverständnis. Döblin selbst wertete das Buch retrospektiv (*Epilog*, 1948) als »Wendung« in seinem Schaffen: »Von hier an datieren dann ›personale‹ Bücher, – die Existenz vom Einzelmenschen erfahren.«

Berlin Alexanderplatz. Die Geschichte vom Franz Biberkopf.

Berlin: S. Fischer, 1929.

Die enttäuschend geringe Resonanz auf sein Versepos *Manas* und seine philosophische Schrift *Das Ich über der Natur* sowie die daraus resultierenden Selbstzweifel drängten Döblin zu einem künstlerischen Befreiungsschlag. Bei seiner Suche nach einem adäquaten Stoff wurde er in seiner unmittelbaren Umgebung fündig: Für die literarische Gestaltung des Berliner Ostens, den der leidenschaftliche Flaneur und ärztlich geschulte Beobachter der ›kleinen Leute‹ bereits in verschiedenen Essays beschrieben hatte, schien er aufgrund seiner intimen Kenntnisse des Milieus wie kaum ein anderer Autor prädestiniert. Zwar läßt sich der konkrete Anstoß für das neue Romanprojekt nicht mehr rekonstruieren, doch könnte die Wahl des Großstadtthemas zum einen durch die wiederholten Forderungen seiner Kritiker nach einem Gegenwartsroman, zum anderen durch die Virulenz des Berlin-Themas in der zeitgenössischen Kunst (z. B. Walter Ruttmanns Experimentalfilm *Berlin. Die Sinfonie der Großstadt* von 1927) beeinflußt worden sein.

Döblins seit den zwanziger Jahren verstärktes Interesse an dem Thema Kriminalität, das sich u. a. in der literarischen Aufarbeitung eines spektakulären Falles in seinem Buch *Die beiden Freundinnen und ihr Giftmord* (1924) widerspiegelt, und seine Auffassung, die Gesellschaft sei »von Kriminalität unterwühlt«, bewogen ihn dazu, am Beispiel eines wegen Totschlags verurteilten Arbeiters die Schwierigkeiten der Resozialisierung zu veranschaulichen. Um der als Initiationsgeschichte angelegten Fabel von Franz Biberkopf, die entstehungsgeschichtlich den Kern des Werkes bildete, ein Höchstmaß an Zeitnähe und Authentizität zu verleihen, sammelte Döblin vor und während der vermutlich im Oktober 1927 begonnenen Niederschrift zahlreiche aktuelle Zeitungsausschnitte verschiedenster politischer Couleur und integrierte sie buchstäblich »mit Kleister und Schere« (J. Stenzel) in seinen Text. Den roten Faden der Biberkopf-Geschichte knüpfte Döblin in ein komplexes Gewebe aus zeitgeschichtlichen Diskursen und intertextuellen Bezügen (u. a. Bibel- und Mythenparaphrasen, literarische Zitate, Anspielungen und Parodien, Lied-, Schlager- und Reklametextcollagen), wobei die digressiven Montageelemente über weite Strecken die Haupthandlung in den Hintergrund drängen und deren Chronologie zugunsten simultaner Polyphonie aufheben. Der Doppeltitel des Romans signalisiert sowohl diese Hierarchie als auch die Spannung zwischen einem Großstadtepos und einer Verbrechermoritat, die ein auktorialer Erzähler ironisch-distanziert und mit dem Gestus wissender Überlegenheit vorstellt: »Ich habe ihn [Biberkopf] hergerufen zu keinem Spiel, sondern zum Erleben seines schweren, wahren und aufhellenden Daseins.«

Der belehrende Impetus dominiert bereits den Prolog, der den Leser auf die der Hauptfigur verordneten »Gewaltkur« einstimmt und deren »Sinn« und Ziel vorwegnimmt: »Wir sehen am Schluß den Mann wieder am Alexanderplatz stehen, sehr verändert, ramponiert, aber doch zurechtgebogen.« Mit dieser an die ›Ummontierung‹ Galy Gays in Brechts Drama *Mann ist Mann* erinnernden Formulierung wird unmißverständlich auf die exemplarische Bedeutung einer gesellschaftlichen Außenseiterexistenz hingewiesen. Das Prinzip der prologischen Vorabinformation wird in den folgenden neun Büchern beibehalten, die den Zeitraum zwischen Biberkopfs Entlassung aus der Haftanstalt Tegel bis zu seiner symbolischen Wiedergeburt nach dem Tod des »alten« Biberkopf schildern. Der Protagonist wird als ein zwar gutmütig-naiver, aber triebhafter, zu unkontrollierten Gewalt- und Alkoholexzessen neigender Mann dargestellt, dem es aufgrund seiner Orientierungs- und Haltlosigkeit trotz aller guten Vorsätze nicht gelingt, eine bürgerliche Existenz aufzubauen. Die Großstadtrealität, von der er vier Jahre lang abgeschnitten war, erlebt er als beängstigendes Pandämonium, als chaotischen, feindlichen Ort, dem er im Gestus des kriegerischen Eroberers entgegentreten zu müssen glaubt. Beinahe zwangsläufig gerät er in kriminelle Kreise und verbündet sich in seltsamer Haßliebe mit dem Berufsverbrecher Reinhold, der Franz bei einer Diebestour zum Krüppel macht und dem inzwischen zum Hehler und Zuhälter gewordenen Freund die Geliebte entführt und diese umbringt. Erst dieser Mord, nach dem Biberkopf einen Nervenzusammenbruch erleidet und in die Psychiatrie überstellt wird, bewirkt die Verwandlung: Im Angesicht des Todes erkennt er »seine Irrtümer, seinen Hochmut und seine Unwissenheit« und wird »zerbrochen«, um einem neuen Biberkopf Platz zu machen. In einem – bereits vom zeitgenössischen Publikum als unbefriedigend empfundenen – offenen Schlußtableau erscheint ein durch die Belehrungen des Todes geläuterter, selbstkritischer und wacher Franz Karl Biberkopf als Hilfsportier am Alexanderplatz, der nun für den Lebenskampf gewappnet ist.

Döblin schuf mit diesem Werk, das für ihn zu einem sensationellen Erfolg wurde, den bedeutendsten deutschsprachigen Großstadtroman, der »ein Kompendium moderner Erzähltechniken« (A. Schöne) darstellt und durch den virtuosen Umgang mit literarischen Traditionen beeindruckt. Vordergründig ein naturalistischer Verbrecherroman der Weimarer Republik, variiert er Strukturmuster des Schelmen- und Entwicklungsromans, verarbeitet Elemente aus mittelalterlichen Totentanz- und Jedermann-Dichtungen und entwirft mit Hilfe dicht vernetzter biblisch-religiöser Konnotationen ein didaktisches Erzählmodell mit heilsgeschichtlichen Dimensionen.

Babylonische Wandrung oder Hochmut kommt vor dem Fall. Roman.

Amsterdam: Querido, 1934.

Als Döblin am 28. Februar 1933 in Richtung Schweiz floh, hatte er ein im Jahr zuvor begonnenes Romanmanuskript im Gepäck, an dem er in den folgenden Monaten in Zürich weiterarbeitete und das er dann – inzwischen nach Paris übergesiedelt – im Dezember 1933 vollendete. Trotz der humoristischen Tonlage ist dieser Mythenparodie bzw. -montage die Exilproblematik deutlich eingraviert. Die spielerische Leichtigkeit des eklektizistischen Werkes, das zu den »Arbeiten aus traumatischen Umbruchzeiten« gehört und zahlreiche autobiographische Anspielungen enthält, wurde zunehmend »von unheimlichen Subtexten beschwert« (W. Köpke). Die allegorische Burleske über den entmachteten babylonischen Gott Marduk, der in die irdische Wirklichkeit des 20. Jh.s verstoßen wird und unter dem Namen Konrad eine Irrfahrt durch die Welt antritt, bis er schließlich zur Erkenntnis seines eitlen »Größenwahns« gelangt und in »übergroßer Seligkeit« entschläft, wurde zu einer zeit- und selbstkritischen Auseinandersetzung mit dem Schicksal des entwurzelten jüdischen Intellektuellen. Der »Emigrationsroman« ist sowohl als »Versuch der Selbststabilisierung des fundamental verunsicherten Autors« (H. Kiesel) zu lesen wie auch als ironisch-sarkastischer Kommentar zur weltpolitischen Lage. Insbesondere das letzte Romandrittel, in dem sich eine Satire auf die Rüstungsindustrie findet, ist von düsteren Kriegs- und Todesahnungen überschattet. Wie ernst Döblin die Situation des jüdischen Volkes einschätzte, wird u. a. sichtbar in der Einblendung eines historischen Rückblicks auf »die Verbrennung der zweitausend Juden« in Straßburg 1349. Die am Schluß entworfene Utopie einer von Konrad in Südfrankreich gegründeten pazifistischen Landkommune erscheint als trügerisches Idyll (»Man machte eine Siedlung, spielte Rousseau, Rückkehr zum Land«) und verrät Döblins geheime Skepsis gegenüber einer territorialistischen Lösung der Judenfrage.

Pardon wird nicht gegeben. Roman.

Amsterdam: Querido, 1935.

Im Juli 1934 begann Döblin im Pariser Exil seinen »kleinen Berliner Roman«, der bereits im April 1935 erscheinen konnte. Im Mittelpunkt dieser Familiengeschichte steht der Junge Karl, der nach dem Tod des Vaters die nach Berlin übergesiedelte und dort auf Almosen der Verwandten angewiesene Familie zusammenzuhalten versucht. Mit besonderem Einfühlungsvermögen wird dabei Karls Machtkampf mit seiner Mutter geschildert, die sich nach einem von ihm vereitelten Selbstmordversuch zwar allmählich zu einer lebens- und geschäftstüchtigen Frau entwickelt und von Karl dafür bewundert wird, die aber wenig Sinn für seine Bedürfnisse hat und seiner Freundschaft zu dem älteren Paul, der ihn als Anführer einer Anarchisten-Gruppe mit sozialrevolutionärem Gedankengut vertraut gemacht hat, ein Ende setzt. Nachdem es ihr gelungen ist, Karl in eine Prokuristenlaufbahn zu drängen, verwandelt sich der sensible Junge in einen hartherzigen Karrieristen, dem in den Jahren der Prosperität der Aufstieg zum Fabrikbesitzer gelingt. Karl erscheint als Prototyp des Parvenus, der seine Herkunft verleugnet und seine alten Ideale verrät. Aus Kalkül heiratet er Julie, die ihn jedoch – zermürbt von zwölf Ehejahren an der Seite eines kalten, strengen Patriarchen – wegen eines Liebhabers mit den beiden Kindern verläßt. Dem Auseinanderbrechen der Familie folgt vor dem Hintergrund der Weltwirtschaftskrise der Niedergang von Karls Firma. Einer Betrugsanklage entgeht er nur dadurch, daß er bei Straßenunruhen Ende der zwanziger Jahre zwischen die Fronten gerät und umkommt. Am Schluß seines Lebens steht jedoch nicht nur die Erkenntnis eigenen Versagens, sondern auch das Wiedererwachen seines durch Paul geschärften Sinns für gesellschaftliches Unrecht.

Trotz aller offenkundigen autobiographischen Parallelen ist der Roman, dessen drei Bücher die Stationen »Armut«, »Konjunktur« und »Krise« nachzeichnen, doch zuerst eine politische Parabel auf den Aufstieg und Fall des Bürgertums, das sich blind dem Materialismus verschrieben hat. Das Werk ist damit ein weiterer Versuch Döblins, den Ursachen der deutschen Katastrophe – diesmal am Modell einer Familie – nachzuspüren.

Amazonas.

Das Land ohne Tod. Bd. 1: Die Fahrt ins Land ohne Tod. Roman. Amsterdam: Querido, 1937. Bd. 2: Der blaue Tiger. Roman. Ebd. 1938. – Seit 1963 u. d. T.: Amazonas.

In der Pariser Bibliothèque Nationale stieß Döblin 1935 auf »Südamerikakarten mit dem Amazonenstrom«, die ihn zu einem Romanprojekt inspirierten, das sich in den folgenden Jahren zu einer Trilogie ausweitete. Das Südamerika-Thema gewann für ihn wohl auch deshalb eine besondere Aktualität, weil er sich im Exil für die jüdische Freiland-Bewegung engagierte und zeitweise für die Ansiedlung der Juden in einem außereuropäischen Land plädierte, wie die Ende 1935 erschienene Schrift *Flucht und Sammlung des Judenvolks* dokumentiert. Noch während der etwa im Herbst 1935 begonnenen Niederschrift des ersten Teils *Die Fahrt ins Land ohne Tod* entstand der Plan einer Fortsetzung. In einem Brief vom 30. Oktober 1936 skizzierte Döblin die Umrisse seines Werkes: »es hat zum *ganz* allgemeinen Thema (also ideell) die Auseinandersetzung zwischen dem Gedanken (dem bloßen Gedanken) ›Gott‹ und der dicken Realität und echten Wahrheit: Natur; so wird indianische Existenz gegeben, das alte Amazonenreich, dann der Einfall Weißer in das wenig bekannte Reich Cundinamarka (Bolivien), der Jesuitenstaat Paraguay als christliche Republik und ihr Fiasko etc.; ein europäisches Schlußbuch.« Der im September 1937 vollendete zweite Band *Der blaue Tiger* umfaßte auch den – in der Nachkriegszeit abgetrennten – Schlußteil *Der neue Urwald*. Die beiden 1937 und 1938 separat veröffentlichten Bände fanden erwartungsgemäß nur ein geringes Echo. Auch der Nachdruck des Werkes in drei Bänden im Baden-Badener Keppler-Verlag 1947/48 blieb ohne die erhoffte Resonanz. Der von Döblin autorisierte Gesamttitel *Amazonas* ist erst seit Erscheinen der Neuausgabe von W. Muschg 1963 eingebürgert, die allerdings nur die ersten beiden Teile des Romans enthielt und erst 1988 durch eine vollständige Neuedition (hrsg. von W. Stauffacher) ersetzt wurde.

Als Rezeptionshemmnis erwies sich neben der Komplexität und Heterogenität des Werkes vor allem die Verschmelzung von Mythos und Historie, das Spiel mit anachronistischen und visionär-surrealen Handlungselementen sowie die Mischung natur-, religions- und geschichtsphilosophischer Diskurse. Im ersten Teil mit dem mythisch-utopischen Titel *Das Land ohne Tod* entwirft der Autor ein von Idealisierungen nicht ganz freies Bild der am Amazonas lebenden Indios, deren von animistischer Naturfrömmigkeit bestimmte Kultur durch das gewaltsame Eindringen spanischer Eroberer im 16. Jh. zerstört wird. Die »wilden kriegerischen Männerstämme« werden bei ihrem Raubzug von Missionaren mit Las Casas an der Spitze begleitet. Der Dominikaner erkennt jedoch bald das Unrecht der Konquistadoren und gewinnt zunehmend Sympathie für die heidnischen Ureinwohner, deren Ausbeutung und Versklavung er sich mutig entgegenstellt. Ungeachtet der historischen Realität läßt Döblin Las Casas im tropischen Urwald sterben, hingegeben an die Flußgöttin Sukuruja. Im Mittelpunkt des zweiten Teils *Der blaue Tiger* steht die 1609 in Paraguay zusammen mit den Indios gegründete Jesuitenrepublik und deren allmähliche Korrumpierung durch ökonomisch-säkulare Interessen. Schließlich wird dem »Gottesstaat« 1769 durch das Zusammenwirken von portugiesischer Krone und Vatikan ein Ende gesetzt. Der dritte Teil des Romans spielt vorwiegend im Europa des 20. Jh.s, das metaphorisch als *Der neue Urwald* figuriert. In der Krakauer Marienkirche inszeniert Döblin eine Gerichtsverhandlung, bei der Kopernikus, Galilei und Giordano Bruno als Vertreter neuzeitlich-rationalen Denkens Gelegenheit erhalten, sich gegen die mißbräuchliche Anwendung ihrer Lehre in der Moderne zu verteidigen. Gerade der Schlußteil läßt erkennen, daß es Döblin mit seiner Trilogie um eine grundsätzliche Auseinandersetzung mit dem europäischen Erobererturn und den Wurzeln für den Rückfall in die Barbarei ging, um eine »Art epischer Generalabrechnung mit unserer Civilisation«.

November 1918. Eine deutsche Revolution. Erzählwerk.

Bd. 1: Bürger und Soldaten 1918. Stockholm: Bermann-Fischer / Amsterdam: Querido, 1939. Bd. 2,1: Verratenes Volk. München: Alber, 1948. Bd. 2,2: Heimkehr der Fronttruppen. Ebd. 1949. Bd. 3: Karl und Rosa. Freiburg i. Br. / München: Alber, 1950. – Seit 1948 u. d. T.: November 1918. Eine deutsche Revolution.

Die monumentale Trilogie ist nicht nur als Döblins Hauptwerk des Exils anzusehen, sondern auch als Summe seines Schaffens auf dem Gebiet des historischen Romans. Mit der Niederschrift des Erzählwerks über »das tragische Versanden der deutschen Revolution 1918« begann er Ende 1937 in Paris und knüpfte damit thematisch an seine politische Essayistik aus der Zeit der Weimarer Republik an. Im ersten Band *Bürger und Soldaten 1918*, der kurz nach Ausbruch des Zweiten Weltkrieges noch erscheinen konnte, entfaltet Döblin ein novellistisch strukturiertes Panorama exemplarischer Einzelschicksale aus verschiedensten Bevölkerungsschichten, an denen er die explosive Stimmung der ersten beiden Wochen nach dem 9. November 1918 und die Auswirkungen politischer Prozesse im Alltagsleben vergegenwärtigt.

Den zweiteiligen zweiten Band (*Verratenes Volk* und *Heimkehr der Fronttruppen*) konnte Döblin in der Rohfassung noch vor seiner Flucht aus Frankreich im Mai 1940 vollenden. Im kalifornischen Exil begann er etwa ab Frühjahr 1941 mit der Fortsetzung der Trilogie, auf deren weitere Konzeption die Ende des Jahres vollzogene Konversion zum katholischen Glauben starken Einfluß ausübte. Vom zweiten Band an wird der Schauplatz nach Berlin verlagert, ins Zentrum des Machtkampfes zwischen Revolutionären und Reaktionären. Während es dem Anführer des Spartakusbundes Karl Liebknecht nicht gelingt, die Massen für eine Revolution nach russischem Vorbild zu mobilisieren, fällt der Sozialdemokrat Friedrich Ebert (»der Verhinderer«), der den »Rat der Volksbeauftragten« anführt, den

Revolutionären durch sein Paktieren mit dem Großen Generalstab in den Rücken. Das Scheitern der Revolution bis zu ihrer blutigen Niederschlagung durch Noskes Truppen wird in einer dichten, teils aus historischen Quellen rekonstruierten Szenenfolge veranschaulicht, in die in einer Art Parallelmontage die Lebensläufe der fiktiven Figuren verwoben werden. Den breitesten Raum nimmt dabei die Geschichte des Kriegsneurotikers Friedrich Becker ein (eine »unzeitgemäße Figur, eine lebende Erinnerung an den Krieg«), der nach einem mystischen Erweckungserlebnis zum christlichen Glauben findet, jedoch immer wieder von Zweifeln und Wahnvorstellungen gequält wird und nach der Aufgabe seines Lehrerberufes als Wanderprediger umherzieht, bis er schließlich bei einem Raubüberfall umkommt. Ein Gegengewicht zu dessen tragischem Lebensweg durch »das Tor des Grauens und der Verzweiflung« bildet die streckenweise »den Stil des Feuilletonromans« parodierende Erzählung über den unter einer Schaffenskrise leidenden Dramatiker Erwin Stauffer, der im Kontrast zu Becker in einem »geschichtsleeren Raum« lebt (W. Stauffacher) und von amourösen Interessen beherrscht wird.

Im Mittelpunkt des dritten, vom Umfang und Inhalt her gewichtigsten Bandes steht trotz des Doppeltitels *Karl und Rosa* die Figur der Rosa Luxemburg. Sie wird nicht nur als scharfsinnige, kompromißlose Revolutionärin, sondern – losgelöst von historischen Quellen – vor allem als psychopathische Persönlichkeit porträtiert, die während ihrer Inhaftierung die mystische Wiedervereinigung mit ihrem verstorbenen Geliebten und später sogar eine Begegnung mit Satan halluziniert. Sie erscheint als märtyrerhafte »moderne Antigone«, »als eine über die Barbarei ihrer Zeit zutiefst Trauernde« (H. Kiesel). Den Abschluß der Revolutionschronik bilden die Kapitel »Der Mord an Karl und Rosa« am 15. Januar 1919 und »Das Ende einer deutschen Revolution«.

Mit dieser Trilogie, die Brecht als »ein politisches und ästhetisches Unikum in der deutschen Literatur« bezeichnete, schuf Döblin ein vielschichtiges, zwischen Distanz und Engagement schwankendes Werk, das aufgrund seiner kühnen Verbindung von Historiographie und Metaphysik bis heute zu irritieren vermag.

Schicksalsreise. Bericht und Bekenntnis.

Frankfurt a. M.: Knecht, 1949.

Unmittelbar nach Ankunft in Kalifornien im November 1940 begann der Autor mit der Aufarbeitung seiner Erlebnisse während der dramatischen Flucht vor den Nazis. Zum Wendepunkt dieser »Reise zwischen Himmel und Erde« wurden für Döblin während seines Aufenthaltes im Flüchtlingslager in Mende die Besuche der Kathedrale, wo er beim Betrachten des Gekreuzigten zu der Erkenntnis gelangte, »daß dies alles hier nicht so sinnlos ist, wie es scheint«. Der sich allmählich verfestigende Glaube an einen »ewigen Urgrund, der uns trägt und hält«, verleiht der folgenden Schilderung der sich überstürzenden äußeren Ereignisse eine spezifische Färbung. Das Wiedersehen von Frau und Sohn in Toulouse, »die Jagd nach Visen« in Marseille, die abenteuerliche Flucht nach Lissabon, wo am 3. September 1940 die Überfahrt nach Amerika begann, werden als Stationen einer »Reise in mein Schicksal« mit dem Ziel einer neuen Existenz gedeutet.

Im zweiten, nach seiner Rückkehr in Deutschland verfaßten Buch »Amerika« rekapituliert Döblin die Zeit in Hollywood, wo er ein tristes Dasein u. a. als Drehbuchautor fristete. Seine Ende 1941 vollzogene, längere Zeit geheimgehaltene Konversion zum Katholizismus trug wesentlich zu seiner Isolierung bei und stieß nach dem Bekanntwerden weitgehend auf Unverständnis. Im dritten Buch »Wieder zurück« beschreibt Döblin seine Eindrücke und Erfahrungen im verwüsteten Nachkriegsdeutschland. Trotz seines Mitleids mit der Not der Menschen spart er nicht mit kritischen Bemerkungen zu ihrem Umgang mit der unmittelbaren Vergangenheit. Mit der resignativen Formel »Als ich wiederkam, da – kam ich nicht wieder« bezeichnet er das Motto der Baden-Badener Jahre, in denen er erleben mußte, daß die Stimme eines kritischen, unbequemen Mahners kaum Gehör fand und seine kulturpolitischen Aktivitäten auf wenig Gegenliebe stießen.

Durch die Verknüpfung von reportagehaften Beschreibungen und höchst subjektiven Bekenntnissen ist die *Schicksalsreise* nicht nur ein bewegendes autobiographisches Zeugnis, sondern auch ein zeitgeschichtliches Dokument von hohem Rang, dessen geringes Echo bei seinem Erscheinen die Ignoranz der Nachkriegsgesellschaft gegenüber dem Schicksal der Opfer des NS-Regimes widerspiegelt.

Hamlet oder Die lange Nacht nimmt ein Ende.

Berlin: Rütten & Loening, 1956.

In den Mittelpunkt seines im August 1945 im amerikanischen Exil begonnenen, 1946 in Baden-Baden vollendeten Romans rückte Döblin – wie bereits im *November*-Roman – die Figur eines traumatisierten Kriegsheimkehrers und den qualvollen Prozeß der Heilung. Die Geschichte des verwundeten englischen Soldaten Edward Allison wird aber im Unterschied zu der Friedrich Beckers ganz auf die Familie fokussiert, die zum Schauplatz von Enthüllungen bislang verdeckter Konflikte wird. Der Kriegsneurotiker Edward wird nach erfolgloser klinischer Behandlung von seiner Mutter Alice gepflegt, die jedoch angesichts der bohrenden Fragen des Sohnes nach der »Schuld am Kriege« ebenso wie die übrigen Familienangehörigen kapituliert. Der Vater Gordon, ein »angesehener« Schriftsteller, schlägt schließlich vor, die abstrakten Diskussionen und »Kreuzverhöre« zu beenden und statt dessen »zu erzählen«, um auf diesem Wege »die Wahrheit zu ermitteln«. Die vom engsten Familien- und Freundeskreis nach dem Muster von Boccaccios *Decameron* dargebotenen Geschichten, die verschiedenste biblische, mythologische und literarische Stoffe in teilweise humoristisch-parodistischer Form wiedergeben, decken durch zahlreiche Bezüge und Anspielungen schrittweise die familiären Spannungen im Hause Allison auf und lassen diese eskalieren. Edward, dem es »auferlegt« ist, »den Hamlet zu leben«, erfährt das Geheimnis seiner Eltern, die »Hölle« ihrer Ehe. Damit ist die »lange Nacht der Lüge« für ihn zwar zu Ende, doch stürzt ihn das auf die Katharsis folgende Auseinanderbrechen der Familie erneut in eine seelische Krise. Im letzten Teil des Romans zeigt sich die gleichermaßen therapeutische wie identitätsstiftende Funktion der Erzählungen für die Hauptfiguren darin, daß diese ihr Leben nun an den fiktionalen Vorbildern bzw. Projektionen ausrichten: In selbstzerstörerischer Absicht wandelt sich Alice nach dem Leitbild der Theodora-Legende zur Dirne, während Gordon den Weg des Lord Crenshaw einschlägt und ziellos in der Welt herumirrt. Edwards Eltern begegnen sich ein letztes Mal in einem Pariser Vorstadtvarieté, wo die schwerkranke Alice und der von ihrem Manager tödlich verletzte Gordon sich gegenseitig ihre »schreckliche Schuld« vergeben. In einem Abschiedsbrief schreibt die Mutter ihrem Sohn vom Weg der Sünderin Theodora zur Buße und befreit ihn damit vom »Hamlet-Spuk«.

Die ursprüngliche Schlußversion, nach der Edward ins Kloster geht, veränderte Döblin im Februar 1956 auf Anraten des Lektors W. Richter, der den Erstdruck des Werkes betreute. Der revidierte Romanausgang läßt das weitere Schicksal Edwards offen; er mündet in den zukunftsfrohen Satz: »Ein neues Leben begann.« Die überaus positive Resonanz auf Döblins letzten Roman, der 1957, im Todesjahr des Schriftstellers, endlich auch in der Bundesrepublik erschien, bedeutete für den Autor eine späte Genugtuung und Anerkennung seines Schaffens.

Nicht nur das außerordentlich breite Spektrum an integrierten Fremdtexten, d. h. an literarischen und bildkünstlerischen Zitaten und Paraphrasen macht Döblins Alterswerk zum »Paradebeispiel einer intertextuellen Komposition« (H. Steinmetz), sondern auch die höchst kunstvolle Form der Vermittlung und Funktionalisierung der erzählten Geschichten, die die tragischen Verstrickungen der Figuren zugleich enthüllen, spiegeln und transzendieren. Döblin selbst charakterisierte seinen *Hamlet* als »eine Art psychoanalytischen Roman«, der auf die Aufdeckung menschlicher Grundkonflikte zielt und noch einmal das für den Autor zentrale Thema des Geschlechterkampfes variiert.

G. Sander

GEORG KAISER
1878–1945

Villa Aurea. Roman.

Amsterdam: Querido, 1940.

»Klar sehen und seine Einsicht dem Nächsten mitteilen – das ist wichtig.« Unter diesem Postulat verfaßt der russische Leutnant Boris Tscherski in einem Brief an seine frühere Frau Vera seinen Lebensbericht: Im zaristischen Rußland begegnen sich die reiche Gutsbesitzertochter und der junge Offizier, der sich, vom Soldatentum berauscht, im bevorstehenden Weltkrieg zu bewähren hofft. Doch die Niederlage bei Tannenberg zerschlägt nicht nur seine heldischen Ideale, sondern sie wird gleichsam zum Anlaß, seine Identität aufzugeben, indem er den eigenen Heldentod inszeniert. In der

Scheinidentität des Kellners Stepan Gar taucht der Protagonist nun in ein Leben ein, welches maßgeblich durch die Folgen des Krieges gezeichnet ist: So wird er im Kriegsgefangenenlager zum Opfer der entmenschlichten Mitgefangenen, als Fremdarbeiter auf einem deutschen Hof zum Objekt der sexuellen Begierde einer Bäuerin. Im französischen Exil findet er Aufnahme bei Vater Lot, dessen Tochter Marie er heiratet, nachdem ihn die Nachricht von Veras Tod erreicht. Dieser Kunde zum Trotz begegnet er der Totgesagten in einem Pariser Luxushotel. Vera, die ihrerseits in zweiter Ehe lebt, erkennt ihn jedoch nicht. Auch ein weiteres Aufeinandertreffen in der sizilianischen Villa Aurea vermag es nicht, die Getrennten zu vereinigen. Einem dantesken Alptraum entspricht der Protagonist schließlich mit der Entscheidung, sich auf einem Dampfer als Heizer anheuern zu lassen.

In diesem im Exil abgefaßten und nunmehr weitgehend in Vergessenheit geratenen Werk greift Kaiser zentrale Themen seines Œuvres wie Krieg, Entindividualisierung und Sinnverlust auf, die hier in einen negativen Entwicklungsroman Eingang finden.

C. Lillge

Erwin Guido Kolbenheyer

1878–1962

Paracelsus. Roman.

Die Kindheit des Paracelsus. Roman. München: G. Müller, 1917. – Das Gestirn des Paracelsus. Roman. Ebd. 1921. – Das dritte Reich des Paracelsus. Roman. Ebd. 1925. – Erste Gesamtausgabe u. d. T.: Paracelsus. Roman. 3 Tle. Ebd. 1927–28.

Die *Paracelsus*-Trilogie gilt als das Hauptwerk des im deutschen Bürgertum einst vielgelesenen, sich insbesondere in der Zeit des Nationalsozialismus großer Wertschätzung erfreuenden Autors. Sie schildert das Leben des Schweizer Arztes und Naturforschers Theophrastus Bombastus von Hohenheim (1493–1541), der sich Paracelsus nannte. Kolbenheyer konzipiert seinen Protagonisten als Repräsentanten des nach Erlösung suchenden deutschen Geistes – »ECCE INGENIUM TEUTONICUM« lauten daher die Schlußworte des Romans. In einem altertümelnden, teilweise von expressionistischer Bildlichkeit getönten Deutsch wird die geistig-religiöse Umbruchssituation des 16. Jh.s beschworen. Der erste Band, *Die Kindheit des Paracelsus*, zeichnet die Titelfigur als ein Kind, das, geboren in einem Schweizer Hochtal nahe dem Kloster Einsiedeln, in eine Welt voller religiöser und politischer Spannungen hineinwächst. Der zweite Band, *Das Gestirn des Paracelsus*, zeigt den jungen Theophrast, der von seinem Vater, dem schwäbischen Arzt Wilhelm Bombast von Hohenheim, in die Alchemie eingeführt wird, als Studenten der Medizin und als Arzt auf der Wanderschaft durch halb Europa. Nirgendwo hält es den Wahrheitssucher, dessen »Andersart« immer wieder betont wird; und nirgendwo duldet man denjenigen lange, dessen ärztliche Kompetenz zwar gerne in Anspruch genommen wird, dessen Erfolge bei den Zeitgenossen jedoch Neid und Argwohn hervorrufen. Der Autorität der Tradition setzt Paracelsus das Studium der Natur entgegen; die Wahrheit liegt für ihn nicht im zeichenhaften Wort, sondern im ›Wesen‹. Im letzten Band, der den Titel *Das dritte Reich des Paracelsus* trägt, setzt sich die Hauptfigur zunehmend mit theologischen Fragen auseinander. Darauf spielt der Titel an, dem die geschichtstheologische Vorstellung des Joachim von Floris von einem die Erlösung vollendenden Reich des Heiligen Geistes zugrunde liegt. Kurz vor Ende seines Lebens erfährt der Ruhelose am Grab des Vaters, daß die gesuchte Wahrheit in der eigenen Brust liegt.

Kolbenheyers metaphysischer Naturalismus, der Blut und Boden mystifiziert, schildert mit besonderer Drastik körperliche Grenzerfahrungen und religiöse Exzesse. Am

Anfang aller drei Bände steht eine Begegnung zwischen Christus und dem germanischen Gott Wotan, die allegorisch auf die intendierte Verschmelzung christlich-religiöser und germanisch-nationaler Mythologeme hinweist. Heute ist der Roman nurmehr von historischem Interesse, demonstriert er doch anschaulich die ideologische Vorbereitung der kommenden politischen Katastrophe Deutschlands durch nationalkonservative Literaten.

Das gottgelobte Herz. Roman aus der Zeit der deutschen Mystik.

München: Langen Müller, 1938.

In der Art eines historischen Sittengemäldes erzählt der Roman das Leben der Mystikerin Margarete Ebner (1291–1351). Die einem Donauwörther Patriziergeschlecht entstammende Margarete wird aufgrund ihrer besonderen Wesensart schon als Kind dem klösterlichen Leben bestimmt. Sie tritt in das Dominikanerinnenkloster Medingen bei Dillingen ein, wo sie nurmehr ein geistlich-mystisches, d. h. von religiösem Leiden und visionären Entrückungszuständen getragenes Leben führt. Die entscheidende Begegnung ist diejenige mit Heinrich von Nördlingen, der bei einem Besuch des Klosters auf die Nonne aufmerksam wird und in der Folgezeit die Rolle eines geistlichen Mentors übernimmt.

Kolbenheyer begibt sich mit diesem Sujet wie schon im *Paracelsus*, aber auch in anderen Werken wie etwa dem Spinoza-Roman *Amor Dei* (1908/37), in den Bereich religiöser Grenzerfahrung, der seinem in zahlreichen Schriften vertretenen Bedürfnis nach metaphysischer Erneuerung entgegenkommt. Die mystische Frömmigkeit, die Positionen des orthodoxen Glaubensgebäudes in die Dynamik des individuellen Erfahrungsprozesses überführt, bietet eine geeignete Folie für den Entwurf einer sich dem Dogma der Amtskirchen entziehenden, gar als ›deutsch‹ formulierbaren Spiritualität.

Gegen die zunehmende Abstraktion des Geistigen, seine Preisgabe an das tote Zeichen, setzt Kolbenheyer die Rückbindung des Geistes an eine lebendige und wesenhafte Natur. Das Prinzip des Natürlichen wird im *Gottgelobten Herz* mittels einer sinnlich erlebten Körperlichkeit veranschaulicht, die in Gestalt des sich im Individuum manifestierenden überindividuellen ›Triebs‹ eine passagenweise überaus schwüle Erzählatmosphäre erzeugt. Die erotische Aufladung des Textes ist um so stärker, je deutlicher die Unterdrückung des Eros zugunsten einer behaupteten geistig-geistlichen Erfahrung in Szene gesetzt wird. So verbindet die zentrale Stellung, die der Bedeutungsbereich des Gebärens im Roman erhält, Kolbenheyers biologistisch-sexualistisches Denken mit dem mystischen Konzept der Gottesgeburt in der Seele, bereitet aber auch einem geistig-ideologischen Erneuerungsgedanken den Boden. Dies erklärt die Wertschätzung, die der Autor in der Zeit des Nationalsozialismus erfuhr. Die Figur der Margarete Ebner ist dabei nicht mehr als ein blasses Medium, dessen Weiblichkeit auf das Schema geistlich-körperlicher Mutterschaft festgeschrieben wird. Der Roman endet damit, daß Margarete Ebner nach vielem Leiden und einer verzehrenden Sehnsucht nach dem himmlischen Bräutigam ein Jesusbild an die Brust nimmt und dabei höchste Seligkeit empfindet.

M. Wagner-Egelhaaf

CARL STERNHEIM
1878–1942

Busekow. Eine Novelle.

Leipzig: K. Wolff, 1914. (Der jüngste Tag. 14.) – Vorabdruck in: Die weißen Blätter 1913.

1918 faßte Sternheim seine bis dahin erschienenen Erzählungen zur *Chronik von des zwanzigsten Jahrhunderts Beginn* zusammen. Diese vermittelt in der Darstellung von typischen sozialen Verhältnissen und den mit ihnen korrespondierenden Mentalitäten ein repräsentatives Panorama der wilhelminischen Zeit und macht aber auch gleichzeitig deutlich, wie sich bestimmte Figuren in ihrem Denken und Verhalten von dem, was die Zeit gewohnheitsgemäß einfordert, abzuheben suchen, um sich selbst zu verwirklichen und zu ihrer Identität, ihrer »eigenen Nuance«, zu gelangen. Dieses personale Modell liegt auch Sternheims erster Erzählung *Busekow* zugrunde. Dargestellt wird darin jener Lebensabschnitt der kleinbürgerlichen Titelfigur, in der sie zur höchstmöglichen Bündelung und Steigerung ihrer Lebensform findet, zu einem »Helden« im bürgerlichen Leben wird.

Christoph Busekow ist ein einfältiger, obrigkeitsergebener Schutzmann. Trotz oder gerade wegen seines Stigmas, einer angeborenen Kurzsichtigkeit, hat er es in seinem Beruf zu besonderer Wachsamkeit gebracht. Ihr ist es zu danken, daß er nach einem nächtlichen Dienstgang, bei »Anbruch des Tages Epiphanias«, die Dirne Gesine kennenlernt. Da Busekow von seiner Ehefrau zu Hause ständig tyrannisiert wird und er sich – die Ehe ist kinderlos geblieben – in sexueller Hinsicht als Versager fühlt, ahnt er, der von Schuldkomplexen geplagt ist und im Einerlei eines lieblosen Privatlebens unterzugehen droht, in ihr eine Möglichkeit, sein Leben zu ändern. Er macht sie wider alle bürgerlichen Konventionen zu seiner Geliebten. Durch ihre leidenschaftliche Hingabe – im Flur von Gesines Hauswohnung kommt es schließlich zur körperlichen Vereinigung – vermag er seine starre, dumpfe Existenzform zu überwinden und ein neues Selbstwertgefühl und mit ihm neue soziale Lebensenergien zu gewinnen. Zeichenhaft dafür steht der Tag – es ist des Kaisers Geburtstag –, an dem er zum Wachtmeister befördert wird und von Gesine erfährt, daß sie von ihm schwanger ist. Nach einer ekstatischen Liebesnacht mit ihr, in der sexuelle und religiöse Erfahrungen magisch miteinander verschmelzen und bei Busekow zu einem enthusiastischen Bekenntnis seiner Kaisertreue führen, wird er am Abend des nächsten Tages, während er äußerlich seinen Pflichten als Verkehrspolizist nachkommt, aber sich, berauscht durch die beseligenden Bilder der Nacht, in einer Art Trance bewegt, von einem Automobil getötet.

Meta. Eine Erzählung.

Leipzig: K. Wolff, 1916. (Der jüngste Tag. 26.)

»Einmaliger unvergleichlicher Natur zu leben, riet jedem Lebendigen ich, damit keine Ziffer, sondern Schwung zu ihrer Unabhängigkeit entschlossener Individuen Gemeinschaft bedeute.« Dieser Appell des Autors an seine literarischen Figuren und seine Zeitgenossen gilt auch für das Dienstmädchen Meta, die »Heldin« der gleichnamigen Erzählung. Auch sie bleibt sich selbst treu, verwirklicht den vom Autor geforderten »frischen Einzelton«. Wie *Busekow* gehört die Erzählung zu der *Chronik von des zwanzigsten Jahrhunderts Beginn*.

Geschildert wird in ihr der Lebenslauf Metas, der für sie – in verschiedenen Altersphasen und Rollen – einen Lernprozeß darstellt und am Ende ihre wahre Natur, ihre persönliche »Nuance« enthüllt. Welche Energien, welcher Wille zum Leben und Lieben in ihr stecken, zeigt das siebzehnjährige in einem bürgerlichen Haushalt arbeitende Mädchen zu Beginn, als sie die Blicke des Telegrammboten Franz auf sich zu lenken weiß. Er verliebt sich in sie, verehrt sie wie eine Heilige. Doch Meta will nicht bloß Vorwand für »himmlische Liebe« sein, sondern sich ihm auch körperlich hingeben. Das von ihr geforderte »männliche Prinzip« erkennt er jedoch erst, als der Krieg ausbricht. Gleichwohl kommt es nicht zur Erfüllung der Liebe, zur Heirat, da Franz im Felde an der Ruhr stirbt. Zuerst hadert Meta mit ihrem Schicksal, will seinen Tod nicht wahrhaben, doch später deutet sie ihn als Vorsehung, der ihr nachgerade zu neuem Aufschwung verhilft. Immer noch Dienstmagd – mittlerweile ist sie dreißig –, wechselt sie die Rolle in dem von ihr bedienten bürgerlichen Ambiente: Durch ein geschickt inszeniertes Ränkespiel bringt sie Unruhe und allerlei Verwicklungen in das flache, ritualisierte bürgerliche Familienleben. Wie ein Theaterregisseur verkuppelt sie ihre Dienstherrin und deren Schwester, beginnt selbst ein Verhältnis mit ihrem Hausherrn, ohne ihn freilich zu lieben. Erst nach Jahren kann sich die Familie von dem tyrannischen Regiment Metas befreien. Sie wird entlassen, heiratet schließlich den Kriegsinvaliden Jakob. Die Jahre ihrer Ehe werden ihr zunehmend zur Herausforderung, Gleichförmigkeit und Regelmäßigkeit des Lebens aufzubrechen. Nach dem Tode Jakobs kann sich ihr ungebrochener Selbstbehauptungswille aufs neue bewähren und entfalten. Ihre letzte Wirkungsstätte ist ein Altfrauenhaus. In ihm flößt sie »zwanzig in durchschnittlichem Leben verblaßten Seelchen« neue Lebensenergien ein.

Fairfax.

Berlin: Rowohlt, 1921. – Vorabdruck in: Tage-Buch 1921.

Der Text gehört mit der Erzählung *Libussa* und mehreren politischen Essays (wie *Berlin oder Juste Milieu*) zu jenen »Ernüchterungsschriften«, die der Verfasser nach dem Ersten Weltkrieg für die Deutschen, d. h. für »ein sechzigmillionen Volk« schrieb, »das sich an feudalen und demokratischen Vorurteilen und Kommandos bis in die Eingeweide den Magen verdorben hatte«. Insbesondere die beiden fiktionalen Werke zielen auf eine radikale Bestandsaufnahme der sozialen und politischen Verhältnisse nach 1918, verstehen sich als subjektive Zeit- und Ideologiekritik mit den Mitteln der Groteske, Satire und Karikatur.

Solche Bilanz der Epoche wird exemplarisch in der Geschichte des amerikanischen Großkapitalisten und Kriegsgewinnlers Jimmy Fairfax, der nach dem Krieg aus Langeweile beschließt, nach Europa zu reisen, um dort nach dem zu suchen, was ihm die Neue Welt in Friedenszeiten nicht mehr bietet: Lebensfrische, Anstöße, Erschütterungen und vor allem neue unternehmerische Herausforderungen. Dabei gerät seine Parforcetour durch Europa, die er in Begleitung seiner frühreifen sechzehnjährigen Tochter Daisy unternimmt, unversehens zu einer Art Generalabrechnung mit den verschiedenen Nationen der bankrotten Alten Welt und ihren anachronistischen Mentalitäten: Befremdet zeigt er sich vom korrekten, aber versteinerten Lebensstil der Engländer. Liebenswürdig, aber für zukünftige Unternehmungen wenig profitabel erscheint ihm die »heroische Weltfremdheit« der Belgier. Für ökonomisch ergiebiger hält er die Anfälligkeit der Franzosen für Hetzpropaganda. Doch sein Versuch, Frankreich und Deutschland in einen neuen Krieg zu treiben, schlägt fehl.

Nach kurzen Zwischenaufenthalten in der Schweiz und Österreich gelangt er schließlich nach Deutschland. Hier lernt er nicht nur die Borniertheit der Behörden, sondern auch die unmäßige Konsumgier seiner Bewohner kennen. In Berlin bietet sich ihm schließlich die Chance, gleichsam ganz Deutschland zum Spekulationsobjekt zu machen. Gekoppelt ist dieses Geschäft allerdings an die Verheiratung seiner Tochter mit dem Erbgrafen Bodo von Schleyn, einem preußischen Legationsrat, der von ihm – als Mitgift – die Tilgung von Deutschlands Kriegsschulden fordert. Als der Graf allerdings davon erfährt, daß Daisy mit dem Häuptling aus der indianischen Begleitmannschaft von Fairfax ein Verhältnis hat, löst er – um seiner und Deutschlands Ehre willen – seine Verlobung mit ihr. Ein kommunistischer Putsch kurze Zeit später trennt Vater und Tochter. Genau zu dem Zeitpunkt, als sich Fairfax, enttäuscht von den »problematischen deutschen Eigenschaften«, entschließt, nach Amerika zurückzukehren, erreicht ihn die Nachricht der Tochter, sie sei von einem russischen Agenten heldenhaft gerettet worden und mit ihm nach Moskau gezogen. Ihr Schreiben ist ein spöttischer Abgesang auf die »ausgepumpten Kulturen« Europas, gleichzeitig aber auch ein »bedeutungsvoller Wink« für den Vater, einen neuen unternehmerischen Plan von »titanischem« Ausmaß in Richtung Osten zu schmieden. Solcher zynischen Desillusionierung der politischen und sozialen Verhältnisse Nachkriegseuropas souffliert das Motto der Erzählung: »Ich finde Europa zum Kotzen.«

P. Bekes

Robert Walser

1878–1956

Geschwister Tanner. Roman.

Berlin: Cassirer, 1907.

Simon Tanner ist ein junger Mann, der ständig seine Arbeitsstelle wechselt. So arbeitet er acht Tage in einer Buchhandlung, vorübergehend bei einem Advokaten, in einem Bankhaus, wo er seinen Rausschmiß provoziert, usw. Viel Geld braucht er nicht, um glücklich zu sein. Ihm reicht die Freiheit beim Spazierengehen: »Wenn ich meine Glieder spüre, bin ich glücklich [...]. Ach, ist das schön hier im Wald so am sonnigen Morgen. Ist das schön, frei zu sein.« Arbeit ist Unterbrechung des eigentlichen Lebens, die er nach längerer Pause in einer Maschinenfabrik erneut aufnimmt: »So will ich mich jetzt auf das Bett der täglichen Arbeit in Schlaf legen und erst wieder erwachen, wenn der Schnee über die Erde fliegt und die Berge weiß werden und die Nordstürme dahersausen, daß einem die Ohren erfrieren und in Flammen des Frostes und Eises zergehen.« Simon Tanner ist das Gegenteil des sich weitgehend durch seine Arbeit definierenden Menschen im Europa des 20. Jh.s.

Oft trifft er seine zahlreichen Geschwister, macht eine lange Nachtwanderung zu seinem Bruder Kaspar, genießt später das Landleben bei seiner Schwester Hedwig. Diese beiden stehen ihm besonders nahe. Auch wenn Simon Tanner die zentrale Figur des Romans ist, sind es die Geschwister Tanner, die inhaltlich den roten Faden des Textes bilden und die neben dem häufigen Stellenwechsel der Hauptperson immer wieder zu autobiographischen Interpretationen verleitet haben. Aber wie die verschiedenen Jahreszeiten vor allem ein Vorwand für Naturbeschreibungen sind und nur beiläufig den Zeitrahmen des Romans auf eineinhalb bis zwei Jahre festlegen, sind auch die autobiographischen Züge stilisiert zu Darstellungen verschiedener Befindlichkeiten, denen Individuell-Autobiographisches untergeordnet ist.

Walser lebte, nach einer Zeit wechselnder Anstellungen in Zürich, ab 1906 für längere Zeit in Berlin. Hier schrieb er seine drei kurz hintereinander veröffentlichten Romane und mindestens einen weiteren, der verlorenging. *Geschwister Tanner* ist der erste dieser drei Berliner Romane. Er formt zahlreiche Motive seines späteren Schaffens aus, darunter so zentrale wie den Maler-Bruder, das Spazierengehen, den Wald und den Schnee.

Der Gehülfe. Roman.

Berlin: Cassirer, 1908.

Der Gehülfe heißt Joseph Marti, und mit der ihm eigenen Mischung aus selbstbewußter Frechheit und Unterwürfigkeit stellt er sich bei dem Ingenieur Tobler vor, dessen Gehülfe er bleibt, bis Tobler bankrott ist. Tobler ist ein Erfinder skurriler nutzloser Dinge wie zum Beispiel einer »Reklame-Uhr« und eines »Schützenautomaten«. Der Gehülfe ist hin und her gerissen zwischen Selbstkritik und jähem Arbeitsdrang. »Ich muß gestehen, ich denke nur allzu oft an ganz andere Dinge. Das aber, mein bester Herr Gehülfe, ist Verrat. Tauche jetzt endlich mal stramm unter in die Angelegenheiten Fremder, du ißt ja auch Fremder ihr Brot.« Den Niedergang des Toblerschen Geschäfts durchschaut der Gehülfe immer mehr, wodurch die beibehaltenen Herr- und Knecht-Rollen immer fragwürdiger werden. Als Tobler länger schon zahlungsunfähig ist, bittet Marti ihn um den Restlohn, aber nur, um Tobler zum Toben zu bringen und für sich selbst einen Grund zu schaffen, zu gehen. Bis es soweit ist, wird der Gehülfe »ein richtiger Mann für alles«. Er macht Besorgungen im Dorf, kümmert sich viel um die Dame des Hauses, die er immer unnahbarer auf ein Podest stellt, spielt mit ihr und ihren Freundinnen Karten, nimmt an Festen teil, die Toblers bis zuletzt feiern, ebenso an Ausflügen und Kahnfahrten. Er mischt sich sogar in Familienangelegenheiten, als er zum Fürsprecher für das vernachlässigte, weil etwas zurückgebliebene Töchterchen Silvi wird. Aber später entschuldigt er sich für die Einmischung. An freien Tagen wandert er, besucht Bekannte, zu Fuß natürlich. So ist auch dieser Roman, wie schon *Geschwister Tanner*, durchzogen von zahlreichen Naturschilderungen.

Während *Geschwister Tanner* der leichteste der drei Romane ist, wirkt *Der Gehülfe* von allen am geschlossensten. Walser nannte seinen zweiten Roman »einen Auszug aus dem schweizerischen täglichen Leben«, und so dürfte dies auch der am realistischsten gemeinte Roman sein. Anschauungsunterricht bot ihm gewiß die Zeit als Angestellter des exzentrischen und hochstaplerischen Erfinders Carl Dubler vom Sommer 1903 bis zum Januar 1904 in dessen Villa »Zum Abendstern« in Wädenswil bei Zürich. Den Namen der Villa übernimmt er, aus Dubler wird Tobler, aus Wädenswil Bärenswil. Es mag u. a. die relativ große Geschlossenheit der Geschichte vom Bankrott eines Hochstaplers sein, die diesem Roman im Vergleich zu den beiden anderen die meisten Leser einbrachte und zu drei Auflagen innerhalb eines Jahres führte. Die Forschung interessiert an diesem Roman insbesondere das schillernde Verhältnis zwischen Tobler und Marti, die durchgehaltenen Rollen von Herr und Knecht.

Jakob von Gunten. Ein Tagebuch.
Berlin: Cassirer, 1909.

Das leicht komische und doch so hintergründige Erzählen erreicht in Walsers drittem Roman einen Höhepunkt. Jakob von Gunten tritt in das Institut Benjamenta ein und weiß schon vorher: »Wir Knaben vom Institut Benjamenta werden es zu nichts bringen, das heißt, wir werden alle etwas sehr Kleines und Untergeordnetes im späteren Leben sein.« Er selbst wird »eine reizende, kugelrunde Null« sein, und das ist erreicht, wenn es auf der letzten Seite heißt: »Und wenn ich zerschelle und verderbe, was bricht und verdirbt dann? Eine Null. Ich einzelner Mensch bin nur eine Null.« Die Voraussetzungen im Institut Benjamenta sind entsprechend: »es fehlt an Lehrkräften« oder sie schlafen, »oder sie sind tot, oder nur scheintot, oder sie sind versteinert«. »Es gibt nur eine einzige Stunde, und die wiederholt sich immer.« Die Aufgabe ist Auswendiglernen, das einzige Buch die Institutsvorschrift. Dieser Unterricht und das Ziel der Ausbildung haben dem Text die Bezeichnung »Antibildungsroman« eingebracht. Jakob kommt aus gutem Hause: »Die von Gunten sind ein altes Geschlecht.« Er lehnt jedoch ausdrücklich »erbliche oder irgend adlige Grundsätze« für sich ab. Und das hat mit dazu beigetragen, daß *Jakob von Gunten* als Auseinandersetzung mit Goethes *Wilhelm Meister* gelesen wird, der bekanntlich nach dem Adelsdiplom strebt.

Mit Jakobs Eintritt beginnt der Zerfall des Instituts Benjamenta. Es wird nur noch von einem Neuzugang berichtet. Dann verlassen die Schüler nach und nach das Institut. Die einzige Lehrerin, Lisa Benjamenta, die Schwester des Vorstehers, stirbt. Zuletzt löst Benjamenta das Institut auf und geht mit Jakob in die Wüste. Das Institut Benjamenta ist ein Mikrokosmos, eine Welt für sich in der Welt, d. h. in der Stadt, für die Berlin das Vorbild ist. Und im Institut selbst gibt es eine Art Mitte, eine nochmals abgesonderte Welt, die »inneren Gemächer«. Nur die Natur fehlt in diesem Roman völlig. Zur Welt des Instituts gehören die Zöglinge, die sich meist langweilen, sich anfreunden, sich streiten und von Lisa Benjamenta lernen, wie sich der Knabe zu benehmen hat. Der sehr willkürliche Herrscher, Herr Benjamenta, ein Riese, mal einem Gott gleich, mal abgesetzter König, ist selten zu sehen. So ausführlich wie in den beiden vorhergehenden Romanen die Natur wird hier die Stadt beschrieben. Jakob geht ins Warenhaus, läßt sich rasieren, landet im Bordell und trifft seinen Bruder Johann, und der »ist so etwas wie ein namhaft bekannter Künstler«, d. h. »liegend auf den Kissen und Teppichen der bürgerlichen Behaglichkeit«, »mitten drinnen im schönsten, prächtigsten Welt-Anstand«. Während Jakob das repräsentative Leben seines Bruders ablehnt, bestärkt ihn dieser: »Nichts, nichts Erstrebenswertes gibt es. Es ist alles faul. Verstehst Du das?« Als »faul« erweist sich aber auch die dritte Welt, die geheimnisvollen inneren Gemächer. Die spirituelle Mitte des Instituts entpuppt sich als bürgerliche Stube mit Plüschsofa und Goldfischen. Und wenn Jakob und Benjamenta zuletzt in die Wüste gehen, verlassen sie das ganze verbildete Europa und damit nichts, das das Bleiben lohnte.

»Hier stimmt zum erstenmal einer der Gegenwart zu, wie sie ist: und wir erkennen so scharf wie noch nie, wie furchtbar sie ist«, kommentiert Martin Walser diesen Roman, und der zeitgenössische Leser Franz Kafka urteilte sofort: »ein gutes Buch«, während dem Roman sonst von zeitgenössischen Lesern kein Erfolg beschieden war. Cassirer konnte nur eine Auflage drucken, bei der es bis 1950 blieb.

Wie in keinem der anderen Romane spielen hier andeutungsweise und oft nur durch Begriffe assoziiert die verschiedensten Ebenen ineinander. Das Institut Benjamenta trägt Züge einer Dienerschule, eines Klosters und des Militärs. Angefangen mit den Namen – Jakob, Abraham usw. – gibt es Anspielungen auf das Alte Testament. Den inneren Gemächern und Herrn Benjamenta eignen quasi religiöse Züge. Der Roman reiht sich ein in die Bildungsromane wie die Schülertragödien, in denen sich zu Beginn des 20. Jh.s die Kritik am Gymnasium äußerte. *Jakob von Gunten* ist nicht nur der stärkste Roman Walsers, sondern zugleich einer der bemerkenswertesten Romane des 20. Jh.s in deutscher Sprache.

Der Spaziergang.

Frauenfeld/Leipzig: Huber, 1917.

Es ist ein ausgedehnter Spaziergang, der hier beschrieben wird. Für den Spaziergänger reihen sich Begegnungen und Erlebnisse aneinander. Er geht z. B. in eine Buchhandlung, erledigt Bankgeschäfte, begegnet im Wald dem Riesen Tomzack, ißt bei Frau Aebi zu Mittag, was fast zum Alptraum wird, wandert weiter über einen Bahnübergang ins Grüne und kehrt erst um, als es schon dunkel ist. Kleine Geschichten wechseln mit Beschreibungen, reine Aufzählungen mit Dialogen, Phantastereien mit Erinnerungen, guten wie bösen. Der Spaziergänger erlebt Freude und Angst, Verzauberung und Bedrohung. Er lacht, zürnt, schreit, grübelt, grüßt, schweigt und vor allem: er beobachtet. Daraus wird die notwendige Inspiration und Anregung für den Spaziergänger und Dichter. »Spazieren«, schreibt er, »muß ich unbedingt, um mich zu beleben und um die Verbindung mit der lebendigen Welt aufrechtzuerhalten, ohne deren Empfinden ich keinen halben Buchstaben mehr schreiben und nicht das leiseste Gedicht in Vers oder Prosa mehr hervorbringen könnte.« Darüber hinaus »muß der, der spaziert, jedes kleinste lebendige Ding, sei es ein Kind, ein Hund, eine Mücke, ein Schmetterling, ein Spatz, ein Wurm, eine Blume, ein Mann, ein Haus, ein Baum, eine Hecke, eine Schnecke, eine Maus, eine Wolke, ein Berg, ein Blatt oder auch nur ein armes weggeworfenes Fetzchen Schreibpapier, auf das vielleicht ein liebes gutes Schulkind seine ersten ungefügten Buchstaben geschrieben hat, studieren und betrachten«. Hier kommt ein Wesenszug von Walsers Prosa zum Ausdruck, den schon in seinem ersten Buch, *Fritz Kocher's Aufsätze*, der Titelheld mit den Worten zusammenfaßt: »Ich schreibe über alles gleich gern«. Es ist die gleich große Aufmerksamkeit des Dichters für das Größte wie das Kleinste, das Bedeutendste wie das Trivialste. Der Spaziergang wird zum Symbol für Walsers Prosa. Es zieht sich zugleich leitmotivisch durch sein Schaffen.

Aus dem Bleistiftgebiet.

Im Auftrag des Robert-Walser-Archivs der Carl-Seelig-Stiftung / Zürich entziffert und hrsg. von Bernhard Echte und Werner Morlang. Bd. 1: Mikrogramme 1924/25: Prosa. Frankfurt a. M.: Suhrkamp, 1985. Bd. 2: Mikrogramme 1924/25: Gedichte und Szenen. Ebd. Bd. 3: Räuber-Roman. Felix-Szenen. Ebd. 1986. Bd. 4: Mikrogramme 1926/27. Ebd. 1990. Bd. 5 und 6 i. Vorb.

Seinen eigenen Aussagen nach hat Walser eine ernste Schreibkrise überwunden, indem er mit dem Bleistift schrieb statt mit der Feder. In einem Brief an Max Rychner aus dem Jahr 1927 heißt es: »Ich darf Sie versichern, daß ich (es begann dies schon in Berlin) mit der Feder einen wahren Zusammenbruch mit meiner Hand erlebte, ein Art Krampf, aus dessen Klammern ich mich auf dem Bleistiftweg mühsam, langsam befreite.« Mehr und mehr scheint er seine

Texte – überwiegend Kurzprosa – mit dem Bleistift konzipiert zu haben, um sie dann mit der Feder abzuschreiben, nicht ohne sie dabei zu überarbeiten. In seinem Nachlaß befand sich ein Schuhkarton mit 526 mit Bleistift in kleinster Sütterlinschrift randvoll geschriebenen Blättern. Die Winzigkeit der Schrift, die zunächst für eine unentzifferbare Geheimschrift gehalten wurde, hat zu der Bezeichnung »Mikrogramme« geführt. Diese 526 Texte werden mit Speziallupen entziffert und in sechs Bänden unter dem Titel *Aus dem Bleistiftgebiet* veröffentlicht.

Es handelt sich um eine späte Prosa – mit seiner Einlieferung in die Pflegeanstalt in Herisau 1933 hörte Walser auf zu schreiben –, überwiegend aus den Jahren 1924–1927. Darunter befanden sich zwei längere, verhältnismäßig leicht lesbare Texte, die Bd. 3 enthält. Neben wenigen besonders schwer entzifferbaren Gedichtfragmenten handelt es sich ganz überwiegend um kurze Texte, sogenannte Prosastücke. Sie sind eine reizvolle Mischung aus kleinen Szenen, fiktiven Briefen, Alltagsbeobachtungen und zu einem großen Teil ebenso ironische wie engagierte Wiedergabe angelesener Texte. Wie in der gesamten veröffentlichten späten Prosa, so finden sich auch zwischen diesen Texten solche, in denen Walsers besonderer, ornamental verspielter und dabei hintergründiger Stil zu voller Entfaltung kommt. Sehr aufschlußreich für seinen Produktionsprozeß überhaupt sind die erhalten gebliebenen Entwürfe zu früher bereits gedruckten Prosastücken. Angesichts der sehr unterschiedlichen literarischen Qualität der versammelten Texte darf weder vergessen werden, daß Robert Walser begann, an einer leichten Altersschizophrenie zu leiden, noch vor allem, daß es sich durchweg um Entwürfe handelt, die bei der Abschrift für den Druck von ihm selbst unterschiedlich stark verändert worden wären.

M. Lemmel

Bernhard Kellermann
1879–1951

Der Tunnel. Roman.
Berlin: S. Fischer, 1913.

Mit Unterstützung des Finanzmagnaten C. H. Lloyd gelingt es dem Ingenieur und Erfinder Mac Allan, die amerikanische Finanz- und Industriewelt von seinem Projekt eines transkontinentalen, Amerika und Europa verbindenden Tunnels zu überzeugen. Dieses Unternehmen, das sich zum Atlantik-Tunnel-Syndikat zusammenschließt und zu dem Mac Allan die technische Voraussetzung eines von ihm entwickelten diamantharten Stahls beisteuert, mit dem selbst härteste Gesteinsmassen durchbohrt werden können, beflügelt die Phantasie aller Beteiligten, und innerhalb kurzer Zeit entwickelt es sich zu einem Wirtschaftsfaktor weltumspannenden Ausmaßes. Von unterschiedlichen Punkten aus werden die Tunnelarbeiten angesetzt und mit geradezu übermenschlichem Tempo von Mac Allan angetrieben. »Es war das an sich höllische Tempo Amerikas und dieser Zeit zur Raserei gesteigert.« Unvorhersehbare Ereignisse hemmen jedoch den rasanten Gang der Entwicklung. Eine verheerende, zahllose Todesopfer fordernde Tunnelexplosion, die zur Panik unter den Arbeitern führt und Massenstreiks provoziert, und der Zusammenbruch des Syndikats infolge der weltweiten Verunsicherung der Kapitalanleger, die durch Spekulationen des Finanzchefs S. Woolf ausgelöst wird, tragen zu erheblichen Verzögerungen bei. Der Tunnel kann nicht, wie ursprünglich geplant, nach 15, sondern erst nach 26 Jahren seiner Bestimmung übergeben werden: »Der Tunnel war fertig. Aus Schweiß und Blut war er gebaut, rund neuntausend Menschen hatte er verschlungen, namenloses Unheil in die Welt gebracht, aber nun stand er!«

Das bei seiner Veröffentlichung als Sensationsroman gefeierte Buch Kellermanns gilt, ohne der Trivialliteratur zugerechnet zu werden, als einer der ersten Bestseller der deutschen Literaturgeschichte und wurde in zahlreiche Sprachen übersetzt. Der effektvoll, durch Sprachverknappung und parataktische Reihung gesteigerte Reportagestil, die dramatische Inszenierung technischer Katastrophen und Massenhysterien haben nicht nur auf die Literatur, sondern auch auf den Film (wie Fritz Langs *Metropolis*) einen nachhaltigen Einfluß ausgeübt.

D. Heimböckel

WALDEMAR BONSELS
1880–1952

Die Biene Maja und ihre Abenteuer. Ein Roman für Kinder von Wanderschaft zwischen Staub und Sternen.

Berlin: Schuster & Loeffler, 1912.

Der Roman erzählt das Heranwachsen einer kleinen Biene und ihre außerhalb der Normen verlaufende und doch in sich stimmige Entwicklung. Majas »Außenseitertum« fällt bereits der Amme auf, die ihr schon am ersten Lebenstag die Lebensregeln einer Arbeitsbiene beizubringen versucht. Doch Maja ist nicht an einem Routinedasein im totalitären Bienenstaat interessiert; sie unterläßt es, von dem ersten Erkundungsflug heimzukehren. Ein freies, immer aufs neue aufregendes Leben beginnt, das auch für den Leser durch die ungewohnte verkleinernde Perspektive Überraschungsmomente bietet. Aber es ist nicht pure Ichbezogenheit, die die Hauptfigur zu diesem Schritt verleitet, sondern enthusiastische Welt-Neugier, welche mit der verinnerlichten Selbstlosigkeit und Wohlerzogenheit ihres Volkes gekoppelt ist. Ihrer unverbrauchten Begeisterungsfähigkeit, aber auch ihrem Bewußtsein einer noblen Geburt entspricht eine stilistische Überhöhung des Textes, sei es durch eingeschobene Liederverse, sei es durch eine Metaphorik, die die Natur zu einer lichtbeseelten Kunstsphäre steigert. Auch die Menschen lernt Maja nicht im Alltag kennen, sondern – mit Hilfe eines Elfs – »wie sie am schönsten sind«, als selbstversunkenes junges Liebespaar. Durch die belehrende Begegnung mit freundlichen, aber auch feindlichen Insekten sammelt sie ihre Erfahrungen. Dabei bewährt sich ihre Aufgeschlossenheit, als ein ihr zu Dank verpflichteter Mistkäfer, Kurt, sie aus den Netzen der heimtückischen Spinne Thekla befreit. Aber Gefahr droht nicht nur der Ausreißerin: Als Gefangene eines Hornissenschwarms belauscht Maja eine Verschwörung gegen ihr Volk. Die Flucht gelingt; in letzter Minute kann sie die Ihren warnen und damit die unvermeidliche Schlacht mit dem überlegenen Gegner für ihren Stock entscheiden. Der Schluß bringt die Synthese von Selbstentfaltung und Gemeinschaft, denn sie wird dank ihrer außergewöhnlichen Erfahrungen zur Beraterin der Königin ernannt. So wäre die *Biene Maja* fast eine unterhaltsame, die Schöpfung bejubelnde Gutenachtgeschichte geworden. In den letzten Kapiteln, den Kampfszenen, aber nimmt die Sprache eine militante Färbung an. Opferbereitschaft und Einigkeit werden über die Rechte des Einzelnen gestellt. So bleibt ein politisch-martialischer Nach-, oder im Hinblick auf die Kriegsstimmung vor dem Ersten Weltkrieg richtiger, Vorgeschmack, auch wenn die liebenswerte Hauptfigur die eigentliche Schlacht charakteristischerweise verschläft.

Die *Biene Maja* ist eines der erfolgreichsten Bücher des 20. Jh.s und das berühmteste unter den zahlreichen vielverlegten Büchern des Autors. In der Fortsetzungserzählung *Himmelsvolk. Ein Märchen von Blumen, Tieren und Gott* (1915) geht es wieder um die Weltentdeckung durch eine integre, lautere Figur (diesmal der Elf) bis hin zu den irdischen Erfahrungen von Schmerz und Glück. Zur eigenen Erlösung muß er nach der größten Form der Liebe suchen, die ihm in der Lehre Christi auch begegnet. Weitere Werke Bonsels' befassen sich mit ähnlichen Aussteigern wie der Biene Maja, diesmal Menschen, die das Naturgeschehen um sich herum in intuitiv gestalteten Stimmungen und andächtigem Erfühlen der Kräfte der Natur in sich aufnehmen (*Das Anjekind*; *Mario, Ein Leben im Walde*).

S. Friedrich-Rust

OTTO FLAKE
1880–1963

Hortense oder die Rückkehr nach Baden-Baden.
Berlin: S. Fischer, 1933.

Fünf Jahre nachdem der gebürtige Elsässer Flake Baden-Baden zum Wohnsitz gewählt hatte, machte er den Ort und dessen große Zeit in der Mitte des 19. Jh.s zum Ausgangs- und Zielpunkt seines 50. Buchs. Einmal mehr ist es eine fiktive Biographie vor historischem Hintergrund. Die Titelheldin verkörpert Flakes Frauenbild: Gleichwertigkeit der Geschlechter bei strikter Rollenteilung und Dominanz des Eros.

Kurz vor ihrer arrangierten Heirat verschwindet die achtzehnjährige Hortense von Wierssen. Sie ist weniger eine Abenteurerin als eine Frau auf der Suche nach sich selbst und einem Leben ohne Lüge. Dem Auftakt der Flucht mit einem Spieler folgt die erste ernsthafte Beziehung zu dem Bankier Manfred Jörcher. Immer wieder setzen Tod und Zufall Zäsuren im Leben Hortenses. Fünf weitere Männer, extrem verschieden nach Herkunft und Charakter, bestimmen ihre Lebensstationen, die von Brüssel nach New York, Genf, Paris, London und Eutin führen. Schließlich kehrt

Hortense in ihren Heimatort Baden-Baden zurück und heiratet Jörcher.

Die Schauplätze der Handlung lassen die jeweilige Kultur- und Wirtschaftsgeschichte lebendig werden. Hier liegt die Verbindung zu Flakes bedeutendem essayistischem Werk. Bis in die Details von Mode, Mobiliar und gesellschaftlichen Umgangsformen schildert er halbdokumentarische Sittenbilder. Die sachliche Erzählhaltung verleiht mit sparsamen psychologischen Mitteln den Personen Authentizität. Nicht die Suche nach metaphysischer Sinnerfüllung motiviert die Entwürfe der diversen, vielfach mit dem Schicksal der Titelheldin verschränkten Biographien, als vielmehr die Überzeugung, daß ein Leben, unter welchen Voraussetzungen auch immer, selbstverantwortet gestaltet werden muß.

Die Monthiver-Mädchen.

Die junge Monthiver. Berlin: S. Fischer, 1934. – Anselm und Verena. Ebd. 1935. – Erste Gesamtausgabe u. d. T.: Die Monthiver-Mädchen. Baden-Baden: Keppler, 1952.

Wie in den zwischen 1913 und 1928 entstandenen fünf *Romanen um Ruland* und im zweiteiligen *Fortunat* kreuzen sich in den vier Teilen der *Monthiver-Mädchen* vielfältig die Schicksale der Haupt- und zahlreicher Nebenpersonen. Einmal mehr in Flakes Werk bilden das Land Baden und die Ära Napoleons den topographisch-historischen Hintergrund.

Tl. 1: »Der junge Anselm«. Salome von Monthiver wird Hofdame am Hof in Karlsruhe. Ihr Jugendfreund Anselm, ein Pfarrerssohn, wirbt um ihre Hand. Nach Abenteuern im Straßburg der Revolutionszeit geht er in badischen Diensten nach Paris, wird bald darauf Hofrat und verliebt sich in Lili von Rellnitz.

Tl. 2: »Die Reise nach Stockholm«. Durch eine aufregende Reise nach Petersburg und Stockholm als Begleiterin des Erbprinzenpaares und die Freundschaft der Russin Xenia überwindet Salome den Kummer um Anselm. Der Unfalltod ihres schwedischen Mannes Axel Torsela beendet eine kurze, leidenschaftliche Ehe. Nach langer Trauer verlobt sich Salome mit dem österreichischen Baron Landis.

Tl. 3: »Der Hofrat«. In Paris verkehrt Anselm, für dessen Dienste der mediatisierte Fürst von Kraichheim keine Verwendung hat, als Zeitungskorrespondent in den höchsten Kreisen. Vergeblich bemüht er sich, seine Ehe mit der Kanadierin Betty Lamour zu retten.

Tl. 4: »Verena«. In Karlsruhe trifft Anselm Salomes Schwester Verena, Novizin im Kloster Lichtental, die seinen todkranken Vater pflegt. Als Anselm die Romantiker um Brentano in Marburg besucht, wird Verena seine vertraute Briefpartnerin. Nach Bettys Tod heiraten Verena und Anselm, der wieder in diplomatische Dienste in Paris tritt.

Old Man. Roman.

Kassel: Schleber, 1947.

Eine »rechtschaffene Erzählung« nennt Flake den Roman, der eine Art Wunsch-Autobiographie ist (Flake hatte sich durch die Unterzeichnung einer Loyalitätserklärung der Fischer-Autoren gegenüber dem NS-Staat kompromittiert). Ganz aus der Perspektive des Titelhelden berichtet der auktoriale Erzähler in bis zur Lakonie verknappten Sätzen scheinbar objektiv. Die strenge Klarheit verweigert jegliche Illusion – freilich um den Preis von Ironie und Wärme.

»Old Man« Edgar Mertens, 64 Jahre alt, ein vom NS-Regime zwangsemeritierter Universitätsprofessor, hat sich nach Quellenbaden im Schwarzwald zurückgezogen. Zwischen März und November 1945, von den letzten Kriegswochen bis in die französische Besatzungszeit hinein, treffen sich in dem kleinen Ort Kriegsgewinnler, Flüchtlinge, Regimegegner und Besatzer. Mertens' erste Liebe Lily von

Roditz findet Quartier in seinem Haus. Seine von ihm getrennt lebende Ehefrau Bettine kommt krank in eine Klinik am Ort und stirbt. Der Nachbarstochter Alma Olga, schwanger von einem Soldaten, der an der Front fiel, bieten zwei Männer ihren Namen an; sie entscheidet sich gegen Mertens' empfindsamen Sekretär Guido und für den reichen Geschäftsmann Hugstetten. Die junge Käthe Derwiller erlebt mit einem französischen Soldaten ihre erste Enttäuschung. Old Man beobachtet, bewertet und berät. Der herrschenden Verwahrlosung setzt er die Normen der Zivilisation entgegen. Stoisch gegenüber den Zeitläuften, begegnet er den kleinen Dingen des Lebens hedonistisch: Er liebt erlesene Mahlzeiten, ausgewählte Lektüre, höfliche Umgangsformen, kultivierte Gespräche. Am Ende erhält er einen Ruf nach Tübingen und findet zur Oberstwitwe Agathe Derwiller, die seinem Ideal von ›Haltung‹ in jeder Lebenslage entspricht.

Fortunat.

Baden-Baden: Keppler, 1946. – Ein Mann von Welt. Ebd. 1947. – Erste Gesamtausgabe u. d. T.: Fortunat. Roman in zwei Büchern. Mit einem Nachwort des Verfassers und einem Nachwort von Max Rychner. Gütersloh: Mohn, 1960.

Der Name »Fortunat« zitiert das alte Volksbuchmotiv vom Helden, der in der geschlossenen Eihaut zur Welt kommt und unbeschadet durchs Leben geht. Die fiktive Biographie gibt dem Titelhelden die Lebensdaten 1814–1897. Das Milieu des Romans *Old Man* spiegelt die eskapistischen Umstände wider, unter denen der *Fortunat* ab 1943 entstand, und die Entbehrungen des altgewordenen Jacques im Krieg 1870/71 dürften denen seines Schöpfers am Ende des Zweiten Weltkriegs vergleichbar sein.

Jakob, vorehelicher Sohn eines badischen Bauernmädchens, wächst im Haus seines Stiefvaters, des Chirurgen Kestenholz auf. Eine schicksalhafte Mission führt ihn nach Paris zu seinem leiblichen Vater, dem Vicomte Maslin, einem russischen Emigranten. Aus Jakob wird Jacques; er verkehrt u. a. mit Chopin, Balzac, Hugo, Delacroix. Nach dem Medizinstudium läßt er sich für einige Jahre in Kairo als Frauenarzt nieder. Aus einer kurzen Ehe gehen Zwillinge hervor, die bei der Mutter Alexandra im badischen Sasbach leben. Jacques wird zum Modearzt der Pariser Gesellschaft. Der Tod seiner Geliebten Renée beschließt den ersten Teil.

Nach dem Tod Alexandras heiratet Jacques seine große Liebe Wanda von Rhyn, eine Enkelin Jérôme Bonapartes, mit der er die Tochter Valentine hat. Zahlreiche Reisen des Helden durch Deutschland, England, Spanien und Amerika bieten Anlässe zu detailgenauen kulturhistorischen Sittenbildern. Als Wanda bei einem Unfall ums Leben kommt, zieht sich Jacques in das badische Dorf Au zurück.

Der Handelsherr.

Flensburg: Ch. Wolff, 1948.

In diesem vergleichsweise kurzen unter seinen historisierenden Romanen setzt Flake sein erzählerisches Konzept überzeugend um: Biographien als Produkt von äußerem Zufall und konsequenter innerer Entwicklung. In die distanzierte Erzählhaltung fügen sich auch die inneren Erlebnisse des Helden ohne Wechsel der Stilebene ein. Der auktoriale Erzähler enthält sich vordergründiger Moral und plakativer Sinnstiftung: Das Leben ist eine Folge von mehr oder minder stimmigen Ereignissen; es gilt, in den wechselnden Verhältnissen ›sich selber treu‹ zu sein.

Zarin Katharina die Große liefert den geschichtlichen Hintergrund. Aus ihrer Heimatstadt Zerbst folgt ihr der Kaufmann Erich Roselius nach Rußland. Mit Gunst der Kaiserin betreibt er ein internationales Handelsgeschäft, später eine Bank. Roselius ist ein Mann der Aufklärung –

verwiesen wird auf Voltaire, Rousseau, Linné, auf Johann Georg Zimmermanns Abhandlung »Über die Einsamkeit«; Schlözer und Euler treten in Person auf. Der Vierzigjährige verliebt sich in die junge Nadine. Als Nadine ins Kloster geht, überträgt er die Liebe auf ihre Schwester Sonja. Sie wird ihm zur Partnerin auch im Geschäft – eine von Flakes zahlreichen klugen und attraktiven Frauengestalten. Nach einem Jahr des Eheglücks stirbt Sonja im Kindbett. Roselius zieht sich aufs Land zurück, ist seinen Leibeigenen ein gütiger Herr und findet sich in ein nüchtern-melancholisches Leben. Durch Arbeit, Sorge für seine Tochter Nadine und Ablenkung auf Bildungsreisen nach Italien und Wien, zu den zeittypischen Kulturschauplätzen, weiß er sich zu fassen. Schon krank, begleitet er Katharina auf ihrer legendären Krimreise. Nach einem imaginären Zwiegespräch mit der toten Sonja stürzt er über Bord in die Wolga.

U. Leuschner

Gorch Fock
(Johann Kinau)
1880–1916

Hein Godenwind, de Admirol von Moskitonien. Eine deftige Hamburger Geschichte.

Hamburg: Glogau, 1912. [1911 erschienen.]

Durchgehend in Hamburger Mundart verfaßt sind die 21 humoristischen Geschichten um den legendären Seefahrer Hein Godenwind, der, nachdem er lange Jahre der mittelamerikanischen Republik Moskitonien als Admiral gedient hat, nach Hamburg zurückgekehrt ist. Da seine Pensionszahlungen aus Moskitonien aufgrund betrügerischer Machenschaften ausbleiben, muß er sein bescheidenes Quartier, wo er von einer Wirtschafterin umsorgt wird, aufgeben und mit seinen beiden ehemaligen Leuten, Veteranen wie er, einem einarmigen Steuermann und einem blinden Seilmacher auf einen Kahn umsiedeln, der genauso altersschwach wie die Besatzung ist. Mit diesem Seelenverkäufer stechen die drei in See, um irgendwann einmal die Fahrt nach Moskitonien zu machen und Godenwinds Pension einzufordern. Sie kommen bei ihren verschiedenen Versuchen nie sehr weit, erleben aber eine Reihe von Abenteuern: so schlägt z. B. der Steuermann einmal einen kreisförmigen Kurs ein, weil er dem alten Segler die Fahrt über den Ozean nicht zutraut. Bei einem Sturm kommen schließlich die beiden Mannschaftsmitglieder ums Leben, während Godenwind nicht nur überlebt, sondern sogar noch einige schiffbrüchige britische Matrosen rettet. Zu Hause wird er als Seeheld gefeiert, und er erhält sogar seine Pension ausgezahlt, so daß der alte Fahrensmann einen sorgenfreien Lebensabend zusammen mit seiner treuen Wirtschafterin, die er heiratet, verbringen kann.

Seefahrt ist not! Roman.

Hamburg: Glogau, 1913.

Wie gefahrvoll die Existenz der Fischer ist, die auf der Elbinsel Finkenwerder – dem Geburtsort des Autors – zu Hause sind, wird gleich zu Beginn des Romans deutlich gemacht: bei dem Gottesdienst in der Inselkirche scheinen die »gebliebenen Fahrensleute, die alten und die jungen, die Schiffer und die Knechte« die leeren Bänke zu besetzen. Die See ist der eigentliche Protagonist des Buches, lebensspendend und lebensvernichtend, in ihrer elementaren Gewalt faszinierend und erschreckend zugleich: »Und die See nahm das Wort, die Nordsee, die Mordsee.« Klaus Mewes, Besitzer eines Ewers, liebt die See, und es ist für ihn beschlossene Sache, daß sein junger Sohn, der sein unbekümmertes und wagemutiges Naturell geerbt hat und ebenfalls Klaus heißt, aber »Störtebeker« genannt wird, wie er Seefischer werden wird. Er gerät damit jedoch in Widerstreit mit seiner Frau Gesa, die dem Meer mißtraut. Bei seiner ersten Ausfahrt mit dem Vater erweist Störtebeker sich als geborener Seemann und Fischer, bei einer späteren Gelegenheit gerät er aber über Bord und kann von seinem Vater gerade noch gerettet werden. Gesa sieht sich durch diesen Vorfall in ihrer Angst bestätigt und zwingt ihren Mann, den Jungen an Land zu lassen: »Zäh und leidenschaftlich rang die Mutter um ihr Kind, mit krankhafter Heftigkeit verlangte sie es zurück, sie drohte und warnte, bat und schmeichelte, weinte und schluchzte.«

Als er mit seiner Mannschaft bei der Doggerbank fischt, gerät Mewes in einen Sturm. Seine beiden Leute ertrinken, und schließlich wird auch er vom Meer verschlungen: »›Geef di, geef di, Klaus Mewes‹, brüllte die See.« Zum Entsetzen Gesas vermag auch dieses Unglück nicht die leidenschaftliche Liebe des Sohnes zur Seefahrt zu ersticken; sie muß schließlich erkennen, daß das Meer stärker ist als sie selbst. Der Junge wird Fahrensmann wie sein Vater, erwirbt das Steuermannspatent und ist eines Tages selber stolzer Besitzer eines Fischkutters.

In dem in 16 »Stremel« unterteilten Roman wird immer wieder erkennbar, welchen großen Respekt der Autor vor den Männern hat, die dem gefährlichen, aber notwendigen Beruf des Nordseefischers nachgehen. »Seefahrt ist not! Auch deine Seefahrt, Klaus Mewes«, lauten die Schlußsätze. Deutlich wird auch Gorch Focks Vertrautheit mit der See und der Seefahrt. Die Dialoge sind durchgehend in Plattdeutsch, das auch ansonsten sparsam eingesetzt wird: »Goh man betjen bit Woter, Störtebeker! Schipper man mol, klüs man mol not Fahrwater raf, seil man betjen, swümm man mol, dor liggt de Boot, dor is de Kohn!«, so ermuntert der Vater seinen Sohn zur Seefahrt.

M. Müller

Robert Musil
1880–1942

Die Verwirrungen des Zöglings Törleß.
Wien/Leipzig: Wiener Verlag, 1906.

In diesem die allgemeine Gefühlskrise der Jahrhundertwende spiegelnden, von der Kritik gelobten Erstlingswerk, das Musil den literarischen Durchbruch verschaffte, wählt der Autor das Schulmilieu, um eine Art Probe aufs Exempel der sinnlichen Erfahrung zu gestalten, bei der sein junger Protagonist, für den es im Leben nichts Wichtigeres gibt als die Ordnung seiner seelischen Verfassung, der Verwirrtheit der Sinne ausgesetzt wird. In einer scharfsichtigen psychologischen Pubertätsstudie entlarvt der Autor dabei auch die heimliche Beschäftigung der Vorkriegszeit mit Gewalt und in den Schülern Reiting und Beineberg – nach Vorbildern aus Musils eigener Schulzeit an der Militär-Oberrealschule in Mährisch-Weißkirchen – die »heutigen Diktatoren in nucleo«.

Unter Anleitung der Schüler Reiting und Beineberg eröffnen sich dem jungen Törleß mit Beginn der Geschlechtsreife die Geheimnisse der Sinnlichkeit. Nicht die Besuche bei der Prostituierten Božena sind es aber, die Törleß in Bann schlagen, sondern die immer brutaler werdenden Gewaltpraktiken, die Reiting und Beineberg in einer vergessenen Rumpelkammer des Konvikts gegen den Mitschüler und »Spielladendieb« Basini richten. Unfähig, für den Gepeinigten oder gegen die Peiniger Partei zu ergreifen, wird der träumerische, auf Aufklärung seines Inneren hoffende Törleß bald in eine tiefe seelische Krise gestürzt.

Törleß' Versuche, seinen Verwirrungen auf den Grund zu kommen, fallen zunächst ergebnislos aus. Seine Fragen nach den imaginären Zahlen, die über eine tiefere Realität hinter den Dingen Aufschluß zu geben scheinen, beantwortet der

Mathematiklehrer mit dem Hinweis auf bloße »Denknotwendigkeiten«. Auch seine zuerst begeisterte Kant-Lektüre endet in Enttäuschung und Unverständnis. Erst der lange hinausgezögerte Entschluß, zu Basini zu gehen, leitet für Törleß die Wende ein. Nach einer heimlichen Unterredung mit Basini im gewohnten Versteck versteht Törleß auf einmal, wie trivial die Handlungen der Menschen sind, wie willkürlich ihre Verhaltensregeln, wie wenig notwendig alles erscheint. Damit verliert Törleß jede Scheu vor dem Handeln – und jeden Abscheu. So kann er sich während der Abwesenheit von Reiting und Beineberg mit Basini einlassen, und zwar ohne Hemmungen.

Während dieser Stunden vollen körperlichen Genießens kommen Törleß jedoch Schuldgefühle. Diese neue Empfindung fällt mit der Rückkehr von Reiting und Beineberg aus dem Urlaub zusammen, die inzwischen auf noch gesteigerte Mittel der Gewalt gekommen sind. Die Verbindung von Gewalt und sinnlicher Begierde wird für Törleß somit evident. Diese Wendung der Dinge bedeutet eine große Gefahr für Basini und macht ein schnelles Handeln notwendig, wenn Basini nicht zu Schaden kommen soll.

Törleß informiert Basini schriftlich über die drohende Gefahr. Basini solle sich dem Direktor anzeigen, aber von Törleß schweigen. Damit zieht er sich aus der Affäre, und Basini kann sich retten. Die List gelingt. Törleß wird selbst dann von niemandem verdächtigt, als er in überspanntem Zustand das Weite sucht und einige Tage von der Schule fernbleibt. Als er sich dem Untersuchungsausschuß der Schuldirektion stellt, kann er scheinbar nur noch Unverständliches von sich geben. In Wahrheit sind es aber Anzeichen einer Aufklärung seines verwirrten Inneren, die sich ihm erst dann erschließen konnte, als er zu handeln begann. So reist er am Ende »still und nachdenklich« mit seiner Mutter nach Hause und entfernt sich damit endgültig aus der Erziehungsanstalt.

Vereinigungen. Zwei Erzählungen.
München/Leipzig: G. Müller, 1911.

In diesem lange als Mißerfolg geltenden Novellenpaar konstruiert der Autor mit akribischer Genauigkeit nichts anderes als die radikale Veränderung eines Gefühls. In *Die Vollendung der Liebe* wird die Protagonistin Claudine innerhalb von vierundzwanzig Stunden programmatisch von der Treue zu ihrem Ehemann zur Untreue gebracht, und zwar aus der Logik der eigenen liebenden Innerlichkeit heraus. Claudine macht sich auf eine Bahnreise zu ihrer dreizehnjährigen Tochter Lilli. Gewisse Verpflichtungen halten ihren Mann davon ab mitzufahren. Unterwegs lernt Claudine einen Fremden kennen, von Beruf Ministerialrat und aus Neigung Frauenheld. Als sie trotz starken Schneetreibens endlich ankommen und in einem Hotel Logis finden, befällt Claudine zunächst eine Art Angst vor dem Fremden. Nach einigem Zögern willigt sie dann doch in eine kurze Affäre ein, hört dabei jedoch nicht auf, ihren Ehemann zu lieben. In einer unerwarteten Wendung des Gefühls erlebt sie den eigentlichen Augenblick des Ehebruchs als die liebevolle Vereinigung mit dem abwesenden Mann. So kommt sie sich am Ende fast glücklich über diese im Titel der Novelle angedeutete »Vollendung ihrer Liebe« vor.

Von ähnlicher Gefühlsverwirrung beherrscht, präsentiert sich die zweite Erzählung, *Die Versuchung der stillen Veronika*. Die Mittelpunktgestalt Veronika durchlebt wechselnde Emotionen, die sich von Nähe und Entfernung bis an den äußersten Grenzpunkt der Sinnlichkeit erstrecken, ehe sie dieser Sinnlichkeit etwas Sinn abgewinnen kann und den abwesenden Freund Johannes in einer zweiten »Vollendung« der Gefühle liebenlernt. Auf diese Weise erschließt sich Veronika und Claudine das wahre Bild (»vera ikon«) ihres inneren Gefühls und damit eine Vereinigung von innerem und äußerem Erleben.

Drei Frauen. Novellen.

Berlin: Rowohlt, 1924.

Bei den drei in diesem Band zusammengefaßten Novellen handelt es sich um Geschichten, die sich als unterschiedliche Stufen des Lebendigwerdens des Geistes verstehen lassen. Dieser Prozeß erreicht in der zweiten, im Mittelalter angesiedelten Erzählung, *Die Portugiesin*, seinen thematischen Höhepunkt, als die Erscheinung einer kleinen, räudigen Katze den im Krieg unbesiegten, von einem zunächst harmlos erscheinenden Fliegenstich jedoch vollkommen gelähmten Schloßherrn von Ketten dazu veranlaßt, durch eine unerhörte Kraftprobe ins Leben und damit zur Ehegattin zurückzukehren. Hier steht nicht die im Titel der Geschichte genannte portugiesische Ehefrau im Mittelpunkt, sondern, wie auch bei den beiden anderen Erzählungen, ein männlicher Protagonist, für den die Verwilderung des Bewußtseins Notwendigkeit hat. Jede der drei Frauen stellt für den Mann also eine bestimmte Möglichkeit dar, die von Gesellschaft und Zivilisation herrührende Erschlaffung des Geistes zu überwinden.

Die Rückkehr zum archaischen, vor aller Vergesellschaftung empfundenen Daseinserleben, die für die Hauptgestalt Homo in der physischen Liebe zu der Bauernfrau Grigia der gleichnamigen ersten Erzählung der Reihe zum Ausdruck kommt, führt an der anfangs noch zärtlich empfundenen Liebe zu der Ehefrau vorbei und löst Homo aus allen Festlegungen des gewöhnlichen Lebens. Dieser Umschlag ins Unwirkliche kostet Homo zum Schluß jedoch das Leben, als Grigias erboster Ehemann einen Steinblock vor die Öffnung der Höhle rollt, in die sich Homo und Grigia zurückgezogen haben.

In der dritten Novelle *Tonka* erweist sich die Notwendigkeit, bei allem Vertrauen in die Verläßlichkeit wissenschaftlicher Erkenntnis die innere Treue zur Geliebten aufrechtzuerhalten, durchaus im Sinne Nietzsches als lebensbejahend. So löst die zum Schluß an den Folgen einer Geschlechtskrankheit sterbende Tonka, deren unerklärliche Empfängnis den Protagonisten gekränkt hat, alle konkreten Kategorien des bewußt berechnenden Lebens auf.

Der Mann ohne Eigenschaften. Roman.

2 Bde. Berlin: Rowohlt, 1930–32. – Vollst. Ausg. mit fragmentarischem Material. Hamburg: Rowohlt, 1952.

Dieser sich über 2000 Seiten erstreckende, fragmentarisch gebliebene Roman, dessen Verbindung von Reflexion und subtil eingewobener Zeitgeschichte in der deutschen Literatur von kaum zu überbietender geistiger Konzentration ist, handelt von Ereignissen aus den Jahren 1913/14. Ein zunächst durchschnittlich erscheinender, am Ende seiner Jugend stehender Wissenschaftler nimmt einen »Urlaub von seinem Leben«, um einen »zureichenden Grund« für sein Leben zu finden. Anlaß zu diesem Urlaubsentschluß haben mehrere gescheiterte Versuche dieses Menschen gegeben, in der österreichischen Hauptstadt »ein bedeutender Mann zu werden«.

Dieser Suche Ulrichs nach einem zwingenden, über alle Zweifel an dem Fortschrittsglauben seiner Gesellschaft erhabenen Lebensgrund wird die k. u. k. Donaumonarchie »Kakanien« gegenübergestellt, um die die eigentliche Handlung des ersten Buches kreist. Durch die Bemühung seines Vaters kann sich der Protagonist an der »Parallelaktion« beteiligen, die der Reichsgraf Leinsdorf ins Leben ruft, um »der Wahrheit endlich zum Durchbruch zu verhelfen«. Gemeint ist das Ansinnen, dem 30jährigen Regierungsjubiläum des deutschen Kaisers im Jahr 1918 mit einer eigenen österreichischen Jubiläumsfeier zuvorzukommen, und zwar mit dem 70jährigen Jubiläum des »Friedenskaisers« Franz Joseph im gleichen Jahr, das die Deutschen in den Schatten stellen und Österreich in der Weltgeschichte ein Denkmal setzen sollte.

In die Runde, die sich bei der Salondame und Diplomatengattin Ermelinda Tuzzi trifft, um die Parallelaktion zu planen, wird neben Ulrich auch der Großindustrielle Paul Arnheim aufgenommen. Schon früh macht Arnheim die Bekanntschaft von Frau Tuzzi, einer entfernten Verwandten von Ulrich, die Ulrich Diotima tauft. Bereits zu Anfang äußert Diotima den Wunsch, dem angesehenen Preußen Arnheim die geistige Führung der Parallelaktion anzutragen. Weitaus kritischer eingestellt zeigt sich dagegen Ulrich, für den Arnheim »ein vorbildlicher Einzelfall einer geistigen Entwicklung« ist, der die Gunst der Stunde immer zu nutzen weiß. Seine Kritik an Arnheim betrifft nicht nur die Verbindung von »Kohlenpreis und Seele«, die Arnheim in sich vereinigt, sondern vor allem Arnheims Vertrauen auf die Kraft der Tat in allen Bereichen des Lebens.

Dem unerschütterlichen Aktivismus Arnheims steht Ulrichs programmatischer »aktiver Passivismus« gegenüber, der vor allem darauf ausgerichtet ist, den Wert des Individuums zu rehabilitieren. Anders als Arnheim, der immer nur von der bereits vorgefundenen und daher nicht veränderbaren Wirklichkeit ausgeht, stellt sich für Ulrich die Frage, ob gewisse in Wirklichkeit umgesetzte Handlungsakte gerade andere – genauso legitime – Handlungsansprüche verhindern oder gar zunichte machen. In jedem Fall weisen diese zum Vollzug gereiften Handlungen weniger Handlungspotential, ja weniger »Möglichkeitssinn« auf. Damit wird einem Denken das Wort geredet, bei dem der Aufgabe, das Wirkliche mit dem Nichtverwirklichten zu kontrastieren, große Bedeutung zukommt. Diese Suspendierung des Wirklichen und das Sich-offen-Halten für das Mögliche stellen sich als konstitutiv für die »eigenschaftslose« Grundhaltung Ulrichs heraus.

Die ironische Intention, die der Beschreibung der Parallelaktion zugrunde liegt, drückt sich in dem Hauptteil des ersten Buches aus, der den Titel »Seinesgleichen« trägt. Entsprechend der epigonalen Beschaffenheit der Parallelaktion bedeutet »Seinesgleichen« die Vorrangstellung der Form gegenüber dem Inhalt, die Verwischung der Unterscheidung zwischen Geschehen aus erster Hand und deren beliebig oft inszenierbarer Wiederholung. Dieser Denkungsart zufolge wird die Authentizität des Lebens nicht mehr in der Originalität von Ort, Zeit und auslösender Kraft aktiv werdender Urheber gesehen. Unter solchen Umständen hat man, wie Ulrich dann empfindet, »ebensogut jede Eigenschaft an sich [...] wie keine«. So hängen Eigenschaften nur lose an den einzelnen Menschen. Diagnostiziert wird aus diesem Grund eine auffällige »Unzuverlässigkeit« der »höheren Kräfte« der Menschen, die »den Weg zum Menschenfressen ebenso gangbar macht wie den zur Kritik der reinen Vernunft«.

Der in diesem Sinne gemeinte »Weg zum Menschenfressen« wird in Form des Lebenswegs des geisteskranken Prostituiertenmörders Christian Moosbrugger erzählt. Moosbrugger, ein armer, einfältig wirkender Schreiner, kaum älter als Ulrich selbst, erscheint schon in den frühesten Studienblättern des Romans und bleibt als Teil des allgemeinen Absinkens der österreichischen Gesellschaft in den Krieg, das der Roman schildert, noch bis in die späten Notizen hinein präsent. Er scheint als bewußter Gegenentwurf zu Ulrich, dem Mann ohne Eigenschaften, gedacht zu sein – sowohl als Altersgenosse Ulrichs als auch unter dem Aspekt der Labilität von Empfindungen und Gefühlen, die Moosbrugger mit seiner Gesellschaft teilt – dies erklärt wiederum auch das anhaltende, über die rein juristische Frage der Unzurechnungsfähigkeit des Mörders hinausgehende Interesse der Gesellschaft an ihm.

Die Moosbrugger-Handlung fügt sich in eine größere Figurenkonstellation, die Ulrichs Jugendfreund Walter und dessen Ehefrau Clarisse einschließt. Besonders wichtig für die Entwicklung der geistigen Ebene des Romans ist Clarisse, deren Auftreten und Denken die Funktion zukommt, einzelne Grundpositionen und -begriffe des für Musil bedeutenden Philosophen Nietzsche anschaulich zu machen.

Bemerkenswert ist vor allem ihr Einsatz bei Graf Leinsdorf für ein »Nietzschejahr«, an das sich gleichzeitig die Hoffnung anknüpft, etwas Positives für Moosbrugger zu erwirken, weil nämlich »Nietzsche geisteskrank gewesen sei und Moosbrugger es auch sei«. Ihr doppelter Einsatz für Nietzsche und Moosbrugger stellt sich aber als nicht uneigennützig heraus: auch sie wird von einer schleichenden Erkrankung des Geistes befallen. So läßt sich ihr immer eindringlicher geäußerter Wunsch, Moosbrugger im Gefängnis zu besuchen, schon als offensichtliches Krankheitssymptom auslegen, während Ulrich, den eine gewisse geistige Verwandtschaft mit Clarisse schon immer verbunden hat, für sein Teil immer weniger Anlaß verspürt, sich mit Moosbrugger zu beschäftigen.

Der äußere Umstand, durch den Ulrichs direkte Beteiligung an der Parallelaktion eine Wendung erfährt, ist der unerwartete Tod seines Vaters. Dieser Tod führt das lange getrennt voneinander lebende Geschwisterpaar Ulrich und Agathe wieder zusammen. Am Anfang des zweiten Buches wird die Geschichte dieser Beziehung dann zwar skizzenhaft nachgezeichnet, die Gründe, die zur Trennung geführt haben, werden jedoch eher im unklaren belassen.

In ihrer »Willensferne« und Unfähigkeit, mit sich und ihrem Leben »einverstanden« zu sein, entpuppt sich Agathe als sowenig wirklichkeitsbezogen wie ihr fünf Jahre älterer Bruder. Tatsächlich scheint sie zu einer Art Zwillingsgestalt geworden zu sein, die Ulrichs denkerischen Habitus in vielem wiederholt. Daß es Musil dabei um mehr als die Tatsache der Blutsverwandtschaft geht, unterstreichen die Vertiefung dieses Motivs in dem unvollendeten Schlußteil des Romans, denn an das Zwillingsmotiv wird die Idee einer grundlegenden utopischen »Doppelform des Erlebens« gekoppelt, das vor allem die Aufgabe hat, die Unzulänglichkeiten des »einseitigen« Erlebens zu beheben, wie sie sich im ersten Buch in der in bloßer Negativität endenden Verweigerungshaltung Ulrichs präsentieren.

Die »Zwillingsgeschwister« brechen zu einer »Reise an den Rand des Möglichen« auf. Bei dieser grundsätzlich neuen Eröffnung auf die Erfahrungswelt im »anderen Zustand« schrecken sie auch vor der Gefahr nicht zurück, den Bereich des Verbotenen und Abstoßenden zu berühren. Dies schließt die mit der konventionellen Moral und dem Gesetz des Vaters brechende Änderung des Testaments ein, die darauf abzielt, Agathes entfremdeten Ehemann Hagauer zu schädigen, der theoretisch auf Agathe zugedachte Gelder im Testament Anspruch erheben könnte. Ihre Relevanz für die utopische Ausrichtung des zweiten Buches liegt wohl darin, daß Ulrich so weit gebracht wird, »daß er nicht mehr umkehren könne«.

Die Testamentsfälschung – der Umstand, der den beiden Geschwistern zu ihrem Bruch mit dem Vergangenen wie zu ihrem Aufbruch ins Neue verhilft – wird dann als absolutes Brechen mit der Logik des überkommenen moralischen Denkens empfunden. Die Notwendigkeit eines solchen Bruches, der die beiden Geschwister im wörtlichen wie im übertragenen Sinne zu Verbrechern macht (so der Untertitel des zweiten Buches), wäre beispielsweise dann wichtig, wenn die Zeitläufte gefährliche Tendenzen in sich bärgen und die Verhinderung von etwas Katastrophalem erforderlich machten. Daß die Katastrophe im *Mann ohne Eigenschaften* aber auch tatsächlich heraufzieht, registriert der zeitliche Rahmen der Handlung im unmittelbaren Vorfeld des ausbrechenden Weltkrieges. Vor dem Hintergrund von Krieg und dem Traum einer tausend Jahre währenden Diktatur also erträumen die Geschwister ein eigenes »tausendjähriges Reich« der Gefühle.

Nachlaß zu Lebzeiten.

Zürich: Humanitas Verlag, 1936.

Diese meist in Zeitungsfeuilletons der zwanziger Jahre bereits erschienenen, für den Druck umgearbeiteten Prosatexte von unterschiedlichem Umfang faßte Musil unter dem ironischen Titel *Nachlaß zu Lebzeiten* zusammen, um auf seine literarischen Intentionen aufmerksam zu machen. Diese drohten angesichts der Schwierigkeiten bei der Weiterführung seines großen Romanprojekts in den dreißiger Jahren in Vergessenheit zu geraten. Musils Intentionen drücken am klarsten der 1913 verfaßte, auf spätere Kriegszustände weisende Kurztext *Das Fliegenpapier*, der den Augenblick des Verendens einer Fliege festhält, und der in der Sammlung längste Text *Die Amsel* aus, der in der Erzählung dreier parabolisch zu verstehender Geschichten von verfehlter Kommunikation handelt. Charakteristisch ist in beiden Fällen die Polemik gegen ein Zeitalter, das dem einzelnen Menschen »Glaubenssätze« in den Mund legt, die er »nicht mehr aussprechen kann«. Der komplizierten Bildmetaphorik all dieser Texte kann jedoch im einzelnen ein eindeutiger Sinn nicht ohne weiteres abgewonnen werden. Vielmehr lassen sie sich als Momentaufnahmen verstehen, bei denen die überwiegend satirische Intention als nicht unvermittelt gewußter Sinn in die Bildkonstruktion übergeht: »Ich will dir meine Geschichten erzählen, um zu erfahren, ob sie wahr sind« (*Die Amsel*).

T. Mehigan

Lena Christ
1881–1920

Erinnerungen einer Überflüssigen.

München: Langen, 1912.

Die Ich-Erzählerin Leni wächst acht Jahre lang (1881–1889) bei den Großeltern im oberbayerischen Glonn (Kreis Ebersberg) auf. Die nicht verheiratete Mutter ist Köchin auf Schloß Zinneberg, der Vater ist verschollen. Die ländliche Idylle bildet den Gegensatz zur Großstadt: dort die ärmliche, aber heitere und menschenfreundliche, wenn auch durch machtbewußte oder lüsterne Geistliche gestörte Welt von Kleinbauern und gutwilligen Menschen, hier die erbarmungslose Sphäre von Arbeit und Leistung – verkörpert in der »Münkara Muatta«, die in München einen Metzger und Schankkellner geheiratet hat und ihr Kind nur zu sich holt, um eine billige Arbeitskraft zu haben. Sie und Lenis Stiefvater betreiben Gastwirtschaften und verkaufen sie gewinnbringend. Leni und die Mutter sind in außergewöhnlicher Haßliebe verbunden. Zwar kann der Stiefvater immer wieder beschwichtigen; doch die Mutter schlägt fast täglich sadistisch auf die Tochter ein, weil mit ihr die Schande der unehelichen Mutterschaft ihr vor Augen steht. Die Tochter sucht vergeblich, sich durch aufopfernde und gesundheitsschädigende Arbeit die Zuneigung der Mutter zu erwerben. Deren Scheinfrömmigkeit steht im Gegensatz zur schlichten, wahren Religiosität der bäuerlichen Großeltern. Leni fühlt sich von wohlmeinenden Geistlichen in der Stadt verstanden und sucht in Liturgie, Musik und Wallfahrten Trost. Auch fehlt es nicht an hilfreichen Menschen. Mit siebzehn Jahren glaubt sie, zur Nonne berufen zu sein, und versucht, den abwegigen, doch zeitbedingten Anforderungen im oberschwäbischen Kloster Bärenberg (Ursberg bei Krumbach) gerecht zu werden. Nach eineinviertel Jahren wird sie wegen »Ungehorsams« ausgewiesen und mit einer Verwünschung entlassen. Das gleiche widerfährt ihr bei der Heirat mit dem kaum geliebten Benno Hasler (Christs erster Ehemann Anton Leix): Die Mutter verflucht die zwanzigjährige Tochter, die sich von ihr zu lösen scheint. Der Konflikt bleibt, auch nachdem Lenis Ehe 1912 an der Brutalität und Trunksucht des Mannes und der Feindschaft zwischen den Elternpaaren zerbrochen ist und sie für vier Kinder allein sorgen muß. Dennoch kämpft Leni, die zwei Selbstmordversuche überstand, dagegen an, als »Überflüssige« gebrandmarkt zu bleiben.

Die Geschichte ist weitgehend autobiographisch und gehört zu der um 1910 blühenden Gattung der scheinbar kunstlosen Lebensberichte aus der Unterschicht. Tatsächlich aber ist sie gekonnt geschrieben; sie ist höchst anschaulich erzählt, aus eindrucksvollen Szenen überlegt aufgebaut und wirkt in den mundartlichen oder hochsprachlichen Dialogen lebendig, ja dramatisch. Die Unterschiede zwischen Stadt und Land ergeben sich überzeugend aus der Handlung und den Charakteren.

Wie weit Lena Christs zweiter Ehemann Peter Jerusalem (Pseudonym seit 1933: Peter Benedix) an der Entstehung beteiligt war, ist ungewiß. Sicher lernte sie durch ihn, der literarisch tätig war und für den sie als Schreibhilfe arbeitete, Dante, Keller und Gotthelf kennen, was sich stilistisch ebenso ausgewirkt haben mag wie die Anregung, die spontanen Berichte über ihr Leben niederzuschreiben. Jedenfalls paßt die Fremdhilfe zum Genre wie auch die Tatsache, daß mit den *Erinnerungen* ein Œuvre und ein – kurzfristiger – sozialer Aufstieg begann. Der Vergleich mit den biographischen Fakten zeigt den Abstand zur Literatur. Der erste Ehemann kam nicht in die Irrenanstalt, sondern – wegen Eigentumsdelikten – ins Gefängnis. Orts- und Personennamen werden verfremdet, und der eigene Anteil wird herausgestellt, ja übertrieben, aber nicht reflektiert. Die Erzählerin beschuldigt nicht unmittelbar. Dennoch klagte die Mutter –

erfolglos – gegen das Buch. Die Psychologie der Geschilderten ist insgesamt stimmig, und die sozialen und wirtschaftlichen Verhältnisse im Münchner Stadtbürgertum sowie im kirchlichen und klösterlichen Leben sind historisch zutreffend dargestellt.

Die Rumplhanni. Eine Erzählung.
München: Langen, 1916.

August 1914: Die jüngeren Männer müssen oder wollen zur Armee, so auch Simmerl, der Hauserbauer-Sohn, dem die hübsche und ehrgeizige Magd Hanni, Tochter eines Schirmflickers, noch ein Heiratsversprechen abnötigt, weil er sie angeblich geschwängert habe. Um dieses durchzusetzen, versucht sie sogar den widerstrebenden Schwiegervater in spe zu verführen. Als das mißlingt und sie kein Kind auftreiben kann, muß sie in die Stadt fliehen, um der Blamage zu entgehen. Ihre Großmutter, die fast 100jährige Wabn (Barbara), hatte sie vergeblich gewarnt; sie selbst ist die Enkelin einer Frau, die auf diese Weise unglücklich geworden war. Auf der Fahrt nach München stößt Hanni auf ihren heruntergekommenen Vater und verleugnet ihn. In München kommt sie bei einer Proletarierfamilie unter, muß aber wegen Beleidigung der Polizei drei Tage ins Gefängnis und kann daher das Angebot eines »feinen, vornehmen Herrn« nicht wahrnehmen. Statt dessen kommt sie beim Martlbräu als Küchenmagd unter und gewinnt durch ihre Arbeitslust die Zuneigung der Besitzer, nicht aber die des auf Urlaub gekommenen Sohnes Ferdl. Sie bescheidet sich daher mit dem Metzgerburschen Hans. Über der Nachricht vom Kriegstod Ferdls stirbt der Martlbräu. So können Hans und Hanni – auch sie hat etwas geerbt – die Wirtschaft erwerben und arbeiten selbst am Hochzeitstag, dem 20. Mai 1916, bis in die Nacht.

Die zeitlich genau begrenzte Geschichte ist Schelmen-,

Entwicklungs- und Zeitroman und naturalistisches Märchen dazu. Sie ging aus einem dreiaktigen Bühnenstück hervor. Die lebendigen, ausgiebigen Dialoge in oberbayerischer Mundart und der geschickte Aufbau lassen die Form des Dramas erkennen, das zunächst weniger optimistisch enden sollte. Das ganze ist bis auf wenige Rückblenden im Präsens erzählt und wird – am Ende des Kriegsjahres 1916 – zum Exempel: Wer schafft, der schafft's. Umgekehrt wie in den *Erinnerungen einer Überflüssigen* macht die Protagonistin in der Stadt ihr Glück, nachdem sie auf dem Lande gescheitert ist.

B. Gajek

JOSEF WINCKLER
1881–1966

Der tolle Bomberg. Ein westfälischer Schelmenroman.
Stuttgart/Leipzig: Deutsche Verlags-Anstalt, 1923.

Einige Episoden aus dem Leben des westfälischen Adligen Giesbert von Romberg (1839–1897), der sich aufgrund seines Reichtums einige Eskapaden leisten konnte, bilden das Gerüst des Schelmenromans um den tollen Bomberg. In einer losen Aneinanderreihung derber Späße läßt Winckler seine Gestalt münchhausengleich und eulenspiegelhaft all jene Konventionen sprengen, die die Enge des westfälischen Münsterlandes bis weit in das 20. Jh. hinein beeinflußte.

Baron von Bomberg, dessen Familie ihr ungeheures Vermögen in den neuen Industriezweigen gemacht hat, ist ein ›Kraftmensch‹, dessen einziges Streben darauf gerichtet ist, den Dünkel eines jeden Standes ad absurdum zu führen. Mögen es nun seine adligen Standesgenossen sein, Pfarrer, Musiker, Dienstmädchen oder einfache Marktfrauen – alle werden Ziel seines Spottes, seiner Trunklust und seines unmäßigen Treibens: Die etwas stockfischige westfälische Sophie von Böselager, die er zum Traualtar führt, muß sich auf ihrer Hochzeitsreise gefallen lassen, von ihrem Mann durchs ganze Westfalenland kutschiert zu werden. Der selbstverliebte Musikus wird von ihm vorgeführt, indem er ihn vor einem Publikum aus Pappkameraden spielen läßt. Der bigotte katholische Pfarrer wird mit den fleischlichen Sünden des Dienstmädchens konfrontiert. Bomberg hält seiner Umwelt einen Spiegel vor, indem er – ganz Tatmensch – ihre Dünkel gegen sie zurückwendet.

Kernszene und Höhepunkt des Buches bildet der Entmündigungsprozeß, den Winckler nah den historischen Quellen angelegt hat. Die Bombergsche Familie fürchtet, daß der tolle Baron das Familienvermögen verschwendet und will ihn für geisteskrank erklären lassen. Der Prozeß wird zu einer einzigen Zurschaustellung der Bombergschen Streiche, in dem die Zeugen der Kläger der Reihe nach für den Beklagten aussagen. Die Familie wird zum letzten Mal düpiert, Bomberg freigesprochen, weil er noch nicht einmal die Zinsen seines Vermögens auszugeben vermag.

Der »Schelmenroman« war in den zwanziger und dreißiger sowie in den fünfziger Jahren ein Riesenerfolg, da er in Krisenzeiten dem Publikum eine literarische Gestalt vorstellte, die sich nicht im geringsten um staatliche Autoritäten oder moralische Fesseln kümmert, sondern ihrer individuellen Lebenslust freien Lauf läßt. Die oft drastische Sprache mit ihren westfälischen Idiomen und die offensichtlichen Redundanzen in der zweiten Hälfte des Buches stießen weder bei Lesern noch bei Rezensenten auf Bedenken, der Roman – gleich zweimal verfilmt (1932 und 1957) – war ein enormer Erfolg.

W. Delseit

Stefan Zweig

1881–1942

Brennendes Geheimnis. Erzählung.

In: St. Z.: Erstes Erlebnis. Vier Geschichten aus Kinderland. Leipzig: Insel Verlag, 1911.

Mit dem 1911 erschienenen Novellenband sicherte sich Stefan Zweig Anerkennung als Schriftsteller der Jahrhundertwende, dem es ähnlich wie Schnitzler gelang, über das erotische Grundthema Melancholie und Skepsis zu legen und die Empfindungen psychologisch aufzufächern. Unter dem Einfluß der Theorien Freuds konzentriert er *Brennendes Geheimnis* um die problematische Entwicklung der kindlichen und jugendlichen Psyche. Spannung erzeugt weniger die Handlung als vielmehr die Schilderung, wie ein Kind an der Schwelle zur Pubertät einen inneren Konflikt auslebt und bewältigt. Der zwölfjährige Edgar weilt mit seiner Mutter zur Kur auf dem Semmering. Unter den Gästen des Luxushotels ist ein junger Baron, der mit Einsetzen der Handlung in der Hotelhalle Ausschau hält nach einem Urlaubsflirt. Edgars Mutter, eine üppige jüdische Schönheit, erregt seine Aufmerksamkeit, und es ist ihm ein leichtes, sich über den Knaben bekannt zu machen. Edgars Zuneigung zum Baron wird bald von Mißtrauen und Argwohn überschattet, da er die erotische Spannung zwischen den beiden Erwachsenen spürt. Ein zuerst versteckter Kampf zwischen Mutter und Sohn endet mit einem wütenden Angriff Edgars auf den Baron in dem Moment, wo sie seinen Verführungskünsten zu erliegen droht. Der Vertrauensbruch ist endgültig, als seine Mutter das Ereignis leugnen will und ihn, der sich weigert, an den abgereisten Baron einen Entschuldigungsbrief zu schreiben, ins Gesicht schlägt. Edgar flieht nach Wien und löst damit einige Verwirrung aus. Als er schließlich zu Hause eintrifft, ist sein innerer

Reifungsprozeß so weit vorangeschritten, daß er vor dem strengen Vater das »brennende Geheimnis« der Mutter wahren kann.

Angst. Novelle.

Berlin: Hermann, 1920. (Der kleine Roman. Illustrierte Wochenschrift. 19.)

Die Novelle ist eines der frühen Prosawerke Zweigs, in denen der Autor innerhalb der erotisch aufgeladenen Atmosphäre der Jahrhundertwende die tief verästelten Empfindungen der Menschen zergliedert. Dramaturgisch geschickt setzt die Handlung ein, als Frau Irene, Gattin eines Strafverteidigers und Mutter zweier Kinder, die Wohnung ihres Geliebten verläßt und die Treppe »niedersteigt«. Am Haustor begegnet sie einer Frau, die Irene derb beschimpft und fortan als Mitwisserin ihres Seitensprunges erpreßt. Die immer unverschämteren Forderungen dieser »Weibsperson« treiben Irene in einen spiralenartig aufgebauten Wirbel von Unruhe, Hilflosigkeit, Ohnmacht, Verzweiflung, Qual und Widerstandslosigkeit. Die erzählperspektivische Innensicht bricht Zweig bei den wiederholten Begegnungen mit dem Ehemann, die Irene zusätzliche Qualen im Schwanken zwischen Geständnisunwilligkeit und Reinigungsbedürfnis bereiten. Ein Streit unter den Geschwistern bietet dem Vater die Möglichkeit, ein auf Irene zielendes Lehrgespräch über das Sühnebedürfnis zu halten. Am dramatischen Höhepunkt ist die Novelle am fünfzehnten Tag, als sich Irene in einer Apotheke Gift besorgen will und der unvermutet anwesende Ehemann sie am Kauf hindert. Die Erpressung entpuppt sich als eine psychologisch angelegte Strategie des Ehemanns und Richters wider die Zerstörung seiner Welt. Die Novelle endet mit der wiederhergestellten Ordnung am nächsten Morgen, als die Frau die kathartische Wirkung ihres Zusammenbruchs erkennt und sich wie aus einem bösen Traum erwacht fühlt.

Angst ist Zweigs markanteste Verarbeitung der zerstörenden Konsequenzen des Schweigens und des Wertes der offenen Beichte, die motivisch seine frühen Werke durchziehen.

Sternstunden der Menschheit. Fünf historische Miniaturen.

Leipzig: Insel Verlag, 1927. – Erw. Ausg. u. d. T.: Zwölf historische Miniaturen. Stockholm: Bermann-Fischer, 1943.

Ende der zwanziger Jahre, als die ersten »Miniaturen« erschienen, war Zweigs schöpferischste und zugleich erfolgreichste Zeit. Der Novellenband *Verwirrung der Gefühle* (1926) erreichte einen Sensationserfolg, von der ersten Zusammenstellung der *Sternstunden der Menschheit* wurde bis 1930 eine Viertelmillion Exemplare abgesetzt. Bis 1940 entstanden in loser Folge weitere sieben Miniaturen (1943 zusammengefaßt) und festigten den Erfolg des Buches.

In Zweigs essayistischem Schaffen stehen historische Themen und Gestalten im Vordergrund. Seine Faszination gilt dem Mißverhältnis zwischen dem Individuum und seinem Schicksal, zwischen seinem Handeln und den geschichtlichen Folgen. Er konzentriert sich meist auf Menschen und Ereignisse abseits der Weltgeschichte, die aus seiner Sicht aber zeitüberdauernd – so das Vorwort – waren. Seine Vorliebe gilt den Pionieren, die fernab der Zivilisation und auf sich allein gestellt Neues leisten. Nuñez de Balboa erreicht 1513 als erster Europäer den Pazifischen Ozean, Johann August Suter macht Kalifornien urbar und entdeckt Eldorado, Scott will den Südpol erobern: sie alle sind letztlich scheiternde Helden. Weitere Miniaturen gruppieren sich um den künstlerisch-schöpferischen Augenblick: Händel komponiert den *Messias*, die *Marseillaise* ist der Geniestreich einer Nacht im Leben des Rouget de Lisle und der alte Goethe verarbeitet seine unglückliche Liebe in der *Ma-*

rienbader Elegie. Schicksalhafte Lebenswendungen verfolgt Zweig in den Essays über Lenins Rückkehr nach Petersburg, Dostojewskis Begnadigung und Tolstois Tod. Seine novellistisch gerafften Momentaufnahmen, sprachlich eingängig, dramatisch aufgebaut und psychologisch abgerundet, sind Beispiele einer Verarbeitung von Weltgeschichte unter subjektivem Blickwinkel und sicherten Zweigs Renommee als Unterhaltungsschriftsteller.

Rausch der Verwandlung.

Roman aus dem Nachlaß, hrsg. und mit Nachbemerkungen vers. von Knut Beck. Frankfurt a. M.: S. Fischer, 1982. [In den dreißiger Jahren entstanden.]

Tagebuchnotizen von 1931 belegen Zweigs erste Arbeit an der »Postfräuleingeschichte«, die Fragment blieb und die er im Exil 1940 gemeinsam mit dem Autor und Regisseur Berthold Viertel zu einem Drehbuch verarbeitete. Während der Film »Das gestohlene Jahr« (1950) genannt wurde, ist der Titel des erst 1982 aus dem Nachlaß edierten Romans ein Textzitat.

Rausch der Verwandlung ist die Geschichte einer jungen Frau im Österreich der zwanziger Jahre, deren Leben bestimmt ist von einer Reihe von Umbrüchen und (Ver-) Wandlungen. Mit Romanbeginn trifft der Leser auf die Postassistentin von Klein-Reifling, Christine Hoflehner, deren trostloses Leben aus dem wirtschaftlichen Ruin ihrer Familie resultiert. Dramatisch gekonnt gibt Zweig mit einem überraschenden Telegramm ihrem Alltag eine schicksalhafte Wendung und läßt sie zu reichen Verwandten in ein Engadiner Luxushotel aufbrechen. In einer an Märchenhaftes erinnernden Entwicklung erlebt Christine die »rauschhafte Verwandlung« in eine mondäne, umschwärmte Frau. Intrigen versetzen sie in einem blitzartigen Umschlag wieder zurück in ihre alte Welt, gegen die sie jetzt mit neuem

Selbstwertgefühl opponiert. Auf der Suche nach der verlorenen Freiheit und Sorglosigkeit trifft sie in Wien Ferdinand, der seinerseits gegen die erlittenen Zwänge durch Krieg und wirtschaftliche Not ankämpft.

Aus der Legitimierung von Individualismus und Selbstverwirklichung versus Bürokratismus und ökonomische und soziale Determinierung resultiert der radikale Anspruch der beiden jungen Menschen auf ein besseres Leben. Ihre private Strategie richtet sich so auf den Plan eines Postraubs. Diesem Roman mag es durch seinen Fragmentcharakter an epischer Breite mangeln, die motivische Konzentration, die zeitliche Raffung sowie eine eindringliche Symbolik zeichnen Zweig einmal mehr als versierten Novellisten aus.

Ungeduld des Herzens. Roman.

Stockholm: Bermann-Fischer / Amsterdam: Allert de Lange, 1939. [1938 erschienen.]

Zweigs bereits im Exil erschienener Roman ist der Versuch, eine menschliche Regung, das Mitleid, in seinen vielfältigen sozialen Implikationen und Konsequenzen darzustellen. Neben einer autobiographischen Deutung der Stoffwahl muß der Roman auch als politisch-menschliches Credo während des Dritten Reiches gelesen werden.

Erzähltechnisch baut Zweig die Handlung als Lebensbeichte eines pensionierten Rittmeisters auf. Ort der Handlung ist eine kleine Garnisonsstadt zwischen Wien und Budapest im Mai 1914. Hier lernt Leutnant Anton Hofmiller, der Ich-Erzähler, bei einer Abendgesellschaft die Tochter des reichen jüdischen Schloßherrn Kekesfalva kennen. Nach dem Essen fordert er Edith, ohne zu wissen, daß sie gelähmt ist, zum Tanz auf. Hofmiller ist derart entsetzt über dieses Mißgeschick, daß er fluchtartig das Haus verläßt und dem Mädchen am nächsten Tag rote Rosen übersendet. Der korrekte, etwas steife Leutnant freundet sich voll Zweifel und Mitleid mit der impulsiven, sensiblen Edith an und beginnt ein Doppelleben zwischen Militär und Teegesellschaften. Widerstrebend nur übernimmt er die Verantwortung für den Heilungsprozeß des Mädchens, an die ihn der Arzt Dr. Condor durch sein Vorbild bindet. Zweigs Darstellung des jungen Hofmiller gerät zur eindrucksvollen Charakterstudie eines Mannes, der aus Schwäche, Mitleid und auch Standesehre einer plötzlichen Verlobung mit dem leidenschaftlich verliebten Mädchen nachgibt. Aus Feigheit leugnet er vor seinen Kameraden diesen Schritt. Edith begeht daraufhin Selbstmord. Hofmiller kehrt aus dem nun ausbrechenden Weltkrieg hochdekoriert wieder. Mit einer zufälligen Begegnung zwischen dem Ich-Erzähler und Dr. Condor schließt der Roman. Die Art, wie Zweig unter dem Leitmotiv des Mitleids die Atmosphäre des Vorkriegs-Österreich in seiner ganz spezifischen Gefühlskultur aufleben läßt, brachte diesem Roman nicht zuletzt durch mehrere Verfilmungen großen Erfolg ein.

Schachnovelle.

Buenos Aires: Pigmalión / Buenos Aires: Kramer, 1942.

Zweigs letztes Werk vor seinem Freitod 1942 in Brasilien stellt den verzweifelten Versuch dar, dem Terror des nationalsozialistischen Regimes die Sensibilität und den Geist bürgerlicher Humanität entgegenzustellen. Selber beherrscht von einer tiefen Resignation über die faschistische Gewalt und die eigene Isolation, widmet sich Zweig hier einem unmittelbar politischen Thema, verarbeitet als moralisch-psychisches Problem. Schauplatz der *Schachnovelle* ist ein Flüchtlingsschiff auf dem Weg von New York nach Südamerika, Zweigs eigene Fluchtroute widerspiegelnd. An Bord beobachtet der Ich-Erzähler das Spiel zwischen dem Weltschachmeister Mirko Czentovic und einem Millionär, der mit Hilfe eines vorerst Unbekannten ein Remis erreicht. Der Unbekannte ist der österreichische Emigrant Dr. B., der die Monate seiner Einzelhaft und die Verhöre durch die Gestapo überstand, indem er blind Meisterpartien durchspielte. Als er begann, gegen sich selbst zu spielen, provozierte dies eine geistige Zerrüttung und ein Nervenfieber, die zu seiner Entlassung führten. Auf dem Schiff spielt er nun erstmals auf einem Schachbrett und entscheidet die erste Partie für sich. Gegen den psychischen Terror des herrischen Czentovic aber letztlich chancenlos, bricht er, neuerlich nervlich zerrüttet, die Partie ab. Zweig versinnbildlicht im Kräftemessen der Meisterspieler, wie geistige Überlegenheit diktatorischer Machtgewalt weichen muß. Die Schachkontrahenten führen einen stellvertretenden Machtkampf zwischen brutaler Macht und Pazifismus, der schließlich unterliegt – eine Chiffre für die Niederlage von Zweigs eigenem Weltbild. Die Novelle, eine seiner erfolgreichsten, erreichte durch die meisterhafte Verfilmung mit Curd Jürgens und Mario Adorf (Regie: G. Oswald, 1960) große Popularität.

Die Welt von gestern. Erinnerungen eines Europäers.
Stockholm: Bermann-Fischer, 1942.

Zweigs Erinnerungswerk ist weniger Autobiographie als Epochenbild. Zweig, geboren 1881 in Wien, verbindet seine großbürgerlich-jüdische Lebensgeschichte einfühlsam mit seinen Beobachtungen des Zeitgeschehens. Der Titel steht programmatisch für die Blickrichtung des resignativ gestimmten Exilautors auf die europäische Heimat. Wenngleich es sein persönlichstes Buch ist, berichtet er wenig über seine Herkunft und Familie und so gut wie nichts über seine beiden Ehen, er hebt eher das für ihn Typische seiner Generation und Gesellschaftsschicht hervor: kulturelle Verfeinerung, Kosmopolitismus, Humanismus und Pazifismus.

Im Mittelpunkt steht die Welt des Geistes, das historische Bild Europas zwischen 1880 und 1939, weniger wie es sich aus Daten und Fakten erschließt, denn als Lebensgefühl und Atmosphäre einer Epoche. Den Band leitet ein nostalgischer Blick ein auf »Die Welt der Sicherheit« – die habsburgische Monarchie –, die für den Schriftsteller lebensbestimmende Bedeutung erlangte; wie sehr ihn die Jahrhundertwende sowie die sitten- und kulturgeschichtlichen Umbrüche prägten, zeigt sich auch daran, daß die Hälfte der Selbstdarstellung im Zeitraum bis 1914 wurzelt. Den Ersten Weltkrieg erlebt der überzeugte Humanist als Schock angesichts der Entfesselung der Massenleidenschaften. Seine Erlebnisse als Kriegsberichterstatter in Galizien festigen seinen Pazifismus. Die zwanziger und frühen dreißiger Jahre in Salzburg weist Zweig als getragen von Erfolg und Völkerverständigung aus, sieht sie aber auch bereits beeinflußt von politischer Unruhe. Die Erinnerungen schließen mit seinen Beobachtungen des aufkeimenden Nationalsozialismus, seiner Wahrnehmung der Bedrohung, die ihn schon ab 1934 zu einem europäischen Heimatlosen werden ließ.

Ch. Schmidjell

Leonhard Frank
1882–1961

Die Räuberbande. Roman.
München: G. Müller, 1914.

Zwölf Würzburger Lehrlinge, im Elternhaus, am Arbeitsplatz und namentlich durch einen sadistischen Lehrer in der Fortbildungsschule unterdrückt und gepeinigt, eifern bei ihren Zusammenkünften den Helden aus Karl Mays Indianerromanen und Schillers *Räubern* nach. Ihre pubertätsbedingten, auch von gemeinsamen Groschenheftlesungen inspirierten Phantasien über Heldentaten im Wilden Westen und Rachefeldzüge gegen die Vaterstadt sind harmlose Stilisierungen knäbischen Aventürebedürfnisses; ihre aus derselben Mentalität erwachsenden Bagatellraubzüge und Mutproben werden jedoch durch die kleinbürgerliche Umwelt kriminalisiert. Der Freispruch durch einen wohlmeinenden Richter und die barbarische Bestrafung durch den Lehrer bilden eine Zäsur, aber keinen eigentlichen Wendepunkt in ihrer Biographie: gesteuert durch Veranlagung und Milieu, geht jeder einzelne seinen Weg, der ins Kloster, in die Kriminalität oder vorzugsweise in die Bürgerlichkeit führt. Nur Michael Vierkant, alias Old Shatterhand, das als Franks Selbstporträt angelegte kleinste und kindlichste Mitglied der »Räuberbande«, versucht durch eine Künstlerlaufbahn dem Traum von Freiheit und Selbstverwirklichung gerecht zu werden. Sein Werdegang mit Gelegenheitsarbeiten, Studienjahren in München und einem mit Malstudien verbrachten Sommer im Spessart zeichnet Franks eigene Malerkarriere einschließlich der problematischen Beziehung zu Sophie Benz nach. In dieser Phase des Geschehens löst sich der ursprünglich pralle, das Würzburg der Jahrhundertwende farbig wiedergebende Roman weitgehend in zwiespältige Symbolik auf. Namentlich die Gestalt des »Fremden«, halb Mentor, halb Alter ego, der in seiner realen Existenz zweideutig bleibt und nach Michaels Suizid dessen Künstlertum beerbt, steht für den Zwiespalt zwischen empirischem Individuum und personaler Wunschprojektion. Diese strukturelle Ambivalenz der Handlung entspricht wohl der Gespaltenheit des Erzählers, dessen Held bis zuletzt den Übergang von einer latent homophilen Knabengemeinschaft zur keineswegs nur negativ gezeichneten Normalität seiner Kameraden nicht recht mitvollziehen kann. Als sehr planvolle narrative Ironie sollte der Schluß des Romans gelten, wo sich der »Duckmäuser«, ein von den »Räubern« stets verachtetes bigottes Muttersöhnchen, als der einzige erweist, der durch Anheuern als Matrose den Traum von der weiten Welt in Wirklichkeit umgesetzt hat.

Die Ursache. Erzählung.

München: G. Müller, 1915. – Vorabdruck in: Die weißen Blätter 1915.

Ein »Dichter« fährt von Berlin in seine Heimatstadt, die durch bio- und topographische Indizien als das von gotischen Fratzen bevölkerte Würzburg Leonhard Franks erkennbar wird. Er will mit dem Lehrer Mager, dem sadistischen Tyrannen seiner Knabenzeit auf gütliche Weise ins reine kommen, flieht aber beim Anblick des Namensschildes an der Wohnung voll Panik zurück nach Berlin. Für den zweiten Anlauf leiht er sich von einer Prostituierten das Fahrgeld und wird in der Wohnung des Lehrers Zeuge der rohen Mißhandlung eines kleinen Schülers (deren Konstellation aus der Erzählgegenwart der *Räuberbande* geläufig ist). Nach einem Wortwechsel über einen seinerzeitigen Schulausflug in den Gutenbergerwald, bei dem der Lehrer dem nachmaligen Dichter ein Glas Milch vorenthielt, erwürgt dieser, der damals nicht bezahlen konnte, den Lehrer, steckt, eher aus Zerstreutheit, einen Hundertmarkschein sowie einen auf dem Schreibtisch zur Belohnung eines Vorzugsschülers bereitgelegten Apfel ein. Die Verknüpfung beider Szenen in der späteren Gerichtsverhandlung legt für den psychoanalytisch geschulten Leser den Schluß nahe, der Dichter habe sich, weil ihm die Milch verweigert wurde, gleich den ganzen »Apfel« angeeignet. Der Lehrer wird dadurch ebenso zum überpersönlichen Vertreter elterlicher Gewalt wie der Schüler zum archetypischen kindlichen Opfer. Die der Justiz verschlossen bleibende Analyse des Verfassers enthüllt als Ursache nicht nur des Mordes, sondern des gesamten Menschheitselends, die Kombination autoritärer elterlicher Erziehung, gnadenloser Schulzucht, sadistischer physischer Gewalt und frömmelnder Lügen gegenüber Kindern, die einen seelischen Bewußtwerdungsprozeß vereiteln und die Entladung im Verbrechen bewirken. Nach dem einstimmigen Todesurteil des Gerichts begeht ein Geschworener in später Erkenntnis der Wahrheit Selbstmord. Das Warten auf die Hinrichtung und ihr Vollzug mit dem Henkerbeil, auch der letzte, hilflos liebevolle Besuch der alten Mutter in der Todeszelle, sind Teil eines eindrucksvollen Plädoyers gegen die Todesstrafe. Mit dem Besuch des Priesters als Funktionär einer erstarrten Religion kontrastiert das vom Delinquenten gesungene Flößerlied, Beispiel für das archetypische Kindheitssymbol des Floßes, das als Chiffre des Fließenden und der Freiheit in Franks Frühwerk, vergleichbar etwa Rimbauds *Bâteau ivre*, oft einen bedeutsamen Stellenwert einnimmt.

Der Text ist mit seinen weithin theoretisierenden und pamphletistischen Passagen nachdrückliche Parteinahme des Otto-Groß-Adepten Frank in der Diskussion um die Psychoanalyse, aber auch der eindrucksvolle Versuch dichterischer Selbstbefreiung von fremdverschuldeten Obsessionen.

Der Mensch ist gut.

Zürich/Leipzig/Stuttgart/Wien: Rascher, 1917.

Die im Schweizer Exil 1916/17 unter dem Eindruck des Ersten Weltkriegs entstandenen, zunächst teilweise einzeln erschienenen fünf Novellen stellen den pazifistischen Läuterungsprozeß verschiedener Charaktere in den Mittelpunkt. *Der Vater*, als Kellner Vertreter des von Frank gern kritisierten submissen Kleinbürgertums, erkennt nach dem Kriegstod seines von ihm zu konservativen Sekundärtugenden erzogenen Sohns seine Schuld und wird zum begeisterten und begeisternden Volksredner. *Die Kriegswitwe* versucht sich nach dem Tode des Mannes mit gängigen Parolen und Phrasen zu trösten, bis der Kellner den befreienden Schmerz und die Fähigkeit zur Trauerarbeit in ihr auslöst und sie selbst zur begnadeten Agitatorin macht. *Die Mutter*, die mit mentalem Opportunismus billigt, daß ihr Sohn tötet, um selbst nicht getötet zu werden, wird nach der Todesnachricht zur allegorischen Mutter der Pietà und vereint ihre Prozession mit der des Kellners. *Das Liebespaar*, ein Philosoph und die Braut eines Gefallenen, die sich beide unter dem Eindruck der allgemeinen Sinnlosigkeit mit Gas vergiftet haben, lernen einander nach dem Erwachen im Leichenhaus kennen und treten, bei einer Demonstration in die Gewehre der Soldaten laufend, den gemeinsamen, tödlichen Opfergang für eine menschenwürdige Welt an. *Die Kriegskrüppel* in ihrem Lazarett, das eher einem Schlachthof gleicht, kontrastieren zu der Außenwelt, deren unbeirrte Geschäftemacherei und Lebensgier um so obszöner wirkt. Der durch das Übermaß unvorstellbaren Leids geläuterte Stabsarzt organisiert eine im Lauf des Tages stets anwachsende Prozession aus amputierten Soldaten, die das ganze Volk mit sich reißt.

Einzelheiten dieser bacchanalartigen Szene sind nicht nur ästhetisch bedenklich, bilden aber die Konsequenz aus der mit expressionistischen Stilmitteln erzielten, in der deutschen Literatur einzigartigen Verschmelzung von Naturalismus und Vision, die es glaubwürdig erscheinen läßt, daß dieses in Deutschland verbotene Buch wesentlich zum Stimmungsumschwung gegen den Krieg beigetragen habe. Kein späterer Antikriegsroman hat die Intensität dieser Prosa erreicht, die durch ihre leidenschaftliche religiöse Botschaft der Liebe zwischen den Menschen den Autor auf der Höhe seines Könnens und seines moralischen Engagements zeigt.

Karl und Anna. Erzählung.

Berlin: Propyläen-Verlag, 1926. – Vorabdruck in: Vossische Zeitung 1926.

Karl, ein in Rußland kriegsgefangener deutscher Monteur, flüchtet aus dem Lager, wo der Mitgefangene Richard ihm wieder und wieder alles über seine Ehefrau Anna erzählt hat, nach Deutschland. Er sucht die aus den ständig wiederholten Berichten wohlbekannte Wohnung mit der bis in intime physische Einzelheiten vertrauten Frau auf und nistet sich als Richard ein. Anna weiß um den Betrug, gelangt aber durch die Einfühlung Karls, der ihre Biographie besser zu kennen scheint als selbst Richard, zu immer ungewisseren Perspektiven der Realität, die zwischen Selbstbetrug, Zweigleisigkeit und Verdrängung pendeln. Ein Brief Richards geht als erstes Warnzeichen seiner wirklichen Rückkehr voraus, bei der Karl und Anna unter Beschimpfungen der – großenteils ebenfalls in den ungeregelten Verhältnissen der Nachkriegszeit lebenden – Anwohner aus der Wohnung fliehen.

Die Erzählung thematisiert den übermächtigen Einfluß von Voyeurismus und Wunschphantasie auf die menschliche Psyche, ist jedoch selbst hiervon maßgeblich geprägt und bildet so eine Nahtstelle zwischen Franks früher (deskriptiver) und mittlerer (zunehmend kolportageträchtiger) Schaffensperiode. Das Kleine-Leute-Milieu der frühen Weimarer Republik ist ebenso lebendig gezeichnet wie die Suggestionskunst des Protagonisten, der (wie mehrere Franksche Helden) seine Empathie als wirksames Machtmittel gegen Frauen einsetzt. Anna als Wunschobjekt nimmt den passiven Idolcharakter vieler späterer weiblicher Romanfiguren in Franks Œuvre vorweg. Die dem Geschehen innewohnende Dramatik bewog den Autor 1929 zu einer erfolgreichen Bühnenfassung.

Das Ochsenfurter Männerquartett. Roman.

Leipzig: Insel Verlag, 1927.

In den Jahren zwischen Inflation und Weltwirtschaftskrise haben fünf der aus dem Roman *Die Räuberbande* bekannten Akteure ihre in den seitherigen Jahrzehnten erworbene bürgerliche Wohlhäbigkeit eingebüßt. Sie treffen sich am alten Schauplatz ihrer Jugendstreiche und beschließen, zur Linderung der ärgsten Not als Gesangsquartett samt Impresario von Stadt zu Stadt zu ziehen. Die Vorkehrungen werden schon im Ansatz gebremst, da zwei der Freunde nacheinander in einen undurchsichtigen Mordfall verwickelt und verhaftet werden. Den zweiten Handlungsstrang bestimmt die Liebe zwischen Thomas Kletterer und Hanna Lux, den heranwachsenden Kindern zweier weiterer Quartettmitglieder. Die Indiskretion, mit der der Verfasser sich dabei der seelischen und vor allem der physischen Intimsphäre der von ihm geschaffenen Kindfraugestalt bemächtigt, deutet auf die kolportageträchtige Sexualthematik späterer Werke voraus; das bei Frank häufig wiederkehrende Dreiecksverhältnis wird durch einen Mitbewerber in Gestalt eines kultivierten Augenarztes, eines müde-zynischen Ästheten und Roué mit sozialdarwinistischen Maximen, hergestellt. An ihm zerbricht fast die romantische Neigung zwischen dem anmutig kapriziösen Mädchen und dem tatkräftig tüchtigen, als Zukunftsträger stilisierten jungen Mann, dessen Exodus aus gekränkter Liebe gerade noch vermieden wird. Zugunsten der von diesen beiden Figuren getragenen, weithin ideologisch anmutenden Botschaft sind die meisten anderen Figuren und Handlungselemente, angefangen von dem im Sande verlaufenden Kriminalplot, zu skizzenhaft traktiert. Seinen Namen erhält das »Ochsenfurter Männerquartett« gegen Ende der Handlung und wohl auch seines Bestehens. Tragikomische Einzelzüge sind mit behaglich ironischer Könnerschaft ausgemalt. So hat das Quartett den Höhepunkt seines Auftretens, als es gratis bei der Beerdigung des sieben Monate alten Knaben singt, dessen Vater die vier (noch unbezahlten) Fräcke im Laufe des Romangeschehens offenbar weitaus mehr schlecht als recht gefertigt hat. Dem oft liebevoll satirisch behandelten Mikrokosmos des fränkischen Kleinbürgertums wird der teils outrierte Stil als ironisches Vehikel gerecht, während er gerade beim offenkundigen auktorialen Anliegen der Seelenlotung vielfach die Kritik an seiner unfreiwilligen Komik herausgefordert hat.

Mathilde. Roman.

Amsterdam: Querido, 1948.

Der Roman steht als spätes, dennoch lehrreiches Beispiel für die fast monomanische Behandlung der Sexualthematik, der Frank in der Weimarer Republik und vor allem in der DDR seine hohen Auflagen verdankte, nimmt jedoch eine Sonderstellung durch die ikonenhafte Beschaffenheit der Titelheldin ein, aufgrund deren sich diese für empfindsame Wunschprojektionen ihres als Franks Selbstporträt angelegten Partners eignet. Die dreizehnjährige Mathilde bewohnt mit ihrer Mutter ein einsames Schweizer Gartenidyll im durch Märchenmotive und Fidus-Reminiszenzen getönten Einklang mit der Natur. Nach Irritationen wie Menarche und Aufklärung, die einer Vertreibung aus dem Paradies gleichkommen, wird die harmonische Frauwerdung durch die Heirat mit einem Arzt und subalternen sozialen Aufsteiger retardiert. Das Erlebnis des Bergbauernidylls, in das eine Jugendfreundin eingeheiratet hat, gibt Mathilde die Kraft zur Scheidung von ihrem rohen Ehemann und zum Jawort an den Mann ihres Herzens, den aristokratischen Engländer Weston, der endlich ihre Fraulichkeit zu erwecken versteht. Die Hochzeitsreise führt in einen Schweizer Wald, wo alle Wesen und Dinge vom Waldsee bis zum leistungsstarken Sportwagen des Ehemanns der dekorativen

Staffage körperlich-seelischen Gleichklangs dienen. Auf die schwere Geburt einer Tochter folgen Jahre intimen Glücks, denen der Ausbruch des Zweiten Weltkriegs ein Ende setzt. Weston, als Historiker seit Jahren an einer Geschichte Englands arbeitend, meldet sich zur Royal Air Force, wird nach Kriegsausbruch abgeschossen und muß sich bald darauf mit drei Schicksalsgefährten durch das besetzte Frankreich schlagen. Hier werden mit Vorbedacht narrative Hinweise auf die Entsprechung zum Frankreichabenteuer Leonhard Franks gestreut, das er in *Links wo das Herz ist* schildert. Nach Rückkehr in die Heimat nimmt er an der Luftschlacht um England teil und wird sich der sozialen Ungerechtigkeiten in seinem Vaterland bewußt. Erst nach Kriegsende kann er zu seiner durch physischen Verfall gezeichneten Frau zurückkehren, deren Rekonvaleszenz die neue Phase einer im Feuer geprüften ehelichen Gemeinschaft einleitet. Die zum jungen Mädchen herangewachsene Tochter ist realitätsnäheres Abbild der Kindfrau, die Mathilde einst war.

Die Story verfügt trotz der nicht gut ausbalancierten Handlung über ästhetische Meriten durch die zärtliche Intimität einer von Voyeurismus allerdings nicht freien Empathie. Der Selbstheilungsversuch von den düsteren Obsessionen, die in der *Deutschen Novelle* ihren Niederschlag gefunden haben, ist mehrfach ersichtlich.

Links wo das Herz ist. Roman.

München: Nymphenburger Verlagshandlung, 1952.

Von Michael Vierkant, dem Helden mehrerer Frankscher Selbstporträts, handelt auch diese, in der dritten Person erzählte, zum Roman stilisierte Autobiographie. Er erleidet dieselbe gepeinigte Jugend wie die Protagonisten der *Räuberbande* und der *Ursache*, wobei erstaunlicherweise trotz der teils verwendeten Klarnamen Personen und Ereignisse gründlicher stilisiert sind als dort. Dies gilt auch für das Leben in der Münchener und Berliner Boheme, die Emigration in die Schweiz sowie die Jahre der Revolution und Inflation. Zeitgeschichtliche Impressionen und teils gewagte politische Analysen wechseln mit Berichten über die beiden ersten Ehen und die Genese der einzelnen literarischen Werke. Auch die Abschnitte über die zweite Emigration, die nach einer Lagerzeit in Frankreich sowie der Flucht über die Pyrenäen und nach Lissabon in die USA führt, bleiben, etwa im Vergleich zu einschlägigen Reminiszenzen bei Zuckmayer oder Graf, unbefriedigend skizzenhaft, wenn auch die ersichtliche Rankünе gegen den Kulturbetrieb der Traumfabrik Hollywood der insgesamt blassen Prosa einige satirische, ans Frühwerk gemahnende Glanzlichter entlockt. Insbesondere die Schilderung der amerikanischen Jahre ist vom Bedürfnis der Selbstrechtfertigung geprägt: peinlich mutet sowohl die Literaturfehde gegen Thomas Mann wegen der stofflichen Affinität des *Doktor Faustus* zur *Deutschen Novelle* als auch der Bericht über die Eroberung der dritten Ehefrau Charlott an. Letztere gemahnt an die Apotheose des Herrenmenschentums in den erotischen Romanen der mittleren Schaffensperiode, das seine Legitimation gegenüber den rechtmäßigen Partnern der geschilderten Traumfrauen aus dem Vorrecht des geadelten Triebes bezieht (Charlott ist als gleichsam nachträgliche Inkarnation der Hanna Lux aus dem *Ochsenfurter Männerquartett* gezeichnet). Der als Fazit erhobene Anspruch, sich mit dem Frühwerk von den »psychischen Ungeheuern« des sadistischen Lehrers freigeschrieben zu haben, enthüllt, ebenso wie die Schlußperspektiven eines diffusen Sozialismus, ein Teil der persönlichen und ästhetischen Tragödie des Autors.

Deutsche Novelle.

München: Nymphenburger Verlagshandlung, 1954. – Vorabdruck in: Das literarische Deutschland 1951.

Der deutsche Emigrant Michael Vierkant stellt 1944 in New York ein Bild mit dem unverständlichen Titel »Ich hätte sie geliebt« aus, das die erschossenen Leichen einer blonden Frau und eines nackten Mannes zeigt. 1904 war Michael als junger Schlossergeselle nach Rothenburg o. d. T. gewandert, um sich dort mit Anstreicherarbeiten durchzubringen. Auf einem Botengang für seinen Onkel, einen ortsansässigen Schuhmacher, liefert er Reitstiefel bei einer 32jährigen, nach dem Tode ihres Verlobten alleinstehenden Baroneß ab. Seiner spontan in edlen Tagträumen gehegten Liebe entspricht ihre geheime zarte Neigung, die in ihm eine Lichtgestalt und ein Ebenbild ihres verstorbenen Bräutigams, eines aristokratischen Engländers, erblickt. Im wirklichen Leben jedoch verfällt sie zunehmend dem Einfluß ihres Dieners, der mit ihr durch schmutzige Suggestionen allmählich ein sadomasochistisches Verhältnis aufbaut. Trotz Beichte und heftigen Selbstkasteiungen wird sie ihm hörig. Sie läßt sich von Michael auf dessen Vorschlag porträtieren und erkennt während der Sitzung, daß sie mit ihm, der Lichtgestalt, nie die Niederungen der körperlichen Liebe beschreiten könnte, die ihrer Triebhaftigkeit doch unentbehrlich ist. Der als unentrinnbar erkannte Zwiespalt veranlaßt sie, den Diener und sich mit dem Revolver zu töten. Michael entdeckt ihr Tagebuch und ihre Lebensbeichte und unterschlägt sie, damit ihr Andenken nicht besudelt wird.

Frank hat hier, ähnlich wie in seiner frühen expressionistischen Kurzprosa, sein Lebensproblem, den Dualismus des Liebesbegriffs, enthüllt und gleichzeitig zu Lasten seiner Protagonistin kaschiert. Diese gerät, bis hin zu Analogien der Traumbilder und dem Ideal des nicht verlöschten Sterns der Unschuld, zum negativen Ebenbild Mathildes im gleichnamigen Roman. Der zweite, an den realen Freitod von Franks Schuhmacher-Onkel in der Tauber geknüpfte Handlungsstrang erweist die ungebrochene Könnerschaft der Autors in der Genrezeichnung der fränkischen Provinz. Insgesamt verdient die freilich zuweilen fatale Intensität des Textes, der auf einem Bericht Klabunds über eine einsame Gräfin auf der württembergischen Rotenburg (!) beruhen dürfte, mehr Aufmerksamkeit als Franks auf ihn bezogene Literaturfehde mit Thomas Mann.

W. Münz

FRIEDRICH VON GAGERN
1882–1947

Der Marterpfahl. Novelle.

Leipzig: Reclam, 1925.

Im vorletzten Jahrzehnt des 18. Jh.s wird der junge Johann Ludwig Wetzel mit seinen Eltern und zahlreichen anderen hessischen Auswanderern auf dem Wagentreck nach Virginien von Indianern überfallen; er erlebt düstere Greueltaten, bevor die Gruppe im letzten Moment von erfahrenen irischen Siedlern gerettet wird. Die Deutschen gründen nun ihre neue Siedlung Worms am Shenandoah, in unmittelbarer Nachbarschaft zum streng presbyterischen Hebron der Iren. Die deutschen und irischen Siedler gehen sich meist aus dem Weg; derweil wird der kleine, Lützel oder Little genannte Ludwig von seinem Vater zu einem Meisterschützen ausgebildet. Bei den üblichen Rivalitäten der Jugendlichen im Waldstreifen zwischen den beiden Siedlungen hält er sich zurück, geht statt dessen mit seinem Vater wochenlang auf Jagd. Die beiden »Waldläufer« entdecken ein besonders ergiebiges Jagdrevier, dessen Lage sie geheimhalten. Eines Tages kommt der kleine Ludwig nach drei Tagen alleine von der Jagd zurück, sein Vater bleibt verschollen. Schließlich wird Lisbeth allgemein als Witwe angesehen; doch sie weist alle Bewerber, darunter auch den ehrenhaften Iren McDoolan, mit dem Hinweis ab, sie habe keine sichere Kenntnis vom Schicksal ihres Mannes und betrachte sich weiterhin als verheiratet. Ludwig ist unterdessen zum Ernährer der Familie geworden, er streift nunmehr alleine durch die Wildnis. Als er einmal von der Jagd zurückkommt, ist die Siedlung von Indianern überfallen und alle Bewohner sind getötet; sein letzter Blick gilt dem sterbenden McDoolan, der mitten in der brennenden Siedlung an einem Marterpfahl steht.

Ludwig geht nun in die schottische Siedlung Emmaus am Roanoke, wo er elf oder zwölf Jahre lebt; aus seinem früheren Leben hat er nur eine alte angesengte Bibel gerettet. Er baut seine Hütte außerhalb der Siedlung, heiratet schließlich die arme Betty Havilland und pflegt nicht viel Verkehr mit den Schotten, bei denen »der deutsche Unwirsch« zwar respektiert, aber nicht beliebt ist. Eines Tages wird er von Otarees gefangen und in deren weit entferntes Winterdorf gebracht. Als er es ablehnt, eine Indianerin zu heiraten, kommt er an den Marterpfahl, kann aber trotz unsagbarer Qualen entfliehen und findet auch wieder zurück zu seinem Blockhaus. Doch Betty ist mittlerweile mit McDaffy verheiratet und erwartet von diesem ein Kind. Der Ältestenrat bestimmt, daß Betty zwischen beiden Männern wählen müsse; falls sie dies nicht könne, müßten beide kämpfen. Es kommt zum brutalen Zweikampf, bei dem Ludwig siegt. Betty erleidet eine Frühgeburt, Ludwig sorgt für Frau und Kind, doch er kann den »Schatten des Marterpfahls« nicht vergessen und geht für immer längere Perioden auf die Jagd. Als er einmal nach drei Jahren wiederkommt, liegt auch diese Siedlung in Schutt und Asche, Reste der Bibel sind alles, was ihm übrig bleibt. Nun wird er zu einem unerbittlichen Indianertöter und zu einer sagenumwobenen Gestalt im ganzen Westen: »Von seinem Ende ist nichts bekannt.«

Diese neben dem *Grenzerbuch* (1927) bekannteste Geschichte von Gagerns, der am Anfang des Jh.s selbst Nordamerika besucht hatte, lebt vor allem von den kenntnisreichen Detail- und den drastischen Gewaltschilderungen, die inhaltlich von der schwarzen Romantik und sprachlich vom literarischen Expressionismus inspiriert sind. Trotz des langen Handlungszeitraums, den die Geschichte abdeckt, führen der exaltierte und oft abgehackte Stil (vor allem bei Überfallbeschreibungen und erlebter Rede), der mit ungewöhnlichen Fügungen und altertümelnden Neuprägungen gespickt ist, zu einem extrem verdichteten Erzählen. Die latent frauenfeindliche und gelegentlich sadistisch-voyeuristische Tendenz hat Vorbilder in der deutschen Phantastik (z. B. Ewers), das Kraftgenialische bei Hamsum; das Hauptmotiv – eine Ansiedlerfrau, liiert mit zwei Männern – war schon von Gerstäcker mehrfach (*John Wells*, *Jack und Bill*) und zuvor im alten *Pitaval* (*Die Rückkehr des Martin Guerre*) als Erzählung realisiert worden, und das – schon im Titel – phallisch aufgefaßte Thema schließlich transportiert die männerbündische-pränazistische Vorstellung von Sexualität als etwas Fremdem und Unreinem. Bemerkenswert bleibt dennoch die hohe erzählerische Kraft, mit der bekannte Motive kraftvoll integriert sind.

Der tote Mann. Roman der roten Rasse.

Berlin: Parey, 1927.

Handlungszeit ist die erste Hälfte des 19. Jh.s. Ein Dorf der Odjibewe am Bibersee (Oberer See) wird von deren Todfeinden, einem Stamm der sieben Ratsfeuer der N'dakotah (Sioux), niedergemacht. Einziger überlebender »Zeuge des Mordbrandes« ist ein kleiner Junge, der Sohn des getöteten Sagamore (Häuptlings); sein Leben ist fortan der Rache an den »Erbfeinden« gewidmet. Mit dem listigen Mord an zwei unerfahrenen Spähern der Feinde erwirbt er sich den

Ehrennamen Ne-i-ki-mi. Eine erste große Bewährung ist seine Pilgerschaft zum roten Pfeifensteinfelsen, die er allein unternehmen muß und glänzend besteht. Einen N'dakotah, der ihn als friedlichen Pilger unbehelligt läßt, ermordet und skalpiert er. Der alte Manki Pe-ji-ki vertraut ihm, er verlangt von Ne-i-ki-mi, die Weißen zu meiden, sie seien verräterisch, und die sieben Ratsfeuer zu bekämpfen, sie seien seit sechs Generationen ihre Todfeinde. Ne-i-ki-mi wird selbst ein großer Sagamore, er beherzigt die Worte des Alten, doch er bewundert auch den Gott der Weißen, der diesen viele schöne Dinge gegeben hat. Eines Tages kommen die Boten des großen weißen Vaters, des US-Präsidenten, an den See und verlangen von den Odjibewe, ihre Jagdgründe zu verlassen; dafür bekämen sie Waffen und Geschenke. Der In-schjen E-schent (Indianeragent) dient als Unterhändler und stellt ein Ultimatum. Ne-i-ki-mi berät sich mit Akah-Was-wa-gon, einem weißen Fallensteller, der schon lange bei dem Stamm lebt und die Weißen haßt. Er erklärt dem Roten, was Geld ist und daß die Weißen dafür alles tun. Also beschließt der Sagamore, den Weißen das einzige zu bieten, was er hat: Krieger. Er schickt den Fallensteller als Boten an den Potomac, um dem großen weißen Vater ein Angebot zu unterbreiten: die Odjibewe werden, im Tausch gegen Gewehre und Feuerwasser, für die Weißen die N'dakotah bekämpfen und sich dann in deren Jagdgründen ansiedeln.

Während der weiße Botschafter der Odjibewe sich auf seiner langen Reise befindet, geschieht Unerhörtes: eine hochrangige Abordnung der N'dakotah erscheint am See und bietet dem Stamm einen Dauerfrieden an, um gemeinsam gegen die weißen Eindringlinge kämpfen zu können. Kluge Argumente werden ausgetauscht, und Ne-i-ki-mi hat große Mühe, seinen Stamm zu einer Absage dieses Angebots zu bewegen. Vor allem der junge Pu-wai-gon und der alte Ne-e-na halten das Angebot für klug. Mit der Berufung auf den einstigen Mißerfolg Tikomsihs (Tecumseh), der eine solche Koalition ebenfalls geschmiedet habe, die bei dessen Tod jedoch nicht mehr gehalten habe, lehnt man schließlich ab. Unterdessen kommen die guten weißen Zauberer (Missionare) ins Dorf, und Ne-i-ki-mi beschließt, den Stamm taufen zu lassen zu Ehren des großen weißen Manitu, der am Marterpfahl gestorben ist. Er hofft, dadurch seinen Stamm zu retten, denn die Weißen sprechen davon, es gebe nur einen Gott, dem alle seine Kinder, auch die roten, gleich seien. Er selbst wird A-dam getauft, doch die Stimmung in seinem Stamm ist gespalten. Da kommt der Unterhändler mit der Botschaft zurück, daß ihr Angebot angenommen worden sei; Waffen und Feuerwasser bringt er bereits mit. Der Stamm trinkt den gesamten Alkohol an einem Nachmittag, »roter Mann – toter Mann« lallt der betrunkene Häuptling. Im Rausch des Feuerwassers sterben Ehre und Selbstachtung des Stammes, der weiße Fallensteller zieht sich verachtungsvoll zurück. Um seine Ehre wiederzugewinnen und den Vertrag mit dem großen weißen Vater einzuhalten, bereitet A-dam, gegen die Stimmung im Stamm und trotz des sich ankündigenden Winters, einen Kriegszug gegen die N'dakotah vor. Als dieser ein grausamer Fehlschlag wird, schließt man den Sagamore aus seinem Stamm aus. Er lebt zwar noch, ist jedoch ein toter Mann. Viele Jahre verbringt er noch als Dieb und Trunkenbold in der Umgebung weißer Siedlungen. Als er aus einem Krämerladen ein buntes Nackentuch stiehlt und gejagt wird, stirbt er im Schnee.

Ein interessantes Erzählexperiment, das die idealtypisch erzählte Geschichte eines Indianers weitgehend aus dessen eigener Sicht zeigt; der Untergang, erzählt von den Untergehenden. Ein Kennzeichen dieser Erzählweise ist beispielsweise der konsequente Gebrauch ausschließlich indianisch-umschriftlicher Bezeichnungen für geographische und ethnische Gegebenheiten (Squoh, Tomihok, Mi-su-ri, Yengis), was aber, zusammen mit zahlreichen expressiven Stilmitteln, der Geschichte eine erstaunliche Dichte verleiht. Leitmotivische Wendungen gliedern den Roman, etwa die

Beschreibung des Skalpierens: »Die Schwarte schnalzte ab, rohes Fleisch, gesprengtes Geäder rauchte.« Störend wirken vor allem die misogynen Ausfälle des Autors; die Geldgier der Weißen erklärt z. B. der Fallensteller so: »Alles Geld und Übel kommt von den Weibern und ihrer Eitelkeit.« Im Ensemble der Gründe für den Untergang sind die weißen Eindringlinge allerdings nur ein Element. Wildheit und Rachgier der roten Stämme, ihre Fehden untereinander stellen ein weiteres wesentliches Motiv für den Ausgang der Geschichte. Der Roman ist der weitgehend geglückte Versuch, das überkommene Genre des Indianerromans für die literarische Moderne zu retten. Vor allem die unmittelbare Aktion, das sinnliche Erlebnis ist mit großer Kraft geschildert, kenntnisreiche Tier- und Naturbeschreibungen, denen man den erfahrenen Jäger anmerkt, bilden den Hintergrund des Geschehens, sprachlich rhythmisiert durchkomponiert und engagiert vorgetragen sind die großen Reden der roten Unterhändler. Weitgehend als Jugendlektüre mißverstanden, ist der Roman sicher eines der besten Bücher des Autors.

A. Graf

LEO PERUTZ

1882–1957

Zwischen neun und neun. Roman.

München: Langen, 1918. – Vorabdruck u. d. T.: Freiheit. In: Berliner Tageblatt 1918.

Leo Perutz' erster Roman *Die dritte Kugel*, der bahnbrechende »Ur-Perutz« (Lernet-Holenia), erschien 1915 zu einem Zeitpunkt, an dem der Schriftsteller, als Landsturm-Infanterist längst vom Schreibtisch abgezogen, in Szolnok (Ungarn) für den Frontdienst ausgebildet wurde. Während er dort, in einem Café sitzend, auf den Abmarsch seiner Kompanie wartete, verdichtete sich in ihm die Idee zu einem zweiten Roman – Zündstoff lieferte der rätselhafte Auftritt eines jungen Zivilisten unter der Türe des Lokals: »Einige Augenblicke starrte er – mit unverständlicher Erregung – in den Zigarettenrauch des Kaffeehauses – dann machte er Kehrt um und verschwand. Ich sah ihn niemals mehr.« Die in jenem »lähmend beunruhigenden« Moment freigesetzte Phantasiekraft aber ließ eine Geschichte entstehen, die »zum größten Erfolg des Büchermarktes der unmittelbaren Nachkriegszeit« (Kisch) werden sollte. Sie führte zur Kreation der Figur des Stanislaus Demba, eines Gejagten, der, aus Polizeigewahrsam geflohen, zwölf Stunden vergeblich versucht, sich seiner Handschellen zu entledigen. Was zunächst wie eine albtraumhaft verzweifelte, nicht enden wollende Odyssee durch die Wiener Vorstädte erscheint, ist indessen Effekt der frappierenden Konstruktion eines Romans, dessen erzählte Zeit kaum länger währt als der Anblick jenes Unbekannten auf der Szolnoker Türschwelle – nun freilich erweitert zur Erzählung eines Schwellenübertrittes vom Leben zum Tod. Es ist die Geschichte des Sterbenden, dessen Fesseln erst im selbstmörderischen Sturz aus dem Fenster zerspringen; neun Schläge einer Turmuhr begleiten sie: »Seine Glieder waren zerschmettert. Nur seine Augen wanderten. Seine Augen lebten [...], irrten ruhelos [...], klammerten sich noch einmal an das rastlose Leben des ewig bewegten Tages, spielten, bettelten, rauften um Geld und um Liebe, kosteten zum letztenmal von Glück und Schmerz, von Jubel und Enttäuschung, wurden sehr müde und fielen zu.« Die kurze Todesphantasie schenkt dem armen Demba noch einmal ein Zwölf-Stunden-Leben zwischen neun und neun, und er wiederholt darin seine vergebliche Jagd auf das Glück; von »Freiheit«, wie der Roman im Vorabdruck noch betitelt war, träumt der Sterbende nicht.

B. Clausen

Der Marquez de Bolibar. Roman.

München: Langen, 1920.

Ein spektakulärer Manuskriptfund im Nachlaß des ehemalig nassauischen Leutnants von Jochberg bildet den Rahmen. Die Aufzeichnungen, von einem anonymen Herausgeber »gekürzt« wiedergegeben, erhellen ein »dunkles und vorher niemals aufgeklärtes Kapitel« aus der Kriegsgeschichte der Napoleonischen Feldzüge des Jahres 1812: Es geht um die Vernichtung zweier Rheinbundregimenter durch eine Schar spanischer Guerilleros; genauer zeigt sich, daß zumal die Vernichtung des Regiments Nassau »von seinem Offizierskorps mit vollem Bewußtsein, ja beinahe planmäßig« herbeigeführt worden ist. Was als rational kaum akzeptierbare Pointe bereits im Vorwort markiert ist, erweist sich im Verlauf der mitgeteilten Handlungen nicht nur als Resultat des Zusammenspiels unseliger Zufälligkeiten, sondern zugleich als unweigerlicher Vollzug eines prophetisch-dunklen Befehls zur Selbstvernichtung, den der Führer der Guerilla, der Marquez de Bolibar, seinen Mördern erteilt: An seiner Statt sollen die feindlichen Offiziere jene drei Signale geben, die den Aufständischen den siegreichen Sturm der besetzten Stadt garantieren. Und, was undenkbar scheint, geschieht in der Tat: In Kenntnis der Signale und ihrer verheerenden Folgen geben die Offiziere des Regiments Nassau eins nach dem anderen. Wie der Roman das höchst Unwahrscheinliche zutiefst motiviert, »wie folgerichtig, naturnotwendig und lebenswahr seine Figuren das Unerwartete, Überraschende tun müssen« (Kisch), zeigt jedoch nur die eine Seite seiner Kompositionskunst; die andere besteht in der durchgängigen Doppelmotivierung und damit zweifachen Ausdeutbarkeit jedes einzelnen Erzählschritts. Wer sich den Wahrnehmungen des berichterstattenden Leutnants, des einzig Überlebenden der »Katastrophe von La Bisbal«, zu entziehen und eine Erklärung der Vorgänge nur im Zusammenspiel disparater Zufälle sucht, wird nicht weniger fündig als der, der ein metaphysisches Ordnungsprinzip wirken sieht. Doch wie immer das Auge justiert ist – der Leser wird stets an das vordem negierte Erklärungsmodell zurückgewiesen: Es ist die Kunst des Romanautors Perutz, solche Irritationen zugleich als ästhetisch hohes Vergnügen zu offerieren.

B. Clausen

Turlupin. Roman.

München: Langen, 1924.

»Frankreich«, so der Autor, der vorgibt, die relevanten Quellen studiert zu haben, »war im Jahre 1642 reif zu großen Revolutionen. Jene Kombination von Menschen, Ideen und besonderen Umständen, die am Ende des 18. Jahrhunderts den Sturz des Königtums herbeigeführt hat, war schon im Jahre 1642 gegeben.« Daß es nicht zu diesem Umsturz kam, zeigt, daß Geschichte nicht ›gemacht‹ wird – auch nicht von den großen Männern –, sondern daß irrationale Elemente und Zufälle ihren Verlauf bestimmen.

Ein unbedeutender Mann aus dem Volk, Tancrède Turlupin, ein Findelkind, der bislang als Barbier und Perückenmacher ein unbeachtetes Dasein gefristet hat, begegnet in einer Pariser Kirche der Herzogin von Lavan und steigert sich in die Vorstellung hinein, daß sie, die ihn mit »einer leidenschaftlichen Erregung« anzusehen scheint, seine Mutter ist. Er sucht den Herrensitz der Lavans auf, in dem, ohne daß er es ahnt, der rebellische Hochadel Frankreichs zusammentrifft, um den Sturz des verhaßten Richelieu vorzubereiten. Turlupin wird zunächst abgewiesen, ein Agent des Kardinals verschafft ihm aber Einlaß; er nimmt die Identität des Herrn von Josselin an. Der mit den höfischen Umgangsformen nicht Vertraute erlebt eine Reihe komisch-burlesker Zusammenstöße mit den Edelleuten, wird sogar zum Duell gefordert. Die adligen Verschwörer erfahren, daß eine Revolution des Volkes bevorsteht: »alle die unnützen und unbedeutenden Leute von Paris haben sich für heute ein Stelldichein gegeben.« Tatsächlich drängt das Volk, in dem der Kardinal seinen »Bundesgenossen« gefunden hat, wenig später heran und fordert die Köpfe der Edelleute, die sich ihm mit dem Degen in der Hand entgegenstellen. Unter ihnen auch Turlupin, der plötzlich in der Menge einen Kunden aus der Barbierstube entdeckt, der in Wirklichkeit, der Vicomte von Saint-Chéron, der Anführer der Volksrevolution ist. »Und von rasender Angst ergriffen, daß Monsieur Gaspard ihn verraten werde, beging Turlupin die große und einzige Heldentat dieses Tages.« Er dringt zu Saint-Chéron vor, der gerade das Signal zum Angriff geben wollte, und »wußte nicht, daß mit dem Mann, dem er jetzt sein Dolchmesser in die Brust stieß, die Revolution zu Boden sank, um sich erst nach hundertfünfzig Jahren wieder zu erheben«. Als seine auf seinen Wunsch herbeigerufene »Mutter« am Schauplatz erscheint, ist auch Turlupin seinen Verwundungen erlegen; die, wie sich jetzt herausstellt, blinde Herzogin von Lavan tastet sein Gesicht ab und sagt, daß sie den »Tapferen« nicht kenne: »Aber, verzeih mir Gott, dieser Edelmann hat ein recht gemeines Gesicht.« So hat die reine Phantasievorstellung eines »Träumers und Narren« den Verlauf der Geschichte beeinflußt; Geschichte wird, da Menschen an ihr beteiligt sind, immer das Moment des Nicht-Berechenbaren enthalten, denn »trotz aller Entdeckungen, die man gemacht hat, ist noch gar mancher Bezirk der menschlichen Seele ein unerforschtes Land geblieben«.

M. Müller

Wohin rollst du, Äpfelchen? Roman.

Berlin: Ullstein, 1928.

Ein Jahr vor diesem erschienen, wurde Perutz' Roman ähnlich bekannt wie Remarques *Im Westen nichts Neues*; wozu neben der großangelegten, für damalige Verhältnisse ungewöhnlichen Werbekampagne des Verlags auch die Tatsache beitrug, daß das Werk sich nach außen hin als äußerst spannender Abenteuerroman präsentiert – was wiederum zu seiner Nichtbeachtung durch die Literaturwissenschaft geführt hat. Perutz befaßt sich nicht mit dem Weltkriegsgeschehen selbst, sondern gestaltet das Schicksal eines Heimkehrers, der die Kämpfe zwar körperlich unversehrt überlebt, psychisch aber Schaden genommen hat.

Der junge österreichische Offizier Georg Vittorin ist in russische Kriegsgefangenschaft geraten und hat im Lager unter den Demütigungen gelitten, die der Kommandant Seljukow ihm zugefügt hat. Zusammen mit vier anderen Gefangenen hat er geschworen, daß einer von ihnen Seljukow nach Kriegsende töten wird. Nach Wien zurückgekehrt, fügen die anderen sich rasch wieder ins bürgerliche Leben ein, verdrängen das Erlebte, während Vittorin einzig und allein vom Gedanken an Rache besessen bleibt. Einer der ehemaligen Mitverschwörer attestiert ihm eine schwere Psychose: »einmal muß man doch damit fertig werden! Sie sind wieder zu Hause, alles ist vorüber.« Für Vittorin ist aber nichts »vorüber«: Es ist ihm unmöglich, wieder eine normale Existenz zu führen; er verläßt nicht nur seine Freundin, sondern schlägt auch ein verlockendes berufliches Angebot aus und begibt sich wieder nach Rußland zurück, auf die Verfolgung Seljukows. Im vom Bürgerkrieg zerrissenen Rußland gerät Vittorin mehrfach selbst in Lebensgefahr, er involviert aber auch andere in seine Suche, und diese bezahlen dafür zumeist mit dem Leben. Je mehr Rückschläge er erleidet, desto fanatischer wird Vittorin, der schließlich glaubt, mehr als einen nur persönlich motivierten Rachefeldzug zu führen: »Seljukow ist der böse Geist einer entarteten Zeit. In ihm haßt Vittorin alles Schändliche, das seine Augen sehen.« Nachdem er durch »Rußland, durch halb Europa, durch alle Höllen der Zeit« gezogen ist und sich mit »Verbrechern aller Erdteile« herumgeschlagen hat, erfährt Vittorin, daß Seljukow vor den Bolschewisten geflohen ist und sich in Wien aufhält. So kehrt der Rächer wieder in die Stadt zurück, aus der er zwei Jahre zuvor aufgebrochen ist. Er findet jedoch in Wien statt des arroganten Offiziers von einst einen in armseligen Verhältnissen hausenden Alten vor, der sich durch das Schnitzen von Spielzeug am Leben erhält. Obwohl gegenüber früher derart heruntergekommen, erklärt Seljukow, »vielleicht sogar noch mehr als zufrieden zu sein«. Anders als Vittorin hat er es verstanden, sich von der Vergangenheit zu befreien, ohne diese jedoch zu verdrängen. Vittorin verzichtet auf seine Rache; es bleibt jedoch offen, ob er aus dem Beispiel Seljukows gelernt hat und ihm die zweite »Heimkehr« gelingt.

M. Müller

Der schwedische Reiter. Roman.

Wien: Zsolnay, 1936.

Ausgangspunkt des Erzählens ist eine rätselhafte Stelle in den Memoiren der Maria Christine von Tornefeld, Tochter des »schwedischen Reiters«. Ihrer Kindheit im Sommer des Jahres 1709 gedenkend, fragt sie sich, »wie das möglich war, daß er im schwedischen Heer kämpfte und fiel und in dieser gleichen Zeit so oft des Nachts in unserem Garten stand und mit mir sprach«. Was der Schreiberin lebenslang ein »dunkles, trauriges und unergründliches Geheimnis« geblieben war – die Wege nämlich, auf denen das unmöglich Scheinende dennoch hatte wahr werden können –, dies Rätsel löst der Roman, indem er die Geschichte zweier Männer erzählt. Sie handelt von den seltsam einander kreuzenden Geschicken eines namenlosen Landstreichers ohne Hoffnung als der, »in des Bischofs Pochwerk und flammendem Schmelzofen« sein Dasein zu fristen, und des jungen Adligen Christian von Tornefeld, der seine Heldenkarriere im Heer des schwedischen Königs fast schon gemacht sieht. Der eine ist sich seiner Zukunft so gewiß wie der andere, und dennoch bringt es der Zufall, daß die Rollen getauscht werden, daß der arme »Landdieb« das Leben des Aristokraten fortsetzt, während dieser genötigt ist, als Arbeiter in die »Hölle des Bischofs« zu gehn. Den Eid freilich, an seiner Statt zum schwedischen Heer zu stoßen, den bricht ihm der Dieb; von der Liebe getroffen, trachtet er nach nichts anderem, als das Herz jener Maria Agneta zu gewinnen, die dem Tornefeld schon als Kind anverlobt war und die ihn seit Jahren vergebens erwartet. Im Rock des schwedischen Reiters gelingt es dem Namenlosen, an dessen Stelle zu treten und als wirklicher Ehren- und Ehemann der Maria Agneta geliebt zu werden; ein Töchterchen macht ihm das gestohlene Glück auf kurze Dauer vollkommen. Wie sehr es bedroht ist von Anbeginn, wird dem Leser des kunstvoll symmetrisch organisierten Romans von Seite zu Seite herzergreifender vor Augen geführt. Die Spannung löst sich erst, als am Ende die Rollen zurückgetauscht werden, der Tornefeld in den Krieg und der gebrandmarkte Dieb in die »Hölle« geht. Von dort aus kehrt er, den man fern bei den Soldaten glaubt, allnächtlich zu seinem Kinde als Zauberreiter zurück, bis zu seinem Tod. Der »schwedische Reiter« stirbt zweimal, zu gleicher Zeit in den Steinbrüchen des Bischofs und auf dem Schlachtfeld von Poltawa.

B. Clausen

Nachts unter der steinernen Brücke. Ein Roman aus dem alten Prag.

Frankfurt a. M.: Frankfurter Verlagsanstalt, 1953.

Dieser Novellenroman wurde 1924 begonnen und erst 1952 beendet. Perutz, der als Jude 1938 nach Palästina ins Exil gegangen war, betonte, daß es sich um einen rein historischen Roman handele, der, wie es im Epilog heißt, vor allem von der Erinnerung an das alte Judenghetto seiner Geburtsstadt Prag, das er noch vor seinem Abbruch kennenlernte, getragen wird. Wenn das Buch tatsächlich als »ressentimentlos und politiklos« intendiert war, so erhielt es seine besondere kritische Aussage durch die geschichtlichen Ereignisse. In vierzehn locker, aber gleichzeitig sehr kunstvoll miteinander verknüpften »Legenden« wird ein farbiges Bild vom Leben in Prag um 1600 gezeichnet. Historische Persönlichkeiten wie Rudolf II., Kepler und Wallenstein begegnen ebenso wie namenlose Angehörige des einfachen Volks: Wirte, Handwerker und Bettler. Ein zentrales Thema ist die Frage nach der Möglichkeit eines Zusammenlebens von Christen und Juden, der auf verschiedenen Ebenen nachgegangen wird. Um eine besondere Art dieses Zusammenlebens, die Liebe eines Christen zu einer Jüdin und die (Un-)Möglichkeit ihrer Erfüllung, geht es in den beiden rahmenbildenden Legenden: Kaiser Rudolf selbst fühlt sich unwiderstehlich zu der schönen Esther hingezogen, die aber mit dem reichen Mordechai Meisl verheiratet ist. Der hohe Rabbi, dem der Kaiser die Vertreibung aller Juden aus seinen Ländern androht, wenn sein Verlangen nicht befriedigt wird, kann als Zauberkundiger dieses Unheil abwenden: Er pflanzt am Ufer der Moldau unter der steinernen Brücke einen Rosenstrauch und einen Rosmarin: »Und jede Nacht flog die Seele des Kaisers in die rote Rose und die Seele der Jüdin in die Blüte des Rosmarins. Und Nacht für Nacht träumte der Kaiser, er halte die Geliebte, die schöne Jüdin, umschlungen.« Diese im vierzehnten Abschnitt des Romans enthaltene Erzählung liefert gewissermaßen die Auflösung für den rätselhaft gebliebenen Schluß der ersten Legende, die von einer wegen einer großen Sünde ausgebrochenen Pestepidemie handelt, welche die Kinder der Juden dahinrafft. Der hohe Rabbi macht dieser Pest ein Ende, indem er unter der steinernen Brücke einen Rosmarinstrauch ausgräbt, der eng neben einem Rosenstrauch steht. »In dieser Nacht erlosch die Pest in den Gassen der Judenstadt. In dieser Nacht starb in ihrem Haus [...] die schöne Esther, die Frau des Juden Meisl.«

M. Müller

B. Traven

1882/1890–1969

Das Totenschiff. Die Geschichte eines amerikanischen Seemanns.

Berlin: Büchergilde Gutenberg, 1926.

Der vermutlich deutschsprachige, seiner Identität nach unbekannte Autor, der unter dem Pseudonym B. Traven berühmt wurde, läßt in dem Roman *Das Totenschiff* den amerikanischen Deckarbeiter Gales als Ich-Erzähler auftreten. Dieser einzige Überlebende des Schiffbruchs des Frachters »Empress of Madagascar« berichtet mit pfiffiger Treuherzigkeit in einem nur seinen Anteil widerspiegelnden Dialog einem »Sir« seine Geschichte in der Zeit um 1920–1922 von dem Augenblick an, da er im Hafen von Antwerpen seine Arbeitsstätte, den Frachter »Tuscaloosa« zu einem Landgang verläßt: Am nächsten Morgen findet er den Liegeplatz des Schiffes leer. Es ist bereits – samt Gales' Habe und Ausweis – auf der Heimfahrt nach New Orleans. Belgische Polizei schiebt ihn nach Holland ab. Nachdem ihm der amerikanische Konsul in Rotterdam wegen fehlenden Identitätsnachweises keinen Paß ausgestellt hat, ist Gales als sozial Toter der Staatsbürokratie ausgeliefert. Von holländischer Polizei des Landes verwiesen, erreicht er über Boulogne, Paris und Toulouse die französisch-spanische Grenze. Obwohl er in Spanien gut aufgenommen wird, zieht er nach der Südküste Portugals weiter. In einem kleinen Hafen mustert er auf dem Frachter »Yorikke« an. Es beginnt für ihn Schwerstarbeit als Kohlenschlepper. Das Schiff ist mit Schmuggelgut bestückt, um der Versicherungssumme willen schon dem Untergang geweiht und mit sozial Toten bemannt, staatenlosen Lumpenproletariern unter falschen Namen. Der Kapitän, vor dem sie ihre Identität nicht nachweisen müssen, nutzt ihre Situation aus. Sie fristen ihr Leben bei schlechter Unterkunft und Verpflegung. Als Opfer des Ausbeutungssystems und ihrer unfallgefährdeten Arbeit wegen werden sie mit Gladiatoren im Dienst des »Caesar Kapitalismus« verglichen.

Der Mannschaft erzählt das suggestiv als beseelt geschilderte Schiff seine Geschichten. Sagenmagische Züge begegnen auch etwa in der Schilderung des Bannes der Totenschiff-Mannschaft, die auf Landgang gemieden wird, als dürfte sie nicht sein. Von Portugal aus nimmt die »Yorikke« Kurs auf Nordafrika. Gales kommt ihren anrüchigen Geheimnissen allmählich auf die Spur. So erlebt er eines Tages, wie falsch deklarierte Mausergewehre an Marokkaner verkauft und auf Feluken verladen werden. Nach monatelanger Fahrt geht die »Yorikke« in Dakar vor Anker. Gelegentlich eines Landgangs werden Gales und sein Freund Stanislaw Koslowski auf den Frachter »Empress of Madagascar« »shanghait« – eine Form des Menschenraubs. Als sie aus ihrer Betäubung erwachen, befindet sich dies Totenschiff, dessen Reeder ebenfalls auf Versicherungsbetrug aus ist, bereits auf hoher See. Sie müssen als Heizer arbeiten. Beim inszenierten Schiffbruch kommt, außer Gales, die gesamte Besatzung ums Leben.

Travens Abenteuerroman gehört, bei aller zeitgeschichtlichen und sozialkritischen Realistik, in die Tradition der Totenschiff-Sagen und ihrer literarischen Rezeption, etwa Coleridges *The Rime of the Ancient Mariner*, Hauffs *Geschichte von dem Gespensterschiff* und Wagners von Heine inspiriertem *Fliegenden Holländer*.

Der Wobbly. Roman.

Berlin/Leipzig: Buchmeisterverlag, 1926. – Neuausg. u. d. T.: Die Baumwollpflücker. Roman. Ebd. 1929.

In dem pikaresken Episodenroman berichtet die Hauptfigur Gerard Gales von ihren abenteuerlichen Erlebnissen im Dienst verschiedener Arbeitgeber im nachrevolutionären

Mexiko unter Alvaro Obregon (1920–1924). Traven schafft aus der Sicht des Ich-Erzählers ein erbittert sarkastisches Gesellschaftsporträt mit sozialdarwinistischen Akzenten. Es ist eine Zeit syndikalistischer Streikaktivitäten der mächtigen Gewerkschaftsbewegung. Nur langsam werden die arbeitsrechtlichen Grundsätze der Verfassung von 1917 (Art. 123) in den einzelnen Bundesstaaten gesetzlich verwirklicht.

Von einer Eisenbahnstation zwischen Tampico und San Luis Potosi ziehen sechs Wanderarbeiter, darunter Gales, nach der Baumwollplantage von Mr. Shine. Gemeinsam mit den anderen Arbeitern setzen sie dort mit einer Streikandrohung einen höheren Lohn durch. Gales wird manchmal – daher der Titel der ersten Auflage – für einen »Wobbly«, ein Mitglied der Arbeiterorganisation »Industrial Workers of the World« (IWW) gehalten. Der nach der Ernte übrigbleibende Lohn ist so gering, daß zwei Mexikaner um den Lohn des jeweils anderen ein »Aztekenduell« austragen, bei dem Gonzalo tödlich verwundet wird. In einer Hafenstadt, vermutlich Tampico, trifft Gales, der inzwischen auf Ölcamps gearbeitet hat, Gonzalos Gegner Antonio wieder, der in der mit einem Café verbundenen Bäckerei von Señor Doux beschäftigt ist. Dort nimmt auch Gales Arbeit an. Das »Syndikat der Hotel- und Restaurantangestellten« organisiert einen erfolgreichen Streik der Kellner des Cafés. Für seinen nächsten Arbeitgeber, den Viehzüchter Pratt, treibt Gales mit Hilfe einiger Vaqueros eine Herde von tausend Rindern zu ihrem Bestimmungsmarkt, wohl Tampico. Der Roman endet offen: Gales will nicht seßhaft werden, er kann vom Vagabundieren nicht lassen.

Der Schatz der Sierra Madre.

Berlin: Büchergilde Gutenberg, 1927.

Der Abenteuerroman führt in den Überlebenskampf der amerikanischen Gelegenheitsarbeiter Dobbs, Curtin und

Howard in Mexiko um 1924. Müde des Vegetierens in einer Hafenstadt – wohl Tampico –, arbeiten sie ein knappes Jahr in der Sierra Madre an der Ausbeutung einer Goldmine. Traven, in einer ihrem Slang nahen Sprache, schildert mit seinem ausgeprägten Sinn für soziale Gruppen ihr durch Isolierung und Mißtrauen gezeichnetes Zusammenleben. Als die drei Schwerstarbeiter genug Gewinn erlangt zu haben glauben, gesellt sich der notorische Goldgräber Robert Lacaud zu ihnen, den sie in ihrer Interessengemeinschaft tolerieren. Nicht lange danach müssen sich die vier Männer gegen Banditen verteidigen, die kürzlich bei einem Zugüberfall ein Massaker verübt haben. Die Nachricht von anrückender Kavallerie bewirkt Abzug und Flucht der Horde. Ein paar Tage nach diesem Zwischenfall beginnen die Goldgräber, bis auf Lacaud, mit dem Rückzug. Es ist jedoch allein Dobbs, der mit der gesamten Goldausbeute die Stadt Durango bis auf Sichtweite erreicht. Howard ist ohne seinen Gewinnanteil in einer Indianerkommune zurückgeblieben. Curtin wurde durch einen Raubmordversuch von Dobbs verwundet und konnte sich mit indianischer Hilfe zu Howard retten. Kurz vor Erreichen der Eisenbahn wird Dobbs von Banditen ermordet, die den Goldstaub, den sie nicht als solchen erkennen, dem Wind und der Erde überlassen.

Traven hat seine parabelartige Erzählung als naturalistischen Gegenentwurf zur Romantisierung des Goldgräbers in Literatur und Film angelegt. Das Thema des vereitelten und verfehlten Lebensglücks wird zusätzlich in zwei vom listigweisen Howard erzählten Goldgräbergeschichten variiert.

Die Brücke im Dschungel.

Berlin: Büchergilde Gutenberg, 1929.

Der Ich-Erzähler, Gales, ein Amerikaner, als Jäger zu Beginn der zwanziger Jahre des 20. Jh.s unterwegs im mexikanischen Dschungel an der Grenze zu Texas, wird mit Sleigh, einem in einer Indianersiedlung ansässigen Landsmann, Zeuge eines nächtlichen Indianerfestes vor dem Hintergrund einer Holzbrücke über einen Strom, die von einer amerikanischen Erdölgesellschaft gebaut worden ist. Eine unfaßbare Gewalt – wie ein »geflügeltes Untier« – zerstört schon bald die frohe Atmosphäre. Die Indianerin Carmelita Garcia vermißt, zunächst scheinbar beiläufig, ihren kleinen Sohn Carlos. Sie fragt und sucht vergeblich nach ihm und wird die Beute panisch wachsender Angst. Sie weiß nun, daß er tot ist. Seine Leiche wird mittels eines magischen Suchrituals im Strom gefunden und geborgen, sein Tod als Unglücksfall, als Sturz von der Brücke auf dem Weg zum Fest rekonstruiert. Die Menschen geleiten solidarisch Carmelita zurück über die Brücke zum Begräbnis. Der nur oberflächlich christianisierte Totenkult wird drastisch geschildert. Der Westler Gales, im Bann des indianischen Umfeldes, fühlt sich eins mit der Gemeinschaft. Carmelita wird von den Frauen, deren Kraft gegenüber sich die Männer hilflos und armselig fühlen, auch im seelischen Bereich nicht einen Augenblick allein gelassen.

Traven hat seine Erzählung den Müttern gewidmet. Die strenge Wahrung der Einheit von Zeit, Ort und Handlung verleiht ihr monolithische Geschlossenheit. Zivilisationskritik und Einfühlungsvermögen in exotische Mentalität verbinden Traven mit Melville (vgl. dessen Südseeroman *Typee*).

Die weisse Rose.

Berlin: Büchergilde Gutenberg, 1929.

Travens Roman führt – etwa im Jahr 1923 – zunächst nach Mexiko. Auf das bäuerlich wertebewußte Leben in der Hazienda »La Rosa Blanca« im Bundesstaat Veracruz fällt ein Schatten. Perez, Agent der amerikanischen »Condor-Oil-Company« sucht den Besitzer des Grundstücks und patriarchalischen Mittelpunkt der aus vielen Familien bestehenden Kommune, den Indianer Jacinto Yanez, mit einem Sack voll Geld zum Verkauf seines ölverdächtigen Anwesens zu verführen – vergeblich. Im San Francisco der goldenen zwanziger Jahre befindet sich das »Gegenlager«, das Hauptquartier der Ölgesellschaft. Deren Präsident, Chaney Collins, ein millionenschwerer Tycoon mit amoralischem Durchsetzungswillen, denkt nicht daran, Jacinto seinen Frieden zu lassen. Sein Versuch, den Gouverneur von Veracruz für sein Anliegen zu gewinnen, scheitert, weil dieser, nach einem Besuch bei Jacinto, sich gegen die Staatsinteressen – Einnahmen aus Ausfuhrzöllen für Öl – und für den Haziendero im Sinn der mexikanischen Verfassung von 1917 (Art. 27) entscheidet, der zufolge die Bodenschätze dem Volk gehören. Collins läßt Jacinto von der Hazienda, dem Born seiner Kraft, nach San Francisco locken und ermorden. Mit Hilfe eines gefälschten Kaufvertrages setzt er sich in den Besitz der »Rosa Blanca«. Schon bald beginnt die »Condor-Oil-Company«, das Haziendagelände als Erdöllager auszubeuten.

Travens von reicher und differenzierter Kenntnis verschiedener Gesellschaftsschichten geprägtes Werk hat thematische Berührungspunkte mit den gegen Wirtschaftskriminalität gerichteten Romanen der sogenannten *Muckrakers* (›Schmutzdurchwühler‹), zu deren bekanntesten Vertretern Upton Sinclair gehört.

Der Marsch ins Reich der Caoba. Ein Kriegsmarsch.

Zürich/Wien/Prag: Büchergilde Gutenberg, 1933.

In diesem dritten der sechs Romane des nach dem Holz des Mahagonibaums benannten »Caoba-Zyklus«, in dem die Entwicklung indianischer Zwangsarbeiter in Holzfällerlagern (Monterias) des tropischen Regenwaldes von Chiapas zu Revolutionären in der Zeit des Diktators Porfirio Díaz geschildert wird, zeigt das erste Bild Hucutsin in der Sierra Madre zur Zeit des Candelaria-Festes. Hier warten als Caoba-Arbeiter angeworbene Indios auf den Befehl der das Fest zur Suche nach weiteren Arbeitskräften nutzenden Monteria-Agenten zum Marsch nach den Camps. Sie werden dringend benötigt. In den Monterias sind viele Peones an Fieber gestorben. In Europa und den USA herrscht rege Nachfrage nach Mahagoniholz. Díaz hat ausländischen Aktiengesellschaften neue Waldausbeutungslizenzen erteilt und alte bestätigt. Bei der Anwerbung von Indios als Peones pflegen die Agenten mit abzuarbeitenden Lohnvorschüssen die Grundlage für Schuldknechtschaft und Zwangsarbeit zu schaffen, die mit der durch die mexikanische Verfassung von 1824 verbotenen Sklaverei vergleichbar ist. Bei diesem Menschenhandel arbeiten die »Enganchadores« und korrupte Staatsdiener Hand in Hand, Ausdruck einer Interdependenz, die Traven als »Coyotismus« auslegt. Die Menschenrechte der Indios sind der feudalmilitaristisch engagierten Regierung Díaz gleichgültig. Der Werbeagent Gabriel Ordonez führt schließlich die in Hucutsin versammelten Kontraktarbeiter in einem mehrwöchigen, von Aufsehern bewachten Marsch durch den Dschungel nach den Camps im Gebiet des Rio Usumacinto. Diese Rahmenerzählung (vom Typ der Hauffschen *Karawane*) wird durch Binnenerzählungen mehrfach unterbrochen, so etwa durch die Geschichte vom sisyphusartigen Leidensweg des durch Peonagen um sein Lebensglück betrogenen Indianers Celso Flores, der sich vom tumben Tor zum Rächer und Rebellen wandelt.

Die Rebellion der Gehenkten. Roman.

Zürich/Wien/Prag: Büchergilde Gutenberg, 1936.

Um 1910, während in Mexiko bereits die Revolution schwelt, zieht in diesem zum »Caoba-Zyklus« gehörenden Roman der Agent Gabriel Ordonez mit einem Trupp angeworbener Kontraktarbeiter durch den Dschungel von Chiapas nach den Monterias der Brüder Severo, Acacio und Felix Montellano auf beiden Seiten des Rio Usumacinto. Hier wird das Holz (Caoba) des Mahagonibaums gewonnen. Die neuen Peones lernen die hier schon fronenden kennen, unter denen Celso Flores und Andres Ugaldo (die Hauptfigur des ersten Caoba-Romans *Der Karren*) die anerkannten Sprecher sind. Die rohen, sadistischen Montellanos und die Aufseher halten die Peones in stetiger Angst vor Folter. Damit wollen sie ihnen Flucht- und Meutereigedanken nehmen und sie zu höchster Arbeitsleistung zwingen. Ihre rechtlosen Opfer – eine wirkliche Arbeiterschutzgesetzgebung gibt es in Mexiko erst mit der Verfassung von 1917 (Art. 123) – werden von ihnen willkürlich ausgepeitscht, verstümmelt oder für Stunden an Dschungelbäumen aufgehängt. Felix Montellano läßt dem durch Zwangsverschuldung versklavten Indianer Candido Castro und seinem kleinen Sohn wegen Fluchtversuchs die Ohren abschneiden. Es ist eine Hölle auf Erden, in der Unschuldige in der Hand von Verbrechern sind. Travens Werk, wie etwa auch Solschenizyns *Archipel Gulag* zur sogenannten Lagerliteratur gehörig, ist insofern auch ein Abenteuerroman, als es den Peones durch Gegenwehr allmählich gelingt, ihre Opfersituation zu lösen. Entscheidenden Anteil am Erfolg der Rebellion hat Juan Mendez, ein ehemaliger Sergeant, der aus der mexikanischen Armee desertiert und in die Caoba-Arbeit »abgetaucht« ist. Er führt die Befreiten aus dem Dschungel hinaus. Alle sind entschlossen, der mexikanischen Revolution, der sie in ihrer Not bereits gedient haben, als »Soldaten« treu zu bleiben.

H. Spelsberg

Ernst Weiss

1882–1940

Der arme Verschwender. Roman.

Amsterdam: Querido, 1936.

Der im Pariser Exil entstandene Entwicklungsroman, den der Autor selbst für sein Hauptwerk hielt, beschwört in nüchterner Prosa die untergehende Provinzwelt der österreichisch-ungarischen Monarchie und schildert vor diesem morbiden Hintergrund den konfliktreichen, verzweifelten Werdegang eines sensiblen Einzelgängers, der an der zwanghaften Haßliebe zu seinem Vater, einem ebenso genialischen wie tyrannischen Augenarzt, zerbricht.

Obwohl der Ich-Erzähler, ein 35jähriger Nervenarzt, längst die Zwiespältigkeit des egoistischen Vaters durchschaut hat, konnte er sich innerlich nie von den patriarchalischen Forderungen, die ihm Symbol der »alten Ordnung« sind, lösen und zu einer selbstbestimmten Existenz finden. Im Rückblick auf sein liebeshungriges Leben offenbart sich, daß die Abhängigkeit vom übermächtigen Vater jede andere Bindung, sei es die Sorge für seine unstandesgemäße Frau Vally und sein Kind oder die Leidenschaft zu der lungenkranken und lebensgierigen Eveline, wie ein Verhängnis überschattete und zum Scheitern verurteilte. Seinem einzigen Freund Perikles, der das Opfer politischer Wahnvorstellungen wird, konnte er nur vorübergehend helfen. Auch sein Wunsch, sich im Reich des »Unsichtbaren«, bei den Geisteskranken, als Helfer und Heiler zu bewähren, blieb unerfüllt, weil ihn die überlebensgroße Persönlichkeit des Vaters stets auf die Seite des »Sichtbaren« bannte.

Dem materiellen Aufstieg des ehrgeizigen Vaters zum berühmten Professor der Augenheilkunde wird kontrapunktisch der psychische und physische Niedergang des nie erwachsen gewordenen Sohnes entgegengesetzt. Lebensmüde und todkrank klammert er sich bis zuletzt an den grausamen und verständnislosen Vatergott, der als Beweis seiner Vitalität noch im hohen Alter zwei Kinder zeugt. Im Zeichen dieser unterwürfigen Liebe »verschwendet« der Sohn seine individuellen Begabungen, seine Beziehungen und schließlich das Leben selbst.

Über den psychologischen, teilweise autobiographischen Einzelfall hinaus, der ein Paradigma uneigentlicher Existenz darstellt, kann *Der arme Verschwender* auch als gesellschaftspolitisches Zeitbild und – mit den Worten Albert Ehrensteins – als »Nekrolog auf das verlorene Leben einer ganzen Generation« verstanden werden.

Der Augenzeuge. Roman.

Icking bei München: Kreisselmeier, 1963.

Der nachgelassene letzte Roman des Emigranten Ernst Weiß, 1938 erfolglos für einen literarischen Wettbewerb der »American Guild for German Cultural Freedom« eingereicht, erregte trotz epischer Unzulänglichkeiten (eine überarbeitete Fassung mit dem Titel »Der Narrenkaiser« ist verschollen) bei seiner späten Veröffentlichung einiges Aufsehen, weil er den fiktiven Lebensbericht eines Arztes und Psychiaters auf kühne Weise mit dem authentischen Fall des im Ersten Weltkrieg vorübergehend erblindeten »Gefreiten A. H.« verbindet.

Der Ich-Erzähler heilt in einem Feldlazarett durch eine Art Wunderkur den Hysteriker Hitler von seiner eingebildeten Blindheit, wird so zum »Augenzeugen« der schwächsten Stunden des späteren Diktators und setzt in seiner ärztlichen Hybris ungewollt überhaupt erst dessen politische Dynamik frei. Selber von dem Wunsch bewegt, nicht nur »Augenzeuge« zu sein, sondern gottähnlich Schicksal zu spielen, durchschaut er zwar die Absichten des brutalen Macht- und Willensmenschen Hitler, muß aber hilflos seinen dämonischen Aufstieg ansehen, den er mitverschuldete. Da er belastende Krankenaufzeichnungen besitzt, wird er nach der Machtergreifung seines ehemaligen Patienten von der Gestapo verfolgt und in einem Konzentrationslager gefoltert. Erst nachdem seine Frau heimlich die Papiere ausgeliefert hat, kann er über die Schweiz nach Paris entkommen. Am Ende findet der »Augenzeuge« zu einer aktiven Gestaltung seines Schicksals und meldet sich freiwillig zum Kampf für die spanische Republik.

Die Bedeutung des Romans liegt in der Verknüpfung eines scheinbar privaten Einzelschicksals mit der politischen Genese des Faschismus und im Verzicht auf einseitige Schwarzweißmalerei: Ähnlich wie Thomas Mann in seinem Essay *Bruder Hitler* bemüht Weiß sich um ein Verstehen der »Höllengestalt« Hitler, und er verschweigt auch nicht die Anfälligkeit seines Ich-Helden für dessen gefährliche Ausstrahlung, die ein ganzes Volk in den Abgrund führte.

D. Sudhoff

Franz Kafka
1883–1924

Betrachtung.

Leipzig: Rowohlt, 1913. [1912 erschienen.]

Kafkas erste Buchpublikation kam durch Vermittlung Max Brods zustande, der seinen Freund 1912 mit dem Verleger Ernst Rowohlt bekannt machte. Kafka stellte für den Band achtzehn kurze Prosastücke zusammen, von denen neun schon 1908 in der Zeitschrift »Hyperion« und 1910 in der Prager Tageszeitung »Bohemia« veröffentlicht worden waren. Um den Band zu füllen, sah er seine Tagebücher, die zahlreiche kleine literarische Skizzen enthielten, auf geeignete Texte durch; auch aus den beiden Fassungen von *Beschreibung eines Kampfes* nahm er Passagen heraus. Zwar mußten einige der ausgewählten Texte für die Aufnahme in *Betrachtung* noch bearbeitet oder auch zu Ende geschrieben werden, keiner der Texte entstand aber im Hinblick auf diese Publikation. Kafka wies mehrfach auf das ›Alter‹ der Stücke hin (einige von ihnen stammen möglicherweise schon aus dem Jahr 1903), äußerte sich unzufrieden mit ihnen und klagte, daß die Arbeit ihn am Hervorbringen neuerer, aktuellerer Werke hindere. Er distanzierte sich von dem Projekt, wurde aber von Brod – mit dem er sich deswegen überwarf – zu dessen Beendigung gedrängt. Kafka faßte die Sammlung offenbar als Zyklus auf: er bestand beim Verlag auf der Einhaltung der von ihm vorgegebenen Reihenfolge, in der die Stücke gedruckt werden sollten. Dabei sind die einzelnen Skizzen formal gesehen recht unterschiedlich; schon ihre Länge variiert erheblich. So füllen die beiden ›Rahmentexte‹ *Kinder auf der Landstraße* und *Unglücklichsein* mehrere Druckseiten, während *Wunsch, Indianer zu werden* aus einem einzigen längeren Satz besteht, *Die Bäume* aus vier sehr kurzen. Ebenso unterschiedlich ist ihre Struktur: Kafka scheint verschiedene Möglichkeiten des Erzählens zu erproben; während in den längeren Texten auf konventionelle Weise eine Handlung entwickelt wird, bestehen andere aus Monologen (*Der Ausflug ins Gebirge*) oder präsentieren einen vom Erzähler vorgestellten Dialog (*Die Abweisung*); in anderen werden nur Wunschvorstellungen oder Überlegungen festgehalten (*Wunsch, Indianer zu werden*, *Der plötzliche Spaziergang*). Einend wirkt hingegen der melancholisch-resignative Grundton der meisten Texte: in ihnen kommt vor allem die Unsicherheit eines Ich angesichts einer in ihrer Komplexität als verwirrend erfahrenen Welt zum Ausdruck, Unsicherheit auch, was die Integration in diese Welt – oder in die Gesellschaft –

betrifft. Schon in den frühen Rezensionen zu *Betrachtung* wurde der lyrische Charakter von Kafkas Prosa hervorgehoben.

Das Urteil.

In: Arkadia 1913.

Kafka hat dieser in der Nacht vom 22. zum 23. September 1912, »von 10 Uhr abends bis 6 Uhr früh« entstandenen Geschichte eine besondere Bedeutung für sein gesamtes literarisches Werk zugewiesen, weil er glaubte, bei der Niederschrift dieses Textes die ihm adäquate Schaffensmethode entdeckt zu haben: ein weitgehend vom Unterbewußtsein getragenes Schreiben »in einem Zug«, also ohne größere Unterbrechung, ein organischer, an eine »Geburt« erinnernder Vorgang. »Nur so kann geschrieben werden«, heißt es in einem berühmten Kommentar in Kafkas Tagebuch zur Entstehung des *Urteils*, »nur in einem solchen Zusammenhang, mit solcher vollständigen Öffnung des Leibes und der Seele.« Daß so vieles ihm selbst nicht vollständig Bewußtes oder Unbewußtes in den Text eingegangen war, bewirkte wohl auch, daß dieser nach seinem eigenen Dafürhalten »nicht zu erklären« sei. Die meisten Interpreten, die dem Autor zum Trotz um eine solche Erklärung bemüht sind, nähern sich dem Text von der Biographie Kafkas her. Es scheint jedoch so, daß bestimmte lebensgeschichtliche Umstände zwar zur Entstehung der Erzählung beitrugen, im Autor die Disposition zu ihrer Abfassung schufen, daß diese Umstände aber eben in dem literarischen Text zumindest nicht bewußt gestaltet werden, man ihn also mit einer biographischen Auslegung auch nicht erschöpfend deuten kann. Den Anstoß zu einer solchen Auslegung hat Kafka selbst gegeben, der die Erzählung nicht nur seiner späteren Verlobten Felice Bauer, die er im August 1912 kennengelernt hatte, widmete, sondern in seinem Tagebuch auch vermerkte, daß er sie ihr »auf Umwegen« verdanke, und darauf hinwies, daß er über die Namen seiner Figuren (so heißt die Verlobte des jungen Kaufmanns *F*rieda *B*randenfeld) eine Verbindung zu seinem realen Leben hergestellt habe.

Die Erzählung folgt einem einfachen Konstruktionsmuster, dem der Kontrastierung. Georg Bendemann, ein junger Kaufmann, lebt mit seinem alten Vater zusammen; Georg hat sich verlobt und schickt sich an, eine Familie zu gründen: der Vater ist seit einiger Zeit Witwer. Der Sohn sitzt zu Beginn der Erzählung in einem sonnendurchfluteten Zimmer und ist produktiv – er schreibt einen Brief –, während der Vater in einem dunklen Hinterzimmer haust und eine Zeitung liest, die zudem noch viele Jahre alt ist. Der Vater scheint nur noch in der Vergangenheit zu leben, er hat Erinnerungsstücke an die tote Mutter um sich herum drapiert, während die Gedanken des Sohnes in die Zukunft gerichtet sind, nicht nur auf seine bevorstehende Ehe, sondern auch auf eine weitere Expansion des Geschäftes, das unter seiner Führung bereits aufgeblüht ist. Mit Georg kontrastiert noch eine weitere Gestalt der Erzählung, die zwar nicht auftritt, aber im Denken von Vater wie Sohn äußerst lebendig ist: der geheimnisvolle »Freund in der Fremde«, von dem es doppeldeutig heißt, daß er in einem besonderen »Korrespondenzverhältnis« mit Georg stehe. Dieser Freund ist beinahe in allem das Gegenteil von Georg: er hat sich schon vor Jahren nach Rußland »förmlich geflüchtet«; sein Geschäft in Petersburg steht vor dem Ruin, er pflegt auch zur Kolonie seiner Landsleute keinerlei gesellschaftliche Kontakte, er hat sich auf ein »endgültiges Junggesellentum« eingerichtet, ist »ein altes Kind« geworden. Im ersten Teil der Erzählung wird vor allem eine merkwürdige Scheu herausgearbeitet, die der erfolgreiche junge Bendemann diesem Gescheiterten gegenüber an den Tag gelegt hat, nämlich »zuzugestehen«, »daß er selbst vor einem Monat mit einem Fräulein Frieda Brandenfeld, einem Mädchen aus wohlhabender Familie, sich verlobt hatte«. Der erste Teil des Textes endet damit, daß Georg mit dem Brief in der Tasche, in dem er diese Mitteilung endlich gemacht hat, in das Zimmer seines Vaters geht, um diesen davon in Kenntnis zu setzen. Es erweist sich, daß auch der Vater in einem besonderen Korrespondenzverhältnis mit dem Freund gestanden hat. Er hat ihn davor bewahrt, von Georg »verraten« zu werden: »Ich war sein Vertreter hier am Ort.« Der alte Bendemann, der eben noch hinfällig zu sein schien, wird plötzlich wieder zum Riesen, dessen – wenn auch vielleicht »letzte« – Kraft immer noch »zuviel« für seinen Sohn ist. Er bezichtigt seinen Sohn, nicht nur den Freund, sondern – durch seine aus rein sexuellen Motiven eingegangene Verlobung – auch die eigene Mutter verraten zu haben, erklärt ihn zu einem »teuflischen Menschen« und schließt seine Anklage mit den Worten: »Und darum wisse: Ich verurteile dich jetzt zum Tode des Ertrinkens!« Der Sohn vollzieht dieses Urteil an sich selbst: Er läuft zur nahegelegenen Brücke und läßt sich ins Wasser hinabfallen.

Die meisten Interpretationen setzen bei der mysteriösen Figur des Freundes an, der, wie Kafka schreibt, »die Verbindung zwischen Vater und Sohn« ist. Der alte Bendemann bezeichnet diesen Gescheiterten als »Sohn nach meinem Herzen«. Damit unterscheidet sich aber diese fiktive Vaterfigur grundlegend von Kafkas wirklichem Vater, Hermann Kafka, der gerade berufliches Fortkommen zum Gradmesser allen Erfolges machte und seinen Sohn ›verurteilte‹, weil dieser sich einer bürgerlichen Existenz bewußt entzog, um ein »junggesellenmäßiges« Leben als freier Schriftsteller zu führen. Georg, der den Idealvorstellungen Hermann Kafkas von einem Sohn entspricht, wird hier aber als jemand dargestellt, der den Vater auch bedroht, ihn zu entmachten und seine Stelle einzunehmen versucht. So könnte man die Geschichte als Wunschphantasie des Autors deuten: die Situation ist seinem realen Leben genau entgegengesetzt – derjenige, der, wenn man die bürgerlichen Werte und Normen zugrunde legt, versagt, wird vom Vater akzeptiert, geschützt und verteidigt, während über denjenigen, der den bürgerlichen Maßstäben entsprechend Erfolg hat und ein ›guter‹ Sohn ist, das Todesurteil gefällt wird. Auch was die von Kafka stets als problematisch empfundene Ehe betrifft – sie bedroht die freiheitliche Existenz des Künstlers –, läge, wenn man sich einer solchen Deutung des Textes anschließt, eine befreiende Wunschvorstellung vor: Georgs Entschluß zu heiraten setzt das Geschehen, das mit seinem Tod endet, in Gang; der ›ewige Junggeselle‹ in Rußland dagegen darf weiterleben.

Die Verwandlung.

In: Die weißen Blätter 1915.

In dieser im November/Dezember 1912 entstandenen Erzählung wurden lebensgeschichtliche Probleme thematisiert und verarbeitet. Für Kafka hatte Ende September des Jahres eine besonders fruchtbare Schaffensphase begonnen; er stand seinem Schreiben mit neugewonnener Zuversicht gegenüber und nahm nur wenige Tage nach der Niederschrift von *Das Urteil* die Arbeit an dem Roman *Der Verschollene* auf, der sich anfänglich sehr rasch und problemlos entwickelte. In dieser Situation, da er glaubte, endlich seine Berufung als Schriftsteller erfüllen zu können, nahmen Störungen von außen, wie sie sich durch seinen Beruf als Versicherungsjurist ergaben, aber auch durch Forderungen, die sein Vater und andere Familienmitglieder an ihn stellten und die ihn gewissermaßen in eine bürgerliche Existenz hineinzwangen, einen geradezu lebensbedrohlichen Charakter an. Als man ihn im Oktober 1912 dazu drängte, sich um eine in Familienbesitz befindliche Asbestfabrik zu kümmern, und sich abzeichnete, daß die Arbeit an seinem Roman dadurch Schaden nehmen würde, dachte er an Selbstmord. Tatsächlich ergaben sich bald Schwierigkeiten bei der Weiterführung des *Verschollenen*; Kafka unterbrach die Arbeit an diesem Roman, um eine Geschichte zu Papier zu bringen, die ihm – wie er seiner späteren Verlobten Felice Bauer mitteilte – in seinem »Jammer« eingefallen war.

Diese Geschichte war *Die Verwandlung*, die man als Kritik an Kafkas eigener Familie, im weiteren Sinn aber auch am bürgerlichen Normen- und Wertesystem der Epoche, in der dieser Text entstand, lesen kann. Der Protagonist, Gregor Samsa, der nach geschäftlichem Scheitern seines Vaters diesen, die Mutter und die Schwester als Handlungsreisender ernährt, wacht eines Morgens auf und findet sich »zu einem ungeheueren Ungeziefer verwandelt«. Die naheliegenden Erklärungen für dieses unglaubliche Ereignis werden von Kafka konsequent ausgeschaltet. »Es war kein Traum«, heißt es explizit. Auch kann die Verwandlung nicht auf das Eingreifen übernatürlicher Mächte zurückgeführt werden. Auffallenderweise wird nie die Frage nach dem Grund für die Tierwerdung Samsas gestellt, auch von diesem selbst nicht. Die Metamorphose eines Menschen in einen Käfer kann also nicht – wie in vielen märchenhaften oder mythischen Texten, die von einer solchen Verwandlung berichten – darauf zurückgeführt werden, daß dieser Mensch von den Göttern oder von anderen mit übernatürlichen Fähigkeiten ausgestatteten Wesen zur Strafe für eine Missetat verzaubert wird. Man muß als Leser das Faktum der Verwandlung, die sich ja schon vor dem Beginn der Erzählung vollzogen hat, akzeptieren, so wie der Held sie nach einem kurzen Prozeß der Gewöhnung an seinen neuen Körper akzeptiert. Der eigentliche Sinn der Geschichte enthüllt sich darin, wie die Mitglieder von Samsas Familie die Tatsache hinnehmen, daß der ehemalige Ernährer jetzt zum Parasiten geworden ist, der auf ihre Hilfe angewiesen ist. Ihre Reaktionen fallen zunächst sehr unterschiedlich aus: die Mutter verliert, als sie den Käfer-Sohn zum ersten Mal zu Gesicht bekommt, die Besinnung. Der Vater gibt sich sofort als Aggressor zu erkennen: er treibt den Verwandelten mit einem Stock in sein Zimmer zurück, in das er für den Rest der Erzählung verbannt wird. Gregors Schwester Grete – zu der er sich in seinem früheren Leben besonders stark hingezogen fühlte – scheint eine potentielle Erlöserin zu sein: sie wahrt als einzige den Kontakt zu ihm und versorgt ihn mit Nahrung. Zu Konflikten kommt es jedesmal, wenn das ›Ungeziefer‹ sein Zimmer verläßt und in den Lebensbereich der anderen eindringt. Nach einem ersten solchen Ausbruch bewirft der Vater den Sohn mit Äpfeln und verletzt ihn schwer. Die Fürsorge der Schwester nimmt immer mehr ab; das Zimmer des Verwandelten verkommt immer mehr zu einer Höhle. Parallel dazu beginnt auch Gregor selbst immer mehr sich zu vernachlässigen. So hat er tatsächlich etwas von einem »Mistkäfer« an sich, als er, vom Violinspiel der Schwester angelockt, zum zweiten Mal in die Wohnung vordringt. Gravierend wird diese – durch Gregors nicht erloschene liebevolle Zuneigung zu seiner Schwester ausgelöste – Grenzüberschreitung dadurch, daß ihn drei Untermieter zu Gesicht bekommen, die die Familie, um ihre finanzielle Situation zu verbessern, aufgenommen hat. Diese drei Zimmerherren kündigen sofort und drohen sogar mit einer Klage. Da sich somit erwiesen hat, daß der Verwandelte die materielle Lebensbasis der Familie gefährdet, beschließt man, ihn zu opfern. Es ist die Schwester, die sich zur Hauptanklägerin erhebt und auch das Urteil über ihn spricht: »Ich will vor diesem Untier nicht den Namen meines Bruders aussprechen, und sage daher bloß: wir müssen versuchen, es loszuwerden.« Das »Untier« erspart ihr jedoch die Mühe, etwas unternehmen zu müssen. Es macht sich dieses Urteil voll und ganz zu eigen und zieht sich zum Sterben in sein Zimmer zurück, wobei »es« mit »Rührung und Liebe« an seine Familie zurückdenkt.

In einem Schlußteil, mit dem Kafka selbst unzufrieden war, berichtet ein Erzähler – die vorangegangenen Ereignisse waren aus der Perspektive des Verwandelten dargestellt – vom Wiederaufleben der Familie nach dem Tod des Sohnes. Vor allem für Grete, die gewissermaßen auch eine

Verwandlung durchgemacht hat – sie ist zu »einem schönen und üppigen Mädchen aufgeblüht« –, ergeben sich, nachdem man den Parasiten losgeworden ist, neue Aussichten für die Zukunft; die Eltern dachten daran, »daß es nun Zeit sein werde, auch einen braven Mann für sie zu suchen. Und es war ihnen wie eine Bestätigung ihrer neuen Träume und guten Absichten, als [...] die Tochter als erste sich erhob und ihren jungen Körper dehnte«.

Die Verwandlung demonstriert, wie jemand, der aufgrund seiner Andersartigkeit keinen Nutzen für die menschliche Gemeinschaft besitzt, ihr in materieller Hinsicht sogar Schaden zufügt, erbarmungslos ausgeschieden, ja geradezu geopfert wird. Dabei ist Gregor Samsa trotz seiner äußeren Tiergestalt in seinem Inneren Mensch geblieben, er ist sogar der einzige, der menschlich denkt und fühlt. Die Kritik richtet sich gegen die Familie oder, allgemeiner gesprochen, gegen die Gesellschaft, die in ihrer materialistischen Grundeinstellung zu solchen Gefühlen nicht mehr fähig ist.

In der Strafkolonie.

Leipzig: K. Wolff, 1919.

Die Erzählung entstand im Oktober 1914, als Kafka sich einen Urlaub genommen hatte, den er eigentlich dazu verwenden wollte, den Roman *Der Prozeß* weiterzuführen. Seinem Verleger Kurt Wolff, der den Text als »peinlich« bezeichnet hatte, antwortete Kafka 1916 in einem Brief, daß »nicht nur sie peinlich ist, daß vielmehr unsere allgemeine und meine besondere Zeit gleichfalls sehr peinlich war und ist«. Möglicherweise ist dies ein Hinweis darauf, daß Kafka mit der Erzählung auch Kritik an der Inhumanität der Epoche üben wollte, in der sie entstand, daß er die Grausamkeit des Weltkriegs, der im September 1914 ausgebrochen war, spiegeln wollte. Die Handlung ist zwar in einer exotischen

Welt angesiedelt, auf einer tropischen Insel, auf der sich eine Strafkolonie befindet, in diese Welt gerät aber ein Repräsentant der westlichen Zivilisation, ein »Forschungsreisender«. Diesem Forschungsreisenden will ein Offizier die Effizienz eines »eigentümlichen Apparats« demonstrieren, einer Hinrichtungsmaschine, die dem Verurteilten das Gebot, gegen das er verstoßen hat, mit Stahlnadeln auf den Leib schreibt und ihn so langsam zu Tode foltert. Das Gebot, das der Soldat, bei dessen Exekution der Reisende Zeuge sein soll, übertreten hat, lautet: »Ehre deinen Vorgesetzten«. Kafka variiert hier das häufig von ihm gestaltete Thema des Verstoßes gegen eine patriarchalische Ordnung: »Die Schuld«, sagt der Offizier, »ist immer zweifellos.« Doch scheint die fürchterliche Strafe in keiner Relation zum Vergehen des Verurteilten zu stehen: er ist während einer Wache eingeschlafen und hat seinen Vorgesetzten beleidigt. Tatsächlich ist auch die Art der Hinrichtung – die Maschine stammt noch aus der Zeit des »früheren Kommandanten« – in der Strafkolonie selbst umstritten. Der Offizier ist ein Anhänger der alten Ordnung und des alten Kommandanten, den er beinahe religiös verehrt; er will, daß der Reisende sich bei »neuen Kommandanten« dafür ausspricht, daß das Hinrichtungsverfahren erhalten bleibt; dieser weigert sich aber entschieden, dies zu tun. Mit der rätselhaften Bemerkung: »Dann ist es also Zeit«, entläßt der Offizier daraufhin den Gefangenen und legt sich selbst unter die Maschine, die jedoch versagt und den Gefesselten sofort tötet: »Der Reisende wollte eingreifen, möglicherweise das Ganze zum Stehen bringen, das war ja keine Folter [...], das war unmittelbarer Mord. Da hob sich aber schon die Egge mit dem aufgespießten Körper zur Seite, wie sie es sonst erst in der zwölften Stunde tat.« Der Reisende verläßt wenig später die Insel. Zuvor hat er noch das Grab des alten Kommandanten besucht. Eine Inschrift auf dem Grabstein verkündet, daß der Kommandant »nach einer bestimmten Anzahl von Jahren auferstehen und [...] aus diesem Hause seine Anhänger zur Wiedereroberung der Kolonie führen wird. Glaubet und wartet.«

Kritisiert wird hier also zum einen ein unmenschliches System, das sich unreflektiert auf eine Tradition beruft und sich zur Verteidigung der inhumanen alten Ordnung auch pseudoreligiöser Aussagen bedient. Dieses System kann nur durch einen »Glauben« aufrechterhalten werden, es duldet kein kritisches Nachdenken. Kritisiert wird aber auch der Reisende als Vertreter einer aufgeklärteren Zivilisation, der zwar alles genau beobachtet, sich innerlich auch gegen das ungerechte Gerichtsverfahren – der Angeklagte erhält keine Möglichkeit zu seiner Verteidigung, ihm wird nicht einmal mitgeteilt, daß er verurteilt ist – und das grausame Hinrichtungsverfahren empört, aber nicht bereit ist einzugreifen: er zieht sich auf den Standpunkt zurück, daß es »immer bedenklich« sei, »in fremde Verhältnisse entscheidend einzugreifen«, und daß er »nur mit der Absicht« reise, »zu sehen und keineswegs etwa, um fremde Gerichtsverfassungen zu ändern«. Als am Ende der Erzählung der Verurteilte und der Soldat, der ihn bewacht, versuchen, zu ihm auf das Boot zu springen, mit dem er die Strafkolonie verläßt, treibt er sie mit einem schweren geknoteten Tau wie mit einer Peitsche zurück und überläßt sie ihrem Schicksal.

Ein Landarzt. Kleine Erzählungen.

München/Leipzig: K. Wolff, 1919. [1920 erschienen.]

Der Band enthält: *Der neue Advokat*, *Ein Landarzt*, *Auf der Galerie*, *Ein altes Blatt*, *Vor dem Gesetz*, *Schakale und Araber*, *Ein Besuch im Bergwerk*, *Das nächste Dorf*, *Eine kaiserliche Botschaft*, *Die Sorge des Hausvaters*, *Elf Söhne*, *Ein Brudermord*, *Ein Traum*, *Ein Bericht für eine Akademie*. Die Mehrzahl dieser Erzählungen war im Winter 1916/17 entstanden und schon im Juli 1917 von Kafka zur Publikation in einem Sammelband angeboten worden, der aber aus verschiedenen Gründen (auch aus kriegsbedingter Materialknappheit) erst nahezu drei Jahre später fertiggestellt wurde. Zahlreiche Texte waren daher schon vor dem Erscheinen des Sammelbandes an anderer Stelle veröffentlicht worden. Die Texte sind von ihrer Länge, Struktur und Aussage her recht unterschiedlich. *Vor dem Gesetz* gehört zum *Prozeß*, *Ein Traum* zum Umfeld dieses Romans. Besonderen Bekanntheitsgrad haben *Ein Landarzt* und *Ein Bericht für eine Akademie* erreicht.

Die Titelerzählung *Ein Landarzt* gilt als eines der am schwierigsten zu deutenden Werke Kafkas; die Handlung scheint sich nach den Gesetzen eines Traums zu entwickeln, die Darstellung ist aber gleichzeitig von äußerster Präzision und Realistik. Immanente Deutungen dieser Geschichte versagen, fast alle Interpreten ziehen Hilfslinien zu weniger kryptischen Texten Kafkas, die ihrer Ansicht nach thematische Entsprechungen zum *Landarzt* aufweisen; so kommt man vielfach zu dem Ergebnis, daß Kafka auch in diesem Text den für ihn zentralen lebensgeschichtlichen Konflikt, jenes Sich-entscheiden-Müssen zwischen künstlerisch-zölibatärer und bürgerlich-familialer Existenz schreibend durchdenkt oder erprobt; diesen Seinsweisen entsprechen in der Erzählung zwei Bereiche, zum einen der Ort, an dem der Landarzt – als Junggeselle – mit seinem Dienstmädchen lebt, zum anderen das Haus, in dem der kranke Junge mit seiner Familie wohnt. Beide scheinbar so gegensätzlichen Bereiche stehen aber in enger Beziehung zueinander, sie berühren sich sogar, jedenfalls scheint es dem Arzt, »als öffne sich unmittelbar vor meinem Hoftor der Hof meines Kranken«. Das zölibatäre Dasein des Arztes – des Schriftstellers – wird in Frage gestellt, auch durch auf das Dienstmädchen gerichtete sexuelle Triebe, vor allem aber dadurch, daß er der »Nachtglocke folgt«, seine Pflicht als Arzt tut und damit den familialen Bereich aufsucht, der in diesem Fall sofort mit Krankheit und Tod in Zusammenhang gebracht wird. Gerade durch den Jungen, der sich nach dem Tod sehnt, wird der Arzt, der sich ins Bett des Kranken legt und so symbolisch mit ihm eins wird, wieder auf die asketische, nicht-soziale Existenzform verwiesen. Der Patient findet im Tod seine Erlösung, für den Arzt hingegen gibt es keine Errettung: Er ist gewissermaßen zu einer Existenz zwischen den beiden Bereichen verdammt und ort- und heimatlos das Leben eines ewigen Wanderers zu führen: »Betrogen! Einmal dem Fehlläuten der Nachtglocke gefolgt – es ist niemals gutzumachen.«

Ein Bericht für eine Akademie steht in einer literarischen Tradition; Erzählungen von der Menschwerdung eines Tieres finden sich u. a. bei Hoffmann und Hauff. Der Affe tritt bei Kafka als Ich-Erzähler auf, der wunschgemäß den »hohen Herren« einer Akademie Bericht darüber erstattet, wie seine Menschwerdung vonstatten ging. Es zeigt sich, daß sie eine Flucht darstellte, ihm einen »Ausweg« bot; nur durch das Nachahmen menschlichen Verhaltens und das Erlernen der menschlichen Sprache war es dem von Tierhändlern gefangenen Affen möglich, dem Käfig zu entrinnen. So verband sich mit seiner Menschwerdung letztlich keine Selbstverwirklichung, sondern nur eine Anpassung, die ihn nur wieder in eine andere Form von Unfreiheit geführt hat. Er fristet jetzt sein Dasein als Varieté-Künstler und ist ganz den Launen des Publikums unterworfen. Es ist deutlich, daß Kafka Distanz zu seinem Helden wahrt, der stolz auf seinen neugewonnenen Status ist. Allgemein anerkannte Normen und Werte der menschlichen Zivilisation werden in diesem Text ironisch hinterfragt, Sozialrituale karikiert (die Aufnahme in die Gesellschaft vollzieht sich durch das Leeren einer Flasche Schnaps); der zivilisatorische Prozeß, die Sozialisation durch Lernen kommt letztendlich einem Sich-dressieren-Lassen oder einem nicht weniger erbarmungslosen Sich-selbst-Dressieren gleich: »Ach, man lernt, wenn man muß; man lernt, wenn man einen Ausweg will; man lernt rücksichtslos. Man beaufsichtigt sich selbst mit der Peitsche; man zerfleischt sich beim geringsten Widerstand.« Das »große Gefühl der Freiheit nach allen Seiten«, so der Erzähler, habe er vielleicht früher als Affe gekannt.

Ein Hungerkünstler. Vier Geschichten.

Berlin: Verlag Die Schmiede, 1924.

Die 1922 entstandene Erzählung wurde 1924 von Kafka in einem Band dem sie den Titel gab, zusammen mit *Erstes Leid*, *Eine kleine Frau* und *Josefine, die Sängerin oder Das Volk der Mäuse* veröffentlicht; das Buch wurde erst nach seinem Tod ausgeliefert.

Die Titelgeschichte thematisiert die von Kafka gegen Ende seines Lebens als problematisch empfundene Künstlerexistenz. Ein Hungerkünstler, der sich früher beim Publikum größter Beliebtheit erfreute, gerät allmählich in Vergessenheit, weil sich niemand mehr für seine Kunst interessiert. Er verhungert tatsächlich in dem Käfig, in den er sich hat sperren lassen. Als man den Sterbenden im Stroh auf dem Käfigboden entdeckt, hat er gerade noch die Kraft zu einem Geständnis; er verlangt, daß man ihn nicht bewundern solle, denn sein fanatisches Hungern sei keine Kunst gewesen, er habe einfach nicht die Speise finden können, die ihm geschmeckt hätte: »Hätte ich sie gefunden, glaube mir, ich hätte kein Aufsehen gemacht und mich vollgegessen wie du und alle.« Hier wird Kunst zum einen als etwas Lebensfeindliches entlarvt, das letztlich zur Selbstzerstörung führt, als etwas, das weniger einer besonderen Begabung als vielmehr einer besonderen Unfähigkeit entspringt, der Unfähigkeit zur Teilnahme am ›normalen‹ Leben. Auf der anderen Seite wird der Künstler aber auch über die Menschen gestellt, die nur einem animalischen Trieb gehorchen und dem, der anders ist, mißtrauisch und verständnislos gegenüberstehen: »Gegen diesen Unverstand, gegen diese Welt des Unverstandes zu kämpfen, war unmöglich.« In den Käfig des Toten sperrt man einen jungen Panther, Inbegriff der Vitalität, aber auch des bloß kreatürlichen Seins, und die Zuschauer »umdrängten den Käfig und wollten sich gar nicht fortrühren«.

In *Erstes Leid* wird von einem Trapezkünstler erzählt, der sich völlig seiner Kunst opfert, um sie immer mehr zu vervollkommnen, und sich zur Erfüllung dieses fanatischen Strebens sogar ein zweites Trapez wünscht. Dabei entfernt er sich aber immer mehr von den Menschen; nur hin und wieder schaut jemand »in die dem Blick sich fast entziehende Höhe empor, wo der Trapezkünstler, ohne wissen zu können, daß jemand ihn beobachtete, seine Künste trieb oder ruhte«.

Josefine, die Sängerin nimmt für sich in Anspruch, dem Mäusevolk durch ihre künstlerischen Darbietungen – ihr Pfeifen – vor allem in Notzeiten neue Kräfte zu geben und es damit zu beschützen; sie fordert daher immer wieder, von den normalen Pflichten und Tätigkeiten einer Maus befreit zu werden. Als das Volk dies hartnäckig ablehnt, wird es von Josefine verlassen. Fazithaft heißt es am Ende des Textes, daß es mit der in ihrer Ehre gekränkten Künstlerin »abwärts« gehen wird, das Volk aber »wird den Verlust überwinden«.

In *Eine kleine Frau* hat Kafka nach eigener Aussage die Zimmervermieterin porträtiert, unter der er in den letzten Monaten seines Lebens in Berlin zu leiden hatte. Man kann aber die »kleine Frau« als Verkörperung der Literatur auffassen, d. h., das Verhältnis, in dem der Ich-Erzähler zu dieser Figur steht, versinnbildlicht Kafkas, von ihm selbst als problematisch empfundenes Verhältnis zum Schreiben: »Diese kleine Frau ist mit mir sehr unzufrieden, immer hat sie etwas an mir auszusetzen, ich ärgere sie auf Schritt und Tritt.« So kommt in dieser Erzählung Kafkas Befürchtung zum Ausdruck, nicht nur, was das Leben betrifft, versagt zu haben, sondern auch die Ansprüche und Forderungen, die die Literatur an ihn stellte, nicht erfüllt zu haben.

Der Prozeß. Roman.

Hrsg. von Max Brod. Berlin: Verlag Die Schmiede, 1925. – Erw. Ausg. in: F. K.: Gesammelte Schriften. Hrsg. von Max Brod in Gemeinschaft mit Heinz Politzer. Bd. 3. Berlin: Schocken, 1935. – Krit. Ausg. Hrsg. von Malcolm Pasley. In: F. K.: Schriften. Tagebücher. Briefe. Frankfurt a. M.: S. Fischer, 1990.

Daß dieser Roman, neben der Erzählung *Die Verwandlung*, zu den meistgelesenen und bekanntesten Werken Kafkas gehört, ist zu einem großen Teil darauf zurückzuführen, daß von seinem Protagonisten ein starkes Angebot zur Identifikation ausgeht. Seit der Veröffentlichung des Romans durch Brod im Jahr 1925 ist Josef K. als moderner Jedermann aufgefaßt worden, in dessen Schicksal sich das Schicksal der Menschen des 20. Jh.s spiegelt. Zumeist geht der Leser bei einer solchen Identifikation mit der von Kafka geschaffenen literarischen Figur aber davon aus, daß diese einen zu Unrecht Verfolgten, einen von einer höheren Macht Gehetzten und schließlich Getöteten repräsentiert, wobei diese Macht unterschiedlich definiert wird, z. B. als eine religiöse, gesellschaftliche oder auch im konkreten Sinn politische begriffen wurde. Die Geschichte des Josef K. ist u. a. auch als die Geschichte eines von einem totalitären Regime moderner Prägung unterdrückten Individuums gelesen worden; einige Interpreten haben sogar aufgrund dieses 1914/15 verfaßten Romans in Kafka einen Propheten des nationalsozialistischen Terrors erkannt. Eine solche Stilisierung Josef K.s zu einem unschuldigen Opfer scheint aber die Intentionen des Autors zu verfälschen; in einer Tagebuchaufzeichnung von 1915 bezeichnet Kafka Josef K. ganz explizit als »Schuldigen«, als jemanden, der »strafweise« verfolgt und umgebracht wird. Auf die Frage, welches die Tat oder das Fehlverhalten ist, das die Reaktion des »höchsten Gerichtes« provoziert, scheint der Roman keine befriedigenden oder zumindest keine eindeutigen Antworten bereitzuhalten. Das mag zum Teil auf seinen fragmentarischen

Charakter zurückzuführen sein, den man oft übersieht, weil *Der Prozeß* im Unterschied zu den anderen Romanfragmenten Kafkas ein Schlußkapitel aufweist. Dieses »Ende« betitelte Kapitel ist allerdings unmittelbar im Anschluß an das erste verfaßt worden. Kafka schuf also eine Art von Rahmen, den er dann füllte, und man hat oft den Eindruck, daß er bei der Ausarbeitung des Mittelstücks gegen dieses – damit gewissermaßen provisorisch gewordene – Schlußkapitel, in dem der Held getötet wird, anschrieb, daß er versuchte, Josef K. auf irgendeine Weise zu retten.

Wenn man auch mit einer streng autobiographischen Interpretation des Romans – wie sie z. B. Elias Canetti in *Der zweite Prozeß* vorlegte – sicher fehlgeht, weil man damit seine verschiedenen Bedeutungsschichten reduziert, kann man doch aus der Berücksichtigung der lebensgeschichtlichen Situation, in der das Werk entstand, Hinweise gewinnen, die einen seinem Verständnis näherbringen. Unmittelbarer Anlaß für sein Entstehen war nämlich Kafkas Lösung seiner Verlobung mit Felice Bauer im Juli 1914. Damit war er seinem eigenen Dafürhalten nach wieder in die antibürgerliche, »junggesellenmäßige« Existenz zurückgekehrt, er hatte sich wieder den Anforderungen des ›normalen‹ Lebens innerhalb der Gesellschaft entzogen, um eine ganz dem Schreiben gewidmete Existenz führen zu können. Der Roman – genauer dessen Gelingen – nahm daher den Charakter einer Rechtfertigung dieser Existenzweise an. Das als problematisch empfundene Verhältnis von Ich und Gesellschaft scheint in dem Text thematisiert zu werden: der Josef K. nämlich, der gleich zu Beginn der Handlung »verhaftet« wird, ohne »etwas Böses« getan zu haben, ist zwar durch seinen Beruf als höherer Angestellter einer Bank in die Gesellschaft integriert, führt aber ansonsten das Leben eines Außenseiters. Er hat die Verbindung zu seiner Familie (seiner Mutter) fast vollständig gelöst, unterhält eine lockere Beziehung zu einem Mädchen, das in einer Weinstube bedient, und sucht im übrigen nur die Gesellschaft einer Stammtischrunde.

Die ihm von unteren Chargen des Gerichts überbrachte Mitteilung seiner Verhaftung nimmt er zunächst leicht, da er sich keiner Schuld bewußt ist. Auch gestattet man es ihm vorerst, sein gewohntes Leben weiterzuführen; da er aber unterschwellig eine Bedrohung spürt – oder sich eben doch einer Schuld bewußt ist –, bemüht er sich darum, Hilfe zu finden – und dies vor allem bei Frauen, die er, ähnlich wie der K. des 1922 verfaßten Romans *Das Schloß*, nur als Mittel zum Zweck benützt, d. h. dazu, zum »höchsten Gericht« vorzudringen, um dort seine Unschuld unter Beweis zu stellen. Anhörungen, in deren Verlauf vielleicht eine Anklage formuliert und sein Fehlverhalten benannt würde, entzieht er sich. Er wird aber immer mehr vom Gedanken an den gegen ihn angestrebten Prozeß vereinnahmt und entschließt sich, eine schriftliche Eingabe auszuarbeiten (eine Anspielung Kafkas auf seine eigene Ausarbeitung des Romans). Über seinen Onkel wird er mit dem Advokaten Huld bekannt, der ihm verspricht, seine Verteidigung zu übernehmen. Beistand erwartet er sich auch von dem Maler Titorelli, der seit langer Zeit Porträts von den Richtern anfertigt. Er stellt fest, daß das Atelier des Malers an die Gerichtskanzleien angrenzt, die plötzlich überall zu sein scheinen. Im Dom der Stadt trifft er schließlich auf einen Geistlichen, der ihm vorwirft, daß er zuviel fremde Hilfe suche – »besonders bei Frauen« –, statt sich darum zu bemühen, seine Situation zu durchschauen. Der Geistliche erzählt ihm ein Gleichnis – *Vor dem Gesetz*, von Kafka auch als »Legende« bezeichnet –, das ihm zur Erkenntnis seiner Lage verhelfen bzw. ihm deutlich machen soll, daß er sich über das Gericht täuscht: Ein »Mann vom Lande« verlangt Einlaß in »das Gesetz«, wird aber von einem Türhüter daran gehindert. Er wartet sein Leben lang vor der Tür, dem Sterbenden, kaum noch zur Wahrnehmung fähig, brüllt der Türhüter ins Ohr: »Hier konnte niemand sonst Einlaß erhalten, denn dieser Eingang war nur für dich bestimmt. Ich gehe jetzt und schließe ihn.« Der Geistliche liefert auch die Exegese dieser Erzählung, die aber keine im herkömmlichen Sinn ist. Tatsächlich scheint hier die Unmöglichkeit menschlicher Erkenntnis thematisiert zu werden: »Die Schrift ist unveränderlich und die Meinungen sind oft nur ein Ausdruck der Verzweiflung darüber.«

Josef K. zieht aus der Erzählung den Schluß, daß die »Lüge zur Weltordnung« gemacht wird. Es heißt aber weiter: »sein Endurteil war es nicht. Er war zu müde, um alle Folgerungen der Geschichte übersehn zu können«. Er ist durch den schon so lange währenden Prozeß geistig erschöpft, er findet nicht einmal mehr allein aus dem Dom heraus, sondern muß sich von dem Geistlichen den Weg weisen lassen. Wahrscheinlich hätte es bei einem Abschluß des Romans nach diesem »Dom-Kapitel« noch weitere Kapitel gegeben, die auf das zu Beginn der Arbeit niedergeschriebene »Ende« zuführen. Dieses Schlußkapitel ist kontrapunktisch auf das erste bezogen. Während die Verhaftung K.s an seinem dreißigsten Geburtstag stattfand, wird er am »Vorabend seines einunddreißigsten Geburtstags« zur Hinrichtung abgeholt. Während er aus dem Bett heraus verhaftet wurde, sitzt er nun fertig angekleidet da, als zwei schwarzgekleidete Herren – auch die Wächter im Einleitungskapitel tragen schwarze Uniformen – »gegen neun Uhr abends« kommen, um ihn abzuholen. Sie führen ihn zu einem Steinbruch in der Nähe der Stadt, wo sie ihn töten: »Mit brechenden Augen sah noch K. wie nahe vor seinem Gesicht die Herren Wange an Wange aneinandergelehnt die Entscheidung beobachteten. ›Wie ein Hund!‹ sagte er, es war, als sollte die Scham ihn überleben.«

Diesen Schlußsatz zitiert Kafka in einem Brief an Brod, in dem er sich selbst bezichtigt, im Sozialen versagt zu haben: »Ich habe in der Stadt, in der Familie, dem Beruf, der Gesellschaft, der Liebesbeziehung [...], in dem allen habe ich mich nicht bewährt«. Er habe dieses »nichtgelebte Leben« durchlitten, erkannt, daß ihm »ein elendes Leben, elender Tod« bevorstehe. »›Es war, als sollte die Scham ihn überleben‹ ist etwa das Schlußwort des Proceßromans.« Möglicherweise ist also die Schuld Josef K.s auch in einem solchen Versagen zu sehen: er ist ein Außenseiter, der erst im Moment einer akuten Bedrohung die Verknüpfung, die ›Verhaftung‹, mit der Gesellschaft sucht, dabei aber von rein utilitaristischen Motiven getrieben wird und demzufolge zu keiner echten menschlichen Bindung fähig ist. Was in diesem Fall seine Schuld noch gravierender macht, ist die Tatsache, daß er sich nicht darum bemüht, festzustellen, welcher Art eigentlich das Vergehen ist, dessen man ihn anklagt. Er suche nur fremde Hilfe, wirft der Geistliche ihm vor: »Merkst Du denn nicht, daß es nicht die wahre Hilfe ist.«

Das Schloß.

Hrsg. von Max Brod. München: K. Wolff, 1926. – Erw. Ausg. in: F. K.: Gesammelte Schriften. Hrsg. von Max Brod in Gemeinschaft mit Heinz Politzer. Bd. 4. Berlin: Schocken, 1935. – Krit. Ausg. Hrsg. von Malcolm Pasley. In: F. K.: Schriften. Tagebücher. Briefe. Frankfurt a. M.: S. Fischer, 1982.

Der 1922 entstandene, unvollendet gebliebene Roman wird oft als eine Art Gegenstück zum *Prozeß* von 1914/15 aufgefaßt. Die Rezeption wurde entscheidend von Max Brod beeinflußt, der das Werk 1926 aus dem Nachlaß Kafkas herausgab und in seinem Nachwort eine Verwandtschaft mit dem ein Jahr zuvor von ihm veröffentlichten *Prozeß* postulierte. Brod wies zum einen auf die Namensgleichheit der Protagonisten (Josef K. im *Prozeß*, K. im *Schloß*) hin sowie darauf, daß in beiden Texten der vergebliche Kampf eines Individuums mit einer Instanz, dem höchsten Gericht bzw. der Schloßbehörde thematisiert werde. Seiner religiösen Auslegung beider Werke zufolge stellt der frühere Roman den Versuch dar, das göttliche Gericht abzuwehren, der spätere das Bemühen, göttliche Gnade zu erlangen. Nicht nur die Unterstellung einer solchen religiösen Aussage – die

Brod beinahe im gesamten Werk Kafkas entdeckte – scheint problematisch, auch eine solche Parallelsetzung der beiden Romane kann irreführend sein: denn die Instanzen sind von ihrem Charakter her ebenso unterschiedlich wie die Charaktere der beiden Protagonisten. Während das Gericht im *Prozeß*, so mysteriös und undurchschaubar es auch ist, eine reale Bedrohung für den Helden darstellt, muß im *Schloß* der Protagonist selbst die Instanz erst mit Bedeutung für sein Leben erfüllen. Während Josef K. um seine Existenz an sich kämpft, ringt der Landvermesser K. um eine ganz besondere Existenzweise, die auf »das Schloß« als Widerpart angewiesen ist: Man könnte davon sprechen, daß K. sich eine Scheinexistenz aufbaut. Daß er selbst mit seiner Konzentration auf die Literatur eine solche Scheinexistenz geführt hatte, am wirklichen Leben vorbeigegangen war, war ein Gedanke, der sich 1922 Kafka, dessen Lungentuberkulose immer weiter fortgeschritten war, aufdrängte. Am 16. Januar des Jahres hatte er einen Nervenzusammenbruch erlitten: »Alles schien zuende [...]. Zusammenbruch, Unmöglichkeit zu schlafen, Unmöglichkeit zu wachen, Unmöglichkeit das Leben, genauer die Aufeinanderfolge des Lebens zu ertragen.« Zehn Tage später trat er eine Kur in Spindelmühle im Riesengebirge an und vermutlich begann er noch am Tag seiner Ankunft mit dem Roman *Das Schloß*. Das Schreiben hatte also – wie schon oft zuvor – auch therapeutische Funktion; es konnte »vielleicht gefährlicher, vielleicht erlösender Trost« sein.

Dem Beginn des Romans geht in der Handschrift ein verworfener erster Ansatz voraus. In diesem sogenannten »Fürstenzimmer-Fragment« teilt ein Neuankömmling in einem Dorfgasthaus dem Zimmermädchen mit, daß er sein ganzes Leben in den Dienst einer Aufgabe gestellt habe: »weil es alles ist was ich habe, diese Aufgabe nämlich unterdrücke ich alles was mich bei ihrer Ausführung stören könnte, rücksichtslos. [...] ich kann in dieser Rücksichtlosigkeit wahnsinnig werden.« Ähnlich könnte sich auch der

K. des Romans charakterisieren, der spät abends in ein Dorf kommt, das am Fuße eines Berges liegt, auf dem sich ein Schloß erhebt. Seine Aufgabe besteht darin, in dieses Schloß zu gelangen, dieses Unterfangen ist es, was seinem Leben Sinn gibt, was ihn in seinen Augen auch über die anderen, die kein ähnliches Streben in sich tragen, erhebt. Allein die Schwierigkeit seines Unternehmens ist es, was diesem Sinn verleiht. Eine ähnlich – objektiv gesehen – ›nutzlose‹ Leistung hat K. schon in seiner Jugend vollbracht: er ist über eine steile Friedhofsmauer geklettert, was zuvor nur wenigen anderen gelungen war, »eine kleine Fahne zwischen den Zähnen«, obwohl das Tor in der Mauer offenstand. K. interpretiert aber, um die Nutzlosigkeit seiner Bemühungen vor sich selbst und den Dorfbewohnern zu verschleiern, das Schloß zu einer feindlichen Macht um, von der eine nicht näher zu definierende Bedrohung für die Dörfler ausgehe; er stilisiert sich selbst zu deren Befreier. Dabei ist er eine ausgesprochen dubiose Erscheinung; er behauptet, vom Grafen als Landvermesser bestellt worden zu sein, was aber offensichtlich nicht zutrifft. Als das Schloß wider Erwarten seine Behauptung bestätigt, deutet er dies als Teil einer raffinierten gegen ihn gerichteten Strategie. Die Menschen, mit denen er im Dorf in Kontakt kommt, bewertet er nur danach, ob sie ihm bei seinem Versuch, ins Schloß zu gelangen, von Nutzen sein können. Vor allem die Frauen sind für ihn nur Werkzeuge, die ihm bei der Realisierung seines Plans helfen sollen. So nimmt er sich das Schankmädchen Frieda zur Geliebten, weil diese eine Liaison mit dem hohen Schloßbeamten Klamm hat, ihm also möglicherweise Zugang zum Schloß verschaffen kann. Er ist nicht fähig, eine auf Liebe oder auch nur menschlicher Zuneigung basierende Beziehung einzugehen. Die Fragwürdigkeit von K.s Streben und der daraus resultierenden Existenzweise wird durch das Schicksal der Familie des Boten Barnabas enthüllt. Wie K. setzt diese Familie ihr ganzes Leben in Beziehung zum Schloß. Weil eine der Töchter den unsittlichen

Antrag eines Schloßbeamten zurückgewiesen hat, wartet man auf Bestrafung von seiten der »Instanz«. Die Tatsache, daß diese Instanz auf Nachfragen hin verkündet, es liege überhaupt nichts gegen die Familie vor, vermag man nicht zu akzeptieren. Der Kampf gegen das Schloß ist das, was dem Leben dieser Familie die Richtung weist; sie vermag sich nicht mehr mit einer gewöhnlicheren Form des Lebens zu begnügen, wird deshalb innerhalb der Dorfgemeinschaft zu einer Gruppe von Parias, dabei, so heißt es, hätten sie nur den Gedanken an das Schloß aufzugeben brauchen und man hätte sie »ganz gewiß mit offenen Armen wiederaufgenommen, Küsse, Umarmungen, Feste hätte es gegeben«. Während die Barnabasschen sozial ausgegrenzt werden, gelingt es K. nie, Aufnahme in den Kreis der Dorfbewohner zu finden. Frieda verläßt ihn, weil sie erkennt, daß es nur ihre vermeintliche Nähe zum Schloß ist, die K. gereizt hat. Da man für einen Landvermesser keine Verwendung hat, wird K. eine Stelle als Schuldiener angeboten; er muß auf dem Fußboden des Schulzimmers schlafen. Im Verlauf der Handlung verliert er immer mehr an Kraft; als er zu einem Gespräch mit dem Beamten Bürgel zusammentrifft, der ihm die Erfüllung seiner Bitte um Anstellung durch das Schloß in Aussicht stellt, schläft er im entscheidenden Moment ein. Brod zufolge sollte K. schließlich »vor Entkräftung« sterben: »Um sein Sterbebett versammelt sich die Gemeinde, und vom Schloß langt eben die Entscheidung herab, daß zwar ein Rechtsanspruch K.s, im Dorfe zu wohnen, nicht bestand – daß man ihm aber doch mit Rücksicht auf gewisse Nebenumstände gestatte, hier zu leben und zu arbeiten.«

»Das Schloß« ist zwar eine objektiv existierende Organisation der Mächtigen, teilweise ist es aber auch Erfindung K.s, der die von dort ausgehenden Botschaften so interpretiert, daß sie die gewünschte Bedeutung erlangen, daß sie seine selbstgewählte und monomanisch verfolgte Aufgabe, dorthin vorzudringen, sinnvoll und bedeutungsvoll erscheinen lassen. Dem Leser wird bewußt, daß K.s Deutung in die Irre geht: ihm präsentiert sich »das Schloß« eher als ein ineffizientes und letztlich auch dem Einzelnen gegenüber indifferentes Verwaltungssystem, so daß er kritische Distanz gegenüber dem Protagonisten wahren und mitverfolgen kann, wie dieser um seiner sinnlosen Aufgabe willen sein Leben zerstört.

Man kann vermuten, daß Kafka sich bis zu einem gewissen Grad in K. spiegelte (die Tatsache, daß der Roman als Ich-Roman begonnen und mehrere Kapitel lang fortgesetzt wurde, ist wohl nicht ohne Bedeutung). Im Rückblick hatte er das Gefühl, sich den Anforderungen des wirklichen Lebens entzogen zu haben – und dies um einer egozentrischen Spielerei willen: der Schriftstellerei. Der Schriftsteller aber, so meinte Kafka in einem Brief an Brod, werde vor allem »Eitelkeit und Genußsucht« motiviert. Was ihm 1922 noch blieb, war die Klage über das »ungelebte Leben«, den Tod infolge von »Entkräftung« glaubte er schon vor Augen zu haben.

Amerika. Roman.

Hrsg. von Max Brod. München: K. Wolff, 1927. – Krit. Ausg. u. d. T.: Der Verschollene. Hrsg. von Jost Schillemeit. In: F. K.: Schriften. Tagebücher. Briefe. Frankfurt a. M.: S. Fischer, 1983.

Das Romanfragment wurde 1927, drei Jahre nach Kafkas Tod, aus dessen Nachlaß von Max Brod herausgegeben. Brod wählte für die Erstveröffentlichung den Titel »Amerika«; der vom Autor intendierte Titel lautete jedoch *Der Verschollene*. In diesem Originaltitel kommt schon die Tendenz des im September 1912 nach der Niederschrift von *Das Urteil* begonnenen Romans zum Ausdruck, für den jugendlichen Helden sollte sich nämlich im mythischen Land der unbegrenzten Möglichkeiten nicht alles zum Guten wenden, wie Brod im Nachwort der Erstausgabe unter Berufung auf Gespräche mit dem Autor berichtet. Aus einer

Tagebucheintragung Kafkas aus dem Jahr 1915, in der er Josef K., den Protagonisten von *Der Prozeß*, zu dem jungen Karl Roßmann aus *Der Verschollene* in Beziehung setzt, geht klar hervor, welches bei einem Abschluß des »Amerika«-Romans Roßmanns Schicksal gewesen wäre: »Roßmann und K., der Schuldlose und der Schuldige, schließlich beide unterschiedslos strafweise umgebracht, der Schuldlose mit leichterer Hand, mehr zur Seite geschoben als niedergeschlagen.« So ist *Der Verschollene* eher ein Anti-Amerika-Roman in dem Sinne, daß in ihm nachgewiesen wird, daß auch in dem Land, in dem angeblich Freiheit und Gerechtigkeit herrschen, ein reiner und unschuldiger, aber in dieser Unschuld auch schwacher Mensch – ein Sohn –, von den Mächtigen vernichtet wird. Kafka selbst hat den Roman, genauer dessen erstes Kapitel, das 1913 unter dem Titel *Der Heizer* veröffentlicht wurde, zu den Erzählungen *Das Urteil* und *Die Verwandlung* in Beziehung gesetzt: er wünschte sich die Publikation dieser drei Texte in einem gemeinsamen Band mit dem Titel »Die Söhne«. Ähnlich wie Georg Bendemann im *Urteil* und Gregor Samsa in der *Verwandlung* fällt Karl Roßmann letztlich der Verurteilung durch den Vater – bzw. die Väter – zum Opfer.

»Als der siebzehnjährige Karl Roßmann, der von seinen armen Eltern nach Amerika geschickt worden war, weil ihn ein Dienstmädchen verführt und ein Kind von ihm bekommen hatte«, beginnt der Roman – eine Verurteilung hat also schon stattgefunden, bevor die Handlung des Romans einsetzt. Der junge Mann ist nach Amerika in die Verbannung geschickt worden, weil er gegen den geltenden Moralkodex verstoßen und das Gebot des Vaters gebrochen hat, indem er selber in einem ganz konkreten Sinn Vater geworden ist, aber auch »zur Vermeidung der Alimentenzahlung und des Skandales« – die Tatsache, daß eine Angehörige der unteren sozialen Schichten die Mutter seines Kindes ist, ist nicht unerheblich. Bei der Einfahrt in den Hafen von New York gibt Roßmann sich sofort als ein gerecht empfindender und an die Gerechtigkeit im Unterschied zum kodifizierten Gesetz glaubender, aber auch als ungeheuer naiver junger Mann zu erkennen. Als er schon auf dem Oberdeck steht, fällt ihm ein, daß er seinen Regenschirm unter Deck vergessen hat, und vertraut seinen Koffer mit seiner gesamten Habe einem flüchtigen Bekannten an, um den Schirm zu holen. Unter Deck verirrt er sich und gelangt schließlich in die Kajüte eines Heizers, eines großgewachsenen starken Mannes, der aber unter den Intrigen des Obermaschinisten leidet. Karl empört sich über diese Ungerechtigkeit und begibt sich mit dem Heizer in die Kajüte des Kapitäns, damit sein neuer Freund dort sein Recht einfordere. Da der Heizer sich als ein ungeschickter Redner erweist, ergreift Karl für ihn das Wort. Er gerät aber ins Stocken, als sein Blick auf einen ebenfalls anwesenden Herrn in Zivil fällt. Dieser gibt sich als sein schon vor Jahren ausgewanderter und in den USA zu großem Erfolg aufgestiegener Onkel zu erkennen, der von dem geschwängerten Dienstmädchen über die Ankunft seines Neffen informiert worden ist. Dieser Senator Jakob ernennt sich selbst zum Stellvertreter des Vaters in der Neuen Welt und zwingt Karl wieder in die Rolle des unmündigen Sohnes hinein. Damit endet auch dessen Kampf um Gerechtigkeit; er muß den Heizer seinem Schicksal überlassen. Am Ende des ersten Kapitels verläßt Karl mit dem Onkel, der ihn wie ein Kind an sich drückt, das Schiff; er bricht plötzlich in Tränen aus, blickt den Onkel an und »es kamen ihm Zweifel, ob dieser Mann ihm jemals den Heizer werde ersetzen können«.

Dem Verstoßenwerden durch die Eltern ist zwar ein Auf-genommenwerden gefolgt, aber dieses erneute In-die-Obhut-Genommenwerden bringt wieder einen Verlust an persönlicher Freiheit mit sich, wie im zweiten Kapitel deutlich wird. Zwar kann Karl sich unverhoffter materieller Sicherheit erfreuen, er lebt aber bei seinem Onkel wie in einem goldenen Käfig, und der Senator diktiert ihm, was er zu tun hat. Karl wird zwangsweise akkulturiert: er muß Englisch lernen, sich aber auch Fähigkeiten wie z. B. Reiten aneignen, die einem Angehörigen der Oberschicht anstehen. Als er gegen den Willen seines Onkels eine Einladung von dessen Geschäftsfreund in ein Landhaus bei New York annimmt, also erneut gegen das Gebot des zweiten ›Vaters‹ verstößt, wird er wieder ausgewiesen. In dem Landhaus wird ihm ein Brief des Onkels überreicht, in dem dieser sich als »Mann von Principien« bezeichnet, der auch nicht den geringsten Angriff auf seine Autorität zu tolerieren vermag: »Du hast Dich gegen meinen Willen dafür entschieden, heute Abend von mir fortzugehn, dann bleibe aber auch bei diesem Entschluß Dein Leben lang.« Mit dieser Verstoßung beginnt der unaufhaltsame soziale Abstieg des Protagonisten. In Gesellschaft zweier Vagabunden, des Franzosen Delamarche und des Iren Robinson, zieht er auf Suche nach Arbeit gegen Westen. Im »Hotel Occidental« erhält er mit Hilfe der Oberköchin eine Anstellung als Liftboy, die ihm die mögliche Grundlage für eine Karriere zu sein scheint. Seine Träume enden jedoch schnell, als der alkoholisierte Robinson im Hotel erscheint; um einen Skandal zu vermeiden, verläßt Karl seinen Posten und bringt den Betrunkenen in den Schlafsaal der Liftjungen. Sein Fehlen wird bemerkt, und es kommt zu einer Gerichtsverhandlung, bei der der Oberkellner, der Oberportier und die Oberköchin ein Urteil über den Jungen fällen – eine Schlüsselstelle des Romans. Die »Oberen« interessieren sich nicht für die Gründe, die Karl zum Verlassen des Lifts veranlaßt haben: sie sind ebenfalls Menschen »von Principien«, sie sind die Mächtigen, die bestimmen, was recht ist. Karl begreift, daß er seine Stelle verloren hat: »Es war allerdings schneller gegangen, als er gedacht hatte, denn schließlich hatte er doch zwei Monate gedient so gut er konnte und gewiß besser als manch anderer Junge. Aber auf solche Dinge wird eben im entscheidenden Augenblick offenbar in keinem Weltteil, weder in Europa noch in Amerika Rücksicht genommen, sondern es wird so entschieden, wie einem in der ersten Wut das Urteil aus dem Mund fährt.«

Roßmann flüchtet aus dem Hotel, wird von Delamarche vor ihn verfolgenden Polizisten gerettet und erhält eine Anstellung als Diener bei der unmäßig dicken Brunelda, einer ehemaligen Opernsängerin, einer Geliebten Delamarches. In diesem Kapitel zeigt sich, daß Kafka Schwierigkeiten bekam, die Handlung weiterzuentwickeln: im Grunde waren nur noch weitere Variationen des Grundmusters von Aufgenommen- und Ausgestoßenwerden möglich. Er brach die Arbeit im Januar 1913 ab. Erst im Oktober 1914 entstand der von Brod fälschlicherweise als Schlußkapitel aufgefaßte Abschnitt »Das Naturtheater von Oklahoma« (Titel von Brod). Es scheint so, als ob Kafka mit diesem Text – der nicht stringent mit den bereits früher entstandenen Partien verbunden ist – einen Neueinsatz der Handlung erzwingen wollte; der Mythos Amerika, der zuvor schon nachhaltig zerstört wurde, wird neu belebt. Karl sieht das Werbeplakat eines Theaters, »das jeden brauchen kann«, bei dem jeder »willkommen« ist. Allerdings stellt er dann fest, daß auch in diesem Unternehmen eine strenge Hierarchie herrscht; er wird zwar aufgenommen, weil er aber keine Papiere besitzt, nur als technischer Arbeiter. In der Handschrift folgt auf diese Textpartie noch der Ansatz zu einem neuen Kapitel; dargestellt ist der Beginn der Fahrt der Truppe in einem Zug nach Oklahoma. Der Text bricht dann unvermittelt ab.

Als der Roman entstand, waren die USA noch das klassische Auswanderungsland für viele Europäer, die glaubten, sich dort eine neue, bessere Existenz schaffen zu können. Daß der »Sohn« sich dort ebensowenig wie in der Heimat in Freiheit wird verwirklichen können, wird schon im allerersten Absatz des Romans angedeutet. Kafka, der sich durch intensive Lektüre mit den Gegebenheiten Amerikas vertraut gemacht hat, gibt der Freiheitsstatue statt der Fackel ein drohend in die Lüfte ragendes Schwert in die Hand.

Beschreibung eines Kampfes.

In: F. K.: Beschreibung eines Kampfes. Novellen, Skizzen, Aphorismen aus dem Nachlaß. Hrsg. von Max Brod in Gemeinschaft mit Heinz Politzer. Prag: Mercy, 1935.

Mit dieser Novelle beschäftigte Kafka sich, mit Unterbrechungen, von 1904 bis 1912, es ist aber zu vermuten, daß er für einige Partien auf ältere Texte zurückgriff, die vielleicht schon aus dem Jahr 1902 stammen. Der Text, der zu seinen Lebzeiten als Ganzes unveröffentlicht bleibt, liegt in zwei sehr unterschiedlichen Fassungen vor, von denen nur die erste vollendet ist. Aufgrund einer äußerst komplizierten Gliederung wirkt vor allem Fassung A verschachtelt und sprunghaft, die Uneinheitlichkeit wird durch stilistische Wechsel verstärkt. Für einige Kritiker kündet die Novelle von einem künstlerischen Versagen, für andere kommt in ihrem uneinheitlichen Charakter die Unmöglichkeit eines kohärenten Verstehens der empirischen Welt zum Ausdruck, die das eigentliche Thema des Textes ist. Von den drei Kapiteln sind das erste und das dritte nicht weiter unterteilt, in das mittlere hingegen ist eine Binnenerzählung (»Gespräch mit dem Dicken«) eingeschoben, die durch eine weitere Binnenerzählung (darin: »Gespräch mit dem Beter«) in zwei Teile geteilt ist.

Die rahmenbildenden Kapitel haben den nächtlichen Spaziergang des Ich-Erzählers mit einem Bekannten zum Prager Laurenziberg zum Inhalt. Der Bekannte ist dem Ich in allem entgegengesetzt, beide Figuren verkörpern unterschiedliche Lebensweisen: das Ich ist ein introvertierter, einsam lebender Junggeselle, der andere ist gesellschaftlich integriert, hat sich gerade verlobt. Das Ich fühlt sich wechselweise zu ihm hingezogen und von ihm abgestoßen, ja geradezu bedroht. Das zweite Kapitel verläßt den Bereich des Realen und spielt ganz in der Phantasiewelt des Ich – äußerlich motiviert wird dies dadurch, daß dieses auf dem glatten Pflaster stürzt und sich seine Sinne verwirren. In einer

Traumlandschaft begegnet das Ich dem »Dicken«, der von seiner Begegnung mit dem »Beter« erzählt (beide Binnenerzählungen wurden wohl ursprünglich als eigenständige Geschichten konzipiert). Beide Gestalten erbringen den Beweis, »daß es unmöglich ist zu leben«, ihr Seinsgefühl ist das der »Seekrankheit auf dem festen Land«. Im letzten Kapitel ist das Ich aus seiner Traumwelt in die Realität zurückgekehrt und mittlerweile am Ziel des Spaziergangs angelangt. Durch seine Behauptung, es habe sich verlobt, verletzt es den anderen, der ja eigentlich die soziale Lebensweise repräsentiert. – Die Fassung B erweist sich eigentlich als grundlegende Neukonzeption; so wird z. B. die Figur des »Dicken« eliminiert.

Tagebücher.

In: F. K.: Gesammelte Schriften. Hrsg. von Max Brod. Prag: Mercy, 1937. – Neuausg. u. d. T.: Tagebücher 1910–1923. Hrsg. von Max Brod. Frankfurt a. M.: S. Fischer, 1951. – Krit. Ausg. u. d. T.: Tagebücher. Hrsg. von Hans-Gerd Koch, Michael Müller und Malcolm Pasley. In: F. K.: Schriften. Tagebücher. Briefe. Ebd. 1990.

Als »Tagebücher« werden in der Forschung gemeinhin zwölf großformatige Schulhefte bezeichnet, die Eintragungen der verschiedensten Art aus den Jahren 1909–1923 enthalten. Allerdings finden sich in Kafkas Nachlaß weitere Schriftträger, die den genannten Heften vom Charakter der Eintragungen her ähneln – so einige der kleinformatigen Oktavhefte, die er 1917/18 während eines Genesungsurlaubs bei seiner Schwester Ottla im ländlichen Zürau aus praktischen Gründen verwendete. Auch in ihnen findet sich eine Mischung aus diaristischen, autobiographischen Eintragungen und literarischen Texten oder Ansätzen zu solchen. Es ist zu vermuten, daß es weitere Hefte dieser Art gab, die vom Verfasser selbst vernichtet wurden. Aus den erhaltenen Tagebüchern geht hervor, daß die Grenze zwischen Biographie und Werk fließend war. Einige von ihrem Kern her autobiographische Aufzeichnungen weisen eine deutliche Tendenz zur Literarisierung auf; einige von diesen wurden sogar vom Autor selbst zum Druck bestimmt, wie z. B. die kleine Skizze *Großer Lärm*, die 1911 in den »Herderblättern« veröffentlicht wurde und eigentlich eine Klage Kafkas über die seinem Schreiben unzuträglichen Verhältnisse in der elterlichen Wohnung ist, in der er damals lebte. Für seine erste Buchpublikation *Betrachtung* wählte er einige halbautobiographische Reflexionen aus seinen Tagebuchheften aus – wie z. B. *Unglück des Junggesellen*. Die Hefte dienten aber auch zur Niederschrift von Texten, die von vornherein als literarische konzipiert waren, also fiktiven Charakter aufweisen. So ist *Das Urteil* im sechsten Tagebuchheft enthalten, in dem auch der Roman *Der Verschollene* begonnen wurde. Versuche, die Fassung B von *Beschreibung eines Kampfes* zu beenden, fanden vor allem in den ersten beiden Tagebuchheften statt. Überdies finden sich in diesen Heften zahlreiche Ansätze zu unvollendet gebliebenen Prosatexten, aber auch zu einer ganzen Reihe von szenischen Dialogen, die sich manchmal von ihrem Charakter her schon dramatischen Texten annähern. Daneben gibt es auch längere Exzerpte aus Büchern, die Kafka las und die ihn besonders beschäftigten. Besonders viel Raum nehmen seine – zum Teil sorgfältig ausgearbeiteten – Notizen über seine Besuche der Vorführungen einer jiddischen Theatertruppe vom November 1911 bis ins Jahr 1912 ein.

Die Häufigkeit der diaristischen Eintragungen und vor allem solcher, in denen Kafka sich selbst kritisch beobachtet, ändert sich auffallend. Offenbar maß Kafka dem Tagebuchführen im konventionellen Sinn wechselnden Wert bei. Vor allem in Zeiten literarischer Unproduktivität oder in Perioden, in denen er Schwierigkeiten mit der Fortführung eines literarischen Textes hatte, hatte das Tagebuchschreiben für ihn eine stabilisierende Bedeutung. Am 16. Dezember

1910 notierte er: »Ich werde das Tagebuch nicht mehr verlassen. Hier muß ich mich festhalten, denn nur hier kann ich es.« In Zeiten, in denen er ganz in einer schriftstellerischen Arbeit »geborgen« war – wie er es einmal ausdrückte –, wurden die Tagebuchaufzeichnungen weniger regelmäßig vorgenommen, weil die Auseinandersetzung oder das Gespräch mit sich selbst im jeweiligen Werk stattfand. Auch während der Zeit des intensiven Briefwechsels mit seiner Verlobten Felice Bauer griff er seltener zum Tagebuch.

Von drei Reisen, einer Dienstreise nach Friedland und Reichenberg im Januar/Februar 1911 und zwei Urlaubsreisen mit Brod (im August/September 1911 über die Schweiz und Oberitalien nach Paris und im Juni/Juli 1912 nach Weimar und Jungborn) liegen separate Reisetagebücher vor, zu denen sich auch die parallel geführten Aufzeichnungen Brods erhalten haben. Ihre jeweiligen Aufzeichnungen zu der Urlaubsreise des Jahres 1911 sollten die Grundlage für einen gemeinsamen Roman *Richard und Samuel* bilden, von dem aber nur das erste Kapitel niedergeschrieben und 1912 in den »Herderblättern« veröffentlicht wurde.

Brief an den Vater.

In: Hochzeitsvorbereitungen auf dem Lande und andere Prosa aus dem Nachlaß. Hrsg. von Max Brod. Frankfurt a. M.: S. Fischer, 1953.

Der Text wurde im November 1919 in einer Pension in der nördlich von Prag gelegenen Kleinstadt Schelesen zu Papier gebracht, wo Kafka Genesung von seiner Lungenerkrankung suchte. Unmittelbarer Anlaß für seine Entstehung waren vorausgegangene heftige Auseinandersetzungen mit seinem Vater. Kafka hatte 1918 bei einem ersten Kuraufenthalt in Schelesen die ebenfalls lungenkranke, aus Prag stammende Julie Wohryzek kennengelernt und sich im Sommer 1919 mit der damals Siebenundzwanzigjährigen verlobt.

Hermann Kafka, der sich selber aus sehr armseligen Verhältnissen hochgearbeitet und es als Galanteriewarenhändler zu relativem Wohlstand gebracht hatte, war gegen diese Verbindung, weil Julies Familie zum tschecho-jüdischen Proletariat der Stadt gehörte, ihr Vater war Schuster und Synagogendiener. Für den assimilatorisch eingestellten Vater Kafkas schien auch die allzu offene Bekundung einer jüdischen Identität – vor allem unter wirtschaftlichen Aspekten – von Nachteil zu sein. Er warf – wie aus dem *Brief* hervorgeht – seinem Sohn vor, nur aus sexuellen Motiven an Julie interessiert zu sein, und klärte ihn darüber auf, daß man sich in einer Großstadt wie Prag doch auch bei Prostituierten den gewünschten Lustgewinn verschaffen könne. Kafka hielt zunächst gegen den Widerstand seines Vaters an dem »Mädchen«, wie er Julie stets nennt, fest. Eine in Aussicht genommene Heirat kam jedoch nicht zustande – vorgeblich deswegen, weil es den beiden nicht gelang, eine geeignete Wohnung zu finden. Als Kafka, dessen Gesundheitszustand sich weiter verschlechtert hatte, dann Ende 1919 wieder nach Schelesen reiste, verfaßte er an dem Ort, wo er Julie kennengelernt hatte, innerhalb weniger Tage den umfangreichen *Brief an den Vater*, dessen Zweck es seinen eigenen Worten nach war, sich und dem Adressaten durch eine Klärung ihres Verhältnisses »Leben und Sterben leichter [zu] machen«.

Einleitend stellt er fest, daß sein Verhältnis zu seinem Vater vor allem durch Furcht geprägt sei und erläutert dann im einzelnen, wie es dazu kam, daß Hermann Kafka zu einem solchen »Schreckbild« – wie es im *Urteil* heißt – für den eigenen Sohn wurde. Er wirft ihm vor, daß er durch seine besondere Art der Erziehung das Selbstwertgefühl seines einzigen männlichen Nachkommen systematisch zerstört habe, daß er ihm dadurch jede Art von Selbstverwirklichung – beispielsweise im Beruf und in der Ehe – unmöglich gemacht habe. Schon früh habe er das Gefühl von seiner eigenen »Nichtigkeit« bekommen; ausschlaggebend sei ein Ereignis in seiner frühesten Jugend gewesen, als »der riesige Mann, mein Vater, die letzte Instanz«, den nachts um Wasser weinenden Jungen zur Strafe auf den Balkon getragen und ausgesperrt habe, wobei das Kind Tat und Strafe in keine Verbindung miteinander zu verbringen vermochte (sogenanntes Pawlatsche-Erlebnis). Er habe sich in seinem späteren Leben stets als abhängig vom Vater empfunden, auch bei seinen Befreiungsversuchen, wie sie z. B. seine Verlobungen waren, sei er von seinem Vater bestimmt worden, da er diese ja *gegen ihn* unternommen habe. Unter die Befreiungsversuche subsumiert Kafka auch sein Schreiben; er stellt dar, daß er auch dieses als eine Art von Widerstand gegen den Vater aufgefaßt habe, gleichzeitig aber als eine Möglichkeit der Kommunikation mit ihm: »Mein Schreiben handelte von Dir, ich klagte dort ja nur, was ich an Deiner Brust nicht klagen konnte.« Und im Schreiben »war ich tatsächlich ein Stück selbständig von Dir weggekommen, wenn es auch ein wenig an den Wurm erinnerte, der, hinten von einem Fuß niedergetreten, sich mit dem Vorderteil losreißt und zur Seite schleppt«.

Kafka übergab diesen *Brief*, der wie er es später nannte, voll von »advokatorischen Kniffen« sei, nie dem Adressaten. Es ist fraglich, inwieweit das Bild, das er von seinem Vater – und von sich selbst – zeichnet, in allen Punkten der Realität entsprach, inwieweit es sich also wirklich um ein autobiographisches Zeugnis und nicht auch um einen fiktiven, in gewisser Weise ›literarischen‹ Text handelt. Er selbst meinte später einmal, der Text sei »doch zu sehr auf sein Ziel hin konstruiert«. Brod nannte ihn »allzu pessimistisch«; er veröffentlichte das ›Dokument‹ vollständig erstmals 1953 zusammen mit literarischen Texten aus dem Nachlaß. In seiner Kafka-Biographie aus dem Jahr 1937 (Hermann Kafka war 1931 gestorben) hatte Brod schon Auszüge abgedruckt.

Nachgelassene Schriften und Fragmente.

Bd. 1. Hrsg. von Malcolm Pasley. In: F. K.: Schriften. Tagebücher. Briefe. Frankfurt a. M.: S. Fischer, 1993. Bd. 2. Hrsg. von Jost Schillemeit. Ebd. 1992.

Max Brod, der seinen Freund immer wieder zum Schreiben gedrängt hatte und auch dazu, fertige Texte zu publizieren, war zwar von Kafka in zwei »Testamentzetteln« damit beauftragt worden, nach seinem Tod alle seine Manuskripte »restlos und ungelesen« zu verbrennen, »nahm es aber auf sich« – wie er es einmal nannte – sich diesem Wunsch zu widersetzen. Brod bemühte sich sofort nach Kafkas Tod im Juni 1924 darum, die literarischen Manuskripte, die sich zum Teil in fremder Hand befanden, zusammenzutragen, und erbat auch Briefe des Verstorbenen von den verschiedenen Adressaten zurück. Außerdem schloß er mit Kafkas Eltern und seinen Schwestern einen Vertrag, in dem er zum Verwalter und Herausgeber des Nachlasses bestimmt wurde. Brod gab als erstes die drei Romane *Der Prozeß*, *Das Schloß*, *Amerika* (so seine Titelformulierungen) heraus, da er meinte, mit diesen umfangreicheren Texten Kafka leichter bekannt machen zu können. Er hielt sich dabei schon an eine Strategie, die er auch später befolgte, nämlich die fragmentarischen und oft auch in sprachlicher Hinsicht »unfertigen« Texte zu bearbeiten, um sie »lesbarer« zu machen (das bedeutete u. a.: Ausmerzung von Pragismen, orthographische Bereinigungen, Beseitigung von inhaltlichen Inkonsequenzen, Nachtragen von fehlenden Kapitelüberschriften, Kontamination verschiedener Fassungen). 1931 gab Brod dann zusammen mit H. J. Schoeps den Band *Beim Bau der chinesischen Mauer. Ungedruckte Erzählungen und Prosa aus dem Nachlaß* (Berlin: Kiepenheuer) heraus, der eine Anzahl von kleineren Prosatexten enthielt, die sich in den Schulheften fanden, in denen Kafka vorwiegend zu schreiben pflegte. Diese Texte hatten einen sehr unterschiedlichen Status bzw. Fertigkeitsgrad und wurden in der beschriebenen, in philologischer Hinsicht nicht zuverlässigen Art und Weise bearbeitet. Extremfälle stellen z. B. *Der Jäger Gracchus* dar, ein Text, der in der von Brod publizierten Form gar nicht existierte, sondern aus mehreren kleinen Fragmenten auf äußerst komplizierte Weise »konstruiert« wurde, oder, in anderer Hinsicht, *Eine alltägliche Verwirrung*, ein Text, der in der Handschrift keine Überschrift trägt und von den Herausgebern unter Zuhilfenahme der ersten Zeile betitelt wurde; dort steht aber in Wirklichkeit nicht: »Ein alltäglicher Vorfall; sein Ertragen eine alltägliche Verwirrung«, sondern: »[...] ein alltäglicher Heroismus«. Außer den beiden genannten Texten und der Titelerzählung enthielt *Beim Bau der chinesischen Mauer* noch: *Zur Frage der Gesetze*, *Das Stadtwappen*, *Von den Gleichnissen*, *Die Wahrheit über Sancho Pansa*, *Das Schweigen der Sirenen*, *Prometheus*, *Der Schlag ans Hoftor*, *Eine Kreuzung*, *Die Brücke*, *Kleine Fabel*, *Der Kübelreiter*, *Das Ehepaar*, *Der Nachbar*, *Der Bau*, *Der Riesenmaulwurf* [= *Der Dorfschullehrer*], *Forschungen eines Hundes*, *»Er«* und *Betrachtungen über Sünde, Leid, Hoffnung und den wahren Weg*. Der Band stellte damit die erste wichtige Sammlung von kürzeren Nachlaßtexten vor, die durch spätere Ausgaben wie *Hochzeitsvorbereitungen auf dem Lande und andere Prosa aus dem Nachlaß* (darin: *Brief an den Vater*) und *Beschreibung eines Kampfes. Novellen, Skizzen, Aphorismen aus dem Nachlaß* (Frankfurt am Main: S. Fischer, 1953 und 1954) ergänzt wurde. Das ständig wachsende Interesse an Kafkas Werk führte dazu, daß immer mehr seiner autobiographischen Schriften (Tagebücher, Reisetagebücher, Briefe) von Brod und anderen der Öffentlichkeit zugänglich gemacht wurden, beginnend mit einer Auswahl *Tagebücher und Briefe* (Prag: Mercy, 1937).

In dem Maße, in dem Kafkas Werk Forschungsgegenstand nicht nur der Germanisten und Literaturwissenschaftler, sondern auch der Soziologen, Religionswissenschaftler, Psychologen und Vertreter anderer Fachrichtungen wurde, wuchs die Kritik an den von Brod vorgelegten Ausgaben, da sie aufgrund der zahlreichen »Textverbesserungen« keine zuverlässige Grundlage für eine wissenschaftliche Auseinandersetzung mit den Werken zu liefern schienen. Eine kritische Ausgabe der *Schriften. Tagebücher. Briefe*, die nicht nur alle nachgelassenen Texte in der Fassung der Handschrift bietet, sondern auch sämtliche Entstehungsvarianten enthält, erschien erst ab 1982. Unbestreitbar waren es aber Brods Ausgaben, die – auch in Übersetzungen – Kafkas Werk zur Weltgeltung verhalfen.

M. Müller

FRANZ NABL
1883–1974

Der Ödhof. Bilder aus den Kreisen der Familie Arlet. Der Bilder erste und zweite Reihe.

2 Bde. Berlin: Fleischel, 1911.

Der umfangreiche Roman setzt ein mit dem Begräbnis der 35jährigen Maria Arlet, die als in sich gekehrte, duldende und leidende Ehefrau und Mutter Opfer ihres Ehemanns wurde – des zehn Jahre älteren Johannes Arlet, eines selbstbezogenen Kraft- und Willensmenschen, an dem schon seine Schwester Therese und sein Bruder Heinrich gescheitert waren. Mit seinem sensiblen zehnjährigen Sohn Heinz zieht Arlet bereits kurz danach in den Ödhof, ein Gutsanwesen im niederösterreichischen Voralpengebiet. Als Hauslehrer für den kleinen Heinz fungieren dort der Vegetarismus, Abstinenz und Gewaltlosigkeit predigende Dr. Otto Meser, als Haushälterin die stolze und zurückgezogene ledige Mutter Elisabeth Fuchstaler, dazu kommen der alte Wirtschafter

Grantsch und die bigotte Köchin Anna Drasda. Die erste Zeit ist geprägt durch die Konfrontation des neuen Gutsbesitzers mit den Einwohnern des etwas entfernten Dorfes: mit dem »Ortskaiser« und Wirt Parawandel, dem Kaufmann Schloissenheber, Bürgermeister Zlawadil, Holzhändler Zoiner, Schlossermeister Kroschek und dem deutschnationalen Lehrer Himmelhofer, dessen Feindschaft sich der selbstbewußte und durchsetzungsfähige Arlet durch die Verweigerung des »deutschen Grußes« zuzieht. Nach einem Jahr, während des nächtlichen Aufenthalts einer von Johannes Arlet mit eindeutigen Absichten in den Ödhof gebrachten Zirkus-Kunstreiterin, läßt sich Elisabeth Fuchstaler mit dem schon länger in sie verliebten Mann ein. Das neue Liebesglück bewirkt eine teilweise »Zähmung« der Gewaltnatur Arlet: ehelos verleben die beiden für etwa sieben Jahre eine glückliche Zeit. Die pubertären Sexualwünsche des Sohns sind aber dann Auslöser für die Katastrophe: Elisabeth Fuchstaler will die Erfahrung einer »niederen«, »verworfenen« Sexualität verhindern und gibt sich nächtens einmal selbst dem achtzehnjährigen Heinz hin, was ihren Auszug am nächsten Tag zur Folge hat. Das nunmehr besonders spannungsgeladene Nebeneinander von Johannes und seinem Sohn, der – unbedacht – das Hoferbe angetreten hat, kulminiert zwei Jahre später im Selbstmord von Heinz, der auch in seinen Verheiratungswünschen am übermächtigen Vater und dessen Forderungen gescheitert war. Damit ist der Niedergang des Ödhofs endgültig besiegelt; der zunehmend dem Alkohol ergebene Willenstitan Johannes scheitert an seiner eigenen Hybris, als er bei einer Gasthaus-Wette die Schrankenlosigkeit der Selbstsetzung von Moral und Handeln beweisen will und sich den Finger abhackt. Folge ist eine Blutvergiftung, an der er mit 57 Jahren stirbt.

Der Ödhof ist neben der psychologisch feinziselierten Familienstudie *Das Grab des Lebendigen* (1917, spätere Auflagen unter dem Titel *Die Ortliebschen Frauen*) Nabls stark autobiographisches Hauptwerk. Die großbürgerliche Herkunft mit ihren Tüchtigkeitsappellen und starren Verhaltensnormen, die traumatischen Kindheitserfahrungen von Abhängigkeit und fehlender Lebensberechtigung, die zwischen Faszination und Abscheu schwankende Beziehung zum Weiblichen – all diese Faktoren verbinden sich zu einem in der Tradition realistischen Erzählens stehenden Familien- und Gesellschaftstableau, das sich auf die individuelle Entwicklung (und das Scheitern) von Einzelfiguren konzentriert. Die schicksalhafte Zuspitzung in der erzähltechnischen Konstruktion verklammert eine merkwürdige Mischung von pittoresk-komödiantischen Wirtshausgesprächen, von meist in der Außenperspektive wiedergegebenen, indirekt zu erschließenden innerpsychischen Vorgängen, von Beschreibungen und ausführlichen Dialog-Wiedergaben. Die Sympathieverteilung in bezug auf die einzelnen Figuren erfolgt dabei durchaus differenziert – Johannes Arlet beispielsweise wird nicht nur als cholerisch-grausamer Despot und augenblicksbezogener, selbstvergottender Übermensch charakterisiert, sondern auch als nahezu kindlich Liebender, als ehrlich und offen, großzügig und hilfsbereit. Der vermittelte Wertekatalog reicht von offensichtlichen Vorurteilen, Ideologisierungen und Rollenzuschreibungen (Frauen, Sozialdemokraten, der »Pöbel«) über die Toleranz gegenüber Randgruppen und Außenseitern (Juden, Alkoholiker, »Ausländer«) bis zu bürgerlich-liberalen Haltungen in bezug auf Religion und Ehe. Charakteristisch für Nabls »Größe und Kleinlichkeit« (Handke) ist der vermittelte Gegensatz von Freiheitssehnsucht und Selbstdisziplinierung, von Weite und Enge, Ausbruch und Eingesperrtsein. In den zwanziger Jahren orientiert sich der Autor verstärkt am antiurbanen, völkisch-nationalistischen Lager und verhält sich dann während des NS-Regimes, im Selbstverständnis apolitisch, angepaßt. Die Reduktion des *Ödhofs* auf einen provinziellen Heimat- oder Bauernroman wäre dennoch literarhistorisch höchst ungerechtfertigt.

G. Fuchs

René Schickele
1883–1940

Das Erbe am Rhein. Roman.

Bd. 1: Maria Capponi. München: K. Wolff, 1926. [Neuausg. von: Ein Erbe am Rhein. 2 Bde. Ebd. 1925.] Bd. 2: Blick auf die Vogesen. Ebd. 1927. Bd. 3: Der Wolf in der Hürde. Berlin: S. Fischer, 1931.

Der engagierte Autor, als Elsässer den deutsch-französischen Konflikt im Ersten Weltkrieg miterlebend, sieht nach 1918 das Scheitern seiner pazifistischen Idee vom geeinten Europa. Diese Erfahrungen beeinflussen die Heimat- und Zeitromanfolge, entstanden in der ersten Emigrationszeit (ab 1922 in Badenweiler). Am Beispiel der Familie des Gutsbesitzers Claus von Breuschheim werden historische, soziopolitische Umstände von vor dem Ersten Weltkrieg bis zum Beginn der zwanziger Jahre dargestellt, gebunden an die Perspektive einer Lösung des elsässischen Problems im befriedeten Europa. Der erste Teil schildert die persönliche und politische Enttäuschung des Helden. Weder gelingt es ihm, nach dem deutschen Militärdienst bis 1918 als Witwer mit der verwitweten Jugendliebe Maria Capponi die Ehe zu schließen, noch erfüllt sich ihm der Wunsch nach Internationalisierung des Elsaß, was ihn in die deutsche Emigration treibt. Der zweite Band handelt vom Einsatz des Helden für die Unternehmen der Familie, die der Stiefbruder Ernst widerrechtlich übernehmen möchte. Dessen Wandel vom preußischen Berufsoffizier zum französischen Nationalisten, sein Sebstmord angesichts der französischen Ruhrgebietsbesetzung und die Französisierung des Elsaß lassen Claus von Breuschheim zum regionalen Autonomisten werden. Im dritten Roman weicht der Held, wiederum verwitwet, dem politischen Abenteurer Silvio Wolf erneut in die deutsche Emigration aus, weil er dem machtbewußten elsässischen Deputierten nicht gewachsen ist. Die Trilogie endet mit Breuschheims Vision vom eigenständigen Elsaß im vereinigten Europa.

Die Witwe Bosca. Roman.

Berlin: S. Fischer, 1933.

Als politischer Schriftsteller setzt sich der elsässische Pazifist und Idealist Schickele in journalistischen Arbeiten, Essays und Romanen mit der eigenen Identität, der Kulturvermittlung zwischen Frankreich und Deutschland sowie der Einigung des demokratischen Europa auseinander. Autobiographische und zeitgeschichtliche Umstände beeinflussen Stoff, Thema, Struktur und Intention seines letzten in Deutschland erschienenen Romans, entstanden während seiner zweiten Emigrationszeit (ab 1932) in der Provence. Die komisch-grotesk verfremdete Familiengeschichte spiegelt in der tragischen Isolierung defekter Menschen in einer Krise, in ihrer vergeblichen Suche nach Identität und Existenz den Niedergang der bürgerlichen Gesellschaft als Krisenentfaltung politischer Wirklichkeit im Exilroman. Es ist die »Auseinandersetzung mit dem in Mord und Tod verstrickten Europa«, dargestellt als »todestrunkene Bosheit und Rachsucht einer götzendienerischen, entgotteten Zeit«, schreibt Schickele 1934. Die konfliktreiche Handlung (doppeltes Eifersuchtsmotiv: jeweils ein Mann zwischen zwei Frauen) vollzieht sich in kleinem, symmetrisch geordneten Personenkreis: zum einen gibt es die erinnerten Beziehungen der Erwachsenen, der das Böse verkörpernden Witwe Juliette Bosca und den positiven Figuren des verstorbenen Kolonialoffiziers Major Bosca und der Witwe Pauline Tavin; zum anderen die zukünftigen Beziehungen zwischen deren Kindern, der körperlich und seelisch versehrten Sibylle Bosca, Paul Tavin und der ältlichen Kunstgewerblerin Marianne. Die Titelheldin, »halb große babylonische Hure, halb Magdalena«, treibt die Handlung auf engem mediterranem Schauplatz voran. In der Scheinidylle wird das Dilemma von Liebe und Haß, von unerfüllter Identitätssuche und möglicher Rettung des menschlichen Strebens nach glücklichem Aufgehobensein im zyklischen Rhythmus des Lebens gestaltet.

A. Ritter

Max Brod
1884–1968

Tycho Brahes Weg zu Gott. Ein Roman.
München: K. Wolff, 1915.

Der Roman um den Astronomen Tycho Brahe (1546–1601), der, nachdem er seine dänische Heimat verlassen mußte, auf einem Landsitz in Böhmen arbeitet und von Kaiser Rudolf II. protegiert wird, lehnt sich in einigen Punkten an historische Tatsachen an. Brahe nimmt den aufgrund seiner Religionszugehörigkeit ebenfalls heimatlos gewordenen Johannes Kepler als Mitarbeiter bei sich auf. Während dieser sich ganz seiner Wissenschaft widmet und am gewöhnlichen Leben kaum teilhat, ist Brahe ein impulsiver, leidenschaftlicher, manchmal auch jähzorniger Mensch, der sich aktiv auch um die alltäglichen Dinge kümmert und vor allem für seine Familie sorgt. Sein Temperament, das ihn in gewisser Weise zu einem expressionistischen Kraftmenschen macht, bereitet ihm manche Schwierigkeiten und manches Leid. Er neidet es schließlich Kepler, daß dieser so unbeirrt seinen Weg als Wissenschaftler geht und allgemeine Anerkennung findet, und es kommt zu einer Entfremdung zwischen den beiden. Brahes Neid schlägt aber bald in Mitleid um, weil er erkennt, daß Kepler in seiner Abgeschiedenheit von den Sorgen und Freuden des Lebens auch einsam ist und daß es ihm an Mitmenschlichkeit fehlt. Nach seiner Übersiedlung nach Prag, wo er aufgrund äußerer Widrigkeiten seine Forschungen kaum fortzusetzen vermag, wird Brahe von dem Rabbi der Stadt in einem Gespräch belehrt und getröstet. Er erkennt, daß sein individuelles Leben dem des jüdischen Volkes ähnelt: Leiden und Dulden gehören zur Existenz des Menschen, der trotz allem weiter auf Gott vertrauen und ihm dienen muß. Eine solche Existenz führt auch der Kaiser, der sich zu schwach für diese Welt fühlt, trotzdem aber ihrer Vervollkommnung lebt. Seine menschliche Größe beweist Brahe, als er durchsetzt, daß Kepler zu seinem Nachfolger ernannt wird. Durch diese Tat, mit der er sich gewissermaßen selber opfert, findet er seinen Frieden mit Gott. Er stirbt in den Armen Keplers.

Brod stellte den Roman später mit dem 1925 erschienenen *Rëubēni, Fürst der Juden* und dem erst 1948 veröffentlichten *Galilei in Gefangenschaft* zu einer Trilogie mit dem Titel »Kampf um die Wahrheit« zusammen.

Rëubēni, Fürst der Juden. Ein Renaissanceroman.

München: K. Wolff, 1925.

Brods historischer Roman spielt im frühen 16. Jh. David Lemel lehnt sich – obwohl aus streng orthodoxer jüdischer Familie stammend – gegen die Vorstellung auf, daß das jüdische Volk nur durch stilles Leiden und Erdulden die Strafe von sich nehmen könne, die Gott über es verhängt hat. Er setzt gegen dieses Dulden, das angeblich zur Erlösung führen soll, den Kampf – und zwar den Kampf auch mit »sündigen« Mitteln. Auch »böse« und gewalttätige Instinkte könnten den Menschen Gott näher bringen und ihn erretten, wenn sie nur nicht die Oberhand gewännen. Zum Teil dient diese in Ansätzen machiavellistische Theorie ihm dazu, sein Liebesverhältnis zu einem christlichen Mädchen vor sich selbst zu entschuldigen, und er wird in ihr anscheinend bestätigt, als dieses Mädchen die Vertreibung der Juden aus dem Prager Ghetto durch eine Intervention sehr persönlicher Art beim Burggrafen abzuwenden vermag. Lemel verläßt seine Heimatstadt, zieht nach Süden und tritt nach zwölf Jahren als Fürst David Rëubēni, angebliches Oberhaupt der zehn verlorenen Stämme Israels, wieder in Erscheinung. Er unternimmt einen Zug nach Rom, um sich beim Papst persönlich für das Wohl seines Volkes einzusetzen. Aufgrund seiner charismatischen, eben nicht duldenden, sondern (scheinbar) kriegerischen Persönlichkeit – in Wirklichkeit mangelt es ihm an Mut und Durchsetzungsvermögen – schließen sich ihm viele Glaubensbrüder an: einigen scheint er der Messias zu sein. Rëubēni bietet Clemens VII. an, gemeinsam mit ihm Krieg gegen die Türken zu führen, so daß die heiligen Stätten der Christenheit befreit würden und die Juden in ihre Heimat zurückkehren könnten; der Papst schlägt ihm aber vor, daß er sich an den König von Portugal wenden solle. In Portugal ist er ähnlich glücklos; einige seiner Jünger und Anhänger kompromittieren ihn. Er muß das Land verlassen, verliert seine Anhänger, verarmt und endet nach langem Umherziehen schließlich in einem spanischen Kerker. Er stirbt in der Überzeugung, daß sein Weg, der »Weg der Sünde«, nicht grundsätzlich falsch war, daß ihm aber die Stärke fehlte, ihn konsequent zu Ende zu gehen. Er ist überzeugt, daß dieser »Stärkere« einst kommen und das jüdische Volk befreien wird (in Ansätzen liegt hier eine Anspielung auf den Zionismus vor, gleichzeitig auf das Kommen des Messias).

M. Müller

Lion Feuchtwanger
1884–1958

Jud Süß. Roman.
München: Drei Masken-Verlag, 1925.

Vom wenig erfolgreichen Roman *Der tönerne Gott* (1910) abgesehen, war Feuchtwanger ein Bühnenautor und Kritiker, bis er 1921/22 seinen *Jud Süß* schrieb, der zu den meistverkauften deutschsprachigen Romanen avancierte. Der Autor legte seinem Roman über den »Hofjuden« und Finanzrat des württembergischen Herzogs Karl Alexander, Josef Süß Oppenheimer (1692/98–1738), sein gleichnamiges Theaterstück von 1916 zugrunde. Als Quelle diente ihm beidemal die 1874 erschienene Biographie von Manfred Zimmermann, weniger Hauffs antisemitische Novelle von 1827; allerdings gab die Ermordung des Industriellen und deutschen Außenministers Walter Rathenau im Juni 1922 dem Roman eine aktuelle Brisanz, die über das Drama hinausging – wegen des dadurch aktuellen historischen (insbesondere jüdischen) Themas fand sich der Drei-Masken-Verlag erst 1925 bereit, den *Jud Süß* zu drucken, nachdem Feuchtwanger außerdem mit der ironischen und weniger verfänglichen Auftragsarbeit der *Häßlichen Herzogin Margarete Maultasch* (1923) sein Renommee als Romanschriftsteller gefestigt hatte.

Süß, voll Unternehmungslust und »Lebgier«, ist kaum sympathischer gezeichnet als der machtbesessene, lüsterne Regent: unbarmherzig treibt er das Geld seiner Schuldner ein, umwirbt den Herzog, lockt ihm minderjährige Mädchen ins Bett, nie ohne auch an sich zu denken. Das geknechtete Volk scheint sich einig, daß »ein Jud« regiert; erzürnt rächt es sich an den jüdischen Gemeinden. Als der Prälat Weißensee seine pietistisch erzogene Tochter an den mit den Katholiken paktierenden Landesherrn verliert, treibt er diesem die sorgsam behütete, schöne Süß-Tochter Naemi in die Hände, die sich der drohenden Vergewaltigung durch Selbstmord entzieht. Nur zum Schein vergibt der Financier dem Potentaten: im entscheidenden Augenblick verrät er dessen »Cäsar-Träume«, was den Tod des Herzogs herbeiführt. Süß liefert sich den aufgebrachten Abgeordneten aus. Indem er sich auch innerlich zum Judentum bekennt, nimmt er es »vergnügt, schmunzelnd fast« in Kauf, daß er zu Unrecht abgeurteilt und hingerichtet wird.

In einem expressiven, unpathetischen Stakkato-Stil entrollt Feuchtwanger das Streben und Sterben eines faszinierenden Menschen, der im Tod über seine Peiniger triumphiert. Auf Betreiben der Nazis drehte Veit Harlan 1940 den Film *Jud Süß* mit Starbesetzung (u. a. Heinrich George), der aus dem viel mehr der Hauffschen Figurenzeichnung entsprechenden Süß Oppenheimer einen abstoßenden Frauenschänder machte.

Erfolg. Drei Jahre Geschichte einer Provinz. Roman.

2 Bde. Berlin: Kiepenheuer, 1930.

Die Geschwister Oppenheim. Roman.

Amsterdam: Querido, 1933. – Seit 1949 u. d. T.: Die Geschwister Oppermann.

Exil. Roman.

Amsterdam: Querido, 1940.

Das »einzige Mittel«, die Welt zu ändern, sei, »sie zu erklären«, so steht es noch in Feuchtwangers nüchtern-sachlichem Roman *Erfolg*. Im Nachwort zu *Exil* kommt der Autor selbstkritisch zu der Erkenntnis, daß »der Herrschaft der Gewalt und des Widersinns« nur »mittels Gewalt ein

Ende zu setzen« sei. Diesen Wandel bezeugen die drei Romane, die Feuchtwanger Ende der dreißiger Jahre unter der »Wartesaal«-Metapher zusammenfaßte in der Hoffnung, einen vierten Roman, *Rückkehr*, anzuschließen. Unterschiedlich in Stil und Konzeption und in jeweils verschiedener historischer Konstellation entstanden, verbinden die Teile des Zyklus personell allein die (nach und nach in den Hintergrund tretende) Figur des Jacques Tüverlin, thematisch die Dokumentation des »Wiedereinbruchs der Barbarei in Deutschland« sowie die erschütternde Hellsichtigkeit des Autors, die erst in *Exil* von der Realgeschichte überholt wird: *Erfolg* beschreibt den Aufstieg der Nationalsozialisten (hier der »Wahren Deutschen«), in den *Geschwistern Oppenheim* findet sich die erste literarische Darstellung der KZ-Greuel, *Exil* schildert den Emigrantenalltag in Paris.

Unter den zahllosen Personen in *Erfolg* konzentrieren sich die detaillierter beschriebenen um den liberalen Kunsthistoriker Martin Krüger, der zu Unrecht von der reaktionären Justiz ins Gefängnis gebracht wird. Die Versuche seiner Freundin Johanna Krain und des Schriftstellers Tüverlin, den in sein Schicksal sich fügenden Gelehrten zu retten, scheitern. Auch die Intervention eines amerikanischen Millionärs kommt zu spät: Krüger stirbt an Herzversagen. Feuchtwanger bestückt seinen Roman mit authentischen Ereignissen, bayrischen Lebensläufen und politischen Reden, montiert Fiktion und Statistik mittels filmhaften Schnitten zusammen, führt kaum verschlüsselte Zeitgenossen auf (Karl Valentin als Hierl, Ludwig Thoma als Matthäi und Hitler als den stellungslosen »Monteur« Kutzner) und entwickelt in der Diskussion zwischen Tüverlin (einem partiellen Selbstporträt) und Kaspar Pröckl (gemeint ist Feuchtwangers ›Schüler‹ Bertolt Brecht) seine individualsozialistische Literaturtheorie.

Machte sich Feuchtwanger 1930 noch lustig über die »Sitte, den politischen Gegner umzubringen«, verzichtete er in *Die Geschwister Oppenheim* (in der Verlagsankündigung wie auch in späteren Auflagen »Oppermann«) auf jegliche karikierende Überzeichnung oder distanzierende Elemente der Neuen Sachlichkeit und klagte an. Deutschland war »ein Tollhaus geworden, in dem die Kranken sich ihrer Wärter bemächtigt haben. Erkennt das die Welt? Was tut sie?« Sie schaut zu: Die Fabrikantenbrüder Gustav und Martin Oppenheim werden aus ihrem Möbelgeschäft gedrängt und mit der Schwester Klara und dem Bruder Edgar, einem renommierten Arzt, ins Exil getrieben. Martins Sohn Berthold begeht wegen der Nazi-Schikanen Selbstmord. Gustav, aufgerüttelt durch die offenkundige Barbarei, kehrt illegal nach Deutschland zurück und wird als Widerstandskämpfer verhaftet; aus dem KZ entlassen, stirbt er an den Folgen der dort erlittenen Qualen.

In der französischen Emigration schrieb Feuchtwanger, der bereits 1933 von den Nationalsozialisten ausgebürgert worden war, seinen Roman *Exil* über den Musiker Sepp Trautwein, der in Paris vom unpolitischen Zauderer zum aktiven Sympathisanten des Marxismus wird, ablesbar an seinem Engagement für den von der Gestapo entführten Journalisten Friedrich Benjamin – ein authentischer Fall um die Emigrantenzeitungen »Westland« und »Pariser Tageblatt« – und an seiner Symphonie mit dem Titel »Wartesaal«, zugleich Sinnbild des Exils. »Es war ein kahler Wartesaal, ja, es *war* ein Saal, er hatte bestimmt vier Wände, aber er war so ungeheuer weit, daß man diese Wände nicht sah [...]. Es war ein Wartesaal und gleichzeitig ein Gefängnis. [...] die Züge, auf welche diese Menschen warteten, wurden nicht ausgerufen.« Der Optimismus, den Feuchtwanger am Schluß von *Exil* aufleuchten läßt, war nicht zu halten – den geplanten Epilog *Rückkehr* hat er nie geschrieben. 1941 flüchtete er nach Los Angeles.

Der jüdische Krieg. Roman.

Berlin: Propyläen-Verlag, 1932.

Die Söhne. Roman.

Amsterdam: Querido, 1935.

Der Tag wird kommen. Roman.

Stockholm: Bermann-Fischer, 1945. [Zuerst auf englisch erschienen u. d. T.: Josephus and the Emperor. New York: Viking Press, 1942.]

Von seiner streng orthodox geprägten Kindheit über die Promotion zu Heines *Rabbi von Bacharach*, den frühen Romanerfolg *Jud Süß* und Aufsätzen wie »Nationalismus und Judentum« (1933) bis hin zu seinem Alterswerk beschäftigte sich Feuchtwanger bewußt mit seinem Selbstverständnis als deutscher Jude. Höhepunkt dieser Auseinandersetzung ist die »Josephus«-Trilogie: in allen Teilen Historienroman, der dem Leben des Geschichtsschreibers Flavius Josephus (37/38–100) unter den flavischen Kaisern sowie der Verflechtung von römischem Kult, Judentum und aufkommendem Christentum nachspürt; Entwicklungsroman über den jüdischen Nationalisten Josef Ben Matthias (ben Mathihjahu, so der eigentliche Name des Josephus), der zum »Weltbürger« und schließlich auch zum Patrioten wird; schließlich zeitgenössischer Roman contre cœur, dessen Personal unverblümt spricht und agiert wie Figuren aus dem Jahr 1930, vor dem Hintergrund des wachsenden Judenhasses und der Faschisierung in Deutschland. Mit der historischen Distanz wollte Feuchtwanger bewußt vermeiden, daß »persönliche Ressentiments meine Darstellung trüben und unrein machen«, wie er 1956 in *Centum Opuscula* schrieb. Der Stoff bewegte den Humanisten Feuchtwanger bereits vor dem Ersten Weltkrieg, damals noch mit der Hoffnung auf eine für Europa fruchtbare Begegnung von Ost und West, Betrachtung (Geist) und Handeln (Wille zur Macht), jüdischer und römischer Tradition. Auch wenn der Schlußband der Trilogie diese Hoffnung negiert, folgt Feuchtwanger dem Talmud-Spruch, den er dem Großdoktor von Jerusalem, Jochanan ben Sakkai, in den Mund legt (als Motto in *Die Geschwister Oppenheim* kehrt er wieder): »Es ist uns nicht gegeben, das Werk zu vollenden, aber es ist uns auferlegt, nicht davon abzulassen.«

Wie Süß Oppenheimer ist Feuchtwangers Josef im *Jüdischen Krieg* ambivalent – und dadurch glaubhaft – gezeichnet: eitel, ehrgeizig schlägt sich der jüdische Priester nach seiner Gefangennahme durch die Römer zur Zeit des Aufstandes auf die Seite Roms und sagt dem Konsul Vespasian eine Zukunft als Kaiser und Gott, ja als Messias voraus. Dadurch rettet er sein Leben, wird Vespasians Sklave, später anerkannter Sekretär, sichert sich das Weltbürgertum – und verrät so das eigene Volk. Demonstrativ trennt er sich von seiner jüdischen Frau Mara und dem gemeinsamen Sohn, um die Ägypterin Dorion zur Frau zu nehmen. Verflucht und als »feiger Überläufer« von den Juden gehaßt, stellt sich Josephus zwischen die Fronten: als Jude möchte er aus römischer Sicht den Krieg beschreiben, den Vespasians Sohn Titus führt und gewinnt. Als grausame Gnade wird Josephus gewährt, 77 Menschen vor dem Kreuzigungstod zu bewahren. In *Die Söhne* steht Josephus am Zenit seiner Karriere: als unersetzlicher Ratgeber des Kaisers Titus, der sich mit dem Judentum aussöhnt, wird der Geschichtsschreiber, nun gleichzeitig Römer und Jude, mit einer Porträtbüste geehrt. Doch unheilvolle Zeichen kündigen das Ende der Erfolgsleiter an: die zweite Ehe zerbricht, der Sohn Paulus wird zum antisemitischen Römer, Simeon aus der ersten Ehe wird getötet. Zu den persönlichen Katastrophen kommt die despotische Herrschaft des Titus-Bruders Domitian, der Josephus vor den Römern wie den Juden demütigt. *Der Tag wird kommen* beschreibt das Scheitern von Josephs Weltbürger-Träumen, für Domitian »lauter Nebel und Unsinn«. Das Porträtbildnis wird aus dem Tempel geschleppt, der Kaiser läßt den dritten Sohn umbringen. Auf einen Erlaß des Paulus hin, Josephs einzig lebenden Sohnes und nunmehr Oberst, wird der ›Ritter des zweiten Adels‹, weil er sich in den unsicheren Straßen nicht ausweisen kann, unwissentlich von Soldaten zu Tode geschleift. Doch das ganze Land »war erfüllt von seinem verdämmernden Leben, und er war eins mit dem Land«.

Zunächst plante Feuchtwanger nur zwei »Josephus«-Bände. Als die Nazis 1933 das Berliner Haus des emigrierten Autors verwüsteten, nahmen sie auch das Manuskript der *Söhne* mit. Mit der Neufassung ein Jahr später entschied er sich zu einer Trilogie, obwohl der Roman »eigentlich zehn Bände haben müßte«, wie er an Arnold Zweig schrieb. Ihm war klar, daß er mit seinem komprimierten Kolossalwerk – zeitgleich mit dem »Wartesaal«-Zyklus entstanden – den Lesern viel abverlangte. 1951 bekannte er Zweig gegenüber, es sei »keine Kleinigkeit [...], die gesamte ›Josephus‹-Trilogie mit ihren zweitausend Seiten zu lesen«.

Der falsche Nero. Roman.

Amsterdam: Querido, 1936.

In *Die Söhne* berichtet Feuchtwanger, wie unter Titus ein Doppelgänger des verstorbenen Nero am Euphrat aufgetaucht sei, der Anspruch auf das Kaiserreich erhob. Aus dieser verbürgten Episode entwickelte er um 1935 seine Satire *Der falsche Nero*, die gezielt auf die Naziherrschaft anspielt. Die Reduzierung Hitlers auf die Größe eines unselbständigen Hampelmanns hat dem Roman seit seinem Erscheinen Kritik eingebracht. Formal und ästhetisch gehört *Der falsche Nero* allerdings zu den gelungensten Arbeiten des Autors. Das ursprünglich geplante erste Kapitel »Neros Tod« veröffentlichte Feuchtwanger 1936 in der Moskauer Exilzeitschrift »Das Wort«, deren Mitherausgeber er war.

Varro, geschaßter römischer Senator und nun einflußreicher Privatmann in Syrien, möchte mit dem neuen Gouverneur Cejon – und mit Rom – eine Rechnung begleichen und die »alberne Wirklichkeit« herausfordern: Er macht aus dem einfältigen Töpfer Terenz einen wiederauferstandenen Nero. Dessen frappierende Ähnlichkeit hat schon den originalen Kaiser zu Lebzeiten erheitert, jetzt läßt sich die Menge gern von dem schauspielernden Scharlatan aufpeitschen. »Mit einiger Propaganda«, so Varro, »kann man jede Legende in Kurs setzen«; allerdings umgibt sich sein »Geschöpf« im unkalkulierbaren »Glauben an sich selber« mit dem ehemaligen Leibeigenen Knops als skrupellosem Staatssekretär und dem populären, aber gewalttätigen Hauptmann Trebon als Senator. In dieser Schreckens-Troika (gemeint sind Hitler, Goebbels, Göring) wird Varros Spiel zum blutigen Ernst: die Tochter verliert er an seinen falschen Nero, deren Geliebter Fronto und unzählige Christen werden ermordet. Am Ende bleibt Varro nur das anonyme Exil im fernen Osten, während das entlarvte Triumvirat als »dreiköpfiger Höllenhund« von den neuen alten Herren öffentlich gedemütigt und gekreuzigt wird.

Feuchtwangers Geschichtsverständnis, nach dem alles, was geschieht, wiederkehrt, kann im Fall Terenz/Nero-Hitler nicht befriedigen: die Fiktion des falschen Nero erklärt keineswegs die reale Entwicklung der Hitler-Tyrannei. Liest man den Roman jedoch als Parabel auf die Verführbarkeit der Massen sowie auf die Anmaßung eines Einzelnen, in die Geschichte einzugreifen, bewahrt *Der falsche Nero* gerade im Medienzeitalter eine erstaunliche Aktualität.

Waffen für Amerika. Roman.

2 Bde. Amsterdam: Querido, 1947–48.

Viel Kummer, aber auch »eine beinahe religiöse Freude« habe ihm die Arbeit an *Waffen für Amerika* gemacht, schrieb Feuchtwanger rückblickend 1954. Ins Zentrum der Handlung hatte er den »Fortschritt« gestellt, der »nur durch friedliche Zusammenarbeit aller Völker erreicht werden« könne (so 1951 an Arnold Zweig). So sehr er auch seinen Roman als geglückt ansah, konnte er die Mißverständnisse nicht vermeiden, die der Kalte Krieg forcierte: Gedacht als Hommage an seine beiden Exil-Länder und als Reflexion über die Allianz gegen die Hitler-Barbarei, brüskierte Feuchtwanger bei Erscheinen der *Waffen für Amerika* allein mit dem Titel die Sowjetunion, mit der er seit seinem Besuch bei Stalin 1937 sympathisierte; Teile der Erstauflage wurden daraufhin in *Die Füchse im Weinberg* umbenannt. Auf der anderen Seite geriet Feuchtwanger in den Bann des McCarthyismus, war die Sowjetunion für ihn doch eine würdige Erbin der Revolutionen in den USA und in Frankreich. Die unglückliche Rezeption signalisierte, daß der Roman – entstanden zwischen 1944 und 1946 – für eine andere Zeit geschrieben war. Dazu verschleppte sich noch die Herausgabe der deutschsprachigen Ausgabe des Romans (die unbefriedigende amerikanische Übersetzung erschien 1947).

In drei Teilen (»Waffen für Amerika«, »Die Allianz«, »Der Preis«) beschreibt der Roman die geschichtsträchtige Begegnung des windigen Pierre Caron de Beaumarchais, Uhrmachersohn, Harfenlehrer, Autor des *Barbiers von Sevilla* und der *Hochzeit des Figaro* sowie Waffenhändler, mit dem betagten Benjamin Franklin, Schöngeist und Humanist, Erfinder des Blitzableiters sowie als Gesandter Wegbereiter der amerikanischen Unabhängigkeit in Paris und Versailles. Diese ambivalenten Persönlichkeiten geraten in die politischen und persönlichen Intrigen am Hofe Louis' XVI., der mit der amerikanischen Sache zwar die Engländer vom Leibe halten, seine Monarchie aber kaum retten kann, und der aufgeweckten Marie Antoinette. Sieger und Verlierer der historisch nicht ganz stimmigen Ereignisse der Jahre 1776–1778 ist Beaumarchais, der verarmt aus dem erfolgreichen Waffengeschäft geht und zugleich den Triumph seines endlich öffentlich aufgeführten, höchst subversiven *Figaro* erlebt.

Goya oder Der arge Weg der Erkenntnis.

Frankfurt a. M.: Neuer Verlag, 1951.

Bevor Feuchtwanger mit der *Jüdin von Toledo* (1955) und *Jefta und seine Tochter* (1957) wieder zum jüdischen Thema zurückkehrte, befaßte er sich mit den Revolutionsjahren im ausgehenden 18. Jh. Dazu gehören neben *Waffen für Amerika* Theaterstücke (*Waffen für Amerika*, Entwurf um 1943/1944; *Wahn oder Der Teufel in Boston*, entstanden 1946/47; *Die Witwe Capet*, geschrieben 1947/48) sowie *Goya*, an dem er spätestens seit 1943 arbeitet, und *Narrenweisheit oder Tod und Verklärung des Jean-Jacques Rousseau* (1952). Goyas Werdegang, den Feuchtwanger – frei gestaltend – mit seiner eigenen Person verknüpft sah und der bereits Gegenstand in *Erfolg* war, sollte noch in einem zweiten Teil weiterverfolgt werden, zu dem es nicht mehr gekommen ist. Thema des Werks ist »die Lage des Künstlers in dieser barbarischen Zeit, in welcher er, ob er will oder nicht, auch in seiner Kunst zu den politischen Fragen Stellung nehmen muß« (so 1950 an Ben Huebsch).

Der Bauernsohn und unpolitische Maler Francisco de Goya, »dicklich, die Schultern ein wenig zu schlaff, an die Fünfzig, schlecht hörend und auch sonst vielfach beschädigt«, ist der gefeiertste Maler am spanischen Hof, als er seinen »argen Weg der Erkenntnis« antritt: die brutale Macht der überalterten Inquisition in einem »auf tragisch lächerliche Art erstarrten« Land fordert sein politisches Bewußtsein heraus. Den unbeschreiblichen Dämonen und Fratzen, die seiner Phantasie entspringen, gibt er in seinen *Caprichos* (verharmlosend »Launen« genannt) Gestalt, seine Porträts der Granden und Adligen erlangen eine unerbittliche Realität, die Majas eine schockierend-natürliche Nacktheit. Die künstlerische Reife wird begleitet von persönlichen Katastrophen: Goyas völlige Taubheit und der Tod der haßgeliebten Herzogin von Alba, die das gemeinsame Kind abtreiben lassen will. Die Erkenntnis ist trotz alldem zu wissen, »daß das Leben, sooft er's noch verwünschen wird, der Mühe wert war«.

Der von den Nazis vertriebene Schriftsteller kam im Gegensatz zu vielen anderen Exilanten zu beträchtlichem Reichtum und Ruhm. Doch obwohl er wegen seiner politischen Gesinnung in der kalifornischen Wahlheimat immer isolierter lebte, kehrte er nicht nach Europa zurück, wie er es um 1950 noch geplant hatte.

G. Baumann

EHM WELK

1884–1966

Die Heiden von Kummerow. Roman.

Berlin: Deutscher Verlag, 1937.

Ohne das Ländliche zu verklären, blickt Welks Erzähler in diesem Dorfroman ein halbes Jahr auf die überschaubare Welt des vorpommerschen Kummerow, das zugleich seine Heimat ist. In achtzehn Kapiteln berichtet er von »hellen und düsteren Ereignissen«: von »menschlichen Handlungen der Liebe und des guten Willens«, aber auch von solchen »der Schwäche und der Böswilligkeit«.

Diesem allgemeinen Anspruch folgt das episodenreiche Werk, das der Erzähler »allen jungen Herzen« widmet. So spielen denn auch die Kinder eine große Rolle, von deren Rangkämpfen, Freund- und ersten Liebschaften sowie ständigen Konflikten erzählt wird, die sie mit den Kindern anderer Dörfer wie mit den Erwachsenen in und um Kummerow auszufechten haben – z. B. mit dem strengen Pastor Breithaupt, dem gelehrten Kantor Kannegießer oder dem begriffsstutzigen Superintendenten Sanftleben. Vor allem bedrängen die auf Streiche versessenen Kinder jedoch den unheimlichen Müller Düker, den man ohnehin als Teufelsbündner ansieht. Nachdem Düker sein Pferd zu Tode geprügelt hat, entbrennt gegen ihn ein subversiver Kleinkrieg der Kinder.

Eine vage soziale Dimension erhält das Erzählte durch die Freundschaft der Hauptfigur, des zehnjährigen Martin Grambauer, zu Johannes Bärensprung, dem einzigen Armen im Dorf. Ansonsten beschränkt sich der Erzähler auf die alltäglichen Ereignisse eines Dorfes, das peinlich genau auf die gesellschaftliche Ordnung achtet. So muß der langverdiente Kuhhirte Krischan Klammbüdel nach einer Schlägerei mit dem Tierquäler Düker wegen fehlender Papiere Kummerow verlassen, aber wenigstens die Kinder geleiten diesen Ausgestoßenen mit gräflichen Ehren aus dem Dorf.

1934 hatte Welk ein offener Brief an Nazi-Propagandaminister Goebbels ins KZ Oranienburg gebracht, aus dem er durch den Druck der ausländischen Presse freikam. *Die Heiden von Kummerow* erschien 1937, als der Autor nicht mehr mit einem absoluten Schreibverbot belegt war. Die Reichsschrifttumskammer erlaubte ihm nur noch, unpolitische Bücher zu schreiben. Dem erfolgreichen ersten *Kummerow*-Roman folgte 1943 *Die Gerechten von Kummerow.*

O. Kutzmutz

Carl Einstein

1885–1940

Bebuquin oder die Dilettanten des Wunders.

Berlin-Wilmersdorf: Verlag der Wochenschrift »Die Aktion«, 1912. – Teilvorabdruck u. d. T.: Herr Giorgio Bebuquin. In: Die Opale 1907.

»Bebuquin – ja Gute, sowas zu schreiben, ist nur eine Geldfrage, ob man die Ruhe dazu hat. Ich weiß ganz genau, daß alles andere Mist ist, aber was hilft mir das, da meine eigentlichen Arbeiten zu schwer sind – au fond selbst für meine Kollegen. Als ich vor 2–3 Jahren Kollegen Sachen von mir las, sagten sie offen – sie könnten nicht folgen. Als ich Bebuquin publizierte, hieß es, ich schriebe das besoffen«, so Carl Einstein rückblickend in einem Brief an die Geliebte, Toni Simon-Wolfskehl, um 1921/22. Der kleine Text, den Franz Pfemfert in seiner Zeitschrift *Die Aktion* 1912 vorabdruckte (1907 war bereits ein Teilstück veröffentlicht worden: »damit war man zwanzig und in der Literatur«), erschien fast gleichzeitig und ebenfalls bei Pfemfert als eigenständige Buchausgabe, versehen mit einer Widmung des Autors »Für André Gide. Geschrieben 1906/09«. Und er macht Furore! Denn betrachtet man die Reaktionen, so wird man der unterschiedlichsten Einschätzungen gewahr. Wenn schroffe Ablehnung und euphorische Zustimmung Kennzeichen unbedingter Moderne sind, dann ist dieser Roman ein signifikantes Exemplar der literarischen Avantgarde im beginnenden 20. Jh.

Doch wie derart unkonventionelle Literatur beschreiben, wo Entstehungszeitraum und spätere Äußerungen ihres Autors eine Parallele offenlegen, die in der bildenden Kunst begann: im Kubismus? »Ich weiß schon sehr lang, daß die Sache, die man ›Kubismus‹ nennt, weit über das Malen hinausgeht. [...] Ich weiß schon sehr lange, daß nicht nur eine

Umbildung des Sehens und somit des Effekts von Bewegungen möglich ist, sondern auch eine Umbildung des sprachlichen Aequivalents und der Empfindungen.« Einsteins *Bebuquin* bereitet den Bruch mit den bis dahin geläufigen epischen Gestaltungsformen vor: Es gibt keine Haupt- und Nebenfiguren im eigentlichen Sinne, es gibt kein lineares Vor und Zurück, nur ein gleichzeitiges, gleichwertiges Sich-Entfalten der verschiedenen Textebenen. Der Roman umkreist das Phänomen der Ich-Dissoziation. Die Verabschiedung des mit sich selbst identischen Ich in mehrere, sich gegenseitig spiegelnde Ichs steht in Rede. »Schon vor dem Krieg hatte ich mir um zu solchen Dingen zu kommen eine Theorie der qualitativen Zeit zurecht gemacht, rein für mein Metier, dann bestimmte Anschauungen vom ›Ich‹, der Person, nicht als metaphysischer Substanz sondern einem funktionalen, das wächst, verschwindet und genau wie der kubistische Raum komplizierbar ist usf.« Wenn auch das derart dissoziierte Personal (Bebuquin, Nebukadnezar Böhm) wie das Milieu der Cafés und Bars deutlich Züge großstädtischer Boheme aufweisen, so überschreitet dieser Roman als literarisches Gebilde doch bewußt jene gestalterische Konvention, die durch Mimesis und Illusionierung begründet ist und bis dahin das Kunstwerk erst zum Kunstwerk zu machen beansprucht. Die Zergliederung, die ästhetische Dekonstruktion, die Einstein im *Bebuquin* vorführt, zielt auf die Hervorbringung »absoluter« Kunst. Der Dichterkollege Benn weiß darum, als er den durch seinen Gang ins Pariser Exil und seinen Selbstmord 1940 aus dem literarischen Bewußtsein verschwundenen Einstein erinnert: »An Einstein denke ich oft und lese in seinen Büchern, der hatte was los, der war weit an der Spitze.«

H. Haarmann

Egon Erwin Kisch
1885–1948

Aus Prager Gassen und Nächten.
Prag: Haase, 1912.

Die Sammlung von Reportagen verfaßte Kisch in seiner Eigenschaft als Lokalreporter für die deutschsprachige Prager Tageszeitung »Bohemia«. Das Interesse des Autors gilt vor allem den gesellschaftlich Unterprivilegierten und den Kleinkriminellen. Einige Artikel basieren auf Polizeinachrichten. Wie er selbst angab, machte er aus Meldungen, die eigentlich »kaum eine Notiz« wert gewesen wären, längere exemplarische Berichte. So nimmt er die Verhaftung eines Drehorgelspielers, der keine Konzession zur Ausübung seines Gewerbes besitzt, zum Anlaß, um über die Geschichte fahrender Musikanten in Prag zu schreiben, und weist auf die Ausweglosigkeit von deren Situation hin: sie müssen zwangsläufig immer wieder mit dem Gesetz in Konflikt geraten, weil Konzessionen behördlicherseits grundsätzlich nur Kriegsinvaliden oder anderen »alten, vollkommen erwerbsunfähigen Leuten erteilt« werden. Obwohl seine Darstellungen des Lebens, das Zuhälter, Vagabunden, Straßenreiniger u. a. führen, oft ironisch gebrochen sind, kommt doch Kischs Sympathie für diese Menschen deutlich zum Ausdruck, die oft Opfer der Verhältnisse, in die sie hineingeboren wurden, oder auch einer verständnislosen, sich starr an ihre Vorschriften haltenden Bürokratie sind. Solche Attacken gegen sinnlos erscheinende und vor allem das Leben der kleinen Leute erschwerende Vorschriften und Auflagen sind auch in den Artikeln über die Verzehrungssteuer und den Brückenkreuzer zu finden. Berichte über Arrestgebäude, Zwangsarbeitsanstalten, Wärmestuben, Obdachlosenasyle und Volksküchen runden den Einblick in das Leben der Angehörigen der Unterschicht ab, von – wie es in dem Artikel *In der Wärmestube* heißt – »Jammergestalten«, denen jede Möglichkeit verwehrt ist, sich aus ihrer Situation zu befreien.

Zaren, Popen, Bolschewiken.

Berlin: Reiss, 1927.

Das Buch wurde unter dem Arbeitstitel »Das Rote Reich« verfaßt; der Titel, unter dem dieser Bericht über eine Reise, die Kisch vom Dezember 1925 bis Mai 1926 unternahm, dann aber erschien, deutet schon auf den Eindruck hin, den er von Rußland gewann. Wie schon in Moskau, das ihm eine »Orgie der Kontraste« zu bieten schien, entdeckte er überall, wo er hinkam, ein Nebeneinander von Altem und Neuem, Fortschritt und Festhalten an der Tradition, Religiosität und Begeisterung für die kommunistische Ideologie. Kontrastiv sind auch einige Artikel angelegt; so folgt einem Bericht über einen Besuch in Zarskoje Selo, der ehemaligen Sommerresidenz der Zaren, die acht Jahre nach der Revolution »Kopfschütteln erregt« (das kaiserliche Schlafzimmer kündet von religiösem Wahn, es ist »vollgestopft mit Ikonen, Heiligenbildern, Medaillons, Kreuzen, Kerzen, Reliquien«), unmittelbar ein Bericht über eine in den Besitz des Volkes übergegangene Gummifabrik mit genauer Darstellung der Herstellungsprozesse, der Organisation der Arbeiterschaft, des Einkommens der Werktätigen usw. Kisch beklagt in diesem Zusammenhang, daß viele Reformen durch Menschen blockiert werden, die dem alten Regime innerlich treu geblieben sind: »So wird in Rußland jeder Beschluß zu korrumpieren versucht, die Leute der entthronten Schicht sind feindselig gegen die neue Ordnung eingestellt, ein Ersatz läßt sich nicht schnell schaffen, die geistige und wirtschaftliche Blockade verhindert den freien Arbeitsmarkt [...] und so herrschen in den Intelligenzberufen noch vielfach Menschen, die den Geist des neuen Wollens erst dann bejahen werden, wenn er sich trotz ihres Widerstandes durchsetzen wird.«

Kischs »Bejahung des neuen Wollens« (z. B. der Fortschritte im Justizwesen und der Sozialfürsorge) brachte ihm in der Heimat den Vorwurf ein, er habe sich von Kommunisten indoktrinieren lassen und gehöre selber zu den »utopistischen Schwärmern einer radikalen Umwälzung der bestehenden gesellschaftlichen Ordnung«.

Paradies Amerika.

Berlin: Reiss, 1929.

Das Buch präsentiert sich als Ergebnis einer Reportagereise durch die USA vom November 1928 bis April 1929, die den Verfasser von New York durch den Panamakanal an die Pazifikküste führte, wo er Los Angeles, Hollywood und San Francisco besuchte. Weitere Hauptstationen waren Chicago, Detroit und schließlich wieder New York. In für ihn typischer Manier vermischt Kisch Beobachtetes und Erlebtes zur Steigerung des Effektes mit Fiktivem. So mußte er beispielsweise aufgrund seiner politischen Vergangenheit (Beteiligung an der »Revolution« von 1918) und seiner Kritik an dem fragwürdigen Prozeß gegen Sacco und Vanzetti zwar tatsächlich befürchten, daß man ihm die Einreise in die USA verweigern würde, seine Behauptung, daß er sich unter dem falschen Namen Becker (»Der Dr. Becker vor den Pforten des Paradieses«) ein Visum verschafft habe, entspricht jedoch nicht der Realität. Kisch sah seine Reportage über die USA, den »Kosmos des Kapitalismus«, als eine Art Ergänzung zu seinem »Bericht« über das kommunistische Rußland an. Der Titel ist ironisch gemeint; er nimmt auf die vielen Reiseberichte und Darstellungen Bezug, in denen Amerika als Land des Fortschritts und der sozialen Gerechtigkeit verherrlicht wird. Die durch solche Literatur genährten Illusionen, von denen auch der Verfasser selbst zu Beginn seiner Reise nicht frei ist, werden durch die Realität größtenteils widerlegt. Wiederholt wird auf die auch nach Abschaffung der Sklaverei weiterbestehende Ausbeutung der Schwarzen durch die Weißen und die generelle Benachteiligung aller Farbigen verwiesen (»Harlem – Fegefeuer der Neger«). Ein Hauptübel der amerikanischen Gesellschaft besteht für Kisch in ihrer mentalen Standardisierung, in der teilweise durch Industrie und Kommerz bewirkten Aufhebung aller individuellen Interessen und einer geistigen Verflachung (eine Skizze über das Versandkaufhaus Sears-Roebuck trägt den Titel »Individualität am laufenden Band«). Diese Kritik gipfelt in dem vernichtenden Urteil: »Eine Bäuerin auf dem Balkan hat selbständigere Gedanken, ein Eskimo interessiert sich mehr für Lebensfragen als der Americano. Es ist, als ob ein riesenhaftes Megaphon das in Reih und Glied angetretene Hundertzwanzigmillionenvolk zu streng einheitlichen Übungen in ›individueller Betätigung‹ kommandierte.« Faszinierend war Amerika für den Reporter, weil es ihm ungeheuer viel neuen Stoff bot, aber, so sein Fazit, wenn er dort auch »eine wunderbare Zeit verlebt habe«, würde er »keinesfalls drüben leben« wollen.

M. Müller

GUSTAV SACK
1885–1916

Ein verbummelter Student. Roman.

Berlin: S. Fischer, 1917.

Der Roman gilt in der Kombination von Selbstanalyse, Liebesgeschichte, Naturbeobachtung und Philosophem als ein Schlüsselwerk der Moderne. Tagebuchartig einsetzend und eine persönliche Lebenskrise in der niederrheinischen Heimat reflektierend, stürzt Gustav Sack sein Alter ego, den gescheiterten Studenten Erich Schmidt, in ein Liebesabenteuer mit fatalen Folgen.

Erich drängt es in der Natur zur Deutung der eigenen Existenz im Spiegel des Vegetabilen. Als er auf dem Wasserschloß Raesfeld der lebenslustigen Grafentochter Loo begegnet, wird seine rationale Weltbetrachtung mit einer emotionalen Weltsicht konfrontiert. Der Versuch, die Sehnsucht nach rationaler Erkenntnis durch den Rausch des Eros zu kompensieren, scheitert jedoch an seinem Unvermögen zu spiritueller Vereinigung. Auf Loos Frage nach dem Sinn der Liebe weiß der Rationalist nur die Antwort, sie sei nichts als »Plasmagebilde mit der Funktion der Fortpflanzung«, und zerstört so ihren einzigen Lebensbezug. Nur im freigewählten Liebestod kann Loo noch ihre Sehnsucht nach mystischer Vereinigung erfüllen.

Das Experiment einer Vereinigung von Rationalismus und Vitalismus ist gescheitert. Um sein Denken abzutöten, arbeitet Erich drei Jahrzehnte lang als Bergarbeiter und erfährt das ganze soziale Elend seiner Zeit. Wie seine Selbstreflexionen verraten, gelingt es ihm aber nicht wirklich, die Sehnsucht nach einer »Weltformel« zu stillen und in der Masse aufzugehen. Als ihm Loos Vater Schloß Raesfeld vererbt, erblüht in Erich erneut die »blaue Blume« der Sehnsucht nach Welterkenntnis, und er rückt nun gar den Sternen, die ihn über sich hinausweisen, mit dem Fernrohr zu Leibe. Ehrfurcht überfällt ihn, für die er lange keinen Grund findet, bis ihm schmerzlich bewußt wird, daß all seine Sehnsucht doch nur dem »alten Gott« der »Hinterwelt« galt, den er längst totgeschlagen glaubte.

Flüchtig wie der Wind, in den er sich verwandeln möchte, ersteht in Erich der Wunsch, den in sich selbst kreisenden Gedanken in ein sehnsuchtsloses »Land der Stürme« zu entgehen. Als er aber auf der Galerie des Schloßturmes Abschied nehmen will von seinem Besitz, überfällt ihn die Erkenntnis der Ausweglosigkeit und er stürzt mit einem Fluch in die Tiefe, zerbrochen an der Unlösbarkeit des Welträtsels. Zugleich aber holt er mit seinem Sturz den einst mit Loo geplanten Doppelselbstmord nach: sterbend erfüllt er sein Schicksal und erreicht die Transzendenz, die ihm im Leben versagt blieb.

D. Sudhoff

ALBRECHT SCHAEFFER

1885–1950

Helianth. Bilder aus dem Leben zweier Menschen von heute und aus der norddeutschen Tiefebene in neun Büchern dargestellt.

3 Bde. Leipzig: Insel Verlag, 1920.

Der Roman erzählt die Entwicklung des Prinzen Georg von Trassenberg, der durch seinen Vater, den Herzog, von der Existenz einer geheimen Klausel zum Abdankungsvertrag seiner Vorfahren aus napoleonischer Zeit erfährt, die mit seiner Volljährigkeit eine Rückkehr zur Regierungsverantwortung ermöglicht. Durch die gleichzeitige Enthüllung, nur adoptiert zu sein, sieht Georg sich zwischen eigenen literarischen und den vom Vater zugedachten politischen Interessen in eine tiefe Krise gestürzt. Das Studium mit dem unglücklichen Beitritt zu einer Studentenverbindung bildet den äußeren, zahlreiche Gespräche mit Freunden den inneren Rahmen dieser Lebensphase während der »halkyonischen Jahre« 1905–1909 vor dem Ersten Weltkrieg. Mit der verehrten und unerwidert geliebten Renate von Montfort tritt eine zweite Hauptfigur hinzu; beider Erlebnisse und Bewußtseinsinhalte strukturieren die vielschichtige und verwickelte Romanhandlung. Die Ermordung des Herzogs durch einen anarchistischen Attentäter während eines großen Kostümfestes läßt in Georg den Entschluß zur Übernahme des Amtes reifen. Als er schließlich erfährt, daß er doch der leibliche Sohn des Herzogs ist, kann er seine Selbstzweifel und Irrwege als symbolische Prüfung begreifen.

Während eine Reihe von Motiven Traditionslinien des deutschen Bildungsromans nachzeichnen, spannt der komplexe formale Aufbau den Rahmen für den Einschluß langer Tagebuch- und Briefpassagen und eine avancierte literarische Modernität. Die Zeitstruktur dieser epischen Vergegenwärtigung einiger Jahre aus dem Leben eines größeren Freundeskreises läßt sich nur mit Edgar Reitz' Filmzyklus *Die zweite Heimat* (1993) vergleichen. Der enorme Umfang von mehr als 2000 Seiten veranlaßte den Autor 1928 zu einer gekürzten, der eminent historische Charakter 1948 im amerikanischen Exil zu einer vollständigen Neufassung, die erst 1995 aus dem Nachlaß ediert wurde.

R. Bulang

Ina Seidel
1885–1950

Das Wunschkind. Roman.

2 Bde. Stuttgart: Deutsche Verlags-Anstalt, 1930.

Der bekannteste und erfolgreichste Roman von Ina Seidel erreichte bis heute eine Auflage von über einer Million Exemplaren. Obwohl Seidel am Ende des Romans explizit Stellung gegen den Krieg bezieht, erzielten ihre Romane bis zum Beginn des Zweiten Weltkrieges hohe Auflagen, während die Autorin, die in ihrem Roman *Michaela* (1959) ihre vorübergehende Hinwendung zu Hitler zu erklären versucht, in den letzten Jahrzehnten in Vergessenheit geriet.

Den historischen Hintergrund der Romanhandlung – ein Frauenschicksal in den Freiheitskriegen, an dem Seidel sechzehn Jahre lang gearbeitet hatte – bildet die Besetzung von Mainz 1792 durch die französische Revolutionsarmee bis hin zur Völkerschlacht bei Leipzig 1813. Der erste Sohn von Hans Adam Echter von Mespelsbrunn und seiner preußischen Frau Cornelie stirbt in Mainz vor dem Morgen, an dem Hans gegen die französische Revolutionsarmee ins Feld ziehen muß. Cornelie ahnt, daß sie ihren Mann nicht lebend wiedersehen wird, und wird in der selben Nacht erneut schwanger. Wenige Wochen später empfängt sie die Nachricht von seinem Tod. Cornelie bleibt in Mainz bei ihrer Schwiegermutter, kehrt nicht nach Preußen zurück. Sie übernimmt nach der Geburt ihres Sohnes Christoph auch das Töchterchen Delphine ihrer bei der Geburt verstorbenen Halbschwester Charlotte, die für kurze Zeit mit einem französischen Leutnant verheiratet war, der nun vor den Preußen fliehen muß. Cornelie wird vom Vater verstoßen, weil er sie verantwortlich macht für Charlottes Beziehung mit jenem Franzosen. Cornelie hat zwei weitere Beziehungen, die aber nicht zu einer Heirat führen. Zwischen Christoph und Delphine entwickelt sich langsam eine Liebesgeschichte. Zu einem weiteren Zerwürfnis mit ihren protestantischen Verwandten, die sogar zur Entführung des Kindes Delphine durch Cornelies Vater führt, kommt es, als Cornelie zum katholischen Glauben übertritt. Nach dem Tod ihrer Schwiegermutter versöhnt sie sich mit ihrem Vater und kehrt zu ihm zurück. Sie erfährt, daß Delphine sich in einen Schauspieler verliebt hat und mit ihm nach Hamburg zum Theater will. Christoph erfährt diese Nachricht nicht mehr, denn er fällt in der Schlacht bei Lützen.

Formal und stilistisch eher ein historischer Roman in der Tradition des 19. Jh.s, enthält er doch durch das übertriebene Pathos symbolischer Überhöhungen und die irrationalen Beschwörungen von »Heimat«, »Erde« und »Mütterlichkeit« einen starken Anklang an die von den Nationalsozialisten geschätzte Blut-und-Boden-Literatur.

Lennacker. Das Buch einer Heimkehr.

Stuttgart: Deutsche Verlags-Anstalt, 1938.

Am 24. Dezember 1918, dem Tag des Waffenstillstands, besucht die Waise Hansjakob Lennacker, verabschiedeter Oberstleutnant der Infanterie und nun Medizinstudent seine Tante Ulrike, die ein Damenstift leitet. Er erfährt von ihr, daß seit der Reformation »Lennackers auf den Kanzeln gestanden haben«. In dem Gespräch mit der Tante bricht bei Hans infolge einer verschleppten Grippe plötzlich starkes Fieber aus. Er wird zu Bett gebracht. Nach diesem ersten Teil der Rahmenhandlung folgen »zwölf Nächte«, die in Form von Fieberträumen jeweils eine abgeschlossene Episode aus dem Leben der Lennackers von 1500 bis 1898 erzählen. In jeder dieser zwölf Geschichten, die Heimsuchungen und Prüfungen enthalten, muß sich ein Lennacker als protestantischer Geistlicher bewähren und das Evangelium verteidigen. Vor dem historischen Hintergrund der Reformationszeit und den Bauernaufständen, dem Dreißigjährigen Krieg, der Zeit der Aufklärung, der Freiheitskriege, »träumt« Hans Lennacker die Schicksale seiner Vorfahren. Auch Figuren aus Ina Seidels Roman *Das Wunschkind* tauchen wieder auf. Themen der zwölf Geschichten sind jeweils Gewissenskonflikte im Leben eines evangelischen Pfarrers. So wehrt sich in der ersten Geschichte ein Lennacker mit Berufung auf Martin Luther gegen das Zölibat. In der Geschichte der fünften Nacht leistet ein Lennacker erbitterten Widerstand gegen den Irrglauben der Hexenverbrennung. Als Hansjakob nach den zwölf Fiebernächten wieder gesund ist, wird er sich in verschiedenen Gesprächen seiner Verantwortung als letzter lebender

Lennacker bewußt, die Glaubenstradition seiner Vorfahren im von ihm gewählten ärztlichen Beruf fortzusetzen. Dieser zweite Teil der Rahmenhandlung enthält ausführliche Diskussionen zu der Frage, wie die evangelische Kirche »neubelebt« werden könnte.

Zwar finden sich keine direkten Anspielungen auf die Zeitumstände, aber Seidel bekennt sich mit diesem Roman 1938 zu einem christlich-humanistischen Weltbild, so daß der Roman im weitesten Sinne als Widerstand gegen die Nazi-Herrschaft gelesen werden konnte. *Lennacker* wird im Gegensatz zu ihrem Roman *Das Wunschkind* von der NS-Presse scharf kritisiert und erhält in den Kriegsjahren auch keine Papierzuteilung mehr.

Unser Freund Peregrin. Aufzeichnungen des Jürgen Brook. Erzählung.

Stuttgart: Deutsche Verlags-Anstalt, 1940.

Der fiktive Erzähler Jürgen Brook, den Seidel später in ihrem 1959 erschienenen Roman *Michaela* wiederverwendet, wurde als Kind nach dem Tod seiner Eltern von kinderlosen Verwandten auf Schloß Herbsthausen aufgenommen. Dort lebte der Schriftsteller Veit von Harvesthus, der 1820 verstorben und unter dem Pseudonym Vitus Peregrinus bekannt geworden war. Der Roman ist in Form eines Rückblicks auf die Jugendjahre des fiktiven Erzählers geschrieben und beginnt mit dem unerklärten Weggang von Gregor, dem Jugendfreund. Die Geschwister Gregor und Tania, ebenfalls elternlos, bildeten mit Jürgen auf Schloß Herbsthausen eine verschworene Gemeinschaft, die sich leidenschaftlich den Werken und der Person des Dichters Peregrinus verbunden sah. Von Peregrinus ist ein Porträt und eine fünfbändige Werkausgabe überliefert, mittels derer sich Tania, Gregor und Jürgen mit fast medialen Fähigkeiten in die Gedankenwelt des Schriftstellers einleben. Die Pflegeeltern Tante Belinda und Onkel Harro bleiben aus dieser traumähnlichen Welt der drei Kinder ausgeschlossen. Die Ankunft eines Verehrers von Peregrinus führt bei den dreien zu einem mystischen Erlebnis der Wiederbegegnung mit dem geliebten Dichter. Das Zusammenleben der Kinder endet mit dem Tod von Onkel Harro bzw. mit dem Weggang aus Schloß Herbsthausen. Zwischen Tania und Jürgen entwickelt sich eine Liebesgeschichte, die durch Tanias Tod tragisch endet. Als Jürgen Brook durch Zufall die verschollen geglaubte Werkausgabe von Peregrinus aus Gregors Nachlaß erhält, nimmt er das als Zeichen dafür, daß die Trennung von den Geschwistern nur eine äußerliche ist, die »Peregrinwelt« unsterblich ist.

Wie bereits in ihrem Roman *Lennacker* verwendet Seidel eine Rahmenhandlung, um die magische Geschichte der drei Kinder einerseits als Kindheitsrückblick zu schildern und andererseits mit der aktuellen Situation des fiktiven Chronisten zu verbinden. Inspiriert wurde der Roman durch die Lebensgeschichte von Novalis, dessen Nachkommen Seidel besucht hatte. Zugleich entstand der Roman auch als Reaktion auf den überraschend frühen Tod ihres Bruders, des Schriftstellers Willy Seidel. Wie bereits *Lennacker* wurde der Roman von der Nazi-Kritik mißbilligt und gehörte ebenfalls zu den zwar nicht ausdrücklich verbotenen, aber mit den Mitteln der Papierzuteilung unterdrückten Werken von Ina Seidel.

B. Hirschberg

Hugo Ball
1886–1927

Flametti oder Vom Dandysmus der Armen. Roman.
Berlin: Reiss, 1918.

Flametti ist ein Schlüsselroman, in dem der Autor mit seinen Boheme-Erfahrungen abrechnet: mit seiner Münchner Boheme-Zeit vor dem Ersten Weltkrieg und seiner Tätigkeit als Pianist in einem Zürcher Varieté 1915. Der Roman – den Ball zu Recht als nicht-dadaistisch bezeichnet – entstand 1916 nach Gründung des legendären »Cabaret Voltaire« durch Ball in Zürich, von dem die Dada-Bewegung ihren Ausgang nahm, von der Ball sich aber noch im selben Jahr löste.

Flametti spielt im Vergnügungsviertel der »Fuchsweide« – unschwer als das Zürcher Niederdorf identifizierbar – und handelt vom Treiben eines kurz vor dem Bankrott stehenden Varietés. Der Protagonist kann seine Artisten nur mehr dank der Einnahmen durch dubiose Nebengeschäfte, so durch Fischfang und Drogenhandel, entlohnen. Er steht zudem im Verdacht der »Mißhandlung von Dienstpersonal, Verführung Minderjähriger« und sieht sich massivem Druck der Polizei ausgesetzt. Die erfolgreiche Aufführung einer Indianerposse mit Flametti als »Häuptling Feuerschein« verschafft dem Ensemble vorübergehend Luft, man zieht weiter nach Basel, wo aber Mißerfolge das Ensemble völlig paralysieren. Der Roman schließt mit der Anklage Flamettis vor Gericht, von dem dieser, offenkundig verurteilt, nicht zurückkehrt.

Ball charakterisiert das Varietéleben durchaus liebevoll, aber doch kritisch-distanziert. Das gilt vor allem für Flamettis exzessive, zumal sexuelle, Libertinage. Da ihm seine Untergebenen in dieser Hinsicht nur wenig nachstehen, signalisiert der Roman verhalten Balls Enttäuschung über die letztlich bürgerlichen Dispositionen dieser antibürgerlichen und deklassierten Figuren. »Sie möchten Dandys sein, wenigstens unter einander«, schreibt er dazu in einem erst 1990 publizierten Vorwort zum Roman, in dem er zugleich betont, daß er auch »das Bürgertum treffen wollte«.

Tenderenda der Phantast. Roman.
Zürich: Verlag Die Arche, 1967.

Der Roman entstand zwischen 1914 und 1920, also während Balls vordadaistischer und dadaistischer Phase sowie der Zeit seiner anschließenden Konversion zum Katholizismus, wurde aber erst postum ediert. Entsprechend komplex ist dieser »phantastisch-pamphletistisch-mystische Roman« (Ball), der trotz der Gattungsbezeichnung kein traditionell erzählter Roman mit durchgängigem Handlungsgerüst und einer entwickelten Zentralfigur ist. Er besteht vielmehr aus fünfzehn kürzeren, nur locker verbundenen Einzeltexten, die jeweils durch knappe, oft diskursive Einführungen eröffnet werden und deren collageartiges Arrangement eine deutlich avantgardistische Handschrift erkennen läßt. So rückt Ball eigene Dada-Texte, etwa die berühmten Lautgedichte aus dem Zürcher »Cabaret Voltaire« von 1916, neben groteske, surreale, ausgesprochen hymnische oder zeitkritische Abschnitte. Erzählfäden werden an-, oft aber nicht weitergeknüpft, so daß der Text immer wieder fragmentarisiert erscheint. Auch die Titelfigur (benannt nach dem mittelalterlichen Kirchenpoeten Laurentius Tenderenda) stiftet keine epische Einheit, verweist aber auf einen Erlösungsduktus, der den Text grundiert. Bereits im Auftakt ist von der »Aufregung einer imaginären Stadt« die Rede, in der ein »neuer Gott« erwartet wird. Im folgenden geht es aber nicht um Erlösungsstrategien, sondern eher um Erkenntniskritik und -verlust: »Das ›Ding an sich‹ ist heute ein Schuhputzmittel«, und: »Zu sagen ist nichts mehr.«

W. Fähnders

Gottfried Benn
1886–1956

Gehirne. Novellen.

Leipzig: K. Wolff, 1916. (Der jüngste Tag. 35.)

Die nach ihrem Protagonisten auch als »Rönne-Novellen« – von Benn selbst als »Rönne-Komplex« – bezeichneten Texte – *Gehirne, Die Eroberung, Die Reise, Die Insel, Der Geburtstag* – sind ab 1914 entstanden; die ersten drei Texte wurden 1915/16 einzeln publiziert, alle fünf Texte zusammen wurden erstmals 1916 in der von Kurt Wolff herausgegebenen und verlegten Reihe »Der jüngste Tag« veröffentlicht.

Der junge Arzt Dr. Werff Rönne ist in eine tiefe seelische Krise geraten. Rönne wird während einer Chefarztvertretung im Krankenhaus gezeigt, und in einer Ansammlung von unzusammenhängenden Bildern wird die Krise Rönnes angedeutet. Die Verbindung von Ich und Welt ist deformiert, jedes weitere Handeln erscheint ohne Zusammenhang, Sprache und Wirklichkeit fallen auseinander, alles wird in Frage gestellt: »Es schwächt sich etwas von oben. Ich habe keinen Halt mehr hinter den Augen. Der Raum wogt so endlos; einst floß er doch auf einer Stelle. Zerfallen ist die Rinde, die mich trug.« Das moderne Bewußtsein ist nicht mehr mit den herkömmlichen Denk- und Sprechweisen zu vereinbaren, was zu einer Destruktion von Rönnes Ich führt, die ihn handlungsunfähig macht. Die logische Ordnung der Welt zerfällt, die syntaktische der Sprache löst sich auf in Assoziationen.

In dieser Prosasammlung liefert Benn wesentliche Voraussetzungen für sein weiteres Schaffen, zum ersten Mal formuliert er die Idee der Überwindung des Lebens durch die Kunst. Rönne und der Autor werden letztlich identisch in der Realität des schöpferischen Ichs in einer Ausdruckswelt. Die Alltagswelt auflösend, setzt sich alles in Bewegung: »Die Türen sanken nieder, die Glashäuser bebten, auf einer Kuppel aus Kristall zerbarst ein Strom des unverlierbaren Lichts.« In Rönne wird der Ausdruck der Befreiung einer in Begriffen erstarrten Welt gezeigt: »Auf Flügeln geht dieser Gang – mit meinem blauen Anemonenschwert – in Mittagsturz des Lichts – in Trümmern des Südens – in zerfallendem Gewölk – Zerstäubungen der Stirne – Entschweifungen der Schläfe.«

Weinhaus Wolf.

In: G. B.: Der Ptolemäer. Wiesbaden: Limes Verlag, 1949. [1937 entstanden.]

Der während Benns Zeit als Oberstabsarzt in der Wehrersatzinspektion in Hannover entstandene Text ist eine monologische Abrechnung mit der ›weißen Rasse‹ und insbesondere den Deutschen vor dem Hintergrund einer Geschichte ohne Sinn: »Auf Abgrenzung sollte der Versuch weisen, abstraktive Ausscheidung, Formel gegen die Natur. Nicht das Leben durch Erkenntnisreize biologisch steigern und züchterisch vollenden, sondern gegen das Leben einsetzen den formenden und formelhaften Geist.« Das antinomische Verhältnis von Geist und Leben oder Kunst und Macht, wie es von Nietzsche formuliert worden war, ist das Thema des Textes. Gegen die »faustisch-physiologische« setzt Benn die »antinaturalistische Funktion des Geistes, seine Expressive«. Mit beißendem Sarkasmus glossiert er das geschäftige Bürgertum einer Großstadt zur Nazizeit: »Das was lebt, ist etwas anderes als das, was denkt«, formuliert Benn als eine fundamentale Tatsache moderner Existenz. Und er sieht das Wesen der Menschen nur in der »Gestaltungssphäre« verwirklicht: »Fläche in Tiefe überführen, Worte durch Beziehung und anordnendes Verwenden zu einer geistigen Welt eröffnen, Laute aneinanderketten, bis sie sich halten und Unzerstörbares besingen.« »Nur nicht handeln!« heißt das Fazit des Textes: »Stelle dich geistig den Dingen, es wird weitergetragen, es prägt mit am Sein. [. . .] Denke immer, die Verwandlung! Auch wir haben Zeichen! Man muß sehr viel sein, um nichts mehr auszudrücken. Schweige und gehe dahin.«

Roman des Phänotyp. Landsberger Fragment, 1944.

In: G. B.: Der Ptolemäer. Wiesbaden: Limes Verlag, 1949.

Der *Roman des Phänotyp* besteht aus einer Folge von insgesamt neunzehn, meist kurzen »sachlich und psychologisch nicht verbundenen Suiten«, im Frühjahr 1944 in Landsberg an der Warthe entstanden, wo Benn als Militärarzt stationiert war. »Das erste Wort schafft die Situation, substantivische Verbindungen, die Stimmung, Fortsetzung folgt aus Satzenden, die Handlung besteht in gedanklichen Antithesen. Selbstentzündung, autarkische Monologe«, heißt es über den gänzlich unmimetischen Ansatz des Werkes. »Phänotyp«, ein Begriff aus der Genetik, meint auch in Benns Schrift die Verbindung von Anlagen, deren tatsächliche, etwa durch Umweltbedingungen hervorgebrachte, Ausprägungen. Benn kennzeichnet damit das schöpferische Individuum des 20. Jh.s, das die charakteristischen Züge der Epoche evident zum Ausdruck bringt. Zum Aufbau des *Romans des Phänotyp* schreibt Benn, er sei »orangenförmig gebaut«: »Eine Orange besteht aus zahlreichen Sektoren, den einzelnen Fruchtteilen, den Schnitten, alle gleich, alle nebeneinander, gleichwertig, die eine Schnitte enthält vielleicht einige Kerne mehr, die andere weniger, aber sie alle tendieren nicht in die Weite, in den Raum, sie tendieren in die Mitte, nach der weißen zähen Wurzel, die wir beim Auseinandernehmen aus der Frucht entfernen. Diese zähe Wurzel ist der Phänotyp, der Existentielle, nichts wie er, nur er, einen weiteren Zusammenhang der Teile gibt es nicht.« Ohne eine Handlung im traditionellen Sinn und ohne eine Figur, die das Subjekt (oder Objekt) dieser Handlung wäre, handelt es sich, dem Titel zum Trotz, nicht mehr um einen »Roman«, vielmehr um »absolute Prosa«: »Dies Princip der *absoluten Prosa*, in der kein Satz im Zusammenhang mit psychologischen und erlebnismässigen Herkunftsäusserungen mehr steht, war das Princip, das mir wahrhaft erschien. In jedem Satz: Alles«, schreibt Benn am 3. März 1949 an F. W. Oelze.

Der Ptolemäer. Berliner Novelle, 1947.

In: G. B.: Der Ptolemäer. Wiesbaden: Limes Verlag, 1949.

Der Text entstand 1947 im Nachkriegs-Berlin und ist in seiner Mischung aus Fiktivem und Reflexivem so gut »Novelle« wie Essay. Das Doppelleben des Ptolemäers, der ein Schönheitsinstitut führt und »eine Schwäche für spekulative Abfassungen« hat, steht für den verzweifelten Versuch des Autors, das Krisenbewußtsein während der Besatzungszeit im Trümmer-Berlin auszuhalten. Verführungen durch Kunst, durch eine Bilderflut ist die eine Absicht Benns, während die andere mehr auf die enge Welt der »Männerphantasien« konzentriert ist. Der Geozentrismus des ptolemäischen Weltbilds wird geradezu egozentrisch und läßt Galileis und Keplers naturwissenschaftliches Weltbild zum »Strickstrumpf« zusammenschrumpfen: »Heute dreht sich alles um alles, und wenn sich alles um alles dreht, dreht sich nichts mehr außer um sich selber.« Benn verschreibt sich in diesem Essay mit schnoddrigem Nihilismus seiner geistigen Freiheit. Er setzt sich über die Gefährlichkeit des Daseins hinweg. Es interessiert ihn nicht, daß um ihn herum immer wieder Häuser einstürzen. Moralische Werte sind ad acta gelegt, all die beklemmenden Situationen und seelischen Belastungen der Menschen führen zu einer artistischen Betrachtungsweise und schließlich zu der Feststellung: »Sich abfinden und gelegentlich auf Wasser sehen«. Einerseits ist die Novelle Dokument eines elitären Ästhetizismus, andererseits wird sehr plastisch die chaotische Lage im Nachkriegs-Berlin gezeigt. »Blase die Welt als Glas« – solche Haltung führt den Beobachter auf den Weg zu einer ästhetischen Welt, der egozentrischen Welt des Ptolemäers: »Ptolemäische Erde und langsam drehende Himmel, Ruhe und Farbe der Bronze unter lautlosem Blau. [...] Ich drehe eine Scheibe und werde gedreht, ich bin Ptolemäer.«

Drei alte Männer. Gespräche.

Wiesbaden: Limes Verlag, 1949.

Drei alte Männer ist das erste Buch Benns, das nach dem Zweiten Weltkrieg, nach zwölfjähriger Publikationsunterbrechung, in Deutschland wieder erschien. Es handelt sich um ein dialogisches Prosastück, dessen Stimmen die Widersprüchlichkeiten und Ungereimtheiten menschlicher Existenz erörtern. Mit der »unerträglichen Spannung zwischen Ich und Welt« setzte sich Benn immer wieder auseinander. Gedankliche Positionen verteilt er in diesem Werk, das häufig als Hörspiel gesendet wird, auf einzelne Stimmen. »Drei alte Männer« sitzen mit einem »jungen Mann« in der Dämmerung zusammen – »das Ganze ist wohl ein Herbstabend« – und denken über ihr Leben nach. Von den drei Alten ist in der Dunkelheit keiner vom anderen zu unterscheiden, sowenig wie ihre geistigen Positionen: »Jeder könnte alles sprechen. Die Individualitäten differenzieren sich nicht mehr voneinander.« Die Rede ist von allem möglichen, vom physikalischen Weltbild, von Wunderknaben, von den Millionen Tierarten, vom Mittelalter, vom Tod, von der Relativitätstheorie, vom moralischen Dualismus des Christentums, vom Rausch und vielem mehr: »Material heranbringen im Fluß, nicht mehr in systematischen, psychologischen, taktischen Zusammenhängen«.

Leben bedeutet für Benn »provoziertes Leben«, Steigerung des Lebens zu geistigen Formen. Gegen das Leben als »Auflösung und Verderben« stellt Benn die »formale Sphäre« als die »einzige rechtmäßige Wirklichkeit«, und nur in der Kunst ist nach Benn »die letzte uns gebliebene Erfahrbarkeit des Glücks« zu finden. Die Kunst stellt für ihn das allein Bleibende dar in einer Welt, die er als »Krankengeschichte von Irren« sieht.

Doppelleben. Zwei Selbstdarstellungen.

Wiesbaden: Limes Verlag, 1950.

Der Band enthält die beiden Schriften *Lebensweg eines Intellektualisten*, zuerst 1934 in der Sammlung *Kunst und Macht* erschienen, und *Doppelleben* als zweiten Teil der Bennschen Selbstdarstellung. Der *Lebensweg* schildert die Zeit bis 1933, *Doppelleben* die Zeit von 1933 bis Ende der vierziger Jahre.

Der menschliche Geist und das menschliche Leben erscheinen als »zwei völlig verschiedene Dinge«; das Dasein wird zum Doppelleben: dieses ist »ein bewußtes Aufspalten der Persönlichkeit, ein systematisches, tendenziöses«. Nur im Modell einer solchen Doppelexistenz läßt sich für Benn das Krisenbewußtsein der Moderne aushalten: »Wir lebten etwas anderes, als wir waren, wir schrieben etwas anderes, als wir dachten, wir dachten etwas anderes, als wir erwarteten, und was übrigbleibt, ist etwas anderes, als wir vorhatten.« Benn entschied sich während der nationalsozialistischen Zeit für die sogenannte innere Emigration, blieb also in Deutschland, sympathisierte zunächst mit den neuen Machthabern, wandte sich in einem Rundfunkvortrag gegen die Emigranten, geriet aber rasch selbst in Konflikt mit der Reichsschrifttumskammer, wurde bald verboten und hatte auch nach 1945 noch lange Probleme, als Autor wieder Fuß zu fassen.

Der *Lebensweg eines Intellektualisten* widmet sich der expressionistischen Dichtung Benns, gibt Auskunft zu Fragen der Kunst und zum Verhältnis des Künstlers zum Leben, des Denkens zum Handeln. Über seine Zeit während des Nationalsozialismus erzählt Benn in *Doppelleben* sehr direkt, es ist ein »bewußtes Aufspalten der Persönlichkeit«. Benn ging als Arzt zur Armee: »Die Armee ist die aristokratische Form der Emigration.«

C. Greve

Albert Ehrenstein
1886–1950

Tubutsch.

Wien/Leipzig: Jahoda & Siegel, 1912.

Es handelt sich um die melancholischen Monologe des einsamen Karl Tubutsch, dessen »Seele das Gleichgewicht verloren hat«, dessen Dilemma es ist, nichts zu besitzen, was ihn »im Innersten froh machen könnte«. Ein parfümierter Wachmann läßt ihn an der Echtheit desselben zweifeln, es sind immer diese »Rätsel, denen nachzugehen mir einzige Beschäftigung und Lebensinhalt ist«. So irrt er in der Stadt umher, die er mittels eines Stadtplans besser in den Griff zu bekommen glaubt, »jedem Eindruck hingegeben«, und macht sich über lauter Nebensächlichkeiten die ernsthaftesten Gedanken. Selbst mit Betrunkenen führt er ›philosophische‹ Gespräche, für jede Art von Kontakt dankbar. Traurig stimmen ihn zwei tote Fliegen in seinem Tintenfaß. Die Geschichte seines Leibschusters Kekrewischy, der zu den ganz wenigen Menschen gehört, mit denen er Umgang pflegt und dem der gesellschaftliche Aufstieg versperrt war, weil er als Knabe in der Fleischbank hat mithelfen müssen, geht ihm besonders nahe. So macht er sich ständig verzehrende Gedanken, »kleinliche Schicksale werden mit ungeheuren Gefühlen und Vorstellungen« beladen, da nichts anderes sein Leben ausfüllt. Die Liebe hat er bereits abgetan, das Interesse an Frauen erlahmt, nicht zuletzt, weil er die »unglückliche Begabung« hat, »selbst bei dem geliebtesten Weibe das Skelett zu sehen«, ist aber doch darüber verstört, die interessierten Blicke eines Mädchens in der Tramway einmal nicht wahrgenommen zu haben. Seine Beziehung zu Hunden ist da schon ausgeprägter. Er begnügt sich mit der Erinnerung an eine Liaison mit einer verheirateten Frau, die nichts von der bald erlahmenden Liebe alltäglicher Art hatte. Der Sonderling wird immer seltsamer: Er inszeniert ausgedehnte Rollenspiele mit seinem Stiefelknecht, der ihm zum Gesprächspartner wird. Vom Ruhm träumt er nicht mehr, so geht er ganz in seinen Beobachtungen auf – oder verloren. Es bleibt die Vorstellung vom Tod, die aber auch allen Reiz verloren hat, da der würdige Sensenmann in seinen Phantasien immer trivialere Gestalten annimmt, zum »Spottbild« wird – also wird Karl Tubutsch weiterleben.

O. G. Riedel

KURT KLUGE

1886–1940

Der Herr Kortüm. Roman.

Stuttgart: J. Engelhorns Nachf., 1938.

Der weitgereiste Joachim Friedrich Kortüm bewirtschaftet in den dreißiger Jahren an der »Straße von der Biskaya nach Taschkent« ein abgelegenes Gasthaus in der thüringischen Provinz. Am »Schottenhaus« kreuzen sich verschiedene Handlungsstränge, darunter die Lebenswege des Junglehrers Schardt, des Dichters Wingen und der Schauspielerin Konstanze Schröter. Der Hamburger steht mit den Dörflern nicht auf bestem Fuß, wird aber zunehmend zum wirtschaftlichen und gesellschaftlichen Mittelpunkt der Gemeinde, die an ihm als einer dörflichen Hauptattraktion Anteil nimmt. Seine Auseinandersetzungen mit den kleinen Katastrophen des Alltags geraten oft zu Situationen verhalten-grotesker Komik; Kortüms skurrile Projekte entbehren nicht einer eulenspiegelhaften Komponente. Dennoch ist er vor allem ein eindrucksvoller Menschenkenner, der es versteht, »soziale Farbe« in seine Umgebung zu zaubern. Dazu bindet er Freunde aus den denkbar unterschiedlichsten Gesellschaftsschichten an sein Haus. Selbst seine Widersacher (u. a. Dr. Langloff, der das Schottenhaus zum Sanatorium verwandeln will) können sich seinem charismatischen Charme nicht entziehen. Auch tatsächliche Niederlagen scheinen an Kortüm abzuprallen und wenden sich oft sogar zu seinen Gunsten. Am Ende des Romans verschwindet Kortüm auf ungeklärte Weise; in einer Quasi-Apotheose wird ein neuentdeckter Stern nach ihm benannt.

Kortüm verkörpert als naiv-einfacher, doch gewitzter und respektgebietender Ehrenmann einen Idealtypus des deutschen Bürgertums. Dementsprechend ist die Grundstimmung des von der Neuen Sachlichkeit geprägten Romans weitgehend behäbig-biedere Gemütlichkeit, die an Jean Paul und Wilhelm Raabe erinnert. Trotz zahlreicher aktueller Zeitbezüge bleiben tagespolitische Verhältnisse (Nationalsozialismus) ausgeklammert.

Th. Ringmayr

Armin T. Wegner
1886–1976

Das Geständnis. Roman.
Dresden: Sibyllen-Verlag, 1922.

Der Roman ist die Geschichte einer Obsession und zeigt, »bis zu welchem Wahnsinn Leidenschaft und unerwiderte Liebe ein unglückliches Herz treiben« können. Ruth Simon, Tochter eines Juden, erlebt eine freudlose Kindheit in kleinbürgerlichem und proletarischem Milieu in Berlin-Treptow. Licht in ihr trist-isoliertes Dasein bringt erst die Begegnung mit dem Pfarrer Szolkowy im Konfirmationsunterricht. Zunächst fühlt dieser sich von Ruths kindlich-naiver Schwärmerei geschmeichelt und ist ihr ein wenig zugetan. Da sich jedoch Ruths schwärmerische Liebe im Lauf der Jahre zu immer größerer Leidenschaft steigert, distanziert sich Szolkowy aus Rücksicht auf bürgerliche Konventionen mehr und mehr von ihr. Aufenthalte in London und New York vermögen Ruths Sehnsucht nicht zu heilen. Als der Pfarrer ihr schließlich jeglichen Kontakt versagt, flieht sie in Selbsterniedrigung und Selbstzerstörung, wird zur Prostituierten und Morphinistin. Auch durch einen Selbstmordversuch und die Geburt eines unehelichen Kindes kann sie die Zuwendung des Pfarrers nicht erzwingen. Am Ende dieser in Ich-Form erzählten Lebensbeichte, einer Art Passionsgeschichte, scheinen allerdings – fast in theologischem Sinne – Hoffnung und Erlösung für Ruth möglich zu sein, da sie mit Hilfe eines anderen Mannes aus Berlin aufs Land ziehen und ein neues Leben beginnen will.

In kraftvoll-bildmächtiger, nur gelegentlich allzu überhöhter Sprache entwirft Wegner in diesem Roman ein eindrucksvolles Pandämonium der Großstadt Berlin von der Jahrhundertwende bis in die Zeit nach dem Ersten Weltkrieg. In sozialkritischem Sinne werden spießbürgerliche

Verlogenheit, proletarisches Elend, gesellschaftliche Diskriminierung und die Gnadenlosigkeit modernen Großstadtlebens angeprangert. *Das Geständnis* markiert den Übergang vom Expressionismus zur Neuen Sachlichkeit im Schaffen des Lyrikers, Erzählers und Autors von Reisebüchern und politischen Manifesten, der sich mit seinem Protestschreiben an Hitler aus Anlaß der ersten Judenverfolgungen im April 1933 große moralische Verdienste erworben hat.

Th. B. Schumann

Bruno Frank

1887–1945

Politische Novelle.

Berlin: Rowohlt, 1928.

In seiner sprachlich dichten *Politischen Novelle* erfaßt Bruno Frank die politische Brisanz der in die gesamteuropäische Zukunft weisenden Locarno-Verträge (1925) und die Gefahr des grassierenden Faschismus bei gleichzeitiger Erschlaffung des europäisch-humanistischen Selbstverständnisses. Die paneuropäische Idee, nicht ganz frei von eurozentrischem Chauvinismus, scheint dabei der afrikanischen Vitalität zu erliegen und erkennt den wirklichen Gegner zu spät.

Der Politiker und Freizeitboxer Carl Ferdinand Carmer erholt sich im süditalienischen Ravello, einem »Ruinengrab«, in das »nicht der leere Lärm einer eisendröhnenden Neuen Welt« dringt. Doch die plakatierte Präsenz Mussolinis gemahnt den fast schon designierten neuen deutschen Außenminister seiner politischen Verantwortung, der er ernüchtert nachkommt. Carmer folgt der Einladung des französischen Außenministers Achille Dorval (ein Porträt Aristide Briands) nach Cannes, wo beider Sorgen um die Werte und die Stellung Europas nicht nur mit den nationalistischen Tönen ihrer Sekretäre – promovierten Verehrern Stefan Georges – konfrontiert werden, sondern auch mit der Exotik in Gestalt der schwarzen Nackttänzerin Becky Floyd kollidieren. Diese so fremde wie verlockende Welt zieht Carmer später in Marseille in ihren Bann. Im Nuttenviertel verfällt er der Schönheit eines Mischlingsmädchens, kann sich – halb besinnungslos – gerade noch eines schwarzen Räubers durch einen Faustschlag erwehren, um danach in den Armen des Mädchens von einem Weißen erstochen zu werden.

Trotz des parabelhaft verkürzten Stils, der zuweilen an Kafka erinnert, führt kein Weg von Franks Novelle zum Roman der Moderne. »Altmodisch«, wie sich Frank selbst empfand, entwickelte er keine Mischformen. Dennoch kann dieser melancholische Exkurs über den – wie Frank schrieb – europäischen »Selbstmord« als »kleines chef d'œuvre« (Polgar) und »literarische Sensation« (Thomas Mann) den großen deutschsprachigen Zeitromanen im ersten Drittel des 20. Jh.s – etwa Heinrich Manns oder Feuchtwangers – zur Seite gestellt werden.

Cervantes. Roman.

Amsterdam: Querido, 1934.

Einen Tag nach dem Reichstagsbrand floh Frank mit seinem *Cervantes*-Manuskript ins Schweizer Exil. Nach der Vollendung erschien der historische Roman, der allerdings weniger die reale Gestalt des ›vor-quijotischen‹ Dichters vorführt als die psychologisch genau beobachtete Entwicklung eines Umhergetriebenen und »humanen Gentleman«, im Querido-Verlag, der Hauptanlaufstelle für die verjagte deutsche Literatur. Der Freund und (immer wieder) Nachbar Thomas Mann schwärmte öffentlich von den »prachtvollen« Details, vertraute jedoch seinem Tagebuch an, der *Cervantes* sei »eine saubere, aber nicht gerade bedeutende Arbeit«.

Cervantes ist hier alles andere als ein Schriftsteller aus Berufung, wohl aber ein begnadeter Erzähler. Als Sprachlehrer in Rom, Soldat gegen die Türken, Sklave in Algier, als Kurier, Provianteintreiber und schließlich Gefangener im untergehenden Reich Philipps II. – immer ein Spielball des Schicksals und ein lesender Außenseiter – wird ihm nicht nur die Welt und die menschliche Existenz als höchst fragwürdige Vorstellung präsentiert, in der menschlich zu handeln zur Quälerei wird; Not und Langeweile machen ihn zum eher schlechten als rechten Dichter. Erst als die Welt sich ins Verkehrte dreht und der greise König zur tragischen Figur verkommt, der »das Gottesreich der Erde nicht mehr zusammenfügen« kann, erhebt sich in der Phantasie Cervantes' der Ritter von der traurigen Gestalt.

Eine ironische Anspielung auf die Rassenpolitik der Nazis findet sich im Kapitel »Blutsprüfung«: Cervantes, auf seine christlich-›reinblütige‹ Herkunft befragt, kontert, die spanische Armada sei »unter ihrem reinrassigen, nur leider nicht seefesten Admiral entsetzlich zugrunde gegangen«.

Franks Werk, die Komödie *Sturm im Wasserglas* ausgenommen, ist heute fast vergessen. Zu seinen Lebzeiten jedoch wurde der Realismus des an Turgenjew geschulten Frank, seine sprachliche Brillanz und solide Arbeitsweise – für seinen *Cervantes* recherchierte er akribisch in den verfügbaren Bibliotheken, wobei ihn Feuchtwanger unterstützte – hoch geschätzt (und von den Nazis verdammt). Seine Drehbuch-Arbeiten für die Filmindustrie in Hollywood, seiner letzten Exilstation, sicherten dem bescheidenen Schriftsteller sogar ein geregeltes Einkommen.

G. Baumann

Albert Paris Gütersloh
(Albert Conrad Kiehtreiber)
1887–1973

Die tanzende Törin.

Berlin: Baumhauer, 1910. – 2. Fassung: München: G. Müller, 1913.

Die junge Ruth, die den sprechenden Nachnamen Herzenstein trägt, ist eine Femme fatale. Zunächst erprobt sie ihre verführerische Kraft inzestuös am eigenen Bruder. Mittels einer Lügengeschichte flüchtet sie vor einer konventionellen Ehe. Sie verläßt ihre Heimatstadt Berlin, um sich in Wien zur Tänzerin ausbilden zu lassen. Doch der Weg zu einer Künstlerexistenz ist ihr verschlossen. Ihr Virtuosentum beschränkt sich auf die Selbststilisierung zum Kunstgeschöpf gemäß männlichen Wunsch- und Angstbildern: Ruth ist der Inbegriff wollüstiger, dabei stets masochistisch angehauchter Phantasien über das Rätsel Weib, wie sie in den Männergehirnen des Fin de siècle so üppig gediehen. »Du schillerst in hundert Farben, lügst, redest wieder Wahrheit, und bist immer dort, wo man dich nicht sucht. Du hast keine Logik«, charakterisiert sie ihr Bruder. Ruth verkörpert einen Typus, der mit dem psychopathologischen Etikett der Hysterie bezeichnet worden ist und Denker wie Sigmund Freud, Otto Weininger und Karl Kraus beschäftigte. Sie setzt ihre Schönheit als Waffe ein und verachtet diejenigen, deren Begehren sie weckt. Nur der Homosexuelle vermag ihr zu widerstehen. In der Tradition von Wildes Salome stehend, manipuliert und erniedrigt sie die Männer und kann doch ihrem eigenen Objektstatus nicht entrinnen. Sogar ihre Lügenhaftigkeit, in der sie selber etwas eigenständig Produktives, geradezu Künstlerisches zu erkennen meint, reflektiert nur die Verlogenheit ihrer Umgebung, sowohl der bürgerlichen Gesellschaft als auch der gegen bürgerliche Normen rebellierenden Künstlerkreise. Hier klingt bereits das zentrale Motiv des Romans *Der Lügner unter Bürgern* (1922) an. Während die erste Fassung nach einem phantastisch-allegorischen Finale mit dem Tod der Protagonistin schließt, treibt Ruth am Ende der wesentlich kürzeren zweiten Fassung einen Mann in den Tod.

Thematisch und stilistisch steht dieses Erstlingswerk, das Gütersloh 1909 als Zweiundzwanzigjähriger schrieb, an der Schwelle zwischen Fin de siècle und Expressionismus. Der Roman besteht aus einer losen Folge von zum Teil unvermittelt aneinandergereihten Episoden. Der Eindruck des Sprunghaften wird verstärkt durch die unterschiedlichen Stillagen, die vom atemlosen Stakkato kurzer Sätze bis zu schwülstigem Pathos reichen. Diese Uneinheitlichkeit läßt sich als formales Äquivalent von Ruths Unberechenbarkeit und Wandelbarkeit interpretieren.

Der Lügner unter Bürgern. Roman.

Hellerau: Hegner, 1922.

Das Kleinbürgermädchen Rosette will herausgeputzt und geschminkt zu einem Ball aufbrechen, als sie vor der Schwelle des elterlichen Ladens einen ohnmächtigen jungen Mann liegen sieht. Nach anfänglichem Mißtrauen wird der Fremde in die Wohnung getragen. Da er seiner Kleidung nach den »oberen Sphären« anzugehören scheint, betrachtet ihn Rosettes Mutter als potentiellen Schwiegersohn. Aus der Ohnmacht erwacht, ergeht sich der Unbekannte in weitschweifigen Erzählungen und vagen Andeutungen über jene höheren Kreise, die das Ziel kleinbürgerlicher Aufstiegswünsche sind. In kupplerischer Absicht lassen die Eltern ihre Tochter mit dem jungen Mann allein. Als sie das Zimmer wieder betreten, sind beide verschwunden. Rosette taucht noch am selben Abend alleine wieder auf. Was ihr widerfahren ist, bleibt unausgesprochen, läßt sich aber aus ihrer Verstörtheit erschließen. Als Rosette zum Schluß das

Haus verläßt, haben sich all die glänzenden Zukunftshoffnungen zerschlagen.

Die Charaktere dieser kammerspielartigen Groteske sind allesamt negativ typisiert: die Mutter herrschsüchtig, berechnend und kaltherzig, der Vater ein versoffener, jähzorniger Schwächling, die Tochter ein lüsternes Dummchen. Unklar bleibt, ob der vermeintliche Aristokrat, der Rosettes gesellschaftlichen Status heben soll, ein Emporkömmling oder bloß ein Hochstapler ist. An seiner bürgerlichen Herkunft läßt der Autor jedoch keinen Zweifel. Fest steht auch, daß es ihm gänzlich an jenem Charme gebricht, mit dem etwa Thomas Manns Hochstapler Felix Krull zu bezaubern weiß. Gütersloh entlarvt den Lügner als Bürger und die Bürger ihrerseits als Lügner, Betrüger und Heuchler, die ihre schäbigen Handlungsmotive hinter einer Fassade aus Wohlanständigkeit und hochtrabenden Phrasen verbergen. Damit weist dieses 1913–15 verfaßte schmale Werk bereits auf Horváths und Canettis scharfsichtig desillusionierende Analysen des Kleinbürgertums voraus.

Eine sagenhafte Figur. Ein platonischer Roman mit einem Nachwort in usum Delphini.

Wien: Luckmann, 1946.

Baron Kirill Ostrog, der Ich-Erzähler, aufgewachsen in einer großbürgerlichen Wiener Familie, verliebt sich in seine Ziehschwester Laura. Seit der Verlobungsfeier sind plötzlich Lauras Beine gelähmt. Nach der *Tanzenden Törin* schildert Gütersloh hier wieder eine Frauenfigur, die dem Typus der Hysterikerin entspricht. Der Roman läßt sich denn auch als klinisch präzise Fallstudie lesen. Doch damit ist sein Gehalt bei weitem nicht erschöpft. Das private Unglück in der Professorenfamilie ereignet sich parallel zur historischen Katastrophe. Es ist eine Zeit des Zerfalls, die Epoche »herbstet« ihrem Ende entgegen. Von der jungen Generation, der

Kirill angehört, wird ein Waffengang herbeigesehnt als Befreiung von einem unerträglich verrotteten Frieden. Kirills Ziehvater, der in der Tradition josephinischer Aufklärung steht, warnt vergeblich vor dem Krieg. Statt das ihm angetragene politische Amt zu übernehmen, resigniert er wie so viele Gestalten der österreichischen Literatur seit dem 19. Jh., »durch Schweigen und Nichthandeln mißbilligend, was geredet und getan wird«. Sein Sohn hingegen meldet sich freiwillig als Soldat: »Irgendwo muß man Mann werden! Wenn nicht am Weib, das mir mißlungen ist, so im Kampfe, der mir wohl gelingen wird.« Auf Grund einer Intervention seines Vaters wird Kirill für untauglich erklärt. Kurz darauf lernt er die Edelprostituierte Tamila kennen und verliebt sich in sie. Tamila erwidert seine Gefühle und ist bereit, mit ihm ein neues Leben zu beginnen. Doch Kirill verschmäht sie, um Laura treu zu bleiben. Im Nachwort schildert ein Freund, wie er nach dem Ersten Weltkrieg den lange verschollenen Kirill trifft, der – wie der Autor – Maler und Schriftsteller geworden ist.

Eine sagenhafte Figur ist kein Entwicklungsroman, sondern zeigt vielmehr die Obsoletheit des tradierten Entwicklungsbegriffs. Auf individueller wie kollektiver Ebene ist Veränderung nur mehr als gewaltsam-destruktiver Umbruch möglich. Im Gegensatz zu vielen österreichischen Romanen, die den habsburgischen Mythos kultivieren, zeichnet dieses 1924–29 geschriebene Werk ein düsteres Bild von der Endphase der Monarchie.

Sonne und Mond. Ein historischer Roman aus der Gegenwart.

München: Piper, 1962.

Im Jahr 1932 vermacht Baron Enguerrand seinem unsteten Neffen Lunarin sein heruntergekommenes Schloß als eine »Mausefalle«, die den Erben fortan festhalten soll. Der

Adelssprößling, ein exzentrischer »Luftschloßarchitekt«, entzieht sich jedoch der aufgebürdeten Verantwortung, indem er Till Adelseher als provisorischen Verwalter einsetzt. Der tüchtige Großbauer investiert sein eigenes Vermögen in die Renovierung des Schlosses und gewinnt damit die Sympathien der Dienstboten, die sich von eingefleischten Monarchisten allmählich zu überzeugten Republikanern wandeln. Als Graf Lunarin nach einem Jahr zurückkehrt, schenkt er das Schloß dem treuen Verwalter Adelseher und gewinnt dafür dessen frühere Geliebte.

Der Gegensatz von Adel und Bürgertum, von Monarchie und Republik, wird durch Mond und Sonne allegorisch dargestellt. Das Schloß ist in der österreichischen Literatur als Staatssymbol geläufig, und auch andere Autoren – z. B. Franz Tumler, George Saiko, Gerhard Fritsch, Gerhard Amanshauser, Alfred Kolleritsch – haben die historischen Umbrüche als Wechsel in der Schloßherrschaft gleichnishaft dargestellt. Was hier als Haupthandlung knapp skizziert ist, macht freilich nur einen winzigen Teil der über 800 Seiten umfassenden Textmasse aus. Güterslohs bereits 1935 begonnenes Opus magnum besteht aus einer unübersichtlichen Fülle von ineinander verschachtelten Nebenhandlungen und Exkursen zu ästhetischen, philosophischen, historischen und politischen Themen. Fragmente ständisch-konservativen Ordnungsdenkens tauchen zwar im Erzählstrom auf, vermögen die Materialfülle aber kaum zu strukturieren. Wie das Romanganze, so wird auch die Syntax des einzelnen Satzes durch Einschübe bis an die Grenze der Verstehbarkeit strapaziert, ohne doch je ganz zu zerbrechen. Eingestreute Kommentare reflektieren den Schreibprozeß und spielen ironisch mit Gattungskonventionen und Lesererwartungen: »Der Teufel hole die Bücher, die einer versteht!« An der Sinnhaftigkeit des Geschichtenerzählens an sich wird indes nie gezweifelt. Die 1966 unter dem Titel *Der innere Erdteil. Aus den »Wörterbüchern«* veröffentlichten essayistischen Ergänzungen und Nachträge zeugen von der prinzipiellen Unvollendbarkeit dieses Romans, den der Autor als »universale, das heißt, katholische Chronik« bezeichnet und der in Umfang und Thematik den großen Romanen Musils, Brochs und Doderers nahesteht.

R. Langer

Georg Heym

1887–1912

Der Dieb. Ein Novellenbuch.

Leipzig: Rowohlt, 1913.

1913 postum, mit wenigen Abstrichen jedoch nach den Plänen des Autors als eigenständiger Prosaband publiziert, wurde das erzählerische Werk zu Unrecht wiederholt als motivisch verwandter, aber thematisch diffuser Appendix der Lyrik Heyms angesehen. Zeitgenössische Kritiker sprachen hingegen dem novellistischen Werk eine gleichrangige, wenn nicht sogar die größere Bedeutung zu, für sie wurde hier »der reflexionslose und kulturzerstampfende tierische Urtrieb im Menschen« (K. Kersten) in exemplarischer Weise zur Anschauung gebracht und »eine tiefere Schicht« (E. Blass) des Bewußtseins bloßgelegt. Anders als die bekannten Gedichte lassen die von »irrsinnigfiebernden Kranken, Gelähmten und Leichen« (E. Rowohlt) handelnden Texte sich auch nicht unter den gängigen Klischees der Prophetie und Vision subsumieren.

Bar jeden utopischen Pathos exemplifizieren die »Extremtypen« (I. Jens) der Novellen *Der Irre*, *Der Dieb* oder *Jonathan* die Defizite eines von quälender Stagnation, Entfremdung und tiefgreifendem Sinnverlust bestimmten zivilisatorischen Erscheinungsbildes. Auch der erste des sieben Erzähltexte umfassenden Bandes mit dem Titel *Der fünfte*

Oktober literarisiert ungeachtet seiner revolutionären Thematik und eines beschwörenden Erzählgestus keine Sozialutopien, sondern beschreibt mit vitalistisch inspirierter »Flußmetaphorik« (G. Martens) den Hungermarsch der Pariser Bürger nach Versailles 1789 als eine naturhaft-elementare Erhebung, die keiner gesellschaftspolitischen oder geschichtsphilosophischen Logik unterliegt. Dieser Mythisierung des Aufbruchs stehen als destruktive Kontrafakturen die Novellen *Jonathan*, *Das Schiff*, *Ein Nachmittag* sowie der Kurzprosatext *Die Sektion* gegenüber. Während die Novelle *Das Schiff* als Negation gängiger Abenteuerliteratur über verschiedene Eskalationsstufen »die Affektion des Grauens literarisch modelliert« (H. Korte), fokussiert der Beitrag *Jonathan* die im Fieberwahn entworfenen Welten immer wieder auf das durch Enge, Leid und Isolation gekennzeichnete Krankenzimmer. Auch die unter verschiedenen Prämissen analysierte Novelle *Der Irre* erweist sich ungeachtet bildmächtiger Todesphantasien nicht als eine Manifestation ekstatischer Visionen, sondern als ein Text, der das elementare Unbehagen an den zeitgenössischen Werten und Normen vor der Großstadtkulisse Berlins suggestiv literarisiert. Als bedeutendster Beitrag des Bandes muß die wiederholt als verrätselt und dunkel charakterisierte, bisher nur im Ansatz analysierte Titelnovelle *Der Dieb* gelten, die weniger vom aufsehenerregenden Diebstahl der Mona Lisa 1911 aus dem Louvre als von der Erzählprosa Mereschkowskis und Thomas Manns, der Lyrik Baudelaires sowie der Religionskritik Nietzsches inspiriert wurde. Ähnlich wie die Novelle *Das Schiff* konterkariert der Text ästhetische Konjunkturen und gängige Leseerwartungen, die mit dem zeittypischen Renaissancekult verknüpfte Giocondamode wird vom Autor nicht bedient, sondern in ebenso destruktiver wie drastischer Weise negiert.

Y.-G. Mix

Robert Müller
1887–1924

Tropen. Der Mythos der Reise. Urkunden eines deutschen Ingenieurs. Herausgegeben von Robert Müller.

München: H. Schmidt, 1915.

Der Roman ist das wichtigste Werk des Erzählers, Essayisten, Verlegers und Literaturmanagers Robert Müller. Der virtuos komponierte, essayistisch geprägte Spiegel-Roman, der Müller nach heutigem Urteil zur Avantgarde der europäischen Moderne zählen läßt, fand bei seinem Erscheinen weitreichende Beachtung und wurde vor allem wegen seiner faszinierenden Sprachgewalt unter anderem von Döblin, Hesse und Thomas Mann geschätzt. Vordergründig spielt der Roman in Südamerika und hat die Schatzsuche eines amerikanischen Tausendsassas namens Jack Slim – »der seltsamste Mensch vielleicht, der seit Cagliostro Europa zum Aufhorchen oder Lächeln veranlaßt hat« –, eines deutschen Ingenieurs namens Hans Brandlberger – »Er war ein Grübler. Er war als der Typus des beginnenden 20. Jahrhunderts [...] ein Mann ohne eigentliche Begabung und ohne Charakter, ja, kaum ein Mann von Geist« – und eines flibustierhaften holländischen Kaufmanns namens van den Dusen zum Inhalt. Zahlreiche Anklänge an Abenteuer- und Kriminalromane, an Schauer- und Schicksalsstories, sowie an Urwald- und Liebesschmöker lassen bei flüchtigem Hineinlesen kaum vermuten, daß in *Tropen* nicht allein die für den Expressionismus intellektuell anspruchsvollste Auseinandersetzung mit dem Problem des Reisens geboten wird, sondern ebenso ein teils schwindelerregender Parforceritt stattfindet über anthropologische, kulturhistorische und zivilisationskritische Fragestellungen, über Künste wie Tanz, Malerei und Musik, ja über das Erzählen und Schreiben selber, über Probleme der Erkenntnis-, der Zeichen- und Wissenschaftstheorie, über das Verhältnis der Geschlechter zueinander, über Lust, Jagd und Brutalität, Gesundheit, Krankheit und Perversität, über Identität, Co-Existenz und Ich-Verlust, über Geschichte und Fortschritt und über einen neuen, zukünftig zu erwirkenden Menschentypus.

G. Helmes

HEINRICH SPOERL
1887–1955

Die Feuerzangenbowle. Eine Lausbüberei in der Kleinstadt.

Düsseldorf: Droste, 1933.

Launige Gymnasialerinnerungen machen sich bei einer Feuerzangenbowle im Kreis etablierter Berliner Herren selbständig: der jüngste, der erfolgreiche Schriftsteller Dr. Hans Pfeiffer, der nie eine ›echte‹ höhere Lehranstalt von innen gesehen hat, geht ohne Abschied von seiner Braut Marion für einige (wie sich am Ende herausstellt ebenfalls der Phantasie entsprungene) Wochen als Oberprimaner auf das Gymnasium der typischen Kleinstadt Babenberg. Dort bildet er den Mittelpunkt liebenswürdig wie tragikomisch abenteuerlicher Schulgeschichten. Unter manchen Originalen erlebt er die wahren Verdienste einer öffentlichen höheren Bildungseinrichtung. Die Lehrer mit ihren Eigenarten, der weise und entscheidungsschwache Direktor Knauer samt seiner Tochter Eva, für die sich der Schüler Pfeiffer zu interessieren beginnt und die er am Schluß endlich auch ohne von neuem erlangte Reifeprüfung gewinnt, die Klasse selbst mit ihren unterschiedlichen Typen und Begabungen – dies bildet eine kleine geschlossene

Welt für sich, die keineswegs lächerlich gemacht wird, sondern in ihrer besinnlichen Überschaubarkeit Kontur erhält. Mit besonderer Sympathie ist die Gestalt des vom Niederrhein stammenden Physiklehrers »Bömmel« gezeichnet. Daß der Schüler Pfeiffer die zuletzt satirisch überzeichnete Geschichte dadurch ans Ende bringt, daß er selber in die Gestalt seines ›Rivalen‹ Crey oder »Schnauz«, des Geschichts- und Chemielehrers und Heiratskandidaten für Eva, schlüpft, damit sogar die Schulaufsicht täuscht, selbstverständlich doch entlarvt wird und aus dem Albtraum den glücklich gefundenen Schluß kreiert, der seinerseits mit dem Ganzen zur Illusion erklärt wird, hebt den heiteren Roman über einen bloß vordergründigen Einfall hinaus.

Der Erfolg des knapp und souverän erzählten Erstlingswerks war eng verknüpft mit den Verfilmungen: Zunächst 1934 nach einem Drehbuch von Hans Reimann, der in seiner 1959 erschienenen Autobiographie auch auf den Roman Rechte beanspruchte; besondere Beliebtheit erlangte dann die zweite Verfilmung von 1944 nach dem Drehbuch von Spoerl, unter dem Originaltitel des Romans mit Heinz Rühmann in der Paraderolle des Schülers Pfeiffer zusammen mit Paul Henckels und Erich Ponto.

Der Maulkorb.

Berlin: Neff, 1936.

Übermäßiger Weingenuß ermutigt sogar den pflichtbewußten Staatsanwalt einer niederrheinischen Stadt, in der Nacht von Samstag auf Sonntag dem Denkmal des Landesherrn, der dem Vernehmen nach an freier Meinungsäußerung Anstoß genommen hat, aber selber mit seinen Bemerkungen nie hinter dem Berg hält, den großen Maulkorb seines Hundes umzuhängen. Was der an einer ferneren Karriere durchaus interessierte preußische Beamte Herbert von Treskow aufgrund seiner partiellen, alkoholbedingten Gedächtnistrübung anschließend dennoch unternimmt, um diesen Fall offensichtlicher Obrigkeitsverunglimpfung peinlich genau aufzuklären und das schuldige Subjekt mit seinen eindeutig subversiven Absichten zu finden, kann nur in grotesken Verwicklungen und einer noch so ungewollten allzumenschlichen Läuterung enden, die darin besteht, daß der Staatsanwalt, obwohl ein wichtiger Teil seiner Umwelt die Wahrheit kennt, als eigentlicher Täter sogar fast auf den erschütternden Gedanken gekommen wäre, die landesherrliche Verunglimpfung selbst begangen zu haben. Seine Frau Elisabeth und die siebzehnjährige Tochter Trude spielen in dieser mit leichter Hand komponierten Komödie dankbare Nebenrollen. Daneben ist der junge Künstler Rabanus, der einzige Zeuge, der sich zum zukünftigen Schwiegersohn entwickelt, der Angelpunkt des Vorgangs. Ein sozialkritischer Sieg gelingt den beiden dem Alkohol ergebenen rheinischen Originalen Wimm und Bätes, denen die Tat als eigener grober Unfug gegen ein vermeintliches Goethe-Denkmal geglaubt wird, so daß sie schließlich finanziell dabei gewinnen. Der heitere Roman begründete samt der *Feuerzangenbowle* den Ruhm des Autors, mit sicherer, unprätentiöser Hand gehobenste Unterhaltung schaffen zu können. Das Textbuch für die 1938 erfolgte Uraufführung des gleichnamigen Theaterstücks stammt ebenfalls von Spoerl.

J. A. Kruse

Ernst Wiechert
1887–1950

Hirtennovelle.
München: Langen Müller, 1935.

Wiecherts bekannteste Erzählung ist die von der zeitgenössischen Kritik wegen ihrer idyllischen Naturschilderungen in die Nähe Stifters gestellte *Hirtennovelle*. Im Mittelpunkt der Handlung steht die Figur des guten Hirten. Michael, dessen Vater beim Holzfällen unter einer Fichte zu Tode kam, wird von seinem Lehrer dazu angehalten, in allem, was ihm begegnet, den Geist Gottes zu suchen und zu erkennen. Fortan sieht er seine Lebensaufgabe nicht im persönlichen Lebensglück, das ihm die begehrenswerte Malerin Tamara bietet, sondern im sozialen Dienst. Nachdem er die Dorfbewohner und die Herde vor den 1914 einfallenden Kosaken in Sicherheit gebracht hat, wird er bei dem Versuch, ein entlaufenes Lamm wiedereinzufangen, von einem Kosaken erstochen. Auf dem Gesicht des Toten liegt der Frieden als das Glück des Frommen.

An einem entscheidenden Punkt seines Lebens ist Michael herausgefordert, nach seinem Glauben zu handeln, und er bewährt sich ebenso vorbildlich wie beispielhaft. Die unerhörte Begebenheit in Wiecherts Novellen ist immer wieder die christliche Tat, die zugleich den Blick aus der bedrückenden Geschichtswirklichkeit hinaus auf ein höheres, im Stil der Legende angedeutetes Sein richtet. Sie markiert den ethisch gestalteten Wendepunkt in einem Geschehen, das blindwütig der Katastrophe zutreibt. Der ethisch Handelnde ist aber kein eigenmächtiger Held, sondern ein Streiter Gottes, dem nur sein Glaube Kraft verleiht. Die zerstörerische Geschichte ereignet sich jeweils in dem eigentlich novellistischen Geschehensraum, der in der Perspektive des Glaubens regelmäßig geöffnet und überwunden wird. Am

Ende steht nicht die Kapitulation vor der Katastrophe, sondern die in gläubiger Hoffnung vollzogene Nachfolge Christi. Christus nachahmend, werden die Handlungsträger in Wiecherts Novellen selbst nachahmenswert. Die Novelle vergeistigt sich zur Legende, in der nicht der Sieg in der Schlacht, sondern allein der Triumph des Glaubens zählt. Wiecherts *Hirtennovelle* ist ein engagiertes Plädoyer für die Friedfertigkeit unter den Menschen in einer Zeit des bedrohlich zunehmenden Unfriedens.

Das einfache Leben. Roman.

München: Langen Müller, 1939.

Der Roman gilt als Wiecherts Hauptwerk. Beispielhaft gewinnt die verinnerlichte religiöse Sittlichkeit Gestalt, die den ostpreußischen Erzähler zu einem der meistgelesenen Autoren seiner Zeit werden ließ. – Nach der traumatisierenden Erfahrung des Ersten Weltkriegs irrt der ehemalige Korvettenkapitän Thomas von Orla durch die Stadt, in der er nur Verfall und Rausch zu sehen vermag, nichts als Oberfläche und Leere. Auf dem Höhepunkt seiner Verzweiflung findet er den Weg zu einem Geistlichen, der ihm das Evangelium des einfachen Lebens und der harten Arbeit verkündet. Die Begegnung wird ihm zum Schlüsselerlebnis, das sein Leben von Grund auf ändert. Er verläßt seine lebenshungrige Frau Gloria und vertraut seinen Sohn Joachim der Obhut seiner Schwester an. Auf der Suche nach dem einfachen Leben gelangt er zum Gut des Generals von Platen, der ihn als Jäger und Fischer einstellt. An den Masurischen Seen, ganz allein auf dem Wasser, umgeben von den stillen, unendlichen Wäldern, findet er nach den aufwühlenden Kriegserlebnissen und den Wirren der Nachkriegszeit endlich zu sich selbst. Eine geistig höchst anregende Freundschaft entwickelt sich zwischen ihm und dem zurückgezogen lebenden, allem Schönen zugetanen, lebensweisen Grafen Pernein. Mit ihm teilt er die Liebe zur Welt der Bücher, in die er sich nach getaner harter Arbeit am Abend versenkt. Eine aufrichtige Zuneigung verbindet ihn mit der dreizehnjährigen Marianne, der verwaisten Enkeltochter des Gutsherrn. Noch einmal bricht das Leben, das er hinter sich gelassen hat, in die ländliche Stille ein, als seine schwerkranke Frau Gloria in einer Neujahrsnacht bei ihm Zuflucht sucht. Aber längst haben sich die Eheleute entfremdet. Gloria stirbt zwölf Tage nach ihrer Ankunft. Damit sind endgültig alle Verbindungen zu jener Welt abgerissen, die den Menschen nur in ein vordergründiges Leben verstricken, das ihm innerlich nichts zu geben vermag. Im Sommer besucht ihn sein Sohn Joachim, der nach seiner Schulzeit wie seinerzeit sein Vater zur Marine geht und dort zum Leutnant avanciert. Ansonsten genügt Thomas die Gesellschaft seines ehemaligen Maats Bildermann, der bei ihm geblieben ist und ebenfalls im einfachen Leben seine Erfüllung findet. Die Wintermonate bieten Thomas Zeit und Muße, sich schreibend mit den neu gefundenen sittlichen Grundlagen seines Lebens auseinanderzusetzen. Es entstehen Bücher wie »Ethik des Seemannslebens«, in denen die weltanschauliche Reflexion die abenteuerliche Handlung in den Hintergrund drängt. Als die inzwischen erwachsene Marianne nach ihrer Rückkehr aus der für sie enttäuschenden äußeren Welt in die ländliche Idylle Thomas ihre Liebe gesteht, verzichtet er mit Blick auf den allzu großen Altersunterschied auf ein mögliches Liebesglück und gibt sich mit der Stellung des großen Bruders zufrieden. »Alles hatte seinen Platz und seine Ordnung, alles war richtig, wie es war und werden würde. Es war nicht gut und nicht böse.«

Der Roman entstand im wesentlichen nach Wiecherts zweimonatiger KZ-Haft in Buchenwald wegen Widerstands gegen den Nationalsozialismus in Wort und Schrift. Unter Gestapoaufsicht, enttäuscht vom öffentlichen Leben und der geschichtlichen Entwicklung, entwarf er in völliger Zurückgezogenheit die Utopie eines friedfertigen, selbstgenügsamen Lebens im Einklang mit einer in ihrer Einsamkeit unantastbaren Natur. Im Verzicht auf gesellschaftliche Verbindungen und Zerstreuung, auf Karriere, Wohlstand, Leidenschaft und Liebe ging ihm der tiefste Lebenssinn in der Abgeschiedenheit und in der Arbeit auf. Ein ethisches Programm mit unverkennbar lebensflüchtiger Tendenz unter dem vernichtenden Druck totalitärer Übermacht, aber auch eine Überlebensgebärde des ohnmächtigen geistigen Menschen. Schreibend gestaltete Wiechert fiktive Räume eines inneren Exils, Prospekte seiner ostpreußischen Kinderheimat, in die sich der vom Leben frustrierte Erwachsene zurückzog. Im Verzicht auf das öffentliche Leben schwingt leise Kritik mit an denen, die es verunstaltet und unbewohnbar gemacht hatten. Die Sehnsucht nach menschlicher Erfüllung und die Trauer über eine unerfüllte Zeit begründeten den Erfolg des Romans.

Missa sine nomine. Roman.
Erlenbach/Zürich: Rentsch, 1950.

Den Kern des im Todesjahr Wiecherts erschienenen Romans bilden das Leid, die Schuld, das Schicksal und die Sühne dreier Brüder, der Freiherren von Liljecrona, die versuchen, in der Nähe eines Schlosses in der Rhön, das von amerikanischen Soldaten bewohnt wird, sich wieder ein Heim aufzubauen, einen neuen tragfähigen Standort nach den leidvollen Erfahrungen persönlicher Entwurzelung zu finden. Aus dem Osten vertrieben worden sind der ehemalige Generalmajor Erasmus, der dem Nazi-Regime überzeugt und willig gedient hat, und der adlige Landmann Ägidius, ebenfalls dem Nationalsozialismus seinerzeit vielfältig verbunden. Der jüngste Bruder, Amadeus Freiherr von Liljecrona, eine problematische Natur, hatte sich im Unterschied zu seinen Brüdern auf die Seite des antifaschistischen Widerstands geschlagen und war, von einem den Nazis blind ergebenen

Förster denunziert, in ein Konzentrationslager eingeliefert worden. In intensiver, selbstkritischer Erinnerungsarbeit setzen die drei Brüder, die das Schicksal wieder zusammengeführt hat, alles daran, mit der gewandelten Situation nach dem Zusammenbruch 1945 fertigzuwerden. Während die beiden älteren Brüder sich bald einsichtig von ihren ideologischen Verirrungen distanzieren, ist Amadeus paralysiert von seinen schlimmen, am eigenen Leib erlittenen Erfahrungen mit der Bosheit und der Bestialität der Menschen. Bitter geworden, skeptisch jedem Glauben an die menschliche Güte gegenüber, ist er nur noch erfüllt von dem Wunsch, sich zurückzuziehen, sich zu verschließen vor den anderen, denen er zutiefst mißtraut, von denen er im Grunde nichts mehr erhofft. Erst nach aufreibenden inneren Kämpfen und quälerischen Selbstzweifeln ist er bereit, seinen Widerstand und seine Isolation aufzugeben und trotz allem neue Hoffnungen zu setzen auf den Menschen und einen humanen Neuanfang. Er erkennt, daß allein Versöhnlichkeit und Verzeihen einen gangbaren Weg in die Zukunft bahnen können. In diesem Sinne verzeiht er dem Förster, der ihn seinerzeit den Nazi-Schergen ausgeliefert hatte, und setzt sich sogar dafür ein, ihn vor dem Gefängnis zu bewahren. In praktischer Toleranz und in unermüdlichem Engagement gelingt es ihm, die Försterstochter Barbara, die weiterhin fanatisch in den Irrlehren der Nazis befangen ist, von ihrer ideologischen Verranntheit zu überzeugen und zu befreien. Als väterlicher Freund erklärt er sich selbstlos bereit, sich ihres unehelichen Kindes anzunehmen, so daß ihr anfänglicher Haß gegen ihn einem aufrichtigen Vertrauen weicht. Aus den Feinden an den Fronten erbittert ausgetragener weltanschaulicher Kämpfe werden Freunde im gemeinsamen Dienst am praktischen Leben. Jeder der drei Brüder, am beeindruckendsten der jüngste, wandelt sich im Laufe der Romanhandlung, indem er das, was ihn von den Mitmenschen entfernt hatte, endgültig preisgibt, im stillen ein persönliches Opfer bringt mit Blick auf eine humane Zukunft.

Opferung und Wandlung, angelehnt an das Ritual der Messe, bestimmen die Entwicklung der drei Hauptgestalten wie die Erzählstruktur. Der Roman mit seiner ausgeprägt verinnerlichten Haltung, die sich jeden gesellschaftskritischen Engagements enthält, endet in einer ethischen, religiös gefärbten Idylle als Antwort auf die jüngste Geschichtskatastrophe. Bewußt setzt sich der Darbietungsstil mit seinem altertümelnden biblischen Sprachduktus, gesteigert mitunter zum Pathos weltanschaulicher Verkündigung, von der nüchternen zeitgenössischen Wirklichkeit ab. Der Rückzug aus einer enttäuschenden, den Menschen gefährdenden Öffentlichkeit in eine private Sphäre sozialen Wohlverhaltens im engsten Kreis und in der Bindung an den nachbarlichen Menschen sicherte dem Roman in den Nachkriegsjahren mit ihrem Geschichtsüberdruß einen gewissen Erfolg. Daneben wuchsen allerdings früh die Bedenken und Zweifel einem Autor gegenüber, der auf die Herausforderungen der Zeit wenig mehr anzubieten hatte als die Flucht in die Innerlichkeit als Ausweg aus einer im Grunde heillosen Welt. Die literarische Enklave der schönen Seelen erwies sich weder für die Gegenwart noch für die Zukunft als überzeugend und glaubwürdig. Das Ethos des einfachen Lebens hatte nach 1945 seine Berechtigung verloren.

W. Freund

Arnold Zweig
1887–1968

Die Novellen um Claudia.
Leipzig: Rowohlt, 1912.

Die sieben psychologischen Novellen, die sich zu einem lyrischen Prosazyklus zusammenschließen, zeigen die Stationen des Weges zweier Menschen, sensibler Intellektueller, zueinander, wobei der Liebesprozeß zum Erkenntnisprozeß wird. Die Liebe zwischen der schönen und reichen Claudia Eggeling und dem armen Wissenschaftler Walter Rohme, der sein Dasein als Privatdozent fristet, ist anfänglich von der unterschiedlichen Wahrnehmungsweise ihrer beider Herkunft geprägt, bevor sie schließlich zur vollendeten Form reift.

Die erste (*Das Postpaket*) und die letzte Novelle (*Die Soutane*) bilden durch ihre Gefährdung der (später ehelichen) Beziehung die Klammer der Geschichten. Walters Geständnis einer Jugendsünde gefährdet letztmalig die Liebe der beiden, die anschließend gereift eine ›gleichberechtigte‹ Partnerschaft zu führen vermögen. Die zweite und dritte Novelle, *Das dreizehnte Blatt* und *Der Stern*, reflektieren das existentialistische Spannungsverhältnis zwischen Künstlertum (konkretisiert an einem Maler und einem Musiker) und der menschlichen Bedingtheit innerhalb zwischenmenschlicher Beziehungen. Im vierten Kapitel (*Das Album*), das die tragende Achse der Novellen bildet, erfährt der Leser durch Claudias Mutter den familiären Hintergrund in der wilhelminischen Bürgerlichkeit. Die vorherrschend epischen Novellen fünf (*Die keusche Nacht*) und sechs (*Die Passion*) sind dem Verhältnis von Leib und Seele, Eros und Sexus vorbehalten, wobei vor allem die körperliche Befangenheit der Protagonisten im Vordergrund steht.

Formal sind es sieben unerhörte Begebenheiten, die die Liebe zwischen den Protagonisten in Frage stellen, gleichzeitig aber auch festigen. In einer Folge von Bekenntnisakten reißen die Liebenden nach und nach die Mauern ein, mit denen sie ihr Innerstes umgeben haben, um zur wahren, gemeinschaftlichen Liebe zu finden.

Die zum Teil als Berichte des Erzählers und zum anderen Teil in auktorialer Erzählung verfaßte psychologische Analyse moderner Neurosen und ihre Überwindung durch die natürlichen Triebe ist an ein populäres Verständnis der Psychoanalyse Freuds angelehnt. Zweig, auf den die zeitgenössische Kritik nach Erscheinen des Buches erstmals aufmerksam wurde, gelingt es, Stimmungsbilder zu erzeugen, in denen eine ganze Generation ihre seelischen und moralischen Konflikte wiederzuerkennen glaubte.

Der Streit um den Sergeanten Grischa. Roman.

Potsdam: Kiepenheuer, 1927.

Zweigs wohl berühmtester Roman wurde bereits 1917 konzipiert und 1921 zunächst als Drama (*Das Spiel um den Sergeanten Grischa*, UA 1930) abgefaßt. Er sollte das Mittelstück einer von Zweig so genannten »Trilogie des Übergangs« werden, wurde aber später dem unvollendeten Romanzyklus »Der große Krieg der weißen Männer« zugeordnet. Dem russischen Sergeanten Grigorij Iljitsch Paprokin, genannt Grischa, gelingt Ende März 1917 die Flucht aus einem deutschen Gefangenenlager. Als er kurz darauf erneut gefangengenommen wird, gibt er sich als russischer Überläufer Ilja Pawlowitsch Bjuschew aus, allerdings ohne zu wissen, daß alle Überläufer gemäß einem Truppenbefehl als Spione standrechtlich erschossen werden sollen, sofern sie sich nicht binnen drei Tagen nach ihrem Übertritt auf deutsch-besetztes Gebiet stellen. Obzwar Grischa seine Angaben berichtigt und den Divisionskommandanten auch überzeugen kann, bleibt das Todesurteil gegen ihn bestehen. Auf Weisung des vorgesetzten Generalquartiermeisters wird das Urteil vollstreckt.

Die Handlung des Romans, in der es nicht primär um Grischa geht, sondern um die politische Moral, führt eine extreme Konfliktsituation zwischen Individuum und Staat vor. »Der Staat schafft Recht, der einzelne ist eine Laus«, läßt Zweig den Generalquartiermeister Generalmajor Albert Schieffenzahn, einen Technokraten und Machtmenschen (für den Ludendorff Modell stand), sagen, der das autoritäre kaiserliche Preußen mit seiner bürokratischen Militärmaschinerie verkörpert. Für Schieffenzahn gilt nur das Urteil bzw. die Vollstreckung des Urteils, die Unrechtmäßigkeit spielt für ihn dabei keine Rolle; Repression ist für ihn legitimes Mittel der Kriegsführung. Als Gegenpart von Schieffenzahn fungiert der preußische Junker Otto von Lychow, ein Kommandeur ›alter Schule‹, für den Pflichterfüllung zentrales Element seiner Lebensführung ist. Doch ist von Lychow auch ein unabhängig Denkender, der sich dank seiner militärischen und gesellschaftlichen Stellung nicht allen Sachzwängen unterwerfen muß. Nachdem er durch den Kriegsgerichtsrat Posnanski von der Unrechtmäßigkeit des Urteils überzeugt wurde, setzt er alles daran, dem Unrecht Einhalt zu gebieten. Sein Scheitern ist das des Aufrechten gegen den Schreibtischtäter, dem das Ansehen der eigenen Rechtsprechung höher steht als die Aufhebung eines widerrechtlichen Urteils.

Zweig verdeutlicht die gesellschaftlichen Voraussetzungen einer pathologischen Erschütterung, die schließlich zum Ende der Staatsform Preußen führt, denn »wer das Recht verläßt, der ist erledigt«. Dabei wirkt die Geschichte fast wie in verschiedene Einzelhandlungen zerlegt, die durch Grischa verbunden werden, da er in allen Kapiteln präsent ist.

Junge Frau von 1914. Roman.
Berlin: Kiepenheuer, 1931.

Im Mittelpunkt der Handlung stehen Lenore, Tochter des reichen jüdischen Bankiers Hugo Wahl, und Werner Bertin (Zweigs Alter ego, der bereits im *Grischa* auftritt), ein aus einfachen, fast ärmlichen Verhältnissen stammender Schriftsteller und Referendar. Lenore und Werner lieben sich entgegen den Konventionen ihrer unterschiedlichen sozialen Herkunft. Besonders Lenores Familie, die mit allen Vorurteilen und Standesdünkeln ihrer bürgerlichen Existenz behaftet ist, hintertreibt die Liebe. Die Handlung setzt damit ein, daß Werner 1915 seinen Einberufungsbescheid erhält und als Matrose einrücken muß. Werner folgt der Einberufung, da er es für seine Pflicht hält und politische Erwägungen in der ›Stunde der Not‹ keine Rolle mehr spielen. Zurückgeblieben, erfährt Lenore, daß sie von Werner schwanger ist und unterzieht sich – angesichts des elterlichen Widerstandes gegen die Verbindung und der Zeit, in der sie lebt – einer Abtreibung. Werner wird in den Westen verlegt, was zwischen den Liebenden zu einer ersten Prüfung führt: Werner leistet in den Augen Lenores zuwenig Widerstand gegen die Verlegung (zumal er sich – was Lenore nicht weiß – freiwillig gemeldet hat). Lenore durchschaut die Zusammenhänge als Zivilistin nicht und ist hin- und hergerissen zwischen Liebe und Abscheu. Währenddessen erfährt Werner die ernüchternden Grausamkeiten des Krieges, worüber seine Liebe zu Lenore noch wächst. Auch Lenore findet, nachdem sie Werners Testament gelesen hat, zu ihrer Liebe zurück. Damit Werner Urlaub bekommt, beschließt Lenore, die sich gegen ihre Eltern durchgesetzt hat, daß sie heiraten. Nach der Heirat muß Werner wieder an die Front, und Lenore bleibt am Bahnhof zurück – so das lapidare Ende.

Zweigs Auffassung von den Gesetzmäßigkeiten gesellschaftlicher Entwicklungen, die durch die frühe Lektüre

Nietzsches geprägt wurde, kommt in diesem breitangelegten Erzählwerk (Teil des Zyklus »Der große Krieg der weißen Männer«) über den Weltkrieg aus der Perspektive bürgerlicher Intellektueller deutlich zum Tragen. Wieder wird die Welt der Intellektuellen innerhalb ihrer gesellschaftlichen Bedingtheit dargestellt und dadurch zum Mittel der unerbittlichen Zeitkritik. Neben- wie Hauptpersonen verkörpern dabei unterschiedliche Prinzipien und Auffassungen (hier die Welt der Geistigen, dort die Welt der Macht und der Konventionen): so etwa Markus Wahl, der einerseits das bürgerliche Judentum vertritt, das zwar liberal denkend, den Krieg und die Monarchie unterstützt, sich aber andererseits auch der Gefährdung seiner Glaubensbrüder bewußt ist, oder sein Sohn Hugo, der das assimilierte Judentum verkörpert, der bereit ist, »mit den Herren« zu gehen, um Profit zu machen, denn »Krieg bringt Leben ins Geschäft«.

Ein weiteres Spannungsmoment wird im Roman dadurch erzielt, daß Zweig der bürgerlichen Welt die des Krieges und der Soldaten gegenüberstellt. Hier zeigt sich, wie stark die Auffassungen derer, die verwundet nach Hause kommen oder in den Schützengräben liegen, mit denen, die aus sicherer Entfernung die durch Propaganda beeinflußten Ereignisse wahrnehmen, divergieren.

De Vriendt kehrt heim. Roman.

Berlin: Kiepenheuer, 1932.

Im Juli 1929 wird der aus Holland stammende Schriftsteller und Jurist Jizchak Joseph de Vriendt, einer der Führer der orthodoxen Judenheit, den vor allem seine Frömmigkeit nach Palästina geführt hat, vor dem Eingang eines Jerusalemer Hospitals durch drei Schüsse aus dem Hinterhalt getötet. Der Mord geschieht in einer spannungsgeladenen politischen Atmosphäre, die getragen ist von innerjüdischen

Auseinandersetzungen zwischen Zionisten und Orthodoxen, Juden und Arabern und der britischen Mandatsmacht. Hintergrund der Tat scheint die Freundschaft de Vriendts mit dem arabischen Jungen Saûd zu sein, dessen Bruder Mansur ein arabischer Nationalist ist. Doch nach und nach stellt sich heraus, daß jüdische Nationalisten für den Mord verantwortlich sind, für die de Vriendt, der den arabisch-jüdischen Ausgleich propagierte, ein Verräter war.

Während sich das erste Buch mit der Geschichte de Vriendts beschäftigt, seinen Charakter und seine Arbeit vorstellt, stehen die Ermordung und erste Reaktionen seines Umfeldes im Vordergrund des zweiten Buches. Im dritten und letzten Buch wird der Brite Lolard B. Irmin zur zentralen Figur, der als Secret-Service-Agent und Freund de Vriendts das Verbrechen aufklärt, indem er den Arbeiter Mendel Glass der Tat überführt. Entgegen der Lesererwartung wird der Täter aber nicht bestraft, sondern kommt davon.

Der Stoff des Romans bezieht sich auf authentische Vorgänge des Jahres 1924, als der jüdisch-orthodoxe Gelehrte Jakob Israel de Haan (1881–1924) in Jerusalem ermordet wurde. Zweig vermengte dieses Ereignis mit den gewalttätigen Auseinandersetzungen zwischen arabischen und jüdischen Nationalisten im britisch besetzten Palästina des Jahres 1929, womit ihm ein eindrucksvolles literarisches Zeitdokument gelingt. Dabei bewertet er die Situation nicht einseitig, will meinen projüdisch, sondern macht deutlich, daß alle beteiligten Seiten an der Spirale der Gewalt drehten und sich ihrer gemäßigten Führer entledigten. Somit wird die historische Auseinandersetzung in Palästina zum Paradigma für fehlende Völkerverständigung und die Unduldsamkeit politischer Extremisten.

Der Roman, im November 1932 erschienen, der in Deutschland vor 1933 kaum rezipiert und wie die anderen Bücher Zweigs im Frühjahr 1933 verboten wurde, galt vor allem in Palästina und im späteren Israel als antizionistisches Dokument, da Zweig sich sowohl verantwortungslos

»gegenüber der inneren Glaubwürdigkeit seiner Gestalt« verhalte (womit deren offensichtliche Homosexualität gemeint war) als auch die Wahrheit nicht in »der treuen Tatsächlichkeit der Vorgänge« geschildert hätte.

Das Beil von Wandsbek. Roman 1938–1943.

Stockholm: Neuer Verlag, 1947. [Zuerst auf hebräisch erschienen u. d. T.: ha-Kardon shel Wandsbek. 2 Bde. Merhavya: Sifriat Poalim – Worker's Book Guild (Hashomer Hatzair) Palestine, 1943.]

Mit dem 1943 zuerst auf hebräisch erschienenen Roman wollte Zweig im Aufstieg des »Dritten Reiches« schon dessen Untergang beschreiben. Seine Reflexionen über die Ursachen des Faschismus konkretisierte er in sieben Büchern und einem »Abgesang« am Beispiel des Wandsbeker Metzgermeisters Albert Teetjen, der, um seine berufliche Existenz zu wahren, sich 1938 den Nationalsozialisten für ein Entgelt von 2000 RM als Scharfrichter zur Verfügung stellt und die Hinrichtung an vier »im Namen des Volkes« verurteilten Kommunisten vollzieht. Doch das, was sich als Rettung vor dem finanziellen Ruin andeutete, markiert den Anfangspunkt des Niedergangs, an dessen Ende Teetjen mit seiner Frau Sine den Freitod wählt. Durch die Suche der Freundin und späteren Frau des Gefängnisdirektors Heinrich Koldewey, Dr. Käte Neumeier, wird der Mann hinter der Henkersmaske bekannt und fortan boykottiert. Doch der Boykott durch die Arbeiter in Wandsbek hat keine politischen Gründe, sondern mißt sich allein an einem Gerücht, daß Teetjen eben sein Henkersbeil auch im Metzgerladen benutzen würde. Rückhalt findet Teetjen nicht einmal in seiner eigenen Partei und bei seinen SS-Kameraden, die ihm verübeln, daß er keinen Anteil seines Blutgeldes an die Gemeinschaftskasse abführte. Der Druck, den die Umwelt erzeugt, treibt Teetjen in die Enge und in den finanziellen wie menschlichen Ruin.

Zweig zeichnet differenzierte und psychoanalytisch fundierte Charaktere, die unterschiedliche Gesellschaftsschichten seiner Zeit verkörpern: das Proletarierpaar Teetjen, das sich dem Bürgertum zugehörig fühlt und dessen Attitüden lebt, von diesem aber nicht anerkannt wird; der Gefängnisdirektor Koldewey (»Man muß wegsehen lernen«) und seine spätere Frau Käte, Vertreter des aufgeklärten Bürgertums, die erst nach und nach – und viel zu spät – zu einer entschiedenen Opposition finden und sich dem deutschen Widerstand des Juli 1944 anschließen; der Reeder Hans Peter Footh, der Teetjen für die Hinrichtung verpflichtet, weil er sich einen Machtzuwachs und neue Reichtümer bei den NS-Machthabern verspricht.

Die Geschichte Teetjens ist verknüpft mit der Darstellung des Bürgertums, das – nach Zweigs Auffassung – durch Konformität und Passivität den Machtzuwachs der Nationalsozialisten gefördert hat. Die Mitläufer, die darauf achten, im System zu überleben und ihren Profit daraus zu ziehen, haben eine Schuld auf sich geladen, die nur entscheidender Widerstand zu tilgen vermag. Daher eignet sich Teetjen auch nicht als Identifikationsfigur, sondern ist die exemplarische Figur für Schuld, Torheit und das Unglück, das sich an ihm selbst und an seiner Frau entlädt.

W. Delseit

Vicki Baum
1888–1960

stud. chem. Helene Willfüer. Roman.

Berlin: Ullstein, 1928. – Vorabdruck in: Berliner Illustrirte Zeitung 1928.

Vicki Baums Leben verlief fast wie ein Roman: Nach entbehrungsreicher Kindheit in Wien und dem frühen Verlust ihrer Mutter findet sie mit Max Prels den ersten Mann und literarische Kontakte in der Kultur- und Kaffeehausmetropole, wo die ausgebildete Harfenistin nebenbei Feuilletons schreibt. Als Hof- und Kammermusikerin geht sie nach Darmstadt und Mannheim, heiratet zum zweitenmal, bevor der Ullstein-Verlag sie 1926 als Redakteurin anwirbt; im gleichen Jahr erscheint der triviale Fortsetzungsroman *Feme* in der verlagseigenen »Berliner Illustrirten Zeitung«, wo auch Baums erster großer Erfolg *stud. chem. Helene Willfüer* erscheint. In ihrer Autobiographie (*Es war alles ganz anders*, 1962) hielt Baum den Roman für ein »zuviel gefeiltes [...] Buch«, das jedoch »Schweiß, Geruch und Arbeitsatmosphäre bitterarmer Studenten« eingefangen habe. Es wurde ein Sensationserfolg: die Auflage der »Berliner Illustrirten Zeitung« stieg von 1,8 auf 2 Millionen, die Buchausgabe fand bis Ende 1929 schon 55 000 Käufer; der Roman wurde bereits 1929 – wiederum 1936 und 1955 – verfilmt.

Zielstrebig verfolgt die mittellose Titelheldin ihr Chemie-Studium, obwohl ihre Berufsaussichten als Frau mehr als schlecht scheinen. Immerhin wird sie von ihrem attraktiven Professor Ambrosius geschätzt, vom lebensfrohen, aber todkranken Buchhändler Kranich bewundert und von dem frustrierten Medizinstudenten Fritz Rainer geliebt. Doch erst über die von Ambrosius prophezeiten Umwege, »die das Leben wertvoll machen«, und tragische Schicksalsfügungen ergibt sich ein Happy-End. Der von seiner Frau verlassene Professor gerät völlig aus der Bahn und verliert nach einem mißglückten Selbstmordversuch fast sein Augenlicht; Rainer macht Helene ein Kind, das sie verzweifelt, doch erfolglos abtreiben lassen will, und beide beschließen, sich zu vergiften. Er stirbt, sie flieht, wird kurzzeitig verhaftet, bringt das Kind zur Welt und macht auf Ambrosius' Vermittlung eine Chemikerkarriere, die es ihr ermöglicht, schließlich den Professor aus der Lethargie zu befreien – und endlich zu lieben.

Menschen im Hotel. Ein Kolportageroman mit Hintergründen.

Berlin: Ullstein, 1929.

Der Roman ist zweifellos das bekannteste Werk Baums. Gustaf Gründgens brachte eine Theaterversion auf die Bühne, von dort schaffte das Stück 1930 den Sprung an den Broadway, was sicher zur Verbreitung des Romans in den USA beitrug (1930 erschien die englische, 1931 die amerikanische Ausgabe). Gekrönt wurde der Erfolg durch Edmund Gouldings Hollywood-Verfilmung 1932 (mit Greta Garbo). Eine Musicalfassung entstand 1958 (neu eingerichtet 1989, *At the Grand*).

In einem Berliner Nobelhotel kreuzen sich im März 1928 die Lebensläufe einer Handvoll Menschen: Otto Kringelein, Hilfsbuchhalter im Gehaltsbüro einer Stoffabrik im Provinznest Fredersdorf, hat erfahren, daß er nur noch kurze Zeit zu leben habe, und möchte nun auf seine letzten Tage so leben wie sein Chef, Preysing, der zur selben Zeit im Hotel absteigt, um in Verhandlungen seinen Betrieb über die drohende Wirtschaftskatastrophe zu retten. Der undurchsichtige, lebensmüde Arzt Otternschlag erweist sich zwar als gutmütiger, aber wenig unterhaltsamer Lebensberater Kringeleins, der sich auch schnell von dem leichtsinnigen, schönen Baron Gaigern blenden läßt, ohne zu merken, daß dieser charmante Hoteldieb es nur auf das Ersparte des Buchhalters abgesehen hat; zuvor ist Gaigern schon bei der abgehalfterten Tänzerin Grusinskaja im Zimmer eingestiegen, um ihre Juwelen zu stehlen, landet aber statt dessen in ihren Armen. Nachdem auch der Versuch fehlschlägt, Kringelein das nötige Geld abzunehmen, vergreift er sich am Portemonnaie Preysings, wird von diesem gestellt und unabsichtlich getötet, ausgerechnet in der Nacht, wo der seine Frau mit einer hübschen Gelegenheitssekretärin und Plakatschönheit namens »Flämmlein« betrügt, die erschreckt Zuflucht bei Kringelein sucht. Beide verlassen das Hotel Richtung London.

»Was im großen Hotel erlebt wird, das sind keine [...] abgeschlossenen Schicksale [...]; hinter den Türen wohnen Menschen, gleichgültige oder merkwürdige, Menschen im Aufstieg, Menschen im Niedergang; Glückseligkeiten und Katastrophen wohnen Wand an Wand.« Baum hat das Genre des Hotelromans als Metapher für das Leben zwischen der Drehtür bekannt gemacht und selbst mehrmals variiert (*Hotel Shanghai*, 1939, *Grand Opera*, 1942, *Hotel Berlin '43*, 1944).

Zwischenfall in Lohwinckel. Roman.

Berlin: Ullstein, 1930.

Ihr Erfolgsrezept, Menschen unterschiedlicher Herkunft und Persönlichkeit in begrenztem Raum zusammenzuführen, dehnte Baum unmittelbar nach ihrem Roman *Menschen im Hotel* auf ein verschlafenes Kaff in Rheinhessen aus, das 7000 Einwohner zählende Lohwinckel, in dem sich »die Welt wie überall [...] in rechts und links, in arm und reich, in Vorangeher und Stehenbleiber« teilt – provinzielle Vorboten einer nahen Katastrophe.

Die Spannungen im Ort scheinen unverrückbar, am deutlichsten spürt das der jüdische Außenseiter und intellektuelle Kaufmann Markus: der neureiche, einflußreiche Fabrikbesitzer Profet beutet seine Arbeiter aus und führt einen Privatkrieg gegen den heruntergekommenen Landbesitzer von Raitzold; der Apotheker und der eigenbrötlerische Dorfarzt Persentheim verachten einander; der autoritäre Schuldirektor Burhenne drangsaliert seine Schüler. Doch eigentlich »passiert nichts. Feinde hat hier jeder, aber sie tun nichts, sie stören einem nur das Leben und Atmen« – so Markus, der Änderungen herbeisehnt, weil er Elisabeth, die Frau des Arztes, liebt und verzweifelt den Draht zur Außenwelt hält, beides aussichtslos. Diese Außenwelt bricht über Lohwinckel herein, als ein Wagen mit der Filmdiva Leore Lania, ihrem momentanen Liebhaber, dem Industriellensohn Peter Karbon, und dem einfältigen Boxprofi Franz Albert auf dem Weg von Berlin nach Baden-Baden in der Gegend verunglückt: der Tod des Chauffeurs entfacht einen Aufstand der Arbeiter; die arrogante Schauspielerin, vom Arzt zusammengeflickt, bringt die männlichen Dorfbewohner, allen voran Markus, durcheinander; der Boxer läßt die Gymnasiasten zu Halbstarken mutieren; der verletzte Karbon verliebt sich in seine Pflegerin Elisabeth, die so ermutigt gegen den Alltagstrott aufbegehrt. Doch alles ist nur ein Zwischenfall. Am Ende nimmt das Leben in Lohwinckel ohne diese Repräsentanten einer anderen Welt seinen gewohnten Fortgang, wenn auch mit wehmütig verwandelten Menschen: »Die fahren nun alle weg, und wir bleiben da. So viel Aufwand, so viel Unruhe, und dann bleibt nichts übrig davon.«

Die Karriere der Doris Hart. Roman.

Amsterdam: Querido, 1936.

Vicki Baum, die zur Verfilmung von *Menschen im Hotel* 1931 erstmals in die USA eingeladen worden war, verließ Deutschland und zog nach Kalifornien. Bevor die Nazis der

Wahlamerikanerin kurioserweise Schreibverbot erteilten, konnte nur noch ein Roman, *Das Leben ohne Geheimnis* (1932), bei Ullstein erscheinen. Die folgenden Werke, darunter auch *Die Karriere der Doris Hart*, übernahm Querido, der u. a. mit dieser »angenehm lesbaren Erzählung« die materielle Grundlage schuf für den verdienstvollen Emigrantenverlag, der dann auch in der Lage war, ›höhere‹ Literatur zu veröffentlichen, wie A. V. Thelen 1936 meinte. Vicki Baum nahm dies gerne hin, sah sie sich doch selbstbewußt als »eine erstklassige Schriftstellerin zweiter Güte«.

Die Deutsche Doris Hart arbeitet sich in New York aus armen Verhältnissen empor. Sie steht dem grantelnden russischen Bildhauer Basil Nemiroff Modell, der ihre Zuneigung kaum registriert; nachts jobbt sie als Kellnerin und ruiniert ihre Stimme, die sie gerade bei der ehemaligen Operndiva Salvatori ausbilden lassen will. In halbersehnten, halbverschmähten Liebesabenteuern gerät Doris in die versnobbte Clique um Franklin O. Bryant, für den Basil eine Plastik machen soll. Auf einer wilden Party erwischt der Bildhauer Doris mit dem volltrunkenen Industriellensohn im Bett und schießt in frisch entdeckter Eifersucht auf beide, worauf er ins Gefängnis kommt. Doris, die trotz allem nur den russischen Freund liebt, läßt sich von Bryant senior aushalten und wird tatsächlich eine gefeierte Opernsängerin, der allerdings aufgrund von Basils Lungenschuß nur eine kurze Zeit zu leben bleibt. Nach der Entlassung ihres Geliebten ziehen beide auf eine exotische Insel, wo Doris stirbt.

Bei aller Trivialität blieb Vicki Baum eine genaue Beobachterin sozialer Mißstände, etwa des gnadenlosen Gefängnisalltags, und sie gab ihrer Heldin eine vielgelesene Stimme gegen den Naziterror: »Doris wußte nicht, ob sie sich schämen sollte. Sie war oft heimwehkrank gewesen nach Deutschland. Aber [...] vor diesem Sturm von empörtem Nationalgefühl« sagte sie: »Danke – das ist nichts für mich.«

Liebe und Tod auf Bali. Roman.

Amsterdam: Querido, 1937.

In ihrem untypischsten und anspruchsvollsten Roman beschreibt Baum kein Schicksal aus dem eigenen Erlebnisraum, sondern das balinesischer Dorfbewohner unter den rituellen Zwängen des Hinduismus und unter der unrühmlichen Kolonialherrschaft in Niederländisch-Ostindien (Indonesien). Sie legt dem Buch Aufzeichnungen des holländischen Arztes und Reiseschriftstellers Jan Fabius zugrunde, von dessen detailreicher Landschaftsschilderung sie profitiert. Über Fabius steht die Schriftstellerin in einer bescheidenen Nachfolge von Multatulis berühmtem Roman *Max Havelaar* (1860).

Erstmals greift Baum – wie viele Exilautoren – ein historisches Thema auf, wenn auch die reale Begebenheit im Bali-Roman fast unglaublich klingt: 1904 strandete an der Küste von Sanur ein winziges chinesisches Handelsschiff, dessen Besatzung von den Einheimischen zwar gerettet, aber auch beraubt wurde. Der Bagatellfall kam den Niederländern gerade recht, die den Süden der Insel noch nicht unter Kontrolle hatten und zudem die grausamen Bräuche (Witwenverbrennung u. a.) beenden wollten. Da der Raja der Geldforderung der Chinesen nicht nachkam, starteten die Besatzer Jahre später eine Strafexpedition, während der das gesamte Fürstenhaus mit Untertanen rituellen Selbstmord in den Gewehrsalven beging.

Im Zentrum des Romans steht der weltfremde Reisbauer Pak mit seiner Familie, hin- und hergerissen zwischen Unterwürfigkeit und zaghaftem Aufbegehren gegen seinen Fürsten, der nicht nur Paks Schwester Lambon in seinen Harem befiehlt, sondern auch seinen Bruder blenden läßt und einen Kampfhahn stiehlt. Der Raja selbst, Alit, ein belesener Schöngeist, interessiert sich weniger für die Tagespolitik oder seine Frauen als für den schönen Tänzer Raka, der sich in Lambon verliebt – ein Vergehen, dessen Folgen

Paks Bruder schon erfahren mußte. Bevor Raka entdeckt wird, befällt ihn die Lepra. Er flieht ins Lager der Unreinen, begleitet von seiner gesunden Frau, um von dort aus heimlich den Opfertod im Krieg zu suchen. Pak verliert seine Kinder, ergibt sich aber schließlich doch in die religiöse Ordnung. Der von den Niederländern erbeutete Fürstendolch geht als Museumsstück nach Batavia (Jakarta) – Zeichen für eine untergegangene Welt.

Hotel Shanghai. Roman.

Amsterdam: Querido, 1939.

Mit *Hotel Shanghai* entstand Baums zweiter, sehr pessimistischer Asien-Roman, mit dem sie zum bewährten Schema ihrer frühen Erfolgsromane zurückkehrt, wenn auch auf internationalem Terrain: In einem ersten Teil wird der Lebensweg von neun Menschen aus Europa, Asien und Amerika beschrieben, die das Schicksal nach Shanghai verschlägt, wo sie sich im zweiten Teil in einem Hotel begegnen, das während des chinesisch-japanischen Krieges 1937 zerbombt wird. Es sind gestrandete, lebensuntüchtige Personen und Versagertypen, die mehr oder weniger flüchtig verbunden sind und doch gemeinsam sterben.

Das Leben des jüdischen Arztes Emanuel Hain liegt »in Trümmern, vor ihm das große Nichts«, als er vor den Nazis über Paris nach Shanghai – dem wichtigsten Ziel deutscher Emigranten in Asien – flieht, gemeinsam mit seinem ehemaligen Chauffeur Kurt Planke, einem »entgleisten Menschen«, der schon bald dem Opium verfällt und damit das Schicksal teilt mit dem kranken chinesischen Kuli Lung Yen und dem vermögenden Säufer Bertie Russell. Dieser ist mit der Abenteurerin Jelena Trubova verheiratet, die als Helen hinter seinem Vermögen her ist und ihn schließlich ermordet, weil sie Frank Taylor liebt – »umsonst geliebt, umsonst gemordet, umsonst gelebt«, denn Frank gibt die Liaison auf zugunsten seiner Braut Ruth Anderson, die ihm nach Shanghai nachreist. Dazu kommen Yoshio Murata, japanischer Agent wider Willen und ehemaliger Geliebter Jelenas, sowie der kapitalistische Hotelbesitzer Chang, der die Chinesen mit den Waffen versorgt hat, die sein Hotel zerstören – es bleibt offen, ob aus Dummheit oder Versehen.

Auch wenn am Ende im Bombenhagel in den Straßen von Shanghai ein Kind geboren wird, bleibt kaum Hoffnung in dem Roman, der zu Beginn des Weltkrieges erschien. Vicki Baum, die 1938 amerikanische Staatsbürgerin geworden war, schrieb ihre weiteren Romane zunächst auf englisch, die deutschen Fassungen (etwa von *Marion Alive*, 1942; dt. von Fritz und Lie Zielesch) stammen zuweilen nicht mehr von ihr selbst.

G. Baumann

Curt Goetz

1888–1960

Tatjana. Eine Legende.

Zürich: Artemis Verlag, 1946.

In seinem Roman *Tatjana* läßt Goetz, der vor allem durch seine Theaterstücke bekannt wurde, Erfahrungen seiner Exilsituation in den USA einfließen. Der Erzähler Curt Goetz trifft im Sommer 1945 einen abenteuerlich wirkenden Tramper, den er zum Forest-Lawn-Friedhof mitnimmt. Neugierig geworden, folgt er ihm und sieht, wie dieser die Urne eines dreizehnjährigen Kindes liebkost. Bei einer zweiten Begegnung offenbart ihm der Russe die Geschichte einer unglaublichen Leidenschaft. In dem Ostseebad, in dem der erfolgreiche Arzt Leventieff den Sommer verbrachte, wurde das Konzert des Wunderkindes Tatjana Ivanovna Petrova angekündigt. Die junge Cellistin übte auf den reifen Mann sogleich eine starke Faszination aus. Nach dem Konzert wurde der Arzt wegen eines Nervenzusammenbruchs zu der jungen Künstlerin gerufen. Tatjana vertraute ihm an, daß sich in ihrer Berliner Wohnung ein Toter befindet. Dort angelangt, konnte Leventieff die Leiche ihres jungen Liebhabers, der an Herzversagen gestorben war, beseitigen und so Tatjana aus einer verfänglichen Situation befreien. Der Arzt verstrickte sich zunehmend in seine Leidenschaft für die Kindfrau, trennte sich von seiner Familie und brach mit seiner jungen Geliebten zu einer längeren Tournee auf, an deren Ende sie in den USA heiraten wollten. Dort bemerkte Tatjana jedoch, daß sie schwanger war, und bat Gott, falls das Kind nicht von Leventieff sei, sie zu sich zu nehmen. Wenig später starb sie. Nach dieser tragischen Wendung blieb Leventieff verzweifelt zurück. Kurz nach der Begegnung mit dem Erzähler stirbt er. *Tatjana* lebt ganz von den Dialogen und der dramatischen Erzählweise, kommt aber nicht an die Hintergründigkeit heran, die Nabokov in *Lolita* erreicht hat.

Die Tote von Beverly Hills. Satire auf einen Bestseller.

Berlin-Grunewald: Herbig, 1951.

Der Fund einer Leiche verwickelt den Ich-Erzähler Curt Goetz in einen merkwürdigen Mordfall. Die Tote ist Lu Sostlova, die junge Frau eines Archäologen, die Goetz kurz zuvor kennengelernt hatte. Durch Indizien wird er neben ihren Liebhabern Peter de Lorm, einem jungen Drehbuchautor, und dem Bildhauer Dr. Steiniger zu einem der Hauptverdächtigen des Detektivs Ben Blunt. Wesentlich trägt dazu eine Eintragung in den Memoiren Lus bei, die ein Treffen mit einem C. G. ankündigen. In den Besitz dieser Aufzeichnungen gekommen, erfährt der Erzähler von der Affäre der nymphomanischen Kindfrau mit dem Sänger

Swendka. Als dieser überraschend starb, schwor sie Dr. Maning, den sie für den Tod ihres Liebhabers verantwortlich machte, Rache. Die politischen Verhältnisse zwangen jedoch zur Flucht in die USA. Inzwischen verheiratet, traf sie in den Staaten Dr. Steiniger alias Maning und Peter de Lorm wieder, der sie einst verraten hatte und nun in Hollywood arbeitete. Es entwickelte sich eine zerstörerische Dreiecksbeziehung, aus der sie sich durch die Affäre mit C. G. zu lösen suchte. Während der Ich-Erzähler zunehmend in den Bann der Memoiren Lus gerät, löst Blunt souverän den Fall. Am Ende kann er die Partnerinnen des Varietékünstlers Cesare Giovani – der ominöse C. G. – des Mordes überführen und verhaften.

Reizvoll an diesem amüsanten Werk ist das Spiel mit der Gattung des Detektivromans. Die satirischen Elemente beschränken sich allerdings nur auf eine Übertreibung der Figuren und der konstruiert wirkenden Handlung. Wie in Goetz' erstem Roman wird die amerikanische Gesellschaft aus der Perspektive des sich kulturell überlegen wähnenden Europäers dargestellt.

A. Hoffmann

FRANZ JUNG

1888–1963

Die Eroberung der Maschinen. Roman.

Berlin: Malik-Verlag, 1923.

Jung hatte sich bereits als expressionistischer Prosaautor einen Namen gemacht, als er sich nach der Novemberrevolution von 1918 der proletarisch-revolutionären Literatur zuwandte. Er nutzte seine avantgardistischen Gestaltungsprinzipien nun für die Propagierung der Revolution und setzte an die Stelle des traditionell erzählten, individuellen Helden das große Kollektiv der Masse. *Die Eroberung der Maschinen* schließt die Reihe dieser Experimente auf virtuose Weise ab.

Der Roman handelt von einem spontanen bewaffneten Aufstand, der am Ende mit Militärgewalt niedergeschlagen wird. Obwohl Szenerie und Akteure anonym bleiben, ist darin unschwer der mitteldeutsche Aufstand von 1921 zu erkennen, an dem Jung selbst teilgenommen hatte. Dennoch ist dies kein Geschichtsroman, wohl aber die produktiv gewendete Analyse eines Scheiterns. Traktathafte Reflexionen über Ökonomie, internationales Kapital, den Staat, die Rolle der Gewerkschaften und die Bewußtseinslage der Arbeiter lassen die erzählerischen Momente zugunsten von Dokumentaristik und Reportage zurücktreten. Im Schlußteil »Voran« wird schließlich eine künftige, gelingende Revolution angedeutet, dann aber als Traum zurückgenommen, den es gleichwohl, eben als letztendliche Eroberung der Maschinen, zu realisieren gelte. In diesem Sinne handelt es sich hier um einen experimentellen, lehrhaften, aktuellen »Zeitroman« und zugleich um einen »utopischen Roman« (Jung) – ein Typus von revolutionärem Erzählen, an den die spätere sozialistische Literatur zugunsten traditioneller Darbietungsformen nicht anzuknüpfen wußte.

Der Weg nach unten. Aufzeichnungen aus einer großen Zeit.

Neuwied/Berlin: Luchterhand, 1961.

Diese Autobiographie, zunächst weitgehend unbeachtet geblieben, hat erst im Rahmen der Jung-Renaissance seit den siebziger Jahren ihre Leser gefunden. Davon zeugen Neuausgaben, darunter eine von 1972 mit dem ursprünglich vorgesehenen Titel »Der Torpedokäfer«. Mit dieser Metapher umreißt Jung den Versuch, immer wieder ein Ziel anzupeilen – trotz der Erfahrung von »Anprall, Sturz, Kriechen am Boden, sich zurückbewegen zum Ausgangspunkt«.

Insgesamt gibt Jung einen scharf selbstkritischen, auch die Weggefährten aus Literatur und Politik nicht schonenden, stets auf Eigenständigkeit bedachten, aber nie eitlen Rechenschaftsbericht über seine vielfältigen literarisch-avantgardistischen, politisch-linksradikalen und ökonomischen Verwicklungen und Kämpfe, Niederlagen und auch Verwerfungen. Sie reichen von den Anfängen im oberschlesischen Neiße bis zu den Boheme-, Kriegs- und Revolutionsjahren, u. a. in Sowjetrußland. Die Zeit der Weimarer Republik ist vom Scheitern eines literarischen Comebacks des vormals bekannten Expressionisten und revolutionären Intellektuellen geprägt, der nach kurzer Haft 1937 aus Nazi-Deutschland fliehen konnte. Die Jahre des Exils in Ungarn, Italien und den USA bestätigen innere Konsequenz und radikale Aufrichtigkeit eines Autors, der seinen Ehrgeiz überwunden glaubt, »als Schriftsteller anerkannt zu werden, als Geschäftsmann, als Liebhaber«, dem aber, weit über den Bereich der Literatur hinausweisend, ein bleibendes intellektuelles Bekenntnisbuch über die erste Hälfte des 20. Jh.s gelungen ist.

W. Fähnders

SIEGFRIED KRACAUER

1889–1966

Ginster. Von ihm selbst geschrieben.

Berlin: S. Fischer, 1928.

Kracauer entwirft in seinem ersten, anonym erschienenen Roman den Typus eines modernen Antihelden, dessen spezifische Modernität sich in seinem uneigentlichen Verhältnis zur Wirklichkeit manifestiert. Mit dem programmatischen Satz »Eigentlich hieß er gar nicht Ginster« wird gleich zu Beginn des Romans die Überlebensstrategie des Helden angezeigt, die im bloßen Nachvollzug verschiedener Rollen besteht. Ginster, der autobiographische Züge trägt, ist passiver Beobachter der Gesellschaft. Dadurch wird er zum Seismographen seiner Zeit, der die Details des alltäglichen Lebens mit der gleichen Präzision wahrnimmt wie weltgeschichtliche Ereignisse. Durch den Verlust normativ-religiöser Ordnungsschemata sind für ihn alle Dinge gleichwertig. Gerade die scheinbar unbeteiligte Sachlichkeit der Erzählhaltung dient dazu, die Verdinglichung des Menschen im Massenzeitalter ironisch zu entlarven. Der Roman ist in der dritten Person geschrieben, erzählt aber durchgehend aus der Perspektive des Helden. Die Handlung erstreckt sich über den gesamten Zeitraum des Ersten Weltkriegs.

Bei Kriegsbeginn befindet sich der junge Architekt Ginster in seiner ersten festen Stellung in F. (Frankfurt). Er meldet sich freiwillig, wird zurückgestellt und kehrt heim zu seiner Mutter nach M. (München). Dort arbeitet er zunächst in einer Sanitäterkolonne, später wieder in einem Architekturbüro. Ein von ihm entworfener Ehrenfriedhof für Gefallene gewinnt bei einem Wettbewerb den ersten Preis. Während Ginster mit der streng formal-hierarchischen Anlage des Friedhofs die Schrecklichkeit des Krieges ausdrücken wollte, sehen die Juroren darin ironischerweise die Verherrlichung des Militärs. 1917 wird Ginster eingezogen. Mit den gleichen hochstaplerischen Mitteln, wie sie später auch Thomas Manns Felix Krull anwendet, gelingt es ihm jedoch, wieder freigestellt zu werden. Bis Kriegsende arbeitet Ginster als Architekt in Q. [sic!] (Osnabrück), dann fährt er zurück nach München. Das elfte und letzte Kapitel steht außerhalb des chronologischen Zusammenhangs. Hervorgehoben durch eine zeitliche und räumliche Zäsur – Ginster befindet sich fünf Jahre später in Marseille – bildet es den ideellen Schlußstein des Romans. Der Besuch bei einer Prostituierten öffnet ihm die Augen: Nur durch die Anerkennung der Negativität des Daseins (von Einsamkeit und Tod) und der Ambivalenz des Lebens (wir sind frei und gefangen zugleich) ist »Glück« möglich. Gerade die Trostlosigkeit des Marseiller Hafenviertels, in dem Ginster die Bedingungen menschlicher Existenz widergespiegelt sieht, beinhaltet paradoxerweise ein utopisches Moment. Die Zeit- und Gesellschaftskritik des Romans offenbart an dieser Stelle ihr philosophisches Fundament: die Begründung der Möglichkeit immanenter Transzendenz in der Moderne. Von der zeitgenössischen Kritik – u. a. Hermann Kasack, Joseph Roth und Thomas Mann – wurde der Roman positiv aufgenommen. Durch den Zweiten Weltkrieg geriet er in Vergessenheit und wurde erst in den achtziger Jahren wiederentdeckt.

B. Wägenbaur

LUDWIG RENN
(ARNOLD FRIEDRICH VIETH VON GOLSSENAU)
1889–1979

Krieg.

Frankfurt a. M.: Societäts-Verlag, 1929.

Das Buch, an dem der Autor fast zehn Jahre arbeitete, ist ein Erlebnisbericht, der den Ersten Weltkrieg – darin Remarques *Im Westen nichts Neues* vergleichbar – aus der Sicht des einfachen Soldaten darstellt. Der Name des Protagonisten und Berichterstatters Ludwig Renn verleitet zu der Annahme, das Werk sei durchweg autobiographisch geprägt, etwa in der Art eines authentischen subjektiven Erfahrungsprotokolls geschrieben. Dies ist allerdings nicht der Fall. Erst kurz vor seinem Erscheinen nahm der Autor den Namen seines »Helden« an. Aus adligen Kreisen stammend, nahm er am Ersten Weltkrieg nicht als einfacher Frontsoldat, sondern als Hauptmann teil. Die Entscheidung, sich einer literarischen Projektionsfigur zu bedienen, bot ihm die Möglichkeit, eigene Kriegserfahrungen zu vergegenwärtigen, sie aber auch gleichzeitig – durch den Perspektivenwechsel – zu distanzieren. Renns Bericht hält sich an die Fakten und die Chronologie des Kriegsgeschehens. Er zeigt, wie sich der Krieg von den Tagen der Mobilmachung und des Aufbruchs der Soldaten über die großen Schlachten an der Maas, Marne und Somme und den Stellungskrieg in der Champagne bis zum Zusammenbruch der Front und dem Rückzug der Truppen über Lüttich nach Deutschland entwickelt. Synchronisiert mit den Stationen des Kriegsverlaufes ist die persönliche Kriegsbiographie Renns. Dennoch folgt sie keinem Entwicklungsschema. Vergegenwärtigt wird in nüchterner, karger Sprache das ewige, grausame Einerlei des Krieges, die endlosen Märsche, der tägliche Hunger, die Spannungen zwischen Front und Etappe, Granatenangriffe, Patrouillen und das namenlose Sterben in den Gräben. Vor diesem Hintergrund entsteht die persönliche und zugleich typische Geschichte des Gefreiten Renn: Er schildert, wie er mit seinem Regiment verladen wird, erste Feindberührungen in Flandern hat, dann in der Somme-Schlacht verwundet und ins Lazarett gebracht, schließlich als Unteroffizier nochmals zur Front geschickt wird und als einer der wenigen in seiner Kompanie den Krieg überlebt. Dabei verzichtet er fast gänzlich auf die Darstellung der psychischen Wirkungen, die das Kriegsgeschehen bei ihm hinterläßt, etwa Angst und Schrecken, Mitleid und Trauer. Da er immer nur das registriert, was in seinem begrenzten Gesichtskreis geschieht, vermag er weder die strategischen und politischen Zusammenhänge des Krieges zu erkennen noch dessen »Sinn« zu reflektieren. Dieser bleibt für ihn bis zum Ende eine schicksalhafte Gegebenheit, der man sich in treuer Erfüllung seiner Pflichten als Soldat zu unterwerfen hat.

Nachkrieg.

Berlin: Agis-Verlag, 1930.

Der Roman setzt in zeitlicher, räumlicher und personaler Hinsicht dort ein, wo Renns erstes Buch *Krieg* endet; er ist Fortsetzung des Kriegsromans und thematisiert die Nachkriegszeit der Jahre 1918–1920. Der ehemalige Vizefeldwebel Renn schildert – wieder in der kargen, nüchternen Form eines biographischen Berichts –, wie er nach Ende des verlorenen Krieges mit der Truppe in die Heimat zurückkehrt und sich dort – zu Beginn der Weimarer Republik – eine neue soziale und politische Identität aufzubauen sucht. Auch diesem Text liegen persönliche Aufzeichnungen des Verfassers aus dieser Zeit zugrunde. Deren Bearbeitung am Ende der zwanziger Jahre ist indes vor dem Hintergrund einschneidender Veränderungen in der Biographie Renns zu sehen: 1928 war er der Kommunistischen Partei beigetreten. Der Roman dokumentiert die erste Phase seines Weges zum Sozialismus. Desillusioniert von den Erfahrungen des Krieges und ohne konkrete soziale und politische Perspektive, erkennt Renn mehr und mehr, daß das isolierte Handeln einzelner vergeblich ist. Schon auf der Rückfahrt in die Dresdener Garnison wird er im Ruhrgebiet mit den politischen Turbulenzen und sozialen Verwerfungen der Revolutionszeit konfrontiert, gerät er selbst in die ständigen Auseinandersetzungen zwischen Soldatenräten, alten Offizieren, Sozialdemokraten und Kommunisten. Hin- und hergerissen zwischen den Fronten, zwischen Pflichtbewußtsein und sporadischen politischen Einsichten schwankend, kann er keinen festen Standort gewinnen. Aus Angst vor Arbeitslosigkeit wird er Mitglied der Sicherheitstruppe, später der Sicherheitspolizei. Hier erlebt er – in der Niederschlagung von Arbeiterdemonstrationen durch den reaktionären Grenzschutz – die Restauration der alten politischen und militärischen Mächte. Mit ihnen, z. B. mit der sich neu etablierenden kaisertreuen Offizierskaste, die republikfeindliche Ziele verfolgt, gerät er zunehmend in Konflikte. Als Renn sich während des Kapp-Putsches in offizieller Mission weigert, gewaltsam mit der von ihm befehligten Truppe gegen revolutionäre Arbeiter vorzugehen, und sogar von ihnen entwaffnet wird, ist das das Ende seiner Laufbahn bei der Polizei. Man entfernt ihn aus dem aktiven Polizeidienst, versetzt ihn auf eine Schreibstube der Polizeiwerbestelle. Auf äußeren Druck quittiert er schließlich seinen Dienst. Sein Resümee am Ende des Romans lautet: »Nun begann für mich ein unruhiges Leben [...]. Sieben Jahre lang habe ich dieses Leben geführt, bis ich endlich den Weg zum Kommunismus fand.«

P. Bekes

Walter Serner
(Walter Seligmann)
1889–1942

Zum blauen Affen. Dreiunddreißig hahnebüchene Geschichten.

Hannover: Steegemann, 1921.

In diesen erotischen Kriminalgeschichten, entstanden zwischen 1916 und 1920, erprobt sich der Essayist und Moralist Walter Serner erstmals als amoralischer Erzähler. Figuren aus der Halb- und Unterwelt, kleine und große Gauner, Hochstapler, Zuhälter, Kokotten und Lebedamen aller Preisklassen sind die Helden der Sernerschen Geschichten, von denen keine länger als fünf Seiten ist und die oft so komprimiert sind, daß es gespannter Aufmerksamkeit des Lesers bedarf, um alle Schachzüge der Protagonisten mitzukriegen, die wortgewandt, zynisch, aber meist ohne Gewaltanwendung einander das Geld aus der Tasche ziehen, hereinlegen und bei amourösen Verwicklungen austricksen. Die wichtigste Devise ist: Cool bleiben und damit rechnen, daß es beim Kampf aller gegen alle ohnehin keine Moral und also auch keine verläßlichen Loyalitäten gibt. Man paktiert und verrät einander ebenso schnell wieder; man gibt sich blasiert, auch wenn man wirklich getroffen ist. Das Ideal ist der kaltschnäuzig mit Situationen jonglierende, den Gegner souverän taxierende Gauner, der mit Gewalt nur droht, aber sie intelligenterweise selten anwendet, oder die gelangweilte, aber notfalls einfallsreiche und dann zu jäher, böser Aktivität erwachende Kokotte, die unter Einsatz aller körperlichen Reize oder auch hysterischer Anfälle die Männer das tun macht, was sie will. Alle Geschichten sind kaltheitere Genreszenen aus der Halbwelt, angesiedelt in ganz Europa, bisweilen mit einem Einschlag in die philosophische Erzählung, voller blitzschneller – gedanklicher oder krimineller – Schachzüge und gekrönt von überraschenden Pointen, gemäß den Sernerschen Motti: »Sprich nicht zu oft zynisch. Sei es immer!« oder: »Ganz au fond zählt in der Liebe nur das junge, frische Fleisch.«

Serners Geschichten stehen in der Tradition der expressionistischen Grotesken in Prosa und Lyrik (Einstein, Mynona-Friedländer, Lichtenstein), erinnern vor allem aber an die *Kriminal-Sonette* (1913) von Ludwig Rubiner, Friedrich Eisenlohr und Livingstone Hahn sowie an die Kurzgeschichten Maupassants und Morands; bemerkenswert dabei ist bei Serner nicht zuletzt der sparsame, aber treffsichere Gebrauch von Argot, Rotwelsch und allen möglichen europäischen Mundarten. Die große Zahl der Bewunderer Serners reicht von Döblin über Ernst Jünger bis Heißenbüttel.

Die Tigerin. Eine absonderliche Liebesgeschichte.
Berlin: Gottschalk, 1925.

Der einzige Roman Serners, geschrieben 1921 in Berlin, erzählt von dem ›coolen‹ Entschluß der Pariser Kokotte Bichette und des undurchsichtigen Fec, nicht in »ekelhaftes Liebesgetue« zu verfallen – bloß weil man nachhaltig voneinander sexuell erregt ist –, sondern sich als gerissenes Betrügerpaar zu »machen«, d. h. sich an der Riviera gewinnbringend zu inszenieren und diese Inszenierung überlegen zu goutieren: Man ist ja so über die Maßen illusionslos, oder, wie Bichette gern sagt, so »sap«. In Nizza reüssiert man aufs schönste; obwohl die beiden vorher ziemlich »leer« waren und beinahe »um die Ecke gegangen wären«, »in den Duft«, beschwingt sie nun ihre kalte Gaunerei wieder. Sie nehmen jeden Reichen aus, der ihnen zwischen Mentone und Monte Carlo begegnet, und könnten endlos triumphieren, wenn sie nicht zunehmend von der Sorge geplagt würden, sie könnten ganz einfach und beschämenderweise ineinander verliebt sein, ja sich womöglich sogar wirklich lieben und deshalb z. B. bei ihren Touren eifersüchtig werden. Weder Henri Rilcer gen. Fec noch auch Bichette dürfen sich natürlich etwas so Banales, Dummes, Uncooles eingestehen, und halb aus Verzweiflung, halb aus boshafter Lust an der Zerstörung leugnen und unterminieren sie ihre Liebe. Genau allerdings erfährt der Leser nicht, ob es nun Liebe ist; man wird nur Zeuge eines Kampfes um die Oberhand, der durchsetzt ist von kleinen Indizien dafür, daß die Fassade von Berechnung und Verstellung bei beiden nicht ganz hält und vielleicht Spuren von etwas anderem sichtbar werden. Zurück in Paris, wo Bichette sich durch Abenteuer im alten Milieu abzulenken versucht, stellt Fec sie und zwingt sie zu dem Geständnis, sie habe ihn nur ganz kalkuliert in sie verliebt gemacht. Am Ende, nachdem Fec tödlich getroffen wurde von einer Kugel, die eigentlich Bichette galt, weiß aber Bichette immer noch nicht, ob sie Fec eigentlich liebte.

Scheinbar ist *Die Tigerin* nur eine erotische Kriminalgeschichte des Typs, wie sie Serner auch in dem Band *Zum blauen Affen* (1921) vorgelegt hat, doch unverkennbar ist dieser philosophische Kurzroman von einem erstaunlichen moralischen Ernst und hervorragendem psychologischem Scharfsinn getragen. Das Tempo ist enorm, die Sprache von äußerster Ökonomie, das Ganze durchtrieben und tieftraurig zugleich.

J. Drews

KASIMIR EDSCHMID
(EDUARD HERMANN WILHELM SCHMID)
1890–1966

Die sechs Mündungen. Novellen.
Leipzig: K. Wolff, 1915.

Edschmid erregte mit seinen Novellen, »die die sechs Mündungen heißen, weil sie von verschiedenen Seiten einströmen in den unendlichen Dreiklang unserer endlichsten Sensationen«, die Aufmerksamkeit der literarischen Welt. Als zentrales Thema der in unterschiedlichsten Milieus wie geschichtlichen Epochen, sowohl unter fahrendem Volk wie am spanischen Königshof, im mittelalterlichen Frankreich wie im zeitgenössischen Amerika angesiedelten Geschichten begegnet die Suche nach einer ins Rauschhafte gesteigerten individuellen Selbstvergewisserung. Von dieser inneren Erregung getrieben verlassen Raoul Perten in der ersten Novelle *Der Lazo*, aber auch der unhistorisch gezeichnete Las Casas in *Yousouf* eine jeweils gesicherte Existenz, um in der rauhen Welt eines idealisierten Wilden Westens oder im Kampf gegen eine fremde Kultur das Gefühl des ›Steigens‹, die reine Tat zu finden. Immer wieder lösen sich auf diesem vom jeweiligen Bildungsgang wie sozialem Status unabhängigen Wege alle Protagonisten, sowohl der Cowboy *Yup Scottens* wie die Jahrmarktstänzerin *Fifi*, auf der Suche nach einem Moment erhöhten Bewußtseins aus ihren sozialen Bindungen und Wertorientierungen. In allen sechs Novellen gelingt jedoch diese Erfahrung höheren Seins nur um den Preis eines schmerzhaften, heroischen Verzichts, sei es auf erotische Erfüllung oder glückhafte Bindung.

Mit diesen schon von den Zeitgenossen als »Musterbeispiele des literarischen Expressionismus« (J. Benn, 1915) aufgenommenen Texten unternahm es Edschmid, nachdem Einstein mit *Bebuquin oder Die Dilettanten des Wunders* (1912) und Döblin zeitgleich mit *Die drei Sprünge des Wang-lun* expressionistische Romane vorlegten, das zivilisationskritische Pathos dieser literarischen Bewegung und ihren durch kühne Metaphern geprägten Stil auf die Kurzprosa zu übertragen. Mit deutlich antinaturalistischer Tendenz folgt er hierin seiner dann in dem Essayband *Über den Expressionismus in der Literatur und die neue Dichtung* (1919) formulierten Absicht, anstelle einer »Kette der Tatsachen: Fabriken, Häuser, Krankheit, Huren, Geschrei und Hunger« die poetische »Vision« zu einem einzig relevanten Maßstab der Dichtung zu erheben.

Die achatnen Kugeln. Roman.

Berlin: Cassirer, 1920.

Erneut greift Edschmid mit den *Achatnen Kugeln* sein zentrales Thema einer jenseits aller gesellschaftlichen Konventionen und zivilisatorischen Fesseln zu suchenden ›Steigerung‹ individuellen Selbstgefühls auf. Daisy Vaudreuil, Nachfahrin eines wegen einer Affäre mit der königlichen Familie geflohenen französischen Amerika-Kolonialisten, gewinnt nach einem hektischen, zwischen Luxushotels und Vorstadtbordellen, zwischen Affären mit dem historisch sehr frei beschriebenen Dichter D'Annunzio oder dem italienischen Revolutionsführer Di Conti verrauschten Leben als selbstaufopfernde Pflegerin in einer Leprösenanstalt die gesuchte Existenzerfahrung, die ihr, »nicht enttäuscht und feig vom Dasein [...], sondern durch größte Bemühung nur der Weisheit näher ein Geringes gekommen, geladen mit Kraft«, die für ihre Rückkehr in die Heimat notwendigen Impulse gibt. In Daisy kommt das ›Blut‹ der Vaudreuil zur Erfüllung, die über drei Generationen lediglich das ungeheure, von ihrem Vorfahren angehäufte Vermögen verwalteten. Auch sie setzt – wie der in einem »Vorspiel« zum Roman während seines Duells mit einem Mitglied des Königshauses eingeführte Ahnherr – ihr Leben zur Erfahrung jener vitalistischen Steigerung aufs Spiel, symbolisiert durch die leitmotivisch den Roman durchziehenden, eben von jenem Marquis de Vaudreuil in die Familie gebrachte »Kette aus gelbem geflochtenem Dukatengold, daran drei achatne Kugeln«, die Daisy zwar zeitweilig verlorengeht, deren erneuerter Besitz jedoch zugleich den Fortbestand des Geschlechts sichert. Dieser Prozeß einer inneren Erneuerung drängt die äußere Handlung, die Welt der Tatsachen mehr und mehr in den Hintergrund, reduziert sie zum bloßen Stimulus subjektivistischer Erfahrung.

Anders als der Novellenband *Die sechs Mündungen* von 1915 war Edschmids erstem expressionistischen Roman kein größerer Erfolg beschieden. Die Zeitgenossen reagierten äußerst kontrovers. Während ihn Einstein mit Hosianna-Rufen empfing, offerierte Becher, der Vertreter eines zunehmend politisierten Literaturbegriffs, Edschmid wegen dieser in »ekelhaftem Stil« drapierten »dessous-Angelegenheiten« tätliche Angriffe. Mit den *Achatnen Kugeln* gerät Edschmids literarische Entwicklung an einen Wendepunkt. Derartige auf exzessive Selbsterfahrung gerichtete Figuren wie auch der hektisch-parataktische Stil ließen sich nicht kontinuierlich fortführen. Wenngleich auch erst sein Roman *Der Engel mit dem Spleen* (1923) seine expressionistische Phase beendet, so deutet sich doch schon in seinem Essayband *Die doppelköpfige Nymphe* (1920) der Bruch mit den Expressionisten an: »ich bin gegen Expressionismus, der heute Pfarrerstöchter und Fabrikantenfrauen zur Erbauung umkitzelt.«

An. Meier

KLABUND
(ALFRED HENSCHKE)
1890–1928

Bracke. Ein Eulenspiegel-Roman.
Berlin: Reiss, 1918.

Das während des Ersten Weltkriegs entstandene Buch enthält eine lockere Folge von Geschichten, die sich um die Figur des Protagonisten Bracke ranken und episodenhaft dessen Lebensweg erzählen. Bracke, der im märkischen Trebbin in der Zeit der Reformation das Licht der Welt erblickt hat, ist ein Außenseiter und ein Narr, der seiner Zeit und den Menschen, die sie prägen, den Spiegel vorhält. Er ist zugleich ein Rebell, der gegen das Böse in der Welt aufbegehrt und auf seiten derer kämpft, die schwach und ohnmächtig sind oder Opfer ungerechter Willkür wurden. Auf seinem Weg durch die Wirren der Zeit gelangt Bracke bis zum Kurfürsten, dessen Berater er wird und mit dessen Schicksal sich das eigene aufs engste verbindet.

Stil und Diktion von Klabunds Roman verraten die Handschrift des Expressionismus. Der historische Stoff, der wesentlich auf einer aus dem 16. Jh. stammenden Schwanksammlung über den märkischen Schalk Hans Clauert beruht, wird eingebettet in ein dicht komponiertes Netz aus biblischen und mythologischen Elementen sowie Anklängen an den altdeutschen Sagen- und Legendenschatz um Eulenspiegel, Rübczahl und Faust. Solchermaßen der historischen Bedingtheit von Zeit und Raum enthoben, erhält die zivilisationsfeindliche Grundhaltung Brackes eine fast schon archaische Dimension: Für Klabund, der sich seit dem Kriegserlebnis als glühender Pazifist verstand, provoziert die Absage an die fragwürdigen Errungenschaften der Zivilisation – Machtversessenheit, Menschenverachtung und Krieg – die radikale Rückbesinnung auf das ursprünglich Gute im Menschen und auf seine natürlich-unschuldige Brüderlichkeit. So beschwört der Roman die Rückkehr zur wahren und guten Natur des Menschen als einzige Chance für die Zukunft – des einzelnen wie der Gesellschaft.

R. Mielke

Frank Thiess

1890–1977

Das Reich der Dämonen. Der Roman eines Jahrtausends.

Berlin/Wien/Leipzig: Zsolnay, 1941. – Vollst. Neufassung mit dem Untertitel »Geschichte eines Jahrtausends«. Wien/Hamburg: Zsolnay, 1968.

Von der griechischen Antike des 7. Jh.s v. Chr. bis zum Tod Justinians 565 spannt sich der Bogen des Werkes, dessen Form weniger der vom Autor zunächst beanspruchten »romanhaften Freiheit« erzählender Prosa (Vorwort der Erstausgabe) als vielmehr einer historischen Abhandlung mit geschichtsphilosophischen Implikationen entspricht, was spätestens im geänderten Untertitel der Neufassung von 1968 deutlich wird. Fiktionale Elemente wie Erzähler- und Figurenrede fehlen; die dargestellten Ereignisse werden von der Autor-Instanz als »organischer« Zyklus interpretiert: Ausgehend von der Feststellung, »daß die Menschheitsgeschichte eine riesige Folterkammer ist«, wird in fünf umfangreichen Teilen (»Die Griechen«, »Die Christen«, »Das Volk«, »Geist und Dämon«, »Macht«) Historie als rationaler Deutung unzugängliche, naturgesetzliche Abfolge von »dämonischen« Untergangsszenarien, Tyrannenwillkür und »kosmischer Brutalität« entworfen, die sich aber »am Ende regelmäßig wieder in den Dienst des Geistes stellt«. Byzanz erscheint ursprünglich, vor seiner eigenen Dekadenz, als neue »Synthese« griechischen Geistes und christlicher Spiritualität, während die »Kräfte« des auf bloßer Machtpolitik basierenden »Römertums« durch »Selbstzerstörung verbraucht und vernichtet« werden. 1959 ließ Thiess die Fortsetzung der byzantinischen Geschichte folgen (*Die griechischen Kaiser. Die Geburt Europas*).

In der Autobiographie *Jahre des Unheils. Fragmente erlebter Geschichte* (1972) schildert Thiess, seit Kriegsende Repräsentant der ›inneren Emigration‹, sein fünf Jahre nach dem Erfolg von *Tsushima. Der Roman eines Seekrieges* erschienenes Werk als Versuch, während des Dritten Reiches »von der Geschichte aus gegen das Regime zu protestieren«. Tatsächlich lassen sich Formulierungen finden, die als implizite Kritik an der nationalsozialistischen ›Weltanschauung‹ gelesen werden können (Fehlen einer »von Willkür unabhängigen Rechtsinstitution« als entscheidend für den Untergang Westroms, Cäsarenwahn, »Grausamkeit« als »Zeichen innerer Schwäche oder pathologischer Belastung« usw.). Eine vom Propagandaministerium geforderte Überarbeitung der zweiten Auflage von 1941 unter dem Aspekt der »Erziehung unseres Volkes zur Ehrfurcht vor der germanisch-nordischen Rasse« unterblieb, so daß das Werk erst wieder nach Kriegsende in dritter, veränderter Auflage (1946) erscheinen konnte, deren regimekritische Tendenz vom Autor nachträglich verschärft worden war.

F. Adam

Kurt Tucholsky
1890–1935

Rheinsberg. Ein Bilderbuch für Verliebte.
Berlin: Juncker, 1912.

Tucholskys *Rheinsberg* ist weder als Roman noch als Novelle zu bezeichnen. Es handelt sich um eine Erzählung, eine Prosa-Idylle, die in Analogie zur »Sommergeschichte« im Untertitel von *Schloß Gripsholm* eine »Wochenendgeschichte« genannt werden könnte. Das Buch mit Bildern von Kurt Szafranski erschien 1912, entstanden war die erste Fassung des Textes 1911. Tucholsky hatte zuvor schon kleinere publizistische Beiträge veröffentlicht, doch *Rheinsberg* wurde als sein Erstling wahrgenommen. Und es war eine außerordentlich erfolgreiche Erstpublikation: noch zu Tucholskys Lebzeiten wurde eine Auflage von über 100 000 Exemplaren erreicht.

Das Liebespaar Claire und Wölfchen entflieht dem Alltag der Großstadt Berlin, um ein Wochenende in der Idylle von Rheinsberg zu verbringen: eine denkbar einfache Geschichte, und auch 1912 längst kein Skandalon mehr. Doch Rheinsberg erweckt Assoziationen; zuerst zu Friedrich dem Großen, der in seiner aufgeklärten Kronprinzenzeit das Schloß umbauen ließ. Tucholsky hat *Rheinsberg* auch auf das Jahr 1912 hin geschrieben, zu den Gedenkfeiern für Friedrichs 200. Geburtstag. Dann war an die Schilderungen von Rheinsberg in Fontanes *Wanderungen durch die Mark Brandenburg* zu denken. Schließlich an Fontanes *Irrungen, Wirrungen*, wo das standesungleiche Paar Botho von Rienäcker und Lene Nimptsch ein ähnlich idyllisches Liebeswochenende in Hankels Ablage verbringt. Bei Fontane ist es allerdings eine gestörte Idylle, während Tucholsky sein Rheinsberg schützt, bevor das Paar in den Alltag der Metropole Berlin zurückkehren muß.

D. Grathoff

Ein Pyrenäenbuch.

Berlin: Verlag Die Schmiede, 1927.

»Paris ist nicht Frankreich«, notiert Tucholsky, als zeitgleich zu seiner Übersiedlung nach Paris 1924 das Linkskartell unter Herriot von der Provinz aus die Wahlen gewinnt, und macht sich daran, in ausgedehnten Reisen das Land für sich zu entdecken. Für die Pyrenäen-Reise 1925 wählt Tucholsky die klassische Route in West-Ost-Richtung: Ausgehend von Biarritz geht die Reise zunächst durch das Baskenland über Pau zu einem ausgedehnten Aufenthalt in Lourdes und von dort über Gavarnie, Pic du Midi, Andorra und Foix nach Cébère, das – mit Port-Bou auf der spanischen Seite – später das Nadelöhr der Emigration werden sollte. Als »Zugabe« folgt noch eine Spurensuche nach Toulouse-Lautrec in Albi. Das Reisegeschehen wird eingerahmt von einem einleitenden »Beichtzettel«, worin die nationalistische Erziehung und Staatsauffassung kritisiert werden, und dem abschließenden »Dank an Frankreich«, einer Hymne an Paris als »unser aller Heimat«. Innerhalb dieses Rahmens, der den Ton des unter dem Pseudonym Peter Panter veröffentlichten Buches vorgibt, werden durch Kapitel wie »Allein« und »Über Naturauffassung« die Stellung des Reisenden problematisiert, in »Lourdes« gar der Anspruch einer massenpsychologischen Analyse gestellt. Tucholsky greift hinter den zeitgenössischen Dualismus von Reisedichtung und Reisefeuilleton zurück auf den explizit genannten Heine, was in den Rezensionen als »Wiedergeburt des politischen Reisebuchs« gelobt wurde.

Trotz des Erfolgs bei der Kritik erfährt die umfangreichste selbständige Monographie Tucholskys eine nur zögerliche Verbreitung. Erst 1930 erscheint bei Rowohlt eine revidierte zweite Auflage, der alle bisherigen Neudrucke folgen. Entgegen allen Etikettierungen als »großem Schweigenden« plante Tucholsky 1934 im Exil eine dritte, abermals revidierte Ausgabe, ein Vorhaben, das sich aus äußerlichen Gründen zerschlug. Die illustrierte Erstausgabe läßt sich textkritisch aufbereitet erst jetzt in der seit 1996 erscheinenden Gesamtausgabe wiederentdecken.

R. Siems

Schloß Gripsholm. Eine Sommergeschichte.

Berlin: Rowohlt, 1931. – Vorabdruck in: Berliner Tageblatt 1931.

Den Sommer 1929 verbringt Tucholsky mit seiner damaligen Freundin Lisa Matthias im schwedischen Mariefred, bekannt durch das hier gelegene Schloß Gripsholm. Die Reise wird Ausgangspunkt des ein Jahr später entstandenen Romans *Schloß Gripsholm. Eine Sommergeschichte*, der neben Bezugnahmen auf das Genre des Reisefeuilletons Elemente der traditionellen Liebesgeschichte aufgreift, diese jedoch zugleich parodiert, wenn nicht sogar negiert. In einer der Romanhandlung vorangestellten fiktiven Korrespondenz mit Ernst Rowohlt, in dessen Verlag der Roman erschien, hebt Tucholsky sein Werk dezidiert von einer »Liebesgeschichte« ab; er will es statt dessen als eine »Sommergeschichte« verstanden wissen, da seiner Meinung nach »in der heutigen Zeit Liebe« nicht mehr zu finden und dementsprechend dieses Genre anachronistisch geworden sei.

Inhaltlich an den neunzehn Jahre zuvor entstandenen Roman *Rheinsberg* anschließend, schildert *Schloß Gripsholm* aus der Perspektive des Ich-Erzählers und Schriftstellers Peter einen Sommerurlaub mit dessen Freundin Lydia, von ihm »Prinzessin« genannt. Beider Wunsch ist es, »der Zeit [zu] entrinnen« und einige ruhige Wochen in dem abgelegenen Städtchen Mariefred am Mälarsee (wo sich heute Tucholskys Grabstätte befindet) zu verbringen. Der plaudernde, beschwingte, unbefangene Erzählton und insbesondere die der Alltagssprache angenäherten Dialoge indizieren vordergründig ein Gelingen ihres Vorsatzes. Die Besuche von Peters Freund Karlchen und von Billie, einer Freundin Lydias, unterbrechen diese private, scheinbar idyllische

Zweisamkeit. Die anreisenden Freunde werden herzlich aufgenommen; schon nach kurzer Zeit fühlt sich Peter zu Billie hingezogen, das Zusammensein zu zweit wird gegen eine Dreierbeziehung eingetauscht, und das Bedürfnis, sich zurückzuziehen, ist schnell vergessen. Lydia fügt sich zwar in diese neue Situation kommentarlos ein, die frühere Harmonie aber ist brüchig geworden. Doch ohnehin ist der Ton zwischen beiden über weite Strecken alles andere als liebevoll. An vielen Stellen reagiert Peter gereizt auf das »emsige Palaver« seiner »Prinzessin«, die vom Erzähler mit überwiegend negativen Begriffen charakterisiert wird. So wirkt das Beschriebene zwar im Ton heiter, doch das von Lydia gegebene Porträt sowie das im Roman entworfene Frauenbild insgesamt hinterlassen beim Leser alles andere als einen positiven Eindruck. Darüber hinaus führt der Roman vor, daß eine Liebesbeziehung ebenso wie die Anfertigung einer »Liebesgeschichte« unter völliger Ausblendung des gesellschaftspolitischen und zeitgeschichtlichen Kontexts kaum zu realisieren sind. In einem dem Schloß nahegelegenen Kinderheim finden die Urlauber Zustände der Unterdrückung und Tyrannei vor. Hier ist jeder auf sich allein gestellt, Hilfsbereitschaft und Solidaritätsgefühle unter den Kindern fehlen völlig; statt dessen denunziert man sich gegenseitig – zweifelsohne eine Metapher für die Situation in Deutschland am Vorabend der Machtübernahme durch die Nationalsozialisten, zumal die machtgierige Heimleiterin eine Deutsche ist und sowohl ihre Angestellten als auch die im Heim untergebrachten Kinder mehrheitlich aus Deutschland stammen. Der Wunsch des Paares, der Realität für einige Zeit zu entfliehen, erweist sich als eine Illusion. Resigniert kommen sie zu der Einsicht, daß »man das nicht kann« und daß es mit dem Rückzug ins Private »nichts ist«, da die »Zeit stärker [ịṣt] als die Liebe«. Wiederum werden durch diese Erkenntnis sowohl gängige Vorstellungen über Liebe und privates Glück als auch das Genre der entpolitisierten Liebesgeschichte in Frage gestellt.

Literarhistorisch läßt sich *Schloß Gripsholm* der Neuen Sachlichkeit zuordnen. In Lydia – sie arbeitet als Privatsekretärin eines Berliner Seifenfabrikanten – hat Tucholsky eine emanzipierte, finanziell unabhängige, konsumorientierte forsche Angestellte und damit den neusachlichen Frauentypus der zwanziger Jahre porträtiert. Der den beiden Hauptfiguren eigene versachlichte Umgang mit Gefühlen sowie die entsentimentalisierte Beschreibung von Emotionen und Stimmungen innerhalb der vorgeführten Liebesaffären, der auf der stilistischen Ebene ein schnoddriger Plauderton und die nüchtern-trockene, ironisch-distanzierte Erzählweise entsprechen, verweisen ebenfalls auf den neusachlichen Charakter des Werks.

S. Becker

FRANZ WERFEL
1890–1945

Nicht der Mörder, der Ermordete ist schuldig. Eine Novelle.

München: K. Wolff, 1920.

Diese erste größere Prosaarbeit Werfels ist eine paradigmatische Bearbeitung des Vater-Sohn-Konfliktes, den er als beliebtes Motiv des Expressionismus bereits in seiner Lyrik wiederholt thematisiert hatte. Der Offizierssohn Karl Duschek wird vom unnahbaren, patriarchalischen Vater in die Militärkarriere gedrängt. In Auflehnung gegen die militaristische Ordnung, die die Welt seines Vaters repräsentiert, schließt er sich einer romantischen Anarchistengruppe an. Bei einer Razzia wird Karl verhaftet und seinem Vater, dem General, zum Rapport vorgeführt, der ihn öffentlich demütigt. Am Abend desselben Tages dringt er in das Schlafzimmer des Vaters ein, um sich zu rächen, schreckt aber in Anbetracht des schwächlichen Greises vor der Tat zurück. Um sich von seiner Vergangenheit zu befreien, beschließt Karl, nach Amerika auszuwandern. Auf dem Weg nach Hamburg erfährt er vom realisierten Vatermord an dem Schaubudenbesitzer Julius Kalender, der mit seinem eigenen Leben geheimnisvoll verbunden ist. Genau die Bude des Herrn Kalender, wo makabre Pappfiguren mit Bällen beschossen werden, war Schauplatz einer zentralen Kindheitserinnerung Karls. An seinem dreizehnten Geburtstag hatte der Vater hier Karls Treffsicherheit testen wollen, der aber statt der Figuren seinen Vater traf und verletzte. Als Abschluß seines eigenen Konfliktes interpretiert er in einem Schreiben an den Staatsanwalt die Tat des Sohnes August Kalender als Folge des schicksalhaften Kampfes der Söhne gegen die Autoritätsanmaßung der Väter. Der Bericht wird als bewältigtes Vergangenheitserlebnis aus der Perspektive des fiktiven Ich-Erzählers Karl präsentiert, der mit der Schaubuden-Szene als Brennpunkt und Parallelgeschichte das Überindividuelle des Konfliktes herausstellt.

Der Abituriententag. Die Geschichte einer Jugendschuld.
Wien: Zsolnay, 1928.

Im Mittelpunkt dieses Romans steht die von Werfel immer wieder aufgegriffene Problematik einer verdrängten Schuld. Die Rahmenhandlung ist ein Klassentreffen zum 25jährigen Jubiläum des Abiturs, dem die Zentralfigur, der Landesgerichtsrat Ernst Sebastian, mit gemischten Gefühlen entgegensieht. Am Morgen des Treffens glaubt er, im Untersuchungshäftling Franz Adler einen ehemaligen Mitschüler wiederzuerkennen. Der Abend selbst mit seinen banalen Gesprächen und sentimentalen Erinnerungen einer Gruppe mittelmäßiger alternder Herren läßt die lange verschütteten Erinnerungen an die Schulzeit und an seine persönliche

Schuld an der Lebenstragödie seines Mitschülers Franz Adler mit unerbittlicher Lebendigkeit auferstehen. Wie unter Hypnose entwirft Sebastian in der folgenden Nacht eine Art Lebensbeichte, die den Hauptteil des Romans darstellt. Franz Adler, ein unsportlicher, grüblerischer und äußerst begabter Schüler, bestach schon als Heranwachsender durch sein originelles Denken und die ruhige Abgerundetheit seiner Persönlichkeit. Sebastian, der diese menschliche und intellektuelle Überlegenheit nicht akzeptieren konnte, arbeitet gezielt und effizient an der psychischen und sozialen Vernichtung Adlers. Am Höhepunkt der unter dem Deckmantel der Freundschaft geschickt inszenierten Intrigen nötigt Sebastian seinen Mitschüler zur Flucht, um den Verdacht der Urkundenfälschung auf ihn abwälzen zu können. Als der Landesgerichtspräsident am nächsten Morgen dem Häftling Franz Adler das Geständnis seiner Schuld mündlich wiederholt, stellt sich seine Vermutung als Verwechslung aufgrund zufälliger Namensgleichheit heraus. Für Sebastian ist der Fremde dennoch zum Werkzeug einer höheren Gerechtigkeit geworden.

Barbara oder Die Frömmigkeit.

Berlin/Wien/Leipzig: Zsolnay, 1929.

In diesem Roman entwickelt Werfel wiederum unter Verwendung einer Rahmenhandlung eine Lebensgeschichte aus dem Rückblick. Der Schiffsarzt Ferdinand R. erinnert sich eines Nachts auf dem Luxusdampfer »Assuan« seiner Jugend. Die emotionelle Zentralfigur seines Lebens war die Titelheldin Barbara, eine Hommage an Werfels eigene tschechische Kinderfrau. Schon als Zehnjähriger wird Ferdinand ihrer Obhut entrissen und in eine Kadettenanstalt gesteckt, später in ein Priesterseminar, um in der Folge zum Medizinstudium zu wechseln. Zentrale Bedeutung für seine Entwicklung erhält der christgläubige Jude Alfred Engländer, dessen Theologie der Versöhnung von Judentum und katholischer Kirche an Werfels eigene Vorstellungen erinnert. Am Ersten Weltkrieg nimmt Ferdinand als Freiwilliger teil und wird schwer verwundet. Die Ereignisse des Novembers 1918, die Ferdinand im Kreis der »Revolutionäre« des Wiener Café Central rund um den Journalisten Ronald Weiß (ein Porträt des Schriftstellers Egon Erwin Kisch) erlebt, schildert Werfel mit fast dokumentarischer Genauigkeit, die zahlreiche Figuren in der Art eines Schlüsselromans identifizierbar macht. Ferdinand, der sein Studium wiederaufnimmt, fühlt sich von der bunten Gesellschaft dieses »Schattenreichs« der Boheme in gleicher Weise angezogen wie abgestoßen. Am Tag seiner Promotion besucht er seine alte Kinderfrau noch einmal, und sie überreicht ihm ihre Ersparnisse. Um sie nicht durch den ökonomischen Kreislauf zu entweihen, übergibt er die Münzen dem Meer, eben in jenem Moment, da die Rahmenhandlung seinen Rückblick eröffnet. Wenngleich Barbara keine zentrale Stellung im Romangeschehen einnimmt, stehen ihre Liebe, Demut und Frömmigkeit kontrastiv als positive Leitwerte den chaotischen Ereignissen des Zeitgeschehens gegenüber, die Ferdinands Leben bestimmten. Werkgeschichtlich setzt mit diesem Roman Werfels zunehmende Hinwendung zum Katholizismus ein.

Die vierzig Tage des Musa Dagh. Roman.

2 Bde. Berlin/Wien/Leipzig: Zsolnay, 1933.

Angeregt wurde dieser Roman von der brutalen Armenierpolitik der jungtürkischen Staatsregierung in den Jahren 1915/16, deren erschütternde Spätfolgen Werfel während einer Nahostreise kennenlernte. Das Handlungsgerüst folgt den historischen Gegebenheiten. An der syrischen Küste westlich von Antiochia entschlossen sich die armenischen Gemeinden zum aktiven Widerstand gegen die Massendeportationen. Etwa 5000 Bauern und Handwerker zogen auf den Musa Dagh, den Berg Mosis, und leisteten den überraschten Türken erfolgreich Widerstand, bis unverhofft ein französisches Kriegsschiff den nach vierzig Tagen der Belagerung völlig Erschöpften zu Hilfe kam. Im Vordergrund der Ereignisse stehen bei Werfel die fiktive Figur des reichen, in Paris aufgewachsenen Armeniers Gabriel Bagradian sowie seine französische Frau Juliette und ihr Sohn Stephan. Die völlig europäisierte Familie Bagradian befindet sich zu Beginn der Verfolgungspolitik durch Zufall oder Vorsehung in Gabriels Heimatdorf. Gemeinsam mit dem ebenfalls fiktiven gregorianischen Priester Ter Haigasun wird Gabriel zum Organisator und Führer des Aufstands. Seine individuelle Problematik – die kulturellen Gegensätze in der Ehe, die Vorbehalte der Armenier dem Reichen und »Fremden« gegenüber und Gabriels allmählicher Selbstfindungsprozeß im Sinne eines aktiven Bekenntnisses zu seinem Volk – rückt im Laufe des Romans immer mehr in den Vordergrund und erhält Züge der Stilisierung und Heroisierung.

Werfel begann mit der Niederschrift dieses Romans, der von einem Netz biblischer Analogien durchwoben ist, im Juli 1932. Die Schilderung der Vernichtungspolitik gegen die Armenier erhält vor dem zeitgeschichtlichen Hintergrund eine prophetische Dimension. Es war vor allem die amerikanische Übersetzung dieses Romans, die Werfels Weltruhm begründen half.

Der veruntreute Himmel. Die Geschichte einer Magd.

Stockholm: Bermann-Fischer, 1939.

Entstanden ist dieser Roman im französischen Exil aus der Perspektive des Rückblicks auf den Untergang seiner österreichischen Heimat. Das Romangeschehen setzt 1936 ein bei einem Sommeraufenthalt des Ich-Erzählers Theo im

Landhaus der befreundeten Familie Argan, der mit einem glänzenden Familienfest begann und mit dem Unfalltod des Sohnes endete. Unter dem Eindruck dieses erschütternden Todesfalls rückt die anfängliche Randfigur der Teta Linek, der alten böhmischen Magd der Argans, in den Mittelpunkt der Handlung. Ihr unbeirrbarer Jenseitsglaube strahlt eine Faszinationskraft aus, die das Interesse des Ich-Erzählers weckt. Die feste Gläubigkeit Tetas erwächst aus ihrem konsequenten »Lebensplan«, der ausschließlich auf das Jenseits gerichtet ist. Ihr ganzes Leben lang investiert sie gewissenhaft alle ihre bescheidenen Einkünfte in die Ausbildung ihres Neffen Mojmir, dessen priesterliche Fürsprache ihr dereinst einen guten Platz im Jenseits sichern soll. Der Kontakt mit ihm beschränkt sich auf unregelmäßig eintreffende Briefe Mojmirs, die von seinen Fortschritten berichten, an persönlichen Begegnungen ist Teta nicht interessiert. Als im Gefolge der familiären und politischen Ereignisse der Hausstand der Argans aufgelöst wird, reist die 70jährige Teta in ihren Geburtsort Hustopec, wo Mojmir angeblich das Pfarramt übernommen hat, um bei ihm als Wirtschafterin unterzukommen. Nach langwierigen Nachforschungen muß sie erkennen, daß sie um die Früchte ihres Lebensplans betrogen wurde. Mojmir hat sein Theologiestudium nach wenigen Monaten abgebrochen und ihre mit erlogenen Berichten erschwindelten Zahlungen zur Finanzierung eines eher zwielichtigen Lebens verwendet. Damit bricht ihr Lebensplan zusammen. Als letzte Hoffnung im Kampf um die ewige Seligkeit entschließt sich die schon recht gebrechliche Teta zu einer Pilgerfahrt nach Rom. Inmitten der eher mondänen denn bußfertigen Pilgergesellschaft nimmt sich der junge engagierte Kaplan Johannes Seydel der alten Magd an. Nach und nach erzählt sie ihm ihre Lebensgeschichte und in diesen langen Gesprächen beginnt Teta zu erkennen, daß sie an Mojmirs Schicksal nicht unschuldig ist, denn ihre Unterstützungszahlungen galten zu keinem Zeitpunkt dem Neffen, sondern ausschließlich ihrem Lebensplan, der in seiner starren Jenseitsausrichtung Liebe nicht kannte. Am Höhepunkt der Romreise, der Audienz beim Papst, bricht sie erschöpft zusammen und stirbt, getröstet von der Gewißheit, der Papst selbst werde sie in sein Gebet einschließen.

Das Bild des »veruntreuten Himmels« steht vordergründig für Mojmirs Betrug an seiner Tante, zielt aber eigentlich auf die Kritik am Verlust jeder metaphysischen Verankerung als Zentralproblem und große Schuld des modernen Menschen. Der Ich-Erzähler stützt sich in seiner Lebensgeschichte der Teta Linek, der die reale Figur von Alma Mahlers Köchin Agnes Hvizd zugrunde liegt, auf Berichte und Briefe des jungen Priesters Seydel, der ihren Tod miterlebte. Durch Einbezug von Teta Lineks naivem österreichisch-böhmischen Dienstbotenjargon gewinnt die Gestalt der alten Magd an Plastizität und die Erzählung an Unmittelbarkeit, die den Roman über einen neutralen Lebensbericht hinaushebt.

Eine blaßblaue Frauenhandschrift.

Buenos Aires: Editorial Estrellas, 1941.

Dieser kleine Roman greift Werfels Zentralthema der ungesühnten Jugendschuld wieder auf und ist zugleich eine Studie über den Opportunismus, die paradigmatisch steht für das Verhalten des gehobenen Mittelstandes in den dreißiger Jahren. Leonidas, Sektionschef im Ministerium für Unterricht und Kunst, hat durch die Heirat mit der reichen Amelie seinen gesellschaftlichen Status befestigt. Eine kurze Affäre mit der jungen Jüdin Vera bricht er kommentarlos ab, um seine Ehe und damit seine Position nicht zu gefährden. Nach fünfzehn Jahren scheint ihn die Vergangenheit in Gestalt eines Briefes einzuholen. Vera ersucht ihn, einem Jungen den Schulbesuch in Österreich zu ermöglichen, der aus rassischen Gründen im Deutschland des Jahres 1936 nicht mehr möglich ist. Leonidas ist überzeugt, es handle sich dabei um seinen eigenen Sohn. Sein Leben gerät aus dem Gleichgewicht und bekommt einen schalen Geschmack. Seine persönliche Beteiligtheit ist zu groß, um den Fall in gewohnter Weise, aktenmäßig, zu erledigen. Bei einem kurzen Treffen mit Vera, die sich auf dem Weg ins südamerikanische Exil befindet, erfährt er dann, daß sein Sohn schon als Kind verstarb und der junge Mann der Sohn einer zu Tode gefolterten Freundin Veras ist. Seine Erleichterung ist grenzenlos, alle eingeübten Lebenslügen beginnen sofort wieder reibungslos zu funktionieren. Beim Opernbesuch am selben Abend ahnt er dumpf, daß er die letzte Chance verspielt hat, Wahrheit in sein Leben zu bringen. Er hat sich ein zweites Mal dafür entschieden, mit seiner Schuld weiter zu leben, und es wird ihm so gut und mit einem Höchstmaß an Bequemlichkeit und Selbstzufriedenheit gelingen wie bisher.

Das Lied von Bernadette. Roman.

Stockholm: Bermann-Fischer / London: Hamilton, 1941.

Im Vorwort zu diesem »epischen Gesang« über »die wundersamen Tatsachen der Heilungen von Lourdes« bekennt Werfel, daß das Buch in Erfüllung eines Gelübdes entstand, als Dank für die Rettung vor den deutschen Truppen 1940. In fünf als »Reihen« bezeichneten Abschnitten, denen analog der Struktur des Rosenkranzes jeweils zehn Kapitel zugeordnet sind, entwickelt sich das Geschehen von der ersten Erscheinung der »Dame« in der Grotte von Massabielle und der Entstehung der Quelle über die stationenartig angelegten Reaktionen von Ignoranz, religiöser Massenhysterie, Skepsis und (kirchen)politischen Kalkülen bis hin zur offiziellen Anerkennung der Wundertätigkeit und der als Epilog angefügten Heiligsprechung Bernadettes 1933. Im Mittelpunkt stehen weniger die aus tristen Verhältnissen stammende, naiv fromme Bernadette Soubirous und die von ihr erlebten Marienerscheinungen denn die vielfältigen Wirkungen und Folgen des Wunderbaren, das als solches außer Frage steht. Die Darstellung folgt weitgehend den offiziellen kirchlichen Protokollen. Nur dort, wo Werfel »Bekehrungswunder« ausgestaltet, greift er zu stilisierten Konfrontationen bzw. zur Einführung der einzigen historisch nicht belegten Figur des atheistischen Literaten Hyacinthe de Lafite. Als die Vermarktung der Erscheinung längst eingesetzt hat, erlebt er das eigentliche Wunder von Lourdes als die Rückführung des Menschen zum Glauben.

Die starke Typisierung der Figuren, die Charakterisierungen mitunter ins Triviale und Szenen ins Opernhafte abgleiten läßt, sowie die unterschiedslos im realistischen Stil präsentierten Ebenen des Faktischen wie des Übersinnlichen haben dem Autor den Vorwurf eingebracht, dem Thema literarisch nicht gerecht geworden zu sein. Auch von Anbiederung an die katholische Kirche (Thomas Mann) war die Rede. Dennoch führte die enorme Popularität des Romans in den USA bereits 1943 zur sekundären Verwertung als Comic strip (Harold Foster) und als Hollywood-Verfilmung (Regie: Henry King).

Stern der Ungeborenen. Ein Reiseroman.

Stockholm: Bermann-Fischer, 1946.

Werfels letzter postum veröffentlichter Roman eröffnet mit dem utopischen Reisebericht des Ich-Erzählers (F. W.) den Blick in das Kalifornien des Jahres 101 945 und zugleich in die Lebensgeschichte und Exilgegenwart seines Autors. In Analogie zu Dante wird der Zeitreisende von seinem Mentor B. H. (Werfels Jugendfreund Willy Haas) drei Tage, denen die drei Abschnitte des Buches entsprechen, durch die astromentale Gesellschaft der Zukunft geleitet. Sie zeigt sich nicht als potenzierte Fortentwicklung der technischen Errungenschaften, vielmehr machen die konzentrierten mentalen Potenzen des Menschen die kosmischen Kräfte nutzbar und so das Ende allen ökonomischen Handelns möglich. Das Ergebnis ist eine verfeinerte, stark ritualisierte Gesellschaft. Den Inseln archaischer Kultur an den Rändern der Zivilisation steht sie hilflos gegenüber und ist ihrer Machtübernahme im Schlußtableau wehrlos ausgeliefert. Als Gast einer vornehmen Hochzeitsgesellschaft erhält F. W. Einblick in alle Bereiche der sozialen Organisation. In der Tradition der utopischen Reiseliteratur entsteht ein dichtes Netz von kontrastierenden Bezügen und Verbindungen zwischen den Zeiten. Im Zentrum des Romans steht der bekenntnishafte Diskurs theologischer Fragen. Die Menschheit sei um 100 000 Jahre sündiger und damit von Gott entfernter, aber zugleich ihm angenähert durch die Zeit. Diese Zwitterstellung zwischen tröstlich und enttäuschend eignet auch der weite Teile des dritten Abschnitts einnehmenden Auseinandersetzung mit dem Tod, den auch die astromentale Gesellschaft nicht besiegt hat. Aber so wie der Ich-Erzähler als Revenant in der Zukunft zu Gast ist, begegnet er in der Figur des kindlichen Sternentänzers der Reinkarnation seines verstorbenen Sohnes, der ihm zum Rück-Führer in seine irdische Existenz im kalifornischen Exil wird.

E. Polt-Heinzl

Johannes R. Becher
1891–1958

(CHCl=CH)3As (Levisite) oder Der einzig gerechte Krieg. Roman.

Wien/Berlin: Agis-Verlag, 1926.

»Hände weg!« warnt Becher einleitend all jene Leser, die Bücher zum bloßen Zeitvertreib konsumieren. Solche Leselust möchte er nicht befriedigen. Sein Roman soll klassenkämpferisch »als ein Soldat der Revolution« dienen und die ökonomische Triebfeder von Kriegen sichtbar machen.

In acht Kapiteln entwirft Becher vor autobiographischem Hintergrund ein visionäres Panorama Berlins. Die Handlung setzt unmittelbar nach dem Ersten Weltkrieg im November 1918 mit heimkehrenden deutschen Soldaten ein, zu denen auch der knapp 22jährige Peter Friedjung gehört. Zu Hause sieht er sich mit der »Revolution« konfrontiert, die er mit »Unglauben«, »Vaterlandslosigkeit« und »Pöbelherrschaft« identifiziert. An der Entwicklung des Werkstudenten Friedjung vom Verfechter deutschnationaler Ideen zum Mitstreiter der »proletarischen Bewegung« zeichnet Becher exemplarisch eine Läuterung nach, die der Roman für die gesamte bürgerliche Gesellschaft zu fordern scheint. Äußerlich besiegelt Friedjungs Eintritt in die Kommunistische Partei seine innere Wandlung.

Friedjung und der junge Arbeiter Max Herse avancieren zu Perspektivfiguren, die noch im Scheitern für das Ideal einer antikapitalistischen Gesellschaftsordnung einstehen. So wird Friedjung bei einer Demonstration zum Ersten Mai von der Polizei tödlich verletzt. Auch Max Herse, der aufklärerisch in einer Giftgasfabrik agiert, teilt Friedjungs Schicksal, noch bevor »die Roten« Berlin einnehmen. Er wird exekutiert und stirbt in der Logik des Romans wie Friedjung als Märtyrer für die gute Sache. Beide Protagonisten lassen ihr Leben in einer Gesellschaft, in der die »Fortschritte« in der chemischen Kriegführung – dafür steht im Titel zeichenhaft die Formel für Trichlorvinylarsin – den Staat als marode und revisionsbedürftig ausweisen.

Insgesamt ist Bechers Roman eine Streitschrift, die fiktionale Elemente mit zahlreichen authentischen Dialogen und Reden montiert. Durch seinen zukunftsfrohen, aber parteipolitisch verengten Humanismus fällt Bechers Roman hinter die desillusionierten Szenarien von Kaisers *Gas*-Dramen zurück.

Abschied. Einer deutschen Tragödie erster Teil. 1900–1914. Roman.

Moskau: Das Internationale Buch, 1940.

Im Zentrum von Bechers Roman steht die verschlungene Biographie Hans Peter Gastls, der sich in wilhelminisch »strammstehender« Zeit für ein weniger verlogenes Leben entscheidet. In 50 Kapiteln verfolgt der Leser chronologisch die wechselhafte Entwicklung des keineswegs sozialistisch idealisierten Ich-Erzählers vom Sieben- bis zum rund Zwanzigjährigen.

Der Roman setzt zum Jahreswechsel 1899/1900 bei der Familie Gastl in München ein. Den allgemeinen Jubel, der hoffnungsfroh die ›gute alte Zeit‹ verabschiedet, teilt der junge Gastl nicht. Für ihn scheint mit dem beginnenden Jahrhundert noch kein qualitativ neues Zeitalter anzubrechen. Dafür spricht ebenfalls Gastls vager Wunsch, »anders« zu werden, der verschieden intensiv die weitere Handlung bestimmt.

Gastl wächst in einer kaisertreuen Familie auf, die großen Wert auf Ordnung legt. Sein Vater, der Staatsanwalt Dr. Heinrich Gastl, verkörpert exemplarisch die doppelbödige wilhelminische Moral. Er treibt seine Ordnungsliebe so weit, daß er sogar die Familienchronik um ihre nichtbürgerlichen Wurzeln beschneidet. Diese Verhältnisse, denen der Erzähler beinahe verfällt, irritiert Gastls Schulfreund Franzl Hartinger, dessen Familie Vater Gastl zu den verabscheuten Sozis rechnet. Was mit dem Kontakt zum Schneidersohn Franzl unbewußt beginnt, mündet – nach vielen Wirren, Diskussionen und Freundschaften, die in Feindschaften umschlagen und umgekehrt – schließlich in noch kaum begriffene Losungen wie »Sozialismus«, »Klassenkampf« und »Internationale«. Indem Gastl sich am Schluß weigert, in den Ersten Weltkrieg zu ziehen, bricht in ihm – mit vierzehnjähriger Verspätung – das ersehnte neue Zeitalter in einem Akt der Emanzipation an.

Mit einer Leseransprache zieht Gastl dementsprechend im letzten Kapitel appellativ das Fazit seines bisherigen Lebens: »Wenn so einer wie ich ... Dann braucht ihr, ihr alle den Mut nicht zu verlieren ...« So zielt der Titel des Romans auf Gastls Auszug aus dem bürgerlichen Elternhaus, aber auch auf den – intellektuellen – Abschied von einer geistig beschränkenden Zeit. Ein zweiter Teil der »deutschen Tragödie« erschien nicht.

O. Kutzmutz

GEORG BRITTING

1891–1964

Lebenslauf eines dicken Mannes, der Hamlet hieß. Roman.

München: Langen Müller, 1932.

Der einzige vollendete Roman des sonst mit Erzählungen, vor allem aber als Lyriker hervorgetretenen Autors geht von der in Goethes *Wilhelm Meisters Lehrjahren* kurz reflektierten Vorstellung eines dickleibigen Dänenprinzen aus und paraphrasiert acht Lebensstationen einer so prallen wie melancholisch-fatalistischen Hamlet-Figur. So reitet der schwergewichtige Hamlet täglich in sein Landhaus, wo das Mädchen Ophelia mit dem gemeinsamen siebenjährigen Sohn lebt, aber weil er sie über alle Jahre hin nicht einmal mit den Fingerspitzen berührt, findet man Ophelia eines Tages im Wassergraben. Einem umgekehrten Don-Quichotte-Sancho-Pansa-Paar gleich, führt er zusammen mit seinem heringsdünnen Freund Xanxres einen Feldzug gegen die Norweger mit soviel äußerem Erfolg wie größter innerer Distanz. Aber beim Siegesmahl bringt er in einem Freß- und Saufduell den Stiefvater Claudius um und muß nun selber regieren. Gegen das bedrohliche Treiben der Welt, gegen die Belagerung seitens des Lebens setzt er weiter das Essen, die Körperfülle als Abwehr. Er übersteht noch eine Verschwörung, doch zuletzt gibt er die Herrschaft ab an die lebensstarke alte Königin, seine Mutter, und Polonius und zieht sich mit seinem Sohn, der inzwischen auch an einer Frau schuldig geworden ist, vor der Dämonie des Vitalen zurück hinter die dicken weißen Mauern eines Klosters. Unbeweglich in einem Rollstuhl sitzend, schaut er aus seiner Zelle in den von Tag zur Nacht wechselnden Himmel: »War schließlich kein großer Unterschied, ob man herumlief und schreien konnte oder saß und gelähmt war und stumm.«

Nicht Handlungssequenzen oder Figurenpsychologie stehen im Vordergrund, der schmale Roman wird vielmehr zusammengehalten durch eine Weltsicht, die mit grotesken Bildern in verfremdender Optik für das Schwinden jeglicher Verläßlichkeit, für die Instabilität des Wirklichen, für die Auflösung des Statischen und ein umfassendes Fremdheitserlebnis steht. So ist alles Geschehen eingebettet in eine Bild- und Dingwelt, die, nicht zuletzt durch Perspektiven- und Maßstabwechsel und wirblige Dynamisierung, unheimlich und bedrohlich wirkt – und der eben der Titelheld zuletzt entflieht.

Der 1925/26 (das erste Kapitel) und 1929 (die übrigen Kapitel) geschriebene Roman, der noch die Stilmittel des Expressionismus nutzt, nun aber zum Konkreten, zur Landschaft und Natur hin gewandt ist, kann als glänzendes Beispiel für einen kreativen Nachexpressionismus gelten, bevor in der deutschen Literatur die stilkonservativen Tendenzen der dreißiger Jahre bestimmend werden. Er gehört – auch – in die Genretradition des humoristischen Romans.

Die kleine Welt am Strom.

München: Langen Müller, 1933.

Die nur 60 Seiten umfassende durchkomponierte Sammlung von sieben Erzählungen und acht Gedichten, die seit 1922 entstanden sind, steht für zwei literaturhistorisch charakteristische Momente ihrer Zeit. Sie zeigt nach den ausholenden Gesten, dem Menschheitspathos und dem steilen Kunstanspruch des Expressionismus die Rückwendung in die Regionalität, in Kindheitswelt und sinnliche Landschaft, beansprucht für die »kleine Welt« gleichwohl die Lage »am Strom«, so daß sich im Kleinen das Große spiegelt und das Begehren »über den Himmel hinaus ins Große und Grenzenlose« geht. Im gleichen Jahr erschienen auch Erzählungen von Hesse mit dem programmatischen Titel *Kleine Welt*. Zum zweiten zielt die Ausgestaltung eines provinziellen Milieus – bei Britting sind es Regensburg und die Donaulandschaft – keineswegs auf Verharmlosung und Behaglichkeit, sondern schildert Einbrüche des Elementaren und Unheimlichen. *Böse Idylle* hat Lehmann 1928 eine Erzählung betitelt.

Brudermord im Altwasser, die wohl bekannteste Erzählung der Sammlung, spielt bei »grünschwarzen Tümpeln«, Fischen »mit bösen Augen« und »einem gefräßigen Maul« und bei »Geruch wie Fäulnis und Kot und Tod«. Aber: »Kein besserer Ort ist zu finden für Knabenspiele.« Als dann der jüngste von drei Brüdern aus dem schaukelnden Boot gekippt wird und nie wieder darunter hervorkommt, wahren die kindlichen Mörder die Fiktion des Spiels und schwören sich »wie immer nach einem Streich: Zu Hause sagen wir aber nichts davon!«. *Der unflätige Hirte*, der Viehtreiber, der die weißgekleideten Frauen der kleinen Bügelgeschäfte erschreckt, ist zugleich auf »ewiger Landstraße« unter »ewigem Himmel« der »ewige Hirt«: Pan in süddeutscher Landschaft. Den Mädchen lief »ein Grauen doch über ihre helle Haut«, die Kinder zuckten zusammen, »erblaßten und schwiegen beklommen«. Im *Fischfrevel an der Donau* kommt der stumme Zauber des Wassers und der Fische über einen Jungen, erregt und verwirrt ihn aufs tiefste: die Lebenskräfte des Fischigen übersteigen seine eigene Kraft und in ohnmächtigem Zorn zertritt und zermalmt er seine Anglerbeute. Nachträglich erst besiegt er den Fisch in magischer Praktik, indem er eine einzelne Schuppe sich aufs Brot legt und verzehrt. *Das Haus zur heiligen Dreifaltigkeit* hat im Giebel eine Steintafel, die »plappert fromm und einfältig und voll Gottvertrauen und ein wenig vorlaut und herausfordernd«: »Dies Haus beschützet allezeit die allerheiligste Dreifaltigkeit« – zuletzt liegen vier Selbstmörderleichen auf dem Dielenboden: wie Kerzen, unter zweien ein dunkler Wasserfleck wie herabgeronnenes Wachs. Kräftige Bilder, eine energische Sprache und die erzählerische Kurzform schaffen eine Art »magischen Realismus«.

Das treue Eheweib. Erzählungen.
München: Langen Müller, 1933.

Die zwölf, seit 1916 entstandenen, teils früh schon publizierten, teils öfters umgearbeiteten Erzählungen weiten Brittings Erzählraum nach Bosnien und in das Flandern des Ersten Weltkriegs aus, womit nun auch das generationsgemäße Kriegserlebnis aufgenommen wird, ohne daß dabei eigentlich der historische Krieg thematisiert wird. Die Langeweile des Stellungskriegs 1916 an der Maas ist in *Das betrogene Fräulein* nur Auslöser für ein hybrides Spiel mit dem Tod. Daß in *Flandrischer Fasching* ein Mann in einem scheckigen Harlekinskostüm statt in Feldgrau auf die Barrikade springt und am folgenden Tag ein Windstoß die kleinen roten und weißen Vierecke des Gewands auf einer Bahre enthüllt, hat weniger mit dem Krieg als allgemein mit einer Herausforderung des Geschicks zu tun. Weniger der Krieg also, wohl aber der Kampf als Motiv in der Tradition einer vitalistischen, lebensphilosophischen Gedankenwelt wird in diesen Erzählungen zum verborgenen Muster des Lebens. Das gilt für *Duell der Pferde*, wo lustmörderische Selbstzerfleischung zweier Hengste mit Überblendungen zu einem Holzschnitt von Hans Baldung Grien dargestellt ist, ebenso wie für *Gespann des Vetters*, *Die Windhunde* und auch die vom Generationenkampf geprägte Dorfgeschichte *Der Sieger.* Oft dienen Britting die Vermischten Nachrichten der Zeitungen als Stofflieferanten für Erzählungen von schwer erklärbarer magischer Realität. M. Raschke spricht in einer Rezension von »heidnischen Kräften«, die »dem Normalbürgerbewußtsein oft pathologisch erscheinen«. *Das treue Eheweib* der Titelgeschichte hilft seinem Mann beim Totschlag des eigenen Geliebten.

Erzähltechnisch arbeitet Britting oft in einer Art Verschiebung oder mit manieristisch verschlungener Umschreibung, indem das eigentliche Geschehen nur aus nebensächlicher Einzelheit erschließbar wird – also kunstvoll indirekt. Trotzdem wurde diese Erzählungssammlung – mehr als der provokatorisch-befremdliche Hamlet-Roman – vom Publikum positiv aufgenommen und führte zu einer breiteren Anerkennung des Autors.

Afrikanische Elegie. Erzählung.

München: Nymphenburger Verlagshandlung, 1953.

Stofflich kehrt Britting mit dieser Erzählung zurück in den Bereich der *Kleinen Welt* und zu einer Jugend von 1910, für die sich alle Unruhe, alles Wild-Phantastische und Hochfliegende, Abenteuerliche und Unfertige mit einem Traum vom fernen Afrika verbindet. »Afrika war für mich der Inbegriff des Wilden und Ursprünglichen, [...] die prächtige Anarchie des Lebens, die doch unter ihrer wilden Erscheinung eine tiefe, tragische Ordnung erfüllt«, heißt es bei Ernst Jünger. Die Sehnsüchte dieser Jugend und ihre Ausbruchsversuche aus den bürgerlichen Ordnungen schildert Britting episodenhaft, Figuren über Figuren tauchen auf und zeigen ihren illusionsreichen Habitus vor und, indem all diese hochgemuten Welt- und Lebensvorstellungen in eine bare Bürgerlichkeit münden oder durch den Tod im Ersten Weltkrieg jäh abgeschnitten werden, wird die Erinnerung daran zur »Elegie«. Mit liebevoller Ironie werden die Unstimmigkeiten einer im Grunde »verkehrten Welt« ausgebreitet. So ist die Erzählhaltung dieses 1946 geschriebenen, für die Buchausgabe dann noch leicht erweiterten kleinen Werkes durchaus entspannt und hat schon etwas von der Lockerheit eines Altersstils.

D. Bode

YVAN GOLL
(ISAAC LANG)
1891–1950

Die Eurokokke.

Berlin: Wasservogel, 1927.

Im Zentrum des Kurzromans steht der – auch von anderen Autoren jener Zeit diagnostizierte – Untergang der europäischen Kultur infolge des Ersten Weltkriegs. Die Symptome dieses Untergangs werden anhand von Beobachtungen und Begegnungen des Protagonisten beim Gang durch die moderne Großstadt offensichtlich. Werteverlust, Sinnentleerung, Trivialität und das fehlende Bewußtsein für diese Verfallserscheinungen, die sich im Bild des »Eurokokkenbefalls« verdichten, werden von Goll satirisch entlarvt.

Der unter einem Zustand chronischer innerer Leere leidende Ich-Erzähler begibt sich in Paris auf die Suche nach einem Heilmittel gegen seinen modernen Weltschmerz.

Doch weder Arbeit noch Liebe, noch Flucht in die Natur erweisen sich als Auswege. Zufällig begegnet er einem amerikanischen Professor, der an ihm – als erstem Menschen – die »Eurokokke« diagnostiziert, die Krankheit der Leere und Langeweile, die sich im Verlust von Zielen, Gefühlen und Glauben manifestiert und an der Europa zugrunde gehen wird. Am Ende seines zahlreiche Stationen umfassenden Leidensweges durch Paris – in dessen Verlauf er aus der Presse erfährt, daß die Beschreibung eines gesuchten Raubmörders auf ihn paßt – gelangt der Erzähler in die »Bar de la mort«, den Treffpunkt einer blasierten, ihren Nihilismus zelebrierenden intellektuellen Elite, die ihm die Brutstätte der »Eurokokke« zu sein scheint. Als er verhaftet werden soll, ruft er »die drei verbotenen Worte dieser Zeit: ›Mein Herz! Mein Gott! Ich liebe!‹« Die Polizisten lassen sofort von ihm ab – es lag ein Irrtum vor. Insbesondere diese Schlußsequenz, die den zuvor als rettungslos dargestellten Untergang relativiert, läßt es naheliegend erscheinen, den Autor weniger als Nihilisten denn als Mahner (J. Sartorius) zu bezeichnen.

Eine erweiterte Fassung des Textes wurde vom Autor selbst ins Französische übersetzt und 1934 unter dem Titel *Lucifer vieillissant* in Paris publiziert. Das Prosawerk des vor allem als Lyriker bekannten Goll – neben *Die Eurokokke* sind *Der Mitropäer* (1928) und *Sodome et Berlin* (1929) hervorzuheben – ist in Deutschland und Frankreich bis heute kaum rezipiert worden.

D. Risse

John Knittel
(Hermann Knittel)
1891–1970

Via Mala.

Berlin: Krüger, 1934.

Via Mala ist der wohl bekannteste Roman des Bestsellerautors John Knittel. Bei den Werken Knittels handelt es sich um leicht lesbare, sprachlich und inhaltlich kaum über das übliche Niveau von Trivialliteratur hinausgehende Abenteuer- und Gesellschaftsromane.

Der Roman spielt im Yzollatal im Kanton Graubünden in der Schweiz und erzählt die Geschichte der Familie Lauretz. Die Mutter ist eine gebrochene, stille Frau, die sich in ihr Schicksal ergeben hat. Sie wohnt in einer elenden Hütte mit ihren fast erwachsenen Kindern Silvia, Hanna, Niklaus und dem geistig behinderten Mannli. Sie alle werden tyrannisiert und gedemütigt vom Vater, dem trunksüchtigen, jähzornigen Sägewerksbesitzer Jonas Lauretz. Prügel und Beleidigungen sind an der Tagesordnung.

Silvia ist außergewöhnlich schön und klug, ihre Freundschaft zu dem Maler Matthias Lauters gibt ihr viel Kraft, die Zustände in ihrer Familie zu ertragen. Der Tod des alten Mannes ist ein schwerer Schlag für sie. Ihr Gönner hinterläßt ihr den größten Teil seines Vermögens. Ihr Vater, gerade aus dem Gefängnis entlassen, stiehlt ihr das Geld und gibt es für Alkohol und Freudenmädchen aus. Verzweifelt planen Mutter und Geschwister in Silvias Abwesenheit den Mord an ihrem Peiniger und führen ihn gemeinsam aus.

Silvia trägt schwer an dem Wissen um das Verbrechen ihrer Familie. Sie lernt den jungen Untersuchungsrichter Dr. Andreas von Richenau kennen, der, begeistert von Silvias Natürlichkeit und Gerechtigkeitssinn, die Verlobung mit einer Fabrikantentochter löst. Mehrmals lehnt Silvia seine Heiratsanträge ab und versucht immer wieder, ihm ihr blutiges Geheimnis zu offenbaren, was ihr aber nie gelingt. Die beiden heiraten schließlich. Als Andreas auf Hinweise zu dem Verbrechen stößt und die Wahrheit über die Familie Lauretz erfährt, kommt es zu einer Ehekrise. Der Mord bleibt schließlich ungesühnt, da er sich aus Liebe zu Silvia entschließt, die Akten über den Fall Lauretz verschwinden zu lassen.

El Hakim. Roman aus dem heutigen Ägypten.
Berlin: Buchmeisterverlag, 1936.

In *El Hakim* erzählt der Ägypter Ibrahim Gamal el Assiuti seine Lebensgeschichte. Trotz Armut und Not erkämpft sich der begabte junge Mann unter zahlreichen Entbehrungen seine Ausbildung zum Chirurgen am medizinischen Institut in Kairo. Von Anfang an engagiert er sich auch für bessere hygienische Verhältnisse und den Kampf gegen den Analphabetismus. In diesen Maßnahmen sieht er die Möglichkeit, die Ägypter gegen die englische Besatzung erstarken zu lassen und sie aus ihrer Lethargie zu reißen. Bei all seinen heldenhaften Bemühungen, die Lebensbedingungen für sein Volk zu verbessern, werden ihm von Regierungsseite Steine in den Weg gelegt. Am meisten empört ihn jedoch, daß seine eigenen Landsleute sich als Beamte in den Dienst der Engländer stellen.

Die Heirat mit seiner großen Liebe, dem Fellachenmädchen Aziza, ist ausgeschlossen, da sie Muslimin ist, er aber Kopte. Die beiden verlieren sich durch tragische Umstände aus den Augen. Als sie sich zufällig wiedersehen, nimmt Ibrahim Aziza und ihr Töchterchen zwar bei sich auf, behandelt sie jedoch nur noch wie eine Schwester. Schließlich flieht das Mädchen mit einem Freund Ibrahims. Um zu vergessen, verläßt der Titelheld Kairo und stürzt sich in die Arbeit. In verschiedenen Orten Ägyptens kämpft er mutig gegen Schlamperei und Korruption. Nach längerem Aufenthalt in England entdeckt der lungenkranke, gealterte Dr. Ibrahim Aziza in einer Bar in Paris, wo sie halbnackt tanzt. Er rettet sie erneut, und sie kehren gemeinsam nach Ägypten zurück, wo Aziza ihn bis zu seinem Tode pflegt.

Die Geisteshaltung, die dem Roman zugrunde liegt, ist mehr als problematisch. Immer wieder äußert der strahlende Held unwidersprochen Vorurteile rassistischer und sexistischer Art, philosophiert über Blut und Boden oder die charakterlichen und intellektuellen Qualitäten verschiedener Völker.

D. Steeb

Walter Benjamin
1892–1940

Einbahnstraße.

Berlin: Rowohlt, 1928.

Das Buch wird meist als Brevier angesehen und als Zitatenfundus benutzt, ist aber ein einheitliches Werk, das zeitdiagnostische Aphoristik, literarische Systematik und philosophische Spekulation verbindet. Benjamin selbst hat seine Konzeption 1926 in einem Brief knapp und präzise charakterisiert: »Es ist eine merkwürdige Organisation oder Konstruktion aus meinen Aphorismen geworden, eine Straße.« In der Tat hat Benjamin seine kurzen Texte, die zuvor in Zeitungen und Zeitschriften erschienen waren, wie Häuser entlang einer Straße aneinandergereiht, was in der ersten Ausgabe typographisch deutlicher zum Ausdruck kommt als in den späteren Nachdrucken. Die Überschriften der einzelnen Texte spiegeln die urbanistische Konzeption wider und lassen die Texte zu metaphorischen Häusern oder Anlagen einer Großstadt werden (»Tankstelle«, »Chinawaren«, »Mexikanische Botschaft«, »Frühstücksstube«, »Kriegerdenkmal« usw.). Einen Erzähler oder ein argumentierendes Subjekt gibt es nicht. Die Form der Reihung führt zugleich zu einer neuen Form der Lektüre, bei der der Leser zum Flaneur wird. Er muß nicht der Linearität einer Schrift über mehrere Seiten folgen, sondern bewegt sich entlang einer Reihe äußerlich unverbundener Texte wie der Spaziergänger auf einer Großstadt-Straße. Wie dieser in die öffentlichen Bauten oder Geschäfte, so kann auch der Leser in die Texte hineingehen. Hier wird er mit Angeboten, Wahrnehmungen und Auffassungen konfrontiert, die er annehmen, verwerfen oder überdenken kann. In den Texten liefert Benjamin historische, ästhetische und wahrnehmungspsychologische Erläuterungen zu den neuen Erfahrungs- und Ausdrucksformen der Moderne. Durch Anspielungsreichtum, sprachliche Verknappung und extravagante Formulierungen haben die Texte nicht selten Rätselcharakter, die die Lektüre zur Mühe werden läßt.

Berliner Kindheit um Neunzehnhundert.

Hrsg. von Theodor W. Adorno. Frankfurt a. M.: Suhrkamp, 1950.

Trotz vieler Bemühungen ist das Buch zu Lebzeiten Benjamins nicht erschienen. Doch konnte er im Laufe der Arbeit zwischen 1932 und 1934 sowie einer erneuten Überarbeitung im Jahr 1938 viele Einzelstücke in Zeitungen und Zeitschriften publizieren. Diese und weitere unveröffentlichte Teile waren die Basis verschiedener Editionen, die seit der Wiederentdeckung Benjamins Ende der sechziger Jahre zunehmend Interesse fanden.

Benjamin berichtet in den Texten über seine Kindheitserlebnisse in Berlin, das großbürgerliche Leben im Haus seiner Eltern, Ferienaufenthalte, Verwandtenbesuche und

Schulerfahrungen. Die Topographie des Hauses und der Stadt durchdringen sich dabei wechselseitig. So heißt es z. B. über den Säugling: »Der Takt der Stadtbahn und des Teppichklopfens wiegte mich in den Schlaf.« Doch verzichtet Benjamin im Gegensatz zu Proust, von dessen autobiographischem Roman *À la recherche du temps perdu* er sich ausdrücklich abgrenzt, auf die Entfaltung eines Erzählkontinuums. Das Buch ist vielmehr aus kurzen episodischen Texten zusammengesetzt, die keine feste Reihenfolge haben. Benjamin bemüht sich darum, die Unstetigkeit, Flüchtigkeit und Räumlichkeit des Erinnerns literarisch umzusetzen, was in verschiedenen Kommentaren auch theoretisch formuliert wird. Er schreibt: »Wenn auch Monate oder Jahre hier auftauchen, so ist es in der Gestalt, die sie im Augenblick des Eingedenkens haben.« Die erinnerten Erlebnisse sind dabei auf die Gegenwart des erinnernden Subjekts bezogen und werden eng mit Benjamins eigenen Theorien zu Themen wie Lesen, Sprache, Photographie, Ähnlichkeit oder Sammeln verbunden. Die theoretischen Teile, die die individuellen Erfahrungen verallgemeinern sollen, sind in Form von Aphorismen in den Text eingefügt, so daß Poesie und Philosophie wie in anderen Werken Benjamins auch hier zu einer Einheit werden und ein verlangsamtes Lesen erzwingen.

Das Passagen-Werk.

Hrsg. von Rolf Tiedemann. 2 Bde. Frankfurt a. M.: Suhrkamp, 1982.

Zwischen 1927 und 1930 hat Benjamin mehrere Anläufe zu einem Essay unternommen, in dem er Entstehung und Bedeutung der neuen glasüberdachten, als Einkaufsstraßen angelegten Durchgänge zwischen den Pariser Boulevards seit dem ersten Drittel des 19. Jh.s darstellen und erklären wollte. Der Plan ging vermutlich auf die Lektüre von Aragons Roman *Le Paysan de Paris* (1926) zurück, von dem Benjamin so beeindruckt war, daß er das Kapitel über die Opern-Passage 1928 in Auszügen für die »Literarische Welt« übersetzte. Schon in den ersten Aufzeichnungen zum Essay sind die Grundgedanken des späteren Buchplans enthalten, an dem Benjamin von 1934 bis zu seinem Tod im Oktober 1940 arbeitete. Finanzielle Grundlage war ein karges Stipendium des von Frankfurt über Paris nach New York emigrierten Instituts für Sozialforschung. Das Buch sollte Benjamins zweites Hauptwerk nach dem *Ursprung des deutschen Trauerspiels* (1928) werden, blieb aber unvollendet und wurde erst 1982 veröffentlicht.

In einem Text mit der Überschrift »Paris, die Hauptstadt des 19. Jahrhunderts«, der 1934 als Basis für den Stipendiumsantrag entstand und der einzige abgeschlossene Beitrag zum *Passagen-Werk* blieb, hat Benjamin sein Vorhaben in prägnanten Formulierungen skizziert. Die Grundidee war, am Beispiel der Passage den Ursprung der modernen Denk- und Erfahrungsformen zu beschreiben. Die Passage wird damit zum Modell der Moderne. Benjamin hat dazu eine Fülle von einschlägigen Werken zu Architektur, Kunst, Ökonomie, Gesellschaft und Alltag des 19. Jh.s gelesen, exzerpiert und die Zitate unter verschiedenen Schlagworten wie Mode, Eisenkonstruktion, Flaneur, Panorama, Photographie, Straßen usw. gesammelt. Diese Zitate bilden zusammen mit Benjamins eigenen, meist aphoristisch formulierten Überlegungen die Hauptmasse der etwa 900 Druckseiten umfassenden Aufzeichnungen. Benjamin hat sie bei seiner Flucht vor den Nazis im Juni 1940 in der Pariser Nationalbibliothek verstecken lassen, wo sie nach dem Krieg gefunden wurden.

Doch handelt es sich hier keineswegs nur um Vorarbeiten, sondern um eine Vorform des geplanten Werkes, wie vorläufig die gedruckte Zusammenstellung auch sein mag. Denn aus den Aufzeichnungen zur Konzeption der Arbeit sowie aus Briefen geht eindeutig hervor, daß das Buch als

Montage aus Zitaten und theoretischen Fragmenten geplant war. Benjamin schreibt: »Methode dieser Arbeit: literarische Montage. Ich habe nichts zu sagen. Nur zu zeigen.« Dahinter stand die Auffassung, daß die Geschichte keine kausale Kette von Ereignissen sein kann, sondern aus komplexen, nach- und nebeneinander gelagerten Abläufen besteht, die nachträglich in der Erinnerung aufblitzen, so daß die Vergangenheit episch nicht angemessen vermittelt werden kann. Diese Auffassung wollte Benjamin literarisch umsetzen. »Geschichte schreiben«, so formuliert er, »heißt also Geschichte zitieren.« Die »großen Konstruktionen« sollten deshalb »aus kleinsten, scharf und schneidend konfektionierten Baugliedern« zusammengesetzt werden.

Benjamin hat diese Form einer »konstruktiven«, auf die Gegenwart bezogenen Geschichtsauffassung mit einem umfassenden Anspruch versehen und als »kopernikanische Wende« der Historiographie bezeichnet. Im Mittelpunkt sollte die Theorie des »dialektischen Bildes« stehen, die in den Aufzeichnungen des *Passagen-Werks* jedoch nur fragmentarisch skizziert ist. Das »dialektische Bild« wird als Wahrnehmungsform des »Kollektivs« aufgefaßt, bei der sich Vorstellungen von einer idealen Vergangenheit mit Vorstellungen von einer idealen Zukunft verbinden und das Handeln in der Gegenwart prägen. Diese Bilder, die Benjamin mit der Blitzhaftigkeit des Erinnerns verglichen hat, wollte er mit Hilfe von sozialpsychologisch fundierten Kategorien der Psychoanalyse entschlüsseln, um Aussagen über das Kollektivbewußtsein zu machen. Der umfassende Anspruch hat seit der Publikation des *Passagen-Werks* viele Deutungen, Erweiterungen und Widersprüche hervorgerufen.

D. Schöttker

Werner Bergengruen
1892–1964

Herzog Karl der Kühne oder Gemüt und Schicksal. Roman.

München: Drei Masken-Verlag, 1930. – Neubearb. Ausg.: Hamburg: Hanseatische Verlags-Anstalt, 1943.

Gegenstand des scheinbar ganz historisch ausgerichteten Romans ist die verwirrende Vielzahl der politischen und militärischen Verstrickungen des burgundischen Herzogs Karl in den letzten Jahren vor seinem Kriegstod 1477: die spannungsgeladene Konkurrenz mit dem habsburgischen Kaiser des Heiligen Römischen Reiches, Friedrich III., die blutigen Kämpfe mit dem französischen König Ludwig XI., der letztlich erfolglose und verlustreich niedergeschlagene Versuch, die eidgenössischen Lande in seine Gewalt zu bekommen, wie der wiederholte militärische, schließlich ebenso erfolglose Übergriff auf das kleine Lothringen. Dessen junger Herzog René stellt, ebenso wie der Kaiser und der Berner Altschultheiß Bubenberg, eine Gegenposition zum machtgierigen und alle diplomatischen, kriminell-geheimdienstlichen und militärischen Machtmittel einsetzenden Burgunder dar: der Lothringer als Mensch ›reinen Herzens‹, der Kaiser, der alle politischen Ränke hinter der Fassade seiner gärtnerischen Leidenschaft zu verstecken versteht, der Berner Stadtpolitiker, der, mit Karl gemeinsam erzogen und sein einziger Freund, diesem späterhin entgegentreten muß und ihm eine vernichtende Niederlage beibringt. Bergengruen gelingt es, an Karl einerseits die ›Tragödie des Mächtigen‹, dem aufgrund seiner gesellschaftlichen ›Höhe‹ die gesellige Wärme des menschlichen Lebens ganz abgeht, glaubwürdig zu gestalten, ohne andererseits das Wahnhafte imperialistischer Machtpolitik zu kaschieren – das ebenso wie den burgundischen auch den französischen

Hof auszeichnet. Das komplexe, doch streng komponierte Werk schließt stilistisch durchaus an den historischen Roman der Weimarer Republik, etwa Döblins *Wallenstein* (1920), an, ohne allerdings dessen literarische Qualität erreichen zu können.

Die Feuerprobe. Novelle.

Mit einem autobiographischen Nachwort. Leipzig: Reclam, 1933.

Zu Riga, in einer fernen, im Text nicht näher bestimmten Vergangenheit, beschuldigt ein Ratsherr seine Gattin der ehelichen Untreue mit einem der jugendlichen Galane der Stadt. Die Frau streitet ab, der Ratsherr verlangt von ihr die kirchlich sanktionierte Feuerprobe; die Gattin stimmt dem zu, nachdem der beschuldigte Galan nach einem Kriegszug als gefallen gilt. Vorübergehende Einkehr in ein Kloster, aufrichtige Reue und Buße ermöglichen der Frau, die Feuerprobe unbeschadet zu überstehen, sie wird fortan wie eine Heilige verehrt, ihr Gatte, demutsvoll aufs äußerste betroffen, stiftet eine Memorialmesse für die Feuerprobe und eine Seelenmesse für den gefallenen Beschuldigten. Dieser kehrt unversehens zurück, nach anfänglichem Widerstand gibt die Frau seinem Drängen nach Wiederaufnahme des Verhältnisses nach – als habe sich in der bestandenen Feuerprobe die Schuld vor Gott als fortwährend getilgt erwiesen. Aus Anlaß der zweiten Wiederkehr der Gedenkmesse läßt die Frau sich das längst erkaltete und geweihte Eisen wieder auf die Hand legen – und verbrennt.

Den Stoff der Novelle nimmt Bergengruen, wie viele seiner Erzählgegenstände, aus dem Erzählgut seiner baltischen Heimat, der als einer uneinholbar versunkenen historischen Welt auch das autobiographische Nachwort einen wehmütigen Abschied nachruft. Die dezidiert christliche Auslegung des Stoffes paßt sich sehr genau in Bergengruens Erzählwerk der dreißiger Jahre ein: Gottes Gnade, einmal durch aufrichtige Buße erwirkt, ist eben kein Unterpfand für nachmaliges wiederum sündiges Leben; vielmehr muß die individuelle Lebensführung sich stets der Gnade der Vergebung würdig erweisen.

Der Großtyrann und das Gericht.

Hamburg: Hanseatische Verlags-Anstalt, 1935.

Im historisch nicht präziser markierten Spätmittelalter geschieht in der italienischen Stadt Cassano, der Residenz des Großtyrannen, ein Mord – in unmittelbarer Nähe zum Herrscher selbst. Nespoli, dem Polizeichef des Fürstentums, will die Auffindung des Täters nicht gelingen – entgegen der Verpflichtung durch den Fürsten, die Straftat innerhalb einer Dreitagesfrist aufzuklären. Er kann der Versuchung, sich zu retten, nicht widerstehen und präsentiert dem Herrscher eine wenig glaubwürdige Version des Verbrechens. Ebenso vergehen sich seine Geliebte Vittoria und deren Stiefsohn Diomede an der Wahrheit: sie, weil sie durch eine fingierte Selbstbeschuldigung ihres gerade verstorbenen Gatten den Geliebten erretten könnte, er, weil er sowohl die Ehre des Vaters als auch die Unantastbarkeit seines Erbes erhalten möchte. In der Stadt entsteht schnell – durch einen widrigen, alles Leben zum Stillstand zwingenden Wind verstärkt – eine alle Gerüchte vermischende, denunziatorische Massenhysterie, der ein religiöser Sektierer, der Färber Sperone, ein Ende setzen will, indem er sich selber zum Schuldigen erklärt. Eine vom Großtyrannen einberufene Gerichtssitzung bringt die Aufklärung: Er selber habe den Mord an dem verräterischen Fra Agostino verübt; die nachherigen Vorgänge habe er zunächst als Experiment geplant – in welchem alle Beteiligten sich als zu schwach erwiesen hätten, der Versuchung zu widerstehen, sich selbst auf Kosten der Wahrheit zu retten. Die widergöttliche Anmaßung aber, die in diesem aus seiner Machtfülle geborenen

Experiment liege, wirft der Priester Don Luca dem Herrscher vor, der erschüttert auch das eigene Verschulden eingesteht.

Der Roman, der erzählerisch wie psychologisch geschickt sowohl die politisch-kriminalistische Handlung als auch die jeweils wachsende innere Verwirrung der Hauptfiguren gestaltet, ist bei seinem Erscheinen als eine historisch maskierte Kritik an Hitler verstanden worden, was zum sofortigen Ausschluß Bergengruens aus der Reichsschrifttumskammer führte. Dies ist eine viel zu kurz greifende Lektüre des Textes, dessen vom tagespolitischen Geschäft durchaus entfernt liegende Zentralthematik eher das schuldhafte Versagen des Einzelnen, auch des Mächtigsten, darstellt, die grundsätzliche menschliche Unvollkommenheit als anthropologische Konstante.

Am Himmel wie auf Erden. Roman.

Hamburg: Hanseatische Verlags-Anstalt, 1940.

Der neben dem *Großtyrannen* wichtigste Roman Bergengruens spielt im Berlin des frühen 16. Jh.s, der kleinen Doppelstadt auf zwei Spreeinseln, inmitten des noch von der wendischen Urbevölkerung bewohnten Landes. Der Hofastrologe des brandenburgischen Kurfürsten Joachim I., der Humanist Dr. Carion, sagt für den 15. Juli 1524 aus einer ungünstigen Planetenkonjunktion die Möglichkeit einer das ganze Land verschlingenden Flut voraus; der Gelehrte, der Kurfürst und sein Kammerjunker Ellnhofen versuchen allerdings, dieses Wissen geheimzuhalten und alle in der Bevölkerung kursierenden Gerüchte zu unterdrücken. Gleichzeitig aber werden von einer alten, am Aussatz erkrankten wendischen Frau gerade diese Gerüchte genährt und verstärken sich soweit, daß eine schließlich alle öffentliche Ordnung auflösende Massenhysterie entsteht. Die persönliche Tragödie des seiner Macht unfrohen Kurfürsten wird verquickt mit derjenigen um den jungen, schließlich hingerichteten Kammerjunker und seine Geliebte, mit der inneren Auseinandersetzung des humanistischen Gelehrten mit Weltuntergangsprophezeiung, Naturwissenschaft und Philosophie und gleichzeitig mit der kulturgeschichtlichen Differenz zwischen den ›aufgeklärten‹ Deutschen und den mythenverhafteten Wenden. Durchgehendes Motiv ist die Angst aller vor dem Untergang, der der Roman sein biblisches Motto »Fürchtet Euch nicht« entgegenstellt. Die prophezeite ›Sündflut‹ erweist sich zwar als ungeheures Gewitter, Schäden allerdings werden ausschließlich durch die Massenhysterie der Einwohner Berlins und Köllns verursacht.

Der Roman, zu Beginn des Zweiten Weltkriegs erstveröffentlicht, erschöpft sich lange nicht in der sehr gut recherchierten und spannenden historischen Darstellung, sondern legt in der kurzen Nachschrift über die identische Planetenkonjunktion im Sommer 1940 eine Deutung nationalsozialistischer Massenhysterie sowie des Krieges als drohendem ›Weltgericht‹ nahe.

B. Jeßing

ERNST PENZOLDT
1892–1955

Der arme Chatterton. Geschichte eines Wunderkindes.
Leipzig: Insel Verlag, 1928.

Die erstaunliche Vita des aus Bristol stammenden englischen Dichters Thomas Chatterton (1752–1770) regte den 34jährigen Penzoldt zu seinem Roman an, in dem er »Wahrscheinliches mit Wahrem verband«. Chatterton wird bei Penzoldt zu einer jener poetischen Gestalten, um deren Schilderung es ihm in seinem Werk besonders zu tun ist.

Tom entfaltet seine Gaben, noch ehe er erwachsen ist, und macht sich davon, als das Wunder erlischt. »Es gibt Menschen, die Engel sind«, sagt Penzoldt in einem Gedicht. Chatterton ist einer von ihnen. Mit elf Jahren berauscht er sich am Englisch der altertümlichen Schriftrollen, beginnt in dieser Sprache zu dichten und legt sie einem von ihm erfundenen Thomas Rowley in den Mund. Ehrwürdige Experten gehen dem genialen Kind auf den Leim und halten die kunstfertig gefälschten Rowley-Pergamente für echte Dokumente aus dem 15. Jh. Chatterton scheitert, als er aus der Rowley-Rolle aussteigen und sich unter seinem eigenen Namen in modernem Englisch literarisch durchsetzen will. Noch nicht achtzehnjährig, vergiftet er sich in London mit Arsen.

Neben dem Helden Thomas hat Penzoldt einprägsame Figuren geschaffen, wie den Totengräber Onkel Philipps, der Tom ins Leben hilft und ihn als einziger durchschaut, die schöne Eleanor und den tumben, treuergebenen Freund William. In einer Sprache, die der Lyrik näher als der Prosa ist, einem Stil, der ein Jahrhundert nachhinkt, gelingt ihm die Schilderung einer unvergänglichen Engelsgestalt. Th. Mann, bei der Urlesung anwesend, attestierte Penzoldt »Reiz und Rang seines Talentes« und »einen Geist zart schwebender Leichtigkeit«.

Die Powenzbande. Zoologie einer Familie, gemeinverständlich dargestellt von Ernst Penzoldt.

Berlin: Propyläen-Verlag, 1930.

»Und ich sah eine Flamme mit Donnergetöse aus der Sternennacht herniederfahren auf den ahnungslos wandelnden Greis und das Feuer verschlang ihn ganz.« Mit diesen Worten in biblischer Diktion wird am Anfang des Buches der Tod des Baltus Powenz beschrieben, der durch einen Meteor erschlagen wird. Kaum zu glauben, daß dieser Schelmenroman vom lyrisch-romantischen Autor des *Chatterton* stammt. Das derb-komische Buch spaltete denn auch bei seinem Erscheinen die Leser in zwei Lager: die Entsetzten, die die grobkörnige *Powenzbande* für einen Fehltritt des bisher zahmen Dichters hielten, und die Begeisterten, die nur *Die Powenzbande* gelten ließen. Zu ihnen gehörte Kästner, der beim Erscheinen des Romans schrieb: »Till Eulenspiegel hat Junge gekriegt und deren Chronik heißt ›Die Powenzbande‹.«

Der gewaltige Powenz mit dem Wahlspruch »Furchtlos, fröhlich, fruchtbar!« tritt mit seinen sieben listenreichen Söhnen, der heimtückischen Tochter Lilith und der zähen Familienmutter Sabina an gegen Vorurteile, Neid, Mißgunst, Indolenz und Borniertheit der spießigen Kleinstadt Mössel an der Maar. Und die Familie siegt. Penzoldt hat diese phantasievolle Saga innerhalb weniger Wochen geschrieben, und zwar aus heller Verzweiflung über einen verlorenen gerichtlichen Prozeß. Nach dem Zweiten Weltkrieg fügte Penzoldt der Chronik noch den satirischen *Kartoffelroman* an. *Die Powenzbande* ist Penzoldts bekanntestes Buch. Ja, man kann sagen, daß Baltus Powenz, der feststellte: »Das Leben ist herrlich fürwahr, die Existenz aber ist grauenhaft«, bekannter ist als sein Erfinder.

Zugänge.

Berlin: Suhrkamp, 1947.

Als der Zweite Weltkrieg ausbricht, wird der 47jährige Penzoldt, wie schon im Ersten Weltkrieg, zum Sanitätsdienst eingezogen. In einer verwanzten Kaserne in Lodz versucht er das Leiden der grauenvoll verwundeten und verstümmelten polnischen Kriegsgefangenen zu lindern. Anschließend selbst im Lazarett, schreibt er *Zugänge*, den erschütternden Bericht gegen den Krieg.

Färber, das Alter ego des Autors, »spürte fast körperlich, daß er sich hier [...] an einem ›Kreuzpunkt‹ menschlicher

Schicksale befand, nicht durch Zufall, sondern, weil es wohl von oben so gewollt war. Er sah sich inmitten hineingestellt unter die zur Zeit erbarmungswürdigsten Geschöpfe auf der ganzen Welt.« Der Leser erlebt mit Färber die Qualen der aufgegebenen Verwundeten in Saal 7 sowie das Wiedersehen mit den Angehörigen. Im Mittelpunkt steht der junge Mischka, der nicht weiß, welcher Nation er angehört. Färber verspricht dem Niemandskind, er werde sein Leben retten, nicht wissend, ob er sein Versprechen halten kann. Schonungslos werden dem Leser Einzelheiten aus dem Lazarettalltag, wie z. B. eine Beinamputation, beschrieben.

Das Manuskript, noch in Hitlers Krieg gegen ihn geschrieben, wurde vom Verleger Peter Suhrkamp gleich angenommen, konnte aber erst 1947 erscheinen, zu einer Zeit, da kaum einer etwas über den Krieg lesen wollte. So blieb diese Prosa, die wohl zum Besten gehört, was Penzoldt schrieb, zu Unrecht unbekannt. Ohne Pathos und ohne sprachliche Mätzchen wird hier ein Beitrag zur Humanität geleistet. Mischka aber, dessen Leben gerettet werden kann, könnte ein Bruder sein von Penzoldts Engelsfigur Tom in seinem Frühwerk *Der arme Chatterton.*

U. Penzoldt

THEODOR PLIEVIER

1892–1955

Des Kaisers Kulis. Roman der deutschen Kriegsflotte.

Berlin: Malik-Verlag, 1929. – Erw. Neuausg. Ebd. 1930.

Der Roman beschreibt den Ersten Weltkrieg aus der Perspektive einfacher Marinematrosen. Der Handlungsrahmen reicht von der Zwangsrekrutierung einiger Matrosen und verschiedenen Stationen des Seekrieges, vor allem der Skagerrakschlacht, bis zum Matrosenaufstand von Wilhelmshaven und dem Kriegsende.

Es gibt keine eigentlichen Helden in diesem Roman, keine handelnden Hauptfiguren, ebensowenig wie eine kontinuierliche Handlung, die auftretenden Personen sind eher exemplarische Gestalten. Einzelne Personen stehen zeitweise im Mittelpunkt der Erzählung, wie zufällig schwenkt der Blick auf eine andere und begleitet diese dann eine Weile. Eine davon ist Alwin Köbis, einer der beiden Matrosen, denen das Buch gewidmet ist, und die wegen Aufruhr zum Tode verurteilt wurden.

Den Schwerpunkt der Beschreibung bildet die rechtlose und häufig menschenunwürdige Situation der »Kulis«, wie sich die Matrosen selbst nennen, ihr Alltag, der Drill, das nervöse Erwarten und zugleich Fürchten der Schlacht, ihre kurzen Fluchten in Kneipen, die Mannschaftstoiletten (dort sind sie unter sich) oder durch absichtliche kleinere Straftaten ins Gefängnis. Die Matrosen werden als einfache, aber aufrechte Männer dargestellt, sie sind hilflos der Willkür der Offiziere ausgeliefert, und sie werden bedenkenlos geopfert, denn sie sind leichter zu ersetzen als die Schiffe. Nur gezwungenermaßen nehmen sie am nationalistischen Hurrageschrei teil, sie haben im Gegensatz zu Unternehmern und Offizieren (diese werden befördert) vom Krieg nichts zu gewinnen außer ihrem nackten Überleben. So ist es beispielsweise völlig nebensächlich, wer die Skagerrakschlacht gewonnen hat, wichtiger ist das Kämpfen, Sterben und Überleben der Beteiligten. Die Offiziere werden aus der Sicht der Matrosen als durchweg borniert und nur an ihren Privilegien und Beförderungen interessiert dargestellt. Ihre Borniertheit verhindert sogar erfolgreiches militärisches Handeln. Das Mißverhältnis zwischen denen, die vom Krieg profitieren, und denen, die bezahlen müssen, mit ihrer Gesundheit oder mit ihrem Leben (z. B. auch die Arbeiter und Zwangsarbeiter in den Waffenfabriken und die an Hunger leidende Bevölkerung), und die unmenschlichen

Bedingungen, unter denen die Matrosen leben müssen, führen schließlich zu Streiks und Meutereien, die in Plieviers Darstellung jedoch keinerlei parteipolitischen Hintergrund haben.

Der Roman ist mit knappen, einfachen Sätzen im nüchternen und zugleich atmosphärisch dichten Sprachstil der Neuen Sachlichkeit gehalten, der sich manchmal, etwa bei der Beschreibung der Skagerrakschlacht, zum telegrammstilartigen Stakkato steigert. »Hier ist kein Roman. Hier ist ein Dokument. Und: ich bin doch auch dabeigewesen!« Mit diesem Ausruf im letzten Kapitel seines Romanerstlings, der zum Welterfolg wurde und zu den herausragenden Dokumentarromanen der Weimarer Republik gehört, unterstreicht Plievier seinen authentisch-autobiographischen und zugleich dokumentarischen Anspruch.

Stalingrad. Roman.

Berlin: Aufbau-Verlag, 1945. – Vorabdruck in: Internationale Literatur. Deutsche Blätter Moskau 1943–44.

In diesem Roman beschreibt Plievier das Schicksal der 300 000 deutschen und verbündeten Soldaten, die im November 1942 von der sowjetischen Armee bei Stalingrad eingekesselt wurden, bis hin zur Kapitulation der 90 000 Überlebenden am 2. Februar 1943. Die Romanhandlung folgt weitgehend chronologisch dem historischen Verlauf, schildert die Situation innerhalb des enger werdenden Kessels, das Chaos des Rückzuges, die Hoffnung auf Rettung und die Verzweiflung, den Zynismus und den militärischen Dilettantismus der Wehrmachts- und NS-Führung, vor allem aber das hunderttausendfache Sterben, das Leiden an Kälte, Hunger und der äußerst unzureichenden Versorgung der Verwundeten.

Plievier greift aus der gesichtslosen Masse der Soldaten immer wieder einzelne Schicksale heraus, erzählt von Herkunft, Beruf und Familie, so daß sie individuelle Gestalt gewinnen. Einige von ihnen werden ausführlich begleitet, der Unteroffizier Gnotke, der Stabsarzt Huth, der Oberst und spätere General Vilshofen. Es überwiegt ein reportagehaft-nüchterner Erzählstil, der jedoch nicht selten durch psychologisierende Betrachtungen, bisweilen auch durch pathetische, fast biblische Sprachverwendung durchbrochen wird. Durch die Vielfalt der Personen und Schauplätze, durch die detailgetreue Schilderung und durch eingefügte Dokumente – Befehle, Briefe, Reden – entsteht ein überaus dichtes Bild der Kriegsereignisse in Rußland, das jedoch, im Unterschied zu vielen anderen Kriegsromanen, das Grauen des Krieges nicht mit einem Loblied auf Heldentum und Kameradschaft übertüncht.

Ein zentrales Thema des Romans ist die persönliche Schuld des Einzelnen, vor allem der für die Katastrophe Verantwortlichen. Aus der Beschreibung wird zunehmend eine Anklage gegen die Generäle, gegen die NS-Führung, gegen Militarismus überhaupt, gegen »verfluchten, verbrecherischen, tötenden Gehorsam«. Scharf kontrastiert Plievier die zwar nicht unschuldigen, aber kämpfenden und leidenden Soldaten und die Generäle, für die der Krieg nur auf ihren Stabskarten stattfindet und die zum »Henker der eigenen Armee« werden.

Stalingrad ist ein apokalyptisches Schreckenspanorama, ein dokumentarisches Schlachtengemälde, das auf kathartische Wirkung, vor allem aber gegen das Vergessen dieser Ereignisse zielt. Über das rein Dokumentarische hinaus weist der Roman auf die Möglichkeit einer Wandlung des einzelnen Menschen. Am Ende der Katastrophe bleibt ein wenn auch winziger Hoffnungsschimmer übrig, als sich Gnotke und Vilshofen, der Soldat und der General, ganz im Sinne Plieviers individual-anarchistischer Weltanschauung zusammentun und nach Einsicht ihrer Irrtümer und Fehler einen Neubeginn wagen wollen.

Der Roman entstand 1943/44 in Plieviers Moskauer Exil

und beruht auf der Befragung vieler gefangener Stalingradsoldaten. Er steht in der Tradition der Dokumentarromane der Weimarer Republik und bildet den ersten Teil einer Kriegstrilogie, die mit *Moskau* (1952) und *Berlin* (1954) ihre Fortsetzung findet. *Stalingrad* wurde in mehr als zwanzig Sprachen übersetzt und weltweit über zweimillionenmal verkauft. Damit gehört er nicht nur zu den bedeutendsten, sondern auch zu den meistgelesenen Romanen über den Zweiten Weltkrieg.

M. Regenbrecht

Verzeichnis der Mitarbeiter

Franz Adam, München
Dr. Günter Baumann, Gerlingen
Prof. Dr. Sigrid Bauschinger, Amherst, Mass.
PD Dr. Sabina Becker, Saarbrücken
Dr. Peter Bekes, Hattingen
Dr. Ruth Berger, Frankfurt a. M.
Dr. Dietrich Bode, Stuttgart
Rolf Bulang, Marburg
Dr. Dieter Burdorf, Jena
Prof. Dr. Bettina Clausen, Hamburg
Dr. Wolfgang Delseit, Köln
Prof. Dr. Jörg Drews, Bielefeld
Prof. Dr. Hans-Peter Ecker, Passau
HD Dr. Norbert Otto Eke, Paderborn
Prof. Dr. Manfred Engel, Hagen
Prof. Dr. Walter Fähnders, Osnabrück
Prof. Dr. Konstanze Fliedl, Wien
Dr. Ruth Florack, Stuttgart
Prof. Dr. Winfried Freund, Paderborn
Dr. Silvia Friedrich-Rust, Icking
Dr. Gerhard Fuchs, Graz
Prof. Dr. Bernhard Gajek, Lappersdorf
Dr. Andreas Graf, Köln
Ursula Graf, St. Gallen
Prof. Dr. Dirk Grathoff, Oldenburg
Clemens Greve, Frankfurt a. M.
Andreas Günter, Wiesbaden
Prof. Dr. Hermann Haarmann, Berlin
Dr. Dieter Heimböckel, Duisburg

PD Dr. Günter Helmes, Siegen
Konrad Heumann, Frankfurt a. M.
Bettina Hirschberg, Hamburg
Anette Hoffmann, Freiburg
Dr. Benedikt Jeßing, Bochum
Prof. Dr. Theodor Karst, Reutlingen
Prof. Dr. Uwe-K. Ketelsen, Bochum
Prof. Dr. Gerhard Kluge, Swistal-Odendorf
Prof. Dr. Joseph A. Kruse, Düsseldorf
Dr. Olaf Kutzmutz, Münster
Stephan Landshuter, Passau
Dr. Renate Langer, Salzburg
Prof. Dr. Helmut Laufhütte, Passau
Dr. Monika Lemmel, Berlin
Dr. Ulrike Leuschner, Bielefeld
Claudia Lillge, Göttingen
Prof. Dr. Paul Michael Lützeler, St. Louis, Miss.
Prof. Dr. Johannes Mahr, Würzburg
Dr. Ariane Martin, Marburg
Dr. Friedhelm Marx, Wuppertal
Pierre Mattern, Essen
Prof. Dr. Tim Mehigan, Parkville, Australien
PD Dr. Andreas Meier, Wuppertal
Dr. Michael Meyer, Itzehoe-Edendorf
Dr. Rita Mielke, Korschenbroich
PD Dr. York-Gothart Mix, München
Dr. Michael Müller, Icking
Dr. Walter Münz, München
Ulla Penzoldt, Freising
Dr. Evelyne Polt-Heinzl, Wien
Martin Regenbrecht, Berlin
Gabriele Riedel, Ludwigsburg

Oliver G. Riedel, Mannheim
Dr. Thomas Ringmayr, Blagoevgrad, Bulgarien
Dorothee Risse, Dresden
PD Dr. Alexander Ritter, Hamburg
Dr. Christian Rochow, Berlin
Dr. Gabriele Sander, Wuppertal
Michael Schardt, Oldenburg
Dr. Christine Schmidjell, Wien
PD Dr. Jost Schneider, Bochum
PD Dr. Detlev Schöttker, Braunschweig
Prof. Dr. Georg-Michael Schulz, Kassel
Dr. Thomas B. Schumann, Hürth
Renke Siems, Kirchzarten
Dr. Helmut Spelsberg, Fulda
Dorothee Steeb, Bamberg
Heide Stieger, Stuttgart
Dr. Dieter Sudhoff, Paderborn
Dr. Jürgen Viering, Göttingen
Dr. Birgit Wägenbaur, Marbach a. N.
Prof. Dr. Martina Wagner-Egelhaaf, Münster
Prof. Dr. Gisela Wilkending, Köln
Dr. Hans Wißkirchen, Lübeck

Verzeichnis der Autoren

Altenberg, Peter (Richard Engländer) 14

Bahr, Hermann 49
Ball, Hugo 449
Barlach, Ernst 147
Baum, Vicki 489
Becher, Johannes R. 527
Beer-Hofmann, Richard 85
Benjamin, Walter 539
Benn, Gottfried 451
Bergengruen, Werner 544
Bierbaum, Otto Julius 76
Binding, Rudolf G. 108
Bonsels, Waldemar 313
Borchardt, Rudolf 239
Britting, Georg 530
Broch, Hermann 87
Brod, Max 421
Buber, Martin 264

Carossa, Hans 266
Christ, Lena 333
Courths-Mahler, Hedwig (Ernestine Mahler) 111

Dauthendey, Max 122
Döblin, Alfred 274

Edschmid, Kasimir (Eduard Hermann Wilhelm Schmid) 508
Ehrenstein, Albert 457
Einstein, Carl 436
Ernst, Paul 95
Ewers, Hanns Heinz 150

Fehrs, Johann Hinrich 5
Feuchtwanger, Lion 424
Flaischlen, Cäsar 64
Flake, Otto 315
Fock, Gorch (Johann Kinau) 320
Frank, Bruno 461
Frank, Leonhard 345
Frenssen, Gustav 52

Gagern, Friedrich von 356
Goetz, Curt 496
Goll, Yvan (Isaac Lang) 535
Grimm, Hans 192
Günther, Agnes 56
Gütersloh, Albert Paris (Albert Conrad Kiehtreiber) 464

Halbe, Max 78
Hauptmann, Carl 12
Hauptmann, Gerhart 23
Herzmanovsky-Orlando, Fritz von 242
Hesse, Hermann 244
Heym, Georg 469
Hofmannsthal, Hugo von 184
Holz, Arno 57
Huch, Ricarda 65

Jung, Franz 498

Kafka, Franz 380
Kaiser, Georg 295
Kellermann, Bernhard 312
Keyserling, Eduard von 8
Kisch, Egon Erwin 438

Klabund (Alfred Henschke) 511
Kluge, Kurt 458
Knittel, John (Hermann Knittel) 537
Kolb, Annette 149
Kolbenheyer, Erwin Guido 296
Kracauer, Siegfried 500
Kubin, Alfred 262

Lasker-Schüler, Else 140
Le Fort, Gertrud von 235
Löns, Hermann 99

Mann, Heinrich 152
Mann, Thomas 194
Meyrink, Gustav 137
Müller, Robert 471
Musil, Robert 323

Nabl, Franz 416

Penzoldt, Ernst 548
Perutz, Leo 361
Plievier, Theodor 551
Popp, Adelheid 143

Renn, Ludwig (Arnold Friedrich Vieth von Golßenau) 502
Reuter, Gabriele 15
Reventlow, Franziska zu 171
Rilke, Rainer Maria 230

Sack, Gustav 441
Salten, Felix (Siegmund Salzmann) 144
Schaeffer, Albrecht 443
Scheerbart, Paul 59
Schickele, René 419
Schlaf, Johannes 57
Schnitzler, Arthur 37
Seidel, Ina 444
Serner, Walter (Walter Seligmann) 505
Spitteler, Carl 6
Spoerl, Heinrich 472
Sternheim, Carl 299
Strauß, Emil 103
Stucken, Eduard 83

Thiess, Frank 512
Thoma, Ludwig 124
Traven, B. 370
Tucholsky, Kurt 514

Viebig, Clara 19

Walser, Robert 304
Wassermann, Jakob 173
Wedekind, Frank 72
Wegner, Armin T. 460
Weiß, Ernst 378
Welk, Ehm 434
Werfel, Franz 518
Wiechert, Ernst 475
Winckler, Josef 336

Zweig, Arnold 481
Zweig, Stefan 338

Verzeichnis der Werke

Abendliche Häuser (Eduard von Keyserling) 11
Der Abituriententag (Franz Werfel) 519
Abschied (Johannes R. Becher) 529
Die achatnen Kugeln (Kasimir Edschmid) 509
Die acht Gesichter am Biwasee (Max Dauthendey) 122
Afrikanische Elegie (Georg Britting) 534
Agricola (Ludwig Thoma) 124
Das Album → Die Novellen um Claudia
Alraune (Hanns Heinz Ewers) 150
Altaich (Ludwig Thoma) 131
Am Himmel wie auf Erden (Werner Bergengruen) 547
Am Totenmaar → Kinder der Eifel
Amazonas (Alfred Döblin) 287
Amerika (Franz Kafka) 403
Die andere Seite (Alfred Kubin) 262
Andreas (Hugo von Hofmannsthal) 189
Andreas Vöst (Ludwig Thoma) 128
Angst (Stefan Zweig) 339
Anselm und Verena → Die Monthiver-Mädchen
Der arme Chatterton (Ernst Penzoldt) 548
Der arme Verschwender (Ernst Weiß) 378
Die Armen → Das Kaiserreich
Der Arzt Gion (Hans Carossa) 268
Der Atem (Heinrich Mann) 169
Atlantis (Gerhart Hauptmann) 27
Auf der Galerie → Ein Landarzt
Die Auferstehungsnacht des Doktors Adalbert (Max Halbe) 82
Die Aufzeichnungen des Malte Laurids Brigge (Rainer Maria Rilke) 233
Der Augenzeuge (Ernst Weiß) 379
Aus dem Bleistiftgebiet (Robert Walser) 310
Aus der Triumphgasse (Ricarda Huch) 66
Aus guter Familie (Gabriele Reuter) 15
Aus Prager Gassen und Nächten (Egon Erwin Kisch) 438

Babylonische Wandrung (Alfred Döblin) 285
Bahnwärter Thiel (Gerhart Hauptmann) 23
Bambi (Felix Salten) 145
Barbara (Franz Werfel) 520
Die Baumwollpflücker → Der Wobbly
Beate und Mareile (Eduard von Keyserling) 8

Bebuquin (Carl Einstein) 436
Das Beil von Wandsbek (Arnold Zweig) 487
Bekenntnisse des Hochstaplers Felix Krull (Thomas Mann) 228
Berge Meere und Giganten (Alfred Döblin) 280
Berlin Alexanderplatz (Alfred Döblin) 282
Berliner Kindheit um Neunzehnhundert (Walter Benjamin) 540
Beschreibung eines Kampfes (Franz Kafka) 408
Betrachtung (Franz Kafka) 380
Betrachtungen eines Unpolitischen (Thomas Mann) 206
Die Betrogene (Thomas Mann) 227
Das betrogene Fräulein → Das treue Eheweib
Die Bettelprinzeß (Hedwig Courths-Mahler) 114
Die Biene Maja und ihre Abenteuer (Waldemar Bonsels) 313
Der blaue Tiger → Amazonas
Blick auf die Vogesen → Das Erbe am Rhein
Der blinde Geronimo und sein Bruder (Arthur Schnitzler) 39
Bracke (Klabund) 511
Der Brand von Eliswyl → Die Fürstin Russalka
Brennendes Geheimnis (Stefan Zweig) 338
Brief an den Vater (Franz Kafka) 411
Briefwechsel eines bayrischen Landtagsabgeordneten (Ludwig Thoma) 129
Brudermord im Altwasser → Die kleine Welt am Strom
Die Brücke im Dschungel (B. Traven) 373
Buddenbrooks (Thomas Mann) 195
Bürger und Soldaten 1918 → November 1918
Busekow (Carl Sternheim) 299

Casanovas Heimfahrt (Arthur Schnitzler) 44
Caspar Hauser (Jakob Wassermann) 174
Cervantes (Bruno Frank) 462
$(CHCl{=}CH)_3As$ (Levisite) (Johannes R. Becher) 527
Christian Wahnschaffe (Jakob Wassermann) 177
Die Cigarrenarbeiterin → Kinder der Eifel
Conrad, der Leutnant (Carl Spitteler) 6

De Vriendt kehrt heim (Arnold Zweig) 485
Demian (Hermann Hesse) 250
Des deutschen Spießers Wunderhorn (Gustav Meyrink) 137
Des Kaisers Kulis (Theodor Plievier) 551
Deutsche Novelle (Leonhard Frank) 355
Diana → Die Göttinnen
Der Dieb (Georg Heym) 469
Doktor Faustus (Thomas Mann) 221

Doppelleben (Gottfried Benn) 456
Drei alte Männer (Gottfried Benn) 455
Drei Frauen (Robert Musil) 326
Die drei Sprünge des Wang-lun (Alfred Döblin) 275
Das dreizehnte Blatt → Die Novellen um Claudia
Das dritte Reich des Paracelsus → Paracelsus
Duell der Pferde → Das treue Eheweib

Ein altes Blatt → Ein Landarzt
Ein Bericht für eine Akademie → Ein Landarzt
Ein Besuch im Bergwerk → Ein Landarzt
Ein Brief (Hugo von Hofmannsthal) 187
Ein Brudermord → Ein Landarzt
Ein ernstes Leben (Heinrich Mann) 162
Ein Hungerkünstler (Franz Kafka) 393
Ein Landarzt (Franz Kafka) 390
Ein Mann von Welt → Fortunat
Ein Nachmittag → Der Dieb
Ein Pyrenäenbuch (Kurt Tucholsky) 515
Ein Traum → Ein Landarzt
Ein verbummelter Student (Gustav Sack) 441
Ein Zeitalter wird besichtigt (Heinrich Mann) 167
Einbahnstraße (Walter Benjamin) 539
Eine blaßblaue Frauenhandschrift (Franz Werfel) 524
Eine kaiserliche Botschaft → Ein Landarzt
Eine kleine Frau → Ein Hungerkünstler
Eine sagenhafte Figur (Albert Paris Gütersloh) 466
Das einfache Leben (Ernst Wiechert) 476
Einhart der Lächler (Carl Hauptmann) 12
El Hakim (John Knittel) 538
Elf Söhne → Ein Landarzt
Ellen von der Weiden (Gabriele Reuter) 17
Empfang bei der Welt (Heinrich Mann) 168
Der Engelwirt (Emil Strauß) 103
Das Erbe am Rhein (René Schickele) 419
Erfolg (Lion Feuchtwanger) 425
Erinnerungen (Ludwig Thoma) 132
Erinnerungen einer Überflüssigen (Lena Christ) 333
Erinnerungen von Ludolf Ursleu dem Jüngeren (Ricarda Huch) 65
Erlebnis des Marschalls von Bassompierre (Hugo von Hofmannsthal) 186
Die Ermordung einer Butterblume (Alfred Döblin) 274
Die Eroberung → Gehirne
Die Eroberung der Maschinen (Franz Jung) 498
Erstes Leid → Ein Hungerkünstler
Der Erwählte (Thomas Mann) 225

Die Erzählungen der Chassidim (Martin Buber) 265
Etzel Andergast (Jakob Wassermann) 181
Eugénie (Heinrich Mann) 160
Die Eurokokke (Yvan Goll) 535
Exil (Lion Feuchtwanger) 425

Die Fahrt ins Land ohne Tod → Amazonas
Fairfax (Carl Sternheim) 302
Der Fall Deruga (Ricarda Huch) 71
Der Fall Maurizius (Jakob Wassermann) 179
Der falsche Nero (Lion Feuchtwanger) 430
Die Feuerprobe (Werner Bergengruen) 545
Die Feuerzangenbowle (Heinrich Spoerl) 472
Fifi → Die sechs Mündungen
Fischfrevel an der Donau → Die kleine Welt am Strom
Flametti (Hugo Ball) 449
Flandrischer Fasching → Das treue Eheweib
Fortunat (Otto Flake) 318
Fräulein Else (Arthur Schnitzler) 45
Frau Beate und ihr Sohn (Arthur Schnitzler) 43
Frau Berta Garlan (Arthur Schnitzler) 41
Frau Meseck (Max Halbe) 78
Die Frau ohne Schatten (Hugo von Hofmannsthal) 188
Freiheit → Zwischen neun und neun
Freund Hein (Emil Strauß) 104
Der Frühlingsgarten (Max Halbe) 81
Die Füchse im Weinberg → Waffen für Amerika
Der fünfte Oktober → Der Dieb
Die Fürstin Russalka (Frank Wedekind) 72

Das Gänsemännchen (Jakob Wassermann) 175
Der Gaulschreck im Rosennetz (Fritz von Herzmanovsky-Orlando) 242
Der Geburtstag → Gehirne
Gehirne (Gottfried Benn) 451
Der Gehülfe (Robert Walser) 305
Gertrud (Hermann Hesse) 246
Die Geschichten Jaakobs → Joseph und seine Brüder
Geschichten vom lieben Gott → Vom lieben Gott und Anderes
Die Geschwister Oppenheim (Lion Feuchtwanger) 425
Die Geschwister Oppermann → Die Geschwister Oppenheim
Geschwister Tanner (Robert Walser) 304
Das Gesetz (Thomas Mann) 220
Gespann des Vetters → Das treue Eheweib
Das Geständnis (Armin T. Wegener) 460
Das Gestirn des Paracelsus → Paracelsus
Der gestohlene Mond (Ernst Barlach) 148
Ginster (Siegfried Kracauer) 500

Das Glasperlenspiel (Hermann Hesse) 260
Die Göttinnen (Heinrich Mann) 153
Gog und Magog (Martin Buber) 264
Das Gold von Caxamalca 178
Der Golem (Gustav Meyrink) 139
Das gottgelobte Herz (Erwin Guido Kolbenheyer) 298
Goya (Lion Feuchtwanger) 433
Der greise Freier → Die Fürstin Russalka
Grigia → Drei Frauen
Griseldis (Hedwig Courths-Mahler) 116
Die große Sache (Heinrich Mann) 161
Der Großtyrann und das Gericht (Werner Bergengruen) 546
Die gute Schule (Hermann Bahr) 49

Hamlet (Alfred Döblin) 293
Der Handelsherr (Otto Flake) 319
Hanna Wendling (Hermann Broch) 89
Das Haus zur heiligen Dreifaltigkeit → Die kleine Welt am Strom
Heidelerche (Hedwig Courths-Mahler) 119
Die Heiden von Kummerow (Ehm Welk) 434
Die Heilige und ihr Narr (Agnes Günther) 56
Heimkehr der Fronttruppen → November 1918
Hein Godenwind (Gorch Fock) 320
Helianth (Albert Schaeffer) 443
Henri Quatre → Die Jugend des Königs Henri Quatre
Herr Giorgio Bebuquin → Bebuquin
Der Herr Kortüm (Kurt Kluge) 458
Herrn Dames Aufzeichnungen (Franziska zu Reventlow) 171
Herzog Karl der Kühne (Werner Bergengruen) 544
Hilligenlei (Gustav Frenssen) 54
Hirtennovelle (Ernst Wiechert) 475
Hortense (Otto Flake) 315
Hotel Shanghai (Vicki Baum) 495

Ich liebe Dich! (Paul Scheerbart) 59
Im Schlaraffenland (Heinrich Mann) 152
Im Wirbel der Berufung (Gerhart Hauptmann) 35
Imago (Carl Spitteler) 7
In der Strafkolonie (Franz Kafka) 388
Die Insel → Gehirne
Die Insel der großen Mutter (Gerhart Hauptmann) 32
Der Irre → Der Dieb

Der Jagerloisl (Ludwig Thoma) 134
Die Jahreszeiten → Die Fürstin Russalka
Jakob von Gunten (Robert Walser) 307

Jörn Uhl (Gustav Frenssen) 52
Jonathan → Der Dieb
Josefine, die Sängerin → Ein Hungerkünstler
Josefine Mutzenbacher (Felix Salten) 144
Joseph, der Ernährer → Joseph und seine Brüder
Joseph in Ägypten → Joseph und seine Brüder
Joseph Kerkhovens dritte Existenz (Jakob Wassermann) 182
Joseph und seine Brüder (Thomas Mann) 213
Jost Seyfried (Cäsar Flaischlen) 64
Jozef Filsers Briefwexel → Briefwechsel eines bayrischen Landtagsabgeordneten
Jud Süß (Lion Feuchtwanger) 424
Die Juden von Zirndorf (Jakob Wassermann) 173
Der jüdische Krieg (Lion Feuchtwanger) 428
Die Jugend des Königs Henri Quatre (Heinrich Mann) 163
Die Jugendgeschichte einer Arbeiterin (Adelheid Popp) 143
Junge Frau von 1914 (Arnold Zweig) 484
Der junge Joseph → Joseph und seine Brüder
Die junge Monthiver → Die Monthiver-Mädchen
Das Kaiserreich (Heinrich Mann) 157
Karl und Anna (Leonhard Frank) 350
Karl und Rosa → November 1918
Das Karriere der Doris Hart (Vicki Baum) 492
Der Ketzer von Soana (Gerhart Hauptmann) 29
Die keusche Nacht → Die Novellen um Claudia
Kinder der Eifel (Clara Viebig) 19
Die Kindheit des Paracelsus → Paracelsus
Klein und Wagner (Hermann Hesse) 251
Der kleine Herr Friedemann (Thomas Mann) 194
Die kleine Stadt (Heinrich Mann) 156
Die kleine Welt am Strom (Georg Britting) 532
Klingsors letzter Sommer (Hermann Hesse) 252
Knulp (Hermann Hesse) 249
Königliche Hoheit (Thomas Mann) 203
Komödianten- und Spitzbubengeschichten (Paul Ernst) 97
Der Kopf → Das Kaiserreich
Der Kranz der Engel (Gertrud von le Fort) 238
Das Kreuz im Venn (Clara Viebig) 21
Krieg (Ludwig Renn) 502
Die Kriegskrüppel → Der Mensch ist gut
Die Kriegswitwe → Der Mensch ist gut

Das Land ohne Tod → Amazonas
Der Laufen (Emil Strauß) 105
Lausbubengeschichten (Ludwig Thoma) 125
Der Lazo → Die sechs Mündungen
Das Leben des Grafen Federigo Confalonieri (Ricarda Huch) 69
Lebenslauf des heiligen Wonnebald Pück (Ricarda Huch) 68
Lebenslauf eines dicken Mannes, der Hamlet hieß (Georg Britting) 530
Lebensweg eines Intellektualisten → Doppelleben
Lennacker (Ina Seidel) 446
Lesabéndio (Paul Scheerbart) 62
Die Letzte am Schafott (Gertrud von le Fort) 236
Der letzte Hansbur (Hermann Löns) 99
Der letzte Sommer (Ricarda Huch) 70
Leutnant Jaretzki (Hermann Broch) 89
Liebe und Tod auf Bali (Vicki Baum) 494
Das Liebespaar → Der Mensch ist gut
Das Lied von Bernadette (Franz Werfel) 525
Lieutenant Gustl (Arthur Schnitzler) 40
Links wo das Herz ist (Leonhard Frank) 353
Lotte in Weimar (Thomas Mann) 218
Der Lügner unter Bürgern (Albert Paris Gütersloh) 465
Das Märchen der 672. Nacht (Hugo von Hofmannsthal) 184
Die Magdeburgische Hochzeit (Gertrud von le Fort) 237
Der Malik (Else Lasker-Schüler) 141
Manas (Alfred Döblin) 281
Der Mann ohne Eigenschaften (Robert Musil) 327
Maren (Johann Hinrich Fehrs) 5
Margrets Wallfahrt → Kinder der Eifel
Maria Capponi → Das Erbe am Rhein
Mario und der Zauberer (Thomas Mann) 212
Der Marquez de Bolibar (Leo Perutz) 363
Der Marsch ins Reich der Caoba (B. Traven) 375
Der Marterpfahl (Friedrich von Gagern) 356
Das Maskenspiel der Genien (Fritz von Herzmanovsky-Orlando) 243
Mathilde (Leonhard Frank) 352
Der Maulkorb (Heinrich Spoerl) 473
Das Meerwunder (Gerhart Hauptmann) 33
Mein Herz (Else Lasker-Schüler) 140
Der Mensch ist gut (Leonhard Frank) 348
Menschen im Hotel (Vicki Baum) 490
Meta (Carl Sternheim) 301
Michael Unger → Vita somnium breve (Ricarda Huch)

Mikrogramme → Aus dem Bleistiftgebiet
Mine-Haha (Frank Wedekind) 74
Minerva → Die Göttinnen
Das Miseräbelchen → Kinder der Eifel
Missa sine nomine (Ernst Wiechert) 478
Die Monthiver-Mädchen (Otto Flake) 316
Die Morgenlandfahrt (Hermann Hesse) 259
Moselfahrt aus Liebeskummer (Rudolf G. Binding) 110
Mümmelmann (Hermann Löns) 100
Münchnerinnen (Ludwig Thoma) 136
Die Mutter → Der Mensch ist gut
Mutter Marie (Heinrich Mann) 159

Na Prost (Paul Scheerbart) 61
Nachgelassene Schriften und Fragmente (Franz Kafka) 414
Nachkrieg (Ludwig Renn) 504
Nachlaß zu Lebzeiten (Robert Musil) 332
Nachts unter der steinernen Brücke (Leo Perutz) 368
Das nächste Dorf → Ein Landarzt
Der Narr in Christo Emanuel Quint (Gerhart Hauptmann) 25
Narziß und Goldmund (Hermann Hesse) 257
Der neue Advokat → Ein Landarzt
Nicht der Mörder, der Ermordete ist schuldig (Franz Werfel) 518
Die Novellen um Claudia (Arnold Zweig) 481
November 1918 (Alfred Döblin) 290

Das Ochsenfurter Männerquartett (Leonhard Frank) 351
Der Ödhof (Franz Nabl) 416
Old Man (Otto Flake) 317
Der Opfergang (Rudolf G. Binding) 108
Das Opferlamm → Die Fürstin Russalka
Osterquell → Kinder der Eifel
Otto Babendiek (Gustav Frenssen) 55

Papa Hamlet (Arno Holz / Johannes Schlaf) 57
Paracelsus (Erwin Guido Kolbenheyer) 296
Paradies Amerika (Egon Erwin Kisch) 440
Pardon wird nicht gegeben (Alfred Döblin) 286
Das Passagen-Werk (Walter Benjamin) 541
Die Passion → Die Novellen um Claudia
Peter Camenzind (Hermann Hesse) 244
Phantom (Gerhart Hauptmann) 31
Politische Novelle (Bruno Frank) 461
Die Portugiesin → Drei Frauen

Das Postpaket → Die Novellen um Claudia
Die Powenzbande (Ernst Penzoldt) 549
Prinz Kuckuck (Otto Julius Bierbaum) 77
Professor Unrat (Heinrich Mann) 155
Der Prozeß (Franz Kafka) 395
Der Ptolemäer (Gottfried Benn) 454

Rabbi Esra → Die Fürstin Russalka
Die Räuberbande (Leonhard Frank) 345
Raubmenschen (Max Dauthendey) 123
Rausch der Verwandlung (Stefan Zweig) 341
Die Rebellion der Gehenkten (B. Traven) 376
Das Reich der Dämonen (Frank Thiess) 512
Die Reise → Gehirne
Reitergeschichte (Hugo von Hofmannsthal) 185
Reitvorschrift für eine Geliebte (Rudolf G. Binding) 109
Rëubēni, Fürst der Juden (Max Brod) 422
Rheinsberg (Kurt Tucholsky) 514
Der Richter in der Karu (Hans Grimm) 193
Der Ring des Lebens (Max Halbe) 79
Roman des Phänotyp (Gottfried Benn) 453
Roßhalde (Hermann Hesse) 247
Der Ruepp (Ludwig Thoma) 135
Rumänisches Tagebuch (Hans Carossa) 266
Die Rumplhanni (Lena Christ) 335

Schachnovelle (Stefan Zweig) 343
Schakale und Araber → Ein Landarzt
Der Schatz der Sierra Madre (B. Traven) 372
Der Schatz im Morgenbrotstal (Paul Ernst) 98
Die Schaukel (Annette Kolb) 149
Schicksalsreise (Alfred Döblin) 292
Das Schiff → Der Dieb
Die Schlafwandler (Hermann Broch) 87
Der Schleier (Emil Strauß) 106
Das Schloß (Franz Kafka) 399
Schloß Gripsholm (Kurt Tucholsky) 516
Der schmale Weg zum Glück (Paul Ernst) 95
Die Schuldige → Kinder der Eifel
Die Schuldlosen (Hermann Broch) 94
Der schwarze Sonntag von Herrlisdorf → Conrad, der Leutnant
Der schwedische Reiter (Leo Perutz) 367
Das Schweißtuch der Veronika (Gertrud von le Fort) 235
Die sechs Mündungen (Kasimir Edschmid) 508

Seefahrt ist not! (Gorch Fock) 321
Seespeck (Ernst Barlach) 147
Die Sektion → Der Dieb
Siddharta (Hermann Hesse) 253
Der Sieger → Das treue Eheweib
Simson und Delila → Kinder der Eifel
Die Söhne (Lion Feuchtwanger) 428
Sonne und Mond (Albert Paris Gütersloh) 467
Die Sorge des Hausvaters → Ein Landarzt
Die Soutane → Die Novellen um Claudia
Der Spaziergang (Robert Walser) 309
Spiel im Morgengrauen (Arthur Schnitzler) 47
Stalingrad (Theodor Plievier) 553
Der Steppenwolf (Hermann Hesse) 254
Sterben (Arthur Schnitzler) 37
Der Stern → Die Novellen um Claudia
Stern der Ungeborenen (Franz Werfel) 526
Sternstunden der Menschheit (Stefan Zweig) 340
Stilpe (Otto Julius Bierbaum) 76
Der Streit um den Sergeanten Grischa (Arnold Zweig) 482
stud. chem. Helene Willfüer (Vicki Baum) 489

Das tägliche Brot (Clara Viebig) 20
Der Tag wird kommen (Lion Feuchtwanger) 428
Tagebücher (Franz Kafka) 409
Tante Frieda → Lausbubengeschichten
Die tanzende Törin (Albert Paris Gütersloh) 464
Tarub (Paul Scheerbart) 60
Die Tat des Dietrich Strobäus (Max Halbe) 80
Tatjana (Curt Goetz) 496
Tenderenda der Phantast (Hugo Ball) 450
Therese (Arthur Schnitzler) 48
Die Tigerin (Walter Serner) 507
Der Tod des Vergil (Hermann Broch) 92
Der Tod Georgs (Richard Beer-Hofmann) 85
Der Tod in Venedig (Thomas Mann) 204
Der tolle Bomberg (Josef Winckler) 336
Tonio Kröger (Thomas Mann) 198
Tonka → Drei Frauen
Der tote Mann (Friedrich von Gagern) 358
Die Tote von Beverly Hills (Curt Goetz) 497
Die Toten schweigen (Arthur Schnitzler) 38
Das Totenschiff (B. Traven) 370
Traumnovelle (Arthur Schnitzler) 46
Die traurige Geschichte von Friedrich dem Großen (Heinrich Mann) 166
Das treue Eheweib (Georg Britting) 533
Tristan (Thomas Mann) 201
Tropen (Robert Müller) 471

Tubutsch (Albert Ehrenstein) 457
Der Tunnel (Bernhard Kellermann) 312
Turlupin (Leo Perutz) 364
Tycho Brahes Weg zu Gott (Max Brod) 421

Die Unbekannte Größe (Hermann Broch) 90
Der unflätige Hirte → Die kleine Welt am Strom
Ungeduld des Herzens (Stefan Zweig) 342
Ungleiche Welten (Hans Carossa) 271
Unordnung und frühes Leid (Thomas Mann) 211
Unser Freund Peregrin (Ina Seidel) 447
Unser Weg ging hinauf (Hedwig Courths-Mahler) 111
Unterm Rad (Hermann Hesse) 245
Der Untertan → Das Kaiserreich
Der unwürdige Liebhaber (Rudolf Borchardt) 239
Die Ursache (Leonhard Frank) 347
Das Urteil (Franz Kafka) 382

Der Vater → Der Mensch ist gut
Venus → Die Göttinnen
Vereinigung durch den Feind hindurch (Rudolf Borchardt) 240
Vereinigungen (Robert Musil) 325
Verratenes Volk → November 1918
Der Verschollene → Amerika
Der Versucher → Die Verzauberung
Die Versuchung der stillen Veronika → Vereinigungen
Der veruntreute Himmel (Franz Werfel) 522
Die Verwandlung (Franz Kafka) 385
Die Verwirrungen des Zöglings Törleß (Robert Musil) 323
Die Verzauberung (Hermann Broch) 91
Via Mala (John Knittel) 537
Die vierzig Tage des Musa Dagh (Franz Werfel) 521
Villa Aurea (Georg Kaiser) 295
Vita somnium breve (Ricarda Huch) 67
Volk ohne Raum (Hans Grimm) 192
Die Vollendung der Liebe → Vereinigungen
Die Vollendung des Königs Henri Quatre (Heinrich Mann) 163
Vom lieben Gott und Anderes (Rainer Maria Rilke) 232
Vor dem Gesetz → Ein Landarzt

Wadzeks Kampf mit der Dampfturbine (Alfred Döblin) 278
Waffen für Amerika (Lion Feuchtwanger) 432
Wallenstein (Alfred Döblin) 279
Wälsungenblut (Thomas Mann) 202
Der Weg ins Freie (Arthur Schnitzler) 42
Der Weg nach unten (Franz Jung) 499

Der Wehrwolf (Hermann Löns) 102
Weinhaus Wolf (Gottfried Benn) 452
Die Weise von Liebe und Tod des Cornets Christoph Rilke (Rainer Maria Rilke) 230
Die weisse Rose (B. Traven) 374
Die weißen Götter (Eduard Stucken) 83
Wellen (Eduard von Keyserling) 10
Die Welt von gestern (Stefan Zweig) 344
Wie ich es sehe (Peter Altenberg) 14
Die Windhunde → Das treue Eheweib
Der Wittiber (Ludwig Thoma) 130
Die Witwe Bosca (René Schickele) 420
Der Wobbly (B. Traven) 371
Wohin rollst du, Äpfelchen? (Leo Perutz) 365
Der Wolf in der Hürde → Das Erbe am Rhein
Das Wunschkind (Ina Seidel) 444

Yousouf → Die sechs Mündungen
Yup Scottens → Die sechs Mündungen

Zaren, Popen, Bolschewiken (Egon Erwin Kisch) 439
Der Zauberberg (Thomas Mann) 207
Zugänge (Ernst Penzoldt) 550
Zum blauen Affen (Walter Serner) 505
Zwischen neun und neun (Leo Perutz) 361
Zwischenfall in Lohwinckel (Vicki Baum) 491

1888. Pasenow oder die Romantik → Die Schlafwandler
1903. Esch oder die Anarchie → Die Schlafwandler
1918. Huguenau oder die Sachlichkeit → Die Schlafwandler

Deutsche Dichter

Leben und Werk deutschsprachiger Autoren

Herausgegeben von
Gunter E. Grimm und Frank Rainer Max

Band 1: Mittelalter. 480 S. UB 8611

Band 2: Reformation, Renaissance und Barock. 471 S. UB 8612

Band 3: Aufklärung und Empfindsamkeit. 418 S. UB 8613

Band 4: Sturm und Drang, Klassik. 437 S. UB 8614

Band 5: Romantik, Biedermeier und Vormärz. 624 S. UB 8615

Band 6: Realismus, Naturalismus und Jugendstil. 495 S. UB 8616

Band 7: Vom Beginn bis zur Mitte des 20. Jahrhunderts. 572 S. UB 8617

Band 8: Gegenwart. 620 S. UB 8618

Das achtbändige, insgesamt über 4000 Seiten umfassende Werk *Deutsche Dichter* ist deutschsprachigen Autoren vom Mittelalter bis zur jüngeren Gegenwart gewidmet. Auf anschauliche Weise schreiben Fachleute in Beiträgen von 5 bis zu 50 Seiten Umfang über Leben und Werk von rund 300 bedeutenden Dichtern. Ein Porträt des Autors und bibliographische Hinweise ergänzen die einzelnen Darstellungen.

Philipp Reclam jun. Stuttgart

Deutsche Dichter

[illegible] und Werk deutscher [illegible]

[illegible]

[illegible]

[illegible]

[illegible]

[illegible]

[illegible]

[illegible]

Philipp Reclam jun. Stuttgart